国家重点研究基地
中国人民大学刑事法律科学研究中心编译委员会
主　任／高铭暄
总编译／谢望原

加拿大刑事法典

罗文波 冯凡英 译

外国刑法典译丛

译丛

图书在版编目(CIP)数据

加拿大刑事法典/罗文波,冯凡英译.—北京:北京大学出版社,2008.1
(外国刑法典译丛)
ISBN 978 – 7 – 301 – 13280 – 7

Ⅰ.加… Ⅱ.①罗… ②冯… Ⅲ.刑法 – 加拿大 Ⅳ.D971.14

中国版本图书馆 CIP 数据核字(2007)第 197021 号

书　　　名:	加拿大刑事法典
著作责任者:	罗文波　冯凡英　译
责 任 编 辑:	孙战营
标 准 书 号:	ISBN 978 – 7 – 301 – 13280 – 7/D·1952
出 版 发 行:	北京大学出版社
地　　　址:	北京市海淀区成府路 205 号　100871
网　　　址:	http://www.pup.cn　电子邮箱:law@pup.pku.edu.cn
电　　　话:	邮购部 62752015　发行部 62750672　编辑部 62752027 出版部 62754962
印　刷　者:	北京汇林印务有限公司
经　销　者:	新华书店
	650 毫米 × 980 毫米　16 开本　43 印张　795 千字 2008 年 1 月第 1 版　2008 年 1 月第 1 次印刷
定　　　价:	68.00 元

未经许可,不得以任何方式复制或抄袭本书之部分或全部内容。
版权所有,侵权必究
举报电话:010 – 62752024　电子邮箱:fd@pup.pku.edu.cn

《外国刑法典译丛》编译委员会

编译委员会主任：国家重点研究基地中国人民大学刑事法律科学研究中心名誉主任、中国人民大学法学院高铭暄教授

总　　编　译：中国人民大学法学院谢望原教授、法学博士，曾访学丹麦王国

编译委员会委员（排名不分先后）：

中国人民大学法学院冯军教授、法学博士，曾访学德国、日本，负责德文方面审译

清华大学法学院张明楷教授，曾访学日本、德国，负责日文方面审译

清华大学法学院黎宏教授，日本法学博士，负责日文方面审译

北京大学法学院王世洲教授，曾留学美国、德国，负责德文方面审译

北京师范大学刑事法律科学研究院卢建平教授、法国法学博士，负责法文方面审译

武汉大学法学院莫洪宪教授、法学博士，曾访学俄罗斯、前南斯拉夫，负责俄文方面审译

武汉大学法学院刘艳红教授、法学博士，曾访学德国，负责英文方面审译

西南政法大学陈忠林教授，意大利法学博士，负责意大利文方面审译

吉林大学法学院张旭教授、法学博士，曾访学德国、比利时，负责英文方面审译

中南财经政法大学齐文远教授、法学博士，曾访学丹麦王国，负责英文方面审译

北京师范大学刑事法律科学研究院大学李希慧教授、法学博士，曾访学英国，负责英文方面审译

华东政法学院郑伟教授、德国法学博士，负责德文方面审译

《外国刑法典译丛》总序

译介外国刑法典是一件极其有意义的学术活动。早在20世纪中后期,美国法学界就曾经以《美国外国刑法典丛书》(The American Series of Foreign Penal Codes)形式译介过世界上数十个国家的刑事法典(包括西欧国家和东欧社会主义国家以及亚洲一些国家的刑法典),作为美国法学界比较研究或者立法借鉴用书出版。我国台湾地区也在20世纪70年代翻译出版过《各国刑法汇编》(包括欧洲和亚洲十余国家的刑法典和刑法草案),作为台湾地区立法和法学教学研究的参考。我国虽然有一些译介外国刑事法典的著作零星出版,但并未形成规模。且20世纪80年代以后,世界范围内掀起了刑法改革的浪潮,两大法系很多国家进行了刑事法典或刑事制定法的修订。这些新的刑事立法只有极少数被介绍到中国来。考虑到我国刑事法学教学研究以及立法参考需要,并弥补译介外国刑事法典的不足,我们拟组织一批包括有海外访学经历且有较高外语水平和法律专业素养的中青年学者译介一批外国刑事法典。

由于世界上两大法系的刑事法各有特色,且我国亟须吸收其立法优点和那些值得借鉴的先进刑法理论,尽快完善我国刑事立法,建立有中国特色的刑法学理论体系,因此我们拟用若干年时间,译介一批外国刑事法典(将包括大陆法系国家的刑事法典和英美法系国家的刑事制定法)。为了便于高明的读者完整地理解外国刑事法典且弥补翻译的失误,我们拟将译介之外国刑事法典的外文附录在后。

应当说明的是,由于各国刑法典一般以自己本民族语言为官方文本,而目前我国刑法学界很难找到通晓各国文字的人才,因此,我们一方面力求从各国的本国语文文本翻译成中文,另一方面,我们在不能直接从其本民族语文译成中文的情况下,将以其英文本为根据译成中文。好在各国刑法典之译成英文,均为各国著名刑事法学家所为,其专业水平与英文水平均有保障,虽然可能存在因为语文的转换出现难以避免的误差,但是对我们学习研究来说仍然是极具参考价值的。本译丛将首先考虑译介那些我国尚无中文本且在世界上具有重要影响的刑法典,同时,对于那些虽然曾经出版过中文本但年代已经久远且新近又有重大修订补充的具有重要影响的刑法典,我们也考虑将其纳入本译丛。

本刑法典译丛由国家重点研究基地中国人民大学刑事法律科学研究中心组织编译，由部分有海外留（访）学经历的知名刑事法学者组成编译委员会，以确保翻译质量。

我们热忱欢迎那些具有深厚专业素养和良好外文功底的刑事法学者加入到这个翻译外国刑法典的行列中来，也欢迎收集有我们尚缺的外国刑法典的同仁为我们提供译本原件并参与翻译。让我们共同携手为完善中国的刑事法制度、推进中国的刑法学研究作出自己的贡献！

国家重点研究基地
中国人民大学刑事法律科学研究中心
2006 年 10 月 16 日

目　录

译者导言 …………………………………………………………（1）
第四十六编　关于刑事法典的法律 ………………………（1）
　第一章　一般规定 ……………………………………………（12）
　第二章　违反公共秩序的犯罪 ………………………………（39）
　第二之一章　恐怖主义 ………………………………………（52）
　第三章　火器和其他武器 ……………………………………（72）
　第四章　妨碍执法和司法的犯罪 ……………………………（100）
　第五章　性犯罪、公共道德与妨害治安行为 ………………（112）
　第六章　侵犯隐私 ……………………………………………（127）
　第七章　扰乱社会治安的场所、赌博和打赌 ………………（149）
　第八章　侵害人身和名誉的犯罪 ……………………………（165）
　第九章　侵犯财产权的犯罪 …………………………………（214）
　第十章　涉及合同与贸易的欺诈性交易 ……………………（236）
　第十一章　关于某些财产的故意与禁止行为 ………………（252）
　第十二章　货币犯罪 …………………………………………（259）
　第十二之一章　违法药品使用的工具与出版物 ……………（264）
　第十二之二章　犯罪的收益 …………………………………（265）
　第十三章　未遂、共谋、从犯 ………………………………（282）
　第十四章　管辖 ………………………………………………（287）
　第十五章　特殊程序和权力 …………………………………（296）
　第十六章　强制被告人到庭和暂时释放 ……………………（339）
　第十七章　被告人的语言 ……………………………………（371）
　第十八章　预审程序 …………………………………………（374）
　第十九章　可诉罪——没有陪审团的审理 …………………（386）
　第十九之一章　努纳武特法院 ………………………………（399）
　第二十章　陪审团审理的程序和一般规定 …………………（403）
　第二十之一章　精神失常 ……………………………………（437）

第二十一章　上诉——可诉罪 …………………………………（463）
第二十一之一章　申请行政审查——审判不公 ……………（478）
第二十二章　促使出庭 …………………………………………（480）
第二十三章　量刑 ………………………………………………（489）
第二十四章　危险犯和长期罪犯 ………………………………（531）
第二十五章　具结书的效力和执行 ……………………………（539）
第二十六章　特殊救济 …………………………………………（544）
第二十七章　简易罪 ……………………………………………（548）
第二十八章　其他规定 …………………………………………（569）

不再有效的修正案 ……………………………………………（621）

译者导言

承蒙谢望原先生的信任和指定,我们成为了新译《加拿大刑事法典》的两位翻译人。经过历时一年多的辛苦劳作,总算完成任务。

现在的这部《加拿大刑事法典》,是加拿大本国最长的法典之一(另一长法典是《收入税法》)①。本中译版本大约有五十万字,因此,我们揣测,有多少法律人,甚至刑事法专业的研究者,会用足够的时间、耐心和耐力去阅读这样一部巨大但却与我们的生活几乎没有直接关系的法典,实在是未知数。鉴于我们已经因为翻译的需要而多次认真读过全文,因此斗胆不顾才学浅陋,对此法典妄说些许话语。这些在真正的专家眼中可能显得多余,但我们的主要目的是激起读者进一步阅读本部加拿大刑法的兴趣。

自从1867年加拿大诸省结成联盟以后,即开始统一各地不同的刑法,统一的刑法案终于在1892年诞生。1892年的《加拿大刑事法典》被认为照录了英国的1878年草案。② 当然,一百多年的时间过去,为了适应时代的需要,法典已发生了许多变化。

《加拿大刑事法典》是一部实体法与程序法合二为一的刑事法典,这是非常重要的结构上的特点,大体上说,前半部主要是实体法,后半部主要是程序法。比较特别的是这部法典没有一般原则的规定。

一、关于实体的方面

与其他国家刑法相同的是,它也规定各种犯罪。主要是规定犯罪构成的各个要素,或者说大体是可以用犯罪构成来分析的规定。加拿大刑法学家布鲁斯·阿赤宝德(Bruce Archibald)于2006年9月来到中国,在四川大学、山东大学等多个高等院校讲学,他谈到加拿大刑法的目的是秩序、安全、健康和道德。这些目的体现在加拿大的刑法典中,决定了加国对犯罪行为的选择性规定。由于这些目的高度抽象,可以对各国都适用,因此也可以说是普适的。但由于各国历史文化传统与价值追求的不同,这些目的仍然会有各自不同的具体表现。某

---

① 参见 http://www.duhaime.org/Criminal/cacrhist.aspx。
② 同上。

些种类的犯罪或某个具体犯罪可能会是加国独特的规定,以下是我们所梳理的认为具有独特性的若干方面。

1. 关于犯罪的分类

如果按各章的名称,本部法典划分的种类犯罪有违反公共秩序的犯罪,恐怖主义,火器和其他武器,妨碍执法和司法的犯罪,性犯罪、公共道德与妨害治安行为,侵犯隐私,扰乱社会治安的场所、赌博和打赌,侵害人身和名誉的犯罪,侵犯财产权的犯罪,涉及合同与贸易的欺诈性交易,关于某些财产的犯罪,货币犯罪,违法药品使用的工具与出版物等。

而全部犯罪在本法中总体上又被区分为可诉罪与简易罪。这个分类名称与英国相同,并大体上相当于美国的重罪与轻罪的区分。可诉罪是较为严重的犯罪,应处的刑罚较重,审理的程序较为复杂严格;简易罪是较轻微的犯罪,应处的刑罚较轻,可适用简易程序处理。

2. 关于犯罪的规定

法治原则在西方早已确立,它在刑法中表现为"法无明文不为罪"。我们赞同阿赤宝德教授的认识,即刑法不仅仅是规定禁止性行为,然后以刑罚维护这种禁止性;对于自治的个人或公民而言,刑法的禁止性与惩罚规定,警示个人刑法禁止的行为和违犯后的惩罚,这是一相当确定性的规定,公民根据确定的刑法安排自己的生活,也意味着刑法从否定的方面为个人提供了明确的行为模式。选择不违反刑法的行为至少意味着可以避免承受刑罚的后果,而选择违反刑法的行为则必须承受规定的刑罚。

以犯罪构成为核心要素来分析,我们首先看犯罪行为和犯罪过错。在法典中规定的犯罪行为又分为作为和不作为。在普通法传统中,把不作为作为犯罪行为是受到有力排斥的,原来没有不作为的犯罪。但随着生活的复杂化,普通法国家还是认识到了某些不作为的社会危害性。因此,在本法典中还是有少数条文,规定了不作为的犯罪行为,例如,第215条至第217条和第219条规定了有特定义务的人不履行义务的行为可构成犯罪;第252条第(1)款规定,照料、主管或者控制车辆、船只或者航空器的人员在与(a)其他人、(b)车辆、船只或者航空器、或者(c)牲畜发生事故,而没有停下车辆、船只或者航空器的行为可构成犯罪;第263条规定了开凿冰面者防护与警示冰洞的义务,不履行此义务可构成犯罪。

就犯罪过错而言,理论上信奉拉丁古训:Actus non tacit reum nisi mens sit rea——无犯意即无犯罪行为。精神病人不承担刑事责任是这个古训的最好注脚。本法典第16条规定:"(1)因患精神疾病,从而无能力辨别作为或者不作为的本质和性质,或者无能力知晓其作为或者不作为系错误的人,对该作为或者不作为不负刑事责任。(2)除以优势证据证明有相反情况外,任何人被推定精神正常而不得依据第(1)款规定免予刑事责任。"本法典第672.54条与第672.55条规定法院对精神病人的处置,第672.62条规定了对精神病人强制治疗。但是,法典规定了"犯罪过失",例如,第219条至第222条等。因此,在主观过错方面,加拿大刑事法典所规定的犯罪以故意为主,以过失为辅。

关于犯罪的主体资格,第13条规定:"12岁以下儿童不得因其作为或者不作为被判决有罪。"加拿大选择了12岁作为绝对不负刑事责任的年龄,实在是低龄化的选择。我们也不便评价此抉择的优劣。犯罪的客观情况中内容复杂,不好太多谈论,但有几个条款的规定很具有独特性,例如,第174条规定:(1)无合法理由而实施下列行为,以简易罪处罚:(a)在公共场所裸体;(b)于私有财产上裸露而暴露于公众视野,无论此财产是否属于其所有。(2)对于本条,裸露是指其人的衣着违反社会风化或者社会秩序。"第198条第(1)款(c)项:"按照本章签发的搜查令进入的人,在一个地方发现游戏设备,或者发现在其中的任何人,在没有相反证据时,证明该地方是普通赌博场所,场所里的人正在玩赌博游戏,无论根据搜查令行动的人是否看到场所里的人在玩游戏。"

3. 法定刑的种类

主要是指罚金、定期监禁和终身监禁。本法典的重要特点是,刑罚的规定基本只规定最高刑,最低刑只在少数条文中规定。

4. 反映科学技术的最新发展成果

这是《加拿大刑事法典》的一个突出优点。例如:(1)在第7条第(2.3)款和第(2.31)款中,规定了对太空飞行的加拿大机组人员和合作国家机组人员在太空飞船中犯罪的作为与不作为的管辖权;(2)第487.04条至第487.091条规定了进行DNA分析的程序要求,其中第487.08条规定了滥用DNA分析结果构成犯罪。(3)对计算机系统的犯罪,在第十一章有关某些财产的犯罪中,第430条第(1.1)款规定:"任何人,故意地实施以下行为,构成破坏罪,(a)毁坏或者改变数据;(b)使数据无意义、无用处或者无效用;(c)阻碍、妨碍或者干扰任何人合法使用数据;(d)阻碍、妨碍或者干扰任何人合法使用数据或者拒绝有权利进入者的进入。"(4)在多个条款中规定治安官可以运用远程通讯手段向法官申请命令,法官可以传真签发命令;如第184.3条规定了以电信手段申请和授权监听的程序、第487.1条规定了以电信手段申请和签发搜查令的程序要求;第537条第(1)款,第650条第(1.1)款和第(1.2)款,第672.5条第(13)款,第688条第(2.1)款,第800条第(2.1)款等条款规定,被告可以通过闭路电视或者以与法庭同步视频和口头联系的其他方式出庭。

5. 规定了一些我国的刑法中未规定的犯罪种类

这些有:(1) 在性犯罪中,《加拿大刑事法典》第155条规定了"乱伦罪",第160条规定"兽奸罪"。(2) 在败坏道德罪中,第163条第(2)款(c)项和(d)项规定:"提议出售、宣传、印刷广告、为出售或者处分而持有意在引起堕胎或者堕胎的工具、操作指南、药物、药剂或者物品";"宣传或者出版关于意图或者用于恢复性机能、医治性病或者生殖器官疾病的工具、操作指南、药物、药剂或者物品的广告"。(3) 扰乱社会治安行为中,第179条规定了流浪罪,即(a) 全部或者部分地依靠赌博或者犯罪维持生活,且无合法职业;(b) 曾违反本法第151条、第152条、第153条、第160条(3)款、第173条第(2)款、第271条、第272条、第273条或者第686条(b)项"严重人身伤害罪"定义中(b)项而被定罪,而在校园、游乐场、公园或者浴场或者其附近流浪,这两类情况构成流浪罪。(4) 在第十一章"关于某些财产的故意与禁止行为"中,第446条非常详细地规定了虐待动物罪,第447条规定禁止斗鸡和经营斗鸡场。(5) 在第四章妨碍执法和司法的犯罪中,第141条第(1)款规定同意私和或者隐瞒可诉罪,而为自己或他人索取、获取或者同意收受或者获取有价报酬,构成可诉罪,处不超过两年的监禁。这其中有些规定也许在我们的刑法中也应当有类似规定,可留待日后我国学者的对我国生活情况的观察与分析论证。

二、关于刑事程序的规定

程序内容主要规定在《加拿大刑事法典》中的第十五章至第二十八章。该部分规定的特点,归纳为下列若干方面:

1. 形式上,规定细密甚至繁琐

总共十六章中,有五章在开始部分即对于本章重要用语的含义作出具体规定,如第二十七章"简易定罪"的第一条即详细规定了"上诉法院的书记官"、"控告人"、"控告书"、"裁定"、"程序"、"起诉人"、"判决"、"简易定罪法庭"和"审理"的含义;第二十章中"选任陪审团"一节规定了选任陪审团的具体环节,包括"将陪审员姓名记录在卡片上"、"将卡片放入盒子"、"候补陪审员"、"由法院书记官抽取"、"何时不应喊出姓名"、"陪审员和其他人员应当宣誓"、"于必要时抽取补充卡片——不得公布"等等,其中关于登记候选陪审员的卡片,要求"已经被选入陪审团名单的每名陪审员的姓名、其在名单中的号码和住址应当分别在卡片上登记,所有卡片应当尽可能同样大小"。这样详细甚至繁琐的规定有其明显的好处,即不会发生理解上的歧义,便于操作,从而能够在程序上切实保证司法公正的实现。

2. 尊重犯罪嫌疑人、被告人的权利

首先，对犯罪嫌疑人的侦查规定了严格的程序，对监听、监视、搜查、逮捕、扣押财物、采集呼吸、血液或身体组织样本等行为如何进行和权限，以及完成目的任务后的相关处理，都作了全面并详细规定。例如，第十五章甚至全章中仅对DNA分析如何进行，从样本如何采集，到分析结果的使用和完成分析后的样本处理，都作了规定。

其次，尽可能地减少羁押。为防止犯罪嫌疑人逃避或者妨碍对于犯罪的查处，剥夺其自由是必要措施之一。但基于尊重和保护人权的原则，《加拿大刑事法典》将羁押犯罪嫌疑人、被告人的可能性减少到了最低程度。如第495条规定，对实施非严重性质的可诉罪、既可能公诉也可以以简易程序处理的犯罪、简易罪的人，考虑到查明身份、查获或者保存证据和防止其继续犯罪、重新犯罪或者再犯新罪的需要而没有必要且无正当理由认为如果不实施逮捕犯罪人不会出庭依法接受处理的，不得对其无证逮捕。第497条、第498条、第499条、第502条和第503条则规定，在被逮捕的人被带见治安官或者法官后，治安官或者法官基于一定条件应当将被逮捕的人释放。第515条更是专门规定，除非被告人涉嫌的犯罪是第469条明确规定的严重犯罪或者控方能证明羁押被告人是正当的，法官应当在被告人作出保证后将其无条件释放或者附一定条件将被告人释放。

再次，在一定条件下，采用什么方式进行审理取决于犯罪嫌疑人、被告人的选择。在预审程序中，被告人有权就正式审理的方式作出选择（第536条），在此选择后，被告人在预审结束之后15日内就审理方式有权重新作出选择（第561条）。在没有陪审团的正式审理中，若指控犯罪为第469条明文规定的严重犯罪以外的可诉罪，并且其不属于省法院法官享有绝对管辖权的犯罪，如果被告人选择由省法院法官审理，则应当按照被告人的选择进行审理（第554条）。

最后，对于需要帮助的被告人提供必要的法律帮助。法院或者其法官认为从司法利益考虑被告人应当获得法律帮助而被告人缺少充分资力获得这种帮助的，上诉法院或者其法官可以随时为作为上诉一方当事人，或者作为先前或者附属诉讼一方当事人的被告人指定律师；若被告人不能根据省法律援助计划获取法律援助的，律师酬金和支出由作为该上诉案中的上诉人或者答辩人的总检察长缴纳（第684条和第694.1条）。

3. 证人必须履行作证义务

在正式审理程序中，法官应当向了解案件情况的人签发传票要求其出庭，即使收到签发传票仍然不到庭或者逃避传票送达的，法官可以将其逮捕；已受要求出庭作证的传票传唤的证人不出庭或者中途退庭，如果其可能提供实质性证据,法庭、法官可以将其逮捕;已作了具结书保证在诉讼中出庭的人不出庭或者中途退庭的,法院、法官可以将其逮捕并带至法庭。

法律规定有义务出庭作证的人,没有法定理由不出庭或者中途退庭,构成藐视法庭罪。在预审程序中,法官要求作证的人没有正当理由而拒绝宣誓、宣誓后拒绝回答问题、不出示被要求出示的书面材料或者拒绝在证言上署名的,法官可以将其拘押;此后恢复预审时证人再次拒绝履行证人义务的,法官可以再次将其拘押,直至其履行义务(第545条);对于可能提供重要证言的证人,法官可以要求其作出保证在庭审时出庭作证的具结书,其不作出具结书或者作出具结书后不遵守具结书中的条件的,法官可以将证人羁押在庭审地所在地区的监狱里,直至他按要求作证或者庭审结束。

当然,证人出庭作证可能给自己带来一定危险。为消除这种疑虑、切实保证证人的权益,加拿大于1996年6月制定了《证人保护计划法》,为参与犯罪调查、审查或者起诉的证人以及与其有关系或者联系的其他人员提供包括咨询、膳宿、经济资助、改变身份甚至迁居的各种保护。

4. 注重保护的被害人权利

在惩治犯罪的过程中,国家往往重视对于犯罪人的定罪、量刑,而直接受到犯罪行为侵害的被害人,往往是刑事法律容易忽视的角色。即使对犯罪人判处刑罚或者作出其他处理,因为犯罪遭受损害的被害人的权益得不到恢复或者一定程度的补偿,往往不利于社会的稳定。基于此,《加拿大刑事法典》规定,对于因犯罪而遭受财产损失、人身损害的被害人,法庭可以判决犯罪人向其进行赔偿;这里的被害人不限于犯罪的直接受害人,还包括因逮捕或者企图逮捕犯罪人而对其人身造成伤害或者财产损失的人以及犯罪人的配偶、普通法上的配偶、子女(第738条)。此外,被定罪或者根据第730条被释放的犯罪人还应当向被害人缴纳数额不等的额外费用(第737条)。

5. 缓刑

被告人作有罪答辩并被裁决构成法律规定了最低刑罚或者应处14年或者终身监禁刑以外的犯罪的,如果认为符合被告人的最佳利益并且与公共利益不相冲突,法庭可以不对被告人定罪,而将被告人无条件释放或者附以一定条件释放。即使对被告人宣告有罪判决,考虑到犯罪人的年龄和品行、犯罪的性质以及实施犯罪的环境,如果法律没有规定最低刑,法庭可以暂缓宣告判决,命令根据缓刑命令规定的条件将被告人释放。尽可能地不宣告有罪判决,体现了刑法的谦抑精神。

6. 社区矫正

犯罪人被以法律规定了最短监禁刑以外的罪行定罪,而且判处的刑罚是两年以下监禁,同时法庭确信犯罪人在社区服刑不会危及社区安全且符合第718条至第718.2条规定的量刑的基本目的和原则的,法庭可以裁定犯罪人遵守按照第742.3条作出的附条件监禁裁定规定的条件而在社区服刑(第742.1条)。这样,一方面降低了监禁罪犯的费用,另一方面有利于罪犯向社会的复归。

7. 注重预防犯罪的实际效果,规定危险犯和长期罪犯

适用刑罚的目的在于消除犯罪人的危险,使其不再实施犯罪。然而现实情况复杂,对犯罪人判处确定期限的刑罚,可能会出现"刑罚不足"和"刑罚过剩"两种情况。为此,《加拿大刑事法典》规定了危险犯和长期罪犯两种制度。如果基于一定的条件,被告人被裁决为危险犯,法庭应当判决犯罪人在教养院内服不定期刑(第753条),从而可以根据危险性消除的实际情况在适当的时间以后释放罪犯。如果被告人被认定为长期罪犯,则相对于其他罪犯其获得假释的条件更为严格,且于服刑完毕后可能长达10年的时间在社区接受监督(第753.1条),以更加有效地防止其再次犯罪。

8. 对司法裁决的行政审查

根据议会制定法或者根据议会制定法制定的条例被定罪的人、根据第二十四章被认定为危险犯或者长期罪犯的人,在用尽对于定罪判决或者认定的司法审查或者上诉权利后,其本人或者代表,可以以审判不公为由,向司法部长申请行政审查(第696.1条)。收到申请后,如果确信有正当理由推断可能出现了审判不公,司法部长可以指令适当法院重新审理、指示重新听审或者提交给上诉法院进行裁决;否则,驳回申请(第696.3条)。

此外,《加拿大刑事法典》规定,对于没有意义的上诉,法官可以简单地驳回上诉而提高诉讼效率。公正审判、被指控犯罪的人有权在被逮捕或关押期间获得律师的帮助、非法证据的排除、不自证己罪等等制度,均规定在宪法性文件《加拿人权利和自由宪章》之中,相关权利从而获得宪法性权利的性质,比规定在具体的部门法律中获得更加有力的保障。

译事之吃力不讨好乃翻译人之共同深切感受,法典之译更是难乎众人。尽管两位译者怀着真挚的希腊神话中的"信使"之心来做此译事,对法典中的一些段落和术语有过讨论甚至争论,比如以"可诉罪"和"简易罪"替代"公诉罪"和"简易程序罪"之可能选择,是我们的妥协和共识的结果(考虑的是我们的学术传统和保持其"外国性");但愿我们能"正确"转达原文的核心意义,是否已经做到有待读者和研究者的评判。本法典已经变为法律专业化的中文表达,但章、条、项、目的顺序排列仍保持外国特色,这也可以不断提醒读者这是一部外国法典。因此,我们有三点希望:一是读者阅读本法典的中译本时,要用阅读一本著作那样的心态,不要用对待本国有效运行法典的标准,即要求表述的周延

和精确,因为翻译是比较私人的劳作,要体现译者个人的现有知识状态和表达偏好;二是更多地从法律社会学视角看待法典中译本,主要观察加拿大人如何或者预期如何通过刑事法来塑造和保护他们的社会和社会生活,理解他们如何建构与解决问题的,这样有可能更好地发现本法典的意义;三是本法典的中译本可以让更多的国人用更少的时间了解加拿大的刑事法,学习到加拿大人解决问题的智慧。

由于译者的知识和能力所限,译文与本介评文字的错误,欢迎批评指正。幸好在信息化时代,有足够的正确与错误的信息在传播。只要愿意,人们就可以通过各种渠道,获得正确的知识;而一个错误的影响,比过去的信息封闭和垄断的时代,可减弱许多。如此考虑,对于可能存在的并非故意的错误,又稍感心安了!本书责任编辑孙战营女士,以高度的职业素养和敬业精神减少了许多错误,深表感谢!也感谢对我们的译事及其出版事务提供支持和帮助的家人和其他所有人士!

罗文波　冯凡英

2007 年 11 月 22 日

第四十六编
关于刑事法典的法律

简　　称

简称　　　　　**第1条**　本法简称为刑事法典。

定　　义

定义　　　　　**第2条**　在本法中，
"法"　　　　　"法"包括：
　　　　　　　（a）国会法；
　　　　　　　（b）加拿大前省议会法；
　　　　　　　（c）省议会法；
　　　　　　　（d）加拿大省或者地区议会，或者其归属加拿大的省或者地区前地方议会所通过的法律或者法令。
"有关人员"　　"有关人员"指进行活动以协助完成联合国行动的任务的下列人员：
　　　　　　　（a）由一国政府或者政府间组织根据与联合国主管机关的协议派遣的人；
　　　　　　　（b）由联合国秘书长或者专门机构或者国际原子能机构聘用的人；
　　　　　　　（c）由人道主义非政府组织或者机构根据同联合国秘书长或者专门机构或者国际原子能机构的协议所部署的人。
"总检察长"　　"总检察长"：
　　　　　　　（a）除适用（c）至（f）项的情形外，指适用本法诉讼的省的总检察长或者副总检察长，并包括其合法代理人；

(b) 在育空地区、西北地区和努纳武特地区，以及针对违反、阴谋违反或者未遂违反加拿大国会法或者根据国会法制定的其他法令，应加拿大政府要求，由该政府或者其代表提起的起诉中，指加拿大总检察长及其合法代理人；

(c) 在与恐怖主义犯罪，第57条、58条、83.12条、424.1条或者433.1条规定的犯罪或者第235条、236条、266条、267条、268条、269条、269.1条、271条、272条、273条、279条或者279.1条规定的针对联合国人员或者有关人员的犯罪有关的诉讼中，指加拿大总检察长或者适用本法诉讼的省的总检察长或者副总检察长，以及其合法代理人；

(d) 在与下列犯罪有关的诉讼中，指加拿大总检察长或者适用本法诉讼的省的总检察长或者副总检察长，以及其合法代理人：

(i) 第7条第(3.71)款规定的犯罪；

(ii) 第83.01条第(1)款"恐怖行为"定义中(a)项规定的犯罪，其作为或者不作为在加拿大境外实施而根据第7条第(2)款、(2.1)款、(2.2)款、(3)款、(3.1)款、(3.4)款、(3.6)款、(3.72)款或者(3.73)款被视为在加拿大境内实施；

(e) 在作为或者不作为构成的犯罪符合下列规定时，指加拿大总检察长或者适用本法诉讼的省的总检察长或者副总检察长，以及其合法代理人：

(i) 构成第83.01条第(1)款规定的"恐怖行为"定义中(b)项所述的恐怖行为；

(ii) 在加拿大境外实施，而根据第7条第(3.74)款或者第(3.75)款的规定被视为在加拿大境内实施；

(f) 就第83.13条、83.14条、83.28条、83.29条或者83.3条规定的程序而言，指加拿大总检察长或者适用本法诉讼的省的总检察长或者副总检察长，以及其合法代理人。

"银行券" "银行券"包括具备下列情形的任何流通证券，意图于签发时或者其后若干时间内用作货币或者货币代价，包括银行汇票及银行邮币券：

(a) 由经营银行业务的人或者其代表在加拿大境内外签发；

(b) 经加拿大国会或者其他国家政府授权所签发。

"人身伤害"   "人身伤害"指对于人身健康或者舒适造成妨碍的任何伤害,而不是短暂的或者实质上轻微的伤害。

"加拿大部队"   "加拿大部队"指加拿大征集的皇家武装部队。

"家畜"   "家畜"指牛及牛属动物,而无论其学名或者俗名为何,包括马、骡、驴、猪、绵羊和山羊。

"法庭书记官"   "法庭书记官"包括偶尔履行法庭书记官职责的人,无论其名称或者头衔为何。

"普通法配偶"   "普通法配偶"指与一个人以夫妻关系同居1年以上并且正在同居的人。

"原告"   "原告"指被控犯罪的被害人。

"律师"   "律师"指与省法律授权出庭律师和事务律师可以进行的与法律程序相关的事项有关的出庭律师或者事务律师。

"罪状"   "罪状"指起诉状或者公诉书中的指控。

"上诉法院"   "上诉法院":

(a) 在爱德华王子岛省,指最高法院上诉分庭;

(b) 在其他省,指上诉法院。

"具有刑事管辖权的法院"   "具有刑事管辖权的法院":

(a) 由高等法院法官主审时,指一般治安法庭或者季审治安法庭;

(a.1) 在魁北克省,指魁北克法院、蒙特利尔市法院和魁北克市法院;

(b) 省法院法官或者根据第十九章规定行事的法官;

(c) 在安大略省,指安大略法院。

"犯罪组织"   "犯罪组织"与第467.1条第(1)款规定含义相同。

"犯罪组织犯罪"   "犯罪组织犯罪"指:

(a) 第467.11条、467.12条或者467.13条规定的犯罪或者为犯罪组织利益、受犯罪组织指示或者与犯罪组织共同实施的严重犯罪;

(b) 共谋或者企图实施(a)项规定的犯罪、这类犯罪的事后从犯或者教唆犯。

"日间"   "日间"指上午六时至下午九时。

"货物权利证书"   "货物权利证书"包括货物及其他有价物品买卖单据、提单、保证书、证明书、发送证、转移证及日常营业用以证明持有或者控制物品的其他文书,授权或者表示授权文书持有人可以以背书或者交付的方式转移或者收受该文书所表明或者指示的物品。

"土地权利证书"　"土地权利证书"包括不动产的全部或者部分,或者其任何利益的证明文件及其公证或者登记的副本,经加拿大现行法律的规定或者授权所颁发的关于该不动产或者利益有关的权力登记副本、证明书或者文件。

"住宅"　"住宅"指永久或者临时居住而保管或者占有的建筑物全部或者一部,包括:

(a) 住宅庭院内的由出入口或者覆盖或者围绕的走廊与住宅相通的建筑;

(b) 用作永久或者临时居住而可移动的正在作为住所而使用的设计单元。

"每人"、"人"和"所有人"　"每人"、"人"和"所有人"以及类似用语包括女王和组织。

"爆炸物"　"爆炸物"包括:

(a) 任何企图用于制造爆炸物的物质;

(b) 任何用于或者企图用于或者足以导致或者帮助导致爆炸物爆炸的物质或者其部分;

(c) 燃烧手榴弹、燃烧弹、手投燃烧弹或者其他类似燃烧物或者器械及延时器械或者其他企图使用的与上述物质或者器械相关的其他物体。

"弱智人"〔已废止〕

"火器"　"火器"指可以发射弹丸、子弹或者其他发射物并能致人重伤或者死亡的管状武器,并包括这种管状武器的支架或者接受器以及可以改装为火器的任何物品。

"政府或者公共设施"　"政府或者公共设施"指永久性或者临时性的设施或者交通工具,由国家代表、政府成员、立法机构成员、司法官员,或者国家、其他政府机构或者公共实体的官员或者雇员,或者政府间组织的官员或者雇员使用或者占有并与其职责相关。

"皇家部队"　"皇家部队"指一切皇家海、陆、空军部队,包括加拿大部队。

"公路"　"公路"指公众有权通行的道路,包括其桥梁和隧道。

| "起诉书" | "起诉书"包括：
（a）起诉书及其包含的罪状；
（b）被告的答辩、原告对被告答辩的驳复或者其他辩解；
（c）任何记录。
| "受国际保护的人" | "受国际保护的人"指：
（a）国家元首，包括依有关国家宪法行使国家元首职责的集体机构的成员、政府首脑或者外交部长，无论其是否在其拥有特定职务或者职责的国家；
（b）在他国陪伴（a）项所述人员的家庭成员；
（c）一国的代表或者官员或者具有政府间性质的国际组织的官员或者代理人，其一旦受到第7条第（3）款所示对其人身或者第431条所示其使用财产的侵犯，依照国际法，他有权得到特殊保护，以防其人身、自由或者尊严受到侵犯；
（d）（c）项所述代表、官员或者代理人的家庭成员，一旦该成员受到第7条第（3）款所示的对于其人身的犯罪或者对于第431条所示其使用财产的侵犯，该代表、官员或者代理人依照国际法有权得到特殊保护，以防其人身、自由或者尊严受到侵犯。

"法官"　　　　"法官"指治安法官或者省法院法官，包括依法执行职务或者依法行使管辖权的两名或者两名以上的法官。

"司法体系参与人"　　　　"司法体系参与人"指：
（a）参议院、众议院、立法议会或者市议会的成员；
（b）参与刑事审判的人，包括：
（i）加拿大副总检察长和负责某省警察事务的部长；
（ii）检察官、律师、魁北克公证法庭的成员和法院官员；
（iii）法官；
（iv）陪审员和受传唤作陪审员的人；
（v）告发人、预期证人、受传票传唤作证的人和已经作证的证人；
（vi）"治安官"定义中（b）项、（c）项、（d）项、（e）项和（g）项中所称的人；
（vii）警察部队的文职雇员；
（viii）受雇参加法庭管理的人；

　　　　　　　　　　（viii.1）第 25.1 条第（1）款范围内的公职人员和依其指示行事的人；

　　　　　　　　　　（ix）根据议会法参加犯罪调查的加拿大海关和税务总署的雇员；

　　　　　　　　　　（x）联邦或者省矫正的雇员、假释监督官和在矫正机构监督下参加判决执行的其他人，以及根据《矫正和有条件释放法》进行处分听证的人；

　　　　　　　　　　（xi）国家假释委员会、省假释委员会的雇员和成员。

　　　　　　　　　　"治安法官"〔已废止〕

"精神失常"　　　　"精神失常"指意识方面的疾病。

"军事"　　　　　　"军事"应依其与全体或者部分加拿大部队的关系而解释。

"军法"　　　　　　"军法"包括一切有关加拿大部队的法律、规则和命令。

"机动车辆"　　　　"机动车辆"指以人畜力量以外任何方式拖曳、发动或者驱动的车辆，但不包括铁路设施。

"自治市"　　　　　"自治市"包括城、镇、村、郡、乡、教区、其他区或者省的地方区划，其居民为社团的成员并可以因共同的目的而共有其财产。

"新生儿"　　　　　"新生儿"指不满一岁的人。

"夜间"　　　　　　"夜间"指下午九时至第二天上午六时。

"与犯罪有关的财产"　"与犯罪有关的财产"指位于加拿大境内或者境外、有下列情形之一的财产：

　　　　　　　　　　（a）本法规定的犯罪以其为手段而实施或者与其相关；

　　　　　　　　　　（b）其以任何方式的使用与本法规定的犯罪的实施有关；

　　　　　　　　　　（c）企图将其用于实施本法规定的可诉罪。

"罪犯"　　　　　　"罪犯"指由法院裁决有罪的人，无论是根据认罪还是根据判决有罪。

"进攻性武器"　　　"进攻性武器"与"武器"同义。

"组织"　　　　　　"组织"指：

　　　　　　　　　　（a）公共团体、法人、社团、公司、商号、合伙、工会和地方自治体；

　　　　　　　　　　（b）符合下列条件的人的联合：

　　　　　　　　　　（i）为共同目的而成立；

(ii) 有执行机构；

(iii) 在公众面前以人的联合出现。

"治安官"   "治安官"包括：

(a) 市长、镇长、村会主席、法警长、副法警长、法警及治安法官；

(b) 根据《矫正与有条件释放法》第1章指定为治安官的加拿大矫正机构成员、《矫正与有条件释放法》第1章所规定的教养院之外的监狱的监狱长、副监狱长、教员、监护员、监狱管理员、守卫及其他官员或者永久雇员；

(c) 警官、警察、执达员、警员或者其他受雇维持公共秩序或者在民事诉讼程序中服务或者执行的人员；

(d) 依据《关税法》、《国产税法》或者《2001年国产税法》有权执行海关或者税务行政职务的官员或者人员；

(e) 依据《捕鱼法》指定并执行职务的渔业保护人，以及依据《捕鱼法》被指定并依据该法或者《海岸捕鱼保护法》执行职务的人员；

(f) 于飞行中，控制有下列情形之一的航空器的飞行员：

(i) 已经根据《航空法》在加拿大登记；

(ii) 空机租于并由依据《航空法》指定的规则的规定可以作为根据这些规定在加拿大登记为航空器所有人的人经营；

(g) 有下列情形之一的加拿大部队官兵：

(i) 根据《国防法》第156条的目的被指派；

(ii) 总督为实现本项的目的依《国防法》的规定雇佣执行职务而具有治安官的权力。

"监狱"   "监狱"包括教养院、国家监狱、普通或者感化监狱、拘留所禁闭室或者其他羁押被诉人或者服刑人的场所。

"财产"   "财产"包括：

(a) 各种动产与不动产、关于或者证明对财产的所有权或者其他权利或者授权追索或者收受金钱或者物品的契据或者票据；

(b) 原始占有或者控制的财产，及变更或者交换的财产或者因该变更或者交换而取得的财产；

	(c)明信片、邮票或者为向政府(或者自治团体)缴纳各项费用或者捐税而经国会或者省议会授权印发或者预备印发的其他凭证,无论是否为政府或者任何人持有。
"起诉人"	"起诉人"指总检察长,在总检察长不参加诉讼时,指依本法规定提起诉讼的人,包括作为其代理人的律师。
"省法院法官"	"省法院法官"指依省议会法指派或者授权的具有两名以上治安法官的权力和权威的人员,无论其名义为何,包括其合法代理人。
"公共机关"	"公共机关"指依加拿大政府的部门或者其分支机构、委员会、法人团体,或者在加拿大代表女王的其他机构。
"公职人员"	"公职人员"包括:
	(a)海关或者税务人员;
	(b)加拿大部队的军官;
	(c)加拿大皇家骑警队官员;
	(d)执行加拿大关于国税、关税、国产税、贸易或者航海法律的人员。
"公共财产"	"公共财产"包括公共机关或者其工作人员照看、监管、管理或者控制下的私人财产。
"铁路设施"	"铁路设施"指:
	(a)专门为在铁轨上运行而制作的机械,不论该机械能否独立运行;
	(b)为在铁轨上或者铁轨外均能运行而设计的正于铁轨上运行的车辆。
"代表"	"代表"指组织的董事、股东、雇员、成员或者承包人。
"高级职员"	"高级职员"指在指定组织的政策时发挥重要作用或者对于组织活动的某一重要方面负责管理的人,对于法人而言,包括其董事、首席执行官和首席财务官。
"重罪"	"重罪"与第467.1条第(1)款规定含义相同。
"偷取"	"偷取"指盗窃。
"有刑事管辖权的高等法院"	"有刑事管辖权的高等法院"指:
	(a)在安大略省,指上诉法院或者高等法院;
	(b)在魁北克省,指高等法院;
	(c)在爱得华王子岛,指最高法院;
	(d)在新不伦瑞克省、曼尼托巴省、萨斯喀彻温省和阿

第四十六编　关于刑事法典的法律

尔伯塔省,指上诉法院或者王座法庭；

（e）在诺瓦斯科舍省、不列颠哥伦比亚省和纽芬兰省,指最高法院或者上诉法院；

（f）在育空地区,指最高法院；

（g）在西北地区,指最高法院；

（h）在努纳武特省,指努纳武特法院。

"地区的区划"　　"地区的区划"包括省、郡、郡邦、市镇、市区、教区或者其他适用本法的司法区或者地方。

"恐怖犯罪"　　"恐怖犯罪"指：

（a）第83.02条至第83.04条、第83.18条至第83.23条中任何一条规定的犯罪；

（b）本法或者其他议会法规定的、为恐怖组织的利益、受恐怖组织的指示或者与恐怖组织配合实施的可诉罪；

（c）本法或者其他议会法规定的犯罪,构成这类犯罪的行为同时构成恐怖活动；

（d）（a）、（b）或者（c）三项所规定的犯罪的共谋、未遂、事后从犯或者教唆犯；

"恐怖活动"　　"恐怖活动"与第83.01条第（1）款规定含义相同。

"恐怖组织"　　"恐怖组织"与第83.01条第（1）款规定含义相同。

"遗嘱文件"　　"遗嘱文件"包括遗嘱人生前就其动产或者不动产的处分,死后发生效力的遗嘱、遗嘱附件及其他遗嘱文书或者指示。

"受托人"　　"受托人"指经法律宣布或者依省法规定为受托人,及由契约、遗嘱、书面文据或者口头陈述明示委托的受托人。

"不适于受审"　　"不适于受审"指由于精神失常,在判决作出之前不能在诉讼的任何阶段进行辩护或者不能委托辩护人进行辩护,尤其是由于精神失常而不能实施下列行为之一：

（a）理解诉讼的性质或者目的；

（b）理解诉讼可能导致的结果；

（c）同辩护人进行交流。

"联合国行动"　　"联合国行动"指联合国主管机关根据《联合国宪章》设立并在联合国的权力和控制之下进行的行动,并且,该行动是以维持或者恢复国际和平与安全为目的,或者为《联合国人员和有关人员安全公约》目的,联合国安理会或者联合国大会宣布参加行动人员的安全面临特殊危险。经联合国安理会根据《联合国宪章》第七章授权作为执行行动、有任何参与人员作为与有组织的武装部队作战的战斗人员、并适用国际武装冲突法的行动，不包括在内。

"联合国人员"　　"联合国人员"指：

（a）由联合国秘书长聘用或者部署担任联合国行动的军事、警察或者文职部门的成员的人；

（b）由联合国或者其专门机构或者国际原子能机构派遣、在进行联合国行动的地区具有正式身份的其他官员和专家。

"有用矿物"　　"有用矿物"是指每公斤价值在 100 元以上的矿物，包括贵金属、钻石、其他宝石以及包含这些矿物的任何矿石和矿砂。

"有价证券"　　"有价证券"包括：

（a）授予或者证明下列权利的授权凭证或者交换汇票、国库收据或者其他证券：

（i）政府债券、公共基金或者法人、公司或者社团基金的股权或者股息；

（ii）在金融机构的存款；

（b）债券、契据、证券、支票、借据、栈单、汇票或者对于金钱或者金钱支付的任何担保；

（c）土地或者货物权利证书；

（d）保证或者证明关于动产或者动产利益或者证明动产交付的凭证或者书面文件；

（e）免债、收受、履行或者其他证明付款的文件。

"被害人"　　"被害人"包括被指控的犯罪的受害人。

"武器"　　"武器"指用于、设计用于或者意图用于下列用途的任何物品，包括火器：

（a）造成死亡或者人身伤害；

（b）目的在于恫吓或者威胁他人而使用。

"船只残骸"　　"船只残骸"包括货物、补给品、船具、与船只分离的零件以及在加拿大境内毁坏、搁浅或者遇难船只上所属的人员、工作人员或者弃船人员的个人财物。

"书面文件"　　"书面文件"包括以书写、印制、铭刻或者以其他方式记

第四十六编　关于刑事法典的法律

载的任何种类、模式或者任何材料的文字、数字、地图文件。

参考引用　　**第3条**　本法中任何条款引用作本法其他条款或者其他法的条款时,应用括号括上,以表明它们是说明或者表示说明被引用条款的主题,括号里的词语不构成该条款的部分,视为只为引用方便的插入语。

第一章 一般规定

审判行为的效力　　**第 3.1 条**　除有其他规定或者命令外,法庭或者法官作出的任何行为于其完成时生效,无论是否形成书面文件。

明信片有形财产,价值　　**第 4 条**　(1)本法第 2 条"财产"定义之(c)项所述之明信片或者邮票应视为有形财产,其价值等于其票面所示之邮资、价格或者税额。

有价证券之价值　　(2)在本法中,当有价证券价值重大时,依下列规定确定其价值:

(a)当有价证券为第 2 条"有价证券"定义之(a)或者(b)项所述者,其价值分别为该有价证券所保证之股票、利息、存款或者未付款项的价值;

(b)当有价证券为第 2 条"有价证券"定义之(c)或者(d)项所述者,其价值分别为土地、货物、动产或者动产权益之价值;

(c)当有价证券系第 2 条"有价证券"定义之(e)项所述者,其价值为已支付金额。

占有　　(3)在本法中,

(a)实际占有物品或者明知有下列情形之一者,为物的占有者:

(i)他人实际占有或者保管其物;

(ii)为自己或者他人之使用或者利益,于任何处所占有其物,而无论该处所是否属于本人或者由本人占有;及

(b)两人或者两人以上中之一人,在其他人知悉和同意时,保管或者占有物品,应视该物为各人以及全体保管和占有。

引用其他法规之词语　　(4)当本法所述之罪行与其他法所述之罪行有关时,本法有关该罪行所使用之文字和用语,在适用本法之前提下,与其他法所规定之意义同。

性交　　(5)本法中,性交即使是最低程度的插入,尽管无射精,仍以完成论。

第一章 一般规定

由宣誓书证明之送达	（6）本法中，任何文件的送达、通知的送予可以分别由下列事项证明： （a）声称送达或者送予的人宣誓作出的口头证据、宣誓书或者郑重声明； （b）证明文件或者通知已经由治安官送达或者送予的书面声明，该声明视为经宣誓作出。
出庭质询	（7）尽管有第（6）款之规定，法庭可以要求该款所述之宣誓书或者郑重声明书之签署者出庭，就证明送达或者送予事项的证明问题接受询问或者反问。
加拿大武装力量不受影响	第5条　对有关管理加拿大部队之法律，本法不适用。
无罪推定	第6条　（1）立法规定了某一犯罪，并规定了刑罚的： （a）任何人在根据第730条规定被判定有罪或者撤销指控前，应被视为无罪； （b）根据第730条被判定有罪或者撤销指控的人，不得被处以本法或者确立此罪之法令规定以外的任何处罚。
在加拿大境外的犯罪	（2）除适用本法或者其他议会法的之外，不得根据第730条对在加拿大境外犯罪的人定罪或者撤销指控。
"立法"的定义	（3）本条中，"立法"系指下列法律和根据其制定的规则： （a）议会制定法； （b）省立法机构制定的、确立适用第二十七章的罪名的法。
航空器上的犯罪	第7条　（1）尽管有本法和其他法之规定，在加拿大境内外实施作为或者不作为，而该作为或者不作为如发生于加拿大境内将构成可诉罪，并且有下列情形之一的，应视该作为或者不作为在加拿大境内实施： （a）在飞行中的航空器上，或者与之有关，而该航空器具有下列情形之一： （i）根据《航空法》的规定，已在加拿大注册； （ii）由根据《航空法》的规定合格登记为已在加拿大注册的航空器机主的人空机承租和经营； （b）在飞行中且目的港为加拿大的航空器上。
同上	（2）尽管有本法或者其他法之规定，实施下列作为或者不作为，如行为人于行为后出现在加拿大境内，应视该作

或者不作为在加拿大境内实施：

(a) 在加拿大境外处于飞行中的航空器上，实施作为或者不作为，而该作为或者不作为如在加拿大境内或者依《航空法》规定在加拿大注册的航空器上实施，将构成第76条或者第77条(a)项之犯罪；

(b) 与使用中的航空器相关，在加拿大境外实施作为或者不作为，而该作为或者不作为如发生于加拿大境内，将构成第77条(b)项、(c)项或者(e)项之犯罪；

(c) 与用于国际航行的导航设施相关，在加拿大境外实施作为或者不作为，而该作为或者不作为如发生于加拿大境内，将构成第77条(d)项之犯罪；

(d) 与服务于国际民用航空的机场相关，在加拿大境外实施作为或者不作为，而该作为或者不作为如发生于加拿大境内，将构成第77条(b)项或者(f)项之犯罪；

(e) 在加拿大境外，实施作为或者不作为，而该作为或者不作为如发生于加拿大境内，将构成本款规定犯罪之阴谋或者企图，或者构成涉及此罪的事后从犯或者指使者。

针对固定平台或者国际海上航行的犯罪

(2.1) 尽管有本法或者其他法之规定，任何人，在加拿大境外，针对或者于毗邻任何国家大陆架的固定平台，或者针对或者于正航行至或者预定航行至任何国家领海以外的船只，实施作为或者不作为，而该作为或者不作为如发生于加拿大境内，构成第78.1条之犯罪或者其阴谋或者企图，或者构成该罪的事后从犯或者指使者，该作为或者不作为有下列情形之一，应视为该作为或者不作为在加拿大境内实施：

(a) 针对或者于毗邻加拿大大陆架的固定平台；

(b) 针对或者于依议会法已注册、有牌照或者已签发识别号码的船只；

(c) 加拿大公民所为；

(d) 非任何国家之公民，但常住加拿大之人所为；

(e) 实施者于行为后出现在加拿大境内；

(f) 采取诸如逮捕、伤害或者杀害，或者威胁伤害或者杀害加拿大公民之方式；

(g) 实施行为的意图在于强迫加拿大政府实施或者不实施一定行为。

针对固定平台或者其他国家内水或者领海航行的犯罪	（2.2）尽管有本法或者其他法之规定，任何人，在加拿大境外，针对或者于非毗邻任何国家大陆架的固定平台，或者针对或者于非正航行至或者预定航行至任何国家领海以外的船只实施作为或者不作为，而该作为或者不作为如发生于加拿大境内，构成第78.1条之犯罪或者其阴谋或者企图，或者构成该罪的事后从犯或者指使者，该作为或者不作为符合下列条件，应视为该作为或者不作为在加拿大境内实施： （a）如果该作为或者不作为符合第（2.1）款（b）项至（g）项任何一项之规定； （b）罪犯在行为地以外的有下列情形之一的其他国家被发现： （i）于1988年3月10日在罗马通过的《关于制止危及海上航行安全非法行为公约》的缔约国； （ii）于1988年3月10日在罗马通过的《制止危及大陆架固定平台安全非法行为议定书》的缔约国。
太空站—加拿大机组成员	（2.3）尽管有本法或者其他法之规定，加拿大机组成员于太空飞行中在加拿大境外实施作为或者不作为，而该作为或者不作为如发生于加拿大境内将构成可诉罪，该作为或者不作为有下列情形之一，应视为该作为或者不作为在加拿大境内实施： （a）在太空站的飞行部件上实施或者与其有关； （b）在往返太空站的任何运输工具上实施。
太空站—合作国家的机组成员	（2.31）尽管有本法或者其他法之规定，合作国家机组成员于太空飞行中在加拿大境外实施作为或者不作为，该作为或者不作为系针对太空站飞行部件而实施或者与其有关或者在往返太空站的工具上实施的，而该作为或者不作为如发生于加拿大境内将构成可诉罪且有下列情形之一，应视为该作为或者不作为在加拿大境内实施： （a）对加拿大机组成员的生命或者安全构成威胁； （b）在加拿大提供的飞行部件上实施、与其相关或者对其造成破坏。
加拿大总检察长提起的程序	（2.32）尽管有第2条规定的"总检察长"的定义，加拿大总检察长可以对第（2.3）款或者（2.31）款规定的犯罪提起诉讼。为此目的，加拿大总检察长可以行使所有权力和履

加拿大刑事法典

行本法或者根据本法规定所承担的义务和职责。

加拿大总检察长同意　　（2.33）不经加拿大总检察长同意,不得对第(2.3)款或者第(2.31)款规定的犯罪提起诉讼。

定义　　（2.34）本款规定的定义适用于本款和第(2.3)款及第(2.31)款。

"协定"　　"协定"与《民用国际太空站协定施行法》含义相同。

"加拿大机组成员"　　"加拿大机组成员"指有下列情形之一的太空站机组成员:

(a) 为加拿大公民;

(b) 为合作国家以外的外国公民,而由加拿大指定作为在飞行部件上或者与飞行部件有关的太空飞行的机组成员。

"合作国家的机组成员"　　"合作国家机组成员"指有下列情形之一的太空站机组成员:

(a) 为合作国家公民;

(b) 为合作国家以外的外国公民,而由合作国家指定作为在飞行部件上或者与飞行部件有关的太空飞行的机组成员。

"飞行部件"　　"飞行部件"指由加拿大提供,或者根据协定或者为执行协定而签署的谅解备忘录或者其他执行安排而由合作国家提供的太空站飞行部件。

"合作国家"　　"合作国家"指加拿大以外的国家,其已签约加入协定、且协定根据其第25条的规定已经生效。

"太空飞行"　　"太空飞行",开始于发射太空站机组成员,持续于他们在轨道上停留期间,并终止于他们在地球降落。

"太空站"　　"太空站"指作为装备由合作国家或者合作国家代表提供的飞行部件和专用地面部件、位于地球低轨道的多用途设施的民用国际太空站。

针对受国际保护人员的犯罪　　（3）尽管有本法或者其他法之规定,任何人,在加拿大境外对受国际保护之人或者对第431条所述由其使用的任何财产,实施作为或者不作为,而该作为或者不作为如发生于加拿大境内,将构成第235条、第236条、第267条、第268条、第269条、第269.1条、第271条、第272条、第273条、第279条、第279.1条、第280条至第283条、第424条或者第431条规定的任何犯罪,如有下列情形,应视为该作为或者

第一章 一般规定

不作为在加拿大境内实施：

(a) 该作为或者不作为在依据议会法已在加拿大注册、有牌照、或者已签发识别号码的船只上实施；

(b) 该作为或者不作为在有下列情形之一的航空器上实施：

(i) 根据《航空法》的规定在加拿大注册；

(ii) 根据《航空法》之规定，由合格登记为在加拿大注册的航空器机主之人空机承租和经营；

(c) 行为人为加拿大公民，或者于行为后出现在加拿大境内；

(d) 该作为或者不作为系针对下列人员：

(i) 因代表加拿大而享有国际保护地位的人；

(ii) 上述(i)目所述、符合第2条"受国际保护人员"定义中(b)项或者(d)项所述人员的家属。

扣留人质犯罪 (3.1) 尽管有本法或者其他法之规定，任何人、在加拿大境外，实施作为或者不作为，而该作为或者不作为如发生于加拿大境内，将构成第279.1条之罪行，如果有下列情形之一，应视为该作为或者不作为在加拿大境内实施：

(a) 该作为或者不作为在依据议会法已注册、有牌照、或者已签发识别号码的船只上实施；

(b) 该作为或者不作为在有下列情形之一的航空器上实施：

(i) 根据《航空法》的规定，在加拿大注册的航空器，或者

(ii) 根据《航空法》的规定，由合格登记为已在加拿大注册的航空器机主的人空机承租和经营的航空器；

(c) 该作为或者不作为的实施者有下列情形之一：

(i) 为加拿大公民；

(ii) 为无国籍人，但经常居住在加拿大；

(d) 实施作为或者不作为，意图在于诱使女王陛下在加拿大或者其某个省的代表实施或者导致实施任何作为或者不作为；

(e) 因该作为或者不作为而被劫持为人质的人为加拿大公民；

(f) 该作为或者不作为的实施者系于行为后出现在加拿大。

涉及核材料的犯罪

(3.2) 尽管有本法或者其他法之规定，作为或者不作为适用第(3.5)款(a)项、(b)项或者(c)项并符合下列条件，应视该作为或者不作为在加拿大境内实施：

(a) 行为人在加拿大境外接受、占有、使用、转让占有核材料，或者给任何人寄送、运输、改造、处理或者弃置核材料，因此而导致下列情形之一：

(i) 导致或者可能导致他人死亡或者重伤；

(ii) 导致或者可能导致财产严重损害或者毁坏；

(b) (a)项所述之作为或者不作为如发生于加拿大境内，将构成触犯本法之犯罪。

同上

(3.3) 尽管有本法或者其他法之规定，任何人，在加拿大境外，实施作为或者不作为，而该作为或者不作为如在加拿大境内实施，将构成下列罪行之一，且第(3.5)款(a)项、(b)项或者(c)项适用于该作为或者不作为，应视为该作为或者不作为在加拿大境内实施：

(a) 共谋实施依据第(3.2)款为犯罪的作为或者不作为，或者未遂；

(b) 构成第(3.2)款罪行的作为或者不作为的事后从犯；

(c) 构成第(3.2)款罪行的作为或者不作为的指使者。

同上

(3.4) 尽管有本法或者其他法之规定，任何人，在加拿大境外，实施作为或者不作为，而该作为或者不作为如发生于加拿大境内将构成犯罪、共谋或者企图犯罪，或者构成涉及事后从犯或者指使者而违反下列规定之一，且第(3.5)款(a)项、(b)项或者(c)项适用于该作为或者不作为，应视该作为或者不作为在加拿大境内实施：

(a) 第334条、第341条、第344条或者第380条，或者第362条第(1)款(a)项有关核材料之规定；

(b) 第346条有关威胁实施第334条或者第344条有关核材料犯罪之规定；

(c) 第423条有关对核材料要求之规定；

(d) 第264.1条第(1)款(a)项或者(b)项有关威胁使

第一章 一般规定

用核材料之规定。

同上　　（3.5）在第（3.2）款至第（3.4）款中,如果实施的作为或者不作为有下列情形之一,应视该作为或者不作为在加拿大境内实施：

（a）该作为或者不作为在依据议会法已注册、有牌照、或者已签发识别号码的船只上实施；

（b）该作为或者不作为发生在下列航空器上实施：

（ⅰ）根据《航空法》的规定,在加拿大注册的航空器；

（ⅱ）根据《航空法》的规定,由合格登记为已在加拿大注册的航空器机主之人空机承租和经营的航空器；

（c）行为者为加拿大公民,或者于行为后在加拿大境内出现。

"核材料"的定义　　（3.6）本条中,"核材料"指下列物质,但不包括以矿砂或者矿渣形式存在的铀：

（a）钚,但钚-238 同位素浓度超过80%的除外；

（b）铀-233；

（c）含有铀-233 或者铀-235 或者这两种物质的铀,且含量与同位素铀-238 的比例大于0.72%；

（d）同位素浓度与自然界中同位素浓度相等的铀；

（e）任何含有（a）项至（d）项所述物质的物质。

管辖权　　（3.7）尽管有本法或者其他法之规定,任何人,在加拿大境外实施作为或者不作为,而该作为或者不作为如发生于加拿大境内,将违反第269.1 条之规定而构成犯罪、共谋或者未遂,或者构成事后从犯或者指使者,且有下列情形之一,应视为该作为或者不作为在加拿大境内实施：

（a）该作为或者不作为在依据议会法已注册、已有牌照或者已签发识别号码的船只上实施；

（b）该作为或者不作为在有下列情形之一的航空器上实施：

（ⅰ）根据《航空法》的规定,在加拿大注册；

（ⅱ）根据《航空法》的规定,由合格登记为已在加拿大注册的航空器机主的人空机承租和经营；

（c）行为人为加拿大公民；

（d）原告为加拿大公民；

(e) 行为人于行为后在加拿大境内出现。

侵犯联合国人员或者有关人员的犯罪

(3.71) 尽管本法或者其他法之规定,任何人,在加拿大境外,实施侵害联合国人员、联合国有关人员或者第431.1条规定的财产的作为或者不作为,而此行为如发生于加拿大境内,将违反第235条、第236条、第266条、第267条、第268条、第269条、第269.1条、第271条、第279.1条、第424.1条或者第431.1条的规定而构成犯罪、共谋或者未遂,或者构成其事后从犯或者教唆犯者,且有下列情形之一,应视为该作为或者不作为在加拿大境内实施:

(a) 该作为或者不作为在依据议会法已注册、已有牌照或者已签发识别号码的船只上实施;

(b) 该作为或者不作为在有下列情形之一的航空器上实施:

(i) 根据《航空法》的规定,在加拿大注册;

(ii) 根据《航空法》的规定,由合格登记为已在加拿大注册的航空器机主的人空机承租和经营;

(c) 行为人有下列情形之一:

(i) 为加拿大公民;

(ii) 为无国籍人,但经常居住在加拿大;

(d) 行为人于行为后在加拿大境内出现;

(e) 行为系针对加拿大公民而实施;

(f) 实施行为的意图在于强迫加拿大政府或者省政府实施或者不实施一定行为。

涉及爆炸物或者其他杀伤性器械的犯罪

(3.72) 尽管有本法或者其他法之规定,任何人,在加拿大境外实施作为或者不作为,而该作为或者不作为如发生于加拿大境内,将违反第431.2条的规定而构成犯罪、共谋或者未遂,或者构成事后从犯或者指使者,且有下列情形之一,应视为该作为或者不作为在加拿大境内实施:

(a) 该作为或者不作为在依据议会法已注册、已有牌照或者已签发识别号码的船只上实施;

(b) 该作为或者不作为在有下列情形之一的航空器上实施:

(i) 根据《航空法》的规定,在加拿大注册;

(ii) 根据《航空法》的规定,由合格登记为已在加拿大

第一章 一般规定

注册的航空器机主之人空机承租和经营；

(iii) 为或者代表加拿大政府而经营；

(c) 行为人有下列情形之一：

(i) 为加拿大公民；

(ii) 为无国籍人,但经常居住在加拿大；

(d) 行为人于行为后在加拿大境内出现；

(e) 行为系针对加拿大公民而实施；

(f) 实施行为的意图在于强迫加拿大政府或者省政府实施或者不实施一定行为。

(g) 行为系针对位于加拿大境外的政府或者公共设施而实施。

与资助恐怖主义有关的犯罪

(3.73) 尽管有本法或者其他法之规定,任何人,在加拿大境外实施作为或者不作为,而该作为或者不作为如发生于加拿大境内,将违反第83.02条的规定而构成犯罪、共谋或者未遂,或者构成事后从犯或者指使者,且有下列情形之一,应视为该作为或者不作为在加拿大境内实施：

(a) 该作为或者不作为在依据议会法已注册、已有牌照或者已签发识别号码的船只上实施；

(b) 该作为或者不作为在有下列情形之一的航空器上实施：

(i) 根据《航空法》的规定,在加拿大注册；

(ii) 根据《航空法》的规定,由合格登记为已在加拿大注册的航空器机主的人空机承租和经营；

(iii) 为或者代表加拿大政府而经营；

(c) 行为人有下列情形之一：

(i) 为加拿大公民；

(ii) 为无国籍人,但经常居住在加拿大；

(d) 行为人于行为后在加拿大境内出现；

(e) 实施行为的目的在于实施第83.02条(a)项或者(b)项所述强迫加拿大政府或者省政府实施或者不实施一定行为的作为或者不作为；

(f) 实施行为的目的在于实施第83.02条(a)项或者(b)项所述侵害位于加拿大境外的加拿大政府或者公共设施的作为或者不作为；

(g) 实施行为的目的在于实施第83.02条(a)项或者(b)项所述在加拿大境内实施的或者侵害加拿大公民的作为或者不作为。

加拿大境外的恐怖主义犯罪

(3.74) 尽管有本法或者其他法之规定,任何人,在加拿大境外实施作为或者不作为,而该作为或者不作为如发生于加拿大境内,将构成第83.02条规定和第83.03条第(1)款中"恐怖行为"定义中(a)项规定之外的恐怖犯罪,且行为人有下列情形之一,该作为或者不作为应视为在加拿大境内实施:

(a) 为加拿大公民;

(b) 为无国籍人,但经常居住在加拿大;

(c) 属于《移民和难民保护法》第2条第(1)款所述的人且于行为后在加拿大境内出现。

加拿大境外的恐怖活动

(3.75) 尽管有本法或者其他法之规定,任何人,在加拿大境外实施作为或者不作为,而该作为或者不作为如发生于加拿大境内,将构成可诉罪,同时构成第83.01条第(1)款"恐怖行为"定义中(b)项所述之恐怖活动,且有下列情形之一,该作为或者不作为应视为在加拿大境内实施:

(a) 行为系针对加拿大公民而实施;

(b) 行为系针对位于加拿大境外的政府或者公共设施而实施;

(c) 实施行为的意图在于强迫加拿大政府或者省政府实施或者不实施一定行为。

(3.76)和(3.77)[已废止]

公用事业雇员犯罪

(4) 任何人,在加拿大境外受雇作为《公用事业就业法》规定的雇员期间,为作为或者不作为,该作为或者不作为依照当地法构成犯罪,如果在加拿大境内实施也构成可诉罪,该作为或者不作为应视为在加拿大境内实施。

与侵害儿童的性犯罪有关的犯罪

(4.1) 尽管有本法或者其他法之规定,任何人,在加拿大境外实施作为或者不作为,而该作为或者不作为如发生于加拿大境内,将违反151条、第152条、第153条、第155条或者第159条、第160条第(2)款或者第(3)款、第163.1条、第170条、第171条、第173条或者第212条第(4)款而构成犯罪,且行为人为加拿大公民或者《移民和难民保护法》第2

第一章　一般规定

条第(1)款规定的永久居民,应视为该作为或者不作为在加拿大境内实施。

(4.2) [已废止]

总检察长同意　(4.3) 必须经加拿大总检察长同意,才能对根据第(4.1)款规定视为在加拿大境内实施的作为或者不作为提起诉讼。

管辖权　(5) 一个人被指控为根据本条规定构成犯罪之作为或者不作为,无论其是否在加拿大境内,可以在加拿大境内的任何区域提起关于此罪的诉讼,被告接受审判与处罚之方式,如同此罪在那个区域实施。

被告出庭　(5.1) 为使本项规定更加明确无疑,本法关于下列事项的规定,对于依照第(5)款在任何地区提起的诉讼均适用:

(a) 要求被告于诉讼期间出庭及在场;

(b) 上述要求之例外。

先前在加拿大境外受审　(6) 一个人被指控为根据本条规定构成犯罪之作为或者不作为,并已在加拿大境外经过审判和处置,其方式如同在加拿大境内经审判和处置时将能辩称前经开释、前经定罪或者赦免,应视为在加拿大境内经过如此审判和处置。

如果被告非加拿大人　(7) 如果被告非加拿大公民,在根据本条规定法院有管辖权的诉讼开始后八天以内未得到加拿大总检察长的同意,诉讼不得继续进行。

"飞行"和"飞行中"的定义　(8) 在本条、第2条"治安官"定义、第27.1条、第76条和第77条中,"飞行"指飞行或者在空中运动之行为;航空器从装载完毕、机舱外部各门均已关闭时起,直至下列时刻中的后者为止,被视为在飞行中:

(a) 打开任一舱门以便卸载时;

(b) 航空器迫降的,机主或者经营者或者其代表接管该航空器时。

"使用中"的定义　(9) 本条和第77条中,航空器从地勤人员或者机组人员为某一特定飞行作飞行前准备开始,直至下列中最晚的时刻时为止,视为在飞行中:

(a) 航空器飞行前,取消飞行时;

(b) 航空器降落后24小时;

(c) 开始飞行后,航空器停止飞行时。

| 证件作为证据 | （10）在根据本法进行的诉讼中,是由外交部长或者经其授权签发的证件,不需要证明签名或者签名人的权力,也可采纳为证据;在没有相反证据时,即证明所陈述的任何人是否为联合国人员、联合国有关人员或者依照国际法有权得到保护以免其人身、自由或者尊严免受任何攻击和攻击威胁的人员的事实。|

同上　　　　　（11）由外交部长或者其授权签发的陈述下列任何事实的证件,即使没有证明签名或者签名者权力,在任何诉讼中也可采纳为证据;在没有相反证据时,即为其陈述的事实的证据:

（a）在某一特定时间,任何国家卷入针对加拿大的武装冲突,或者在武装冲突中为加拿大的同盟国;

（b）在某一特定时间,任何公约、条约或者其他国际合约有效或者无效以及加拿大是或者不是其缔约国;

（c）在涉及加拿大的武装冲突中,加拿大同意或者不同意接受或者适用公约、条约或者其他国际合约之规定。

适用范围　　　**第8条**　（1）本法的规定适用全加拿大,但下列地区除外:

（a）育空地区,只要本法的规定与育空法不一致;

（b）西北地区,只要本法的规定与西北地区法不一致;

（c）努纳武特地区,只要本法的规定与努纳武特不一致。

英格兰刑法的适用　　（2）1955年4月1日之前在某省有效的英格兰刑法,除经本法或者加拿大议会制定之其他法律修正、变更、修改或者影响者外,在该省继续有效。

普通法原则继续有效　　（3）在任何条件下赋予行为正当化或者免责理由或者针对指控的辩护理由的普通法规则和原则继续有效;除根据本法或者其他议会法修改或者与其不一致的以外,在针对本法或者其他议会法犯罪的诉讼中继续适用。

加拿大法律规定的刑事犯罪　　**第9条**　尽管有本法或者其他法之规定,任何人不得依第736条之规定以下列犯罪被定罪或者释放,但本条规定对于法院、法官或者省法院法官在1955年4月1日之前对藐视法庭罪进行处罚的权力、管辖权或者职权不发生影响:

（a）普通法上的犯罪;

	（b）英格兰议会、大不列颠议会或者联合王国议会制定的法律规定的犯罪；
	（c）某省、地区或者地方在归属加拿大之省前的有效法律或者法规规定的罪行。
上诉	第 10 条 （1）当法院、法官或者省法院法官按简易罪程序判定一个人当庭犯有藐视法庭罪并处以处罚时，此人可以就下列事项提出上诉：
	（a）定罪判决；
	（b）宣告刑。
同上	（2）当法院、法官或者省法院法官按简易罪程序判定一个人非当庭犯有藐视法庭罪并处以处罚时，此人可以就下列事项提出上诉：
	（a）定罪判决；
	（b）宣告刑。
第二十一章的适用	（3）依本条规定提起的上诉由进行诉讼省的上诉法院受理，第二十一章之规定比照适用于本条。
不中止民事救济	第 11 条 因作为或者不作为而产生的民事补偿，不得因其为刑事犯罪而中止或者受影响。
依数项法律处罚之犯罪	第 12 条 当作为或者不作为多部议会法规定之犯罪时，无论构成可诉罪或者简易罪，除非有相反的意图，对此行为人可以依照其中任何一部法律进行诉讼，但其不得对同一犯罪重复处罚。
十二岁以下的儿童	第 13 条 十二岁以下儿童不得因其作为或者不作为被判决有罪。
同意死亡	第 14 条 任何人无权同意将自己处死，不得因被害人同意而影响加害人之刑事责任。
对实际法的遵守	第 15 条 只要作为或者不作为符合对作为或者不作为的发生地事实上拥有主权的人临时制定并实施的法律，不得判行为人有罪。
精神病的辩护	第 16 条 （1）因患精神病，从而无能力辨别作为或者不作为的本质和性质，或者无能力知晓其作为或者不作为系错误的人，对该作为或者不作为不负刑事责任。
推定	（2）除以优势证据证明有相反情况外，任何人被推定精神正常而不得依据第（1）款规定免予刑事责任。

举证责任	（3）称被告正患精神病从而可以免予刑事责任的人，对此负有举证责任。
强迫	第17条 当场受他人以即刻处死或者人身伤害相威胁而强迫犯罪之人，如相信威胁即将实施而犯罪，并且也未参与共谋或者结伙，应免予刑事责任。但是，当犯罪为严重叛国罪或者叛国罪、谋杀罪、海盗罪、未遂谋杀罪、性侵犯罪、持武器性侵犯罪、对第三方威胁罪或者造成人身伤害罪、严重性侵犯罪、强迫诱拐罪、扣留人质罪、抢劫罪、持武器侵害罪或者造成人身伤害罪、严重侵害罪、非法造成人身伤害罪、纵火罪或者第280至283条规定之罪（诱拐及扣押青少年），本条不适用。
配偶的强迫	第18条 仅凭其配偶在犯罪现场的理由，不能推定已婚者系受配偶强迫而犯罪。
对法律的无知	第19条 对法律无知而犯罪，不能成为恕罪事由。
节假日有效的行为	第20条 经本法许可签发的令状或者传票，或者根据第十六章、第二十一章或者第二十七规定而签发、递交或者订立的出庭通知、出庭承诺、保证书或者具结书，可视情形在节假日签发、执行、递交或者订立。

犯罪参与者

犯罪参与者	第21条 （1）实施下列行为之一，为犯罪参与者： （a）实行犯罪； （b）为帮助他人犯罪而实施作为或者不作为； （c）教唆他人犯罪。
共同意图	（2）当两人或者两人以上共同计划实施非法意图并相互协助，且其中任何一人实施此共同意图而构成犯罪时，其中每个明知或者应知实施此共同意图之可能结果为犯罪之人，为此犯罪之参与者。
教唆犯罪者	第22条 （1）教唆他人参与犯罪，而被教唆者此后构成犯罪参与者时，尽管其犯罪手段不同于教唆之手段，教唆者也构成此犯罪之参与者。
同上	（2）教唆犯罪者明知或者应知被教唆者有可能因其教唆而犯各罪，为被教唆者因其教唆所犯各罪之参与者。

"教唆"的定义	（3）本法中，"教唆"包括诱使、唆使和煽动。
疏忽犯罪—组织	第22.1条　在要求起诉证明疏忽的犯罪中，组织如果有下列情形之一，即构成犯罪参与者：
	（a）其代表人之一为犯罪参与者；
	（b）其两个以上代表人以作为或者不作为实施了行为，而此行为即使为一个代表人实施，此代表人也构成犯罪参与者；
	（c）负责该组织与犯罪有关的某一方面重要事务的高级职员，明显违反了可以合理期待阻止其代表人构成犯罪参与者的注意义务。
其他犯罪—组织	第22.2条　在要求起诉证明疏忽以外过错的犯罪中，如果某组织的高级职员基于让组织受益之目的实施下列行为之一，该组织即构成犯罪参与者：
	（a）在其职权范围内行事，且为犯罪参与人；
	（b）具有犯罪参与人构成要素的心理状态且在其职权范围内行事，命令该组织其他代表人在职权范围内行事而实施犯罪中指明的作为或者不作为；
	（c）明知其代表人为或者将构成犯罪参与人而不采取一切合理措施加以阻止。
事后从犯	第23条　（1）明知他人参与犯罪，而为使其逃脱的接受、安慰或者为其提供帮助，构成事后从犯。
	（2）[已废止]
一方不能被定罪	第23.1条　为更加明确无疑，尽管受被告协助或者教唆、指使或者诱使，或者接受、安慰或者帮助之人，不能被定罪，第21条至第23条仍适用于被告。
未遂	第24条　（1）任何人计划犯罪并为实施计划而实施作为或者不作为，无论依当时情况是否有可能犯罪，为犯罪未遂。
法律问题	（2）未遂犯罪者之作为或者不作为是否单纯为犯罪预备，以及是否太轻微而不能构成未遂，为法律问题。

保护执行和实施法律者

保护行使职权者	第25条　（1）下列人员，如果基于正当理由，于执行或

者实施法律中,因法律要求或者许可为一定行为,其行为以及为此而使用之必要武力,应视为正当:

(a) 私人;

(b) 治安官或者公职人员;

(c) 协助治安官或者公职人员之人;

(d) 执行公务者。

同上　　(2) 经法律要求或者许可执行命令或者判决的人,如其行为系善意,尽管命令或者判决有缺陷,或者系在无管辖权或者超越管辖权的情况下发出或者执行,此执行者或者其协助者执行命令或者判决应视为正当。

不受保护时　　(3) 除适用第(4)款和第(5)款以外,使用意图或者有可能致人死亡或者严重伤害之武力,不因第(1)款所述目的而应视为正当。但使用者有正当理由相信其使用之武力系为保护自己或者受其保护者免遭死亡或者严重人身伤害所必需者,不在此限。

受保护时　　(4) 治安官以及其合法协助者,对将被拘捕者使用意图或者可能造成其死亡或者人身伤害之武力,如果符合下列条件,应视为正当:

(a) 治安官,无论是否持有拘捕令,依法执行拘捕;

(b) 将被拘捕者之犯罪,系无拘捕令可被拘捕之犯罪;

(c) 将被拘捕者逃避拘捕;

(d) 使用武力之治安官或者其他人,有正当理由相信其使用武力系为保护自己、合法协助者或者他人免遭迫在眉睫或者将发生之死亡或者严重人身伤害之必需;

(e) 采用较轻之暴力的合理手段不能阻止被拘捕者逃脱。

在越狱情况下的权力　　(5) 治安官对于从《矫正和有条件释放法》第2条第(1)款所述之教养所逃跑的犯人使用意图或者有可能造成其死亡或者严重人身伤害之武力,如果符合下列条件,应视为正当:

(a) 治安官有正当理由相信,教养所中囚犯中任何人对其本人或者他人构成死亡或者严重人身伤害之威胁;

(b) 采用较轻之暴力的合理手段不能阻止越狱。

定义　　**第25.1条**　(1) 下列定义适用于本条和第25.2条至

"主管机关"	第25.4条。 对于公职人员或者高级官员,"主管机关"指: (a) 对于加拿大皇家骑警队员,指加拿大副总检察长本人; (b) 对于根据省法律建立的警务机构的成员而言,指负责该省警务的部长; (c) 对于其他公职人员和高级官员而言,指对该公职人员和高级官员有权实施的议会法负有职责的部长本人。
"公职人员"	"公职人员"指治安官或者根据议会法拥有治安官权力的公职人员。
"高级官员"	"高级官员"指根据第(5)款被指定、负责法律实施的高级官员。
原则	(2) 确保公职人员根据法律规则有效履行其执法职责,且为此目的,在法律上对于公职人员和根据其命令实施在其他情形下构成犯罪的作为或者不作为的其他人员明确认可合法理由,符合公共利益。
公职人员的任命	(3) 主管机关可以为本条和第52.2条至第25.4条目的而任命公职人员。
文职人员监督	(3.1) 除非有一个由非治安官人员组成的政府机构可以审查治安官行为,第(1)款定义中(a)项或者(b)项所述之主管机关不得根据第(3)款规定任命任何公职人员。
宣告作为证据	(3.2) 为第(3.1)款之目的,省督或者副省督可以任命一个人或者团体为主管机关,此任命为此人或者团体为该款所述主管机关的证据。
考虑事项	(4) 主管机关应当根据高级官员的建议作出任命,并应当考虑公职人员的与一般执法有关的职责的性质,而非与特别的调查或者执法活动相关的职责。
高级官员的任命	(5) 主管机关可以为本条和第25.2条至第25.4条目的任命高级官员。
紧急情况下的任命	(6) 如果高级官员认为符合下列条件,可以为本条和第25.2条至第25.4条目的任命期限不超过48小时的公职人员: (a) 因为情况紧急,不可能要主管机关根据第(3)款的规定任命公职人员;

（b）在具体情况下，公职人员实施其他情况下构成犯罪的作为或者不作为是正当的。

高级官员应当立即将任命通报主管机关。

条件
（7）第(3)款或者第(6)款规定的任命可以根据条件作出，包括限制下列事项的条件：

（a）任命的任期；

（b）在调查中公职人员实施或者指令他人实施作为或者不作为而为正当的行为的性质；

（c）公职人员实施或者指令他人实施而为正当、在其他情况下构成犯罪的作为或者不作为。

作为或者不作为的正当化
（8）公职人员实施——或者根据第(10)款规定指令他人实施——在其他情况下构成犯罪的作为或者不作为，如果符合下列条件，即为正当：

（a）该公职人员参加议会法规定的犯罪的调查、议会法的实施，或者参加对于犯罪活动的调查；

（b）该公职人员被依据第(3)款或者第(6)款而任命；

（c）该公职人员有正当理由相信，考虑到作为或者不作为的性质、调查的性质和为履行公职人员的执法职责采用其他手段的可能性等事项，与所调查的犯罪或者犯罪活动的性质系相比较，在具体情况下，该作为或者不作为的实施是正当的和适度的。

特定行为的要求
（9）公职人员实施可能导致财产损失或者严重损害、在其他情况下构成犯罪的作为或者不作为，或者根据第(10)款规定指令他人实施作为或者不作为，不为正当，除非在满足第(8)款(a)项至(c)项规定的条件外，该公职人员：

（a）由高级官员亲自书面授权——或者指令其实施作为或者不作为，该高级官员有正当理由相信，考虑到作为或者不作为的性质、调查的性质和为履行公职人员的执法职责采用其他手段的可能性等事项，与所调查的犯罪或者犯罪活动的性质系相比较，在具体情况下，该作为或者不作为的实施是正当的和适度的。

（b）有正当理由相信，存在根据(b)项获取授权的理由，但在具体情况下获取授权不可行，并且所实施之作为或者不作为下列事项所必需：

(ⅰ) 保护人的生命或者安全；

(ⅱ) 防止泄漏秘密行动的公职人员、秘密线人或者根据公职人员命令或者在其控制之下行动的人员的身份；

(ⅲ) 防止对于可诉罪证据的急迫的损失或者破坏。

根据公职人员指令而行事的人
(10) 如果符合下列条件，实施其他情况下构成犯罪的作为或者不作为正当：

(a) 公职人员指示其实施作为或者不作为，且行为人有正当理由相信该公职人员有权作出该指令；

(b) 行为人有正当理由相信，实施作为或不作为的目的在于协助公职人员履行执法职责。

限制
(11) 本条规定不使下列事项正当化：

(a) 基于故意或者严重过失而导致他人死亡或者人身伤害；

(b) 以任何方式故意阻挠、妨碍或者破坏司法程序的未遂行为；

(c) 侵犯个人的性纯洁的行为。

保护、辩护理由和豁免不受影响
(12) 本条规定不影响公职人员或者其他人员得到加拿大法律认可的保护、辩护理由和豁免。

遵从要求
(13) 本条规定不使违反证据收集任何要求的公职人员免除刑事责任。

例外：《管制药品和物质法》规定的犯罪
(14) 如果作为或者不作为根据《管制药品和物质法》第一章的规定或者依其制定的规则构成犯罪，本条规定不使实施该作为或者不作为的公职人员或者受其指示而实施的人员——或者指示实施该作为或者不作为的公职人员正当化。

公职人员提交报告
第25.2条　任何根据第25.1条第(9)款(a)项或者(b)项实施或者指示他人实施作为或者不作为的公职人员，在实施后一旦可行，应即向相应的高级官员提交说明该作为或者不作为详情的书面报告。

年度报告
第25.3条　(1) 每个主管机关应当发表或者以其他方式让公众知悉年度报告，该报告应当包括与主管机关任命的公职人员和高级官员的下列事项：

(a) 高级官员根据第25.1条第(6)款规定作出任命的次数；

(b)高级官员根据第25.1条第(9)款(a)项进行授权的次数；

(c)公职人员根据第25.1条第(9)款(b)项实施作为或者不作为的次数；

(d)作出(a)项所述的任命或者(b)项所述的授权或者实施(c)项所述的作为或者不作为时,调查行为的性质；

(e)根据(a)项作出的任命、根据(b)项作出的授权和以(c)项所述方式实施的作为或者不作为的性质。

限制　　(2)年度报告不得包含其泄漏会造成下列任何后果的资料：

(a)损害或者妨碍根据议会法正在进行的对于犯罪的调查；

(b)泄漏秘密行动的公职人员、秘密线人或者根据公职人员命令或者在其控制之下行动的人员的身份；

(c)危及任何人的生命或者安全；

(d)损害法律程序；

(e)其他违背公共利益的情形。

进行书面通知　　第25.4条　(1)公职人员根据第25.1条第(9)款(a)或者(b)项实施作为或不作为或者指示他人实施,公职人员根据第25.2条规定向其提交报告的高级官员在报告提交后,一旦可行,且在该作为或者不作为实施后一年之内,应当书面通知因为该作为或者不作为致其财产受到损失或者被严重破坏的人。

限制　　(2)主管机关可以授权高级官员待主管机关认为通知不会造成以下结果时才根据第(1)款进行通知：

(a)损害或者妨碍根据议会法正在进行的对于犯罪的调查；

(b)泄漏秘密行动的公职人员、秘密线人或者根据公职人员命令或者在其控制之下行动的人员的身份；

(c)危及任何人的生命或者安全；

(d)损害法律程序；

(e)其他违背公共利益的情形。

过度武力　　第26条　经法律许可适用武力之人,对过度使用武力,应根据过度行为之实质和性质,承担刑事责任。

使用武力阻止犯罪	**第27条** 任何人为下列目的之一使用合理必要之武力,应视为正当: (a)为阻止符合下列条件的犯罪行为: (i)此行为如果实施,犯罪人可在无拘捕令之情况下被拘捕; (ii)此行为可能对其或他人之财产造成直接和严重之损害; (b)为阻止发生其有正当理由相信如果发生即为(a)项所述之犯罪的行为。
航空器中使用武力	**第27.1条** (1)任何人在航空器上使用必要武力,阻止其有合理理由认为违反本法或其他议会法的犯罪,并且如果实施该犯罪可能导致对航空器或航空器中的人员或财产的严重损害的,是正当的。
本条的适用	(2)本条适用于在加拿大领空飞行的任何航空器或者根据《航空法》规定在加拿大登记在加拿大领空外飞行的任何航空器。
误捕他人	**第28条** (1)当经授权执行拘捕令者,出于善意且有正当理由相信被拘捕者系拘捕令中列名之人时,执行者免予刑事责任,其程度如同被拘捕者确系拘捕令中列名之人。
协助者	(2)经授权执行拘捕令时,下列人员免予刑事责任,其程度如同被拘捕者确系拘捕令中列名之人: (a)任何人,经要求协助拘捕并相信其协助拘捕之人系拘捕令中列名之人的; (b)被要求接受并羁押其相信系根据拘捕令被拘捕之人的监狱看守。
执行逮捕者的责任	**第29条** (1)在可行的情况下,随身携带传票或者拘捕令,并于被要求时出示,为传票或者拘捕令执行者之职责。
告知	(2)在可行的情况下,无论是否持有拘捕令,告知被拘捕者下列事项之一,为拘捕者之职责: (a)执行拘捕的程序或者拘捕令; (b)拘捕的理由。
未遵守	(3)未遵守第(1)款或者第(2)款之规定本身,不能剥夺传票或者拘捕令的执行者、拘捕者或者其协助者的刑事责任豁免。

制止危害治安	**第30条** 目击危害治安之人，如果使用武力仅系制止危害治安的延续或者重复所致危险的合理程度，其为制止危害治安的延续或者重复而进行的干预，应视为正当，并且，对实施或者将要参与或者再次参与危害治安之人，可予以扣留，以移交治安官监管。
危害治安之拘捕	**第31条** （1）目击危害治安之治安官以及其合法协助者，拘捕其发现正危害治安之人，或者其有正当理由相信将参与或者再次参与危害治安之人，应视为正当。
送交负责人	（2）对由目击危害治安者或者有正当理由相信危害治安者送交的参与危害治安之人，治安官予以收押，应视为正当。

镇压暴乱

使用武力镇压暴乱	**第32条** （1）治安官使用或者命令使用其出于善意并有正当理由相信为符合下列条件之武力，应视为正当： （a）为镇压暴乱所必需； （b）鉴于持续暴乱所致之危险，并不过度。
受军法约束者	（2）受军法约束而须服从上级命令者，服从其上级关于镇压暴乱之命令，应视为正当，但命令明显违法者除外。
服从治安官命令	（3）服从治安官之命令而使用武力镇压暴乱者，如符合下列条件，应视为正当： （a）出于善意而行事； （b）治安官之命令非明显违法。
严重危害之忧虑	（4）出于善意并有正当理由相信在有可能保证治安官到达前暴乱会导致严重危害者，使用其出于善意并有正当理由相信为符合下列条件之武力，应视为正当： （a）镇压暴乱所必需； （b）鉴于持续暴乱所致之危险，并不过度。
法律问题	（5）本案中，命令是否明显违法之问题，系法律问题。
治安官于暴乱者不解散时的职责	**第33条** （1）于作出第67条所述之声明时，或者于违反第68条(a)项或者(b)项规定之犯罪发生时，驱散或者拘捕不遵守声明之人，系治安官以及受其合法要求的协助者之职责。

第一章　一般规定

| 保护治安官 | （2）治安官或者受其合法要求之协助者,于执行第(1)款规定之职责时,因遭抗拒而导致死亡或者伤害,不受民事或者刑事起诉。

本条不构成限制　　（3）本条之规定,不限制或者影响本法关于镇压暴乱所赋予或者增加的任何权力、职责或者职能。

自愿引起的醉态

不构成辩护理由　　第33.1条　（1）如果被告明显违背了第(2)款所述之注意标准,其基于自愿引起的醉态而缺乏(3)款规定犯罪所要求的一般的故意或者意愿,对于这类犯罪不构成辩护理由。

刑事过错　　（2）在本条中,行为人处于自愿引起的醉态,使其不能意识到或者不能控制自己的行为,故意或者非故意地妨害或者威胁妨害他人的身体完整性,即为明显背离了注意标准而有刑事过错。

适用　　（3）本条适用于根据本法或者其他议会法将攻击或者其他对于他人的身体完整性之妨害或者威胁妨害作为构成要素的犯罪。

人身防卫

针对非因挑衅而发生的攻击的自卫　　第34条　（1）任何人在未挑起攻击而遭非法攻击时,如使用武力系自卫所必要,并且并非意图导致死亡或者严重人身伤害,其以武力抵抗武力,应视为正当。

正当化的限度　　（2）任何人,因遭非法攻击而于抵抗攻击中导致死亡或者严重人身伤害,如果符合下列条件,应视为正当：

（a）其系基于对于攻击者最初使用的暴力或者攻击者实现其目的而使用的暴力可能导致的死亡或者严重人身伤害的合理恐惧而造成该结果；

（b）其有正当理由相信不能以其他方法保护自己免遭死亡或者严重人身伤害。

攻击时的自卫　　第35条　任何人,无正当理由攻击他人,但开始时并无意图导致死亡或者严重人身伤害,或者无正当理由激怒他人攻击

自己,如于攻击后使用武力且符合下列条件,可视为正当:

(a) 其使用武力符合下列条件:

(i) 基于对其已攻击或者激怒之人使用之暴力可能导致的死亡或者严重人身伤害的合理理解;

(ii) 有正当理由相信为保护自己免遭死亡或者严重人身伤害所必要;

(b) 在保护自己免遭死亡或者严重身体伤害之必要性产生前,未力图造成死亡或者严重人身伤害;

(c) 在保护自己免遭死亡或者严重人身伤害之必要性产生前,尽其可能地拒绝进一步冲突,并回避或者退让。

挑衅　　**第36条**　在第34条或者第35条中,挑衅包括打击之挑衅、言语之挑衅或者姿势之挑衅。

防止攻击　　**第37条**　(1) 任何人,为保护自己或者受其保护者免遭攻击,如果使用武力为防止攻击或者重复攻击之必要,其使用武力,应视为正当。

正当化的限度　　(2) 考虑使用武力欲防止之攻击的性质,对过度之故意伤害或者损害,不得依本条之规定,视为正当。

财 产 防 卫

保护动产　　**第38条**　(1) 和平占有动产者及其合法协助者,实施下列行为而未殴打或者伤害不法入侵者,应视为正当:

(a) 阻止不法入侵者攫取其财产;

(b) 自攫取其财产的不法入侵者处取回财产。

不法入侵者的攻击　　(2) 当和平占有动产者得到其财产时,不法入侵者坚持欲保留之,或者从占有者或者其合法协助者处攫取之,应视为无正当理由或者无挑衅之攻击。

享有请求权之保护　　**第39条**　(1) 基于请求权而和平占有动产者以及经其授权之人,如果使用未超过必要武力,以保护占有,即使系针对依法有权占有财产者,仍受刑事责任豁免保护。

无请求权之保护　　(2) 非基于请求权或者授权而和平占有动产者,为保护占有而抵抗依法有权占有财产者,视为不正当或者不受刑事责任豁免保护。

保护住宅　　**第40条**　合法占有住宅者、其合法协助者或者经其授

第一章　一般规定

权之人,为阻止他人未经合法许可强行侵入或者强行闯入其住宅,而使用必要之武力,应视为正当。

保护房屋或者不动产

第41条　(1)和平占有住宅或者不动产者、其合法协助者或者经其授权之人,为阻止他人入侵其住宅或者不动产或者将不法入侵者赶出其住宅或者不动产,而使用必要之武力,应视为正当。

不法入侵者之攻击

(2)不法入侵者,对于和平占有住宅或者不动产者、其合法协助者或者经其授权之人阻止其进入或者将其赶出,而进行抵制,应视为无正当理由或者无挑衅之攻击。

房屋或者不动产的权利维护

第42条　(1)任何人,如其或者经其授权之人是依法有权占有住宅或者不动产,为了占有住宅或者不动产而于日间和平进入其中,应视为正当。

合法进入时的攻击

(2)任何人,为了阻止依法有权占有住宅或者不动产并为取得占有而于日间和平进入者之进入对其进行攻击,且有下列情形之一,该攻击应视为无正当理由或者无挑衅之攻击:

(a)基于请求权,但非和平占有住宅或者不动产;

(b)基于请求权,但未经和平占有住宅或者不动产者授权。

不法入侵者挑起攻击

(3)任何人,有下列情形之一,为阻止依法有权占有住宅或者不动产并为取得占有而于日间和平进入其中者之进入而对其进行攻击,此攻击应视为由进入者引起:

(a)基于请求权和平占有住宅或者不动产;

(b)基于请求权,并经和平占有住宅或者不动产者授权。

保护经授权人

武力纠正儿童

第43条　学校教师、家长或者处于家长地位之人,为纠正受其照看之学生或者儿童而使用武力,只要其武力在具体情况下未逾合理程度,应视为正当。

维持纪律的船长

第44条　航行中指挥船只的船长或者官员,为维护船上良好的秩序与纪律,使用其有正当理由认为必要之武力,应视为正当。

外科手术

第45条　为了接受手术者之利益而为其施行手术者,

如果符合下列条件,受刑事责任豁免保护:
(a)手术系在合理注意与技术下施行;
(b)考虑到实行手术时受术者之健康状况以及一切相关情况,手术是合理的。

第二章 违反公共秩序的犯罪

叛国罪以及其他危害女王权威与人身的犯罪

严重叛国罪　　第46条　（1）任何人，在加拿大境内，实施下列行为之一，构成严重叛国罪：

（a）谋害或者谋害女王陛下未遂，或者为致使其死亡或者毁灭之人身伤害，或者对其进行残害、伤害，或者关押、限制自由；

（b）发动反对加拿大的战争，或者为任何此类预备的行为；

（c）协助与加拿大交战之敌人，或者任何与加拿大武装力量敌对之武装力量，无论该武装力量之国家与加拿大是否处于战争状态。

叛国罪　　（2）任何人，在加拿大境内，实施下列任何行为，构成叛国罪：

（a）为推翻加拿大政府或者省政府，使用武力或者暴力；

（b）未经合法授权，与加拿大以外国家之人员交流，或者为其提供军事或者科技情报，或者任何其明知或者应知可能会被该国用来危害加拿大的安全或者防务之军事或者科技性质的草案、计划、模型、物品、记录或者文件；

（c）与他人共谋犯严重叛国罪或者为(a)项所述行为；

（d）具有为严重叛国罪或者(a)项所述行为的意图，并以公开行为表明此意图；

（e）与他人共谋为(b)项所述行为，或者具有为(b)项所述行为的意图，并以公开行为表明此意图。

加拿大公民　　（3）尽管有第（1）款或者第（2）款之规定，加拿大公民或者对女王陛下效忠之人：

（a）在加拿大境内外，实施第（1）款所述行为，构成严重叛国罪；

(b) 在加拿大境内外期间,实施第(2)款所述行为,构成叛国罪。

公开的行为

(4) 当叛国罪系与他人共谋所为,此共谋行为为叛国罪的公开行为。

严重叛国罪的处罚

第47条 (1) 任何人犯严重叛国罪,构成可诉罪,处终身监禁。

叛国罪的处罚

(2) 任何人犯叛国罪,构成可诉罪,处罚如下:

(a) 如被判犯有第46条第(2)款(a)项、(c)项或者(d)项规定之罪行,处终身监禁;

(b) 如被判在加拿大与他国处于战争状态时犯有第46条第(2)款(b)项或者(e)项规定之罪行,处终身监禁;

(c) 如被判在加拿大与他国处于非战争状态时犯有第46条第(2)款(b)项或者(e)项规定之罪行,处不超过14年的监禁。

确证

(3) 除非证言的重要情节由指向被告的证据证明,不得仅凭唯一证人之证言不得判任何人犯有严重叛国罪或者叛国罪。

最低刑

(4) 第23章中,第(1)款规定之终身监禁,为最低限度刑罚。

时效

第48条 (1) 对第46条第(2)款(a)项所定义之叛国罪,如实施后已超过3年,不得进行诉讼。

叛国言论的控告

(2) 对以公开并经考虑的言论表达或者声明的公开叛国行为,不得依第47条之规定进行诉讼,但符合下列条件者除外:

(a) 控告书列明了公开行为和表述或者声明的言论,并在此言论发表之后的6日内,在法官面前经宣誓提出;

(b) 拘捕被告的拘捕令系在控告书提出后10日内签发。

禁 止 行 为

意图惊扰女王陛下或者破坏公共治安的行为

第49条 任何人,在女王陛下面前实施下列行为,构成可诉罪,处不超过14年的监禁:

第二章 违反公共秩序的犯罪

（a）实施意图惊扰女王陛下或者破坏公共治安之行为；

（b）实施意图或者可能导致女王陛下人身伤害之行为。

帮助敌对的外国人离开加拿大，或者不阻止叛国

第50条 （1）实施下列行为的，构成犯罪：

（a）煽动或者故意帮助下列国家之国民在未经女王陛下同意之下离开加拿大，除非被告证实其提供给（i）目所述之国家或者（ii）目所述之国家的武装力量的帮助非出于故意者：

（i）与加拿大交战国；

（ii）其武装力量与加拿大武装力量相敌对之国家，无论该国与加拿大是否处于战争状态；

（b）明知将发生严重叛国罪或者叛国罪，却未以合理速度通知治安法官或者其他治安官，或者不作合理之其他努力阻止严重叛国罪或者叛国罪之实施。

处罚

（2）实施第（1）款规定的犯罪的，构成可诉罪，处不超过14年的监禁。

恐吓议会或者立法机关

第51条 任何人以暴力恐吓议会或者省立法机关，构成可诉罪，处不超过14年的监禁。

破坏活动

第52条 （1）任何人为被禁止的行为，对下列事物造成妨害，构成可诉罪，处不超过10年的监禁：

（a）加拿大的安全、治安或者防卫；

（b）在加拿大的他国海军、陆军或者空军的安全或者治安。

"被禁止的行为"的定义

（2）在本条中，"被禁止的行为"指下列作为或者不作为：

（a）损害或者妨害船只、车辆、航空器、机器、仪器或者其他物品的功效或者运行；

（b）导致任何人所有财产之丧失、受损或者毁坏。

保留

（3）不得以下列原因而认定任何人为本条含义范围内的被禁止行为：

（a）因与雇主就有关其被雇用事项未达成一致而中止工作；

（b）因其代表与雇主就有关其被雇用事项未达成一致而中止工作；

（c）因寻求本身之合理保护，参加劳动者或者被雇用者

同上	的联合行动而中止工作。 （4）不得仅由于为获取或者交流信息进入、接近或者前往某一住宅或者处所，而认定任何人实施本条含义范围内的被禁止行为。
煽动叛乱	第53条　实施下列行为，构成可诉罪，处不超过14年的监禁： （a）为了叛变或者叛乱，企图诱使加拿大部队之成员背离职守、背叛女王陛下； （b）企图煽动或者诱使加拿大部队之成员为叛变或者叛乱行为。
帮助逃兵	第54条　任何人帮助、协助、窝藏或者掩护其明知为加拿大部队之逃兵，构成简易罪。但是，未经加拿大总检察长同意，不得依本条规定提起诉讼。
公开行为的证据	第55条　在针对违反第47条或者第49条至第53条规定之罪行的诉讼中，除非起诉书中列明之公开行为或者证据与证明起诉中列明之公开行为有关，不得接受任何证据为此公开行为之证据。
有关加拿大皇家骑警成员的犯罪	第56条　故意实施下列行为，构成简易罪： （a）劝告或者教唆加拿大皇家骑警成员擅离职守； （b）帮助、协助、窝藏或者掩护其明知为加拿大皇家骑警之逃兵； （c）明知加拿大皇家骑警成员将擅离职守，仍帮助或者协助其擅离职守。

护　　照

伪造或者使用假护照	第57条　（1）在加拿大境内外，实施下列行为，构成可诉罪，处不超过14年的监禁： （a）伪造护照； （b）明知护照系伪造，仍实施下列行为： （i）使用、处理或者据以行事； （ii）使人或者意图使人如同真护照般地使用、处理或者据以行事。
有关护照的虚伪陈述	（2）任何人，在加拿大境内外，为使本人或者他人获得

第二章 违反公共秩序的犯罪

护照或者为获取对此类护照作重大更改或者添加,而作明知虚伪或者误导的书面或者口头陈述,则分别:

(a) 构成可诉罪,处2年以下监禁;

(b) 构成简易罪。

持有假护照等　　(3) 任何人,不能证明有合法理由,持有伪造护照或者持有以犯第(2)款规定之罪行而得的护照,构成可诉罪,处5年以下监禁。

可适用的特别条例　　(4) 依本条规定之诉讼中:

(a) 护照的伪造地并不重要;

(b) 比照适用第321条和第366条中"伪造文件"之定义。

"护照"的定义　　(5) 在本条中,"护照"指由外交部外交大臣签发或者经其授权签发,用以证明持有者身份之证件。

管辖权　　(6) 被指控在加拿大境外犯有本条规定之罪行之人,无论其是否在加拿大境内,有关此罪之诉讼可在加拿大境内任何一个地区开始,被告可因此罪受审与处罚,其方式如同此罪在那个地区实施。

被告出庭受审　　(7) 为更加明确无疑,本法有关下列事项之规定适用于依照第(6)款在任何地区进行的诉讼:

(a) 要求被告于诉讼期间到案及到场;

(b) 上述要求之例外。

欺诈性使用国籍证　　第58条　(1) 在加拿大境内外,实施下列行为之一,构成可诉罪,处不超过2年的监禁:

(a) 为欺诈而使用国籍证或者入籍证;

(b) 获得国籍证或者入籍证的人,为使之用于欺诈,而故意放弃占有此证件。

"国籍证"、"入籍证"　　(2) 本条中,"国籍证"和"入籍证"分别为《国籍法》所定义的国籍证和入籍证。

煽　　动

煽动性言论　　第59条　(1) 煽动性言论指表达煽动性意图之语言。

煽动性诽谤　　(2) 煽动性诽谤指表达煽动性意图之诽谤。

煽动共谋　　(3) 煽动共谋指两人或者两人以上之间为实施煽动性

加拿大刑事法典

意图而达成之协议。

煽动性意图　（4）除"煽动共谋"之一般含义外,实施下列行为,主张在未经法律许可时使用武力,作为在加拿大境内变更政府之手段,应被推定有煽动性意图:

(a) 教唆或者主张;

(b) 发表或者传播书面材料。

例外　**第60条**　尽管有第59条第(4)款的规定,不得仅由于任何人出于善意实施下列行为,而视其具有煽动性意图:

(a) 表明女王陛下之措施已被误导或者出现错误;

(b) 指出下列事项中存在错误或者缺陷:

(i) 加拿大或者省之政府或者宪法;

(ii) 省议会或者省立法机构;

(iii) 加拿大司法;

(c) 以合法手段,促成或者变更加拿大政府之事务;

(d) 为消除而指出引发或者可能引发加拿大不同阶层人民之间敌对感情或者敌视情绪之事项。

煽动性罪行的处罚　**第61条**　实施下列行为,构成可诉罪,处不超过14年的监禁:

(a) 发表煽动性言论;

(b) 发表煽动性诽谤;

(c) 参与煽动共谋。

有关军队的犯罪　**第62条**　(1) 故意实施下列行为,构成可诉罪,处不超过5年的监禁:

(a) 干扰、损害或者影响军人之忠诚或者纪律;

(b) 出版、编辑、发行、传播或者散布建议、教唆、或者怂恿军人不服从、不忠诚、叛变或者拒绝其职责的文件;

(c) 建议、教唆、怂恿或者以任何方式造成军人不服从、不忠诚、叛变或者拒绝其职责。

"军人"的定义　(2) 在本条中,"军人"指:

(a) 加拿大部队之成员;

(b) 非加拿大,但合法出现于加拿大的他国海军、陆军、空军之成员。

第二章 违反公共秩序的犯罪

非法集会或者暴乱

非法集会　　　　第 63 条　（1）非法集会指 3 人或者 3 人以上为实施共同目的聚集一起之集会。其聚集方式以及聚集时的所作所为致使集会周边的人们有正当理由担心其实施下列行为：

（a）将以骚乱形式扰乱治安；

（b）将因集会而毫无必要并无正当理由招致他人以骚乱形式扰乱治安。

合法集会变为非法　　（2）合法集会者如果为实施共同目的，以使集会成为非法之方式集会，可使合法集会成为非法集会。

例外　　　　（3）人们仅因保护其中任何人之住宅免遭旨在犯可诉罪之人的威胁闯入以及进入而集会，不视为非法集会。

暴乱　　　　第 64 条　暴乱指已开始引起治安混乱的非法集会。

对暴乱者的处罚　　第 65 条　参与暴乱，构成可诉罪，处不超过 2 年的监禁。

对非法集会的处罚　　第 66 条　非法集会，构成简易罪。

宣读声明书　　第 67 条　法官、市长、地方司法行政长官或者其合法代理人、监狱长或者副监狱长、《矫正和有条件释放法》定义之教养所之负责人或者其合法代理人，当获悉在其管辖权内的任何地方有十二人或者十二人以上正进行非法或者带有暴乱性质的集会时，应赶赴现场，在尽可能安全地接近集会地点后，如其确信暴乱正进行，应要求肃静，并随即大声宣读或者让他人宣读有下列文字或者与之有类似作用的声明书：

"女王陛下指示并命令所有正在集会者立即解散，并有秩序地离开现场，返回自己住地或者合法工作场所，违者构成犯罪，可被判处终身监禁。上帝保佑女王。"

有关声明书的犯罪　　第 68 条　实施下列行为，构成可诉罪，处终身监禁：

（a）故意并以武力反对、妨碍或者骚扰已开始宣读、将开始宣读或者正在宣读第 67 条所述之声明书之人，使其无法宣读；

（b）在第 67 条所述之声明书宣读后的 30 分钟内，拒不有秩序地解散并离开现场；

（c）在其有正当理由相信，如不是有人故意并以武力反对、妨碍或者骚扰宣读声明书之人,第 67 条所述之声明书应已在现场宣读完毕的 30 分钟内,拒不离开现场。

治安官的失职　　**第 69 条**　治安官当获悉在其管辖权范围内有暴乱时,无合理原因而未采取所有合理措施镇压暴乱,构成可诉罪,处不超过 2 年的监禁。

非 法 训 练

总督的命令　　**第 70 条**　(1) 总督可以通过声明书颁布下列命令:
(a) 禁止未经合法许可,有下列目的之集会:
(i) 自我教练或者训练;
(ii) 接受教练或者训练使用武器;
(iii) 进行军事训练;
(b) 禁止任何人在为任何目的集会时的自我教练或者训练,或者接受教练或者训练。

一般或者特殊的命令　　(2) 依第(1)款之规定颁布之命令,可以是一般性命令,或者是适用于命令中指定的特殊场所、地区或者集会之命令。

处罚　　(3) 触犯依本条之规定颁布之命令,构成可诉罪,处不超过 5 年的监禁。

决 斗

决斗　　**第 71 条**　实施下列行为,构成可诉罪,处不超过 2 年的监禁:
(a) 以任何方式要求或者意图煽动他人决斗;
(b) 意图煽动一个人要求与另一人决斗;
(c) 接受决斗要求。

强行侵入与占据

强行侵入　　**第 72 条**　(1) 以可能导致妨害治安或者引发对妨害治安之合理忧虑之方式进入他人实际及和平占有的不动产,构成强行侵入罪。

不重要之事项	(1.1) 在第(1)款中,一个人是否有权进入不动产,或者是否有任何占有不动产之意图,并不重要。
强行占据	(2) 无正当权利但实际占有不动产之人,对抗依法有权占有不动产者而可能导致妨害治安或者引发对妨害治安之合理忧虑时,构成强行占据罪。
法律问题	(3) 一个人是否实际及和平占据,以及是否无正当权利但实际占据的问题,为法律问题。
处罚	第73条 强行侵入与占据罪,分别:

(a) 构成简易罪;

(b) 构成可诉罪,处不超过两年的监禁。

海 盗 罪

依国际法的海盗罪	第74条 (1) 实施海盗行为,依国际法,构成海盗罪。
处罚	(2) 在加拿大境内外犯海盗罪,构成可诉罪,处终身监禁。
海盗行为	第75条 在加拿大境内外期间实施下列行为,构成可诉罪,处不超过14年的监禁:

(a) 偷盗加拿大船只;

(b) 偷盗,或者未经合法许可,从船上扔下、损坏或者毁坏加拿大船只上之货物、补给品或者设备;

(c) 在加拿大船只上,实施或者意图实施叛乱行为;

(d) 教唆他人实施(a)项、(b)项或者(c)项所述行为。

危害空中或者海上安全罪

劫机	第76条 为实现下列目的,非法地以武力、武力威胁或者其他恐吓方式劫持或者控制航空器,构成可诉罪,处终身监禁:

(a) 违背机上人员之意愿,将其限制或者监禁;

(b) 违背机上人员之意愿,将其转至航空器下一个预定降落地以外之地方;

(c) 违背机上人员之意愿,将其扣押以勒索赎金或者强迫其服务;

(d) 致使航空器实质违背其飞行计划。

危及航空器或者机场安全

第 77 条 实施下列行为,构成可诉罪,处终身监禁:

(a) 在飞行中的航空器上,对他人实施暴力,可能危及航空器安全;

(b) 使用武器和暴力,攻击国际民用机场之工作人员,从而造成或者可能造成严重伤害或者死亡,以及危及或者可能危及机场安全;

(c) 损害使用中之航空器,使之无法飞行或者可能危及飞行中的航空器安全;

(d) 在使用中的航空器上,放置或者致使放置可能损坏航空器而使之无法飞行或者可能危及飞行中的航空器安全的物品;

(e) 损坏或者干扰导航设施运转,可能危及飞行中的航空器安全;

(f) 使用武器、物质或者器械,毁坏或者严重损坏国际民用机场的设施或者任何停靠于机场、非使用中的航空器,或者造成机场服务的混乱,危及或者可能危及机场安全;

(g) 向他人传播其明知为虚假的信息,危及飞行中的航空器安全。

进攻性武器和爆炸物

第 78 条 (1) 除正执行职务的治安官外,任何人携带进攻性武器或者爆炸物登上民用航空器且符合下列情形之一,构成可诉罪,处不超过 14 年的监禁:

(a) 未经机主、经营者或者由此两人中任何一人正式授权之人的同意;

(b) 虽经(a)项所述者之同意,但未遵守同意的所有限制性规定。

"民用航空器"的定义

(2) 在本条中,"民用航空器"指除加拿大部队、加拿大警察、或者实施或执行《海关法》或者《2001 年税法》之人所控制的航空器以外的任何航空器。

夺取船只或者固定平台

第 78.1 条 (1) 以武力、武力威胁或者其他恐吓方式,夺取或者控制船只或者固定平台,构成可诉罪,处终身监禁。

危及船只或者固定平台的安全

(2) 实施下列行为,从而可能危及船只航行安全或者固定平台安全,构成可诉罪,处终身监禁:

(a) 在船只或者固定平台上,对他人使用暴力;

第二章 违反公共秩序的犯罪

　　　　　（b）毁坏或者导致严重损坏船只、船上货物或者固定平台；

　　　　　（c）毁坏或者导致严重损坏导航设施，或者妨碍导航设施运转；

　　　　　（d）在船只或者固定平台上，放置或者致使放置可能损坏船只、其货物或者固定平台的物品。

错误通讯　　（3）传播明知虚假信息，从而危及船只的航行安全，构成可诉罪，处终身监禁。

造成死亡或者伤害的威胁　　（4）为强迫他人为或者不为任何行为，以犯第（2）款（a）项、（b）项或者（c）项规定之罪相威胁，而此威胁可能危及船只航行安全或者固定平台安全，构成可诉罪，处终身监禁。

定义　　（5）在本条中，

"固定平台"　　"固定平台"指为探索或者开发资源或者其他经济目的而建造的、永久固定于海床的人工岛或者海上器械或者建筑。

"船只"　　"船只"指非永久固定于海床的任何船只，不包括军舰、被用作海军辅助舰的船只、用作海关或者警察目的之船只，或者已退出航运而搁置在岸的船只。

危 险 物 品

爆炸物的保管责任　　**第 79 条**　爆炸物的占有人、保管人或者控制人，负有法律责任合理保管好爆炸物品，以防其造成人身伤害或者死亡，或者造成对财产之损坏。

失职　　**第 80 条**　负有第 79 条所述法律责任的人，无合法理由而未履行其职责，构成可诉罪，如果致使爆炸物品发生爆炸：

　　　　　（a）造成或者可能造成他人死亡，处终身监禁；

　　　　　（b）造成或者可能造成人身伤害或者财产损坏，处不超过 14 年的监禁。

使用爆炸物　　**第 81 条**　（1）实施下列行为的，构成犯罪：

　　　　　（a）为故意导致爆炸物品爆炸之事，该爆炸可能造成严重人身伤害、死亡，或者可能造成对财产之严重损坏；

　　　　　（b）为造成他人人身伤害，而实施下列行为之一：

(i) 致使爆炸物品爆炸；

(ii) 递送、发送给他人或者致使他人携带或者接受爆炸物或者其他危险物品；

(iii) 随处放置或者投掷、在他人身上放置或者向他人投掷腐蚀性液体、爆炸物或者其他危险物品；

(c) 无合法理由，意图毁坏或者损坏财产而随处放置或者投掷爆炸物；

(d) 为达下列目的而蓄意占有、保管或者控制爆炸物：

(i) 危及生命或者导致对财产之严重损坏；

(ii) 致使他人危及生命或者导致对财产之严重损坏。

处罚　(2) 任何人，犯第(1)款规定之罪，构成可诉罪，分别处罚：

(a) 对第(1)款(a)项或者(b)项之罪行，处终身监禁；

(b) 对第(1)款(c)项或者(d)项之罪行，处不超过14年的监禁。

无合法理由的占有　第82条　(1) 不能证明有合法理由，占有、保管或者控制爆炸物，构成可诉罪，处不超过5年的监禁。

与犯罪组织有关的占有　(2) 任何人，不能证明有合法理由，为犯罪组织利益、受犯罪组织指示或者与犯罪组织相关而占有、保管或者控制爆炸物，构成可诉罪，处不超过14年的监禁。

连续执行的刑罚　第82.1条　对第82条第(2)款犯罪所处的刑罚，应当在基于同一事件所处的刑罚以及判处第82条第(2)款规定刑罚时犯罪人已受的刑罚之后连续执行。

有奖拳击赛

从事有奖拳击　第83条　(1) 实施下列行为之一，构成简易罪：

(a) 作为有奖拳击赛之负责人；

(b) 建议、鼓励或者发起有奖拳击赛；

(c) 作为助手、副手、外科医生、裁判、赞助者或者记者，出席有奖拳击赛。

"有奖拳击"的定义　(2) 在本条中，"有奖拳击"指两人之间经其本人或者由他人事先安排，为打斗之目的聚在一起进行的赤手空拳的打斗。但是，两个业余运动员之间的拳击赛，即比赛中参赛者戴有每只重量不低于 140 克的拳击手套的比赛,或者经体育委员会、由省立法机构或者在其授权下为控制省的这一运动而设立的类似机构的许可或者授权而举行的拳击比赛,不应视为有奖拳击赛。

第二之一章 恐怖主义

定 义

定义　　　　　　　　**第 83.01 条**　（1）下列定义适用于本章。

"加拿大人"　　　　"加拿大人"指加拿大公民,《移民和难民保护法》第 2 条第（1）款所规定的永久性居民,或者根据加拿大或者省法律成立和存续的法人。

"实体"　　　　　　"实体"指自然人、群体、商业信托、合伙、基金或者非法人社团。

"列入目录的实体"　"列入目录的实体"指总督根据第 83.05 条规定建立的目录所列名的实体。

"恐怖活动"　　　　"恐怖活动"指下列作为或者不作为,并且包括其共谋、未遂或者威胁,与之有关的事后共犯、唆使,但是不包括在武装冲突中实施、且在行为时和行为地与适用的国际惯例和国际协定相符合的作为或者不作为及国家军事力量在履行其职责时实施的活动,只要其受其他国际法所规范:

（a）在加拿大境内外实施、若在加拿大境内实施即构成下列犯罪之一的作为或者不作为：

（i）为实施 1970 年 12 月 16 日在海牙签署的《制止非法劫持航空器的公约》第 7 条第（2）款规定的犯罪；

（ii）为实施 1971 年 9 月 23 日在蒙特利尔签署的《制止危害民用航空安全的非法行为的公约》第 7 条第（2）款规定的犯罪；

（iii）为实施联合国大会于 1973 年 12 月 14 日通过的《关于防止和惩处侵害应受国际保护人员包括外交代表罪行的公约》第 7 条第（3）款规定的犯罪；

（iv）为实施联合国大会于 1979 年 12 月 17 日通过的《反对扣留人质国际公约》第 7 条第（3.1）款规定的犯罪；

（v）为实施于 1980 年 3 月 3 日在维也纳和纽约开放签署的《核材料实物保护公约》第 7 条第（3.4）款和第（3.6）款

第二之一章　恐怖主义

规定的犯罪；

(vi) 为实施于1988年2月24日订于蒙特利尔、补充《制止危害民用航空安全的非法行为的公约》的《制止在用于国际民用航空的机场发生的非法暴力行为的议定书》第7条第(2)款规定的犯罪；

(vii) 为实施于1988年3月10日在罗马开放签署的《制止危及海上航行安全非法行为公约》第7条第(2.1)款规定的犯罪；

(viii) 为实施于1988年3月10日在罗马开放签署的《制止危及大陆架固定平台安全非法行为议定书》第7条第(2.1)款和第(2.2)款规定的犯罪；

(ix) 为实施联合国大会于1997年12月15日通过的《制止恐怖主义爆炸的国际公约》第7条第(3.72)款规定的犯罪；

(x) 为实施联合国大会于1999年12月9日通过的《制止向恐怖主义提供资助的国际公约》第7条第(3.73)款规定的行为；

(b) 在加拿大境内外实施符合下列条件的作为或者不作为：

(i) 其实施：

(A) 全部或者部分地基于政治、宗教或者意识形态之目的、目标或者原因；

(B) 全部或者部分地企图就公众或者部分公众之安全，包括经济安全，进行恐吓，或者强迫他人、政府或者国内或者国际组织实施或者不实施任何行为，无论该公众、他人、政府或者组织在加拿大境内外；

(ii) 故意地：

(A) 以暴力造成他人死亡或者严重伤害；

(B) 危及他人生命；

(C) 对公众或者部分公众之健康或者安全造成严重危险；

(D) 对公共或者私人财产造成重大损害，如果这可能导致(A)段至(C)段所述的任何行为或者危害；

(E) 对公共或者私人的必要之服务、设施或者系统造成严重干扰或者混乱,而非意图造成(A)段至(C)段所述之行动或者危害之建议、抗议、异议或者停工所造成之结果。

"恐怖组织"　　"恐怖组织"指下列实体,并包括其联合:

(a) 将支持或者实施恐怖活动作为其目的或者活动之一的实体;

(b) 列入目录的实体。

为更加明确　　(1.1) 为更加明确,政治、宗教或者观念形态之思想、信念或者意见的表示不构成第(1)款"恐怖活动"定义之(b)项规定,除非其构成满足该项标准之作为或者不作为。

犯罪帮助　　(2) 在本章中,帮助犯罪应当根据第83.19条第(2)款规定进行解释。

为恐怖主义提供资金

为特定活动提供或者筹措财产　　第83.02条　　故意地且无合法理由,直接或者间接地提供或者筹措财产,意图或者知道其全部或者部分将用于实施下列作为或者不作为,构成可诉罪,处不超过10年的监禁:

(a) 构成第83.01条第(1)款"恐怖活动"定义中(a)项(i)目至(x)目所述犯罪之作为或者不作为;

(b) 意图对平民或者未参加武装冲突之敌对状态之任何他人造成死亡或者严重身体伤害之作为或者不作为,只要根据其性质和实施环境,该作为和不作为之目的在于恐吓公众或者迫使政府或者国际组织实施或者不实施任何行为。

为恐怖目的提供或者使得到财产或者服务　　第83.03条　　任何人,直接或者间接地筹措财产、提供或者请求他人提供财产,或者使财产、金融或者其他服务可用:

(a) 意图或者知道其全部或者部分将被用于促进或者实施恐怖活动,或者用于有益于帮助或者实施恐怖活动者之目的;

(b) 知道其将全部或者部分用于或者有益于恐怖组织。

为恐怖目的使用或者占有财产　　第83.04条　　实施下列行为,构成可诉罪,处不超过10年的监禁:

(a) 全部或者部分地为促进或者实施恐怖活动,直接或者间接适用财产;

(b) 占有财产,意图或者知道其全部或者部分将被直接或者间接地用于帮助或者实施恐怖活动。

实体目录

建立目录	**第83.05条** (1)总督可以根据规章建立目录,根据副总检察长的建议,如果总督确信有正当理由相信有下列事实时,总督可以将任何实体列入目录:
	(a)实体已故意实施、企图实施、参与或者促进恐怖活动;
	(b)实体正在故意代表(a)项所述实体、根据其指示或者与其共同行动。
建议	(1.1)副总检察长只有在有正当理由相信相关之实体为第(1)款(a)项或者(b)项所述之实体时,才可以提出第(1)款所述之建议。
向副总检察长提出申请	(2)根据目录列名实体的书面申请,副总检察长应该决定是否有正当理由向总督建议不继续将申请人在目录中列名。
推断	(3)如果副总检察长在接到第(2)款所述之申请后60日内没有作出决定,应视为其已经决定建议继续将申请人在目录中列名。
向申请人的决定通知	(4)副总检察长必须将就第(2)款所述之申请作出的或者推定作出的决定立即通知申请人。
司法审查	(5)在接到第(4)款所述关于决定之通知后60日内,申请人可以向法官申请对决定进行司法审查。
职权范围	(6)接到第(5)款所述之申请时,法官应当立即:
	(a)秘密审查在列名申请人时考虑的任何安全或者刑事情报报告,并听取副总检察长或者其代表提供的任何其他证据或者控告。法官如果认为信息的披露可能损害国家安全或者危及他人安全时,可以根据副总检察长的要求在申请人和其代理人不在场时,听取全部或者部分证据或者控告;
	(b)向申请人提供法官收到控告的摘要陈述,以使申请人得到关于决定原因的合理通知,但不得披露法官认为可能损害国家安全或者危及他人安全的信息;

(c) 向申请人提供适当机会听取其意见;

(d) 确定在控告基础上的决定是否合理,如果不合理,则命令在目录中不再列名申请人。

证据 (6.1) 法官可以将其认为可靠且适当的任何物品采纳为证据,即使根据加拿大法律,在其他情况下不得作为证据,并且可以据此证据作出决定。

发表 (7) 副总检察长应当立即将法院作出的不再继续将申请人列名的终局命令的通告,在《加拿大公报》上发表。

新的申请 (8) 列名实体不得根据第(2)款再行申请,除非在申请人上次提出申请后或者副总检察长根据第(2)款完成审查后情况发生重大变化。

审查目录 (9) 在第(1)款规定的目录确立后2年,且此后每2年,副总检察长应对目录进行审查,以确定是否仍然存在如第(1)款所述之正当理由并向总督建议是否将一实体继续列名。该审查不影响目录之效力。

完成审查 (10) 副总检察长应当尽快进行审查,并且应在开始后120日以内完成审查。完成审查后,副总检察长应当立即在《加拿大公报》发表已经完成审查的通告。

"法官"的定义 (11) 在本条中,"法官"指联邦法院院长或者其指派的联邦法院法官。

对外国信息的采信 **第83.06条** (1) 为第83.05条第(6)款之目的,秘密地且于申请人或者其代理人不在场的情况下:

(a) 加拿大副总检察长可以向法官提出申请承认从外国政府、单位或者机构、国际组织或者国际组织之单位或者机构获得的信息;

(b) 法官应该审查该信息并向副总检察长之代表提供适当机会就信息是否相关听取其意见,但是不得向申请人或者其代表披露信息,因为这会损害国家安全或者他人安全。

信息的交还 (2) 有下列情形之一时,该信息应当返还副总检察长之代表人,法官根据第83.05条第(6)款(d)项作出决定时亦不得考虑该信息:

(a) 法官确定该信息不相关;

(b) 法官确定该信息相关,但是应当在根据83.05条第(6)款(b)项提供的陈述中进行摘要的;

信息的使用	(c)副总检察长撤回申请的。 (3)如果法官确定该信息相关但其披露会损害国家安全或者任何他人安全,该信息不得在第83.05条第(6)款(b)项所述的陈述中披露,但是法官可以据以作出第83.05条第(6)款(d)项所述之决定。
误判身份	**第83.07条** (1)主张非列名实体的实体可以向副总检察长申请签发说明其非列名实体的证明。
签发证明	(2)如果确信申请人非列名实体,副总检察长应当在接到申请后15日以内向申请人签发证明。

冻 结 财 产

冻结财产	**第83.08条** (1)加拿大境内的人和加拿大境外的加拿大人不得故意实施下列行为: (a)直接或者间接地经营恐怖组织所有或者控制的任何财产,或者代表恐怖组织进行交易; (b)直接或者间接地参与或者促成关于(a)项所述财产的交易; (c)为恐怖组织利益或者受其指示而提供与(a)项所述财产相关的资金或者其他服务。
无民事责任	(2)谨慎行事以遵守第(1)款规定的人,如果采取一切合理措施确信相关财产为恐怖组织所有或者由恐怖组织或者其代表控制,不因其行为而在民事诉讼中承担责任。
豁免	**第83.09条** (1)加拿大副总检察长或者其指派的人可以授权加拿大境内的人或者加拿大境外的加拿大人实施第83.08条禁止的行为或者交易。
行政授权	(2)副总检察长或者其指派的人可以根据其认为必要的限制条件进行授权,且可以修改、中止或者撤销授权。
现有权益的保护	(3)恐怖组织和其代理人以外的人控制的被冻结财产上的所有有担保和无担保的权利和利益如同该财产未受冻结那样受到保护。
第三方参与	(4)如果有人根据第(1)款得到授权,且满足第(2)款授权的条件和情况,其参与实施与授权相关财产之行为或者交易的其他人,则不受第83.08条、83.1条和83.11条的

约束。

报告　　**第 83.1 条**　（1）加拿大境内的人和加拿大境外的加拿大人应当毫不拖延将下列情况向加拿大骑警总监和加拿大安全情报总署署长报告：

（a）处于其占有或者控制之中、且其知道为恐怖组织所有或者恐怖组织或者其代理人控制的财产；

（b）关于（a）项所述财产的交易或者建议的交易。

豁免　　（2）对于根据第（1）款规定善意进行报告的人不得提起刑事或者民事诉讼。

审计　　**第 83.11 条**　（1）下列实体必须持续确定其是否占有或者控制列名实体所有或者列名实体或者其代理人控制的财产：

（a）《银行法》第 2 条所规定的被许可的外国银行关于其在加拿大境内之业务，或者该法适用的银行；

（b）信用合作社、储蓄和信用合作组织以及省法律调整的合作银行、《信用合作社团法》调整的社团；

（c）《保险公司法》第 2 条第（1）款规定的外国公司关于其在加拿大境内的保险业务；

（c.1）《保险公司法》第 2 条第（1）款规定的公司、省级公司和社团；

（c.2）省法律规制的共济会关于其保险行为，以及参与省法律规范的保险业务的保险公司和其他实体；

（d）适用《信托与贷款公司法》的公司；

（e）省法律规范的信托公司；

（f）省法律规范的贷款公司；

（g）根据省法规得到许可从事证券业务，或者提供有价证券管理或者投资咨询业务的实体。

月度报告　　（2）根据规章，第（1）款（a）项至（g）项所述实体必须在规章规定的时间内，如果规章没有规定时间，则在每月，向根据联邦或者省法律对其进行管理或者监督的主要机构或者机关就下列事项之一提出报告：

（a）其没有占有或者控制第（1）款所述之财产；

（b）其占有或者控制第（1）款所述之财产，这种情况下还必需报告有关人员、合同或者账户的数目以及该项财产的总值。

豁免　　　　　　　　（3）对于根据第（2）款规定善意进行报告的人不得提起刑事或者民事诉讼。

条例　　　　　　　　（4）总督可以制定规章：

（a）排除实体而不要求其为第（2）款所述之报告，且明确排除的条件；

（b）为第（2）款明确时间。

犯罪—冻结财产，揭发或者审计　　第83.12条　（1）违反第83.08、83.1或者83.11条，构成犯罪：

（a）构成简易罪，处100,000元以下罚金或者1年以下监禁，或者两者并处；

（b）构成可诉罪，处不超过10年的监禁。

不构成违反　　　　（2）如果仅向加拿大皇家骑警总监或者加拿大安全情报总署署长进行第83.01所述之报告，不违反该条规定。

对财产的扣押和限制

对财产的扣押和限制　　第83.13条　（1）在秘密审查总检察长单方面提出的申请后，联邦法院法官如果确信有合理根据相信在任何建筑物、容器或者场所可以根据第83.14条第（5）款对之签发没收令的财产，法官可以签发：

（a）授权列名的人或者治安官搜查该建筑物、容器或者场所并扣押该项财产和搜查者有合理根据相信可以根据该条规定对之签发没收令的任何其他财产的令状，如果该财产在加拿大境内；

（b）禁止任何人处置财产或者以限制令中指明以外的方式处理该财产利益的限制令，如果该项财产在加拿大境外。

申请书的内容　　　（1.1）支持根据第（1）款作出的申请的证词可以在报告与信仰的基础上宣誓，并且，虽然有1998年《联邦法院规则》，但不能以没有提供直接了解主要事实证人的证据为由，作出相反推论。

指定管理人　　　　（2）根据依第（1）款提出的申请和总检察长的请求，如果法官认为有必要，其可以：

	（a）指定人员按照法官的指示控制、管理或者以其他方式处理全部或者部分财产；
	（b）要求该项财产的占有人将财产交付给依（a）项指定的人员。
指定公共工程和公用事业部长	（3）若加拿大总检察长提出要求，根据第（2）款指定人员的法官应当指定公共工程和公用事业部长。
管理权力	（4）根据第（2）款管理和以其他方式处理财产的权力包括：
	（a）出售易贬值的或者迅速折旧的财产的权力；
	（b）销毁价值微小或者无价值的财产的权力。
申请销毁令	（5）根据第（2）款被指定的人在销毁第（4）款（b）项所述之财产前，应当向联邦法院法官申请销毁令。
通知	（6）在发出对于任何财产的销毁令前，法官应当要求根据第（7）款通知其认为似乎对财产有正当利益的人，并听取其意见。
通知方式	（7）第（6）款通知应当根据法官指示或者联邦法院规则规定的方式送达。
命令	（8）法官如果确信该项财产的经济价值很小或者没有价值，其可以命令销毁财产。
管理命令何时失效	（9）管理命令所涉财产根据法律归还申请人或者被没收时，管理命令效力终止。
申请变更	（10）总检察长可以在任何时间向联邦法院法官申请撤销或者变更根据本条作出的命令或者令状，但根据第（3）款作出的指定除外。
程序	（11）第462.32条第（4）款和第（6）款、第462.34条至第462.35条、第462.4条、第487条第（3）款和第（4）款以及第488条比照适用于根据第（1）款（a）项作出的令状。
程序	（12）第462.33条第（4）款、第（6）款至第（11）款、第462.34条至第462.35条以及第462.4条比照适用于根据第（1）款（b）项作出的命令。

没 收 财 产

申请没收令	第83.14条 （1）总检察长可以向联邦法院法官提出

申请签发对下列财产签发没收令：

（a）恐怖组织所有或者恐怖组织或者其代理人控制之财产；

（b）其全部或者部分曾经或者将要用于帮助或者实施恐怖活动之财产。

申请的内容	（2）支持总检察长根据第(1)款提出之申请的宣誓书，可以基于报告和确信作出。虽然有《1998年联邦法院规则》的规定，不得因不能提供亲自知悉重要事实之人的证据，而得出相反推断。
答辩人	（3）总检察长只能指定拥有或者控制申请书所涉财产的人作为第(1)款所述申请之答辩人。
通知	（4）总检察长应当以法官指示的或者联邦法院规则规定的方式，将根据第(1)款提出的申请，通知被指定的答辩人。
准予没收令	（5）如果法官确信财产为第(1)款(a)项或者(b)项所述财产，法官应当命令没收财产并依总检察长的指示处置或者以法律规定的其他方式处理。
收益的使用	（5.1）根据第(5)款处理财产所得的任何收益可以根据总督依第(5.2)款制定的条例用于对恐怖活动之被害人进行补偿和为反恐怖行动提供资金。
条例	（5.2）总督可以指定条例，规定第(5.2)款所述之收益的分配办法。
不予没收令	（6）法官拒绝依第(1)款提出针对任何财产之申请时，应当发出命令描述该项财产且宣布其不属于该款所述之财产。
通知	（7）根据第(1)款提出的申请，法官可以要求向法庭认为似乎对于申请所针对财产拥有利益的任何人，且此人有权被增列为对该项申请的应答人。
第三方利益	（8）如果法官确信，第(7)款所述之人对申请所针对之财产有利益、已尽适当注意保证财产不被用于支持或者实施恐怖活动且非恐怖组织成员，法官应当命令其利益不受没收之影响。该项命令应当宣布利益的性质和范围。
住宅	（9）如果申请所针对之财产之全部或者部分为住宅，法官还应当考虑：

（a）没收令对于住宅所有人或者控制人的近亲属的影响，如果该住宅在作出限制处分令时或者提出没收申请时是、且仍然是这些亲属的主要居所；

（b）该亲属是否非恐怖活动中之共犯或者通谋。

变更或者撤销之请求　　（10）对没收财产主张权利且未根据第(7)款收到通知的人，可以在作出没收令后60日内向联邦法院要求变更或者撤销根据第(5)款作出的命令。

不得延长时间　　（11）法庭不得延长第(10)款所规定的时间。

财产的处分　　第83.15条　第462.42条第(6)款、第462.43条和462.46条比照适用于受依第83.13条第(1)款签发的令状或者限制令约束的或者依第83.14条第(5)款被命令没收的财产。

临时保留的权力　　第83.16条　（1）在对于依83.14条作出的命令上诉期间，根据依第83.13条签发的命令被限制处分的财产继续受限制，根据依该条签发的令状而被扣押的财产继续扣押，依该条被指定管理、控制或者以其他方式处理财产的任何人继续拥有该项权力。

对拒绝命令之上诉　　（2）第462.34条适用于拒绝依第83.14条第(5)款作出命令的上诉，但需根据具体情况作相应变更。

其他没收规定不受影响　　第83.17条　（1）本章规定不影响本法其他部分或者其他议会法关于没收财产的规定的实施。

优先赔偿犯罪被害人　　（2）根据第83.14条第(5)款受到没收的财产，只有无要求满足适用本法或议会任何其他法关于赔偿或补偿受犯罪行为影响者的其他规定时，才予以没收。

参与、帮助、指示和包庇

参与恐怖组织活动　　第83.18条　（1）基于提高恐怖组织促进或者实施恐怖活动能力的目的，故意直接或者间接地参与或者帮助恐怖组织的活动，构成可诉罪，处不超过10年的监禁。

起诉　　（2）第(1)款之犯罪均可成立，而无论是否：

（a）恐怖组织实际帮助或者实施恐怖活动；

（b）被告之参与或者促进实际提高恐怖组织促进或者实施恐怖活动能力；

|参与或者促进的含义| (c) 被告了解由恐怖组织可能帮助或者实施的恐怖活动的确切性质。

(3) 对恐怖组织活动的参与或者促进包括：

(a) 提供、接受或者招募人员接受训练；

(b) 为恐怖组织之利益、受恐怖组织指示或者与恐怖组织配合，提供或者提议提供专门技能或者专业知识；

(c) 招募他人帮助或者实施：

(i) 恐怖主义犯罪；

(ii) 在加拿大境外之作为或者不作为，如果在加拿大境内实施即构成恐怖主义犯罪；

(d) 为恐怖组织之利益、受恐怖组织指示或者与恐怖组织配合，进入或者停留在任何国家；

(e) 响应恐怖组织任何成员之号召，准备帮助或者实施：

(i) 恐怖主义犯罪；

(ii) 在加拿大境外之作为或者不作为，如果在加拿大境内实施即构成恐怖主义犯罪。

考虑因素　　(4) 在确定被告是否参与或者帮助恐怖组织之任何活动时，除了其他因素，法庭可以考虑被告是否：

(a) 使用证明为或者与恐怖组织相关联的名称、词语、符号或者任何其他标志；

(b) 与恐怖组织的任何成员频繁联系；

(c) 从恐怖组织接受任何利益；

(d) 受恐怖组织任何成员的指示屡次参加活动。

为恐怖活动提供便利　　**第83.19条**　(1) 故意为恐怖活动提供便利，构成可诉罪，处不超过14年的监禁。

提供便利的行为　　(2) 在本章中，无论是否有下列情形，即为恐怖活动提供了便利：

(a) 提供便利者知道为某一恐怖活动提供了便利；

(b) 提供便利时，预见到或者已计划实施特定之恐怖活动；

(c) 实际实施任何恐怖活动。

为恐怖组织实施犯罪　　**第83.2条**　为恐怖组织之利益、受恐怖组织指示或者与恐怖组织配合实施本法或者其他议会法规定之可诉罪，构成可诉罪,处终身监禁。

指示为恐怖组织实施活动

第83.21条 (1) 任何人,基于提高恐怖组织促进或者实施恐怖活动能力的目的,直接或者间接地指示任何人为恐怖组织之利益、受恐怖组织指示或者与恐怖组织共同实施任何活动,构成可诉罪,处终身监禁。

起诉

(2) 第(1)款之犯罪均可成立,而无论是否:
(a) 被告指示实施的行为实际实施;
(b) 被告指示特定之人实施(a)项所述行为;
(c) 被告知道其指示实施(a)项所述行为之人的身份;
(d) 被告指示实施(a)项所述行为之人知道该行为系为恐怖组织之利益、受恐怖组织指示或者与恐怖组织配合而实施;
(e) 恐怖组织实际提供便利于或者实施恐怖活动;
(f) (a)项所述行为实际提高了恐怖组织促进或者实施恐怖活动的能力;
(g) 被告知道恐怖组织可能促进或者实施的恐怖活动之确切性质。

指示实施恐怖活动

第83.22条 (1) 任何人,直接或者间接地故意指示他人实施恐怖活动,构成可诉罪,处终身监禁。

起诉

(2) 第(1)款之犯罪均可成立,而无论是否:
(a) 恐怖活动实际实施;
(b) 被告指示特定之人实施恐怖活动;
(c) 被告知道其指示实施恐怖活动之人的身份;
(d) 被告指示实施恐怖活动之人知道其系恐怖活动。

包庇或者窝藏

第83.23条 任何人,基于让他人帮助或者实施恐怖活动之目的,故意包庇或者窝藏其明知已经或者可能实施恐怖活动的人,构成可诉罪,处不超过10年的监禁。

程序和严重处罚

总检察长同意

第83.24条 只有经过总检察长同意,才可以对恐怖主义犯罪或者第83.12条规定之犯罪提起诉讼。

管辖

第83.25条 (1) 指控实施恐怖犯罪或者第83.12条规定的犯罪时,如果该犯罪被指控在诉讼程序所进行的省以外的地区实施,无论行为人是否在加拿大,无论诉讼程序是否曾在加拿大其他地区开始,针对该罪的诉讼程序可以应加拿大政府的要求提起并由加拿大总检察长或者其代表在加拿大任何地区实施。

审理和处罚　　（2）被告可以因第（1）款所述之犯罪而被审判和处罚,如同犯罪在诉讼程序所进行的地区实施一样。

连续执行的刑罚　　第83.26条　对因第83.02条至第83.04条与第83.18条至第83.23条中任何一条规定的犯罪判处的终身监禁以外的刑罚,应当与下列刑罚连续执行：

（a）对因同一事件而构成之犯罪所科处的终身监禁以外的刑罚；

（b）对因这些规定中任何犯罪科处刑罚时行为人正受约束之终身监禁以外之任何刑罚。

对恐怖活动之处罚　　第83.27条　（1）虽然有本法的任何规定,任何人被定可诉罪,而非终身监禁为最低刑罚之犯罪,若其构成犯罪之作为或者不作为同时构成恐怖活动,处终身监禁。

必须通知罪犯　　（2）只有检察官使法庭确信罪犯在答辩以前已经收到关于适用第（1）款的通知,才可以适用第（1）款。

调查性听证

"法官"的定义　　第83.28条　（1）在本条和第83.29条中,"法官"指省法院法官或者有刑事管辖权的高等法院的法官。

收集证据之命令　　（2）为调查恐怖主义犯罪,治安官可以单方面向法官申请收集证据的命令。

总检察长同意　　（3）只有事先征得总检察长同意,治安官才可以依第（2）款提出申请。

发出命令　　（4）收到依第（2）款提出申请的法官,如果确信已根据第（3）款之要求征得总检察长的同意,且具备下列条件之一,可以发出收集证据的命令：

（a）有正当理由相信有下列情形之一：

（i）恐怖主义犯罪已经实施；

（ii）执行命令可能获取关于该犯罪的资料或者可能披露治安官怀疑已实施犯罪的嫌疑人的行踪的资料；

(b) 符合下列条件：

(i) 有正当理由相信将发生恐怖主义犯罪；

(ii) 有正当理由相信有人拥有直接的和实质的资料,该资料与(i)目所述之恐怖主义犯罪有关,或者可能披露治安官怀疑已实施该目所述犯罪的嫌疑人的行踪；

(iii) 已经作出合理的努力以从(ii)目所述之人处获取该项资料。

命令的内容　　(5) 根据第(4)款所发出的命令可以：

(a) 命令对命令中指明的人进行询问,无论是否宣誓；

(b) 命令此人到法官或者依(d)项指派的法官确定的地点接受询问,直至主审法官允许其离开；

(c) 命令将此人携带的由其占有或者控制的任何物品接受审查并向主审法官出示；

(d) 指派其他法官进行询问；

(e) 包括法官认为必要的任何其他限制性规定,包含对命令指明的人或者第三人的利益进行保护或者保护正在进行的调查的限制性规定。

命令的执行　　(6) 根据第(4)款发出的命令可以在加拿大境内任何地方执行。

命令的变更　　(7) 根据第(4)款发出命令的法官或者同一法庭的其他法官可以变更命令的限制性规定。

回答问题和出示物品的义务　　(8) 根据第(4)款发出的命令中指明的人必须回答总检察长或者其代理人提出的问题,并向主审法官出示被命令携带的物品,但若回答问题或者出示物品将披露受法律保护可不予披露的信息或者享有特权时,可以拒绝回答或者出示。

法官裁决　　(9) 主审法官应当就任何异议或者与拒绝回答问题或者出示物品相关的其他争议问题,作出裁决。

任何人须遵守第(8)款　　(10) 任何人不得根据回答问题或者该项物品将使其受到牵连或者受到任何处置或者惩罚,而免于回答问题或者出示物品,但是：

(a) 根据第(8)款所进行的回答或者出示的物品,不得在依第132或者136条提出的起诉以外的任何针对此人的刑事诉讼中,作为对其不利的证据使用或者接受；

第二之一章 恐怖主义

(b) 从此人处获取的证据而进一步获取的证据,不得在依第 132 或者 136 条提出的起诉以外的任何针对此人的刑事诉讼中,作为对其不利的证据使用或者接受。

获得律师帮助权　(11) 此人有权在诉讼的任何阶段聘用或者委托律师。

命令扣押物品　(12) 主审法官如果确信在询问过程中出示的任何物品可能与对恐怖主义犯罪进行的调查相关,应当命令将该物品交付治安官或者其代表保管。

逮捕令　**第 83.29 条**　(1) 依第 83.28 条第(4)款发出命令的法官或者同一法庭的另一法官,如果基于宣誓作出的书面告发而确信命令中指明的人有下列情形之一,可以签发逮捕令对其进行逮捕:

(a) 正在逃避命令的送达;

(b) 将要潜逃;

(c) 未依照命令的要求参加询问或者持续出庭。

逮捕令的执行　(2) 根据第(1)款签发的逮捕令可以在加拿大境内任何地区由在该地区有管辖权的治安官执行。

应带至法官的人　(3) 根据第(1)款签发的逮捕令而执行逮捕的治安官,应当立即将被逮捕人带至签发逮捕令的法官或者同一法庭的另一法官。该法官为保证对命令的遵守,可以命令将被逮捕人羁押或者具保释放,无论提供或者不提供保证人。

附条件具结

提出控告须总检察长同意　**第 83.3 条**　(1) 治安官在根据第(2)款规定提出控告时,必须征得总检察长的同意。

恐怖活动　(2) 适用第(1)款的前提下,如果符合下列条件,治安官可以向省法院法官提出控告:

(a) 治安官有正当理由相信将发生恐怖活动;

(b) 有正当理由怀疑要求某人提供有条件具结保证金或者对其进行逮捕为防止恐怖行为的发生所必需。

出庭　(3) 接到第(2)款所述控告的省法院法官可以要求被控告人出庭。

无证逮捕　(4) 虽然有第(2)款和第(3)款的规定,如果符合下列条件,治安官可以无证逮捕、将被逮捕者羁押并带至省法院法官：

(a) 有下列情形之一：

(i) 存在第(2)款(a)项或者(b)项所述之控告理由，但因为紧急情况，提出第(2)款所述之控告不可行；

(ii) 已经提出第(2)款所述之控告，且已签发传票；

(b) 治安官有正当理由相信羁押为防止恐怖活动发生所必需。

治安官职责　　(5) 如果治安官在第(4)款(a)项(i)目所述情形下实施无证逮捕，他应当在第(6)款(a)项或者(b)项规定的时间内实施下列行为之一：

(a) 提出第(2)款所述之控告；

(b) 释放被逮捕人。

何时被押见法官　　(6) 被羁押者应根据下列规则被带至省法院法官，除非治安官或者第十五章规定之主管官员在(a)项或者(b)项规定的时间届满前确信被逮捕者应被无条件释放且将其释放：

(a) 若在逮捕后 24 小时内可以找到省法院法官，被逮捕者应不过分迟延且必须在此期间内被带至省法院法官；

(b) 若在逮捕后 24 小时内不能找到省法院法官，被逮捕者应尽快被带至省法院法官。

如何处理　　(7) 一个人根据第(6)款被带至省法院法官时：

(a) 若尚未根据第(2)款提出控告，法官应当命令将其释放；

(b) 若已根据第(2)款提出控告：

(i) 法官应当命令将其释放，除非提出控告的治安官提出理由，说明根据下列一项或者多项理由羁押被逮捕人是正当的：

(A) 为保证被逮捕人在省法院出庭以接受省法院法官根据第(8)款进行的处理，有必要羁押；

(B) 考虑到包括下列情形的所有情况，为保护公众或者保证公众之安全，有必要羁押：

(I) 若释放被逮捕者，发生恐怖活动的可能性；

(II) 如果将被逮捕者释放，其妨碍执法的可能性；

(C) 任何其他正当理由，以及考虑到包括治安官拥有的第(2)款所述理由的明显的可靠性和可能发生的恐怖活

第二之一章 恐怖主义

动的危害性在内的所有情况,为保证对于执法的信任,有必要羁押;

（ii）法官可以延期进行第(8)款规定的审理,但若被逮捕人未被依(i)目规定释放,延期不得超过48小时。

法官审理　　（8）对根据第(3)款被带出庭的被逮捕人进行审理的省法院法官:

（a）如果根据治安官提出的证据确信其怀疑有正当理由,可以命令被逮捕者提供具结,保证在不超过12个月的期限内维持治安、行为良好,以及遵守具结书中规定的省法院法官认为防止发生恐怖活动所必要的其他合理条件,包括第(10)款规定的条件;

（b）如果被逮捕者未根据第(7)款(b)项(i)目释放,应当命令将其释放。若根据(a)项提出具结书,应遵守具结书的规定。

拒绝提交具结　　（9）如果被逮捕者未能或者拒绝提交具结书,省法院法官可以将其押交监狱,关押期限不超过12个月。

条件,火器　　（10）在发出第(8)款(a)项所述之命令前,省法院法官应当考虑,为被逮捕者或者其他人的安全,有无必要作为条件之一而在具结书中规定禁止提供具结人占有任何火器、弩、禁用武器、管制武器、禁用器械、弹药、禁用弹药或者爆炸物。如果省法院法官确定有此必要,其应在具结书中增列该项条件。

收缴,等　　（11）如果省法院法官在具结书中增列第(10)款所述条件,其应在具结书中说明有关下列事项的方式和程序:

（a）具结人占有的第(10)款所述之物品应当交出、处置、扣押、储存或者处理;

（b）具结人持有的授权书、许可证和登记证应当收缴。

理由　　（12）如果省法院法官未在具结书中增加第(10)款所述之条件,其应当在记录中列入未增加此项条件的理由。

变更条件　　（13）根据治安官、总检察长或者当事人的申请,省法院法官可以变更具结书中规定的条件。

其他规定的适用　　（14）第810条(4)款和(5)款适用于根据本条提起的诉讼程序,但需根据具体情况作相应变更。

年度报告（第83.28条和第83.29条）　　**第83.31条**　（1）总检察长应当准备并向议会提交、各

省总检察长应当发表或者以其他方式让公众知悉,上一年实施第83.28条和第83.29条的报告,该报告应当包括:

(a)根据第83.28条第(2)款和第(3)款提出申请的数目和获取批准的数目;

(b)根据第83.28条第(4)款发出的收集证据的命令的数目;

(c)根据第83.29条持逮捕令执行逮捕的数目。

年度报告(第83.3条)　　(2)总检察长应当准备并向议会提交、各省总检察长应当发表或者以其他方式让公众知悉,上一年实施第83.3条的报告,该报告应当包括:

(a)根据第83.3条第(1)和第(2)款提出申请同意进行控告的数目和获取批准的数目;

(b)根据第83.3条第(3)款签发传票或者逮捕令的案件的数目;

(c)未根据第83.3条第(7)款在等待审理期间释放被逮捕人的案件的数目;

(d)根据第83.3条第(7)款(a)项命令提交具结的案件的数目,以及所附条件的类型;

(e)没有或者拒绝提供具结的次数,以及每个案件中根据第83.3条第(9)款进行关押的期限;

(f)根据第83.3条第(13)款对具结书规定条件进行变更的案件的数目。

年度报告(第83.3条)　　(3)副总检察长应当准备并向议会提交、各省负责警察事务的部长应当发表或者以其他方式让公众知悉,上一年实施第83.3条的报告,该报告应当包括:

(a)根据第83.3条第(4)款执行无证逮捕的数目和每个案件中对被逮捕人的羁押时间;

(b)根据第83.3条第(4)款执行无证逮捕和由下列人员释放被逮捕者的案件数目:

(i)治安官,根据第83.3条第(5)款(b)项;

(ii)法官,根据第83.3条第(7)款(a)项。

限制　　(4)年度报告不应当包括其披露可能造成下列任何结果的资料:

(a)危害或者妨碍正在进行的对议会法规定犯罪的

调查；
　　　　　　　　　　(b) 危及任何人的生命或者安全；
　　　　　　　　　　(c) 侵害司法程序；
　　　　　　　　　　(d) 其他违背公共利益的情形。

届满规定　　　　　**第 83.32 条**　(1) 在议会会期 2006 年 12 月 31 日后的第 15 日终结时，第 83.28 条、第 83.29 条和第 83.3 条停止适用，除非其适用期限由众参两院根据第(3)款规定的规则通过的决议——其文本根据第(2)款进行确定——加以延长。

议会命令　　　　　(2) 总督可以以命令确定决议的文本，规定延长第 83.28 条、第 83.29 条和第 83.3 条的适用以及延长期限，该期限自决议在两院通过之日起不得超过 5 年。

规则　　　　　　　(3) 可以在两院就适用决议的动议进行辩论，但不得修改。辩论终结，议会发言人应当说明每个必要的问题以便决定是否通过动议。

后续延期　　　　　(4) 第 83.28 条、第 83.29 条和第 83.3 条的适用期限可以根据本条规定的程序继续延长，将第(1)款规定的"2006 年 12 月 31 日"作为"根据本条进行的最近一次延长的终结期限"。

"议会会期"的定义　(5) 在第(1)款中，"议会会期"指众议院和参议院两院都开会的时间。

过渡性规定　　　　**第 83.33 条**　(1) 第 83.28 条、第 83.29 条和第 83.3 条根据第 83.32 条规定停止适用的，若对根据第 83.28 条第(2)款提出的申请进行的审理开始于这些规定停止适用之前，诉讼应当终结。

过渡性规定　　　　(2) 第 83.3 条根据第 83.32 条规定停止适用的，在该条停止适用时应当释放据此规定被羁押的人，除非第 83.3 条第(7)款至(14)款继续适用于根据第 83.3 条第(6)款在第 83.3 条停止适用前被押见法官的人。

第三章 火器和其他武器

定 义

定义　　**第84条**　(1) 在本章和第491条第(1)款、第515条第(4.1)款和第(4.11)款、第810条第(3.1)款和第(3.11)款中：

"弹药"　　"弹药"包含设计为由火器发射的发射物的子弹，为更加明确，包括无壳子弹和炮弹。

"古董火器"　　"古董火器"指：
(a) 1898年以前制造，被设计为不使用边缘发火或者中心发火弹药、且至今未被改装以使用此类弹药的火器；
(b) 被规定为古董武器的任何火器。

"授权书"　　"授权书"指根据《火器法》签发的授权书。

"自动火器"　　"自动火器"指能够、或者装配或者设计并且制造为扣动一次扳机即能够快速、连续发射的火器。

"子弹夹"　　"子弹夹"指可以向火器的弹膛供给弹药的任何器械或者容器。

"主火器官"　　"主火器官"指《火器法》第2条第(1)款所定义的主火器官。

"火器专员"　　"火器专员"指根据《火器法》第81.1条规定任命的火器专员。

"弩"　　"弩"指装有弓和固定于托柄的弓弦的器械，其被设计用于发射沿着由管或者凹槽引导的轨道飞行的箭、矢、方镞箭或者类似发射物，能够致人严重身体伤害或者死亡。

"出口"　　"出口"指自加拿大出口，为更加明确，包括进口至加拿大境内或者过境加拿大的货物的出口。

"火器官"　　"火器官"指《火器法》第2条第(1)款所定义的火器官。

"手枪"　　"手枪"指设计、改装或者意图由单手瞄准和开枪的火器，无论其是否曾经或者后续被改装以由两手进行瞄准和开枪。

第三章　火器和其他武器

"仿制火器"　　　　"仿制火器"指模仿火器的任何物品,包括复制的武器。
"进口"　　　　　　"进口"指进口至加拿大境内,为更加明确,包括过境加拿大的货物和自加拿大出口货物的进口。
"许可证"　　　　　"许可证"指根据《火器法》签发的许可证。
"规定"　　　　　　"规定"指条例规定。
"禁用弹药"　　　　"禁用弹药"指被规定为禁用弹药的弹药或者任何类型的子弹。
"禁用器械"　　　　"禁用器械"指:
　　　　　　　　　(a)被规定为禁用器械的任何武器零件、部件或者与武器配合使用的辅件;
　　　　　　　　　(b)长度等于或者小于105毫米的手枪枪管,但不包括用于由国际设计协会指定的规则调整的国际体育比赛的手枪枪管;
　　　　　　　　　(c)设计或者意图用于减弱或者消除火器声音的器械或者装置;
　　　　　　　　　(d)被规定为禁用器械的子弹夹;
　　　　　　　　　(e)复制的武器。
"禁用火器"　　　　"禁用火器"指:
　　　　　　　　　(a)有下列情形之一的手枪:
　　　　　　　　　(i)其枪管长度等于或者小于105毫米;
　　　　　　　　　(ii)设计或者改装用于发射直径为25毫米或者32毫米的子弹,但不包括用于由国际射击协会制定的规则规定的国际体育比赛的手枪;
　　　　　　　　　(b)以锯短枪管或者其他手段由步枪或者手枪改装之火器,有下列情形之一的:
　　　　　　　　　(i)长度小于660毫米;
　　　　　　　　　(ii)长度等于或者大于660毫米,枪管长度小于457毫米;
　　　　　　　　　(c)自动火器,无论其是否已经改装以每扣动扳机一次只发射一颗子弹;
　　　　　　　　　(d)被规定为禁用火器的任何火器。
"禁用武器"　　　　"禁用武器"指:
　　　　　　　　　(a)因重力、离心力或者施加于按钮、发条或者在刀柄内或者与之相连的其他装置的手压能自动打开的有刃刀具;

	（b）火器以外、被规定为禁用武器的武器。
"禁止令"	"禁止令"指根据本法或者其他议会法发布的、禁止某人持有任何火器、弩、禁用武器、管制武器、禁用器械、弹药、禁用弹药或者爆炸物以及所有此类物品的命令。
"注册官"	"注册官"指根据《火器法》第 82 条被任命的火器官。
"注册证"	"注册证"指根据《火器法》签发的注册证。
"复制的武器"	"复制的武器"指设计或者意图精确或者准确类似于火器、但其本身并非火器的任何器械,但不包括设计或者意图精确或者准确类似于古董火器的器械。
"管制火器"	"管制火器"指: （a）禁用火器之外的手枪; （b）符合下列条件的火器: （i）不是禁用火器; （ii）枪管长度小于 470 毫米; （iii）可以以半自动方式发射中心发火的弹药; （c）设计或者经改装而枪管可以以折叠、套叠或者其他方式缩短至 660 毫米以下的火器; （d）被规定为管制武器的任何其他火器。
"管制武器"	"管制武器"指火器以外的、被规定为管制武器的任何其他武器。
"高等法院"	"高等法院": （a）在安大略省,指位于作出裁判的地区或者县的高等法院; （b）在魁北克省,指高等法院; （c）在新不伦瑞克、曼尼托巴、萨斯喀彻温和阿尔伯塔省,指王座法庭; （d）在诺瓦斯科舍省、不列颠哥伦比亚省和领地,指最高法院; （e）在爱得华王子岛和纽芬兰省,指最高法院审判庭。
"转让"	"转让"指出售、提供、物物交换、给、出借、租用、送、运输、船运、分发或者交付。
枪管长度	（2）在本章中,火器的枪管长度指下列距离,但不包括任何组件或者辅件之长度,其中包括被设计或者意图遮盖枪口闪光和降低后座力之组件或者辅件:

第三章 火器和其他武器

	(a) 左轮手枪,指自枪管枪口到转轮前缺口端之距离;
	(b) 其他火器,指自枪管枪口到并包括枪膛之距离。
某些不视为火器的武器	(3) 在本法第 91 条至第 95 条、第 99 条至第 101 条、第 103 条至第 107 条和第 117.03 条以及《火器法》的规定中,下列武器不视为火器:
	(a) 古董火器;
	(b) 符合下列条件的器械:
	(i) 专门为发射信号、通知危难、发射空弹、发射饰钉、射钉或者其他工业用子弹而设计;
	(ii) 持有人意图将其专门用于其所设计的用途;
	(c) 符合下列条件的射击器械:
	(i) 为屠宰家畜、镇静动物或者发射带有绳索的发射物而专门设计;
	(ii) 持有人意图将其专门用于其所设计的用途;
	(d) 任何其他管状武器,只要此武器经证明并非被设计或者改装作发射下列任何发射物:
	(i) 初速超过每秒钟 152.4 米或者初能超过 5.7 焦耳的弹丸、子弹或者其他发射物;
	(ii) 经设计或者改装而初速超过每秒钟 152.4 米或者初能超过 5.7 焦耳的弹丸、子弹或者其他发射物;
例外—古董火器	(3.1) 虽然有第 (3) 款的规定,在根据《火器法》第 117 条 (h) 项和本法 86 条第 (2) 款制定的条例中,古董火器仍为火器。
"持有人"的含义	(4) 在本章中:
	(a) 如果已经向某人签发授权书或者许可证且其仍然持有此授权书或者许可证,其为此授权书或者许可证的持有人;
	(b) 有下列情形之一的人为火器注册证的持有人:
	(i) 已经向某人签发火器注册证且其仍然持有此火器注册证;
	(ii) 其经合法持有人的同意持有注册证。

使 用 犯 罪

在犯罪中使用火器	**第 85 条** (1) 任何人于下列情况下使用武器,构成犯

罪,无论是否造成或者意图造成他人身体伤害:

(a) 实施可诉罪,但第 220 条(犯罪过失致死)、第 236 条(非预谋杀人)、第 239 条(谋杀未遂)、第 244 条(以火器故意伤害)、第 272 条(使用武器实施性侵犯罪)、第 273 条(严重性侵犯罪)、第 279 条第(1)款(绑架)、第 279.1 条(扣留人质)、第 344 条(抢劫)或者第 346 条(敲诈勒索)规定的犯罪除外;

(b) 犯可诉罪而未遂;

(c) 在犯可诉罪或者可诉罪未遂之后的逃跑期间。

在犯罪中使用仿制武器 (2) 任何人于下列情况下使用仿制武器,构成犯罪,无论是否造成或者意图造成他人身体伤害:

(a) 实施可诉罪;

(b) 实施可诉罪而未遂;

(c) 在犯可诉罪或者可诉罪未遂之后的逃跑期间。

处罚 (3) 任何人实施第(1)款或者第(2)款规定的犯罪,构成可诉罪,处罚如下:

(a) 若为初犯,处 14 年以下监禁,最低刑为 1 年,但适用(b)项时除外;

(b) 若为初犯,但被告在 1978 年 1 月 1 日以前被定可诉罪或者可诉罪未遂,而系在实施此罪或者未遂的过程中或者在实施后潜逃过程中使用火器,处 14 年以下监禁,最低刑为 3 年;

(c) 若为再犯或者屡犯,处不超过 14 年的监禁,最低刑为 3 年。

连续执行的刑罚 (4) 对依第(2)款犯罪所处的刑罚,应当在基于同一事件所处的刑罚以及判处第(1)款或者第(2)款规定刑罚时犯罪人已受的刑罚之后连续执行。

粗心使用火器,等 **第 86 条** (1) 任何人,无合法理由,以粗心方式或者未合理注意他人安全,使用、携带、处理、船运、运输或者储存火器、禁用武器、管制武器、禁用器械或者任何弹药或者禁用弹药,构成可诉罪。

违法储存火器,等 (2) 任何人违反根据《火器法》第 117 条(h)项制定的条例关于火器和管制武器的储存、处理、运输、船运、展览、广告和邮购的规定,构成犯罪。

第三章 火器和其他武器

处罚	(3) 实施第(1)款或者第(2)款规定的犯罪分别： (a) 构成可诉罪，处罚为： (i) 若为初犯，处不超过2年的监禁； (ii) 若为再犯或者屡犯，处不超过5年的监禁； (b) 构成简易罪。
用火器瞄准	**第87条** (1) 无合法理由而以火器瞄准他人，无论子弹是否上膛，均构成犯罪。
处罚	(2) 实施第(1)款规定的犯罪，分别： (i) 构成可诉罪，处不超过5年的监禁； (ii) 构成简易罪。

持 有 犯 罪

为危险目的持有武器	**第88条** (1) 基于危害治安或者实施犯罪的目的携带或者持有武器、仿制武器、禁用器械或者任何弹药或者禁用弹药，构成犯罪。
处罚	(2) 实施第(1)款规定的犯罪，分别： (a) 构成可诉罪，处不超过10年的监禁； (b) 构成简易罪。
参加公共集会时携带武器	**第89条** (1) 无合法理由，于参加公共集会时或者在去参加公共集会途中持有武器、禁用器械或者任何弹药或者禁用弹药，构成犯罪。
处罚	(2) 实施第(1)款规定的犯罪，构成简易罪。
携带隐藏的武器	**第90条** (1) 除依《火器法》获取授权外，隐藏携带武器、禁用器械或者任何弹药或者禁用弹药，构成犯罪。
处罚	(2) 实施第(1)款规定的犯罪，分别： (a) 构成可诉罪，处不超过5年的监禁； (b) 构成简易罪。
未经许可而持有火器	**第91条** (1) 除适用第(4)款和第(5)款以及第98条规定的情形外，任何人，无下列两种证书而持有火器，构成犯罪： (a) 持有火器的许可证； (b) 火器注册证。
未经许可而持有禁用武器或者管制武器	(2) 除适用第(4)款和第98条规定的情形外，无持有火

|处罚|器的许可证而持有火器复制品之外的禁用武器、管制武器、禁用器械或者任何禁用弹药的,构成犯罪。
(3)实施第(1)款或者第(2)款规定的犯罪,分别:
(a)构成可诉罪,处不超过5年的监禁;
(b)构成简易罪。|

|例外|(4)第(1)款和第(2)款不适用于:
(a)在合法持有人的直接和即时监督下,以监督者可以合法使用的方式使用的,而持有火器、禁用武器、管制武器、禁用器械或者任何禁用弹药的人;
(b)因法律的实施而获取火器、禁用武器、管制武器、禁用器械或者任何禁用弹药,且在获取后合理时间内实施下列行为之一的人:
(i)合法处理获取物;
(ii)获得其可以持有获取物的许可证,若为火器,还需获得注册证。|

|为生计借用武器|(5)对于没有火器注册证而持有既非禁用火器也非管制火器的火器的人,如果其符合下列条件,不适用第(1)款:
(a)系借用此火器;
(b)有许可证而可以持有此火器;
(c)持有火器系为猎捕或者诱捕动物而供养本人或者其亲属。|

|明知未经许可而持有火器|**第92条** (1)除适用第(4)款和第(5)款以及第98条规定的情形外,明知无下列证书而持有火器的,构成犯罪:
(a)持有火器许可证;
(b)火器注册证。|

|明知未经许可而持有禁用武器、器械或者弹药|(2)除适用第(4)款和第98条规定的情形外,明知无许可证而持有火器复制品外的禁用武器、管制武器、禁用器械或者任何禁用弹药的,构成犯罪。|

|处罚|(3)实施第(1)款或者第(2)款规定的犯罪,构成可诉罪,分别:
(a)若为初犯,处不超过10年的监禁;
(b)若为再犯,处不超过10年的监禁,最低刑为1年;
(c)若为第三次犯罪或者屡犯,处不超过10年的监禁,最低刑为2年减一天。|

第三章 火器和其他武器

例外	(4) 第(1)款和第(2)款不适用于:
	(a) 在合法持有人的直接和即时监督下,基于以监督者可以合法使用的方式使用的目的,而持有火器、禁用武器、管制武器、禁用器械或者任何禁用弹药的人;
	(b) 因法律的实施而获取火器、禁用武器、管制武器、禁用器械或者任何禁用弹药且在获取后合理时间内实施下列行为之一的人:
	(i) 合法处理获取物;
	(ii) 获得其可以持有获取物的许可证,若为火器,还需获得注册证。
为生计而借用火器	(5) 对于没有火器注册证而持有既非禁用火器也非管制火器的火器的人,如果其符合下列条件,不适用第(1)款:
	(a) 系借用此火器;
	(b) 有许可证而可以持有此火器;
	(c) 持有火器系为猎捕或者诱捕动物而供养本人或者其亲属。
先前定罪的证据	(6) 受到关于第(1)款规定的犯罪的指控时,被告曾被依《火器法》第112条第(1)款定罪的证据可以在诉讼的任何阶段采用,并在证明被告知道其不是与犯罪相关的火器的注册证的持有人时加以考虑。
在未经许可的场所持有	**第93条** (1) 除适用第(3)款和第98条的情形外,虽有授权证书或者许可证而在下列场所持有火器、禁用武器、管制武器、禁用器械或者禁用弹药的,构成犯罪:
	(a) 在授权书或者许可证上标示不得持有上述物品的场所;
	(b) 在授权书或者许可证上标示可以持有上述物品的场所以外的场所;
	(c) 根据《火器法》可以持有的场所以外的场所。
处罚	(2) 任何人实施第(1)款规定的犯罪,分别:
	(a) 构成可诉罪,处不超过5年的监禁;
	(b) 构成简易罪。
例外	(3) 第(1)款不适用于持有复制之火器的人。
未经授权而在机动车内持有	**第94条** (1) 除适用第(3)款至第(5)款和第98条的情形外,机动车占有人知道机动车内有复制的武器之外的火

器、禁用武器、管制武器、禁用器械或者禁用弹药，构成犯罪，除非：

（a）若为火器：

（i）行为人或者机动车的其他占有人持有：

（A）行为人或者其他占有人可以持有火器的授权书或者许可证；

（B）火器注册证；

（ii）行为人有正当理由相信机动车的任何其他占有人持有：

（A）此占有人可持有火器和运输禁用火器或者管制火器的授权书或者许可证；

（B）火器注册证；

（iii）行为人有正当理由相信机动车的任何其他占有人不可能被依本法第117.07条至第117.1条或者其他议会法的规定定罪。

（b）若为禁用武器、管制武器、禁用器械或者禁用弹药，有下列情形之一：

（i）行为人或者机动车的其他占有人持有其可以运输禁用武器、管制武器、禁用器械或者禁用弹药的授权书或者许可证；

（ii）行为人有正当理由相信机动车的任何其他占有人有下列情形之一：

（A）持有其可以运输禁用武器、管制武器、禁用器械或者禁用弹药的授权书或者许可证；

（B）不可能被依本法第117.07条至第117.1条或者其他议会法的规定定罪。

处罚　　（2）实施第（1）款规定的犯罪，分别：

（a）构成可诉罪，处不超过10年的监禁；

（b）构成简易罪。

例外　　（3）机动车占有人，若意识到在机动车内有火器、禁用武器、管制武器、禁用器械或者禁用弹药，即试图离开机动车，或者实际离开，对其不得适用第（1）款。

例外　　（4）机动车占有人因法律的实施而获取火器、禁用武器、管制武器、禁用器械或者任何禁用弹药，对其不得适用第

第三章 火器和其他武器

(1)款。

为生计而借用火器　　(5) 机动车占有人持有的火器既非禁用火器也非管制火器,其无火器注册证,如果其符合下列条件,对其不得适用第(1)款:

(a) 系借用此火器;

(b) 有许可证而可以持有此火器;

(c) 持有火器系为猎捕或者诱捕动物而供养本人或者其亲属。

持有装有弹药的禁用火器或者管制器　　**第 95 条**　(1) 除适用第(3)款和第 98 条的情形外,在任何场所持有子弹上膛的禁用火器或者管制火器的,或者子弹未上膛的禁用火器或者管制火器和可立即使用于此火器的弹药的,构成犯罪,除非其持有下列证书:

(a) 其可以在此场所持有此火器的授权书或者许可证;

(b) 火器注册证。

处罚　　(2) 任何人实施第(1)款规定的犯罪,分别:

(a) 构成可诉罪,处不超过 10 年的监禁,最低刑为 1 年;

(b) 构成简易罪,处不超过 1 年的监禁。

例外　　(3) 对于在合法持有人的直接和即时监督下,基于以监督者可以合法使用的方式使用的目的,而持有火器、禁用武器、管制武器、禁用器械或者任何禁用弹药的人,不适用第(1)款。

持有实施犯罪而获取的武器　　**第 96 条**　(1) 除适用第(3)款的情形外,任何人,持有其知道系在加拿大境内实施犯罪或者在任何地方实施若在加拿大境内即构成犯罪的作为或者不作为获取的火器、禁用武器、管制武器、禁用器械或者禁用弹药,构成犯罪。

处罚　　(2) 任何人实施第(1)款规定的犯罪,分别:

(a) 构成可诉罪,处不超过 10 年的监禁,最低刑为 1 年;

(b) 构成简易罪,处不超过 1 年的监禁。

例外　　(3) 对于因法律的实施而获取第(1)款所述物品的人和于获取后合理时间内处理获取物品的人,不适用第(1)款。

第 97 条　[无效]

过渡，许可证　　　　第 98 条　（1）于第 91 条第（1）款、第 92 条第（1）款、第 93 条第（1）款、第 94 条第（1）款和第 95 条第（1）款中任何一款生效前基于下列任何原因无火器获取证书而持有火器的，应被视为至 2001 年 1 月 1 日或者规定的更早时间拥有其可以持有此火器的许可证：

（a）其在 1979 年 1 月 1 日前持有此火器；

（b）其可以持有此火器的火器获取证书有效期满。

过渡，许可证　　　　（2）于第 91 条第（1）款、第 92 条第（1）款、第 93 条第（1）款、第 94 条第（1）款和第 95 条第（1）款中任何一款生效前，持有火器拥有火器获取证书的，在此款中应被视为至 2001 年 1 月 1 日或者规定的更早时间拥有其可以持有此火器的许可证。

过渡，注册证　　　　（3）于第 91 条第（1）款、第 92 条第（1）款或者第 94 条第（1）款生效至 1998 年 1 月 1 日或者规定的其他较晚时间之间，持有在此期间不属于禁用火器或者管制火器的火器的，在此款中应被视为至 2003 年 1 月 1 日或者规定的更早时间拥有此火器的注册证。

交 易 犯 罪

买卖武器　　　　第 99 条　（1）实施与火器、禁用武器、限用武器、禁用器械、任何弹药或者任何禁用弹药有关的实施下列行为的，构成犯罪：

（a）制造或者转让，无论是否有对价；

（b）明知其未根据《火器法》、其他议会法或者依据任何议会法制定的规则得到许可无权而提出实施（a）项所述行为。

处罚　　　　（2）实施第（1）款规定的犯罪的，构成可诉罪，处不超过 10 年的监禁，最低刑为 1 年。

为买卖目的持有武器　　　　第 100 条　（1）明知未根据《火器法》、其他议会法或者依据任何议会法制定的规则得到转让许可，而基于下列目的持有火器、禁用武器、管制武器、禁用器械、弹药或者任何禁用弹药的，构成犯罪：

（a）转让，无论是否有对价；

（b）提出转让。

处罚	（2）实施第（1）款规定的犯罪的，构成可诉罪，处不超过10年的监禁，最低刑为1年。
未经许可而转让	**第101条** （1）未根据《火器法》、其他议会法或者依据任何议会法制定的规则得到许可，而转让火器、禁用武器、管制武器、禁用器械、弹药或者任何禁用弹药的，构成犯罪。
处罚	（2）实施第（1）款规定的犯罪的，分别： （a）构成可诉罪，处不超过5年的监禁； （b）构成简易罪。

装配犯罪

制造自动火器	**第102条** （1）无合法理由，改装火器使其只扣动一下扳机便能快速连续发射子弹的，或者制造或者装配此类火器的，构成犯罪。
处罚	（2）实施第（1）款规定的犯罪的，分别： （a）构成可诉罪，处不超过10年的监禁，最低刑为1年； （b）构成简易罪，处不超过1年的监禁。

进出口犯罪

明知未经许可而进口或者出口	**第103条** （1）明知根据《火器法》、其他议会法或者依议会法制定的规则未经许可，而进口或者出口下列物品的，构成犯罪： （a）火器、禁用武器、限用武器、禁用器械或者任何禁用弹药； （b）设计专门用于自动火器之制造或者改装的零件或者部件。
处罚	（2）实施第（1）款规定的犯罪的，构成可诉罪，处不超过10年的监禁，最低刑为1年。
加拿大总检察长可以行动	（3）针对第（1）款规定的犯罪的诉讼程序可以应加拿大政府的要求提起并由该政府或者其代表进行。
未经许可而进口或者出口	**第104条** （1）未根据《火器法》、其他议会法或者依议会法制定的规则得到许可，而进口或者出口下列物品的，构

成犯罪：

(a) 火器、禁用武器、限用武器、禁用器械或者任何禁用弹药；

(b) 设计专门用于自动火器之制造或者改装的零件或者部件。

处罚　　(2) 实施第(1)款规定的犯罪的，分别：

(a) 构成可诉罪，处不超过 5 年的监禁；

(b) 构成简易罪。

加拿大总检察长可以行动　　(3) 针对第(1)款规定的犯罪的诉讼程序可以应加拿大政府的要求提起并由该政府或者其代表进行。

关于丢失、毁坏、损坏武器等的犯罪

丢失或者发现　　**第 105 条**　(1) 实施下列行为的，构成犯罪：

(a) 所持有的火器、禁用武器、管制武器、禁用器械、禁用弹药、授权书、许可证或者注册证丢失或者被盗后，未以合理速度向治安官、火器官或者主火器官报告；

(b) 发现有正当理由相信为丢失或者丢弃的火器、禁用武器、管制武器、禁用器械或者禁用弹药，未以合理快速向治安官、火器官或者主火器官上缴或者报告。

处罚　　(2) 实施第(1)款规定的犯罪的，分别：

(a) 构成可诉罪，处不超过 5 年的监禁；

(b) 构成简易罪。

毁坏　　**第 106 条**　(1) 任何人，对下列事项，不以合理快速向治安官、火器官或者主火器官报告的，构成犯罪：

(a) 毁坏火器、禁用武器、管制武器、禁用器械或者禁用弹药后；

(b) 知道其在毁坏前持有的火器、禁用武器、管制武器、禁用器械或者禁用弹药遭毁坏后。

处罚　　(2) 实施第(1)款规定的犯罪的，分别：

(a) 构成可诉罪，处不超过 5 年的监禁；

(b) 构成简易罪。

虚假陈述　　**第 107 条**　(1) 就火器、禁用武器、管制武器、禁用器械、禁用弹药、授权书、许可证或者注册证的丢失、被盗或者

第三章　火器和其他武器

损坏故意向治安官、火器官或者主火器官作虚假报告或者陈述的,构成犯罪。

处罚　　　　　　　(2) 实施第(1)款规定的犯罪的,分别:
(a) 构成可诉罪,处不超过 5 年的监禁;
(b) 构成简易罪。

"报告"或者"陈述"的定义　　(3) 本条中,"报告"或者"陈述"指关于事实的主张、意见、确信或者知悉,无论是否重要及是否可接受。

篡改序列号码　　**第 108 条**　(1) 不能证明有合法理由而实施下列行为的,构成犯罪:
(a) 改动、损毁或者消除火器的序列号码;
(b) 持有其明知序列号码已经改动、损毁或者消除的火器。

处罚　　　　　　　(2) 实施第(1)款规定的犯罪的,分别:
(a) 构成可诉罪,处不超过 5 年的监禁;
(b) 构成简易罪。

例外　　　　　　　(3) 如果火器的序列号码已被代替并且已经签发此火器的注册证确定新的序列号码,任何人不得仅因为持有序列号码已经改动、损毁或者消除的火器而构成第(1)款(b)项规定的犯罪。

证据　　　　　　　(4) 在针对第(1)款犯罪的诉讼中,若没有相反证据,一个人持有的火器的序列号码因自然使用磨损以外的原因而全部或者部分去掉的证据,即为其持有其明知序列号码已经改动、损毁或者消除的火器的证明。

禁　止　令

强制的禁止令　　**第 109 条**　(1) 被告因下列犯罪被定罪或者根据第 730 条被释放时,在对犯罪科处的刑罚或者在命令中规定的条件之外,作出判决或者命令释放被告的法庭应当发出命令,禁止被告在命令依第(2)款或者第(3)款确定的期限内持有任何火器、弩、禁用武器、管制武器、禁用器械、弹药、禁用弹药和爆炸物:
(a) 可诉罪;其实施过程中使用、威胁使用或者企图使用针对人身的暴力,被告可能因此被判处 10 年以上监禁;

(b) 第 85 条第(1)款(犯罪时使用火器)、第 85 条第(2)款(犯罪时使用仿制武器)、第 95 条第(1)款(持有禁用或者管制火器和弹药)、第 99 条第(1)款(买卖武器)、第 100 条第(1)款(为买卖目的持有武器)、第 102 条第(1)款(制造自动火器)、第 103 条第(1)款(明知未经许可而进口或者出口)或者第 264 条(刑事骚扰)规定的犯罪;

(c) 与违反《管制药品和物质法》第 5 条第(1)款或者第(2)款、第 6 条第(1)款或者第(2)款或者第 7 条第(1)款相关的犯罪;

(d) 涉及或者犯罪对象为火器、弩、禁用武器、管制武器、禁用器械、弹药、禁用弹药或者爆炸物的犯罪,且犯罪时被告已被根据本法或者其他议会法发出的命令禁止持有此类物品。

禁止令的期限—初犯

(2) 被告系第一次被定罪或者释放时,根据第(1)款发出的命令应禁止被告持有下列物品:

(a) 禁用火器和管制火器以外的火器、弩、管制武器、弹药和爆炸物,期限:

(i) 开始于发出命令之日;

(ii) 结束于被告被释放 10 日之后;若其未被拘押,结束于其被定罪或者免罪 10 日之后;

(b) 禁用火器、管制火器、禁用武器、禁用器械和禁用弹药,期限为终身。

禁止令的期限—再犯

(3) 除第(2)款所述的情形外,根据第(1)款发出的命令应当禁止被告持有火器、弩、管制武器、弹药和爆炸物,期限为终身。

"释放"的定义

(4) 在第(2)款(a)项(ii)目中,"释放"指因刑期届满、依法释放开始或者准予假释,解除拘押而释放。

第 113 条至第 117 条的适用

(5) 第 113 条至第 117 条适用于根据第(1)款发出的每个命令。

酌定的禁止令

第 110 条 (1) 被告因下列犯罪被定罪或者根据第 730 条被释放时,在对犯罪科处的刑罚或者在命令中规定的条件之外,作出判决或者命令释放被告的法庭应当根据被告或者他人的安全利益,考虑是否有必要发出命令禁止被告持有任何火器、弩、禁用武器、管制武器、禁用器械、弹药、禁用弹药

第三章 火器和其他武器

和爆炸物,若认为必要,法庭应当发出命令禁止其持有此类物品:

(a) 第 109 条第(1)款(a)项、(b)项和(c)项规定以外的犯罪,其实施过程中使用、威胁使用或者企图使用针对人身的暴力;

(b) 涉及或者犯罪对象为火器、弩、禁用武器、管制武器、禁用器械、弹药、禁用弹药或者爆炸物的犯罪,且犯罪时被告未被根据本法或者其他议会法发出的命令禁止持有此类物品。

禁止令的期限　　(2) 根据第(1)款发出的命令,开始于发出命令之日,结束于被告被释放 10 日之后;若其未被拘押,结束于其被定罪或者免罪 10 日之后。

理由　　(3) 若法庭未根据第(1)款发出命令,或者虽发出命令但未禁止被告持有第(1)款所述所有物品,法庭应将其理由载入记录。

"释放"的定义　　(4) 在第(2)款中,"释放"指因刑期届满、依法释放开始或者准予假释,解除拘押而释放。

第 113 条至第 117 条的适用　　(5) 第 113 条至第 117 条适用于根据第(1)款发出的每个命令。

申请禁止令　　**第 111 条**　(1) 治安官、火器官或者主火器官如果有正当理由相信,根据某人或者他人的安全利益考虑,其不宜持有火器、弩、禁用武器、管制武器、禁用器械、弹药、禁用弹药或者爆炸物,或者所有此类物品,治安官、火器官或者主火器官可以申请省法院法官发出禁止此人持有此类物品的命令。

听审和通知日期　　(2) 接到根据第(1)款提出的申请后,省法院法官应当确定听审申请的日期,并指示将听审的通知以其指定的方式送交被申请人。

对申请听审　　(3) 除适用第(4)款的情形外,对根据第(1)款提出的申请进行听审时,省法院法官应当听取申请人和被申请人或者其代表提出的所有相关证据。

何时听审可以单方面进行　　(4) 省法院法官可以于被申请人不在场的情况下对根据第(1)款提出的申请进行听审并作出裁决,如同简易法院可以根据第 27 章规定于被告不在场的情况下进行审理的那样。

禁止令　　　（5）对根据第（1）款提出的申请的听审结束时,省法院法官如果确信存在第（1）款所述的情况,应该发出命令禁止被申请人持有火器、弩、禁用武器、管制武器、禁用器械、弹药、禁用弹药或者爆炸物,或者所有此类物品,期限由命令载明,于发出命令之日开始,不超过5年。

理由　　　（6）若省法院法官未根据第（1）款发出命令,或者虽发出命令但未禁止被告持有第（1）款所述所有物品,省法院法官应将其理由载入记录。

第113条至第117条的适用　　　（7）第113条至第117条适用于根据第（5）款发出的每个命令。

个人或者总检察长的上诉　　　（8）若省法院法官根据第（5）款发出命令,与命令有关的人或者总检察长可以就该命令向高等法院提起上诉。

总检察长的上诉　　　（9）若省法院法官未根据第（5）款发出命令,总检察长可以就该决定向高等法院提起上诉。

第27章适用于上诉　　　（10）第二十七章中除第785条至第812条、第816条至第819条和第829至第838条外的规定适用于根据第（8）款和第（9）款提起的上诉,需要根据具体情况作相应变更,该章中适用于上诉法院的规定适用于高等法院。

"省法院法官"的定义　　　（11）在本条和第112条、第117.011条以及第117.012条中,"省法院法官"指对被申请人居住的地区有管辖权的省法院法官。

第111条第（5）款命令的撤销　　　**第112条**　根据依111条第（5）款发出的命令针对的人的申请,省法院法官如果确信发出禁止令的情况不再存在,可以撤销命令。

为生计或者就业而解除禁止令　　　**第113条**　（1）如果禁止令已经或者将要所针对的人使主管机关确信有下列情形之一,虽然其正在或者将受禁止令约束,主管机关可以发布命令,授权主火器官或者注册官,根据主管机关认为适当的限制性规定,为生计或者就业目的向其签发授权书、许可证或者注册证:

（a）此人需要火器或管制武器捕猎,以维持自己或其家庭生计;

（b）针对此人的禁止令会构成对此人可以从事的唯一职业的实际禁止。

第三章　火器和其他武器

考虑因素	（2）只有在考虑下列因素之后，主管机关才可以根据第（1）款发布命令： （a）此人可能有的犯罪记录； （b）如果有与禁止令相关的犯罪，其性质和情节； （c）此人和他人的安全。
命令的效力	（3）若根据第（1）款发布命令： （a）不能仅因对此人发布的禁止令或者与禁止令相关的犯罪而拒绝向其签发授权书、许可证或者注册证； （b）在命令有效期间，为生计或者就业目的，可以向命令针对的人签发授权书或者许可证；若命令有限制性条件，必须遵从这些条件。为更加明确，还可以依照主火器官规定的与签发目的不相矛盾的限制性条件和命令中的限制性条件，签发授权书或者许可证。
何时可以发出命令	（4）为更加明确，在关于第109条第（1）款、第110条第（1）款、第111条第（5）款、第117.05条第（4）款、第515条第（2）款、第732.1条第（3）款（d）项或者第810条第（3）款所述命令的诉讼中，可以发布第（1）款所述的命令。
"主管机关"的含义	（5）在本条中，"主管机关"指发布或者有权发布禁止令的主管机关。
要求上缴	第114条　针对相对人发出禁止令的主管机关，可以在命令中要求此人向治安官、火器官或者主火器官上缴下列物品；如有如此要求，主管机关应当在命令中载明上缴的合理期限，在此期限内，对此人不适用第117.01条： （a）此人于命令生效时所持有的命令禁止其持有的物品； （b）此人于命令生效时所持有的命令禁止其持有的所有物品的相关授权书、许可证和注册证。
没收	第115条　（1）除非针对某人发布的禁止令有其他规定，此人于命令生效时所持有的命令禁止其持有的所有物品予以没收。
例外	（1.1）对根据第515条发布的命令，不适用第（1）款。
处置	（2）根据第（1）款没收的所有物品应根据总检察长的指示处置或者处理。
授权书的撤销或者修改	第116条　（1）除适用第（2）款的情形外，与禁止令禁

止某人持有物品相关并已向其签发的授权书、许可证和注册证于禁止令生效时被吊销或者修改。

撤销或者修改的期间,第 515 条所述命令

(2) 与根据第 515 条发布的禁止令禁止某人持有的物品相关并已向其签发的授权书、许可证和注册证仅在禁止令有效期内被吊销或者修改。

归还所有人

第 117 条 发布或者有权发布禁止令的主管机关,依根据本条提出的申请,如果确信禁止令所针对的相对人以外的申请人符合下列条件,应当命令将此物品或者出售此物品的收益归还其所有人;如果物品已被毁坏,应当向其所有人支付与物品等值的金钱:

(a) 为根据第 115 条第(1)款所述的命令已经或者可能没收的物品的所有人,且对该物品有合法占有权;

(b) 若为第 109 条第(1)款或者第 110 条第(1)款所述的禁止令,没有正当理由相信将或者可能用于实施与发布禁止令相关的犯罪。

违背命令的持有

第 117.01 条 (1) 除适用第(4)款的情形外,在依根据本法或者其他议会法发布的命令被禁止持有火器、弩、禁用武器、管制武器、禁用器械、弹药、禁用弹药或者爆炸物期间持有此类物品的,构成犯罪。

未上缴授权书,等

(2) 违背根据本法或者议会法发布的命令而故意不向治安官、火器官或者主火器官上缴所持有的授权证书、许可证或者注册证的,构成犯罪。

处罚

(3) 实施第(1)款或者第(2)款规定的犯罪,分别:

(a) 构成可诉罪,处不超过 10 年的监禁;

(b) 构成简易罪。

例外

(4) 对于依根据第 113 条第(1)款的命令所签发的授权书或者许可证而持有火器的人,不适用第(1)款。

限 制 获 取

申请命令

第 117.011 条 (1) 治安官、火器官或者主火器官如果有正当理由相信有下列事实,可以根据本条规定向省法院法官申请发布命令:

(a) 命令所针对的人与他人同居或者为其同伙,而此他

第三章　火器和其他武器

人被根据依本法或者其他议会法发布的命令禁止持有火器、弩、禁用武器、管制武器、禁用器械、弹药、禁用弹药或者爆炸物或者全部此类物品；

(b) 此他人将要或者可能接触到命令所针对的人所持有的此类物品。

听审日期和通知　(2) 接到根据第(1)款提出的申请后，省法院法官应当确定听审申请的日期，并指示将听审的通知以其指定的方式送交被申请人。

听审申请　(3) 除适用第(4)款的情形外，对根据第(1)款提出的申请进行听审时，省法院法官应当听取申请人和被申请人或者其代表提出的所有相关证据。

何时可以单方面听审申请　(4) 省法院法官可以于被申请人不在场的情况下对根据第(1)款提出的申请进行听审并作出裁决，如同简易程序法院可以根据第二十七章规定于被告不在场的情况下进行审理。

命令　(5) 对根据第(1)款提出的申请的听审结束时，省法院法官如果确信存在第(1)款所述的情况，应该发出命令，就命令所针对的人对第(1)款所述物品的使用和占有作出限制性规定。

限制性规定　(6) 在作出第(5)款所述限制性规定时，省法院法官应当考虑命令的目的而作出干涉性最低的限制性规定。

当事人或者总检察长的上诉　(7) 如果省法院法官发出第(5)款所述命令，与命令有关的人或者总检察长可以就此命令向高等法院提起上诉。

总检察长的上诉　(8) 如果省法院法官不发出第(5)款所述命令，总检察长可以就此裁决向高等法院提起上诉。

第27章适用于上诉　(9) 第二十七章中除第785条至第812条、第816条至第819条和第829条至第838条外的规定比照适用于根据第(7)款和第(8)款提起的上诉，该章中适用于上诉法院的规定适用于高等法院。

第117.011条所述命令的撤销　**第117.012条**　根据依117.011条第(5)款发出的命令针对的相对人的申请，省法院法官如果确信发出命令的情况不再存在，可以撤销命令。

搜查与扣押

犯罪发生时的无证搜查与扣押

第117.02条 （1）如果治安官有正当理由相信有下列情形之一，且在人身、车辆、任何场所或者住宅以外的房屋内可能发现犯罪证据，存在获取令状的条件，但因为情况紧急，获取令状不切实际，治安官可以无证搜查人身、车辆、场所或者房屋，并扣押其有正当理由相信为正在或者已经实施的犯罪的手段或者与之相关的任何物品：

（a）武器、仿制火器、禁用器械、弹药、禁用弹药或者爆炸物被用于犯罪的实施；

（b）正在实施的犯罪或者已经实施的犯罪与火器、仿制火器、弩、禁用武器、管制武器、禁用器械、弹药、禁用弹药或者爆炸物有关，或者其对象为此类物品。

扣押物品的处理

（2）根据第（1）款扣押的物品应依照第490条和第491条规定处理。

因不能出示授权书而扣押

第117.03条 （1）尽管有第117.02条的规定，治安官发现有下列情形之一，可以扣押此火器、禁用武器、管制武器、禁用器械或者禁用弹药，但在具体情况下的持有为本章规定许可或者持有人在合法持有人的直接和即时监督下的除外：

（a）火器持有人经要求而不能出示其可以合法持有火器的授权书、许可证和火器注册证供治安官检查；

（b）禁用武器、管制武器、禁用器械或者禁用弹药的持有人经要求而不能出示其可以合法持有此类物品的授权书或者许可证供治安官检查。

于出示授权书时归还扣押物

（2）如果第（1）款所述物品的被扣押人在扣押后14天之内向进行扣押的治安官或者保管扣押物的治安官出示下列证书以供检查，应立即将扣押物归还此人：

（a）其可以合法持有物品的授权书或者许可证；

（b）火器注册证。

扣押物的没收

（3）如果根据第（1）款被扣押的物品未如第（2）款规定被索要和归还，治安官应立即将其带至省法院法官。省法院法官在给其物被扣押的人和所有人（如果知道）证明其有合法占有权的机会后,宣布将其没收、处分或者依照总检察长指示的其他方式处理。

申请搜查和扣押令状　　第117.04条　(1)根据治安官针对任何人向法官提出的申请,法官根据起誓告发确信有正当理由相信某人在建筑物、容器或者场所中占有火器、禁用器械、弹药、禁用弹药或者爆炸物,而为其或者他人的安全利益,其不适合占有的,法官可以签发令状,授权治安官搜查此建筑物、容器或者场所并没收由此人占有的此类物品以及其持有的相关授权书、许可证和注册证。

无证搜查和扣押　　(2)如果治安官确信有正当理由相信为其或者他人的安全利益,某人不适合占有武器、禁用器械、弹药、禁用弹药或者爆炸物,存在获取第(1)款所述令状的理由但因此人或者他人的安全可能出现的危险而来不及获取令状的,治安官可以搜查并扣押此类物品以及与其持有的与此类物品相关的授权书、许可证和注册证。

向法官报告　　(3)执行第(1)款所述令状的治安官,或者根据第(2)款进行无证搜查的治安官,应立即向签发令状的法官或者原本可能签发令状的法官报告,说明下列事项:

(a)在执行令状的情况下可能被没收的物品以及执行令状的日期;

(b)在无证搜查的情况下,断定治安官有权进行搜查并没收可能有的物品的理由。

吊销授权书,等　　(4)如果根据第(1)款或者第(2)款进行扣押的治安官在执行时未能扣押被扣押物品的人据以占有被扣押物品的授权书、许可证和火器注册证,此授权书、许可证或者注册证被自动吊销。

申请处理　　第117.05条　(1)如果已依照第117.04条第(1)款或者第(2)款扣押物品或者证书,根据治安官于执行令状或者无证扣押后30日内提出的处理扣押物品或者证书的申请,签发令状或者有权签发令状的法官应当确定听审申请的日期,并指示将听审的通知以其指定的方式送交其指定的人,

单方面听审　　(2)法官可以于其物品或者证书被扣押的人不在场的情况下对根据第(1)款提出的申请进行听审并作出裁决,如同简易法院可以根据第二十七章规定于被告不在场的情况

下进行审理的那样。

听审申请　　（3）对根据第(1)款提出申请进行听审时,法官应当听取所有相关证据,包括关于与提出申请相关物品的价值的证据。

裁决后的没收和禁止令　　（4）在对根据第(1)款提出的申请进行听审后,如果法官裁决为其或者他人的安全利益,某人不适合占有武器、禁用器械、弹药、禁用弹药或者爆炸物,法官应当:

(a) 命令将此类物品没收或者以其他方式处分;

(b) 如果法官认为正当的话,应该发出命令禁止其持有武器、禁用器械、弹药、禁用弹药或者爆炸物,期限由命令载明,于发出命令之日开始,不超过5年。

理由　　（5）若省法院法官未根据第(4)款发出命令,或者虽发出命令但未禁止被告持有该款所述所有物品,法官应将其理由载入记录。

适用第113条至117条　　（6）第113条至第117条适用于根据第(4)款发出的每个命令。

当事人上诉　　（7）如果法官根据第(4)款针对某人或者从某人处扣押的物品发出命令,此人可以就该命令向高等法院提起上诉。

总检察长的上诉　　（8）若法官在对根据第(1)款提出的申请进行听审后未作出第(4)款所述之裁决,或者虽然作出裁决但未作出具有第(4)款(b)项效力之命令,总检察长可以向高等法院提起上诉。

第二十七章适用于上诉　　（9）第二十七章中除第785条至第812条、第816条至第819条和第829条至第838条外的规定比照适用于根据第(7)款和第(8)款提起的上诉,该章中适用于上诉法院的规定适用于高等法院。

未作出裁决或者提出申请　　**第117.06条**　（1）有下列情形之一,应当将根据第117.04条第(1)款或者第(2)款扣押的物品或者证书返还给被扣押人:

(a) 在执行扣押令状或者无证扣押后30日内,未根据第117.05条第(1)款提出申请;

(b) 在(a)项所述之时限内根据第117.05条第(1)款提出了申请,法官未作出第117.05条第(4)款所述之裁决。

第三章　火器和其他武器

证书效力的恢复　　（2）如果根据第（1）款向被扣押物品的人归还扣押物，而其授权书、许可证或者注册证被根据第117.04条第（4）款吊销，第（1）款（b）项所述法官可以裁定取消吊销并恢复授权书、许可证或者注册证的效力。

豁 免 人 员

公职人员　　第117.07条　（1）尽管有本法其他规定，除适用第117.1条的情形外，任何公职人员不得仅因其下列任何行为而构成本法或者《火器法》规定的犯罪：

（a）在履行职责或者义务过程中或者为此目的而持有火器、禁用武器、管制武器、禁用器械、禁用弹药或者爆炸物；

（b）在履行职责或者义务过程中，制造或者转让，或者提议制造或者转让火器、禁用武器、管制武器、禁用器械、弹药、禁用弹药或者爆炸物；

（c）在履行职责或者义务过程中，出口或者进口火器、禁用武器、管制武器、禁用器械或者禁用弹药；

（d）在履行职责或者义务过程中，出口或者进口专用于制造或者装配自动火器之零件或者部件；

（e）在履行职责或者义务过程中，改装火器以使其扣动一次扳机即能够快速、连续发射，或者制造、装配火器以生产具有此种性能的火器；

（f）不报告于其履行职责或者义务过程中发生的关于火器、禁用武器、管制武器、禁用器械、弹药、禁用弹药或者爆炸物的丢失、被盗或者发现；

（g）在履行职责或者义务过程中，改动火器的序列号。

"公职人员"的定义　　（2）在本条中，"公职人员"指：

（a）治安官；

（b）加拿大部队成员、其他国家的武装力量而附属或者辅助加拿大部队的成员；

（c）国防部长建立的博物馆的经营者或者雇员；

（d）在加拿大部队管理和监督下的军训组织成员；

（e）在下列机构管理和监督下为成为警官或者治安官正在接受训练的人：

（i）警察；

（ii）警察学院、总检察长或者省副总督指定的类似机构；

（f）《来访军队法》第2条所述之来访部队，由该法第14条（a）项许可占有和携带爆炸物、弹药和火器；

（g）受雇于加拿大公用事业或者省、市政府，依照规定为公职人员的人；

（h）火器专员、注册官、主火器官以及根据《火器法》第100条任命的火器官和人员。

代表警察、加拿大部队和来访部队的个人

第117.08条 尽管有本法其他规定，除适用第117.1条的情形外，任何个人若代表警察、加拿大部队、《来访部队法》第2条所述之来访部队或者加拿大政府或者省政府，或者经其批准，而实施下列行为，不得仅因此行为而构成本法或者《火器法》规定的犯罪：

（a）持有火器、禁用武器、管制武器、禁用器械、禁用弹药或者爆炸物；

（b）制造或者转让，或者提议制造或者转让火器、禁用武器、管制武器、禁用器械、弹药或者禁用弹药；

（c）出口或者进口火器、禁用武器、管制武器、禁用器械或者禁用弹药；

（d）出口或者进口专用于制造或者装配自动火器之零件或者部件；

（e）改装火器以使其扣动一次扳机即能够快速、连续发射，或者制造、装配火器以生产具有此种性能的火器；

（f）不报告关于火器、禁用武器、管制武器、禁用器械、弹药、禁用弹药或者爆炸物的丢失、被盗或者发现；

（g）改动火器的序列号。

持有许可证的企业的雇员

第117.09条 （1）尽管有本法其他规定，除适用第117.1条的情形外，《火器法》第2条第（1）款所述之企业持有许可其实施与禁用火器、禁用武器、禁用器械或者禁用弹药有关的行为的许可证，此类企业的雇员，若持有许可证许可其占有或者获取管制火器，则此雇员不得仅仅因其履行职责或者义务过程中实施的与特殊行为相关的下列任何行为而构成本法或者《火器法》规定的犯罪：

第三章　火器和其他武器

　　(a) 持有火器、禁用武器、禁用器械或者禁用弹药；

　　(b) 制造或者转让，或者提议制造或者转让禁用武器、禁用器械或者禁用弹药；

　　(c) 改装火器以使其扣动一次扳机即能够快速、连续发射，或者制造、装配火器以生产具有此种性能的火器；

　　(d) 改动火器的序列号。

持有许可证的企业的雇员　　(2) 尽管有本法其他规定，除适用第117.1条的情形外，《火器法》第2条第(1)款所述持有许可证之企业的雇员，不得仅仅因其在履行职责或者义务过程中持有、制造或者转让，或者提议制造或者转让能够发射弹丸、子弹或者其他发射物的管状武器半成品的行为而构成本法或者《火器法》规定的犯罪。

承运人的雇员　　(3) 尽管有本法其他规定，除适用第117.1条的情形外，《火器法》第2条第(1)款所述之承运人的雇员，不得仅仅因其在履行职责或者义务过程中持有火器、弩、禁用武器、管制武器、禁用器械、弹药或者禁用弹药以及转让或者提议转让此类物品的行为而构成本法或者《火器法》规定的犯罪。

经营仿制古董火器的博物馆的雇员　　(4) 尽管有本法其他规定，除适用第117.1条的情形外，《火器法》第2条第(1)款所述持有许可证之博物馆的雇员，如果已经培训经营和使用设计或者意图精确或者大致模仿古董火器之火器，则不得仅仅因其在履行职责或者义务过程中持有或者转让此类火器的行为而构成本法或者《火器法》规定的犯罪。

一般经营火器的博物馆的雇员　　(5) 尽管有本法其他规定，除适用第117.1条的情形外，《火器法》第2条第(1)款所述持有许可证之博物馆的雇员，如果被《火器法》第2条第(1)款所述之省级部长指名认定，则不得仅仅因其在履行职责或者义务过程中持有或者转让火器的行为而构成本法或者《火器法》规定的犯罪。

公共安全　　(6) 为了任何人的安全利益，省级部长不应当指定第(5)款所指的不合适人选。

条件　　(7) 对于第(5)款所述指定，省级部长可以附加其认为基于特殊情况和任何人的安全利益考虑而属适当的条件。

限制　　**第117.1条**　如果公职人员或者个人受禁止令约束而

违反禁止令,或者违背依第113条第(1)款所述命令签发的授权书或者许可证,则不适用第117.07条至第117.09条。

一 般 规 定

被告的举证责任　　第117.11条　　在就第89条、第90条、第91条、第93条、第97条、第101条、第104条和第105条规定的犯罪所进行的诉讼中,如果发生某人是否为授权书、许可证或者注册证的持有者的问题,被告承担举证责任。

授权书等作为证据　　第117.12条　　(1)在根据本法或者其他议会法进行的诉讼中,声称为授权书、许可证或者注册证的文件即为其陈述内容的证明。

经验证的副本　　(2)在根据本法或者其他议会法进行的诉讼中,若经注册官或者主火器官证明为真实副本,授权书、许可证或者注册证的副本可以采纳为证据,在没有相反证据时,与以通常方式经过证实的授权书、许可证或者注册证具有相同的证明力。

分析师证明书　　第117.13条　　(1)据称由分析师签署、说明分析师已对武器、禁用器械、弹药、禁用弹药或者爆炸物,或者此类物品之零件或者部件进行分析并说明分析结果的证明书,在与根据本法或者《进出口许可法》第19条进行的与此类物品或者《进出口许可法》第15条第(2)款相关的诉讼中,即使没有签署者的签名或者公务性质的证明,也可采纳为证据。

分析师出庭　　(2)出示之分析师证明书所针对的人,经法庭允许,可以要求分析师出庭接受反问。

出示证明书意图的通知　　(3)如果意图出示分析师证明书的当事人在审理前没有将出示意图合理通知给其所针对的当事人,并附送证明书副本,分析师证明书不得被采用为证据。

送达证明　　(4)在本法中,分析师证明书的送达可以由声称已经送达的人宣誓作出的口头证言、宣誓书或者郑重声明证明。

出庭接受询问　　(5)虽然有第(4)款规定,法庭可以要求据称签署了该款所述之宣誓书或者郑重声明的人出庭,就送达的证明问题接受询问或者反问。

大赦期　　第117.14条　　(1)为第(2)款所述目的,总督可以以命令宣布关于武器、禁用器械、禁用弹药、爆炸物或者专门用于制造或者装配自动武器的零件或者部件的大赦期。

大赦期的目的　（2）根据第（1）款所发出的命令可以为下列任何目的宣布大赦期：

（a）允许持有与命令有关物品的人实施任何行为，包括将其交付给治安官、火器官或者主火器官或者注册、销毁或者以其他方式进行处分；

（b）允许对与命令有关的禁用火器、禁用武器、禁用器械或者禁用弹药进行改装，使其不再具有禁用火器、禁用武器、禁用器械或者禁用弹药的功能。

对大赦期的信赖　（3）在根据第（1）款发布的命令所规定的大赦期内且为命令所述目的，实施命令规定的行为，不构成犯罪。

诉讼无效　（4）因任何人基于对本条的信赖而实施的行为，根据本章对其进行的诉讼，在法律上无效。

条例　**第 117.15 条**　（1）在遵守第（2）款规定的前提下，总督可以制定条例以规定依照本章应当或者可以规定的事项。

限制　（2）在制定条例时，总督不得将其认为在加拿大为狩猎或者体育目的属合理使用的物品规定为禁用火器、管制火器、禁用武器、管制武器、禁用器械或者禁用弹药。

第四章 妨碍执法和司法的犯罪

解　释

定义	**第118条**　本章中，
"证据"或者"陈述"	"证据"或者"陈述"指事实、意见、信任或者知悉的主张，而无论其是否重要，是否可接受。
"政府"	"政府"指：

　　(a) 加拿大政府；

　　(b) 省政府；

　　(c) 女王陛下在加拿大或者省的机构。

"司法程序"	"司法程序"指下列程序，不论其是否由于缺乏管辖权或者任何其他原因而无效：

　　(a) 于法院内或者经法院授权进行的程序；

　　(b) 在参议院、众议院或者其委员会，立法委员会、立法议会、立法院或者其依法授权执行宣誓的委员会进行的程序；

　　(c) 在法院、法官、治安法官、省法院法官或者法医面前进行的程序；

　　(d) 在仲裁员或者首席仲裁员或者依法授权经宣誓讯问并取证之人或者机构面前进行的程序；

　　(e) 在认定法律权利或者责任之裁判庭进行的程序。

"公职"	"公职"包括：

　　(a) 政府中的公职或者任命；

　　(b) 内务或者军事任命；

　　(c) 公务部门中的职务或者雇佣。

"官员"	"官员"指下列人员：

　　(a) 担任公职的人；

　　(b) 受命执行公务的人。

"证人"	"证人"指在司法程序中经宣誓或者以宣誓书作证之人，无论其是否具有证人之能力，包括主持者认为其不明宣

誓意义所以未经宣誓而作证的儿童。

腐败与渎职

司法官员受贿,等　　**第119条**　（1）下列行为构成可诉罪,处不超过14年的监禁：

（a）作为司法工作人员,或者议会或者立法机构成员,因职务上已实施或者将要实施之作为或者不作为,为自己或者他人而违法地就金钱、有价报酬、职务、职位或者工作实施下列行为：

（i）收受或者获取；

（ii）同意收受；

（iii）企图获取；

（b）向（a）项所述人员因职务上已实施或者将要实施之作为或者不作为,为自己或者他人而违法交付或者提供金钱、有价报酬、职务、职位或者工作。

总检察长的同意　　（2）未经加拿大总检察长书面同意,不得就本条之犯罪,对司法官员提起诉讼。

官员受贿　　**第120条**　实施下列行为,构成可诉罪,处不超过14年的监禁：

（a）法官、警察局长、治安官、公职人员或者少年法庭官员,或者受雇于刑事执法机构的人员,为自己或者他人,就金钱、有价报酬、职务、职位或者工作违法地实施（i）目至（iv）目所述行为而企图达到（iv）目至（vi）目所述目的：

（i）收受或者获取；

（ii）同意收受；

（iii）企图获取；

（iv）干扰执法；

（v）引诱或者促使犯罪；

（vi）保护已犯罪或者意图犯罪之人免受侦查或者处罚；

（b）向（a）项所述人员违法交付、提供金钱、有价报酬、职务、职位或者工作,意图让其实施（a）项（iv）目至（v）目所述行为。

欺诈政府

第 121 条 （1）实施下列行为的,构成犯罪：

（a）直接或者间接地为下列行为：

（i）向官员、其家属或者代表其利益的人,交付、提供或者同意交付或者提供；

（ii）作为官员,为自己或者他人,向人要求、收受或者索取或者同意收受贷款、酬金、便利或者任何利益,作为下列有关事项之合作、协助、影响或者作为或者不作为之条件,而无论事实上该官员是否能够合作、协助、影响或者为作为或者不作为所建议的事项；

（iii）与政府有关之交易或者任何商业事务；

（iv）诉诸女王陛下损害赔偿或者其有权授与之利益；

（b）在与政府的交易中,向与其交易的雇员、官员或者其家属,或者代表其利益的人,交付佣金、酬金或者给予便利或者任何利益,但能证明曾得到与其交易之政府机构负责人书面同意者除外；

（c）作为政府官员或者雇员,自行或者由其家属或者代表其利益之人,直接或者间接向与其政府交易之人要求、收受或者索取,或者同意收受佣金、酬金或者任何利益,但能证明其曾得到受雇或者所属政府机构负责人书面同意者除外；

（d）对政府或者政府部长或者官员具有或者假称具有影响力,而为自己或者他人要求、收受或者索取,或者同意收受酬金、便利或者任何利益,作为下列有关事项之合作、协助、影响或者作为不作为之条件：

（i）（a）项（iii）目或者（iv）目所述之事项；

（ii）指派人员包括自己担任公职；

（e）向政府部长或者官员交付、提供或者同意交付或者提供酬金、便利或者任何利益,作为下列有关事项之合作、协助、影响或者作为或者不作为之条件：

（i）（a）项（iii）目或者（iv）目所述之事项；

（ii）指派人员包括自己担任公职；

（f）在为获取政府合同而投标后：

（i）向其他已投标者、其家属或者代表其利益之人,交付、提供或者同意交付或者提供酬金、便利或者任何利益,作为其撤回投标之条件；

(ii) 向已投标者要求、收受、索取或者同意收受酬金、便利或者任何利益,作为自己撤回投标之条件。

承包商捐助竞选基金

(2) 意图与政府订立或者保留合同,或者作为合同之条件,而明示或者暗示、直接或者间接捐助或者交付、同意捐助或者交付他人任何有价报酬以达下列目的,构成犯罪:

(a) 为支持加拿大议会或者省立法机构候选人、团体或者政党候选人的竞选;

(b) 企图以任何方式影响或者改变选举结果而使竞选者入选加拿大议会或者省立法机构。

处罚

(3) 犯本条之罪,构成可诉罪,处不超过5年的监禁。

公职人员背信

第122条 公职人员于执行公务时欺诈或者背信,构成可诉罪,处不超过5年的监禁,无论其欺诈或者背信行为若对私人实施是否构成犯罪。

市政官员的腐败

第123条 (1) 就款项、酬金、便利或者任何利益,实施(a)项至(b)项行为,以使市政官员实施(c)项至(f)项行为,构成可诉罪,处不超过5年的监禁:

(a) 交付、提供或者同意交付或者提供给市政官员;

(b) 作为市政官员,向他人要求、收受或者索取,或者同意收受;

(c) 在市议会或者其所属委员会之会议上不投票;

(d) 投票赞成或者反对议案动议或者决议;

(e) 协助促成或者阻止采纳议案、动议或者决议;

(f) 执行或者不执行公务行为。

影响市政官员

(2) 以下列手段影响或者企图影响市政官员执行第(1)款(c)项至(f)项所述事项,构成可诉罪,处不超过5年的监禁:

(a) 在他人有责任公开事实真相的情况下,隐瞒事实真相;

(b) 威胁或者欺诈;

(c) 任何非法手段。

市政官员

(3) 在本条中,"市政官员"指市议会成员或者在市政府中任职的人。

职务买卖

第124条 实施下列行为,构成可诉罪,处不超过5年的监禁:

(a) 意欲出卖或者同意出卖公职的任命或者辞职,或者其核准,而收受或者同意收受酬金或者利益;

(b) 意欲购买或者交付酬金或者利益而获得公职的任命或者辞职或者其核准,而同意或者承诺实施此行为。

影响或者协商任命或者公职交易

第 125 条 实施下列行为,构成可诉罪,处不超过 5 年的监禁:

(a) 直接或者间接收受,同意收受、交付或者促使交付酬金、便利或者任何利益,作为合作、协助或者影响他人取得公职任命之条件;

(b) 请求、建议或者以任何方式协商达成公职之任命或者辞职,意图取得直接或者间接之酬金、便利或者任何利益;

(c) 不能证明已经合法许可而保留一定的处所,以进行下列事项之交易或者协商:

(i) 公职的补缺;

(ii) 公职的买卖;

(iii) 公职的任命或者辞职。

违背法令

第 126 条 (1) 任何人,无合法理由,故意触犯加拿大议会法而为其所禁止或者不为其所要求之事,除法律另有明示处罚之规定外,构成可诉罪,处不超过两年的监禁。

加拿大总检察长可采取行动

(2) 关于对触犯或者阴谋触犯第(1)款所述本法以外法令的诉讼,可以应加拿大政府之请求提起,并由该政府或者其代表进行。

违背法院命令

第 127 条 (1) 任何人,无合法理由,违背法院或者依法授权裁定者或者机构作出的付款命令以外之合法命令,除法律另有明示处罚之规定或者其他程序方式外,构成可诉罪,处不超过两年的监禁。

加拿大总检察长可采取行动

(2) 在应加拿大政府之请求提起、并由该政府或者其代表进行的诉讼中,当作出第(1)款述及之命令时,有关触犯或者阴谋触犯该命令的诉讼,可以以同样方式提起并进行。

官员执行不当

第 128 条 治安官或者法医受命执行司法程序时故意实施下列行为,构成可诉罪,处不超过两年的监禁:

(a) 执行不当;

(b) 报告不实。

抗拒公职人员或者治安官

第 129 条 实施下列行为之一,构成可诉罪,处不超过

第四章 妨碍执法和司法的犯罪

两年的监禁，或者构成简易罪：

(a) 抗拒或者故意妨碍公职人员或者治安官或者其合法协助者执行公务；

(b) 无正当理由，于公职人员或者治安官逮捕人犯或者维持治安时，经合理通知应予协助而不协助；

(c) 抗拒或者故意妨碍他人对于土地或者货物的合法扣押或者没收。

冒充治安官

第 130 条 实施下列行为，构成简易罪：

(a) 冒充治安官或者公职人员；

(b) 非治安官或者公职人员，使用警徽、警服或者警用设备，而可能使人信其为治安官或者公职人员的。

误 导 司 法

伪证

第 131 条 (1) 除适用第(3)款的情形外，意图误导司法，而向经合法授权或者允许听取证言之人以誓言、郑重确认、宣誓作证书、郑重声明、笔录证词或者口头作明知虚伪之陈述的，是伪证罪。

视频连接

(1.1) 除适用第(3)款的情形外，根据《加拿大证据法》第46条第(2)款提供证据、根据依《刑事案件双边司法协助法》第22.2条作出的命令提供证据或者陈述时，意图误导司法，作虚伪陈述的，只要该虚伪陈述系以陈述人所处的加拿大以外的地方之法律规定之形式作出，即构成伪证罪，而无论其是否根据第(1)款以誓言或者郑重确认作出。

同上

(2) 无论第(1)款所述陈述是否于司法程序中作出，均适用第(1)款。

适用

(3) 对未经法律特别许可、授权或者要求的作证者作出第(1)款述及之陈述，不适用第(1)款和第(1.1)款。

处罚

第 132 条 任何人犯伪证罪，构成可诉罪，处不超过14年的监禁。

加强证据

第 133 条 不得仅依唯一证人之证言而对任何人依第132条定罪，但此证言的重要情节经与被告有关之证据证实的除外。

同上

第 134 条 (1) 除适用第(2)款的情形外，未经法律特别许可、授权或者要求经宣誓或者庄严声明作证,而在经合法授权或者允许听取证言之人处以誓言、郑重声明书、笔录证词或者口头形式作明知虚伪之陈述的,构成简易罪。

适用　　　　(2) 对于刑事调查中作出的第(1)款所述之陈述,不适用第(1)款。

第135条　[已废止]

证人自相矛盾的证据

第136条　(1) 司法程序中的证人,就事实或者知悉的情况在司法程序中作证后又在司法程序中作出相反证据,无论其前后证词或者两次证词是否真实,构成可诉罪,处不超过14年的监禁。但是,除非法院、法官或者省法院法官以排除合理怀疑确信被告在前后两次司法程序中的证词系意图误导,不得依本条规定判任何人有罪。

"证据"的定义　　(2) 尽管有第118条关于"证据"之定义,本条中,"证据"不包括不重要之证据。

以往审判的证明　　(2.1) 当被指控犯有本条之罪时,合理详尽说明被指控者已就有关被指控之罪作证程序的证明,如果声明由法院书记官或者其他保管上述程序记录的官员或者其合法代理者签署此证明,即使没有签署者的签名或者公务性质的证明,仍然为在司法程序中作证之证据。

要求同意　　(3) 未经总检察长同意,不得根据本条规定提起诉讼。

伪造证据　　**第137条**　意图误导司法,而以作伪证或者唆使作伪证以外的任何手段,捏造事实以作为正在或者将要进行的司法程序之证据,构成可诉罪,处不超过14年的监禁。

有关宣誓书的犯罪　　**第138条**　实施下列行为,构成可诉罪,处不超过两年的监禁:

(a) 在要作为宣誓书或者法定声明的并且已由其主持宣誓或者声明的文件上签名,而该文件未经宣誓或者声明或者其知道其无权主持宣誓或者声明;

(b) 使用或者为使用提供明知未经宣誓人、声明人或者其授权人宣誓或者声明的、将要作为宣誓书或者制定誓证的文件;

(c) 以宣誓人或者声明人身份在未经宣誓或者声明的文件上签章,宣称此文件为宣誓书或者制定誓证并经其宣誓或者声明。

第四章　妨碍执法和司法的犯罪

妨碍司法　　**第 139 条**　（1）企图以任何方式妨碍、阻止或者抗拒司法程序的进行，实施(a)项或者(b)项所述行为，分别构成(c)项或者(d)项犯罪：

(a) 以任何手段、全部或者部分补偿或者同意补偿保证人；

(b) 作为保证人，从被保释人或者将被保释者处，收受或者同意收受全部或者部分或者有关的费用，或者任何形式的补偿；

(c) 构成可诉罪，处不超过两年的监禁；

(d) 构成简易罪。

同上　　（2）实施第（1）款所述以外的行为，企图妨碍、阻止或者抗拒司法程序的进行，构成可诉罪，处不超过 10 年的监禁。

同上　　（3）除第（2）款规定外，在正在或者将要进行的司法程序中，实施下列行为，视为企图妨害、阻止或者抗拒司法程序的进行：

(a) 以威胁、贿赂或者其他不正当手段劝阻或者企图劝阻他人作证；

(b) 以胁迫、贿赂或者其他不正当手段影响或者企图影响陪审员的行为；

(c) 收受或者获取、同意收受或者企图获取贿赂或者其他不正当报酬而放弃作证，或者以陪审员身份为或者不为一定的行为。

公共损害　　**第 140 条**　（1）企图以下列方式误使治安官进行或者继续案件调查，构成公共损害：

(a) 以虚伪陈述控告他人犯罪；

(b) 以故意行为使未犯罪者受犯罪之嫌疑，或者转移其本人的犯罪嫌疑；

(c) 报告未曾发生之犯罪；

(d) 在其本人和他人未死亡时，报告或者以任何其他方式使人认为或者致使人认为其本人或者他人已死亡。

处罚　　（2）实施公共损害，分别：

(a) 构成可诉罪，处不超过 5 年的监禁；

(b) 构成简易罪。

私和可诉罪	**第141条** （1）同意私和或者隐瞒可诉罪,而为自己或者他人索取、获取或者同意收受或者获取有价报酬,构成可诉罪,处不超过两年的监禁。
转换协议除外	（2）当收受、获得或者将收受或者将获得的有价值对价系根据就赔偿、补偿或者劳务达成的有下列情形之一的协议时,不得视为犯有第(1)款的罪行: （a）经总检察长同意签订者; （b）经总检察长批准,属被指控犯有可诉罪者免于刑事诉讼之计划的一部分。
为收回物品而不正当地收取酬金	**第142条** 以帮助他人收回以犯可诉罪获取的物品为借口,直接或者间接地以不正当方式接受任何有价值对价,构成可诉罪,处不超过5年的监禁。
悬赏广告和豁免	**第143条** 实施下列行为,构成简易罪: （a）在公开广告中明示,送还被窃或者遗失物之人将得酬金,并不予追究; （b）在公开广告中明示,愿为被窃或者遗失之物支付酬金,并对出示被窃或者遗失物之人不干涉或者追究; （c）在公开广告中,为使被窃或者遗失之物得以归还,对以贷款方式垫款或者购买此物品之人,承诺或者提出返还其所垫或者所付之金钱或者任何其他数目之金钱; （d）印刷或者发行(a)项、(b)项或者(c)项所述广告。

脱逃和劫狱

越狱	**第144条** 实施下列行为,构成可诉罪,处不超过10年的监禁: （a）意图使自己或者其他被囚禁者获得自由而以武力或者暴力破坏监狱; （b）意图逃跑而以武力突破或者破坏囚禁其的监狱内囚室或者其他处所。
脱逃以及无理由在逃	**第145条** （1）实施下列行为,构成可诉罪,处不超过两年的监禁,或者构成简易罪: （a）逃脱合法拘押; （b）在其服刑期满前,不能证明有合法理由,在逃于加

第四章 妨碍执法和司法的犯罪

拿大境内外。

未到庭　　　　（2）实施下列行为,或者未遵照法院或者法官之命令自首,构成可诉罪,处不超过两年的监禁,或者构成简易罪:

（a）按照其经法官或者法官准许提供或者订立的保证书或者具结书而未在押,但不能证明有合法理由,未遵守其保证书或者具结书到庭;

（b）出庭后,不能证明有合法理由,未按照法院或者法官要求在此之后到庭。

未遵守保证书或者具结书的条件　　（3）按照其经法官或者法官准许提出或者订立的保证书或者具结书而未在押,并有责任遵守法官或者法官指定的其保证书或者具结书之条件的人,以及应当遵守根据第515条第(12)款和第522条第(2.1)款作出的指示的人,不能证明有合法理由,未遵守此条件或者指示,分别:

（a）构成可诉罪,处不超过两年的监禁;

（b）构成简易罪。

未出庭或者遵守传票　　（4）受传唤后,不能证明有合法理由,未依照《刑事鉴别法》于传票中载明的时间和地点到案,或者未遵照传票到庭,分别:

（a）构成可诉罪,处不超过两年的监禁;

（b）构成简易罪。

未遵守出庭通知或者出庭承诺　　（5）任何人,在经法官根据第508条之规定确认的出庭通知或者出庭承诺中,或者在经法官根据第508条之规定确认的、由负责官员准许订立的具结书中被列名,不能证明有合法理由,未依照《刑事鉴别法》于出庭通知、出庭承诺或者具结书中载明的时间与地点到案,或者未遵照出庭通知、出庭承诺或者具结书到庭,分别:

（a）构成可诉罪,处不超过两年的监禁;

（b）构成简易罪。

未遵守保证书的条件　　（5.1）任何人,不能证明有合法理由,未遵守根据第499条第(2)款或者第503条第(2.1)款作出的保证书的条件,分别:

（a）构成可诉罪,处不超过两年的监禁;

（b）构成简易罪。

（6）第(5)款中,出庭通知、出庭承诺或者具结书对被告被指控之罪行实质的不完全陈述,不构成合法理由。

(7)[已废止]

根据《轻罪法》进行的选择

(8)在第(3)款至第(5)款中,没有遵守具结书或者保证书的条件,没有按照传票、出庭通知、出庭保证或者据《刑事鉴别法》作出的保证书确定的时间和地点出庭,如果在事先总检察长根据《轻罪法》第50条的规定作出选择,则为合法理由。

证明书关于某些事实的证明

(9)在第(2)款、第(4)款或者第(5)款规定的诉讼中,法院书记官、法官或者被告出庭地负责人指称被告未依照《刑事鉴别法》到庭、陈述下列内容的证明书,即使没有签署者签名或者公务性质之证明,也为此证明书所述内容之证据:

(a)在第(2)款规定之诉讼中,被告保证书或者具结书,但未遵守保证书或者具结书到庭,或者曾经出庭而此后没有按照法庭、法官之要求到庭,或者没有遵守法庭、法官之命令到案;

(b)在第(4)款规定之诉讼中,传票业经签发并送达被告但被告未遵照传票到庭,或者未依照《刑事鉴别法》于传票中指明的时间与地点到案;

(c)在第(5)款规定之诉讼中,被告在经法官根据第508条之规定确认的出庭通知、出庭承诺或者由负责官员准许订立的具结书中被列名,但未依照《刑事鉴别法》遵照出庭通知、出庭承诺或者具结书到庭,或者未于出庭通知、出庭承诺或者具结书中指明的时间与地点到案。

出庭与反问权利

(10)经法院许可,第(9)款所述之证明书所针对的被告,可以要求出具此证明书者到庭接受反问。

打算出示的通知

(11)除非欲出具证明书者在审判前已将其打算合理通知被告,并同时附上此证明书的复件外,任何依据第(9)款规定所提出之证明书,不得被接受为证据。

允许或者帮助脱逃

第146条 实施下列行为,构成可诉罪,处不超过两年的监禁:

(a)不履行法定职责,允许被其合法拘押之人脱逃;

(b)为便于被囚禁者脱逃,向狱中运送或者致使运送任何物品;

(c) 谎称有权,指示或者促成释放不应被释放之囚犯。

劫狱或者允许脱逃　**第 147 条**　实施下列行为,构成可诉罪,处不超过 5 年的监禁:

(a) 劫夺他人使其逃脱合法拘押,或者帮助他人逃脱或者企图逃脱合法拘押;

(b) 作为治安官,故意允许被其合法拘押之人脱逃;

(c) 作为狱中官员或者雇员,故意允许犯人逃脱狱中合法拘押。

帮助战俘脱逃　**第 148 条**　明知而故意地实施下列行为,构成可诉罪,处不超过 5 年的监禁:

(a) 帮助加拿大境内的战俘逃离其被拘押地;

(b) 帮助在加拿大境内获准假释的战俘逃离其假释地。

因脱逃的服刑　**第 149 条**　(1) 尽管有第 743.1 条的规定,对服刑期间脱逃者定罪的法庭可以命令罪犯在教养院服刑,即使余刑不足两年。

"脱逃"的定义　(2) 在本条中,"脱逃"指破坏监狱、逃脱合法拘押,或者无合法理由而于服刑期届满前在逃。

第五章　性犯罪、公共道德与妨害治安行为

解　释

定义　　　　　　　**第 150 条**　在本章中，

"监护人"　　　　"监护人"包括法律上或者事实上保护或者照管他人的人。

"公共场所"　　　"公共场所"包括任何明示或者暗示公众有权或者可以应邀进入的场所。

"剧院"　　　　　"剧院"包括任何对公众开放的娱乐场所，不论是否收取入场费。

性　犯　罪

同意不构成辩护　　**第 150.1 条**　（1）如果被告被控犯第 151 条或者第 152 条、第 153 条第（1）款、第 160 条第（3）款或者第 173 条第（2）款之罪，或者被控犯第 271 条、第 272 条或者第 273 条之罪而控告人不满十四岁，被告曾取得控告人的同意不构成辩护理由。

例外　　　　　　　（2）尽管有第（1）款的规定，如果被告被控犯第 151 条、第 152 条、第 173 条第（2）款或者第 271 条之罪而控告人已满十二岁不满十四岁，被告曾取得控告人的同意不构成辩护理由，但被告符合下列全部条件的除外：

　　（a）已满十二岁不满十六岁；

　　（b）比控告人年长两岁以下；

　　（c）既不处于控告人照管人或者对其有权威地位，也与控告人没有依赖关系。

十二岁或者十三岁的被告的豁免　　（3）十二岁或者十三岁的人犯第 151 条、第 152 条或者第 173 条第（2）款之罪不应受到审判，但其处于控告人委托人或者委托人的位置或者控告人对其有依赖关系的除外。

第五章 性犯罪、公共道德与妨害治安行为

年龄错误　　　（4）被告于实施被指控犯罪时相信控告人已满十四岁，并不能构成对犯第 153 条、第 159 条、第 170 条、第 171 条、第 172 条、第 212 条第（2）款或者第（4）款之罪的辩护理由，除非被告采取了一切合理措施确定控告人的年龄。

同上　　　（5）被告于实施被指控犯罪时相信控告人已满十八岁，并不能构成对犯第 151 条或者第 152 条、第 160 条第（3）款、第 173 条第（2）款、第 271 条、第 272 条或者第 273 条之罪的辩护理由，除非被告采取了一切合理措施确定控告人的年龄。

性猥亵　　　**第 151 条**　为性目的，以身体的一部分或者物体直接或者间接地触摸未满十四岁的人的身体的任何部分，构成可诉罪，处不超过 10 年的监禁，或者构成简易罪。

引诱性猥亵　　　**第 152 条**　为性目的，引诱、劝说或者激励未满十四岁的人用身体的一部分或者物体直接或者间接地触摸包括引诱、劝说者或者激励者以及任何未满十四岁者的身体，构成可诉罪，处不超过 10 年的监禁，或者构成简易罪。

性利用　　　**第 153 条**　（1）处于委托或者托管青少年位置上或者青少年对其有依赖关系的人，实施下列行为之一，构成可诉罪，处不超过 5 年的监禁，或者构成简易罪：

（a）为性目的，用身体的一部分或者物体直接或者间接触摸青少年身体的任何部分；

（b）为性目的，引诱、劝说或者激励青少年用身体的一部分或者物体触摸任何人的身体，包括引诱、劝说或者激励者的及该青少年的身体。

"青少年"的定义　　　（2）在本条中，"青少年"指已满十四岁未满十八岁的人。

对残疾人的性利用　　　**第 153.1 条**　（1）处于对智力或者生理残疾人的照管或者权威地位或者智力或者生理残疾人对其有依赖关系的人，为性目的，劝说或者激励此残疾人，不经其同意而用身体的一部分或者物体直接或者间接触摸其本人的身体，或者用身体的一部分或者物体直接或者间接地触摸劝说者或者激励者或者他人的身体，分别构成：

（a）可诉罪，处不超过 5 年的监禁；

（b）简易罪，处不超过 18 个月的监禁。

"同意"的定义	(2) 除适用第(3)款的情形外,在本条中,"同意"指控告人自愿同意参加性活动。
没有获取同意时	(3) 在本条中,有下列情形之一,即为未获取同意: (a) 控告人以外的人以言词或者行为表示同意; (b) 控告人没有能力表示同意; (c) 被告滥用照管、权力或者权势地位劝说或者激励控告人参加性活动; (d) 控告人以言词或行为表示不同意参加性活动; (e) 控告人表示不同意参加性活动后,又以言词或者行为表示不同意继续参加性活动。
第(3)款不构成限制	(4) 第(3)款的规定不得被视为限制未获取同意的情形。
相信同意何时不构成辩护理由	(5) 有下列情形之一,被告相信控告人同意参加性活动不构成对本条规定犯罪的辩护理由: (a) 被告的相信产生于被告的下列因素之一: (i) 主动醉态; (ii) 粗心大意或者有意无视; (b) 被告于当时其已知的情况下未采取合理措施确定控告人同意。
被告相信同意	(6) 被告主张其相信控告人同意,法官若确信有充分证据,且陪审团也相信,此证据将构成辩护理由,法官应当指示陪审团,在审查与确定被告相信的真实性相关的全部证据时考虑此相信的理由的有无。
	第 154 条 [已废止]
乱伦	**第 155 条** (1) 明知为有血缘关系的父母、子女、兄弟、姐妹、祖父母或者孙子女仍与之性交,为乱伦。
刑罚	(2) 实施乱伦,构成可诉罪,处不超过 14 年的监禁。
辩护	(3) 被告若系于对方的拘禁、强迫或者威胁之下而与其性交,则不构成乱伦罪。
"兄弟"和"姐妹"的定义	(4) 在本条中,"兄弟"和"姐妹"包括同父异母或者同母异父的兄弟姐妹。
	第 156 条至第 158 条 [已废止]
肛交	**第 159 条** (1) 肛交者构成可诉罪,处不超过 10 年的监禁,或者构成简易罪。

例外	（2）第（1）款不适用于下列人之间基于双方同意的秘密行为： （a）夫妻间； （b）十八岁以上的两人间。
同上	（3）对于第（2）款： （a）行为若发生于公共场所或者有两人以上参加或者在场，应视为非秘密行为； （b）有下列情形之一，应视为某人没有同意行为： （i）因武力、恫吓或者对身体伤害之恐惧而同意，或者以关于行为的性质和种类的虚伪或者欺诈性陈述得到同意者； （ii）法庭排除合理怀疑确信此人系精神病而不能表示同意。
兽奸	**第 160 条**　（1）兽奸者构成可诉罪，处不超过 10 年的监禁，或者构成简易罪。
强迫实施兽奸	（2）强迫他人实施兽奸者构成可诉罪，处不超过 10 年的监禁，或者构成简易罪。
儿童在场或者参与的兽奸	（3）尽管有第（1）款的规定，在未满十四岁的人面前实施兽奸或者诱使未满十四岁的人实施兽奸者构成可诉罪，处不超过 10 年的监禁，或者构成简易罪。
禁止令	**第 161 条**　（1）被控对未满十四岁的人犯第 151 条、第 152 条、第 155 条、第 159 条、第 160 条第（2）款或者（3）款、第 163.1 条、第 170 条、第 171 条、第 172.1 条、第 271 条、第 272 条、第 273 条或者第 281 条之罪而被定罪或者按照第 730 条缓刑令中规定的条件被免除刑事处罚，判处罪犯或者指示免除刑事处罚的法庭，除了对犯罪施加其他刑罚或者免除刑事处罚令中规定的其他条件，应考虑根据上述条件或者法庭发出的免罚令发出命令，且可以发出命令以禁止罪犯： （a）前往未满十八岁的人常去或者可能常去的公园或者公共游泳场所以及日间儿托中心、校园、游乐场或者社区活动中心； （b）寻求、获取或者继续从事有无报酬的职业或者成为或者继续为有某种资格的志愿者，而该职业或者资格涉及对于不满十四岁的人的照管或者权威地位；

（c）为与不满十四岁的人联系而使用第342.1条第（2）款所述之计算机系统。

禁止令的期限　（2）该禁止令的期限可以是终身，也可以是法院认为合适的较短的期间，此期间开始于下列时间的后者：

（a）发出命令之日；

（b）若罪犯被判监禁刑，释放之日，包括假释、强制监督和法定释放之日。

法庭可变更命令　（3）发出禁止令的法院，或者若该法院因故不能行事，该省具有同等司法权的另一法院，于收到罪犯或者控告人的申请后，可要求罪犯随时出庭。在听取双方意见后，法庭如果认为由于命令规定之后情况的改变而适于修改命令中规定的条件时，可以修改。

犯罪　（4）受禁止令约束而不遵守该禁止令的，分别构成：

（a）可诉罪，处不超过两年的监禁；

（b）简易罪。

第162条　[已废止]

败坏道德罪

败坏道德　第163条　（1）实施下列行为的，构成犯罪：

（a）制作、印刷、出版、发行、传播或者为出版、发行或者传播而持有诲淫性文字资料、图画、模型、唱片或者其他类似物品；

（b）制作、印刷、出版、发行、出售或者为出版、发行或者传播而持有犯罪图画。

同上　（2）无正当原因或者合法理由而故意实施下列行为的，构成犯罪：

（a）出售、展示于公众或者为此目的而持有诲淫性文字资料、图画、模型、唱片或者其他类似物品；

（b）公开展示令人厌恶物品或者淫秽表演；

（c）提议出售、宣传、印刷广告、为出售或者处分而持有意在引起堕胎或者堕胎的工具、操作指南、药物、药剂或者物品；

（d）宣传或者出版关于意图或者用于恢复性机能、医治

第五章　性犯罪、公共道德与妨害治安行为

性病或者生殖器官疾病的工具、操作指南、药物、药剂或者物品的广告。

保护社会利益　（3）被控行为若维护了社会利益且没有逾越维护社会利益的范围，不构成本条规定的犯罪。

法律问题与事实问题　（4）在本条中，关于行为是否维护了社会利益以及是否有证据证明被控行为逾越维护社会利益的范围是法律问题；但行为是否逾越维护社会利益范围是事实问题。

与动机无关　（5）本条罪行与被告的动机无关。

（6）（已废止）

犯罪图画　（7）本条中"犯罪图画"是指其内容专门或者实质上以图画描述下列内容的杂志、期刊或者书籍：

（a）真实或者虚构的犯罪行为；

（b）真实或者虚构的犯罪行为之前或者之后而与犯罪行为有关的事件。

诲淫出版物　（8）本法中，任何出版物以性的不适当暴露为主要特点，或者以性和犯罪、恐怖、残酷及暴力为主题，即具有诲淫性。

"儿童色情物"的定义　**第163.1条**　（1）在本条中，"儿童色情物"指：

（a）有下列情形之一的照片、影片、录像或者其他可视图画，无论其以电子方法或者机械方法制作：

（i）显示未满或者被描述为未满十八岁的人从事或者被描绘为从事露骨的性活动的；

（ii）为性目的，以描述未满十八岁的人的性器官或者肛门部位为主题；

（b）任何宣扬或者倡导与未满十八岁人进行本法规定为犯罪行为的性行为的文字资料或者图画。

制作儿童色情物　（2）制作、印刷、出版或者为出版而持有儿童色情物，分别构成：

（a）可诉罪，处不超过10年的监禁；

（b）简易罪。

儿童色情物的发行，等　（3）传播、提供、发行、出售、进口、出口或者为传播、提供、发行、出售或者出口而持有儿童色情物，分别构成：

（a）可诉罪，处不超过10年的监禁；

（b）简易罪。

持有儿童色情物	（4）持有儿童色情物，分别构成： （a）可诉罪，处不超过5年的监禁； （b）简易罪。
用电脑存取儿童色情物	（4.1）用计算机存取儿童色情物，分别构成： （a）可诉罪，处不超过5年的监禁； （b）简易罪。
解释	（4.2）对于第（4.1）款，故意地让本人欣赏到儿童色情物或者将其传送给自己，即为存取儿童色情物。
辩护	（5）被告相信被控构成儿童色情物的图像中所展示的人已满十八岁或者被描述为十八岁，不构成第（2）款所述图像相关犯罪的辩护理由，除非其采取了一切合理办法确定其年龄，或者在此人已满十八岁的情况下采取一切合理办法确定图像并未将此人描述为未满十八岁。
辩护	（6）被告受到本条第（2）款、第（3）款、第（4）款或者第（4.1）款犯罪指控的，如果被控为儿童色情物的图像或者印刷品具有艺术价值或者教育、科学或者医学价值，法庭应裁决被告无罪。
其他条款的适用	（7）第163条第（3）款至第（5）款适用于有关第（2）款、第（3）款、第（4）款和第（4.1）款规定的犯罪。
扣押令	**第164条** （1）法官根据宣誓告发确信有正当理由相信有下列情形之一的，可以签发扣押令进行扣押： （a）法院管辖范围内的房屋中，为出售或者发行目的存有属于第163条所述之诲淫性的或者犯罪图画之出版物； （b）法院管辖范围内的房屋中存有的图画或者文字资料属于第163.1条款所述之儿童色情物。
传唤占有人	（2）在根据第（1）款签发扣押令后7日之内，法官应签发传票令房屋占有人到庭说明扣押物不应被没收的理由。
所有人和制作人可以出庭	（3）第（1）款所述被称为具有诲淫性、犯罪图画或者儿童色情物的扣押物的所有人或者制作人，可以出庭或者由他人代为出庭参加诉讼，对扣押令提出异议。
没收令	（4）如果确信第（1）款所述之出版物、图画、文字资料为具有威胁性、犯罪图画或者儿童色情物，法庭应发出命令予以没收，按照总检察长的指示处理。
处理没收物	（5）如果不能确信第（1）款所述之出版物、图画、文字

第五章 性犯罪、公共道德与妨害治安行为

资料为具有威胁性、犯罪图画或者儿童色情物,法庭应于终审上诉期届满后立即下令将扣押物发还被扣押人。

上诉　　　　(6) 对第(4)款或者第(5)款所述的命令,参加诉讼程序的人可以以下列理由提起上诉,其程序依照第二十一章关于法律问题有罪判决或者无罪判决的上诉程序,并比照适用第 673 条至第 696 条的规定:

(a) 以法律问题为上诉理由;

(b) 以事实问题为上诉理由;

(c) 以法律问题和事实问题为上诉理由。

同意　　　　(7) 法官依本条的规定就一份或者多份出版物、图画、文字资料发布了命令,非经总检察长同意,不得在该省依照第 163 条或者第 163.1 条的规定就该出版物、图画、文字资料提起或者继续诉讼。

定义　　　　(8) 在本条中:

"法院"　　　　"法院"指:

(a) 在魁北克省,指魁北克法院、蒙特利尔市法院和魁北克市法院;

(a.1) 在安大略省,指高等法院;

(b) 在新不伦瑞克省、曼尼托巴省、萨斯喀彻温省以及阿尔伯塔省,指王座法庭;

(c) 在爱德华王子岛省和纽芬兰省,指最高法院分庭;

(c.1) [已废止]

(d) 在诺瓦斯科舍省和不列颠哥伦比亚省、育空地区和西北地区,指最高法院;

(e) 在努纳武特,指努纳武特法院。

"犯罪图画"　　　"犯罪图画"与第 163 条同义。

"法官"　　　　"法官"是指法院的法官。

扣押令　　　　第 164.1 条　(1) 如果法官根据宣誓告发确信,有正当理由相信在法院管辖范围内的第 342.1 条第(2)款所述的计算机系统存有或者提供资料,即第 163.1 条所述的儿童色情物或者第 342.1 条第(2)款所述的提供儿童色情物的数据,法官可以命令计算机系统的管理人:

(a) 向法庭提供此资料的电子复件;

(b) 保证计算机系统不再存储或者提供此资料;

	(c)提供识别和定位资料发布人的位置所需的资料。
通知资料发布人	（2）在收到第（1）款（c）项所述资料后的合理时间内，法官应通知资料发布人，为其提供机会由其本人或者由他人代理出庭，说明不应删除资料的理由。如果不能识别或者定位资料发布人，或者其不居住在加拿大境内，法官可以命令计算机系统管理人将通知正本在原来存储和提供资料的地址发布，直至所确定的出庭日期。
资料发布人可以出庭	（3）资料发布人在诉讼中可以本人或者由他人代理出庭，以对根据第（5）款发布的命令提出反对意见。
没有出庭	（4）如果资料发布人在诉讼中没有出庭，法庭可以在此人不出庭的情况下单方面进行审理并作出裁决，如同其出庭一样。
命令销毁副本	（5）如果法庭确信此资料属于第163.1条所述的儿童色情物或者第342.1条第（2）款所述的提供儿童色情物的数据，法庭可以命令计算机系统管理人将此资料删除。
可以适用的其他规定	（6）法庭命令删除资料时，可以命令销毁其保存的电子副本。
命令的生效时间	（7）如果法庭不能确信此资料属于第163.1条所述的儿童色情物或者第342.1条第（2）款所述的提供儿童色情物的数据，法庭应当命令将资料的电子副本归还管理人并终止第（1）款（b）项所述之命令。
	（8）第164条第（6）款至第（8）款比照适用于本条。
	（9）根据第（5）款至第（7）款发出的命令于终审上诉期届满时生效。
没收用于儿童色情物的物品	**第164.2条** （1）根据总检察长的申请，在科处其他处罚之外，对被告以第163.1条规定定罪的法庭如果确信某项不动产之外的物品符合下列条件，可以命令没收此物品并按照总检察长的指示处理：
	（a）用于该犯罪的实施；
	（b）属于下列人员之一所有：
	（i）被定罪的人或者犯罪参与人；
	（ii）从（i）目所述人员处得到此物品，而根据得到此物的情况可以合理推断转让目的在于逃避没收。
第三方权利	（2）在根据第（1）款发出命令之前，法庭应当通知其认

第五章　性犯罪、公共道德与妨害治安行为

为对物品有利益的人并听取其意见,可以就其对此物的利益的性质和范围作出裁决。

上诉权—第三方　(3) 应第(2)款至通知陈述被听取意见的人可以就根据第(1)款发出的命令向上诉法院提起上诉。

上诉权—总检察长　(4) 法庭拒绝根据第(1)款发出命令的,总检察长向上诉法院提起上诉。

适用第二十一章规定　(5) 第二十一章比照适用于根据第(3)款和第(4)款提起的上诉相关的程序。

免于没收　**第164.3条**　(1) 第164.2条第(1)款所述命令发出之后30日内,对没收物主张权利的人可以以书面向法官申请发出第(4)款所述之命令。

听审申请　(2) 法官应当确定提出申请至少30日以后的日期对申请进行听审。

对总检察长的通知　(3) 在进行听审至少15天之前,申请人应当将申请通知和听审日期通知总检察长。

命令　(4) 法官如果确信申请人符合下列条件,可以发布命令宣布申请人的利益不受没收的影响并宣布利益的性质和范围:

(a) 不是犯罪参与人;

(b) 不是从犯罪参与人处得到此物品且其得到此物的情况可以合理推断转让目的在于逃避没收。

向上诉法院上诉　(5) 第(4)款所述之人或者总检察长可以就根据第(4)款发出的命令向上诉法院提起上诉。第二十一章比照适用于根据本款提起的上诉相关的程序。

总检察长的权力　(6) 根据获取第(4)款命令的人在上诉期满后提出的申请,如果提起了上诉则在上诉审理终结以后,总检察长应当指示实施下列行为之一:

(a) 将物品发还申请人;

(b) 向申请人支付命令中规定的与申请人利益等值的数额。

捆绑销售　**第165条**　仅因他人拒绝从其处购买或者接受担心内容猥亵或者为犯罪图画的出版物而拒绝向他人出售或者提供出版物,构成犯罪。

第166条　[已废止]

有伤风化的表演	**第 167 条** （1）剧院承租人、经理、代理人或者负责人提供或者实施，或者准许提供或者实施有伤风化的、猥亵性的或者诲淫性的表演、游戏或者图画，构成犯罪。
参加者	（2）在剧院参加伤风化的、猥亵性的或者诲淫性的表演、游戏或者图画或者在其中充作演员、表演者或者协助者，构成犯罪。
邮寄诲淫性物品	**第 168 条** （1）利用邮政传播或者交付诲淫性、猥亵性、有伤风化或者下流的物品，构成犯罪。
例外	（2）第（1）款不适用于实施下列行为的人： （a）印刷或者出版用于司法程序的物品或者将其传送至与程序有关的人； （b）根据法庭指示而印刷或者出版通知或者报告； （c）印刷或者出版有下列情形之一的物品： （i）法律判例汇编中的一卷或者一部分，不构成其他出版物之部分，仅仅由法庭判例组成； （ii）技术性出版物，善意地意图在法律或者医学职业者范围内传播。
处罚	**第 169 条** 实施第 163 条、第 165 条、第 167 条或者第 168 条规定的犯罪，分别构成： （a）可诉罪，处不超过两年的监禁； （b）简易罪。
父母或者监护人引诱性活动	**第 170 条** 未满十八岁人的父母或者监护人诱使其与父母或者监护人以外的人进行本法禁止的性活动，构成可诉罪。若被诱者未满十四岁，处不超过 5 年的监禁；若被诱者已满十四岁而不满十八岁，处不超过两年的监禁。
房主容留性活动	**第 171 条** 房屋所有人、占有人或者管理人或者其他管理或者协助管理房屋的人故意准许未满十八岁的人利用其房屋从事本法禁止的性活动的，构成可诉罪。若被准者未满十四岁，处不超过 5 年的监禁；若被准者已满十四岁未满十八岁，处不超过两年的监禁。
腐蚀儿童	**第 172 条** （1）在儿童的住所参与通奸或者不道德的性行为，或者沉溺于习惯性酗酒或者其他劣行，而危害儿童的品行或者使其住所不适于儿童居住，构成可诉罪，处不超过两年的监禁。

第五章 性犯罪、公共道德与妨害治安行为

(2) [已废止]

"儿童"定义　　(3) 对于本条,"儿童"是指不满或者看起来不满十八岁的人。

谁可起诉　　(4) 本条第(1)款的诉讼程序,非经总检察长的同意,不得开始,经确认的儿童保护团体或者少年法庭官员提起或者请求的除外。

引诱儿童　　**第172.1条**　(1) 利用第342.1条第(2)款所述计算机系统与下列人员之一联系,构成犯罪:

(a) 未满十八岁或者被告相信其未满十八岁的人,目的在于促成实施第153条第(1)款、第155条、第163.1条、第212条第(1)款或者第(4)款、第271条、第272条或者第273条规定的与其相关的犯罪;

(b) 未满十六岁或者被告相信其未满十六岁的人,目的在于促成实施第280条规定的与其相关的犯罪;

(c) 未满十四岁或者被告相信其未满十四岁的人,目的在于促成实施第151条、第152条、第160条第(3)款、第173条第(2)款或者第281条规定的与其相关的犯罪。

处罚　　(2) 实施第(1)款的犯罪,分别构成:

(a) 可诉罪,处不超过5年的监禁;

(b) 简易罪。

对年龄的推定　　(3) 在没有相反证据时,第(1)款(a)项、(b)项和(c)项所述人员向被告显示为不满十八岁、十六岁或者十四岁的证据即为被告相信其不满此年龄的证据。

不构成辩护理由　　(4) 被告相信第(1)款(a)项、(b)项和(c)项所述人员已满十八岁、十六岁或者十四岁,不构成对于此项犯罪指控的辩护理由,除非被告采取合理措施确定其年龄。

扰乱社会治安行为

猥亵行为　　**第173条**　(1) 在下列场所故意实施猥亵行为,构成简易罪:

(a) 在公共场所,有一人以上在场;

(b) 在任何场所,意图污辱或者冒犯他人。

暴露　　(2) 在任何场所为性目的而对未满十四岁的人暴露生

殖器,构成简易罪。

裸体　　　　　　　　第174条　(1) 无合法理由而实施下列行为,构成简易罪:

(a) 在公共场所裸体;

(b) 于私有财产上裸露而暴露于公众视野,无论此财产是否属于其所有。

裸露　　　　　　　　(2) 对于本条,裸露是指其人的衣着违反社会风化或者社会秩序。

总检察长同意　　　　(3) 本条的诉讼程序未经总检察长同意,不得开始。

骚扰、猥亵展览、游荡等　　第175条　(1) 下列行为,构成简易罪:

(a) 在公共场所或者其附近非住宅中实施下列行为进行骚扰:

(i) 打斗、尖叫、喊叫、咒骂、唱歌或者使用侮辱或者猥亵性语言;

(ii) 酗酒;

(iii) 妨害或者干扰他人;

(b) 在公共场所公开暴露或者展示淫秽物品;

(c) 在公共场所游荡并妨碍在场的人;

(d) 在公共场所发射火器或者实施其他妨害秩序的行为,骚扰住宅占有人的安宁,或者非该建筑物中住宅占有人而于两所以上住宅的占有人有权或者受明示或者暗示邀请可以进入的建筑物内发射火器或者以其他扰乱社会治安的行为,骚扰建筑物内住宅占有人。

治安官的证据　　　　(2) 若没有其他证据,或者以其他证据佐证,简易法院可以由治安官对一人或者数人行为无论是否确定的证据推断,第(1)款(a)项或者(d)项所述骚扰或者第(1)款(c)项所述妨碍已经引起或者发生。

妨碍、强暴或者逮捕执行圣职的教士　　第176条　(1) 实施下列行为,构成可诉罪,处不超过两年的监禁:

(a) 以威胁或者强暴非法妨碍或者阻止或者试图妨碍或者阻止教士或者教长庆祝宗教仪式或者执行与其职业有关的其他职务;

(b) 明知教士或者教长将执行(a)项所述职务,或者在执行中或者执行后返回途中,而实施下列行为:

扰乱宗教礼拜或者其他集会	（i）对其进行袭击或者施暴； （ii）在民事程序中或者假装执行民事程序对其进行逮捕。 （2）故意扰乱、阻断宗教礼拜或者道德、社会或者慈善人士集会，构成简易罪。
同上	（3）在第（2）款所述集会中或者其附近故意扰乱会场秩序或者其庄严仪式，构成简易罪。
夜间侵扰	第177条　不能证明有合法理由，夜间在他人住宅附近的土地上游荡或者巡游的，构成简易罪。
破坏性挥发物	第178条　执行职务的治安官以外的人在公共场所持有或者在任何场所储存、投掷、注入或者致使储存、投掷、注入下列物品，构成简易罪： （a）足以对人引发惊慌、不便、骚乱、不安或者损坏财物的破坏性挥发物； （b）臭弹或者其他散发或者可能散发前项所述物质的装置。
流浪	第179条　（1）实施下列行为，构成流浪罪： （a）全部或者部分地依靠赌博或者犯罪维持生活，且无合法职业； （b）曾被根据《刑事法典》第151条、第152条、第153条、第160条第（3）款、第173条第（2）款、第271条、第272条、第273条或者第686条（b）项"严重人身伤害罪"定义中（b）项所述犯罪定罪，而在校园、游乐场、公园或者浴场或者其附近流浪。
刑罚	（2）流浪罪，为简易罪。

妨害治安罪

普通妨害罪	第180条　（1）有下列情形之一而实施普通妨害，构成可诉罪，处不超过两年的监禁： （a）危害公众生命、健康或者安全； （b）导致人身伤害。
定义	（2）对于本条，实施非法行为或者步履行法定职责而有下列情形之一，为普通妨害：

（a）危害公众的生命、安全、健康、财产或者安适；

（b）妨害公众行使或者享有加拿大公民的共有权利。

散布虚假新闻　**第 181 条**　故意散布明知为不实的言论、谣传或者新闻，造成或者可能造成伤害或者对公共利益的损害，构成可诉罪，处不超过两年的监禁。

尸体　**第 182 条**　下列行为构成可诉罪，处不超过 5 年的监禁：

（a）无合法理由，疏于履行依法应当履行的埋葬尸体或者遗骸的责任；

（b）对无论是否已埋葬的尸体或者遗骸，以不道德的或者猥亵的行为进行污辱。

第六章 侵犯隐私

定 义

定义   **第183条** 在本章中，

"授权"   "授权"指按照第186条或者第184.2条第(3)款、第184.3条第(6)款或者第188条第(2)款所作的截取私人通讯的授权。

"电磁、声音、机械的或者其他装置"   "电磁、声音、机械的或者其他装置"指任何用于或者可用于截取私人通讯的装置或者仪器，但不包括纠正使用者非正常听力以达到正常听力的助听器。

"监听"   "监听"指对通讯的听取、录音或者取得或者获得该通讯的实质、意义或者目的。

"犯罪"   "犯罪"指违反以下规定的犯罪、其共谋、未遂、事后从犯或者教唆犯，包括有正当理由相信为犯罪组织犯罪或者属于第2条"恐怖主义犯罪"定义中(b)项或者(c)项规定的任何其他犯罪：

(a) 本法的下列规定：

(i) 第47条(严重叛国罪)；

(ii) 第51条(恐吓议会或者立法机构)；

(iii) 第52条(破坏活动)；

(iv) 第57条(伪造)；

(v) 第61条(煽动)；

(vi) 第76条(劫持)；

(vii) 第77条(危及航空器或者机场安全)；

(viii) 第78条(在航空器上携带进攻性武器，等)；

(ix) 第78.1条(针对海上航行或者固定平台实施的犯罪)；

(x) 第80条(失职)；

(xi) 第81条(使用爆炸物)；

(xii) 第82条(持有爆炸物)；

(xii.1) 第83.02条(为某些活动提供或者筹集财产);

(xii.2) 第83.03条(为恐怖目的提供或者使用财产或者服务);

(xii.3) 第83.04条(为恐怖目的使用或者持有财产);

(xii.4) 第83.18条(参加恐怖组织活动);

(xii.5) 第83.19条(帮助恐怖活动);

(xii.6) 第83.2条(为了恐怖组织的犯罪行为);

(xii.7) 第83.21条(指示为了恐怖组织的犯罪行为);

(xii.8) 第83.22条(指示实施恐怖活动);

(xii.9) 第83.23条(包庇或者隐藏);

(xiii) 第96条(持有通过犯罪获得的武器);

(xiv) 第99条(运输武器);

(xv) 第100条(为运输目的持有武器);

(xvi) 第102条(制造自动火器);

(xvii) 第103条(明知未授权的进口或者出口);

(xviii) 第104条(未授权的进口或者出口);

(xix) 第119条(贿赂,等);

(xx) 第120条(贿赂,等);

(xxi) 第121条(对政府的欺诈);

(xxii) 第122条(违反信托);

(xxiii) 第123条(市政官员腐败);

(xxiv) 第131条(伪证);

(xxv) 第139条(妨碍司法);

(xxvi) 第144条(越狱);

(xxvii) 第145条第(1)款(脱逃,等);

(xxviii) 第163条第(1)款(a)项(诲淫性物品);

(xxix) 第163.1条(儿童色情);

(xxx) 第184条(非法监听);

(xxxi) 第191条(持有监听装置);

(xxxii) 第201条第(1)款(经营赌场);

(xxxiii) 第202条第(1)款(e)项(出卖赌注,等);

(xxxiv) 第210条第(1)款(经营妓院);

(xxxv) 第212条第(1)款(介绍卖淫);

(xxxvi) 第212条第(2)款(介绍卖淫);

第六章 侵犯隐私

(xxxvii) 第 212 条第(2.1)款(有关以不满十八岁的人卖淫收益为生的严重犯罪);

(xxxviii) 第 212 条第(4)款(嫖宿不满十八岁的人);

(xxix) 第 235 条(谋杀);

(xl) 第 264.1 条(恐吓);

(xli) 第 267 条(使用武器伤害或者伤害致伤);

(xlii) 第 268 条(严重伤害);

(xliii) 第 269 条(非法致伤);

(xliv) 第 271 条(性侵害);

(xlv) 第 272 条(使用武器、恐吓第三方或者致伤的性侵害);

(xlvi) 第 273 条(严重性侵害);

(xlvii) 第 279 条(绑架);

(xlviii) 第 279.1 条(扣留人质);

(xlix) 第 280 条(诱拐不满十六岁的人);

(l) 第 281 条(诱拐不满十四岁的人);

(li) 第 282 条(违反监护令的诱拐);

(lii) 第 283 条(诱拐);

(liii) 第 318 条(宣传灭绝种族);

(liv) 第 327 条(持有获取电讯设施或者服务的设备);

(lv) 第 334 条(盗窃);

(lvi) 第 342 条(盗窃、伪造信用卡);

(lvii) 第 342.1 条(未经授权使用计算机);

(lviii) 第 342.2 条(持有获取计算机服务的设备);

(lix) 第 344 条(强盗);

(lx) 第 346 条(敲诈勒索);

(lxi) 第 347 条(犯罪利率);

(lxii) 第 348 条(破门进入);

(lxiii) 第 354 条(持有通过犯罪而获得的财产);

(lxiv) 第 356 条(盗窃邮件);

(lxv) 第 367 条(伪造);

(lxvi) 第 368 条(使用伪造的文件);

(lxvii) 第 372 条(虚假信息);

(lxviii) 第 380 条(欺诈);

(lxix) 第 381 条(利用邮件欺诈);

(lxx) 第 382 条(欺诈性地操纵股票交易);

(lxxi) 第 423.1 条(恐吓诉讼参与人或者记者);

(lxxii) 第 424 条(威胁对受国际保护的人实施犯罪);

(lxxii.1) 第 424.1 条(威胁联合国工作人员或者有关人员);

(lxxiii) 第 426 条(秘密回扣);

(lxxiv) 第 430 条(毁坏财产);

(lxxv) 第 431 条(袭击受国际保护的人的房屋、住所或者交通工具);

(lxxv.1) 第 431.1 条(袭击联合国工作人员或者有关人员的房屋、住宅或者交通工具);

(lxxv.2) 第 431.2 条第(2)款(爆炸性或者其他致命装置);

(lxxvi) 第 433 条(放火);

(lxxvii) 第 434 条(放火);

(lxxviii) 第 434.1 条(放火);

(lxxix) 第 435 条(基于欺诈目的而放火);

(lxxx) 第 449 条(伪造货币);

(lxxxi) 第 450 条(持有假币);

(lxxxii) 第 452 条(使用假币);

(lxxxiii) 第 462.31 条(洗钱);

(lxxxiv) 第 462.33 条第(11)款(违反禁止令);

(lxxxv) 第 467.11 条(参加犯罪组织);

(lxxxvi) 第 467.12 条(为犯罪组织实施犯罪);

(lxxxvii) 第 467.13 条(指示为犯罪组织实施犯罪);

(b)《破产法》第 198 条(破产欺诈);

(c)《竞争法》的下列规定:

(i) 第 45 条(预谋)与第 45 条(4)款(a)项至(d)项所述事项相关;

(ii) 第 47 条(操纵投标);

(iii) 第 52.1 条第(3)款(欺诈性电话推销);

(d)《管制药品和物质法》的下列规定:

(i) 第 5 条(贩卖);

第六章 侵犯隐私

(ii) 第 6 条（进口或者出口）；

(iii) 第 7 条（生产）；

(e)《贿赂外国公职人员法》第 3 条（贿赂外国公职人员）；

(e.1)《反人类罪和战争罪法》；

(f)《海关法》的下列规定：

(i) 第 153 条（虚假陈述）；

(ii) 第 159 条（走私）；

(g)《2001 年消费税法》的下列任何规定，即：

(i) 第 214 条（非法生产、销售烟草或者酒类等）；

(ii) 第 216 条（非法持有烟草产品）；

(iii) 第 218 条（非法持有、销售酒类等）；

(iv) 第 219 条（篡改或者销毁记录）；

(v) 第 230 条（持有通过消费税犯罪而获取的财产）；

(vi) 第 231 条（清洗消费税犯罪的收益）；

(h)《进出口许可法》的下列规定：

(i) 第 13 条（出口或者出口未遂）；

(ii) 第 14 条（进口或者进口未遂）；

(iii) 第 15 条（绕航，等）；

(iv) 第 16 条（禁止转让许可）；

(v) 第 17 条（虚假资料）；

(vi) 第 18 条（帮助或者教唆）；

(i)《移民法》的下列规定：

(i) 第 94.1 条（组织进入加拿大）；

(ii) 第 94.2 条（组织进入加拿大）；

(iii) 第 94.4 条（在海上卸载人员）；

(iv) 第 94.5 条（教唆虚假陈述）；

(j)《信息安全法》规定的任何犯罪。

"私人通讯"　　"私人通讯"指任何口头通讯或者电信，由一个在加拿大境内的人作为发信方或者发信方旨在由加拿大境内的人接收，此通信是在发信方合理地预期不会受到收信方以外的人监听的情况下作出的，包括任何电子处理的无线电发送的电话通讯或者为防止发信方意指的收信方以外的任何人的可感知接收的其他方式。

"公共交换电话网"　　"公共交换电话网"指电信设施,其主要目的是为公众提供有线电话服务。

"无线电话通讯"　　"无线电话通讯"指《无线通讯法》规定的任何无线通讯,它被转移到主要用于连接公共交换电话网的设备。

"出售"　　"出售"包括出售要约、出售展示、为出售而持有、为出售而散布消息或者发布广告。

"律师"　　"律师",在魁北克省指辩护律师或者公证人,在其他省指出庭律师或者事务律师。

同意监听　　**第183.1条**　在私人通信的发信方或者收信方超过一个人时,其中一个人同意监听,就是本章任何条款中的充分同意。

通讯监听

监听　　**第184条**　(1)任何人以电磁、声音、机械的或者其他装置,故意监听私人通讯,构成可诉罪,处不超过5年的监禁。

例外　　(2)第(1)款不适用于下列情形:

(a)一个人的监听得到了私人通讯的发信人或者收信人的明示或者默示同意;

(b)一个人的监听私人通讯,是按照授权或者第184.4条进行的,或者一个人帮助有正当理由认为是根据授权或者第184.4条而行动的他人;

(c)一个人为公众提供电话、电报或者其他通讯服务时,监听了私人通讯,但有下列情形之一:

(i)如果为了提供服务,监听是必需的;

(ii)在服务过程中,为了机械或者服务质量控制检查的观察或者随机监控;

(iii)如果监听直接关系到保护提供服务的人的权利或者财产;

(d)女王的官员或者服务人员,以国家名义进行无线电波段管理,为识别、分离或者防止未授权使用或者干扰使用频率或者发射,监听私人通讯;

(e)一个人或者受委托人,持有或者控制第342.1条第

第六章 侵犯隐私

(2)款规定的计算机系统,监听从其计算机系统发出、接受或者传输的私人通讯,如果监听为了以下目的之一是必需的:

(i)管理计算机系统的服务质量,涉及运行要素诸如系统的回应性与容量以及系统与数据的完整性和可用性;或者

(ii)保护计算机系统,针对按照第342.1条第(1)款或者第430条第(1.1)款规定的犯罪。

使用或者保留 (3)受到第(2)款(e)项规定的监听的私人通信,只有具有下列情形之一才能使用或者保留:

(a)为识别、分离或者保护计算机系统免于损害所必需;

(b)在第193条第(2)款规定的情形中应予披露。

为防止人身伤害进行的监听 第184.1条 (1)如果符合以下条件,国家的代理人可以运用任何电磁、声音、机械的或者其他装置,监听私人通讯:

(a)私人通讯的发信方或者接收方同意该监听;

(b)国家的代理人有正当理由认为存在有对同意监听者的人身伤害危险;

(c)监听的目的是防止人身伤害。

监听通讯的采信 (2)按照第(1)款从监听私人通讯中获得的内容不得采纳为证据,除非为了指控真实的、企图的或者威胁的人身伤害诉讼,包括对根据本章的申请授权或者对任何人的搜查令或者逮捕令的诉讼。

录音与记录的销毁 (3)国家的代理人按照第(1)款监听私人通讯,应当在可行情况下尽快销毁按照第(1)款从监听中获得的私人通讯录音、录音的全部或者部分文字记录以及所作的笔记,如果该私人通讯中没有东西表明人身伤害、企图伤害、威胁伤害已经发生或者可能发生。

"国家的代理人"的定义 (4)在本章中,"国家的代理人"指:

(a)治安官;

(b)根据治安官的授权行事或者与其合作的人。

获取同意的监听 第184.2条 (1)在私人通讯的发信人或者收信人同意监听并且按照第(3)款取得授权时,可以电磁、声音、机械的或者其他装置监听私人通讯。

申请授权	（2）根据本款的授权申请,应当由治安官或者被任命为实施或者执行联邦或者省的法律并且其义务包括执行本法或者任何议会其他法的公职人员单方并且以书面形式向省法院法官、有刑事管辖权的上级法院法官或者第552条定义的法官提出,应当附带宣誓书,这可以在该治安官或者公职人员或者任何其他治安官或者公职人员的报告与意见上宣誓,为下列事项宣誓作证: （a）有正当理由相信已经或者将要发生违反本法或者其他议会法的犯罪; （b）犯罪的具体情节; （c）同意监听者的姓名; （d）要求的授权期限; （e）在授权申请先前已经根据本条或者第186条批准时,授权的具体细节。
法官确信	（3）如果收到申请的法官确信符合下列条件,可以根据本条作出授权: （a）有正当理由相信违反本法或者任何其他议会法的犯罪已经或者将要发生; （b）私人通讯的发信人或者收信人同意该监听; （c）有正当理由认为(a)项所述犯罪的信息可以通过监听获得。
授权的内容与限制	（4）根据本条所作授权,应当: （a）说明涉及私人通讯可以监听的犯罪; （b）说明可以监听的私人通讯的类型; （c）说明其私人通讯要被监听者的身份,对可能知道的监听地点和可以使用的监听方式进行一般描述; （d）包含法官认为公共利益所必需的限制性规定; （e）有效期不超过60日,该有效期在授权书中规定。
通过电信提交的申请	**第184.3条** （1）尽管有第184.2条的规定,申请人如果不可能亲自向法官当面提出第184.2条第(2)款所述申请,可以单方以电话或者其他电信手段向省法院法官、有刑事管辖权的上级法院法官或者第552条规定的法官提出。
申请	（2）根据本条提出的授权申请应当经宣誓提出,附以包含第184.2条第(2)款(a)项至(e)项规定的事项的说明,并

第六章 侵犯隐私

且说明申请人不能亲自向法官当面提出的情况。

记录　　　　（3）法官应当以书面或者其他方式记录根据本条提出的授权申请,并且在裁决申请时将文字记录或者录音放入第187条第(1)款规定的袋子中并密封,封存于袋中的录音应当视为第187条规定的文件。

宣誓　　　　（4）第(2)款中,宣誓可以通过电话或者其他电信手段进行。

宣誓的替代　　（5）使用电信手段的申请人可以提供书面陈述,说明申请中的所有事项对申请人的认识和信念是真的,代替第(2)款中的宣誓,此等陈述应当视为根据宣誓所作的陈述。

授权　　　　（6）收到根据本条规定提出申请的法官,认为第184.2条第(3)款(a)项至(c)项规定的情况存在,并且由于第(2)款规定的情况使申请人不能亲自来到法官面前的,该法官可以通过电话或者其他电信手段,给予至多36小时的授权,可以附以适当的限制性规定。

作出授权　　（7）法官通过电话或者其他电信手段而不是能提供书面文件的电信手段作出授权的:

（a）法官应当以书面完成授权并签名,载明作出授权的时间、日期和地点；

（b）申请人应当根据法官的指令,以书面完成授权的传真,载明作出授权法官的姓名以及时间、日期和地点；

（c）法官应当在作出授权后尽快使该授权令装入第187条第(1)款规定的文件袋并封存。

提供书面电信的授权　　（8）法官通过生成书面文件的电信手段作出授权的,应当:

（a）以书面完成授权并签名,载明作出授权的时间、日期和地点；

（b）通过电信手段将授权令传输给申请人,由申请人所收到的那份应视为第(7)款(b)项所述的传真；

（c）授权作出后尽快地使该授权令装入第187条第(1)款规定的文件袋并封存。

特殊情况下的监听　　**第184.4条**　符合下列条件的,治安官可以通过电磁、声音、机械或者其他装置监听私人通讯:

（a）治安官有正当理由认为情况紧急,以合理勤勉不能依据本章规定获得授权；

（b）治安官有正当理由认为监听为防止会导致人身或者财产严重伤害的非法行为所急迫需要；

（c）私人通讯的发信人或者发信人意向的收信人是可能导致伤害的行为执行人、受害人或者企图侵害的人。

无线电话通讯的监听

第184.5条 （1）通过电磁、声音、机械或者其他装置，恶意或者图利，监听无线电话通讯的，如果发信人或者发信人意向的收信人一方在加拿大境内，构成可诉罪，处不超过5年的监禁。

其他条款的适用

（2）第183.1条、第184条第（2）款、第184.1条至第190条以及第194条至第196条，比照适用于第（1）款规定的无线电话的监听。

一个授权申请足够

第184.6条 为更加明确，根据本章对私人通讯与无线电话通讯的授权申请可以同时提出。

申请授权

第185条 （1）为了得到按照第186条授权的申请应当单方并以书面向有刑事管辖权的高等法院法官或者第552条规定的法官提出，并且由提出申请所在省的总检察长或者加拿大副总检察长签名，或者由（a）项或者（b）项人员专门以书面特别任命的代理人签名并且应当附有宣誓书，这可以根据治安官或者公职人员的通知和信念作出，为（c）项至（h）项规定事项作证：

（a）加拿大副总检察长本人或者代理副总检察长本人签名，如果调查中的犯罪是有关在加拿大政府请求下开始并由加拿大总检察长或者其代表执行的诉讼，如果有诉讼的话；

（b）在其他案件中，省的总检察长本人或者副总检察长本人签名；

（c）赖以证明授权信念的事实应当与犯罪的具体情节一起提出；

（d）提议监听的私人通讯的种类；

（e）全部人员的姓名、地址与职业，如果知道的话，有正当理由认为有助于犯罪侦查的私人通讯监听，将要监听私人通讯的性质与地点的一般描述，如果知道的话，以及打算运用的监听方式；

第六章 侵犯隐私

(f) 根据本条涉及犯罪情况提出申请的数目，如果有的话，按照(e)项规定的宣誓书中载明的人，据此撤回申请或者未获得授权，提出申请的日期以及申请向其提出的法官姓名；

(g) 要求的授权期限；

(h) 是否有其他侦查程序用过并且失败或者为什么不可能成功，或者事情紧急，仅运用其他程序进行侦查不可行。

犯罪组织与恐怖组织例外　(1.1) 尽管有第(1)款(h)项的规定，该款不适用于涉及下列事项的申请：

(a) 违反第467.11条、第467.12条或者第467.13条的犯罪；

(b) 犯罪是为犯罪组织的利益、受其指示或者与其共同实施；

(c) 恐怖主义犯罪。

期限延长通知　(2) 授权申请，可以附带提出授权申请所在省的总检察长或者由加拿大副总检察长亲自签署的申请，如果该申请由他或者其代表提出，以改变第196条第(1)款规定的期限，延长不超过3年，按申请中载明的具体时限。

获准延长　(3) 授权申请附带第(2)款规定的申请时，接受申请的法官应当首先考虑第(2)款规定的申请，并且根据支持授权申请的宣誓书和其他为支持第(2)款规定的申请而提交的宣誓证据，法官认为正义的利益使批准申请有正当理由的，应当在不超过3年的期限内确定一个时限，以取代第196条第(1)款规定的期限。

未获准延长　(4) 接受授权申请与第(2)款规定的申请的法官，拒绝确定一个时限以取代第196条第(1)款规定的期限，或者法官确定取代的期限比第(2)款规定的申请中的期限更短时，为授权申请出现在法官面前的人可以撤回授权申请，法官此时不应再继续考虑授权申请或者给予授权，并应当将申请与所有相关材料当面退还给申请人。

法官应确信　第186条　(1) 如果接受申请的法官认为符合以下条件，可以根据本条给予授权：

(a) 对审判最为有利；

(b) 其他侦查程序已经用过并失败，其他侦查程序不可能成功或者事情紧急,仅仅运用其他侦查程序进行侦查不可行。

犯罪组织与恐怖主义犯罪除外　　(1.1) 尽管有第(1)款(b)项的规定,该款不适用于法官涉及如下情况的授权申请:

(a) 违反第 467.11 条、第 467.12 条或者第 467.13 条的犯罪;

(b) 犯罪是为犯罪组织的利益、受其指示或者与其共同实施;

(c) 恐怖主义犯罪。

不得授权　　(2) 不得授权对律师办公室、住所或者通常由一个律师使用的以及其他多位律师使用的接待客户的任何其他地方的私人通讯进行监听,除非接受申请的法官根据正当理由认为该律师、与他共同处理事务的律师、他所雇佣的人或者其他此类的律师、或者律师家庭成员已经或者即将要参与犯罪。

限制性规定　　(3) 对第(2)款规定的地方的监听作出授权时,接受申请的法官因此应当附加他认为对保护律师与客户间特权通讯必要的限制性规定。

授权内容与限制　　(4) 授权应当:

(a) 说明私人通讯可受监听的有关犯罪;

(b) 说明要受监听的私人通讯类型;

(c) 说明已知的被监听人员的身份,如果可能则详细说明进行监听的地点和监听的方式;

(d) 包含法官认为了公共利益必要的限制性规定;

(e) 有效期不超过 60 日,该有效期应当在授权书中规定。

任命的人员　　(5) 加拿大副总检察长或者省的总检察长,根据具体情况,可以任命一人或者数人根据授权对私人通讯进行监听。

装置的安装与拆除　　(5.1) 为更加明确,允许通过电磁、声音、机械或者其他装置监听的授权,包括秘密地安装、维护或者拆除装置。

授权到期后拆除　　(5.2) 根据单方以书面形式提出的附以宣誓书的申请,作出了第(5.1)款规定的授权的法官或者有权作出此等授权的任何其他法官,在原授权期满后,可以为秘密拆除电磁、声音、机械或者其他装置作出进一步授权:

第六章 侵犯隐私

(a) 根据法官认为为了公共利益必要的限制性规定；

(b) 在不超过60日的任何具体时限内。

授权的延期　　(6) 授权的延期，可由刑事管辖高等法院的法官或者第552条规定的法官作出，根据省的总检察长、加拿大副总检察长或者为了第185条由加拿大副总检察长、省的总检察长书面特别任命的代理人签名的书面申请，附带治安官或者公职人员证明下列事项的宣誓书，并且提交法官所要求的其他材料：

(a) 理由以及要求延期期限；

(b) 全部细节，包括根据授权已经进行或者试图进行监听的次数和日期，以及通过监听获得的信息；

(c) 据宣誓证人所知所信赖以根据本款提出同样申请与撤回或者未获得延期的申请情况的数目，提出申请的日期以及向其提交申请的法官姓名。

延期　　(7) 如果接受申请的法官认为第(1)款规定的任何情况仍然符合，可以授权延期，但期限不得超过60日。

有关刑事组织和恐怖主义犯罪的时效　　第186.1条　　尽管有第184.2条第(4)款(e)项、第186条第(4)款(e)项和第186条第(7)款的规定，若与下列事项相关，授权或者授权延期的有效期可以是在授权令中规定的一个或者多个有效期间，可以超过60日但不得超过1年：

(a) 违反第467.11条、第467.12条或者第467.13条的犯罪；

(b) 犯罪是为犯罪组织的利益、受其指示或者与其共同实施；

(c) 恐怖主义犯罪。

对申请保密的方式　　第187条　　(1) 依照本章规定所作申请有关的所有文件都是机密，受第(1)款的限制，应当在接受申请的法官作出裁决后立即放入文件袋并封存，该文件袋由法院保管在公众不能进入的地方或者法官授权的其他类似地方，除按照第(1.2)款至第(1.5)款规定外不得处理。

例外　　(1.1) 根据本章的授权书不需要放入文件袋，但若依照第184.3条第(7)款或者第(8)款原授权书在法官手中的，法官必须放入文件袋而传真留在申请人手中。

为重新申请而打开	（1.2）封存的文件袋可以打开，并且为了一个申请的更新或者授权延期而取出内容。
根据法官命令打开	（1.3）省法院的法官、有刑事管辖权的高等法院法官或者第552条规定的法官可以命令为复印和检查而打开封存的文件袋并取出文件。
根据审判法官的命令打开	（1.4）如果符合下列条件，应进行审判且在授权地所在省有刑事管辖权的法官或者省法院的法官可以命令为复印和检验文件而将封存的文件袋打开并而取出文件：
	（a）有关授权问题或者按照授权获得的证据在审判中有争议；
	（b）被告为了准备审判参考其中文件而提出申请。
命令销毁文件	（1.5）文件袋打开后其内容不应当被销毁，但与作出授权法官同一法院的法官命令销毁的除外。
法官命令	（2）根据第（1.2）款、第（1.3）款、第（1.4）款或者第（1.5）款所作的有关依照第185条或者第186条第（6）款或者第196条第（2）款所提出申请的命令，只有在命令涉及的总检察长或者副总检察长提出或者根据其授权的申请获得听审机会后才能作出。
同上	（3）根据第（1.2）款、第（1.3）款、第（1.4）款或者第（1.5）款所作的有关依照第184.2条第（2）款或者第184.3条所提出申请的命令，只有在总检察长获得听审机会后才能作出。
副本编辑	（4）尽管有第（1.3）款或者第（1.4）款的规定，起诉开始并且被告按照这两条款提出申请复印和检验文件的，在检察官认为对公共利益有害的文件部分，包括检察官认为有下列情形之一的部分删除之前，法官不应当提供可能有下列情形之一的文件的副本：
	（a）危害任何秘密情报员身份；
	（b）危害进行中的侦查的性质与范围；
	（c）危害进行特定信息收集技术人员并因此损害未来侦查运用类似技术；
	（d）损害无辜者的利益。
向被告提供副本	（5）在检察官把要交给第（4）款规定的被告文件副本的某些部分删除后，应当向被告提供经编辑的文件。

原件的归还　　（6）被告收到经编辑的文件副本后，检察官应当保留一份原件，经编辑的文件和原件装回文件袋并再封存。

删除部分　　（7）按照第（5）款得到经编辑文件的被告可以要求审理该案件的法官命令使被告能够得到被检察官删除的部分，法官认为提供的司法摘要不足以使被告全面回答和辩护时，应当命令让被告得到文件的任何部分。

向特别任命的法官申请　　**第188条**　（1）如果情况紧急要求在以合理勤勉获得第186条的授权之前开始监听私人通讯，尽管有第185条的规定，根据该条的授权申请，可以由下列人员为本条而以书面方式列名或者其他形式专门指定的治安官，单方向有刑事管辖权的高等法院的法官或者第552条规定的、首席法官随时指定的法官提出：

（a）加拿大副总检察长，如果犯罪是涉及任何可以由加拿大政府提起并由加拿大总检察长或者其代表进行的诉讼；

（b）省的总检察长，如果涉及该省的其他犯罪。

紧急授权　　（2）接受根据第（1）款提出的申请的法官，认为情况紧急要求在根据第186条的授权以合理勤勉获得之前开始监听私人通讯的，可以给予不超过36小时的授权，并可以附以其认为适当的限制性规定。

（3）[已废止]

"首席法官"的定义　　（4）在本条中，"首席法官"：

（a）在安大略省，指安大略法院的首席法官；

（b）在魁北克省，指高等法院的首席法官；

（c）在诺瓦斯科舍省和不列颠哥伦比亚省，指最高法院的首席法官；

（d）在新不伦瑞克省、曼尼托巴省、萨斯喀彻温省和阿尔博塔省，指王座法院的首席法官；

（e）在爱德华王子岛省和纽芬兰岛省，指最高法院分庭的首席法官；

（f）在育空地区、西北地区和努纳武特，指《法官法》第22条第（3）款规定的高级法官。

证据的不可采信　　（5）审判法官按照根据本条所作的连续授权对私人通讯监听所获得的证据，在发现连续授权申请是根据同样的事实并包含对同样的一人或者多人的私人通讯监听、涉及与最

初赖以提出申请同样的犯罪时,可以认为不可采信。

授权的执行

第 188.1 条 (1) 除适用第(2)款的情形外,按照第 184.2 条、第 184.3 条、第 186 条或者第 188 条授权的私人通讯监听,可以在加拿大境内任何地方进行。

在外省的执行

(2) 授权是按照第 184.2 条、第 184.3 条、第 186 条或者第 188 条在一省作出,但可以合理预期其在另一省执行,并且授权执行要求进入或者在另一省的任何私人财产中或者要求按照第 487.02 条对另一省人员作出命令的,另一省的法官可以根据申请确认该授权,一旦授权得到确认,即与在该省作出的授权具有同等效力。

无民事或者刑事责任

第 188.2 条 按照授权或者第 184.1 条或者第 184.4 条行动的任何人,或者善意地帮助其有正当理由认为是按照授权或者第 184.1 条或者第 184.4 条行动者的人,对实施授权或者这些条款所作的任何合理事项不承担责任。

第 189 条 第(1)款至第(4)款 [已废止]

打算出示证据的通知

(5) 按照本章规定或者本章的授权监听私人通讯监听获得的私人通讯内容不得采纳为证据,除非举证方将提出证据的打算以及下列事项合理通知被告:

(a) 私人通讯的文字记录,将以录音形式举证或者陈述揭示全部私人通讯细节、如果私人通讯证据将以口头方式提出;

(b) 关于可能知道的私人通讯的时间、地点和日期和参与人的陈述。

特权证据

(6) 通过监听获得的任何信息,监听本身除外,如果有特权的保持其特权,未经享有特权者的同意不得采纳为证据。

更多细节

第 190 条 被告已得到依照第 189 条第(5)款的通知的,正在或者将要审理被告的法院的法官,可以随时命令提交私人通讯的更多细节作为证据。

持有,等

第 191 条 (1) 持有、出售或者购买任何电磁、声音、机械的或者其他装置或者明知设计使其主要对秘密监听私人通讯有用的元件的人,构成可诉罪,处不超过两年的监禁。

豁免

(2) 第(1)款不适用于:

(a) 警官或者治安官在就职期间持有第(1)款规定的

第六章 侵犯隐私

装置或者元件；

（b）一个人为了用于根据授权的监听而持有此类装置或者元件；

（b.1）一个人根据警官或者治安官的指示为帮助他们履行职务而持有此类装置或者元件；

（c）女王在加拿大的官员或者公务员或者成员，视具体情况而定，在履行职务过程中，持有此类装置或者元件；

（d）任何其他人根据加拿大副总检察长的授权许可证而持有此类装置或者元件。

许可证限制性规定　（3）为第（2）款（d）项颁发的许可证，包含加拿大副总检察长可以规定的关于持有、出售或者购买第（1）款规定的装置或者元件的限制性规定。

没收　第192条　（1）因违反第184条或者第191条而被定罪的，任何用于实施犯罪的电磁、声音、机械的或者其他装置或者持有它们而构成犯罪的，根据判决，除了判处的任何惩罚之外，可以命令没收上述物品并根据总检察长的指示处理。

限制　（2）根据第（1）款所作没收命令，不得针对没有参与犯罪的人拥有的为公众提供电话、电报或者其他通讯服务的设施或者设备，或者构成电话、电报或者其他通讯服务的部分或者用于违反第184条犯罪的系统。

信息披露　第193条　（1）私人通讯受到监听的，未经发信人或者收信人的明示或者默示同意，而故意实施下列行为，构成可诉罪，处不超过两年的监禁：

（a）使用或者泄露私人通讯、私人通讯的全部或者部分，或者其实质、意义或者目的全部或者任何部分；

（b）泄露私人通讯的存在。

豁免　（2）第（1）款不适用于一个人下述情况的泄露私人通讯的全部或部分或者实质、意义或者目的或者这些的任何部分，或者私人通讯的存在：

（a）在任何民事或者刑事诉讼中或者在被要求根据宣誓提供证据的任何诉讼中，为提供证据或者提供证据过程中；

（b）如果是合法监听私人通讯，为任何刑事侦查在侦查过程中；

(c) 根据第189条的提供告知或者按照第190条的命令提供更多信息；

(d) 下述事项运行过程中，如果泄露为第184条第(2)款(c)项、(d)项或者(e)项规定的监听的必然结果：

(i) 向公众电话、电报或者其他通讯服务；

(ii) 加拿大政府的机构或者部门；

(iii) 第342.1条第(2)款规定的涉及计算机系统的服务；

(e) 向在加拿大境内的治安官或者检察官或者向有责任调查或者指控犯罪的在其他国家的个人或者机关泄露，目的是为了在加拿大或者其他地方的审判；

(f) 向加拿大安全情报部门主管或者雇员泄露，为了该部门履行《加拿大安全情报部法》第12条规定的义务和职能。

先于合法披露的公布

(3) 如果先前已经在第(2)款(a)项规定的诉讼中为提供证据而合法披露过私人通讯、私人通讯的部分或者实质、意义或者目的或者这些的任何部分或者私人通讯存在，一个人再做此披露的，对其不适用第(1)款。

监听无线电话获得信息的泄露

第193.1条 (1) 故意使用或者泄露无线电话通讯或者故意泄露该通讯的存在，符合下列条件的，构成可诉罪，处不超过两年的监禁：

(a) 该通讯发信人或者其意向的收信人在进行通讯时在加拿大境内；

(b) 该通讯没有得到发信人或者其意向的收信人的明示或者默示同意而受到电磁、声音、机械或者其他装置监听；

(c) 未得到发信人或者其意向的收信人的明示或者默示同意。

其他条款的适用

(2) 第192条第(2)款与第(3)款比照适用于披露无线电话。

损害

第194条 (1) 除适用第(2)款的情形外，根据第184条、第184.5条或者第193.1条给被告定罪的法院，可以根据受害人申请，在判决时命令被告支付受害人不超过5000加元的惩罚赔偿金。

第六章 侵犯隐私

民事诉讼开始时无赔偿金

判决可以登记

　　(2) 对已经根据《女王责任法》第二编开始诉讼的人,不得根据第(1)款命令进行赔偿。

　　(3) 在根据第(1)款命令支付一定金额没有立即支付的,申请人可以通过向该案件得到审判、支付金额命令的该省高等法院提交命令,记入判决,此判决可以以该法院民事诉讼中对被告的判决同样的方式对被告执行。

可以执行被告占有的金钱

　　(4) 按照第(1)款命令支付金额的全部或者部分可以在逮捕被告时从其占有的金钱中取出,但被告之外的人对此金钱的所有权有异议的除外。

年度报告

　　第 195 条　(1) 加拿大副总检察长应当在每年结束后尽快准备关于下列事项以及在上一年度根据授权所作的监听的报告:

　　(a) 其或者在报告中列明的其以书面形式专门指定的代理人进行申请的授权;

　　(b) 基于报告中列明的、其为第 185 条之目的专门指定的治安官提出的申请而根据第 188 条作出的授权。

关于授权信息

　　(2) 第(1)款所述关于授权与据此进行监听的报告应当说明:

　　(a) 为授权提出的申请数量;

　　(b) 为延展授权提出的申请数量;

　　(c) (a)项与(b)项所述申请获得授权的数量、被拒绝授权的数量与(a)项所述申请获得附以限制性规定的授权的数量;

　　(d) 授权中说明的应加拿大总检察长要求就下列犯罪对其提起诉讼的人员数量:

　　(i) 授权中确定的犯罪;

　　(ii) 非授权中所确定犯罪的但涉及可以作出授权的犯罪;

　　(iii) 关于没有作出授权的犯罪;

　　(e) 授权中没有说明的应加拿大总检察长要求就下列犯罪对其提起诉讼且治安官通过授权进行监听而知悉其实施或者企图实施犯罪的人员数量:

　　(i) 在此类授权确定的犯罪;

　　(ii) 非此类授权中所确定犯罪的但涉及可以作出授权

的犯罪;

（iii）非此类授权中所确定而对此可以作出授权的犯罪;

（f）给予授权的平均期限和给予延展的平均期限;

（g）通过一次或者一次以上的延期有效期超过 60 日、超过 120 日、超过 180 日与超过 240 日的授权的数量;

（h）根据第 196 条发出的通知数量;

（i）关于作出授权的犯罪,所确定的对每个犯罪的授权数量;

（j）描述授权确定的各类地点以及每一类地点的授权数量;

（k）详细说明根据授权的每一个监听所用的方法;

（l）根据授权监听的结果使治安官知道被逮捕者身份的人数;

（m）应加拿大总检察长请求开始的授权监听获得私人通讯提供为证据的刑事诉讼数量以及其中定罪的数量;

（n）虽然在作为侦查结果的应加拿大总检察长请求开始的刑事诉讼中没有提供为证据,授权监听私人通讯获得信息得到运用的刑事侦查数量。

其他信息　　（3）第（1）款规定的报告,在第（2）款规定的信息之外,应当说明:

（a）对女王在加拿大的官员或者文官或者的成员违反第 184 条或者第 193 条的犯罪提出的指控的数量;

（b）关于监听私人通讯对在加拿大犯罪的调查、侦查、预防和指控的重要性的评估。

报告提交给议会　　（4）加拿大副总检察长应当在完成后将其根据第（1）款规定而准备的报告立即送达议会;如果不在议会开会期,则在下次开会的 15 日内送达。

总检察长的报告　　（5）各省的总检察长在每年结束后应当尽快准备有关如下事项以及前一年中根据授权所做的监听,包含第（2）款与第（3）款的信息的报告,向公众发表或者以其他方式使公众能够得到:

（a）他本人或者书面为了第 185 条特别指定的代理人对申请的授权数量;

(b) 根据第 188 条由他特别指定的治安官为了该条的申请所作出的授权量。

应当进行书面通知　**第 196 条**　(1) 根据第 185 条第(1)款提出申请所在省的总检察长或者如果申请是代表加拿大副总检察长提出时的加拿大副总检察长,应当在授权作出或者延期后 90 日内或者在按照第 185 条第(3)款或者本条第(3)款确定的期限内,书面通知根据授权监听的对象,并且以总督制定的规章所规定的方式向法院证明此人已被接到通知。

延期通知　　　(2) 第(1)款规定的 90 日或者按照第 185 条第(3)款或者本条第(3)款确定的期限,由总检察长或者副总检察长向有刑事管辖权的上级法院法官或者第 552 条规定的法官提出申请,即对作出授权或者延期已经得到听审或者处理的延期或者连续延期提出申请,而中断。

延期获准　　　(3) 第(2)款规定的收到申请的法官,根据提交的支持申请的宣誓书,认为下列事项之一正在进行,并且认为为了审判应当批准申请,法官应当准许延期或者连续延期,每次延期不超过 3 年:

(a) 授权涉及犯罪调查;

(b) 第 183 条列举的犯罪连续调查,其开始于(a)项所述调查获得的信息。

附宣誓书的申请　(4) 按照第(2)款的申请应当附以证明下列事项的宣誓书:

(a) 宣誓证人知道或者相信的事实,据此证明延期应当被准许的认识;

(b) 宣誓证人所知或者相信的情况的数目,如果有,即以它们为基础根据该条款所提出的涉及具体授权申请与申请撤销或者申请未获准、每个申请的日期以及接受申请的法官。

犯罪组织和恐怖组织除外　(5) 尽管有第(3)款与第 185 条第(3)款的规定,接受第(2)款或者第 185 条第(2)款规定申请的法官,在为支持申请所提交的宣誓书基础上,如果认为调查涉及下列事项之一,并且认为正当的利益是准许申请的理由,该法官应当准予延期或者连续延期,但不得超过 3 年期限:

(a) 违反第 467.1 条、第 467.12 条和第 467.13 条的

犯罪；

（b）为了犯罪组织的利益、受其指挥或者与其共同实施的犯罪；

（c）恐怖主义犯罪。

第七章 扰乱社会治安的场所、赌博和打赌

定 义

第197条 （1）在本章中，

"赌博"　　　　　　"赌博"指将赌注置于可能性或者将要发生在加拿大境内外的事件上，并且不限制前述的普遍性，包括涉及加拿大境内外的赛马、搏斗、比赛或者基于体育赛事的可能性的赌博。

"普通妓院"　　　　"普通妓院"指为了卖淫或者进行淫秽行为而由一人或者多人维护、占有或者使用的地方。

"普通赌场"　　　　"普通赌场"指为了以下目的而开业、经营或者使用的地方：

（a）人们能够、受鼓励或者帮助在他们之间，或者与管理者打赌；

（b）使人们能够收到、记录、登记、传达或者支付赌注或者宣布打赌结果。

"普通游戏赌场"　　"普通游戏赌场"指有下列情形之一的场所：

（a）为获取收益经营，让人们去玩游戏；

（b）经营或者用于玩有下列情形之一的游戏：

（i）一个或者多个但不是所有游戏者，掌管一个单元；

（ii）全部或者部分的游戏赌注直接或者间接支付给该地方的管理者；

（iii）在那里直接或者间接地向游戏者收取费用，或者游戏者为有权玩游戏或者参与游戏或者使用游戏设备支付费用；

（iv）赢出的机会不是对所有玩游戏者都平等，包括管理游戏者。

"扰乱社会治安的场所"　　"扰乱社会治安的场所"指普通妓院、普通赌场或者普通游戏赌场。

"游戏"	"游戏"指机会或者机会与技巧混合的游戏。
"游戏设备"	"游戏设备"指用于或者可用于玩游戏或者打赌的任何物品。
"经营者"	"经营者"包括下列人员： （a）场所的所有人或者占有人； （b）所有人或者占有人的协助者或者代表； （c）表现为、帮助或者代表一个场所的所有人或者占有人； （d）场所的照管人或者管理人； （e）有或者没有所有人或者占有人的同意，永久或者临时使用一个场所的人。
"场所"	"场所"包括任何地方，不论其是否有下列情形： （a）被盖顶或者封闭； （b）永久或者临时使用； （c）任何人对其有排他的权利。
"娼妓"	"娼妓"指从事卖淫的男女。
"公共场所"	"公共场所"指公众有权利或者受明示或者默示邀请可进入的任何地方。
例外	（2）由组成法人的真正社会俱乐部或者其分支占有并使用的场所，符合下列条件的，则不属于第（1）款"普通游戏赌场"定义中（a）项或者（b）项（ii）目或者（iii）目规定的普通游戏赌场： （a）游戏赌注或者收益的全部或者任何部分不是直接或者间接地支付给经营者； （b）对有权利或者特权参与其中游戏的人不收取费用，根据场所所在地省的总检察长或者省其他同样的人或者权威机关签发的许可证授权，并按照许可证条款收取的除外。
举证责任	（3）根据第（2）款，一个场所不是普通赌博场所的证明责任由被告承担。
游戏赌博部分在房产进行的后果	（4）尽管有下列情形之一，一个场所可以被认为是普通游戏赌博场所： （a）用于进行部分游戏赌博并且另一部分在别处进行； （b）赌注在其他地方； （c）只以第（1）款"普通游戏赌博场所"定义（b）项规定

第七章　扰乱社会治安的场所、赌博和打赌

的方式使用一次,但如果管理人或者其他代表他或者配合他的任何人以该项规定的方式另一次使用了另一个地方。

推　　定

推定

第 198 条　(1) 在本章规定的诉讼中,

(a) 被授权进入某个场所的治安官,在进入时受到故意阻止或者故意妨碍或者延误的证据,在没有相反证据时,则证明该场所是扰乱社会治安的场所;

(b) 发现一个地方装备有游戏设备或者隐藏、转移或者销毁游戏设备的任何装置的证据,在没有相反证据时,就证明该场所是视具体情况而定的普通游戏赌博场所或者普通赌博场所;

(c) 按照本章签发的搜查令进入的人,在一个地方发现游戏设备,或者发现在其中的任何人,在没有相反证据时,证明该地方是普通赌博场所,场所里的人正在玩赌博游戏,无论根据搜查令行动的人是否看到场所里的人在玩游戏;

(d) 一个人被定罪经营扰乱社会治安的场所的证据,在指控任何人是房子的同住者或者被定罪者犯该罪时在该房子内的诉讼中,没有相反证据时,就证明该房子当时是扰乱社会治安的场所。

从投币机器的确定性推定

(2) 为了根据本章的诉讼,发现一个地方装备投币机器则应当确定性推定为普通赌博场所。

"投币机器"的定义

(3) 在第(2)款中,"投币机器"指有下列情形之一的自动机器或者投币机器,但不包括只有一个或者多个免费游戏的配发奖品的自动机器或者投币机器:

(a) 用于或者打算用于除了出售商品或者服务之外的任何其他目的;

(b) 用于或者打算用于出售商品或者服务,如果有下列情形之一:

(i) 该机器的一次任何操作的结果是机会或者对操作者不确定;

(ii) 因操作者数次连续操作,机器产生不同的结果;

(iii) 对机器的任何操作排出或者吐出棒块或者代用币。

搜 查

搜查令

第 199 条 （1）法官根据宣誓材料确信有正当理由相信违反第 201 条、第 202 条、第 203 条、第 206 条或者第 210 条的犯罪正发生在他管辖区域内的任何地方的，可以签发搜查令，授权治安官在日间或者夜间进入、搜查并且扣押所发现的违反第 201 条、第 202 条、第 203 条、第 206 条或者第 210 条的犯罪正在该地发生的可能证据，并将在场所发现的全部人员关押，要求把那些人与物品送到该法官或者其他有管辖权的法官面前等待依法处理。

没有搜查令的搜查、扣押和逮捕

（2）不论是否根据按照本条颁发的搜查令而行动，治安官可以将他发现的经营普通游戏赌博场所的任何人或者在该场所的任何人拘押、可以扣押证明发生犯罪的可能证据的任何物品，并且应当将这些人员和物品带到有管辖权的法官面前等待依法处理。

扣押财产的处理

（3）除非法律另有明确规定，法院、法官、高等法院法官或者省法院法官可以宣布没收提交上来的根据本条扣押的任何物品，如果没有人提出充分理由证明不应当没收，就应当按照总检察长的指示处理。

何时可以作出宣告或者指示

（4）对于根据本条扣押的任何物品，不得按照第（3）款作出宣告或者指示，直到满足下列条件之一：

（a）根据扣押开始的任何诉讼中不再需要作为证据；

（b）从扣押起算 30 日期满在任何诉讼中不需要作为证据。

转化为现金

（5）总检察长为了将按照本条没收的任何物品转化为现金，可以全面就像主人一样处理。

电话机免于扣押

（6）电话机、电报机或者其他通讯设施或者设备，这些可以作为证据证明或者可能用于违背第 201 条、第 202 条、第 203 条、第 206 条、第 207 条或者第 210 条的犯罪，并且由一个人所有而向公众提供电话、电报或者其他通讯服务或者构成此人的电话、电报或者其他通讯服务或者系统的部分，本条或者第 489 条绝不授权扣押、没收或者毁坏。

例外

（7）第（6）款不适用于为作为证据而禁止扣押该款规

第七章 扰乱社会治安的场所、赌博和打赌

定的设计或者改造为记录通讯的任何设施或者设备。

第 200 条 ［已废止］

游戏与打赌

经营游戏或者赌博场所

第 201 条 （1）任何人经营普通游戏赌博场所或者普通赌博场所构成可诉罪，处不超过两年的监禁。

在场所内的人或者允许使用场所的主人

（2）实施下列行为，构成简易罪：

（a）没有合法理由，在游戏赌博场所或者普通赌博场所；

（b）所有人、房主、出租人、租户、占有人或者代理人，明知地允许将一个场所出租为或者用于普通游戏赌博场所或者普通赌博场所。

打赌、卖赌注、做账簿

第 202 条 （1）实施以下行为，构成犯罪：

（a）使用或者明知而允许所控制的场所被用于记录或者登记赌注或者出售赌注；

（b）进口、制造、购买、出售、承租、出租、租用或者保管、展示、运用或者故意允许在其控制的场所保管、展示、运用任何装置或者设备以记录或者登记赌注或者出售赌注、任何游戏或者赌博的机器或者装置；

（c）控制涉及违反本条犯罪交易的金钱或者其他财产；

（d）记录或者登记赌博或者出售赌注；

（e）从事记账或者卖赌注，或者赌博业务或者职业，或者签订买卖赌注或者游戏权的协议，或者目的是帮助记账、卖赌注或者赌博信息出售协议；

（f）印刷、提供或者允诺印刷或者提供打算用于记账、卖赌注或者对赛马、打架、比赛或者体育进行赌博的信息，无论是否发生在加拿大境内或者是否已经发生；

（g）对于进口到或者带入加拿大打算或者可能推动或用于赌博、记账、卖赌注或者对赛马、打架、比赛或者体育进行赌博的信息，适用本项时，下列事项是非实质的，但本项不适用于报纸、杂志或者其他善意为了一个目的，而不是定期出版的这类信息的期刊：

（i）信息是否过去出版过、在比赛、搏斗、比赛或者体育竞赛的过程中或者结束之后；

(ii) 竞赛、搏斗、比赛或者体育是发生在加拿大还是其他地方；

(h) 发布广告、印刷、出版、展示、张贴或者其他方式通知发盘、邀约或者引诱打赌、猜测或者预告竞赛结果、任何竞赛的结果或者可能性；

(i) 通过电台、电报、电话、邮件或者快报，故意或者明知地发出、传播、发送或者接受传达有关记账、卖赌注、赌博或者打赌的任何信息，目的是帮助记账、卖赌注、赌博或者打赌的；

(j) 以任何方式帮助违反本条的犯罪行为。

处罚　　(2) 实施本条规定的犯罪，构成可诉罪，处以：

(a) 对于初犯，不超过两年的监禁；

(b) 对于再犯，不少于 14 日且不超过两年的监禁；

(c) 对于屡犯，不少于 3 个月且不超过两年的监禁。

代表他人发盘赌博　　第 203 条　实施(a)项至(c)项行为的，构成可诉罪，分别按照(d)项至(f)项规定处罚：

(a) 代表他人发盘、允诺或者同意发盘赌博，对价已支付或者将要由他人或者代表他人的那个人支付；

(b) 从事代表他人发盘或者同意发盘赌博的业务或者活动，无论是否为了对价或者其他东西；

(c) 以从事代表他人发盘或者同意发盘赌博的业务或者活动维持生存，无论是否为了对价或者其他物品；

(d) 对于初犯，不超过两年的监禁；

(e) 对于再犯，处不少于 14 日且不超过两年的监禁；

(f) 对于屡犯，处不少于 3 个月且不超过两年的监禁。

豁免　　第 204 条　(1) 第 201 条与第 202 条不适用于下列情形：

(a) 任何人或者协会因成为任何要支付给下述人员的金钱、财产或者有价值的东西的保管人或者存放处：

(i) 合法比赛、体育、竞赛或者运动的胜利者；

(ii) 进行合法比赛的赛马主人；

(iii) 不超过 10 个人打赌的胜利者；

(b) 不以任何方式参与赌博交易的个人之间的私人

第七章 扰乱社会治安的场所、赌博和打赌

打赌;

（c）赌注或者赌注记录通过对跑马、骑马或者步法比赛的赛马博彩系统的代理人实施,且符合下列条件:

（i）赌注或者赌注记录是根据加拿大境内外进行的比赛协会的赛马场作出的,赛马场在加拿大境外时,管理比赛的机构得到农业与农业食品部或者该部根据第（8.1）款任命的人确认为可以接受,并且该部或者此人已经允许按照该款在加拿大境内对比赛博彩;

（ii）本条规定与规章得到遵守。

|例外| （1.1）为更加明确,一个人按照规章规定可以做第201条或者第202条规定的任何事情,如果他做那些事是为了合法博彩赌博。

|推定| （2）为了第（1）款（c）项,赌博按照规章、在第（8）款（e）项规定的投注场所或者通过电话给一个协会的赛场或者此类投注场所,就视为对该协会的赛马场投注。

|博彩系统的运行| （3）任何人或者协会不得对赛马运用博彩系统,除非该系统得到农业与农业食品部的批准,并且运作是在一个该部任命的官员监督之下进行。

|博彩系统的监督| （4）任何人或者协会根据本条对赛马运行投注博彩系统,无论此人或者该协会是否经营比赛在其中进行的赛会,都应当就每一次比赛赌注向总管理人交付每场特定赌注1%的一半,或者不超过通过博彩系统代理人投注金钱总额1%而由省总督确定的更大部分。

|可以扣除与保留的百分比| （5）任何个人或者协会成为金钱、赌注或者赌金的管理人或者保存处时,不应当扣除或者保留金钱、赌注或者赌金总额的任何数额,按照第（6）款规定所做的除外。

|可以扣除与保留的百分比| （6）根据本章规定就赛马运行博彩系统的协会,或者任何其他协会或者代表协会的个人,可以从通过博彩系统代理人对每场比赛的投注或者对每匹马投注的金钱总额中扣除并保留一定比率,即不超过规章规定的比率再加上分币余额除以根据规章就每加元赌注中可支付的计算数额中5分的倍数所得比率。

|停止投注| （7）由农业与农业食品部任命的官员,对个人或者协会在有关赛会执行本章规定与规章不满意时,可以在任何时候

命令有关赛会赌博投注停止任何一段他认为合适的时间。

规章　　（8）农业与农业食品部可以制定规章，以：

（a）规定所举行赛会的每个赛马场最大比赛次数、就其中博彩系统可以运用于赛会或者在赛会期间任何日期运用，农业与农业食品部以及为此目的而任命的人在哪些情况下可以同意该系统运用于特定赛会的任何赛马场的附加比赛或者在赛会的特定日期；

（b）博彩系统的运用按照（a）项已经得到批准的，禁止任何个人或者协会对超出（a）项规定的最大比赛次数的赛马场和附加赛（如果有的话）运用博彩系统；

（c）规定根据本条运行博彩系统于赛马的个人或者协会或者其代表根据第（6）款可以扣除和保留的最大百分比以及个人或者协会可扣除与保留确定的百分比；

（d）规定赛马场在加拿大境外的赛马在境内的博彩；

（e）授权博彩并决定博彩的条件，包括对一个省内的协会所有或者租用的投注场所该副省督或者他指定的其他人或者机构已经给协会为投注场所签发许可证的，批准许可证。

批准　　（8.1）农业与农业食品部或者其所任命人员，对于赛马场在加拿大境外的赛马，可以：

（a）认定为可接受的，为了本条的规定，确认管理比赛的管理机构；

（b）允许在加拿大境内对比赛博彩。

同上　　（9）农业与农业食品部可以就下列事项制定规章：

（a）对有关赛会的博彩系统的监督和运行，以及确定协会可举行赛会的日期和地点；

（b）每加元赌注应支付数额的计算方法；

（c）有关赛会博彩系统的监督和运行的赛会举行，包括终点照片、巡回录像以及参加赛会比赛马匹身体物质的检测，包括马匹比赛过程中或者比赛开始前或者结束后、取完供检验组织后死亡；

（d）下列事项的禁止、限制或者管理：

（i）在赛马场或者附近持有药品或者药剂或者用药设备；

第七章　扰乱社会治安的场所、赌博和打赌

(ii) 在使用博彩系统期间对参加赛会赛跑的马匹的使用药品或者药剂;

(e) 由举办赛会的协会或者其他协会提供的供应、设备与住宿、服务或者其他有关赛会博彩系统正常监督和运行的设施的维护。

九百米区　(9.1) 为了本条的规定,如果某区符合下列条件,农业与农业食品部就赛场可以确定一个应当视为赛场组成部分的区域:

(a) 该区域直接与赛马场相邻接;

(b) 从赛马场跑道的最近点至该区域的最远点不超过900米;

(c) 该区域内的所有不动产是拥有或者租用赛场的个人或者协会所有或者租用。

违法　(10) 违反或者不遵守本条规定或者人和规章的规定的,分别构成:

(a) 可诉罪,处不超过两年的监禁;

(b) 简易罪。

"协会"的定义　(11) 在本条中,"协会"指按照或者根据议会法或者省法律组建的拥有或者租用了赛马场并且在日常业务中举行赛马的协会,并且可适用法律要求明确宣示在确定的文件中的协会的目的,目的之一是举办赛马。

第 205 条　[已废止]

有关彩票与机会游戏的犯罪　**第 206 条**　(1) 实施下列行为的,构成可诉罪,处不超过两年的监禁:

(a) 制造、印刷、发广告或者出版、或者引起或者促成制造、印刷、发广告或者出版,任何预付、出借、给予、出售或者以抽签、纸牌、票证或者任何机会模式等处理任何财产的提案、方案或者计划;

(b) 出售、交换、交易或者其他方式处理、或者引起或者促成、或者帮助或者援助出售、交换、交易或者其他的处理,或者允诺出售、交换或者交易,预付、出借、给予、出售或者任何其他通过纸牌、票证或者任何机会模式处理财产的签阄、纸牌、票证或者其他手段;

(c) 明知地发送、邮寄、船运或者送交或者致使发送、邮寄、船运或者送交，或者明知地为运输或者运送而接受任何物品，该物品是用于或者打算用于实施预付、出借、给予、出售或者任何其他机会模式等处理任何财产的策划、提案、方案或者计划的；

(d) 经营或者管理任何方案、策划或者任何种类的操作，为确定谁或者什么签阅、票证、号码或者机会的持有人，是所预留、出借、给予、出售、处分的财产的赢得者；

(e) 经营、管理或者参与任何计划、策划或者任何种类的操作，任何人通过支付任何数量的金钱、给予任何有价证券或者使自己承担要支付任何数额的金钱、给予任何有价证券的义务，他将根据计划、策划或者操作，有资格从经营或者管理该计划、策划或者操作的人那里，得到比所支付或者将要支付的更大的一笔钱或者有价证券，由于其他人根据该计划、策划或者操作，已经支付或者给予或者承担要付出或者给予任何数额的金钱或者有价证券的事实；

(f) 通过竞赛者或者竞争者支付金钱或者有价值对价的任何机会游戏或者人和机会与技巧混合的游戏，处理任何物品、货物或者商品；

(g) 引诱任何人下赌注或者以任何金钱或者其他有价值财产或者东西冒险于掷股子、三张牌赌戏、打孔板、硬币方格或者幸运轮盘；

(h) 为了有价值对价，在公共场所或者公众可以进入的场所，进行或者从事、或者允诺去进行或者从事、或者雇佣他人进行或者从事三张牌赌戏；

(i) 就三张牌赌戏的结果接受任何种类的赌注；

(j) 允许他人在其中玩三张牌赌戏的场所的主人。

"三张牌赌戏"的定义

(2) 在本条中，"三张牌赌戏"指普遍熟知的三张牌游戏，并且包括与它类似的游戏，不论游戏是否用牌从事且不管用于玩游戏的牌或者其他物品的数量。

展览会豁免

(3) 第(1)款(f)项和(g)项，只要它们与掷股子、三张牌赌戏、打孔板、硬币方格不相关，不适用于年度展览会或者展示会的管理人或者委员会在其场所内出租特许权的在展会期间在场所内的任何经营者。

"展览会或者展示会"的定义

(3.1) 本条中，"展览会或者展示会"指意图展现农业

第七章　扰乱社会治安的场所、赌博和打赌

|犯罪|或者渔业产品的活动或者举行有关农业或者渔业的活动。

（4）任何人购买、拿走或者接受第（1）款所述的签阄、票证或者其他工具，构成简易罪。

|销售彩票无效|

（5）任何财产的任何销售、出借、给予、交换或者交易，通过彩票、票证、卡片或者其他机会模式，依赖于或者由机会或者抽签决定，是无效的，所有这样出售、出租、给予、交换或者交易的财产由女王没收。

|真诚者除外|

（6）第（5）款不影响真诚购买者没有注意地以有价值对价所获得的财产任何权利或者所有权。

|包括国外彩票|

（7）本条适用于印刷或者出版或者促成印刷或者出版关于任何外国彩票任何广告、方案、提议、计划，以及任何这种彩票的任何票证、机会或者股份出售或者允诺出售，或者出售这种票证、机会或者股份的广告，以及经营或者管理任何此类的方案、策划或者运行以决定此类彩票的赢得者。

|例外|

（8）本条不适用于下列情形：

（a）联合占有人或者共同占有人或者在财产中有共同利益的人，以抽签或者机会分割财产；

（b）[已废止]

（c）公债、债券、公司债券或者其他证券通过抽签可赎回、可兑换，以及根据赎回或者其他方式支付分红。

|许可的彩票|

第 207 条　（1）尽管有本章关于游戏与赌博的规定，下列事项为合法的：

（a）一个省的政府单独或者联合省政府，根据本省立法机关制定的法律，经营或者管理本省或者本省与另一个省的彩票计划；

（b）慈善或者宗教组织，根据副省督或者由他确定的其他人或者机构签发的许可证，在该省经营或者管理彩票计划，如果彩票计划的收入用于慈善或者宗教目标或者目的；

（c）展览会或者展示会的管理委员会，或者一个省经营与管理彩票计划委员会特许权的经营者，当副省督或者由他确定的其他人或者机构：

（i）指定了该展览会或者展示会是可以经营和管理彩票计划的；以及

（ii）给管理委员会或者经营者签发了许可证，经营和管

理彩票计划;

(d)任何人,根据副省督或者由他确定的其他人或者机构签发的许可证,在该省公共娱乐场所经营和管理彩票计划,且符合下列条件:

(i)颁发的每个奖赏的数额不超过500加元;

(ii)赢得获奖机会支付的金钱或者其他有价值对价不超过2加元;

(e)省政府同意另一个省政府的,(a)项至(d)项的任意一项授权在该外省经营管理的相关彩票计划的签阄、卡或者票,可以在本省出售;

(f)任何人,根据副省督或者由他确定的其他人或者机构签发的许可证,在一个省或者彩票计划最初授权经营和管理更多其他省同意的各省,经营和管理被授权经营和管理的彩票计划;

(g)任何人,为了根据(a)项至(f)项的任意一项在一个省合法的彩票计划,按照可适用的法律或许可证在该省做任何彩票计划的经营、管理或者运行所要求的或者对参与该计划的人所要求的事情;

(h)任何人,在加拿大境内任何地方,制造或者印刷或者导致制造或者印刷关游戏和赌博的东西,如果用于某个地方,那里满足法律规定的条件则使用此东西就是合法的,或者寄发、传送、邮寄、航运、送交或者促成寄发、传送、邮寄、航运、送交或者为运送、转运、运输目的地就是那样的地方而接受任何此类物品。

许可证的限制性规定　(2)在适用本法的前提下,按照第(1)款(b)项、(c)项、(d)项或者(f)项,由或者根据一个副省督的权力签发的许可证,可以包含有关经营、管理、运行或者参与彩票计划的限制性规定,彩票计划与该省副省督或者他指定的个人或者机构或者该省立法机构指定的任何法律规定的个人或者机构签发的许可证相关。

犯罪　(3)任何人为了彩票计划未得到本条规定的授权或者未遵守本条规定而实施任何行为的,分别:

(a)在彩票计划的经营、管理或者运行的案件中,分别:

(i)构成可诉罪,处不超过两年的监禁;

第七章　扰乱社会治安的场所、赌博和赌博

(ii) 构成简易罪；

(b) 参与彩票计划的，构成简易罪。

"彩票计划"定义　　(4) 在本条中，"彩票计划"指游戏或者第 206 条第(1)款(a)项至(g)项规定的任何方案、计划、规划、方法、设计、发明物或者操作，不论是否包含投注、出售赌注或者投注系统，但下列事项除外：

(a) 三张牌赌戏、打孔板或者硬币方格；

(b) 记账、卖赌注或者制造或者记录赌注，包括通过赌注代理或者博彩系统投注，为任何比赛、打架、或者一个运动竞赛或者体育比赛而赌博；

(c) 为了第(1)款(b)项至(f)项，游戏或者第 206 条第(1)款(a)项至(g)项规定的任何方案、计划、规划、方法、设计、发明物或者操作，通过或者以第 198 条第(3)款规定的计算机、录像装置或者投币机、或者掷骰子进行游戏。

博彩系统除外　　(5) 为更加明确，本条规定不得解释为授权制造或者记录通过博彩系统代理人而不是按照第 204 条规定对赛马投注。

豁免：国际游船上的彩票计划　　**第 207.1 条**　(1) 尽管有本章关于游戏和赌博的规定，只要符合下列条件，国际游船所有人、经营者或者其代理人，在国际游船航行途中经营、管理或者运行以及任何人参与彩票计划是合法的：

(a) 所有参与彩票计划的人都在船上；

(b) 该彩票计划不以任何通讯方式与船外任何彩票计划、投注、卖赌注或者投注系统相联系；

(c) 该彩票计划不在要停靠的加拿大港口 5 海里之内运行；

(d) 船只登记地：

(i) 在加拿大，而整个航程在加拿大境外；或者

(ii) 在任何地方，包括加拿大，其航程包括预定的在加拿大境内的航程，并且航程符合下列条件：

(A) 至少持续 48 小时，并包括在国际水域的一些航行，以及航程开始或者结束至少一个非加拿大停靠港；

(B) 不是预定使在加拿大另一个港口上船的任何旅客在一个加拿大港口上岸，在两个加拿大港口之间没有停靠至

少一个非加拿大港口。

第 207 条第(1)款(h)项与第 207 条第(5)款的适用犯罪

(2) 为更加明确,第 207 条第(1)款(h)项与第 207 条第(5)款适用于本条。

(3) 任何人为了彩票计划,未经授权实施本条规定的行为:

(a) 经营、管理或者运行彩票计划的,分别:

(i) 构成可诉罪,处不超过两年的监禁;

(ii) 构成简易罪;

(b) 参与彩票计划的,构成简易罪。

定义

(4) 本款的定义适用于本条。

"国际游船"

"国际游船"指适于连续海洋航行至少 48 小时的客船,但不包括用于或者适合于主要是运输货物或者车辆的此等船只。

"彩票计划"

"彩票计划"指游戏或者第 206 条第(1)款(a)项至(g)项规定的任何方案、计划、规划、方法、设计、发明物或者操作,不论是否包含投注、出售赌注或者投注系统。但不包括:

(a) 三张牌赌戏、打孔板或者硬币方格;

(b) 记账、卖赌注或者制造或者记录赌注,包括通过赌注代理或者博彩系统投注,为任何比赛、打架、或者一个运动竞赛或者体育比赛而赌博。

第 208 条 [已废止]

游戏欺诈

第 209 条 以欺骗他人的目的在玩游戏或者执持游戏奖金或者投注时欺骗,构成可诉罪,处不超过两年的监禁。

妓　　院

经营普通妓院

第 210 条 (1) 经营普通妓院的,构成可诉罪,处不超过两年的监禁。

房东、同住者等

(2) 实施下列行为的,构成简易罪:

(a) 居住在普通妓院;

(b) 没有合法理由,在普通妓院被发现;

(c) 场所的所有人、房东、出租人、承租人、占有人、代理人或者其他的负责人或者控制人,明知地允许该场所或者该场所的一部分出租或者用于普通妓院。

第七章　扰乱社会治安的场所、赌博和打赌

定罪通知送达所有人　　（3）按照第（1）款定罪时，法院应当将定罪通知送达定罪场所的所有人、房东、出租人或者其代理人，通知应当包含说明根据本条规定送达的效力。

房东通知的义务　　（4）根据第（3）款一个受送达通知的人没有立即行使其可以享有的决定租期的权利或者被定罪者居住权利，此后同样的房产中任何人被按照第（1）款定罪的，受送达人应当被认为犯了违反第（1）款的罪行，除非他证明自己已采取了合理措施防止该犯罪的再发生。

运送人到妓院　　**第211条**　明知地带领、运送或者指引或者允诺带领、运送或者指引任何其他人到普通妓院，构成简易罪。

介　　绍

介绍　　**第212条**　（1）实施下列行为的，构成可诉罪，处不超过10年的监禁：

（a）引诱、企图引诱或者拉拢一个人与另一个人发生违法的性交，不管是加拿大境内还是境外；

（b）为了违法性交或者卖淫，诱骗或者诱惑一个非娼妓的人到普通妓院；

（c）明知地在普通妓院隐藏一个人；

（d）引诱或者企图引诱一个人变成娼妓，不论在加拿大境内还是境外；

（e）引诱或者企图引诱一个人离开其在加拿大的通常居住地，如果此居住地不是普通妓院，目的是使此人变成普通妓院的居住者或者常客，不论在加拿大境内或者境外；

（f）在一个人来到加拿大时，引导或者使其被引导或者带领或者使其被带领到普通妓院；

（g）为卖淫目的，介绍一个人进入或者离开加拿大；

（h）为了获利的目的，对一个人的活动以某种方式实施控制、指令或者影响，表现为帮助、教唆或者强迫此人与任何人进行卖淫活动或者卖淫；

（i）对一个人使用、给予或者导致他服用药物、醉人饮料、物质或者东西，目的是麻醉或者制服此人因此能够与此人发生违法性交；

	(j) 完全或者部分以他人的卖淫收益为生。
同上	(2) 尽管有第(1)款(j)项的规定,完全或者部分地以另一个不满十八岁的人的卖淫收益为生,构成可诉罪,处不超过 14 年的监禁。
有关以一个不满十八岁的人的卖淫收益为生的严重犯罪	(2.1) 尽管有第(1)款(j)项和第(2)款的规定,完全或者部分地以另一个不满十八岁的人的卖淫收益为生的,以及实施下列行为的,构成可诉罪,处不超过 14 年但不少于 5 年的监禁: (a) 为了获利,帮助、教唆、劝说或者强迫不满十八岁的人向任何他人卖淫或者卖淫; (b) 使用、威胁使用或者企图使用暴力、威胁或者强迫不满十八岁的人。
推定	(3) 第(1)款(j)项和第(2)款和第(2.1)款的规定中,一个人与一个娼妓生活在一起或者相伴或者居住在普通妓院的证据,在没有相反证据时,就证明此人以卖淫收益为生。
犯罪——不满十八岁的人卖淫	(4) 在任何地方,为了对价或者与为了获得报酬联系任何人,获得不满十八岁的人的性服务的,构成可诉罪,处不超过 5 年的监禁。
	(5) [已废止]

卖淫相关犯罪

卖淫相关犯罪	第 213 条 (1) 为了进行卖淫或者为了获得娼妓的性服务,在公共场所或者向公众视野开放的任何地方实施下列行为的,构成简易罪: (a) 阻拦或者试图阻拦汽车; (b) 妨碍行人行动或者车辆交通或者妨碍相邻房产的进出; (c) 阻拦或者试图阻拦任何人或者任何方式与任何人交流与试图交流。
"公共场所"的定义	(2) 在本条中,"公共场所"包括公众根据权利或者明示或者默示的邀请,可以进入的任何地方,以及处于公共场所或者向公众视野开放地方的车辆。

第八章　侵害人身和名誉的犯罪

解　释

定义

"抛弃"或者"遗弃"

第214条　在本章中，

"抛弃"或者"遗弃"包括：

(a) 一个人负有照顾儿童的法律义务而故意不履行；

(b) 以可能让儿童处于没有保护的危险境地的方式处置儿童。

"航空器"

"航空器"不包括设计为在大气中主要从机器排放的空气对地球表面的反作用力获得支持的机器。

"儿童"[已废止]

"婚姻形式"

"婚姻形式"包括根据下列之一被认为有效的婚姻仪式：

(a) 婚姻举行地的法律；

(b) 根据审判被告地的法律，不管根据婚姻举行地的法律是否认为有效。

"监护人"

"监护人"包括根据法律或者在事实上监护或者控制儿童的人。

"操作"

"操作"：

(a) 对于车辆，指驾驶车辆；

(b) 对于铁路设施，指参与直接控制其运动，无论：

(i) 作为车辆全体工作人员的成员；

(ii) 通过遥控，作为代表工作人员的人；

(iii) 作为(i)目与(ii)规定之外的人；

(c) 关于轮船和航空器，包括驾驶轮船和航空器。

"轮船"

"轮船"包括设计为在大气中主要从机器排放的空气对地球表面的反作用获得支持的机器。

维护生命的义务

人们提供必需品的义务

第215条　(1) 人人负有下列法律义务：

(a) 作为父母、养父母、监护人或者家长,为不满十六岁的儿童提供生活必需品;

(b) 为配偶或者普通法上的伴侣提供生活必需品;

(c) 为受其照顾的人提供生活必需品,如果受照顾者符合下列条件:

(i) 由于拘留、年龄、疾病、精神疾病或者其他原因,不能离开此照顾;

(ii) 不能为自己提供生活必需品。

犯罪　　(2) 负有第(1)款规定的义务,没有履行义务不能证明有合法理由而有下列情形之一的,构成犯罪:

(a) 对于第(1)款(a)项或者(b)项规定的义务:

(i) 义务受益人处于贫困的境况;

(ii) 没有履行义务危害义务受益人的生命或者导致其健康的永久伤害;

(b) 关于第(1)款(c)项的义务,没有履行义务,危及义务受益人的生命或者导致其健康的永久伤害。

处罚　　(3) 实施第(2)款规定的犯罪,分别构成:

(a) 可诉罪,处不超过两年的监禁;

(b) 简易罪。

推定　　(4) 对于本条规定的诉讼:

(a) ［已废止］

(b) 一个人以任何方式承认儿童是他自己的孩子的证据,没有相反的证据,则证明该儿童是他的孩子;

(c) 一个人1个月期间没有给他们不满十六岁的儿童供应生活必需品的证据,没有相反证据的,证明此人没有合法理由没有给孩子提供生活必需品;

(d) 伴侣或者普通法的配偶或者儿童正在或者已经从不负有法律义务供应他们的他人那里获得生活必需品的事实,不构成抗辩理由。

实施对生命有危险的行为的人的义务　　第 216 条　实施外科手术或者采取医疗措施或者其他可能危及他人生命的合法行为的人,除紧急避险外,应于实施上述各行为时,具有并利用合理的知识、技术并且谨慎。

行为人的义务　　第 217 条　承诺实施行为,如果不实施该行为危及或者可能危及他人生命,承诺人有实施该行为的法律义务。

第八章　侵害人身和名誉的犯罪

指挥工作者的义务　　第 217.1 条　任何人指挥或者有权力指挥他人如何工作或者执行任务,就负有法律义务采取合理措施,避免产生于该工作或者任务的任何人身伤害。

遗弃儿童　　第 218 条　非法抛弃或者遗弃不满十岁的儿童,致其生命受到或者可能受到伤害或者健康受到或者可能受到永久伤害,构成可诉罪,处不超过两年的监禁。

犯 罪 过 失

犯罪过失　　第 219 条　(1) 在下列情形中,由于放纵或者疏忽而不顾及他人的生命或安全的,为犯罪过失:
(a) 实施一定行为时;
(b) 有履行行为的义务而不履行时。
(2) 本条所称"责任"指法律义务。

犯罪过失致死　　第 220 条　犯罪过失致人死亡的,构成可诉罪:
(a) 使用火器实施犯罪的,处终身监禁,最低刑为四年监禁;
(b) 其他情况下,处终身监禁。

犯罪过失致伤　　第 221 条　犯罪过失伤害他人身体的,构成可诉罪,处不超过 10 年的监禁。

杀　　人

杀人　　第 222 条　(1) 以任何方式直接或者间接地致人死亡,为杀人。
杀人的种类　　(2) 杀人分为有罪杀人和无罪杀人。
无罪杀人　　(3) 无罪杀人不是犯罪。
有罪杀人　　(4) 有罪杀人分为谋杀、非预谋杀人和杀婴。
同上　　(5) 以下列方式致人死亡为有罪杀人;
(a) 违法行为;
(b) 犯罪过失;
(c) 以威胁、强暴使他人产生畏惧或通过诈欺使他人实施一定行为而致其死亡;
(d) 故意对于儿童或者病人进行恐吓。

例外	（6）尽管有本条的规定，不得因提供不实的证据促成依法判决死刑而认为其犯本法规定的杀人罪。
何时婴儿成为人	**第 223 条**　（1）婴儿以活体状态完全脱离母体时，成为本法所称的人，而无论其是否有下列情形之一： （a）曾经呼吸； （b）血液独立循环； （c）切断脐带。
杀害婴儿	（2）对于出生前或者出生过程中的婴儿进行伤害，导致其出生后死亡的，为杀人罪。
本来可以防止的死亡	**第 224 条**　以适当方法可以防止而未防止而因自己的作为或者不作为致人死亡的，即为致人死亡。
治疗伤害发生的死亡	**第 225 条**　造成他人身体伤害且该伤害本身具有危险性因而导致死亡的，尽管造成死亡的直接原因是基于善意进行的适当或者不适当的治疗，仍然构成致人死亡。
加速死亡	**第 226 条**　造成他人身体伤害并导致死亡的，尽管此伤害只是加速此人因疾病或者其他原因引起的不适而死亡，仍然构成致人死亡。
	第 227 条　[已废止]
通过影响精神而杀人	**第 228 条**　以下列方式之一造成他人死亡的，不构成有罪杀人，但是，本条不适用于故意恐吓儿童或者病人造成死亡的情况： （a）仅通过影响精神； （b）仅通过影响精神产生的不适或者疾病。

谋杀、非预谋杀人和杀婴

谋杀	**第 229 条**　有下列情形之一的有罪杀人为谋杀： （a）造成他人的死亡的人有下列情形之一： （ⅰ）意图造成他人死亡； （ⅱ）意图造成可能致人死亡的伤害，而放任死亡结果发生； （b）意图造成死亡或者可能导致死亡结果的伤害而放任死亡结果发生，尽管其并非意图造成他人死亡或者伤害，而以事故或者过错导致他人死亡；

第八章 侵害人身和名誉的犯罪

(c) 行为人为不法的目的明知或者应知其行为可能导致死亡而致人死亡,尽管其希望实现该目的而不导致任何人死亡或者伤害。

犯罪过程中谋杀

第 230 条 实施严重叛国罪或者叛国罪或者第 52 条(破坏)、第 75 条(海盗)、第 76 条(劫机)、第 144 条或者第 145 条第(1)款或者第 146 条至第 148 条(越狱或者援助逃脱监禁或者合法关押)、第 270 条(伤害治安官)、第 271 条(性侵害)、第 272 条(使用武器、恐吓第三方或者造成伤害的性侵害)、第 293 条(严重性侵害)、第 279 条(绑架与强行关押)、第 279.1 条(扣留人质)、第 343 条(抢劫)、第 348 条(非法侵入)、第 433 条或者第 434 条(纵火)规定的犯罪或者其未遂,在此过程中致人死亡的,无论是否意图致人死亡、是否明知可能致人死亡,只要有下列情形之一,该有罪杀人即为谋杀:

(a) 其基于下列目的之一意图造成身体伤害而致人死亡:

(i) 有助于犯罪行为;

(ii) 有助于实施犯罪或者未遂后逃跑;

(b) 其基于(a)项规定的目的使用迷幻剂而致人死亡;

(c) 其基于(a)项规定的目的故意阻止他人呼吸而致人死亡。

(d) [已废止]

谋杀的种类
有计划且蓄意的谋杀
雇佣杀人

第 231 条 (1) 谋杀分为一级谋杀和二级谋杀。

(2) 有计划且蓄意的谋杀为一级谋杀。

(3) 不限制第(2)款的普遍性,按照安排实施致人死亡或者帮助实施致人死亡或者劝告他人实施或者帮助致死的行为,而由一人付给或者企图付给他人金钱或者贵重物品作为酬报所实施的谋杀,为有计划且蓄意的谋杀。

谋杀治安官等

(4) 谋杀无论是否有计划且蓄意,受害人为下列人员的,为一级谋杀:

(a) 正在执行职务的警官、警员、巡警、郡司法长官、郡副司法长官、司法行政官员或者为了保持与维护公共秩序受雇佣的其他人;

(b) 正在执行职务的监狱长、副监狱长、教诲师、看守

人、监狱看守人、警卫、监狱的其他官员或者永久雇员;

(c) 经监狱管理机关批准正在监狱执行职务的工作人员。

劫机、性侵害罪和绑架

(5) 谋杀无论是否有计划且蓄意,在实施或者下列各条规定的犯罪或者其未遂时造成死亡的,为一级谋杀:

(a) 第 76 条(劫持航空器);

(b) 第 271 条(性侵害);

(c) 第 272 条(使用武器、恐吓第三方或者致伤的性侵害罪);

(d) 第 273 条(严重性侵害);

(e) 第 279 条(绑架或者强制监禁);

(f) 第 279.1 条(扣留人质)。

刑事骚扰

(6) 谋杀无论是否有计划且蓄意,死亡系犯罪人实施第 264 条规定的犯罪或者其未遂时造成,且其实施该犯罪的目的在于使被谋杀人为自己的安全或者其所知道的他人的安全而担忧的,为一级谋杀。

恐怖活动中的谋杀

(6.01) 谋杀无论是否有计划且蓄意,死亡系犯罪人实施本法或者其他议会法规定的可诉罪或者其未遂时造成且构成犯罪的作为或者不作为也构成恐怖活动的,为一级谋杀。

与犯罪组织共同使用爆炸物

(6.1) 谋杀无论是否有计划且蓄意,死亡系犯罪人为犯罪组织利益、受犯罪组织指示或者与犯罪组织合伙实施第 81 条规定的犯罪或者其未遂时造成的,为一级谋杀。

恐吓

(6.2) 谋杀无论是否有计划且蓄意,死亡系犯罪人实施第 423.1 条规定的犯罪或者其未遂造成的,为一级谋杀。

二级谋杀

(7) 一级谋杀以外的谋杀为二级谋杀。

谋杀降为非预谋杀人

第 232 条 (1) 因突然挑衅致使情绪激愤而实施杀人行为的,本来可能构成谋杀的有罪杀人,可以降为非预谋杀人。

何为挑衅

(2) 错误行为或者侮辱足以使通常人丧失自制能力,而被告于情绪激愤后没有时间冷静下来而突然行为的,该错误行为或者侮辱为本条规定的挑衅。

事实问题

(3) 在本条中,下列问题为事实问题,但法律授权的行为或者因被告煽动所实施而为被告致人死亡或者伤害的行

第八章 侵害人身和名誉的犯罪

为提供了借口的行为,不得视为挑衅行为:

(a) 特定的错误行为或侮辱是否构成挑衅;

(b) 被告宣称所受到的挑衅行为是否足以使其丧失自制能力。

非法拘捕期间死亡

(4) 本来可以构成谋杀的有罪杀人,并不仅因行为人正受非法逮捕而实施而必然降为非预谋杀人,但被告知悉逮捕非法的事实可以作为认定本条规定的挑衅行为的证据。

杀婴罪

第233条 妇女故意实施作为或者不作为造成其新生儿死亡的,如果其尚未从生育该婴儿或者生育该婴儿后的哺乳造成的影响中完全恢复,或者生育该婴儿或者生育该婴儿后的哺乳造成的影响打乱了其心态的平衡,其构成杀婴罪。

过失杀人

第234条 谋杀罪和杀婴罪以外的有罪杀人,为过失杀人。

谋杀罪的处罚

第235条 (1) 实施一级谋杀罪或者二级谋杀罪的,构成可诉罪,处终身监禁。

最低刑

(2) 对于第二十三章,本条规定的终身监禁是最低刑。

过失杀人

第236条 实施过失杀人,构成可诉罪:

(a) 使用火器实施犯罪的,终身监禁,最低刑为4年监禁;

(b) 其他情况下,处终身监禁。

杀婴罪的处罚

第237条 妇女实施杀婴罪的,构成可诉罪,处不超过5年的监禁。

杀害出生时的婴儿

第238条 (1) 以某种方式导致出生过程中而尚未成为人的婴儿死亡,即若该婴儿为人该行为即构成谋杀罪的,构成可诉罪,处终身监禁。

保留

(2) 对于为保护婴儿母亲的生命的目的善意地实施行为而造成婴儿死亡的,不适用本条规定。

谋杀未遂

第239条 谋杀未遂的,构成可诉罪,处罚分别为:

(a) 使用火器实施犯罪的,终身监禁,最低刑为4年监禁;

(b) 其他情况下,终身监禁。

谋杀罪的事后从犯

第240条 谋杀罪的事后从犯,构成可诉罪,处终身监禁。

自　　杀

劝导或者帮助自杀　　第241条　实施下列行为的,无论是否发生自杀,构成可诉罪,处不超过14年的监禁:
(a) 劝告他人自杀;
(b) 帮助或者教唆他人自杀。

分娩过程中的过失和隐藏尸体

分娩过程中疏于获得帮助　　第242条　怀孕即将分娩的妇女意图使婴儿死亡或者隐藏其出生,在分娩时没有合理求助导致婴儿永久伤害或者在分娩前、分娩中或者分娩后即时死亡的,构成可诉罪,处不超过5年的监禁。

藏匿婴儿尸体　　第243条　基于隐瞒母亲分娩事实的目的而以任何方式处理婴儿尸体的,无论婴儿系在出生前、出生过程中或者出生后死亡,构成可诉罪,处不超过两年的监禁。

伤害和危及他人的作为与不作为

有目的地造成人身伤害——火器　　第244条　基于下列目的,而向任何人发射火器的,无论其是否属于(a)项、(b)项或者(c)项所述的人,构成可诉罪,处不超过14年的监禁,最低刑为4年监禁:
(a) 打伤、致残任何人或者损毁其容貌;
(b) 危害任何人的生命;
(c) 抗拒逮捕或者拘留任何人。

有目的地造成人身伤害——气枪或者手枪　　第244.1条　基于下列目的,而向任何人发射气枪或者手枪,无论其是否属于(a)项、(b)项或者(c)项所述的人,构成可诉罪,处不超过14年的监禁:
(a) 打伤、致残任何人或者损毁其容貌;
(b) 危害任何人的生命;
(c) 抗拒逮捕或者拘留任何人。

提供毒物　　第245条　提供或者促使提供或者使他人获取毒药或者有毒或者有害物品的,构成可诉罪,分别处以:

第八章 侵害人身和名誉的犯罪

（a）企图危及生命或者造成伤害的,不超过 14 年的监禁；

（b）企图造成苦恼或者烦扰的,不超过两年的监禁。

克制对犯罪的反抗罪

第 246 条 基于使本人能够或者帮助本人或者他人实施可诉罪的目的,实施下列行为的,构成可诉罪,处终身监禁：

（a）企图以任何方法窒息、闷死或者勒死他人,或者以任何预谋的方法实施窒息、闷死或者勒死,以使他人丧失意识、知觉或者抗拒能力；

（b）提供或者促使提供或者企图提供他人或者使他人或者企图使他人服用足以使人丧失知觉或者控制力的药物或者物品。

可能导致人身伤害的陷阱

第 247 条 （1）实施下列行为企图造成他人死亡或者人身伤害的,无论该他人是否查明,构成可诉罪,处不超过 5 年的监禁：

（a）布设或者放置陷阱、装置或者可能致人死亡或者伤害的其他物品；

（b）占有或者控制某个地方,明知而允许在此处设置这样的陷阱、装置或者其他物品。

人身伤害

（2）实施第（1）款规定的犯罪而导致他人人身伤害的,构成可诉罪,处不超过 10 年的监禁。

与犯罪相关的地方

（3）在为实施其他可诉罪的目的而占有或者控制的地方实施第（1）款规定的犯罪的,构成可诉罪,处不超过 10 年的监禁。

与犯罪相关的地方—人身伤害

（4）在为实施其他可诉罪的目的而占有或者控制的地方实施第（1）款规定的犯罪而导致他人人身伤害的,构成可诉罪,处不超过 14 年的监禁。

死亡

（5）实施第（1）款规定的犯罪而导致他人死亡的,构成可诉罪,处终身监禁。

危害交通设施

第 248 条 基于危及他人安全的目的,在用于陆路、水路或者空中人员或者货物运输或者与其相关的财产上放置任何物品或者对其实施任何行为而可能导致死亡或者人身伤害的,构成可诉罪,处终身监禁。

机动车、船只与航空器

对机动车、船只与航空器的危险操作

第249条 （1）以下列方式操作交通工具的，构成犯罪：

（a）机动车，考虑到包括操作机动车的场所的性质、状况和使用以及当时实际或者可能合理预期的在该场所的交通流量在内的所有情况，操作方式对公众有危险的；

（b）船只或者任何水橇、冲浪板、滑水橇或者其他加拿大内水或者领海水面上拖拽物，考虑到包括那些水域或者海域的性质和状况以及实际或者可能合理预期的使用时间在内所有情况，操作方式对公众有危险的；

（c）航空器，考虑到包括航空器或者操作航空器的场所或者大气空间的性质和状况的所有情况，操作方式对公众有危险的；

（d）铁路设施，考虑到包括铁路设施或者操作所在的或者通过的地方的性质与状况的所有情况，操作方式对公众有危险的。

处罚

（2）实施第(1)款规定犯罪，分别构成：

（a）可诉罪，处不超过5年的监禁；

（b）简易罪。

危险操作致人伤害

（3）实施第(1)款规定的犯罪而造成他人人身伤害的，构成可诉罪，处不超过10年的监禁。

危险操作致人死亡

（4）实施第(1)款规定的犯罪而造成他人死亡的，构成可诉罪，处不超过14年的监禁。

逃逸

第249.1条 （1）驾驶机动车时受到驾驶机动车的治安官追赶，没有正当理由，为了逃避治安官没有合理地尽快停车的，构成犯罪。

处罚

（2）实施第(1)款规定的犯罪，分别构成：

（a）可诉罪，处不超过5年的监禁；

（b）简易罪。

逃逸造成人身伤害或者死亡

（3）驾驶机动车时受到驾驶机动车的治安官追赶，没有正当理由，为了逃避治安官没有合理地尽快停车，而以第249条第(1)款(a)项规定的方式驾驶机动车而导致他人人身

第八章 侵害人身和名誉的犯罪

身伤害或者死亡的,构成犯罪。

处罚　　　　　　（4）实施第(3)款规定的犯罪:

（a）造成人身伤害的,构成可诉罪,处不超过 14 年的监禁;

（b）造成死亡的,构成可诉罪,处终身监禁。

没有观察被拖拽的人　　第 250 条　（1）驾驶船只拖拽水橇、冲浪板、滑水橇或者其他物体上的人,而船上没有人负责观察被拖拽者的,构成简易罪。

天黑后拖拽人　　（2）在日落一小时后至日出前操作船只拖拽水橇、冲浪板、滑水橇或者其他物体上的人的,构成简易罪。

不适航船只和不安全航空器　　第 251 条　（1）故意实施下列行为而危害他人的生命的,构成可诉罪,处不超过 5 年的监禁:

（a）派出或者作为主人而使用按照任何议会法已经登记、已获执照或者已签发识别号码但不适于航行的船只:

（i）用于从加拿大内的某地到加拿大境内外的另一个地方的航行;

（ii）用于从美国内水到加拿大某地的航行;

（b）派出航空器飞行或者操作不适航和不安全的航空器;

（c）让人操作或者操作不适于使用和不安全的铁路设施。

辩护理由　　（2）被告证实下列事项的,不构成本条规定的犯罪:

（a）对于第(1)款(a)项规定的犯罪,有下列情形之一:

（i）被告采用了合理措施以保证船只适航;

（ii）派出或者使用不适航船只,在当时情况下,系合理且正当的;

（b）对于第(1)款(b)项规定的犯罪,有下列情形之一:

（i）被告采取了所有合理措施以保证航空器适合并安全飞行;

（ii）派出或者操作不适合并不安全的航空器,在当时情况下,系合理且正当的;

（c）对于第(1)款(b)项规定的犯罪,有下列情形之一:

（i）被告采取了所有合理措施保证铁路设施适于运行并安全操作;

总检察长同意

（ii）派出铁路设施让人驾驶或者亲自驾驶不适合且不安全操作的铁路设施,在当时情况下,系合理且正当的。

（3）对于依国会立法授权派遣运行的船只、航空器或铁轨上运行的车辆,未经加拿大总检察长的书面同意,不得依本条的规定提起诉讼。

没有在事故现场停下

第252条　（1）照料、主管或者控制车辆、船只或者航空器的人员,与下列对象发生事故,为了逃避民事或者刑事责任而没有停下车辆、船只或者航空器,如果可能,却没有留下姓名、地址以及在有人受到伤害或者表现出需要帮助时提供帮助,构成犯罪:

（a）其他人;

（b）车辆、船只或者航空器;

（c）在车辆的情况下,其他人管理的牲畜。

处罚

（1.1）于第(1.2)款和第(1.3)款规定以外的情况实施第(1)款规定的犯罪的,构成可诉罪,处不超过5年的监禁,或者构成简易罪。

涉及人身伤害的犯罪

（1.2）知道对与事故有关的他人造成了人身伤害而实施第(1)款规定的犯罪,构成可诉罪,处不超过10年的监禁。

涉及人身伤害或者死亡的犯罪

（1.3）实施第(1)款规定的犯罪且有下列情形之一的,构成可诉罪,处终身监禁:

（a）知道与事故相关的他人死亡;

（b）知道对与事故相关的他人造成了人身伤害,而不顾及该伤害是否导致他人死亡,因而导致死亡。

证据

（2）在对第(1)款规定的犯罪进行的诉讼中,被告有可能而没有停下其车辆、船只或者航空器,致人伤害或者他人需要帮助时没有给予帮助,或者未留姓名、地址,在没有相反证据时,即为企图逃避民事责任和刑事责任的证据。

受妨碍时驾驶

第253条　在下列规定的情况下,驾驶机动车或者船只的,或者协助驾驶航空器或者铁路设施的,或者照料或者控制机动车、船只、航空器或者铁路设施的,无论该交通工具是否在转动中,构成犯罪:

（a）驾驶机动车、船只、航空器或者铁路设施的能力受到酒精或者药物妨碍的;

第八章　侵害人身和名誉的犯罪

(b) 饮酒导致其每一百毫升血液中酒精含量超过八十毫克。

定义	第 254 条　(1) 在本条及第 255 条至第 258 条中，
"分析师"	"分析师"指由总检察长为第 258 条而专门指定为分析师的人。
"经核准的容器"	"经核准的容器"：

(a) 对于呼吸样本，指设计用于容纳个人呼吸样本以供分析的容器，由加拿大总检察长命令；

(b) 对于血样，指设计用于容纳个人血样以供分析的容器，由加拿大总检察长命令批准适用于第 258 条的目的。

"经核准的工具"　"经核准的工具"指设计用于容纳个人呼吸样本以检测血液中酒精浓度的工具，由加拿大总检察长命令批准适用于第 258 条的目的。

"经核准的甄别装置"　"经核准的甄别装置"指设计用于检测一个人血液中是否含有酒精的装置，由加拿大总检察长命令批准适用于本条的目的。

"有资格的执业医生"　"有资格的执业医生"指根据省法律有正当从医资格的人。

"有资格的技师"　"有资格的技师"：

(a) 对于呼吸样本，指由总检察长指定有资格驾驶经核准的工具的人；

(b) 对于血样，指由总检察长为第 256 条和第 258 条的目的而指定的、有资格提取血样的人。

检验血液中是否含有酒精　(2) 治安官合理怀疑正在驾驶机动车辆、船只或者驾驶或者协助驾驶航空器或者铁路设施或者照看、控制机动车辆、船只、航空器或者铁路设施的人员体内含有酒精的，无论交通工具是否在运转中，治安官可向其发出命令要求其他立即提供治安官认为以经核准的甄别装置进行分析所必需的呼吸样本；必要时，可以要求其随同治安官以提取呼吸样本。

合理认为实施了犯罪时的呼吸或者血样　(3) 治安官有合理及可能的根据认为一个人因饮酒正在实施第 253 条规定的犯罪或者在此前 3 小时内已经实施了该犯罪的，治安官可以立即或者尽快要求其立即或者尽快提供为进行合理分析以确定其血液中酒精含量所必需的下列样本，并可以要求其随同治安官以提取呼吸样本：

(a) 呼吸样本,按照有资格的技师的意见;

(b) 在治安官有合理及可能的根据认为,由于此人的身体状况有下列情形之一的,血样,根据第(4)款规定的条件和有资格的执业医生或者提取样本的有资格的技师的意见:

(i) 不能提供呼吸样本;

(ii) 提取呼吸样本不可行。

例外　　(4) 只能根据治安官依照第(3)款发出的要求提取血样,并且只能由有资格的执业医生提取或者在其指导下提取,只能提取样本的有资格的执业医生认为提取样本不会危害此人的生命或者健康时提取。

不提供或者拒绝提供样本　　(5) 没有正当理由不服从或者拒绝服从治安官根据本条提出的要求的,构成犯罪。

对不服从要求只定一罪　　(6) 对于任何事项因违反依照第(2)款或者第(3)款(a)项或者(b)项提出的要求而被根据第(5)款定罪的,不得因同一事项被根据第(5)款再次定罪。

处罚　　**第 255 条**　(1) 实施第 253 条或者第 254 条规定的犯罪,构成可诉罪或者简易罪,处罚分别为:

(a) 犯罪既可以可诉罪也可以简易程序定罪处罚的,处下列最低刑:

(i) 初犯的,不少于 600 元的罚金;

(ii) 再犯的,不少于 14 天的监禁;

(iii) 每次屡犯的,不少于 90 天的监禁;

(b) 犯罪应受到可诉罪指控的,不超过 5 年的监禁;

(c) 犯罪为简易罪的,不超过 6 个月的监禁。

无能驾驶致人伤害　　(2) 实施第 253 条(a)项规定的犯罪而致人伤害的,构成可诉罪,处不超过 10 年的监禁。

无能驾驶致人死亡　　(3) 实施第 253 条(a)项规定的犯罪而致人死亡的,构成可诉罪,处终身监禁。

前科　　(4) 被以第 253 条(a)项或者(b)项或者第 254 条第(5)款规定的犯罪定罪的人,如果曾被以下列任何犯罪定罪,对于本法,其应当被视为再次或者屡次犯罪:

(a) 上述任何条款规定的犯罪;

(b) 第(2)款或者第(3)款规定的犯罪;

(c) 本款生效以前第 250 条、第 251 条、第 252 条、第

第八章 侵害人身和名誉的犯罪

253 条、第 259 条、第 260 条或者第 258 条第（4）款规定的犯罪。

趋重处罚情节　　**第 255.1 条**　不限制第 718.2 条的适用范围，法庭对以机动车、船只、航空器或者铁路设施实施本法规定的犯罪宣判的，表明实施犯罪时犯罪人血液中每一百毫升血液的酒精含量超过一百六十毫克的证据，为法院根据第 718 条第（2）款（a）项应当考虑为相关犯罪的趋重处罚情节。

提取血样的令状　　**第 256 条**　（1）除适用第（2）款的情形外，如果根据格式 1 的起誓告发或者根据第 487.1 条以电话或者其他电讯手段提交的起誓告发，法官认为有正当理由相信符合下列条件的，法官可以签发令状，授权治安官要求有资格的执业医生提取或者有资格的技师在有资格的执业医生指导下提取其认为进行分析以确定血液中是否含有酒精以及酒精含量所必需的血样：

（a）一个人因饮酒或者服用药物而在此前 4 小时内实施了第 253 条规定的犯罪，且其与导致他人死亡或者其本人或者他人伤害的交通事故有关；

（b）有资格的执业医生认为符合下列条件：

（i）由于饮酒或者服用药物、事故或者与事故相关或者事故结果所导致的此人的生理状况或者精神状况，此人对提取其血样不能表示同意；

（ii）提取此人的血样不会危害其生命或者健康。

格式　　（2）根据第（1）款签发的令状，视案件情况可以分别采用格式 5 或者格式 5.1。

宣誓告发　　（3）尽管有第 487.1 条第（4）款（b）项和（c）项的规定，为本条以电话或者其他电讯方式所提交的宣誓告发应当说明指控的犯罪并确定应当提取其血样的人，而不是那两项规定的陈述。

令状的有效期　　（4）只有在有资格的执业医生认为第（1）款（b）项（i）目和（ii）目所述条件仍然存在的情况下，才可以根据依第（1）款签发的令状提取人的血样。

传真　　（5）执行根据第（1）款签发的令状的，治安官在执行后应当尽快将令状副本送交提取其血样的人；令状系通过电话或者其他电讯手段发出的，将令状传真给此人。

不是犯罪　　　　　第257条　（1）有资格的技师不得仅因为拒绝为第254条或者第256条之目的提取血样而被定罪,有资格的执业医生也不得仅因为拒绝为此目的指导有资格的技师提取血样而被定罪。

无刑事或者民事责任　　（2）根据第254条第(3)款的要求或者根据依第256条签发的令状提取血样或者指导提取血样的有资格的执业医生和根据有资格的执业医生的指导行事的有资格的技师,只要在提取血样的过程中尽了合理的谨慎和发挥了合理的技能的,不因在此过程中的任何必要事项而承担刑事或者民事责任。

根据第255条进行的诉讼　　第258条　（1）在根据第255条第(1)款就第253条规定的犯罪进行的诉讼中或者根据第255条第(2)款或者第(3)款进行的诉讼中：

（a）证明被告占据了通常由机动车、船只、航空器或者铁路设施的驾驶者或者驾驶者的辅助者所占的座位或者位置的,即视为被告驾驶或者控制机动车、船只、航空器或者铁路设施,但被告证实其没有为发动机动车、船只、航空器或者铁路设施或者协助之目的而占据该座位或者位置的除外；

（b）尽管在提供样本前被告没有受到其不必提供样本或者检测结果可能用作证据的警告,对被告的呼吸或者血液样本（根据第254条第(3)款所提出的要求提取的样本除外）或者尿液或者其他身体物质的样本的分析结果,可以采纳为证据；

（c）根据第254条第(3)款所提出的要求已经提取被告的呼吸样本的,如果符合下列条件,分析结果的证据,在没有相反证据时,即证明被告实施犯罪当时血液中酒精浓度；各次分析结果一致的,其为分析所确定的浓度,各次分析结果不一致的,其为分析所确定的数值最低的浓度：

（i）[没有效力]

（ii）每个样本是在被指控犯罪实施后尽可能快地提取的,并且第一次提取不迟于犯罪后两小时,样本提取间隔时间至少15分钟；

（iii）每个样本由有资格的技师直接收入至经核准的容器或者经核准的工具；

第八章 侵害人身和名誉的犯罪

(iv)每个样本的分析由有资格的技师使用经核准的工具进行；

(d)血样系根据第254条第(3)款所提出的要求或者在其他情况下经被告同意或者根据依照第256条签发的令状而提取的，如果符合下列条件，分析结果的证据，在没有相反证据时，即证明被告实施犯罪当时血液中酒精浓度；分析一个以上样本且各次分析结果一致的，其为分析所确定的浓度，各次分析结果不一致的，其为分析所确定的数值最低的浓度：

(i)提取样本时，提取者另外提取被告血样一份，并且保留其中一份，允许由被告或者其代表进行分析，被告在提取样本后6个月内提出要求的，根据第(4)款命令打开一个样本进行分析；

(ii)(i)目所述的两个样本都是在被指控的犯罪实施后两小时内尽快提取；

(iii)(i)目所述的两个样本都由有资格的执业医生或者由其指导有资格的技师提取；

(iv)(i)目规定的两个样本系从被告身上提取后直接收入或者放入经核准的容器并随即密封；

(v)由分析师对封存在经核准的容器内的至少一个样品进行了分析；

(d.1)被告的呼吸样本或者血样系根据(c)项或者(d)项规定的方式及条件提取且分析结果表明血液中酒精浓度超过每百毫升八十毫克的，在没有倾向于证明在实施犯罪时的血液中酒精浓度不超过每百毫升八十毫克的相反证据时，分析结果的证据即证明实施犯罪时的血液中的酒精浓度超过每百毫升八十毫克；

(e)分析师出具的说明分析师已经分析了被告的血样、尿样、呼吸或者其他身体物质样本以及分析结果的证明书，即使没有签署者签名或者公务性质的证明，也为证明书所称事实的证据；

(f)分析师出具的说明分析师对证明书载明的意图用于经核准的工具的酒精标准样本进行分析并认为其适用于经核准的工具的证明书，即使没有签署人的签名或者公务性

质的证明,仍为证明所载明的酒精标准样本适用于经核准的工具的证据;

(g)已经根据依照第254条第(3)款提出的要求提取被告的呼吸样本的,有资格的技师出具的说明下列事项的证明书,即使没有签署人的签名或者公务性质的证明,仍为其陈述事项的证据:

(i)对每个样本的分析均由有资格的技师操作其认为处于适当的状态的经过核准的工具,对照其认为适用于该经过核准的工具的酒精标准进行;

(ii)分析的结果;

(iii)样本系由该技师提取的情况下,下列事项:

(A)[没有效力]

(B)每个样本以及(A)段所述标本的提取时间和地点;

(C)样本系从被告身上提取后由技师直接收入或者放入经核准的容器;

(h)根据依照第254条第(3)款所提出的要求或者经被告同意或者根据依照第256条签发的令状而提取被告血样的,下列证明书,即使没有签署人的签名或者公务性质的证明,仍然为其所述事实的证据:

(i)有资格的执业医生出具的说明下列事项的证明书:

(A)血样系由有资格的执业医生提取,在提取血样前该医生认为提取血样不会危害被告的生命或者健康,根据依照第256条签发的令状提出要求的,其认为因为被告饮酒、事故或者其他与事故相关或者其导致的结果所致的生理或者精神状况,被告不能对提取其血样表示同意;

(B)提取样本时,提取者另外提取被告血样一份,允许由被告或者其代表进行分析;

(C)(B)段所述的两份样本的提取时间和地点;

(D)(B)段所述的两份样本系从被告身上提取后直接收入或者放入在证明书中说明的经核准的容器并随即密封;

(ii)有资格的执业医生出具的说明由其指导有资格的技师提取样本并且在提取样本前该医生持(i)目(A)段所述意见的证明书;

(iii)有资格的技师出具的说明样本系由其提取和(i)

目(B)段至(D)段所述事实的证明书;

(i) 分析师出具的说明分析师已经对密封的经核准的容器内的被告的血样进行了分析、分析的日期和地点以及分析结果的证明书,即使没有签署人的签名或者公务性质的证明,仍然为其所述事实的证据。

除根据第254条规定外无义务提供样本

(2) 除根据第254条要求提供呼吸或者血液样本外,不得为本条目的要求任何人提供尿液或者其他身体物质的样本以供分析,没有提供或者拒绝提供此类样本或者没有提取此类样本的证据不得采信,没有提供或者拒绝提供或者没有提取此类样本的事实也不得作为诉讼中任何人评论的主题。

不遵从要求的证据

(3) 在根据第255条第(1)款就第253条(a)项规定的犯罪进行的诉讼或者根据第255条第(2)款或者第(3)款进行的诉讼中,被告没有正当理由而没有或者拒绝服从治安官根据第254条提出的要求的证据可以采信,法官可以据此作出对被告不利的推论。

提供检测标本

(4) 根据被告在提取血样后6个月内所提出的简要申请,有刑事管辖权的上级法院或者有刑事管辖权的法院的法官,应当命令根据对保证样本安全及其保存以供在与其保留相关的诉讼中使用所必要的条件打开其中一个样本以供检验或者分析。

验血确定是否含有毒品

(5) 已经根据依照第254条第(3)款提出的要求或者经过被告同意或者根据依照第256条签发的令状提取被告的血样的,该血样可以用于检测以确定血液中是否含有药物。

出庭与反问权

(6) 第(1)款(e)项、(f)项、(g)项、(h)项或者(i)项规定的证明书所针对的一方,经法院允许,可以要求有资格的执业医生、分析师或者有资格的技师出庭接受反问。

意图出示证明书的通知

(7) 打算提供第(1)款(e)项、(f)项、(g)项、(h)项或者(i)项规定的证明书的一方在审判前将其打算和证明书的副本合理通知给对方,该证明书才可以采纳为证据。

强制的禁止令

第259条 (1) 犯罪人被以第253条或者第254条规定的犯罪定罪或者因第253条规定的犯罪被根据第730条释放,并且在实施犯罪时或者实施第254条规定的犯罪之前3小时内正在操作、驾驶或者控制机动车、船只、航空器或者铁路设施或者正在辅助操作航空器或者铁路设施的,在对犯罪可能判处的惩罚之外,宣告判决的法庭应当作出命令禁止犯罪人在街道、道路、公路或者其他公共场所操作机动车,或者禁止其操作船只、航空器或者铁路设施:

(a) 初犯的,禁止期为不超过3年的期限加上监禁刑期,并且不少于1年;

(b) 再犯的,禁止期为不超过5年的期限加上监禁刑期,并且不少于两年;

(c) 屡犯的,禁止期为不少于3年的期限加上监禁刑期。

酒精点火连锁装置计划 (1.1) 作出命令时,如果犯罪人在根据其居住地省的法律建立的酒精点火连锁装置计划进行登记,法院可以授权犯罪人在禁止期内驾驶装有酒精点火连锁装置的机动车。

绝对禁止最低期限 (1.2) 授权至法庭确定的下列期限届满时生效:

(a) 初犯的,至少3个月;

(b) 再犯的,至少6个月;

(c) 屡犯的,至少12个月。

变换居住省份 (1.3) 授权适用于成为其他省份居民并在第(1.1)款所述的该省的计划登记的犯罪人。

授权中止执行 (1.4) 在犯罪人未在第(1.1)款所述的计划进行登记的期间,授权无效。

酌定的禁止令 (2) 犯罪人因利用机动车、船只、航空器或者铁路设施实施犯罪而被以第220条、第221条、第236条、第249条、第249.1条、第250条、第251条、第252条、第255条第(2)款或者第(3)款或者本条规定的犯罪定罪或者根据第730条被释放的,在对犯罪可能判处的其他惩罚之外,宣告判决的法庭可以作出命令禁止犯罪人在街道、道路、公路或者其他公共场所操作机动车,或者禁止其操作船只、航空器或者铁路设施:

(a) 如果犯罪人因此罪被判处终身监禁,禁止期为法庭认为合适的期限;

(b) 如果犯罪人因此罪被判处5年以上监禁,禁止期为不超过10年的期限加上监禁刑期;

(c) 在其他情况下,禁止期为不超过3年的期限加上监禁刑期。

第八章 侵害人身和名誉的犯罪

保留	（3）根据第（1）款或者第（2）款作出的命令,不得阻止任何人被要求担任船只的船长、大副或者工程师运送持有船长、大副或工程师证书的官员。
无资格而操作	（4）无资格而在加拿大境内操作机动车、船只、航空器或者铁路设施的,分别构成:
	（a）可诉罪,处不超过5年的监禁;
	（b）简易罪。
"无资格"的定义	（5）在本条中,"无资格"指:
	（a）根据第（1）款或者第（2）款发出的命令,禁止操作机动车、船只、航空器或者铁路设施;
	（b）无资格或者根据操作机动车、船只、航空器或者铁路设施或者对此资格的其他形式的法律限制:
	（i）对于机动车,系根据省法律作出;
	（ii）对于船只或者航空器,系根据议会法作出。
作出禁止令的程序	**第260条** （1）法庭根据第259条第（1）款或者第（2）款对犯罪人作出命令的,其应当:
	（a）让犯罪人阅读命令或者向犯罪人宣读命令;
	（b）送交犯罪人一份命令副本;
	（c）向犯罪人告知第259条第（4）款的规定。
犯罪人签名	（2）第（1）款得到遵守,犯罪人受到该款规定的命令约束的,该犯罪人应当签名,确认接收命令副本以及已向他解释该命令。
命令的效力不受影响	（3）犯罪人没有按照第（2）款签字的,不影响命令的效力。
责任	（4）已证明以第259条第（5）款（b）项规定取消资格并将通知以挂号邮件或者经确认的邮件邮寄给此人的,在没有相反证据时,在通知寄出5日后,视为此人收到通知、知道被取消资格、取消资格的开始日期和期限。
证明书可以采纳为证据	（5）在根据第259条进行的诉讼中,证明书合理详细地说明某人无资格实施下列规定行为之一的,即使没有签署者签名或者公务性质的证明,仍然为其所述事实的证据:
	（a）在某省驾驶机动车,由该省的机动车登记官签署;
	（b）操作船只或者航空器,由交通部长或者其专门授权的人签署。

加拿大刑事法典

对被告的通知　　（6）除非在至少7日前将以证明书提交为证据的意图书面通知被告，第（5）款不适用于诉讼。

"机动车登记官"的定义　　（7）在第（5）款中，"机动车登记官"包括登记官的代表或者以任何名义任命的在该省临时履行管理机动车登记的人或者机构。

上诉未决时命令暂缓执行　　**第261条**　（1）对因实施第220条、第221条、第236条、第249条至第255条以及第259条规定犯罪而作出的定罪判决或者根据第730条作出的释放决定提出上诉的，上诉法院的法官可以指示根据该法官或者法庭可能附加条件，暂缓执行就定罪判决或者释放决定依照第259条第（1）款或者第（2）款作出的命令，直至就上诉作出最后处理或者该法院作出其他命令。

条件的效力　　（2）对根据第（1）款作出的暂缓执行第259条第（1）款或者第（2）款规定的禁止令的指示附加条件的，该指示不得缩短按照第259条第（1）款或者第（2）款所作命令规定的禁止期限。

妨碍救生　　**第262条**　实施下列行为的，构成可诉罪，处不超过10年的监禁：

（a）阻止或者妨碍或者试图阻止或者妨碍任何人救护自己的生命；

（b）无合理原因阻止或者妨碍或者试图阻止或妨碍任何人救护他人生命。

冰洞防护责任　　**第263条**　（1）在对公众开放或者公众经常进入的冰面上开洞或者让他人开洞的，有以合理的方式防止他人意外落入并且警告存在洞口的法律责任。

在地上挖掘坑洞　　（2）在自己所有、管理或者监督的土地上挖掘坑洞的，有防止他人意外落入并警告存在坑洞的法律责任。

犯罪　　（3）不履行第（1）款或者第（2）款规定的责任：

（a）致人死亡的，构成过失杀人罪；

（b）致人伤害的，构成第269条规定的犯罪。

刑事骚扰　　**第264条**　（1）无合法授权明知他人受到骚扰或者不管他人是否受到骚扰，不得从事第（2）款所述的引起他人为其或者其所认识的人的安全的恐惧的行为。

禁止的行为　　（2）第（1）款所述行为包括：

第八章 侵害人身和名誉的犯罪

(a) 反复跟随他们认识的他人或者任何人；

(b) 反复地直接或者间接地与他们认识的他人或者任何人接触；

(c) 包围或者监视他人或者其所认识的人的居住、工作、从事业务或者偶然所在的住宅或者场所；

(d) 从事针对他人或者其家人的恐吓行为。

处罚　　(3) 违反本条的,分别构成：

(a) 可诉罪,处不超过 10 年的监禁；

(b) 简易罪。

应予考虑的因素　　(4) 某人因违反本条被定罪的,作出判决的法院应当将犯罪时犯罪人违反下列事项的事实作为加重因素：

(a) 按照第 161 条作出的命令或者按照第 810 条、第 810.1 条或者第 810.2 条作出的具结书规定的限制性规定；

(b) 根据普通法、本法或者其他议会法或者各省的法律的规定作出的命令或者订立的与(a)项规定的命令或者具结书效果相似的命令或者具结书的限制性规定。

理由　　(5) 法院确信存在第(4)款所述的加重因素但判决时不加以考虑的,应当说明理由。

伤　　害

恐吓　　第 264.1 条　(1) 以任何方式故意发出、传送或使他人受到下列内容的恫吓的,构成犯罪：

(a) 造成他人死亡或者伤害；

(b) 烧毁、破坏或者损坏动产或不动产；

(c) 杀害、毒害或者伤害为他人财产的动物或鸟类。

处罚　　(2) 实施第(1)款(a)项规定的犯罪,分别构成：

(a) 可诉罪,处不超过 5 年的监禁；

(b) 简易罪,处不超过 18 个月的监禁。

同上　　(3) 实施第(1)款(b)项或者(c)项规定的犯罪,分别构成：

(a) 可诉罪,处不超过两年的监禁；

(b) 简易罪。

伤害　　第 265 条　(1) 实施下列行为的,构成伤害罪：

（a）未经他人同意，故意直接或者间接地对其实施暴力；

（b）具有或者使他人有理由相信其具有实现其目的的现实能力，而以行为或手势企图或者威胁对他人实施暴力；

（c）公开佩带或者携带武器或者仿制武器时，乞求、乞讨或者阻拦他人。

适用　（2）本条适用于各种形式的侵害，包括性侵害、使用武器的性侵害、威胁第三方或者造成人身伤害的侵害以及严重性侵害。

同意　（3）对于本条而言，控告人由于下列原因而顺从或者没有抵抗的，则为没有取得同意：

（a）对控告人或者其他人使用的暴力；

（b）威胁或者害怕对控告人或者其他人使用暴力；

（c）欺骗；

（d）利用权力。

被告认为同意　（4）被告主张他认为控告人同意作为指控事项的行为的，法官如果认为有充分证据并且如果陪审团相信时可以构成抗辩理由，在审查涉及决定被告相信的诚实性的证据时，应当指示陪审团考虑被告的相信有或者没有合理根据。

伤害　第266条　实施伤害罪的，分别构成：

（a）可诉罪，处不超过5年的监禁；

（b）简易罪。

使用武器伤害或者伤害致伤罪　第267条　实施伤害而有下列情形之一的，构成可诉罪，处不超过10年的监禁，或者构成简易罪，处不超过18个月的监禁：

（a）携带、适用或者威胁使用武器或者仿制武器；

（b）造成控告人的人身伤害。

严重伤害　第268条　（1）任何人造成控告人伤害、致残或者毁容或者危害其生命，构成严重伤害罪。

处罚　（2）实施严重伤害罪，构成可诉罪，处不超过14年的监禁。

切除　（3）为更加明确，在本条中，"伤害"或者"致残"包括全部或者部分切除、缝合或者毁伤一个人的大阴唇、小阴唇或者阴蒂，但有下列情形之一的除外：

	（a）为了此人的健康或者使其具有正常的生殖功能或者正常的性别特征或者功能而由根据省法律取得医疗执业资格的人执行外科处置；
	（b）此人年满18岁并且未造成人身伤害。
同意	（4）对于本条和第265条，凡同意全部或者部分切除、封闭或者毁伤一个人的大阴唇、小阴唇或者阴蒂的，第（3）款（a）项和（b）项规定的除外，同意无效。
非法致伤	**第269条** 非法造成他人人身伤害的，分别构成：
	（a）可诉罪，处不超过10年的监禁；
	（b）简易罪，处不超过18个月的监禁。
酷刑	**第269.1条** （1）官员或者他人在官员的教唆、同意或者默许下对他人施加酷刑的，构成可诉罪，处不超过14年的监禁。
定义 "官员"	（2）对于本条， "官员"指在加拿大境内或者境外行使权力的下列人员：
	（a）治安官；
	（b）公职人员；
	（c）加拿大部队成员；
	（d）按照在外国有效的法律可以行使（a）项、（b）项或者（c）项所述人员在加拿大境内可以行使的权力的人。
"酷刑"	"酷刑"指为造成他人生理或者精神上的痛苦或者损害，具有下列情形之一而故意实施的作为或者不作为，但不包括仅因法律制裁而产生、法律制裁所固有的或者附带的作为或者不作为：
	（a）基于包括下列内容的目的：
	（i）从此人或者第三人那里获得信息或者陈述；
	（ii）为此人或者第三人已经实施或者被怀疑已经实施的行为施加惩罚；
	（iii）威吓或者强迫此人或者第三人；
	（b）为了基于任何形式的歧视的理由。
不构成抗辩理由	（3）对根据本条的指控，被告受到上级官员或者公共权力机构的命令去执行构成指控事项的作为或者不作为，或者宣称该作为或者不作为由于包括战争状态、战争威胁、国内

证据	（4）在议会有管辖权的诉讼中，实施本条规定的犯罪行为而获得的任何陈述不得采纳为证据，但证明陈述系通过此方式而获取的证据除外。
伤害治安官	**第 270 条** （1）实施以下行为的，构成犯罪： （a）伤害履行职责的公职人员或者治安官或者为其提供协助的人员； （b）为了抗拒或者阻止对自己或者他人的合法逮捕或者拘留而伤害他人； （c）伤害（i）目所述人员或者有（ii）目所述目的： （i）对土地或者财物执行法律程序或者进行合法扣押或者查封的人； （ii）为夺取处于法律程序、扣押或者查封的物品。
处罚	（2）实施第（1）款规定的犯罪，分别构成： （a）可诉罪，处不超过 5 年的监禁； （b）简易罪。
解除治安官的武装	**第 270.1 条** （1）未经治安官同意，在治安官履行职责时拿走或者企图拿走治安官持有的武器，构成犯罪。
"武器"的定义	（2）对于第（1）款，"武器"指设计为用于造成人身伤害、死亡或者暂时丧失行动能力的物品。
处罚	（3）实施第（1）款规定的犯罪，分别构成： （a）可诉罪，处不超过 5 年的监禁； （b）简易罪，处不超过 18 个月的监禁。
性侵害	**第 271 条** （1）实施性侵害罪，分别构成： （a）可诉罪，处不超过 10 年的监禁； （b）简易罪，处不超过 18 个月的监禁。 （2）［已废止］
使用武器、恐吓第三方或者致伤的性侵害罪	**第 272 条** （1）实施性侵害而有下列情形之一的，构成犯罪： （a）携带、使用或者威胁使用武器或者仿真武器； （b）威胁造成控告人以外的他人身体伤害； （c）造成控告人身体伤害； （d）与他人共同实施犯罪。

第八章 侵害人身和名誉的犯罪

(2) 实施第(1)款规定的犯罪,构成可诉罪,处罚分别为:

(a) 使用武器实施犯罪的,不超过14年的监禁,最低刑为4年监禁;

(b) 在其他情况下,不超过14年的监禁。

严重性侵害　　第273条　(1) 实施性侵害而造成控告人伤害、残疾、毁容或者生命危险的,构成严重性侵害罪。

(2) 实施严重性侵害罪的,构成可诉罪,处罚分别为:

(a) 使用武器实施犯罪的,终身监禁,最低刑为4年监禁;

(b) 在其他情况下,终身监禁。

"同意"的定义　　第273.1条　(1) 对于第271条、第272条和第273条,除适用第(2)款和第265条第(3)款的情形外,"同意"指控告人自愿同意参与所说的性活动。

未获取同意的　　(2) 对于第271条、第272条和第273条,有下列情形之一的,为没有取得同意:

(a) 控告人以外的人以言语或者行为表示同意;

(b) 控告人无能力同意参与该活动;

(c) 被告通过滥用信任、权力或者权威而引诱控告人进行该活动;

(d) 控告人以语言或者行为表达不同意参与该活动;

(e) 控告人曾同意进行性活动,但以语言或者行为表示不同意继续进行该活动。

第(2)款不构成限制　　(3) 第(2)款的规定不得解释为限制没有取得同意的情况。

相信同意不构成抗辩理由　　第273.2条　有下列情形之一的,被告相信控告人同意进行指控事项的活动不构成对根据第271条、第272条和第273条提出的指控的抗辩理由:

(a) 被告因其下列因素而产生相信:

(i) 自愿引起的醉态;

(ii) 鲁莽和故意的轻率;

(b) 被告没有采取合理措施在其于当时所知的情况下确信控告人同意。

从加拿大迁移儿童　　第273.3条　(1) 不得实施任何行为而从加拿大迁移

通常居住在加拿大且有下列情形之一的人：

（a）不满十四岁，为对此人在加拿大境外实施在加拿大境内构成第151条、第152条、第160条第（3）款或者第173条第（2）款规定的犯罪的行为；

（b）十四岁以上不满十八岁，为对此人在加拿大境外实施在加拿大境内构成第153条规定的犯罪的行为；

（c）不满十八岁，为对此人在加拿大境外实施在加拿大境内构成第155条、第159条、第160条第（2）款、或者第170条、第171条、第267条、第268条、第269条、第271条、第272条或者第273条规定的犯罪的行为。

处罚　　（2）违反本条的，分别构成：

（a）可诉罪，处不超过5年的监禁；

（b）简易罪。

不要求确证　　**第274条**　被告受到第151条、第152条、第153条、第153.1条、第155条、第159条、第160条、第170条、第171条、第172条、第173条、第212条、第271条、第272条或者第273条规定的犯罪的指控的，定罪时不要求确证，法官不应当对陪审团作出缺乏确证定罪不可靠的指示。

取消关于新近控告的规则　　**第275条**　对于第151条、第152条、第153条、第153.1条、第155条、第159条、第160条第（2）款和第（3）款、第170条、第171条、第172条、第173条、第271条、第272条和第273条规定的犯罪，涉及新近控告的证据的规则特此取消。

控告人性活动的证据　　**第276条**　（1）在就第151条、第152条、第153条、第153.1条、第155条、第159条、第160条第（2）款和第（3）款、第170条、第171条、第172条、第173条、第271条、第272条或者第273条规定的犯罪进行的诉讼中，控告人曾经与被告或者其他人进行性活动的证据，不得因此性活动的性质而采信以支持控告人而有下列情形的推论：

（a）更可能已经同意构成指控事项的性活动；

（b）可信度降低。

同上　　（2）在就第（1）款所述犯罪进行的诉讼中，被告或者其代表不得举证证明原告曾经与被告或者其他人从事构成控告主体以外的性活动，但法官、省法院法官或者法官根据

第八章 侵害人身和名誉的犯罪

第276.1条和第276.2条规定的程序认为该证据符合下列条件的除外：

(a) 为性活动的特殊实例；

(b) 与审理中的问题相关；

(c) 具有重要的证明价值，不会实质上被正确执法的危险或者偏见所左右。

法官必须考虑的因素

(3) 在根据第(2)款规定对证据是否可采纳进行判断时，法官、省法院法官应当考虑下列因素：

(a) 司法利益，包括被告作全面答辩与抗辩的权利；

(b) 鼓励报告性侵害犯罪的社会利益；

(c) 该证据是否有助于对此案作出公正的裁决；

(d) 从事实调查中排除歧视与偏见的需要；

(e) 该证据可能不当地引起陪审团的偏见、同情或者敌意的风险；

(f) 损害控告人的尊严和隐私权的风险；

(g) 控告人以及每个人的人身安全权利和受法律全面保护和利益的权利；

(h) 法官、省法院法官认为相关的其他因素。

申请听审

第276.1条 (1) 被告或者其代表可以向法官或者省法院法官提出申请，要求按照第276.2条规定举行的听审以确定是否可以根据该条第(2)款规定采纳证据。

申请的形式和内容

(2) 第(1)款所述的申请必须以书面提出并说明下列事项，申请副本必须送交检察官和法院书记官：

(a) 被告企图引证的证据的细节；

(b) 证据与审理问题的相关性。

排除陪审团与公众

(3) 法官或省法院法官应当在没有陪审团和公众参与的情况下考虑该申请。

法官可决定举行听审

(4) 确信符合下列条件的，法官或者省法院法官应当按照第276.2条规定举行听审并确定是否可以根据该条第(2)款规定采纳证据：

(a) 申请系按照第(2)款提出；

(b) 申请副本于至少7日前或者法官或者省法院法官在公共利益需要的更短时间内送交检察官和法院书记官；

(c) 意图引证的证据根据第276条第(2)款规定是可能

采信的。

排除陪审团与公众 　　**第 276.2 条** （1）在根据第 276 条第（2）款确定证据是否可以采信的听审中,陪审团和公众不得参加。

控告人非强制证人 　　（2）控告人在听审中并非强制作证的证人。

法官的裁决与理由 　　（3）听审结束时,法官或者省法院法官应当确定该证据或者其中一部分根据第 276 条第（2）款是否可采信、应当说明其理由,并且：

（a）在该证据并非全部采信时,必须说明将要采信的证据部分；

（b）必须说明第 176 条第（3）款规定的影响裁决的因素；

（c）采信全部或者部分证据的,必须说明该证据与审判问题关联的方式。

记录理由 　　（4）第（3）款所述的理由应当记入诉讼记录；没有诉讼记录的,以书面形式提供。

禁止发布 　　**第 276.3 条** （1）不得在第 297 条所规定的报纸或者在广播中发布下列任何信息：

（a）根据第 276.1 条提出的申请的内容；

（b）根据依照第 276.1 条提出的申请或者在根据第 276.2 条规定举行的听审中取得的证据、提供的资料中或者作出的陈述；

（c）法官或者省法院法官根据第 276.1 条第（4）款作出的裁决,但法官或者省法院法官在考虑了控告人的隐私权和公共利益后之后命令发布裁决的除外；

（d）根据第 276.2 条所作裁决和提供的理由,但有下列情形之一的除外：

（i）裁决该证据是可采信的；

（ii）法官或者省法院法官在考虑了控告人的隐私权与公共利益后,命令发布裁决和理由。

犯罪 　　（2）违反第（1）款规定的,构成简易罪。

法官就证据的采用指示陪审团 　　**第 276.4 条** 根据依照第 276.2 条所作裁决可以在审判中采信证据的,法官应当向陪审团作出可以或者不可以使用证据的指示。

上诉 　　**第 276.5 条** 对于第 675 条和 676 条,根据第 276.2

第八章 侵害人身和名誉的犯罪

名誉的证据　　条所作裁决应当视为法律问题。

第277条　在就第151条、第152条、第153条、第153.1条、第155条、第159条、第160条第(2)款或者第(3)款、第170条、第171条、第172条、第173条、第271条、第272条或者第273条规定的犯罪进行的诉讼中,关于性声誉的一般的或者具体的证据,不得用于质疑或者支持控告人的可信性。

可以指控配偶　　第278条　可以向丈夫或者妻子就第271条、第272条或者第273条规定的犯罪提出指控,无论在构成指控事项的活动发生时夫妻是否同居一处。

"记录"的定义　　第278.1条　对于第278.2条至第278.9条,"记录"指包含个人合理享有隐私权的个人信息的任何形式的记录,包括医疗、精神病治疗、理疗、辅导、教育、就业、儿童福利、收养和社会服务记录、私人日志与日记,包含其提供和披露受到议会法或者省法律保护的个人资料记录,但不包括由负责调查或者指控犯罪的人员所作的记录。

向被告提供记录　　第278.2条　(1)在就下列犯罪进行的诉讼中或者包括(a)项至(c)项所述任何犯罪的两个以上犯罪进行的诉讼中,不得向被告提供与控告人或者证人有关的记录,但根据第278.3条至第278.91条规定提供的除外:

(a)第151条、第152条、第153条、第153.1条、第155条、第159条、第160条、第170条、第171条、第172条、第173条、第210条、第211条、第212条、第213条、第271条、第272条或者第273条规定的犯罪;

(b)《1970年加拿大修订法》1983年1月4日以前的第C-34编《刑事法典》第144条、第145条、第149条、第156条、第245条或者第246条规定的犯罪;

(c)《1970年加拿大修订法》1988年1月1日以前的第C-34编《刑事法典》第146条、第151条、第153条、第155条、第157条、第166条或者第167条规定的犯罪。

规定的适用　　(2)记录由包括诉讼中的检察官在内的任何人持有或者控制的,适用第278.1条、本条和第278.3条至第278.91条,但在记录由检察官持有或者控制时与该记录相关的控告人或者证人明确放弃适用这些规定的除外。

| 检察官的通知义务 | （3）在记录由检察官持有或者控制而适用本条的情况下，检察官应当通知被告记录由他持有，但不应当披露记录的内容。

第 278.3 条 （1）被告寻求提供第 278.2 条第（1）款所述记录的，必须向审理被告的法官提出申请。

申请提供

在其他诉讼中不得申请

（2）为更加明确，根据第（1）款提出的申请不得向主持包括预审的其他诉讼的法官提出。

申请的格式和内容

（3）申请必须以书面提出并说明下列事项：

（a）表明被告寻求提供的记录的细节和持有或者控制该记录的人的姓名；

（b）被告赖以证明该记录可能与审理的问题或者证人的作证资格可能相关的理由。

理由不充分

（4）被告关于一项或者一项以上事项的宣称本身，不足以证明记录与审判问题或者证人作证资格可能相关：

（a）记录存在；

（b）记录与控告人或者证人曾经接受或者正在接受的医疗或者精神病的治疗、理疗或者辅导相关；

（c）记录与作为诉讼主体的事件相关；

（d）记录可能披露控告人或者证人先前作出的不一致的陈述；

（e）记录可能与控告人或者证人的可信度相关；

（f）记录可能与控告人或者证人证词的可靠性相关，仅由于控告人或者证人曾经或者正在接受精神病治疗、理疗或者咨询；

（g）记录可能披露控告人受到被告之外的他人的性虐待的指控；

（h）记录涉及控告人与包括被告在内的人的性活动相关；

（i）记录与一个新近控告的存在或者不存在相关；

（j）记录与控告人的性声誉相关；

（k）记录是在与一个控告或者构成指控被告事项的活动接近的时间制作。

送达申请和传票

（5）被告应当于第 278.4 条第（1）款所述听审至少 7 日之前或者法官为公共利益允许的较短时间内，将申请送交检察官、记录的持有人或者控制人、控告人或者证人以及被告所知的与记录有关的其他人。被告还应当在送交申请的同时向记录的持有人或者控制人送交根据第二十二章签发的格式16.1的传票。

对其他人的送达

（6）法官可以随时命令向他认为可能与记录相关的任何人送交申请。

秘密听审

第278.4条 （1）法官应当进行秘密听审以确定是否命令记录的持有人或者控制人将记录提交到法院供法官审查。

可以出席听审的人

（2）记录的持有人或者控制人、控告人或者证人以及记录涉及的其他人，可以出席听审并提出意见，但不得强制其出庭作证。

费用

（3）不得因第（2）款所述人员参与听审而命令向其收取费用。

法官可以命令提供记录以供审查

第278.5条 （1）在根据第278.4条第（1）款规定进行听审进行以后，如果法官确信符合下列条件，可以命令记录的持有人或者控制人将全部或者部分记录提供给法院以供法官审查：

(a) 申请系根据第278.3条第（2）款至第（6）款提出；

(b) 被告已经证实记录与审理的问题或者证人作证资格可能相关；

(c) 提供记录为公共利益所必需。

应当考虑的因素

（2）法官在裁决是否按照第（1）款规定命令提供全部或者部分记录以供审查时，应当考虑裁决对于被告作全面回答和全面辩护的权利、对控告人或者证人的隐私权与平等权以及记录涉及的其他人员的有益与有害影响。法官尤其应当考虑下列因素：

(a) 记录为被告作全面答辩和全面辩护的必要性的程度；

(b) 记录的证明价值；

(c) 对于记录享有的隐私权的合理性质和程度；

(d) 记录的提供是否系基于歧视或者偏见；

(e) 给与记录相关的人的人身尊严与隐私权可能产生损害；

(f) 鼓励报告性侵害犯罪的社会利益；

(g) 鼓励性犯罪控告人获得治疗的社会利益；

(h) 裁决对审判程序完整性的影响。

由法官审查记录　　第278.6条　（1）法官已经命令提供全部或者部分记录以供审查的，法官应当在当事人不参加的情况下进行审查，以确定是否应当将全部或者部分记录向被告提供。

秘密听审　　（2）法官认为如果有助于作裁决，可以进行秘密听审。

关于听审的规定　　（3）根据第（2）款进行听审的，适用第278.4条第（2）款和第（3）款。

法官可以命令向被告提供记录　　第278.7条　（1）法官确信全部或者部分记录与审理的问题或者证人作证资格可能有关并且为了公共利益有必要提供记录的，可以命令根据按照第（3）款可能附加的条件将可能相关的记录或者部分记录提供给被告。

应当考虑的因素　　（2）在裁决是否向被告提供全部或者部分记录时，法官应当考虑裁决对于被告作全面回答和全面辩护的权利、对控告人或者证人的隐私权与平等权以及记录涉及的其他人员的有益与有害影响，尤其应当考虑第278.5条第（2）款（a）项至（h）项所述因素。

提供的条件　　（3）法官命令将全部或者部分记录提供给被告的，为了保护司法利益并且为了在最大限度内保护控告人或者证人以及与记录相关人员的隐私和平等利益，法官可以对其提出附加条件，例如可以包括下列条件：

(a) 按照法官指令对记录进行编辑；

(b) 提供记录的复件而不是原件；

(c) 除非得到法庭的同意，被告及其律师不得将记录内容透露给其他人；

(d) 记录只能在法院查阅；

(e) 不得制作记录的复件，或者可以制作的复件的数量；

(f) 记录中提到的任何人的资料，如住址、电话号码以及工作地，应从记录中删除。

向检察官提供副本　　（4）法官命令将全部或者部分记录提供给被告的，应当指令向检察官提供全部或者部分记录的复件，但法官认为不符合司法利益的除外。

第八章　侵害人身和名誉的犯罪

不得在其他诉讼中使用记录	（5）根据按照第（1）款发出的命令向被告提供的全部或者部分记录，不得用于其他诉讼。
法庭扣押记录	（6）法官拒绝命令向被告提供全部或者部分记录的，除非法院作出其他命令，全部或者部分记录应当保存在由法院密封的文件袋中，直至上诉期满和对被告的上诉审理结束两者中的较晚时间，然后将全部或者部分记录归还给合法有权持有或者控制者。
裁决的理由	**第278.8条**　（1）法官根据第278.5条第（1）款或者第278.7条第（1）款命令提供或者拒绝提供全部或者部分记录，应当提出理由。
记录理由	（2）第（1）款所述理由应当记入诉讼记录；没有诉讼记录的，则以书面提出。
禁止发布	**第278.9条**　（1）不得在第297条所定义的报纸上或者广播里发布下列任何事项： （a）根据第278.3条提出的申请的内容； （b）在根据第278.4条第（1）款或者第278.6条第（2）款进行的听审中获取的证据、提交的资料或者意见； （c）法官根据第278.5条第（1）款或者第278.7条第（1）款所作的裁决和根据第278.8条提出的理由，但法官在考虑了司法利益和与记录相关人员的隐私权之后命令可以发布的除外。
犯罪	（2）违反第（1）款规定的，构成简易罪。
上诉	**第278.91条**　对于第675条和第676条，根据第278.5条第（1）款或者第278.7条第（1）款作出或者拒绝作出命令，为法律问题。

绑架、扣留人质和诱拐

绑架	**第279条**　（1）基于下列目的之一而绑架他人的，构成犯罪： （a）违背他人意志将其监禁或者关押； （b）违背他人意志将其送出或者运出加拿大； （c）为了勒索赎金或者得到服务违背他人意志而将其控制。

处罚	（1.1）实施第（1）款规定的犯罪，构成可诉罪，分别处以：
	（a）使用火器实施犯罪的，终身监禁，最低刑为4年监禁；
	（b）其他情况下，终身监禁。
强行拘禁	（2）未经依法授权而监禁、关押或者强制控制他人的，分别构成：
	（a）可诉罪，处不超过10年的监禁；
	（b）简易罪，处不超过18个月的监禁。
没有抗拒	（3）在根据本条进行的诉讼中，与指控犯罪相关的人没有抗拒的事实不构成抗辩理由，但被告证明没有抗拒不是由于威胁、强迫、武力或者武力威胁造成的除外。
扣留人质	第279.1条　（1）基于诱使人质之外的任何人或者团体、国家、国际或者政府间组织去实施作为或者不作为作为释放人质的明示或者暗示的条件的目的，而实施下列行为的，为扣留人质：
	（a）监禁、关押、强制控制或者扣留他人；
	（b）以任何方式作出、传达或者使他人收到将造成人质死亡或者身体伤害或者将继续监禁、关押或者拘押人质的威胁。
扣留人质	（2）扣留人质的，构成可诉罪，分别处以：
	（a）使用火器实施犯罪的，终身监禁，最低刑为4年监禁；
	（b）其他情况下，终身监禁。
没有抗拒	（3）第279条第（3）款适用于根据本条进行的诉讼，如同本条的犯罪为违反第279条的犯罪。
诱拐不满十六岁的人	第280条　（1）未经合法授权，违反不满十六岁未婚的人的父母、监护人或者其他合法监管人的意志将其带离的，构成可诉罪，处不超过5年的监禁。
"监护人"的定义	（2）在本条和第281条至第283条中，"监护人"包括法律上或者事实上对他人进行监管或者控制的人。
诱拐不满十四岁的人	第281条　任何人，不是未满十四岁的儿童的父母、监护人或者其合法监管人，意图妨害其父母、监护人或任何其他合法保护或者监管人对该儿童的监护，诱离、隐藏、拘留、

第八章　侵害人身和名誉的犯罪

收留或窝藏该儿童的,构成可诉罪,处不超过10年的监禁。

违反监护令的诱拐　**第282条**　(1)未满十四岁的儿童的父母、监护人或者合法照管人,意图妨害另一父母、监护人或其他合法监管人对该儿童的监护,违反加拿大任何地方的法院对该儿童发出的监护令中的监护规定,拐带、诱离、隐藏、拘留、收留或者窝藏该儿童的,分别构成:

(a)可诉罪,处不超过10年的监禁;

(b)简易罪。

相信监护令无效的　(2)根据第(1)款指控犯罪而该指控仅由于被告认为没有有效监护令而未得到证实但证据证明第283条规定的犯罪的,可以对被告以第283条规定的犯罪定罪。

诱拐　**第283条**　(1)无论是否有加拿大任何法院发出的关于未满十四岁的儿童的监护令,该儿童的父母、监护人或者合法监管人,意图妨害另一父母、监护人或其他合法监管人对该儿童的监护,拐带、诱离、隐藏、拘留、收留或者窝藏该儿童的,分别构成:

(a)可诉罪,处不超过10年的监禁;

(b)简易罪。

须经同意　(2)未经总检察长或者其专门指定的律师同意,不得根据第(1)款进行诉讼。

抗辩理由　**第284条**　如果被告证实其携带、诱离、隐藏、拘留、收留或者窝藏青少年是经其父母、监护人或其他合法监管人的同意而实施,不得裁决该被告构成第281条至第283条规定的犯罪。

抗辩理由　**第285条**　法院确信携带、诱离、隐藏、拘留、收留或窝藏青少年系为保护该青少年避免即时伤害的危险所必需或者被告人正在逃避即时的危险,不得裁决该被告构成第280条至第283条规定的犯罪。

不构成抗辩理由　**第286条**　在就第280条至第283条规定的犯罪进行的诉讼中,青少年同意或者提议被告实施的行为,对任何指控都不构成抗辩理由。

堕　　胎

促使堕胎　**第287条**　(1)为促使妇女堕胎而以任何方式执行其

	意图的,无论该妇女是否怀孕,构成可诉罪,处终身监禁。
自行堕胎	(2) 怀孕妇女意图堕胎而使用或者同意他人使用任何方法执行其意图的,构成可诉罪,处不超过两年的监禁。
"方法"的定义	(3) 在本条中,"方法"包括:
	(a) 使用药物或者其他毒物;
	(b) 使用器械;
	(c) 任何操作方法。
例外	(4) 如果在特定方法之前,经授权或者批准的医院的治疗性堕胎委员会在该委员会会议上审查了该妇女的个案并且以多数成员实施第(c)和(d)项行为,则第(1)款和第(2)款不适用于下列(a)和(b)项所述情况:
	(a) 医院治疗性堕胎委员会成员以外的有资格的执业医生,基于促成妇女堕胎的目的,在经过授权或者批准的医院善意地运用任何方法;
	(b) 怀孕的妇女,基于自己堕胎的目的,允许有资格的执业医生在经过授权或者批准的医院运用任何方法;
	(c) 以书面证书说明该委员会的意见,即该妇女继续妊娠将危及或者可能危及其生命或者健康;
	(d) 将证书副本送交有资格的执业医生。
要求提供资料	(5) 省卫生部长可以以命令提出下列要求之一:
	(a) 要求本省医院治疗性堕胎委员会或者其成员,向其提供第(4)款(c)项所述由该委员会签发的证明书的副本,并附以其可能要求提供的关于签发证书的其他情况的资料;
	(b) 要求已经为本省的第(4)款(c)项所述的证明书列名的妇女实施堕胎的有资格的执业医生向其提供该证明书的副本,并附以其可能要求提供的与实施堕胎相关的资料。
定义	(6) 对于第(4)款、第(5)款和本款,
"合格医院"	"合格医院"指经加拿大医院资格审查委员会确认合格、提供诊断服务、医药、外科及妇产科的治疗的医院。
"核准医院"	"核准医院"指由省卫生部长为本条专门核准的省内医院。
"委员会"	"委员会"指理事会、管理委员会、指导委员会、受托员会、代表委员会或其他对于合格或者核准医院进行控制和管理的个人或团体。

第八章 侵害人身和名誉的犯罪

"卫生部长"	"卫生部长"指： （a）安大略、魁北克、新布伦斯威克、爱德华王子岛、曼尼托巴和纽芬兰等省的卫生部长； （b）诺瓦斯科舍省和萨斯喀彻温省的公共卫生部长； （c）不列颠哥伦比亚省的卫生事务和医院保险部长； （d）阿尔伯塔省的医院和医疗事务部长； （e）育空地区、西北地区和努纳武特的卫生部长。
"有资格的执业医生"	"有资格的执业医生"指根据第（4）款所述医院所在地的省的法律规定有权从事医疗业务的人。
"治疗性堕胎委员会"	"治疗性堕胎委员会"指由医院委员会指派、由三位以上有资格的执业医生组成的、就该医院内终止妊娠问题进行审查和决定的委员会。
对同意的要求不受影响	（7）第（4）款不得被解释为，在基于为怀孕妇女堕胎实施任何行为之前不需要获得非本法所要求的授权或者同意。
提供毒物	第288条 明知其将用于为妇女实施堕胎而非法提供或者获得药物、其他毒药、器械或者物品的，不论该妇女是否怀孕，构成可诉罪，处不超过两年的监禁。
性病	第289条 ［已废止］

侵犯夫妻权利的犯罪

重婚	第290条 （1）符合下列条件之一的，构成重婚罪： （a）在加拿大，有下列情形之一： （i）已经结婚，与他人履行结婚仪式； （ii）明知他人已经结婚而与其履行结婚仪式； （iii）在同一天或者同时与一个以上的人履行结婚仪式； （b）居住在加拿大的加拿大公民，基于实施（a）项（i）目至（iii）目所述行为的目的离开加拿大，并在加拿大境外于这些目规定的条件下实施所述行为。
抗辩事项	（2）履行结婚仪式而有下列情形之一的，不构成重婚罪： （a）行为人善意地并且有正当理由相信其配偶已经死亡；

（b）在结婚仪式之前行为人的配偶已经失踪7年，但行为人于此7年中曾知道其配偶活着的除外；

（c）行为人已经解除第一个婚姻关系；

（d）前婚已经由有合法管辖权的法院宣布无效。

无资格不构成抗辩理由 （3）受到重婚罪指控时，当事人如果未婚则根据指控犯罪实施地法律无资格缔结婚姻，不构成抗辩理由。

推定有效 （4）任何婚姻或者婚姻仪式在本条中应当视为有效，但被告其为无效的除外。

被告的作为或者不作为 （5）被指控重婚的被告的作为或者不作为不得使有效的婚姻或者婚姻仪式无效。

处罚 **第291条** （1）实施重婚罪，构成可诉罪，处不超过两年的监禁。

结婚证书 （2）对于本条，根据法律授权签发的结婚证书，即使没有签署者的签名或者公务性质的证明，仍然为与其相关的婚姻或者婚姻仪式的证据。

促成假结婚 **第292条** （1）促成或者帮助促成自己与他人的假结婚的，构成可诉罪，处不超过5年的监禁。

确证 （2）不得仅仅根据唯一证人的证据而以本条定罪，但该证人的证据得到与被告有关的证据的实质细节证实的除外。

多配偶 **第293条** （1）实施下列行为之一，构成可诉罪，处不超过5年的监禁：

（a）进行、参加或者以任何方式同意进行或者参加下列事项之一：

（i）任何形式的多配偶；

（ii）同时与多人进行的任何种类的夫妻结合关系，无论其是否在法律上承认为有效的婚姻形式；

（b）庆祝、帮助或者参加（a）项（i）目或者（ii）目所述的仪式、典礼、合约或者同意。

多配偶的证据 （2）被告被指控实施本条犯罪的，在起诉或者审理中不需要证明被告参加或者同意参加被指控的关系的方式，亦不需要在审理中证明参与该关系的嫌疑人发生或者意图发生性关系。

第八章 侵害人身和名誉的犯罪

非法证婚

假装证婚　　　　　第294条　实施下列行为,构成可诉罪,处不超过两年的监禁:
(a) 不能证明有合法权利而证婚或假装证婚;
(b) 明知他人无合法权利而促成其证婚。

违法证婚　　　　　第295条　有合法证婚权利的人明知而故意违反证婚行为所在省的法律而证婚的,构成可诉罪,处不超过两年的监禁。

亵渎神教

犯罪　　　　　　　第296条　(1) 实施亵渎神教的行为,构成可诉罪,处不超过两年的监禁。

事实问题　　　　　(2) 发表的事项是否亵渎神教,为事实问题。

保留　　　　　　　(3) 出于善意而以体面语言表达,或者企图通过出于善意并以体面语言发表的争论而表达对于宗教问题的意见的,不构成本条规定的犯罪。

损害名誉的诽谤

"报纸"的定义　　　第297条　在第303条、第304条和第308条中,"报纸"指为出售而印刷、其内容含有公共新闻、信息、事件报告、评论或者观察意见的报纸、杂志或定期刊物,并以不超过31天的间隔部分或者全部发行,以及每周或更高频率或者以不超过31天的间隔印制或者发行、其全部或者主要内容为广告的报纸、杂志或定期刊物。

定义　　　　　　　第298条　(1) 损害名誉的诽谤指无合法或者正当理由而发表的、使他人招致仇恨、藐视或者侮辱的,或者意图侮辱他人的事项。

表达方式　　　　　(2) 损害名誉的诽谤可能以下列事物直接地、以影射或者讽刺方式表示:
(a) 在任何物质上清晰刻画的文字;

	(b) 以文字以外的物品表示诽谤。
发布	**第 299 条** 实施下列行为,即为发布诽谤:
	(a) 向公众展示;
	(b) 让他人阅读或者看到;
	(c) 意图使被诽谤者或者他人阅读或者看到而显示或者发送或者让他人显示或者发送。
发布明知为内容虚假的诽谤	**第 300 条** 发布明知为内容虚假的损害名誉的诽谤的,构成可诉罪,处不超过 5 年的监禁。
损害名誉的诽谤的处罚	**第 301 条** 发布损害名誉的诽谤的,构成可诉罪,处不超过两年的监禁。
诽谤敲诈	**第 302 条** (1)基于下列目的之一而发布或者威胁发布、承诺不发布或者阻止发布损害名誉的诽谤的,构成犯罪:
	(a) 勒索金钱;
	(b) 诱使他人就获得任命或者有利的职位或者信托进行协商或者为他人提供上述利益。
同上	(2)因他人拒绝勒索或者拒绝就获得任命或者有利的职位或者信托进行协商而发布或者威胁发损害名誉的诽谤的,构成犯罪。
处罚	(3)实施本条规定的犯罪,构成可诉罪,处不超过 5 年的监禁。
报纸所有人责任的推定	**第 303 条** (1)报纸中所印刷诽谤文字视为报纸所有人的行为,但其证明其不知道且无过失的除外。
过失时对经理的一般授权	(2)报纸所有人授予编辑或其他人员管理或者经营该报纸的一般授权,被授权人在报纸中插述诽谤性文字的,视为报纸所有人没有第(1)款所述过失,但经证明有下列情形之一的除外:
	(a) 其一般授权的意图包括在报纸中插述诽谤性文字;
	(b) 其在知悉报纸中曾经发生过插述诽谤性文字后,仍继续授与一般授权。
出售报纸	(3)不得仅因出售含有诽谤文字的报纸或者其部分而被视为发表诽谤性文字,但行为人明知其出售的报纸或者其部分含有诽谤文字或者该报纸通常含有诽谤性文字的除外。
出售含有损害名誉的诽谤的书籍	**第 304 条** (1)出售报纸之外包含损害名誉的诽谤内容的书、杂志、小册子或者其他物品的,如果出售时不知道包

第八章 侵害人身和名誉的犯罪

含诽谤内容,不得被视为发表损害名誉的诽谤。

受雇人员出售　　（2）雇员在受雇过程中出售报纸之外的书、杂志或者其他物品,雇主不得被视为发表其中包含的损害名誉的内容,但证明雇主明知有下列情形之一而授权出售的除外:
(a) 其中包含诽谤性内容;
(b) 出售的期刊通常包含损害名誉的内容。

发表法院诉讼记录　　**第 305 条**　不得将发表下列程序中的诽谤性事项视为发表损害名誉的诽谤:
(a) 在法院依法进行的司法程序中;
(b) 在根据法律或者女王的命令或者因公共机关或者省政府机关的授权进行的调查中。

议会文件　　**第 306 条**　不得将下列行为视为发表损害名誉的诽谤:
(a) 向参议院、众议院或者省议会发表包含在向他们提交的请愿中的诽谤性内容;
(b) 在根据参议院、众议院或者省议会的命令或者授权而发表的文件中发布诽谤性内容;
(c) 善意、毫无恶意地向被诽谤人发表本条(a)或者(b)项所述请愿或者文件的节录或摘要。

对议会或者诉讼程序的公正报道　　**第 307 条**　（1）为向公众提供消息而善意发表参议院、众议院、省议会或者其委员会或者法院的司法程序的公正报道的,或者善意发表对该程序的公正评论的,不得视为发表损害名誉的诽谤。

离婚诉讼例外　　（2）发表参议院、众议院或者省议会有关婚姻或者离婚申请或者起诉程序中采证或者提供证据的报道,若未经各该机关的授权或者许可,或者违反其规定、命令或者惯例的,不适用本条规定。

公众集会的公正报道　　**第 308 条**　出于善意而在报纸上发表关于公众集会的公正报道的,如果符合下列条件,不得视为发表损害名誉的诽谤:
(a) 该集会系为了合法目的而合法地召集并对公众开放;
(b) 报道公正准确;
(c) 发表所指控内容系为了公共利益;
(d) 行为人不拒绝在新闻纸明显的位置刊登被诽谤人

关于该诽谤事件的合理解释或者真实情况的说明。

公共利益

第309条 有正当的理由相信其所发表的损害名誉的事项为真实的并与公众有关,并且对其进行公开讨论是为公众利益的,不得视为发表损害名誉的诽谤。

对公众人物或者艺术作品的公正评论

第310条 对下列事项发表公正评论的,不得视为发表损害名誉的诽谤:

(a) 参与公共事务的人员的公开行为;

(b) 已经出版的书籍或者其他文学作品、著作、艺术品、公开表演或者向公众就任何问题所发表的意见,且该评论限于批评。

以真实作为抗辩理由

第311条 行为人证明以特定方式发表损害名誉的事项在发表时系为公共利益并且事项本身为真实的,不得被视为发表损害名誉的诽谤。

受到邀请或者出于必要而发表

第312条 发表损害名誉的事项而有下列情形之一,如果行为人相信其为真实的,并且是经邀请、挑战或者为进行必要的反驳,而且未超过合理的限度的,不得被视为发表损害名誉的诽谤:

(a) 受到与损害名誉的事项相关的人的邀请或者挑战而发表;

(b) 为对他人发表的损害其名誉的诽谤进行反驳而有必要发表。

对调查的回答

第313条 在调查中发表损害名誉的事项,该事项与询问人或者其代表要了解的事实有关,或者发表人基于正当理由相信有关,如果符合下列条件,不得视为发表损害名誉的诽谤:

(a) 基于善意为调查提供资料;

(b) 发表人相信其为真实的;

(c) 该损害名誉的事项与调查相关;

(d) 损害名誉的内容未超出合理限度。

向关系人提供资料

第314条 为向他人提供资料而发表损害名誉的事项,该事项与询问人要了解的事实有关,或者发表人基于正当理由相信有关,如果符合下列条件,不得视为发表损害名誉的诽谤:

(a) 提供资料人的行为在具体情况下为合理的;

（b）该损害名誉的事项与主题相关；

（c）该损害名誉的事项为真实的，或者虽非真实，但行为人对被损害人无恶意并且有正当理由相信其为真实的。

为寻求损害赔偿而善意发表

第 315 条 因侵害公共利益或者侵犯个人权利的不法行为或者个人冤屈，要求权利人、义务人或者其有正当理由相信为权利人、义务人的人员赔偿或者补偿而发表损害名誉的事项的，如果符合下列条件，不得视为发表损害名誉的诽谤：

（a）行为人相信损害名誉的事项为真实的；

（b）相信损害名誉的事项与寻求的赔偿或者补偿相关；

（c）损害名誉的内容未超出合理限度。

证明根据立法机关的命令而发表

第 316 条 （1）被指控发表损害名誉的诽谤的被告，可以于诉讼中的任何阶段提出证据，证明损害名誉的事项系经参议院、众议院或者省议会的命令或者批准而发表。

指示作出裁决

（2）在第（1）款所述程序的任何阶段，法庭、法官、或者省法院法官确信所指控的损害名誉的事项包含在根据参议院、众议院或者省立法机关的命令或者批准而出版的报纸上的，应当指示作出无罪裁决并且释放被告。

命令证明书

（3）对于本条，参议院、众议院或者省议会的发言人或者文书掌握的证明书，证明所指控的损害名誉的事项包含在根据参议院、众议院或者省议会的命令或者批准出版的报纸上的，是确凿证据。

裁　　决

关于损害名誉的诽谤的裁决

第 317 条 在就发表损害名誉的诽谤进行的审理中被告作无罪答辩的，宣誓审理的陪审团对所指控问题整体可以作出有罪或者无罪的一般裁决，法官不得要求或者指示陪审团仅根据被告发表了所指控的损害名誉的诽谤的证据和指控所作的判断而裁决被告有罪，但法官在其他刑事诉讼中就同一事项酌情向陪审团提出指示或者意见，陪审团可以就此作出特别裁决。

仇 恨 宣 传

煽动灭绝种族　　　　第 318 条　（1）煽动或者宣传种族灭绝，构成可诉罪，处不超过 5 年的监禁。

"灭绝种族"的定义　　（2）在本条中，"种族灭绝"指蓄意全部或者局部消灭任何可识别的群体而实施的下列行为：
　　（a）杀害该群体的成员；
　　（b）蓄意损害该群体的生活条件，足以致使其生理上毁灭。

同意　　　　　　　　（3）未经总检察长同意，不得对本条规定的犯罪提起诉讼。

"可识别群体"的定义　（4）在本条中，"可识别群体"指根据肤色、种族、宗教、人种来源或者性取向区别的公众的任何部分。

公开煽动仇恨　　　　第 319 条　（1）以在公共场所发表声明的方式公开煽动对可识别群体的仇恨而可能导致扰乱治安的，分别构成：
　　（a）可诉罪，处不超过两年的监禁；
　　（b）简易罪。

故意激发仇恨　　　　（2）在私人谈话以外的场合以发表声明的方式蓄意宣传对可识别群体的仇恨的，分别构成：
　　（a）可诉罪，处不超过两年的监禁；
　　（b）简易罪。

抗辩　　　　　　　　（3）行为人有下列情形之一的，不得根据第（2）款对其定罪：
　　（a）其证实发表的声明内容真实；
　　（b）其出于善意而表明或者试图通过争论表明其基于宗教教义的信仰而对宗教问题的意见；
　　（c）声明与公共利益相关，讨论系为了公共利益，并且其有正当理由相信声明内容真实；
　　（d）其出于善意意图消除对加拿大可识别群体产生或者可能产生仇恨的情感而指出其问题。

没收　　　　　　　　（4）被根据第 318 条或者本条第（1）款、第（2）款定罪的，在可能判处的其他处罚之外，主持审理的省法院法官或者法官可以命令将用以犯罪的或者与犯罪相关的物品收归

	女王在定罪地所在省的女王代表所有,按照总检察长可能作出的指示处理。
通讯设施免于没收	(5) 第199条第(6)款和第(7)款比照适用于第318条或者本条第(1)款或者第(2)款。
同意	(6) 未经总检察长同意,不得对第(2)款规定的犯罪提起诉讼。
定义 "发表"	(7) 在本条中, "发表"包括通过电话、广播或者其他可听或者可视手段进行发表。
"可识别群体"	"可识别群体"与第318条的含义相同。
"公共场所"	"公共场所"包括公众有权进入或者根据明示或者默示的邀请可以进入的任何地方。
"声明"	"声明"包括以电子、电磁或者其他方式说出、书写或者记录的词语,以及手势、标记或者其他可视标志。
扣押令	**第320条** (1) 法官根据起誓告发确信有正当理由相信在法院管辖区之内的房屋中基于出售或者散发的目的而存有的出版物及其复制品系为仇恨宣传的,应当签发令状将其扣押。
给占有人的传票	(2) 根据第(1)款签发扣押令7日之内,法官应当向房屋占有人签发传票,要求他出庭说明被扣押的物品不应该没收的理由。
所有人和作者可以出庭	(3) 根据第(1)款扣押的物品被指控为仇恨宣传的物品的所有人与作者可以出庭或者由他人代理出庭,就物品的扣押提出反对意见。
没收令	(4) 如果法院确信第(1)款所述出版物系为仇恨宣传,应当发出命令宣布由女王陛下在诉讼所在省的代表没收,按照总检察长可能作出的指示处理。
物品处理	(5) 如果法院确信第(1)款所述出版物不是仇恨宣传,应当命令将物品在最后上诉期满时立即归还给被扣押人。
上诉	(6) 在诉讼中出庭的人可以如同根据第二十一章仅以法律问题针对有罪或者无罪裁决或者判决一样对根据第(4)款或者第(5)款作出的命令以下列任何理由提出上诉,比照适用第673条至第696条规定: (a) 仅以法律问题为理由;

	（b）仅以事实问题为理由；
	（c）以法律问题和事实问题为理由。
同意	（7）未经总检察长同意，不得根据本条提起诉讼。
定义	（8）在本条中，
"法院"	"法院"指：
	（a）在魁北克省，魁北克法院；
	（a.1）在安大略省，高等法院；
	（b）在新不伦瑞克省、曼尼托巴省、萨斯喀彻温省和阿尔伯塔省，王座法庭；
	（c）在爱德华王子岛省和纽芬兰省，最高法院分庭；
	（c.1）[已废止]
	（d）在诺瓦斯科舍省、不列颠哥伦比亚省、育空地区和西北地区，最高法院；
	（e）在努纳武特，努纳武特法院。
"灭绝种族"	"灭绝种族"与第318条含义相同。
"仇恨宣传"	"仇恨宣传"指用以煽动或者激发灭绝种族的书面文件、标志或者可视符号以及足以构成第319条犯罪的行为。
	"法官"指法院的法官。
扣押令	**第320.1条** （1）如果法官根据起誓告发确信有正当理由相信在法院管辖区之内的第342.1条第（2）款所定义的计算机内存有或者可以通过该计算机向公众提供第320条第（8）款所述仇恨宣传资料或者第342.1条第（2）款所定义的数据，法官可以命令计算机的管理人：
	（a）向法院提供该材料的电子副本；
	（b）保证该材料不再保存在计算机系统中、不能通过计算机系统获得该资料；
	（c）提供必要信息以识别和确定发布资料的人。
通知发布材料的人	（2）在收到第（1）款（c）项所述信息后合理时间内，法官应当通知发布材料的人，给他出庭或者由他人代理出庭的机会以说明不应当删除材料的理由。如果不能识别或者找到此人或者其不居住在加拿大，法官可以命令计算机系统的管理人在原来保存和提供材料的地方发布通知，直至确定的出庭时间。
发布材料的人可以出庭	（3）发布材料的人在诉讼中可以出庭或者由他人代理

	出庭,对根据第(5)款发出的命令提出异议。
不出庭	（4）如果发布材料的人没有出庭,法院可以缺席审理并作出裁决,与此人出庭时审理具有完全相同的效力。
命令	（5）法庭如果确信公众可以接触到此材料且其属于第320条第(8)款规定的仇恨宣传或者第342.1条第(2)款规定的可能使公众接触到仇恨宣传的材料,可以命令计算机系统的管理人将该材料删除。
销毁副本	（6）法院命令删除材料时,可以命令销毁法庭持有的电子副本。
归还材料	（7）法庭如果确信公众不能接触到此材料且其不属于第320条第(8)款规定的仇恨宣传或者第342.1条第(2)款规定的可能使公众接触到仇恨宣传的材料,应当命令将电子副本送还计算机系统的管理人,并终止第(1)款(b)项所述命令的效力。
其他规定的适用	（8）第320条第(6)款至第(8)款比照适用于本条。
命令的生效时间	（9）根据第(5)款至第(7)款所作命令于上诉期满时生效。

第九章 侵犯财产权的犯罪

解　释

定义	**第321条** 在本章中，
"破坏"	"破坏"指：
	(a) 破坏内部或外部的任何部分；
	(b) 开启用以或者打算用以关闭或者覆盖内部或者外部开口的物品。
"信用卡"	"信用卡"指而签发或发行的用于下列目的的证卡、金属片、票券或其他物品：
	(a) 将其出示可以以信用获取钱款、商品、服务或者其他有价物品；
	(b) 将其放入自动提款机、遥控设施或者类似的银行自动设施以获取通过该自动提款机、遥控设施或者银行设施提供的服务。
"文件"	"文件"是指用以记录或标识的纸张、羊皮纸或其他材料，附有可供人们、电脑系统或者其他设备阅读或者理解的文字标记，包括信用卡，但不包括商品上的商标以及在石头、金属或者类似物质上的印文。
"国库证券"	"国库证券"是指经加拿大议会法或者省立法机构制定的法律授权以女王名义发行或者担保的银行券、债券、纸币、企业债券或者证券。
"国库证券纸"	"国库证券纸"指用于制造国库证券的纸。
"虚假文件"	"虚假文件"指符合下列条件之一的文件：
	(a) 文件的全部或重要部分声称由下列人员之一制作或者以其名义制作：
	(i) 未进行制作或者未授权制作的人；
	(ii) 实际上不存在的人；
	(b) 声称由某人制作或者以其名义制作，但是某些重要部分系伪造；

第九章 侵犯财产权的犯罪

（c）以现实存在的某人的名义制作、由其制作或者根据其授权制作，但基于欺诈目的宣称由实际制作人或者授权人以外的、实际存在或者虚拟的人制作。

"印花纸"   "印花纸"是指用以制作邮票、执照、许可证或者用于与财政收入相关目的的纸张。

盗　窃

盗窃

第 322 条　（1）以欺诈手段取得或者无表面权利而以欺诈手段侵占有生命或者无生命的物品为自己或者他人使用，有下列目的之一的，构成盗窃罪：

（a）暂时或永久剥夺物的所有人、对该物具有特殊财产权或者利益的人的物权、特殊财产权或者利益；

（b）为担保或者抵押而留置；

（c）附返还条件的让与，而被让与人不可能履行该返还条件；

（d）处分某物，而处分方式使该物不能恢复被取得或者被侵占时的状态。

盗窃完成的时间

（2）意图窃取而移动某物、致使该物移动或者开始使其成为可移动之物的，构成盗窃罪。

秘密

（3）取得或者侵占物品均可构成欺诈，并不以秘密进行或者企图掩饰为条件。

占有目的

（4）对于本法，被侵占物是否被基于侵占目的而获取，或者该物于侵占时是否处于侵占人的合法占有下，无关紧要。

野生动物

（5）对于本条，拥有野生动物的人应被视为对其控制之中以及对逃离其控制的动物具有特别的财产权或者利益。

蚝

第 323 条　（1）对于养蚝场或者养渔场有财产权，其所有权的标志明显或者该标志为他人所周知的，则此人对养蚝场或者养渔场以及在此处所养的牡蛎、幼蚝，具有特殊财产权或利益。

养蚝场

（2）在起诉中用名称或者其他方式表明养蚝场或者养渔场即可，不需要说明其具体地点。

看管人盗窃扣押物

第 324 条　受委托看管治安官员或者公务员履行职务

合法没收物品的人，依法或者根据协议承担在确定的时间、地点向该官员或者其他有权人提交该物品的义务，不履行此义务的，构成盗窃。但如果其不是出于故意的作为或者不作为，则不构成本罪。

代理人抵押不构成盗窃　　第325条　代销商或者代理人就为出售或者其他目的而受委托保管的货物或者货物权利证书设定质押或者留置权的，如果质押或者留置的数额不超出下列两项的总额，就不构成盗窃：

（a）在对物品或者权利证书设定质押或者抵押权时委托人应向其支付的数额；

（b）其已经为其委托人或者代其委托人接受的汇票数额。

盗窃电信服务　　第326条　（1）欺诈、恶意或者没有权利而实施下列行为，构成盗窃罪：

（a）提取、消费或者使用电力或者燃气，或者造成浪费或者转移；

（b）使用电信设施或者获得电信服务。

"电信"的定义　　（2）在本条和第327条中，"电信"指"电讯"是指任何通过有线、无线、光缆或者其他电磁系统传播、发射和接收符号、信号、文字、图象、声音或其他性质的信息。

持有获得电讯设施或者服务的装置　　第327条　（1）不能证明有合法理由而生产、持有、销售、提供销售或者散发旨在获取电讯设施或者服务的仪器、装置或者其部件，并且根据情况可以合理推论该设备已经被用来获取电讯设施或者服务，或者正在企图或者曾经企图用来获取电讯设施或者服务而未依法支付费用的，构成可诉罪，处不超过两年的监禁。

没收　　（2）根据第（1）款或者第326条第（1）款（b）项规定定罪的，除了判处的任何惩罚之外，根据判决，可以命令没收与犯罪有关的仪器、装置以及作为犯罪对象的赃物，可以根据总检察长的指示处理。

限制　　（3）对于从事电话、电报业务或者向公众提供其他电信服务的人所拥有的电话、电报或者其他电讯设施或者装置，或者被用作进行第（1）款规定罪行的电话、电报或其他电讯设施或装置的部分，如果所有人本人不是犯罪人，不能根据

第九章 侵犯财产权的犯罪

第(2)款规定进行没收。

具有特别财产权或利益的人盗窃或者从其处盗窃

第328条 尽管指控被盗之物系由下列人员盗窃，仍构成盗窃：

（a）物的所有人从对物拥有特别财产权或者利益的人处窃取；

（b）对物拥有特别财产权或者利益的人从物的所有人处窃取；

（c）由物的承租人从其将来财产权人处窃取；

（d）由共同所有人、共同租赁人或合伙人之一从对物享有利益的其他人处窃取；

（e）组织的代表人从该组织处窃取。

第329条 ［已废止］

被要求结算的人盗窃

第330条 （1）以向某人或者他人结算或者支付物品的费用或者其全部或者部分收益为条件而接受物品后，欺诈性地不按照条件进行相应结算或者支付的，构成盗窃罪。

在账户中记载的效力

（2）本应适用第(1)款规定，但条件之一为接收的物品或者其全部或者部分收益在往来账户中进行记载，并且应当接受结算或者支付的人应仅仅依靠于他人作为其债务人的信用的，就接收的物品或者其全部或者部分收益在该账户进行的适当的记载即为充分核算，就此抵消的物品或者其全部或者部分收益不得视为发生了欺诈性侵占。

有代理权的人盗窃

第331条 单独或者与他人共同接受委托就动产或者不动产的出售、抵押、担保或者其他方式的处理享有代理权，基于委托以外的目的，欺诈性地出售、抵押、担保或者以其他方式处理该财产的全部或者其部分的，或者欺诈性地侵占出售、抵押、担保或者以其他方式处理该财产所得的全部或者部分收益的，构成盗窃罪。

侵占根据指示保管的钱款

第332条 （1）单独或与他人共同接受委托保管金钱或有价证券者，就动产或者不动产的出售行使代理权，并被要求将全部或者部分钱款、有价证券或者财产的全部或者部分收益用于特定目的或者交付给指示中指定的人，而欺诈性地违背指示将全部或者部分钱款或者收益用于其他目的，构成盗窃。

在账户中记载的效力

（2）接受第(1)款所述物品的人与交付物品的人之间

的交易以支付给前者的钱款在没有指示的情况下适当记入往来账户为条件的，不适用第(1)款规定，但指示为书面形式的除外。

为科学目的取走矿石

第333条 为勘探或者科学调查的目的而自非封闭的并且未作为矿山、采石场或者挖掘场的地方取走矿石或者矿物样本的，不构成盗窃罪。

盗窃罪的处罚

第334条 除法律另有规定外，实施盗窃罪的：

（a）如果盗窃的财产是遗嘱文件或者盗窃价值超过5000元，构成可诉罪，处不超过10年的监禁；

（b）如果盗窃的财产价值不超过5000元，分别构成：

（i）可诉罪，处不超过两年的监禁；

（ii）简易罪。

类似盗窃的犯罪

未经同意擅自使用机动车辆或船只或者被发现在其中

第335条 （1）除适用第(1.1)款的情形外，未经所有人同意，意图本人或者让他人驾驶、使用、航行、操作机动车辆或者船只而取走机动车或者船只的，构成简易罪。

例外

（1.1）占据机动车或者船只的人意识到其系未经所有人同意而获取时试图离开或者实际离开该动车或者船只的，对其不适用第(1)款规定。

"船只"的定义

（2）对于第(1)款，"船只"与第214条的含义相同。

背信罪

第336条 受他人委托就物品的使用或者全部或者部分收益进行管理，或者为公共或者慈善目的进行管理，意图欺诈或违背委托而将此物或者其部分用于委托人授权以外的目的的，构成可诉罪。

公务员拒绝交付财产罪

第337条 受雇于加拿大政府或省政府机构，从事管理市立公司，经授权接收、保管、管理或者控制任何物品，拒绝或者不将其交付给有权要求并提出要求的人的，构成可诉罪，处不超过14年的监禁。

欺诈性占有牲畜或毁坏其标志

第338条 （1）未经所有人同意，实施下列行为的，构成可诉罪，处不超过5年的监禁：

（a）以欺诈方式获取、保管、占有、隐藏、接收、盗用、购买或者出售被发现为走失的牲畜；

第九章　侵犯财产权的犯罪

　　　　　　　　　　(b) 全部或部分地以欺诈方式：
　　　　　　　　　　　(i) 涂抹、改动或者毁损牲畜标识或者记号；
　　　　　　　　　　　(ii) 伪造或者变造标识或记号用于牲畜。
盗窃牲畜罪的处罚　　(2) 盗窃牲畜的，构成可诉罪，处不超过10年的监禁。
牲畜财产的证据　　　(3) 在根据本法进行的诉讼中，将带有标识或者记号的牲畜依法记录或者登记的证据，在无相反证据的情况下，即为牲畜归属登记标识或者记号的人所有的证明。
根据占有推定　　　　(4) 被告被指控犯第(1)款或者(2)款规定的犯罪的，如果被告不是牲畜登记的所有人，证明有关牲畜系合法由被告或者其雇员占有或者由他人代表被告占有，责任由被告承担，但表明被告的雇员或者他人代表被告占有该牲畜，被告人并不知情、未经被告授权、同意或者许可的除外。

占有漂流木材等　　　第339条　(1) 未经所有人同意，对于在加拿大境内的河流、溪流、或者湖泊的河床、岸、滩或者在加拿大的港口或者加拿大沿海水域发现的漂流、泊岸或者搁浅的木材或者伐木设备，实施下列行为的，构成可诉罪，处不超过5年的监禁：
　　　　　　　　　　(a) 以欺诈手段取得、保管、占有、隐藏、接收、使用或者买卖；
　　　　　　　　　　(b) 移动、变更、销毁或者破坏其标志或号码；
　　　　　　　　　　(c) 拒绝向所有人或者其代理人或者其授权收受的人交付。
旧货经营者　　　　　(2) 旧货经营者未经登记所有人的书面同意，买卖、占有或者为买卖而占有附有标志、登记符号、登记人姓名或者代号的伐木设备，构成简易罪。
搜寻被非法扣留的木材　　(3) 治安官如果有正当理由怀疑，为某人所有并附有此人登记符号的木材未经此人知情和同意而保存或者扣押在任何地方，可以进入该地方以查明是否未经此人知情和同意。
木材的财产证据　　　(4) 在根据第(1)款进行的诉讼中，如果没有相反证据，附有登记符号的木材或者伐木设备上所附标志为该财产属于标志登记所有人的证明。
根据占有推定　　　　(5) 在根据第(1)款进行的诉讼中，被告、其雇员或者代理人占有附有他人标志、登记符号、姓名或者姓名缩略字

	母的木材或者伐木设备的,对占有的合法性的举证责任由被告承担。
定义	(6) 在本条中,
"加拿大沿海水域"	"加拿大沿海水域"包括夏洛赫女王海峡,乔治亚海峡以及琼·德福卡海峡的加拿大水域。
"木材"	"木材"指圆木、桅杆、原木材、木板拴、锯材原木或者任何种类的木材。
"伐木设备"	"伐木设备"包括锁链、拴链、绳索和扣索。
销毁所有权文件	**第340条** 基于欺诈目的,毁坏、撤销、隐匿或者篡改下列文件,构成可诉罪,处不超过10年的监禁:
	(a) 货物或者土地的所有权文件;
	(b) 有价证券或者遗嘱;
	(c) 司法文件或者政府文件。
欺诈性隐藏	**第341条** 基于欺诈目的,取得、获取、转移或者隐藏任何物品,构成可诉罪,处不超过两年的监禁。
对信用卡的盗窃、伪造,等	**第342条** (1) 实施(a)项至(d)项行为,分别构成(e)项或者(f)项犯罪:
	(a) 盗窃信用卡;
	(b) 伪造或者变造信用卡;
	(c) 明知信用卡系以下方式之一获得、制造或者篡改而持有、使用信用卡或者进行信用卡的交易:
	(i) 通过在加拿大境内实施犯罪;
	(ii) 通过在任何地方实施的、如果发生在加拿大境内即构成犯罪的作为或者不作为;
	(d) 使用明知为已经撤销或者作废的信用卡;
	(e) 可诉罪,处不超过10年的监禁;
	(f) 简易罪。
管辖	(2) 被指控违反第(1)款规定犯罪的被告,可以由在指控犯罪发生地、被告被发现地、逮捕地或者拘押地有管辖权的法院审判,但是被告发现地、逮捕地或者拘押地在指控犯罪发生地以外的省的,未经指控犯罪发生地的省的总检察长同意,不得对该犯罪进行诉讼。
擅自使用信用卡资料	(3) 没有表面权利而欺诈性地持有、使用、交易或者允许他人使用无论是否为真实的信用卡资料,而使他人可能使

用信用卡或者获取信用卡发行人向信用卡持有人提供的服务,分别构成:

(a) 可诉罪,处不超过10年的监禁;

(b) 简易罪。

"交易"的定义　　(4) 在本条中,"交易"指对信用卡或者信用卡资料的出售、由加拿大出口、向加拿大进口、散发或者以其他方式处理。

制造、拥有或者交易伪造或者变造信用卡的工具　　第342.01条　(1) 无法律根据或者理由,明知其为曾用于或者知道其经改造以用于或者意图用于伪造或者篡改信用卡的工具、装置、仪器、材料或者物品,而就其实施下列行为,构成可诉罪,处不超过10年的监禁,或者构成简易罪:

(a) 制造或者修理;

(b) 购买或者出售;

(c) 由加拿大出口或者向加拿大进口;

(d) 占有。

没收　　(2) 根据第(1)款规定定罪的,除了判处的任何惩罚之外,可以命令将与实施犯罪相关或者对其持有构成犯罪的工具、装置、仪器、材料或者物品进行没收,可以根据总检察长的指示处理。

限制　　(3) 对于属于没有参加第(1)款规定的犯罪的人所有的任何财产,不得根据第(2)款规定命令没收。

擅自使用计算机　　第342.1条　(1) 没有表面权利而欺诈性地实施下列行为,构成可诉罪,处不超过10年的监禁,或者构成简易罪:

(a) 直接或者间接地获得计算机服务;

(b) 通过电磁、声音、机械或者其他装置,直接或者间接地截取或者让他人截取计算机的任何功能;

(c) 基于实施(a)项或者(b)项规定的犯罪或者第430条规定的与数据或者计算机系统相关的犯罪而直接或者间接地使用或者让他人使用计算机系统;

(d) 使用、持有、交易或者允许他人得到计算机的密码而使他人能够实施(a)项、(b)项或者(c)项所规定的犯罪。

定义
"计算机密码"　　(2) 在本条中,

"计算机密码"指赖以获取或者使用计算机服务或者计算机系统的数据。

"计算机程序"	"计算机程序"指代表在计算机系统上执行可以使计算机系统履行一定功能的指示或者陈述的数据。
"计算机服务"	"计算机服务"包括数据处理、数据的保存或者恢复。
"计算机系统"	"计算机系统"指符合下列条件的装置,或者由相互连接或者相关的装置组成的集合,其中一个或者一个装置符合下列条件:
	（a）包含计算机程序或者其他数据;
	（b）依照计算机程序:
	（i）执行逻辑和控制;
	（ii）可执行其他功能。
"数据"	"数据"指以适合在计算机系统使用的形式准备和备用的关于信息和概念的材料。
"电磁、声音、机械或者其他装置"	"电磁、声音、机械或其他装置"指用于或者可以用于截取计算机系统功能的装置或者器械,但是不包括矫正用户低于正常水平的听力的助听器。
"功能"	"功能"包括逻辑功能、控制功能、计算功能、删除功能、贮存功能、输出功能和与计算机系统进行、发自计算机系统或者在其内部执行的交换和电信功能。
"截取"	"截取"包括听取或者记录计算机系统功能,或者获取有关的实质、意思或者涵义。
"交易"	"交易"指对计算机密码的出售、由加拿大出口、向加拿大进口、散发或者以其他方式处理。
持有获取计算机服务的装置	**第 342.2 条** （1）无法律根据或者理由,在导致合理推论仪器、装置或者其配件曾经用于、企图用于或者曾经企图用于实施违反第 342.1 条规定的犯罪的情况下,制造、持有、出售、允诺出售或者散发设计为主要用于实施第 342.1 条规定的犯罪的仪器、装置或者其配件的,分别:
	（a）构成可诉罪,处不超过两年的监禁;
	（b）构成简易罪。
没收	（2）根据第（1）款规定定罪的,除了判处的任何惩罚之外,可以命令将与实施犯罪相关的或者对其持有构成犯罪的仪器或者装置没收,可以根据总检察长的指示处理。
限制	（3）对于属于没有参加第（1）款规定的犯罪的人所有的任何财产,不得根据第（2）款规定命令没收。

第九章　侵犯财产权的犯罪

抢劫与敲诈

抢劫　　　　　　　第343条　实施下列行为,构成抢劫罪:
　　　　　　　　　（a）偷盗并为了敲诈所偷盗的东西或者为防止或者克服对偷盗的反抗,对人身或者财产使用或者威胁使用暴力;
　　　　　　　　　（b）偷盗他人财物,于偷盗时或者偷盗前后对受害人实施伤害、殴打、打击或者使用针对人身的暴力;
　　　　　　　　　（c）为了从任何人那里偷盗而对其袭击;
　　　　　　　　　（d）携带进攻性武器或者仿制武器偷盗。

抢劫　　　　　　　第344条　实施抢劫罪的,构成可诉罪,处罚分别为:
　　　　　　　　　（a）使用火器实施犯罪的,终身监禁,最低刑为4年监禁;
　　　　　　　　　（b）其他情况下,终身监禁。

蓄意拦截邮车　　　第345条　基于抢劫或者搜查目的而拦截邮车的,构成可诉罪,处终身监禁。

敲诈　　　　　　　第346条　（1）无合理根据或者理由,基于获取任何物品的目的,而以威胁、指控、恐吓或者暴力促使或者企图促使任何人实施任何行为的,无论其是否为威胁、指控、恐吓或者暴力指向的人,构成敲诈罪。

敲诈　　　　　　　（1.1）实施敲诈罪,构成可诉罪,处罚分别为:
　　　　　　　　　（a）使用火器实施犯罪的,终身监禁,最低刑为4年监禁;
　　　　　　　　　（b）其他情况下,终身监禁。

保留　　　　　　　（2）威胁提起民事诉讼,不属于本条所述的威胁。

犯罪利率

犯罪利率　　　　　第347条　（1）尽管有其他议会法的规定,实施（a）项或者（b）项行为,分别构成（c）项或者（d）项犯罪:
　　　　　　　　　（a）达成以犯罪利率收取利益的协议或者安排;
　　　　　　　　　（b）以犯罪利率接受全部或者部分利益的支付;
　　　　　　　　　（c）可诉罪,处不超过5年的监禁;
　　　　　　　　　（d）简易罪,处不超过2.5万元的罚金或者不超过6个月的监禁,或者两者并处。

（2）在本条中，

定义
"预付信贷" "预付信贷"指金钱总额以及根据协议或者安排实际预付或者应当预付的货物、提供的服务或者收益的货币价值总额,减去所要求的保证金平衡和根据原始的或者附属的协议或者安排所直接或者间接产生的手续费、罚金、罚款、代理费和其他类似费用或者支出。

"犯罪利率" "犯罪利率"指根据普遍接受的精算惯例和原则计算出来的、超过按照协议或者安排预付信贷60%的实际年利率。

"保险费用" "保险费用"指在保险额不超过预付信贷时,就根据协议或者安排由预付或者应当预付信贷的人承担的风险进行保险的费用。

"利息" "利息"指由接受或者应当接受预付信贷的人或者其代理人为协议或者安排规定的预付信贷支付或者应当支付的费用、罚金、处罚、佣金以及其他类似的或任何形式的费用与花费的总额,无论向谁或者应当向谁支付这些费用和花费,但不包括偿还的预付信贷的任何保险费用、官方费用、透支收费、要求的保证金平衡,或者在抵押贷款的情况下,应当支付的财产税。

"官方费用" "官方费用"是指法律要求向政府机构交纳的与按照预付信贷协议或者安排履行担保有关的费用。

"透支费用" "透支收费"指因透支或者透支金额的增加而产生的不超过5元的费用,由其成员全部为或者实质上为自然人的信用合作组织、互助银行或者其吸收的存款全部或者部分由加拿大存款保险公司或者由魁北克存款保险委员会进行保险的吸收存款的机构收取。

"要求的保证金平衡" "要求的保证金平衡"指根据所要求的协议或者安排,作为其一个条件的固定的或者实际或者将要支付的可确定金额,由或者代表实际或将要支付的人存入或者投入,在他不能支付时,用于或者为了支付或者将要支付该金钱的人的利益。

推定 （3）某人收到以犯罪利率支付的利益或者部分利益的,在无相反证据的情况下,应视为其了解支付的性质,并按照犯罪利率而接受。

| | 第九章 侵犯财产权的犯罪 |

实际年利率的证明	（4）在根据本条进行的诉讼中，由加拿大精算师协会会员出具的、说明其已经对按照协议或者安排预付信贷利益的实际年利率作过计算并附有计算结果和所依据资料的证明书，在无相反证据的情况下，即使没有签名或者签名人正式身份的证明，也为实际年利率的证明。
通知	（5）除非准备将第（4）款所述证明书作为证据提供的当事人已经将此意图连同证明书的副本合理地通知被告人，该证明书不得采纳为证据。
经过许可的反问	（6）针对被告人出示第（4）款所述证明书的，经法院允许，被告人可以要求出具证明的精算师出庭接受反问。
进行诉讼要求得到同意	（7）未经总检察长同意，不得根据本条规定提起诉讼。
适用	（8）对于适用《税收折扣法》的交易，不适用本条规定。

强 行 侵 入

有目的地强行侵入、实施犯罪或者逃离	**第348条** （1）实施（a）项至（c）项规定的行为之一的，分别构成（d）项至（e）项规定的犯罪：
	（a）强行侵入一个地方，目的是在其中实施可诉罪；
	（b）强行侵入一个地方并实施可诉罪；
	（c）在实施下列行为之一之后逃离一个地方：
	（i）在其中实施可诉罪；
	（ii）基于实施可诉罪的目的而进入一个地方；
	（d）实施的犯罪涉及住宅的，可诉罪，处终身监禁；
	（e）实施的犯罪涉及住宅以外的地方的，可诉罪，处不超过10年的监禁，或者构成简易罪。
推定	（2）对于根据本条进行的诉讼：
	（a）证明被告强行侵入或者企图强行侵入了一个地方的证据，在没有相反证据的情况下，即证明被告基于在其中实施可诉罪的目的侵入或者企图侵入该地方；
	（b）证明被告逃离一个地方的证据，在没有相反证据的情况下，即证明其在实施下列行为之一之后逃离该地方：
	（i）在其中实施了可诉罪；
	（ii）基于在其中实施可诉罪的目的而侵入。
"地方"的定义	（3）对于本条和第351条，"地方"指：

(a) 住宅；

(b) 住宅以外的建筑物或者其部分；

(c) 铁路车辆、船只、航空器或者拖车；

(d) 为饲养或者商业目的圈养皮毛动物的围栏或者围场。

加重情节—侵入住宅

第 348.1 条 如果一个人因涉及住宅的犯罪被以第 279 条第(2)款、第 343 条、第 346 条或者第 348 条规定犯罪定罪，进行判决的法院应当将实施犯罪时住宅有人居住且行为人实施犯罪时符合下列条件的事实作为加重情节：

(a) 知道住宅有人居住或者不顾住宅是否有人居住；

(b) 对人身或者财产使用武力或者威胁使用武力。

非法在住宅中

第 349 条 (1) 不能证明有合法理由而基于实施可诉罪的目的进入住宅或者处于住宅中，构成可诉罪，处不超过 10 年的监禁，或者构成简易罪。

推定

(2) 在根据本条的诉讼中，证明被告无合法理由进入或者处于住宅中的证据，在没有相反证据的情况下，即证明其基于实施犯罪的目的而进入或者处于该住宅中。

进入

第 350 条 对于第 348 条和第 349 条：

(a) 身体的任何部分或者所使用的工具的任何部分在要进入的地方之中，即为进入；

(b) 有下列情形之一的，视为强行侵入：

(i) 通过实施威胁、诡计或者与在其中的人勾结而进入；

(ii) 不能证明有合法理由而通过永久的或者临时的开口进入。

持有撬门工具

第 351 条 (1) 不能证明有合法理由而持有适用于闯入任何地方、汽车、金库或者保险箱的工具，并且根据具体情况可以合理地推论该工具曾经用于、意图用于或者曾意图用于上述目的的，构成可诉罪，处不超过 10 年的监禁。

有目的地伪装

(2) 基于实施可诉罪的目的而戴面具、在脸上涂彩或者以其他方式伪装的，构成可诉罪，处不超过 10 年的监禁。

持有撬开自动售货设备或者货币兑换设备的工具

第 352 条 不能证明有合法理由而持有适合用于撬开自动售货设备或者货币兑换设备的工具，并且根据具体情况可以合理地推论该工具曾经用于、意图用于或者曾意图用于

第九章　侵犯财产权的犯罪

上述目的的,构成可诉罪,处不超过两年的监禁。

| 出售汽车万能钥匙等 | **第353条** （1）实施下列行为的,构成可诉罪,处不超过两年的监禁： |

（a）在某个省出售、发盘或者发布广告出售汽车万能钥匙,而没有按照该省的总检察长签发的许可证授权；

（b）购买或者持有汽车万能钥匙,没有该省的总检察长签发的许可证授权。

| 例外 | （1.1）警察受警长特别授权持有汽车万能钥匙,仅由于该警察为了履行职务而持有汽车万能钥匙,不是违反第（1）款的犯罪。 |

| 许可证的限制性规定 | （2）第（1）款（a）项或者（b）项规定的由省的总检察长签发的许可证,可以包含总检察长可以规定的有关出售、发盘出售、发布广告、购买、持有或者使用汽车万能钥匙的条件。 |

| 费用 | （2.1）对于第（1）款（a）项或者（b）项规定的许可证的签发或者延期,省总检察长可以决定收费额。 |

| 应当保存记录 | （3）任何人出售汽车万能钥匙： |

（a）应当保存交易记录,载明购买者姓名与地址以及按第（1）款（b）项规定所签发许可证的具体事项；以及

（b）应当根据治安官的要求将记录提交检查。

不遵守第(3)款规定	（4）任何人不遵守第（3）款的规定,构成简易罪。
定义	（5）本款的定义适用于本条。
"汽车万能钥匙"	"汽车万能钥匙"包括钥匙、尖梭、摇杆钥匙或者其他设计为或者改造为启动系列车辆的点火或者其他开关或者锁具的工具。
"许可证"	"许可证"包括授权证。

持　有

| 持有犯罪所得财产 | **第354条** （1）任何人所持有的财产、物品或者财产或者物品的收益,明知全部或者部分财产、物品或者收益是直接间接地来自以下情况之一的,则构成犯罪： |

（a）在加拿大境内实施的可起诉惩罚的犯罪；

（b）任何地方的作为或者不作为,如果发生在加拿大,

就会构成可起诉惩罚的犯罪。

去除车辆识别号 （2）在违反第（1）款的犯罪的诉讼中，一个人持有的车辆其识别号全部或者部分地去除或者车辆的一部分是车辆识别号全部或者部分去除的，没有相反证据的，就证明他明知地持有该车辆或者车辆的一部分，是通过以下情况获得：

（a）加拿大境内实施的可起诉惩罚的犯罪；

（b）任何地方的作为或者不作为，如果发生在加拿大，就会构成可起诉惩罚的犯罪。

"车辆识别号"定义 （3）第（2）款中的"车辆识别号"指置于车辆上的任何数字或者其他标志，以识别类似的车辆。

例外 （4）治安官或者根据治安官的指示行动的人，为了侦查或者履行职务的其他情况，仅由于持有第（1）款所述财产、物品或者财产、物品的收益，不是违反本条的犯罪。

处罚 第355条 任何人违反第354条犯罪：

（a）犯罪事项是遗嘱或者超过5000加元的，构成可诉罪，处不超过10年的监禁；或者

（b）犯罪事项的价值不超过5000加元的，就是：

（i）可诉罪，处不超过两年的监禁；或者

（ii）简易罪。

盗窃邮件 第356条 （1）任何人的以下行为，就构成可诉罪，处不超过10年监禁：

（a）偷盗：

（i）邮寄的任何物品，从存放在邮局开始直至交付前；

（ii）装运邮件的邮包、邮袋或者其他包装，不论是否装有邮件；或者

（iii）加拿大邮政公司所用的锁柜的钥匙；或者

（b）持有明知违反（a）项犯罪的任何物品。

价值主张不是必须 （2）违反本条犯罪的诉讼中，不需要在指控中主张或者在审判中证明犯罪涉及的任何物品所具有的价值。

犯罪所得财产带进加拿大 第357条 带进加拿大或者在加拿大拥有在加拿大境外的行为获得的财产，如果该行为发生在加拿大，就是违反第342条或者第354条的犯罪的，构成可诉罪，处不超过10年的监禁。

完成持有 第358条 在第342条、第354条和第356条第（1）款

第九章　侵犯财产权的犯罪

(b)项中,当一个人单独或者与他人一起持有或者控制或者帮助隐藏或者处理这些条款规定的任何物品,就完成了持有的犯罪。

证据　　　　第359条　(1)被告受到违反第342条、第354条和第356条第(1)款(b)项的指控的,证明诉讼事项财产之外的财产的证据在诉讼的任何阶段都可采纳,证明以下情况的,该证据可视为证明被告知道构成诉讼事项的财产是失盗财产:

(a)被告持有的;以及

(b)诉讼开始前12个月以内被盗的。

对被告通知　　(2)第(1)款不适用,除非符合以下条件:

(a)至少3天的书面通知送交被告,说明诉讼重要证明诉讼事项财产之外的财产由他持有;

(b)通知写明财产的性质和特征描述,以及声称被盗者的信息。

前面定罪的证据　第360条　(1)被告受到违反第354条或者第356条第(1)款(b)项的犯罪指控,并且诉讼事项由他持有的证据已提供,在诉讼开始5年之内的被告涉及盗窃或者第354条的犯罪的定罪证据,为证明被告知道构成诉讼事项的财产是非法获得,在诉讼的任何阶段都可以考虑。

对被告的通知　　(2)第(1)款不适用,除非至少3天书面通知送交被告,说明诉讼中打算证明以前的定罪。

虚 假 借 口

虚假借口　　　第361条　(1)虚假借口是以语言或者其他方式所作的明知是虚假的过去或者现在的事实的陈述,并且具有欺诈的目的,引诱他人按照陈述行动。

夸张　　　　(2)对物品的性质的夸奖或者贬低不是虚假借口,除非达到等同于事实的欺诈性误述的程度。

事实问题　　　(3)第(2)款中,夸奖或者贬低是否等于欺诈性误述,是一个事实问题。

虚假借口或者虚假陈述　第362条　(1)任何人实施以下行为,构成犯罪:

(a)以虚假借口、不管是直接地还是以虚假借口获得的

合同,可能犯了盗窃罪获得物品或者促成物品交付给他人;

(b) 以虚假陈述或者欺诈获得信用;

(c) 故意,直接或者间接地,制作或者促成制作关于自己或者有利益关系的任何人或者组织的财务状况、财富或者支付能力的应受信赖的书面虚假陈述,或者以任何形式,不论是为了自己或者他人或者组织的利益而获得:

(i) 交付动产;

(ii) 付款;

(iii) 发放贷款;

(iv) 许可或者延长信用;

(v) 应收款的折扣;或者

(vi) 制造、接收、打折或者背书交换票据、支票、汇票、本票;或者

(d) 明知已作出关于自己或者他人或者与他有利害关系的组织的财务状况、财富或者支付能力的书面虚假陈述,不论是为了自己的利益还是为了他人或者组织的利益,根据该陈述获得第(c)项(i)目至(vi)目规定的任何物品。

处罚　　(2) 任何人违反第(1)款(a)项犯罪:

(a) 财产获得是涉及遗嘱的或者价值超过 5000 加元的,构成可诉罪,处不超过 10 年的监禁;

(b) 价值不超过 5000 加元的,就是:

(i) 可诉罪,处不超过两年的监禁;或者

(ii) 简易罪。

同前　　(3) 任何人违反第(1)款(b)项、(c)项或者(d)项的犯罪,构成可诉罪,处不超过 10 年的监禁。

签发空头支票的推定　　(4) 按照第(1)款(a)项的诉讼中,证明被告通过支票获得的任何物品,在交付支票后的合理期限内,由于赖以开出支票的在银行或者其他机构的账户中保证金无资金或者资金不足被拒收的,应当推定以虚假借口获得,除非法院根据证据认为被告签发支票时有正当理由认为如果在签发后的合理期限内交付会被接收。

"支票"定义　　(5) 本条中,"支票"包括,在通常含义之外,接收交换票据作为商业惯例的任何机构所开出的交换票据或者由存款人从该机构开出的任何特定票据。

通过欺诈获得有价证券的执行	**第363条** 任何人,目的是欺诈或者伤害他人,以虚假借口促成或者引诱任何人实施以下行为,构成可诉罪,处不超过5年的监禁: (a) 执行、制造、接收、背书或者销毁有价证券的全部或者部分;或者 (b) 在任何纸张或者羊皮纸上书写、盖章或者盖印,为了可以作为或者改变为或者用作或者当做有价证券,
欺诈获得食物、饮料或者住宿	**第364条** (1) 在提供食物、饮料或者住宿的任何商业场所,欺诈性地获得食物、饮料或者住宿的,构成简易罪。
推定	(2) 在根据本条的诉讼中,被告在提供食物、饮料或者住宿的商业场所获得食物、饮料或者住宿,并且没有付账的证据,以及以下证据,在没有相反证据时,就证明欺诈: (a) 制造虚假或假装的表演或者伪装有行李; (b) 拥有任何虚假的或者假装的行李; (c) 秘密地拿走或者试图拿走行李或者行李的实质部分; (d) 潜逃或者秘密地离开那个场所; (e) 故意作虚假陈述以获得支付的信用或者时间;或者 (f) 提供无价值的支票、汇票或者食物、饮料或者住宿的支付凭证。
"支票"定义	(3) 本条中,"支票"在其普通的意义之外,包括接收交换票据作为商业惯例的任何机构所开出的交换票据或者由存款人从该机构开出的任何特定票据。
假装实施巫术	**第365条** 任何人的以下欺诈行为,构成简易罪: (a) 假装运用或者使用任何种类的巫术、妖术、魔法或者咒语; (b) 为了报酬进行算命;或者 (c) 以其神秘或者巧妙的技巧或者知识,假称发现被盗或者失踪的任何物品在哪里或者以什么方式可以找到。

伪造罪与类似伪造犯罪

伪造罪	**第366条** (1) 任何人制造虚假文件,明知虚假,具有以下目的,构成伪造罪:

（a）文件会以任何方式用作或者当做真的,引起任何人的偏见,不论是否在加拿大;或者

（b）通过相信文件是真的,诱导人们去做或者不去做任何事情,不论是否在加拿大。

制作假文件　　（2）制作虚假文件包括：

（a）实质地改变真实文件;

（b）在真实文件中作实质添加或者加上虚假日期、证明、印鉴或者其他实质内容;或者

（c）通过删除、去除、脱除或者其他方式,作实质改动。

伪造完成　　（3）只要文件以第（1）款规定的明知和目的制造,伪造就实施终了,不管制造人不打算让任何人用作或者当做真的、或者通过相信其真实性而诱导任何人去做或不做任何事情。

伪造完成尽管文件未完成　　（4）不管虚假文件未完成或者不打算作为有法律效力的文件,只要它表明打算当做真实的,伪造实施终了。

伪造罪处罚　　第 367 条　任何人犯伪造罪,分别：

（a）构成可诉罪,处不超过 10 年的监禁;或者

（b）构成简易罪。

使用伪造文件　　第 368 条　（1）任何人,明知文件是伪造的,把该文件当做是真实的,实施（a）项或（b）项,则构成（c）项或（d）项犯罪：

（a）使用、处理或者根据它行动;或者

（b）促成或者试图促成任何人使用、处理或者根据它行动;

（c）构成可诉罪,处不超过 10 年的监禁;或者

（d）简易罪处罚。

任何地方的伪造　　（2）根据本条的诉讼中,伪造文件的地方是非实质的。

国库券纸、公章等　　第 369 条　任何人有合法理由实施以下行为之一,构成可诉罪,处不超过 14 年的监禁：

（a）制造、使用或者明知地持有：

（i）任何国库券纸、税纸或者制作银行票据的纸张;

（ii）打算模仿（i）目所述的任何纸张;

（b）制造、提供或者处理或者明知持有图板、硬模、机械、器械或者其他适合并打算用于实施伪造的文件和材料;

第九章　侵犯财产权的犯罪

（c）制造、再造或者使用加拿大或者一个省的公章、或者加拿大境内的政府机构或者权威的印鉴、或者法院的印鉴。

伪造公告等

第 370 条　任何人故意地实施以下行为,构成可诉罪,处不超过 5 年的监禁：

（a）印刷任何公告、命令、法规、任命或者相关通知,错误地导致由加拿大女王印刷者或者各省女王印刷者的印刷；或者

（b）将虚假的由加拿大女王印刷者或者各省女王印刷者印刷的公告、命令、法规或者任命,提供出来作为证据。

假名电报等

第 371 条　以欺诈目的,造成或者促成电报、海底电报或者无线电讯息被当做另一个人的名义发送或者送交的,明知发送不是此人授权,希望信息起到由此人发送的作用,就构成可诉罪,处不超过 5 年的监禁。

虚假信息

第 372 条　（1）目的是伤害或者恐吓任何人,以书信、电报、电话、海底电报、无线电或者其他方式,传达或者促成传达明知是虚假信息的,构成可诉罪,处不超过两年的监禁。

下流电话

（2）任何人,目的是恐吓或者骚扰任何人,给人打下流电话,构成简易罪。

骚扰电话

（3）任何人,没有合法理由,目的是骚扰任何人,进行或者促成向此人反复打电话,构成简易罪。

第 373 条　［已废止］

没有授权领取文件等

第 374 条　任何人的以下行为,构成可诉罪,处不超过 14 年的监禁：

（a）目的是欺诈并且没有合法授权以他人名义通过代理或者其他方式制造、执行、领取、签字、接收或者背书文件；或者

（b）利用或者提供明知是欺诈目的并且没有合法授权以他人名义通过代理或者其他方式制造、执行、领取、签字、接收或者背书的文件。

通过伪造文件的获得等

第 375 条　任何人明知文件是伪造的,要求、接收或者获得任何物品,或者造成或者促成任何物品按照合法机构签发的文件交付或者支付给任何人,构成可诉罪,处不超过 14 年的监禁。

伪造印花等　　　　　　**第 376 条**　（1）任何人实施以下行为,构成可诉罪,处不超过 14 年的监禁：

（a）欺诈地使用、篡改、添加、锉磨或者伪造印花或者印花的一部分；

（b）明知并且没有合法理由,如有负举证责任,持有：

（i）伪造的印花或者被欺诈性地篡改的印花；或者

（ii）带有部分地被去除、改动或者掩盖的印花的任何物品；或者

（c）没有合法理由,如有负举证责任,制造或者故意持有能制造印花或者其部分的硬模或者工具。

伪造标志　　　　　　（2）任何人,没有合法授权,实施以下行为,构成可诉罪,处不超过 14 年的监禁：

（a）制造标志；

（b）出售、为出售而展示或者持有伪造的标志；

（c）在法律要求标记、打上烙印、密封或者包装的任何物品上添加标志；

（d）在法律要求标记、打上烙印、密封或者包装的任何物品上添加伪造标志。

定义　　　　　　　　（3）本条中,

"标志"　　　　　　"标志"指下列机构使用或者代表它们的标记、烙印、封条、包装或者图案：

（a）加拿大政府或者各省政府；

（b）其他国家政府；或者

（c）（a）项或者（b）项所述的政府设立的与政府服务或者事务相关的任何部门、委员会、代理机构或者代理人。

"印花"　　　　　　"印花"指已盖上或者附着的印记,由加拿大政府或者各省政府或者其他国家政府用于税收。

损坏文件　　　　　　**第 377 条**　（1）任何人,非法地实施以下行为,构成可诉罪,处不超过 5 年的监禁：

（a）毁坏、损坏或者损伤法律要求或者授权保存在加拿大的出生、洗礼、婚姻、死亡或者葬礼记录或者记录的任何部分、或者由法律要求转交给登记官或者其他官员的记录副本或者副本的任何部分；

（b）在（a）项规定的记录或者副本中加入或者造成加

第九章　侵犯财产权的犯罪

入明知是虚假的任何关于出生、洗礼、婚姻或者葬礼的条目或者去除记录或者副本的任何实质内容；

(c) 毁坏、损坏或者删除选举文件或者促使选举文件受到毁坏、损坏或者删除；或者

(d) 在选举文件中作或者促使作去除、改动或者插入内容。

"选举文件"定义　(2) 本条中，"选举文件"指根据议会法或者省立法而发布的关于按照法律授权举行的选举的任何文件或者文字。

涉及记录的犯罪　第378条　任何人以下行为，构成可诉罪，处不超过5年的监禁：

(a) 受法律的授权或者要求制作或者签发记录、记载或者文件的证实副本、摘要或者证书，故意地制作或者签发虚假的证实副本、摘要或者证书；

(b) 不是受法律的授权或者要求制作或者签发记录、记载或者文件的证实副本、摘要或者证书，欺诈地制作或者签发目的是当做法律授权和要求的证实的副本、摘要或者证书；

(c) 受法律的授权或者要求制作关于任何具体要求的记录、记载或者文件的项目的证书或者声明，故意、虚假地制作证书或者声明。

第十章 涉及合同与贸易的欺诈性交易

解　　释

定义
"货物"
"商业优惠券"

第379条　在本章中，

"货物"指作为贸易或者商业标的的任何物品。

"商业优惠券"包括任何形式的现金收据、收据、优惠券、超票面额奖券或者其他方式，由卖主或者代表卖主设计为或者打算给予货物购买者，代表货物价格折扣或者货物购买者的奖金：

（a）可以兑换：

（i）由货物的卖主或者制造者之外的任何人；

（ii）由卖主、商品供应商或者商品制造商，以全部或部分不属于其财产的现金或商品；或

（iii）由销售该商品处以外的地方的卖主；或

（b）票面上没有交付商品的场所和可销售的价值；或

（c）不能随时请求兑现；

但是商品制造商在货物的包装或容器上允诺，向制造商交还该包装或容器即支付奖金的，不属于商业优惠券。

欺　　诈

欺诈

第380条　（1）以欺骗、虚假或者其他欺诈手段，不论是否属于本法规定的诈骗，欺骗不论是否特定的公众或者个人的任何财产、金钱或者有价证券或者服务的，分别：

（a）构成可诉罪，犯罪的事项是遗嘱或者犯罪事项的价值超过5000加元的，处不超过10年的监禁；或者

（b）犯罪事项的价值不超过5000加元的：

（i）可诉罪，处不超过两年的监禁；或者

（ii）以简易罪处罚。

第十章　涉及合同与贸易的欺诈性交易

影响公众　　　(2) 任何人,以欺骗、虚假或者其他欺诈手段,不论是否属于本法规定的诈骗,目的是欺骗,影响出售给公众的股票、股份、商品或者任何物品的公众市场价格,构成可诉罪,处不超过10年的监禁。

使用邮件欺骗　　**第381条**　使用邮件为了传送关于设计为或者打算蒙骗或者欺骗公众计划的信件或者广告,或者为了以诈骗获得金钱的,构成可诉罪,处不超过两年的监禁。

欺诈操纵证券交易　　**第382条**　任何人,通过证券交易市场、场外交易市场或者其他市场的设施,目的是制造某个证券的活跃的公众交易的虚假或误导的现象或者制造某个证券的虚假或误导的市场价格,以下行为构成可诉罪,处不超过5年的监禁:

(a) 进行不改变受益人的证券交易;

(b) 知道该证券的实质上同等规模同时同价的出售指令已经或者将由相同或者不同的人作出时,发出购买证券的指令;或者

(c) 知道该证券的实质上同等规模同时同价的买入指令已经或者将要由相同或者不同的人作出时,发出出售证券的指令。

证券或者商品中的赌博　　**第383条**　(1) 任何人,目的是通过任何不论加拿大境内外的合并或者未合并公司或者企业的股票价格或者任何货物或者商品价格的起落获得利益或者收益,实施以下行为,构成可诉罪,处不超过5年的监禁:

(a) 缔结或签署或者授权缔结或者签署任何口头或书面的合同或协议,表明购买或者出售股份、货物或商品,而没有真实的目的获得股份、货物或商品;或者

(b) 缔结或签署或者授权缔结或签署任何口头或书面的合同或协议,表明出售或者购买股份、货物或商品,没有交付或者接受出售或购买的东西,没有真实的目的交付或者接受东西。

但是,本条不适用于经纪人的代表买主接受交付,不论该经纪人持有或者将东西抵押以支付价款或者部分价款。

举证责任　　(2) 根据本条的诉讼中,举证证实被告缔结或签署合同或协议,出售或者购买股份、货物或商品,或者假装、帮助或教唆缔结或签署合同或协议,获得或者出售股份、货物或商

品或者交付或接受它们的真实目的责任,由被告承担。

经纪人为了自己出售而减少证券

第 384 条 作为个人、合伙的成员或者雇员、公司的主管、官员或者雇员,个人、合伙或者公司受任何客户聘用为经纪人去购买某个合并或者为合并公司或者企业的任何股份或者管理保证金,然后出售或者造成出售该公司或者企业的股份,不论在加拿大境内或者境外,由于下述情况的人具有直接或者间接的利益,非故意的除外,如果出售是为了将经纪人手中或者其日常业务所控制的股份数量减至低于该经纪人应为全部客户执行的股份数量;构成可诉罪,处不超过5年的监禁:

(a) 个人、他的公司或者公司合伙人;或者

(b) 公司或者公司的主管。

欺诈性隐藏权证文件

第 385 条 (1) 作为财产或者已判决未占有动产的卖主或抵押人,或者财产或已判决未占有动产的卖主或抵押人的律师或代理人,在购买或者抵押完成之前,接受了由购买人或抵押权人或者其代表提出的产权摘要书面要求,并且实施以下行为,构成可诉罪,处不超过两年的监禁:

(a) 以欺诈目的诱导购买人或者抵押权人接受被提供的产权摘要,隐瞒任何偿付、契约、遗嘱或者该产权的其他债务等对产权摘要有实质性的文件;

(b) 伪造权利所依赖的家谱。

要求同意

(2) 根据本条的诉讼,未经总检察长的同意,不得提起。

权属欺诈登记

第 386 条 在进行不动产所有权登记或者将要登记的有关不动产交易的负责人或者代理人,明知且故意地欺骗,实施以下行为,构成可诉罪,处不超过5年的监禁:

(a) 作实质性虚假陈述或者描述;

(b) 对法官或者登记官或者由登记官雇佣的人员或者助手隐瞒或者隐藏任何实质性文件、事实、事项或者信息;

(c) 私下参与(a)项与(b)项所述的事情。

不动产欺诈出售

第 387 条 任何人,明知未登记的优先出售或者存在未登记的不动产许可、抵押、担保、特权或者债务,欺诈性地出售该财产或者其一部分,构成可诉罪,处不超过两年的监禁。

误导的收据

第 388 条 任何人故意地实施以下行为,构成可诉罪,处不超过两年的监禁:

（a）具有误导、伤害或者欺诈不管其是否认识的任何人的目的，在收据或者收条所指的东西交付或者接收之前，给他人作为交付或者收到财产的收据或者收条的任何书面东西；或者

（b）接收、传递或者使用第(a)款规定适用的收据或者收条。

已预付款货物的欺诈处理

第389条 （1）任何人的以下行为，构成可诉罪，处不超过两年的监禁：

（a）把接收人已经预付金钱或者给予有价证券的任何物品运送给仓库保管人、代理人或者承运人，然后有目的地蒙蔽、欺骗或者伤害接收人，以与接收人之间的协议所确定的方式不同或者不一致方式将东西处理；或者

（b）明知且故意地帮助任何人，为了蒙蔽、欺骗或者伤害接收人，处理适用(a)项的东西。

例外

（2）在以与接收人之间的协议所确定的方式不同或者不一致方式处理任何物品之前，向接收人支付或者偿付了已预付的全部款项或者有价证券的，不构成违反本条的犯罪。

根据《银行法》的欺诈收据

第390条 任何人的以下犯罪行为，构成可诉罪，处不超过两年的监禁：

（a）在可用作《银行法》规定的任何物品的收据、证书或者收条上作虚假陈述；或者

（b）故意地将可用作《银行法》规定的任何物品的收据、证书或者收条：

（i）给予他人之后；

（ii）在明知自己的雇员给予他人之后；或者

（iii）在获得并背书或者转让他人之后；

未经持有人、受让人的书面同意，将收据、证书或者收条中写明的财产转让或者卖掉，或者没有交付给持有人或者所有人。

第391条 ［已废止］

财产处理欺诈债权人

第392条 实施以下行为，构成可诉罪，处不超过两年的监禁：

（a）有欺诈债权人的目的：

（i）将其财产作为礼物、转让、派送、出售、转移或者运

输；或者

(ii) 移动、隐藏或者处理其财产；或者

(b) 故意在有人欺诈其债权人时，通过实施或者涉及(a)项规定的犯罪接受任何财产。

涉及费用等的欺诈

第393条 (1) 有义务收取费用、通行费、票据或者门票的人，以下的故意行为，构成可诉罪，处不超过两年的监禁：

(a) 不收取；

(b) 收取低于恰当应付数额；或者

(c) 为不收取或者少收取而接受有价对价。

同前

(2) 任何人为了下述目的，给予或者允诺给予有义务收取费用、通行费、票或者门票费的人任何有价值对价，构成可诉罪，处不超过两年的监禁：

(a) 为了不收取；或者

(b) 为了收取低于应付的恰当数额。

欺诈获得运送

(3) 任何人，以诈骗或者欺诈，非法获得通过陆地、水路或者空中运送，构成简易罪。

涉及有价值矿石的欺诈

第394条 (1) 任何人，根据有关有价值矿石开采的法律签发的或者认为可能存在有价值矿石的土地所有人签发的租约或者许可证的持有人，不得实施以下行为：

(a) 以欺诈性装置或者设计，欺骗或者试图欺骗任何人：

(i) 按照租约或者许可证获得的有价值矿石；或者

(ii) 由租约或者许可证保留的权利或者所获得的对有价值矿石支付的任何金钱、有价值利益或者东西；或者

(b) 对根据租约或者许可证获得的有价值矿石的数额做欺诈性隐瞒或者做虚假陈述。

出售有价值矿石

(2) 除所有人或者所有人的代理人或者其他合法授权的人之外，任何人不得出售未提炼、部分提炼、未切割或者未加工的有价值矿石。

购买有价值矿石

(3) 任何人，有理由知道他人不是所有人或者所有人的代理人或者其他合法授权的人，不得购买其未提炼、部分提炼、未切割或者未加工的有价值矿石。

推定

(4) 在有关第(2)款或者第(3)款的任何诉讼中，缺少

第十章 涉及合同与贸易的欺诈性交易

引起相反合理怀疑的证据时,推定:

(a)出售的,出售人不是有价值矿石的主人或者其代理人或者其他合法授权的人;

(b)购买的,购买人购买有价值矿石时,有理由知道出售人不是所有人或者所有人的代理人或者其他合法授权的人。

犯罪　　(5)任何人违反第(1)款、第(2)款或者第(3)款,构成可诉罪,处不超过5年的监禁。

没收　　(6)如果一个人违反本条犯罪,法院可以根据所实施的犯罪,进行定罪,命令没收任何物品。

例外　　(7)第(6)款不适用于不动产,除非不动产是为了便于实施本条犯罪而建设或者改造。

持有盗窃或者欺诈获得的有价值矿石

第394.1条　(1)任何人不得持有未提炼、部分提炼、未切割或者未加工的被盗或者违反第394条处分的有价值矿石。

证据　　(2)认为有价值矿石被盗或者违反第394条处分的合理根据,缺少引起相反合理怀疑的证据时,就是有价值矿石被盗或者违反第394条处理的证据。

犯罪　　(3)违反第(1)款,构成可诉罪的,处不超过5年的监禁。

没收　　(4)根据本条被定罪的,法院可以根据定罪,命令没收赖以实施犯罪或者涉及犯罪的任何物品。

例外　　(5)第(4)款不适用于不动产,除非不动产为了实施第(3)款的犯罪而建设或者重大改造。

搜查有价值矿石

第395条　(1)由治安官或者受命执行联邦或者省法律的公职人员,其职责包括执行本法或者任何其他的议会法的,经宣誓提交给法官书面报告,法官认为有理由相信,违背本法或者任何其他议会法,有价值矿石放置在某地或者被某个人持有的,法官可以签发命令授权治安官或者指定的公职人员,搜查报告中所说的地方或者人员。

扣押权力　　(2)在搜查时,发现第(1)款规定的任何物品,应当扣押并送到法官面前,法官应当命令:

(a)扣留,为了调查或者审判;或者

(b)如果不扣留,为了调查或者审判:

上诉	（i）归还给所有人；或者 （ii）如果所有人不能确定，由诉讼发生地所在省没收。 （3）对根据第（2）款（b）项的命令的上诉方式，与根据第二十七章的简易罪程序的上诉相同，该章有关上诉的规定适用于根据本条的上诉。
涉及矿山的犯罪	第396条　（1）任何人的下列行为，构成可诉罪，处不超过10年的监禁： （a）对现存的或者预期的矿山、开采权或者油井，以欺诈目的，添加或者取走任何物品，以影响关于矿山、开采权或者油井的已经进行或者将要进行的化验、检验或者评估的结果；或者 （b）在已经取走、正在取走或者将要取走现存的或者预期的矿山、开采权或者油井的用于化验、检验或者其他评估的样本中，添加或者取走任何物品或者改变样本，以欺诈目的影响化验、检验或者评估的结果。
推定	（2）根据第（1）款的诉讼中，下述证据，在没有相反证据时，就是影响化验、检验或者评估结果的欺诈性目的的证据： （a）某些东西从第（1）款规定的东西中已被添加或者取走；或者 （b）第（1）款适用的任何物品已被改变。

伪造登记簿与文件

登记簿与文件	第397条　（1）有欺诈目的，在登记簿、文件、文字记录、有价证券或者文件中实施下列行为的，构成可诉罪，处不超过5年的监禁： （a）毁坏、损坏、改变、伪造或者做虚假记录；或者 （b）遗漏实质细节或者改变实质细节。
参与	（2）任何人，有欺诈债权人的目的，参与了违反第（1）款的犯罪，构成可诉罪，处不超过5年的监禁。
伪造就业记录	第398条　任何人，有欺诈目的，以包括打孔时钟的任何方式伪造就业记录，构成简易罪。
公职人员的错误归还	第399条　任何人，受委托接收、保管或者管理任何公共收入，明知地提供虚假陈述，或者归还下述款项，构成可诉

第十章 涉及合同与贸易的欺诈性交易

罪,处不超过 5 年的监禁:

(a) 任何数额的由他收取或者委托给他管理的金钱;或者

(b) 在他手中或者由他控制的任何结余。

虚假说明书等　**第 400 条**　(1) 任何人制造、散发或者发行说明书、陈述或者报告,不论书面或者口头,他明知实质细节是虚假的,有目的地实施下述行为,构成可诉罪,处不超过 10 年的监禁:

(a) 诱导他人,不论是否特定的人员,成为一个公司的股东或者合伙人;

(b) 欺骗或者欺诈一个公司的成员、股东或者债权人,不论是否特定的人员;或者

(c) 诱导任何人:

(i) 将任何物品委托或者预付给公司;或者

(ii) 为了公司的利益进入任何证券;

(d) [已废止]

"公司"定义　(2) 在本条中,"公司"指辛迪加、法人团体或者公司,不论是现存的或者提议将成立的。

以虚假票据获得运输　**第 401 条**　(1) 任何人,通过虚假或者误导的陈述,明知地获得或者企图获得由他人将任何物品运到一个国家、省、地区或者其他地方,不论是否在加拿大境内,进口或者运输非法的,构成简易罪。

没收　(2) 一个人根据第(1)款规定被定罪的,根据定罪,在判处的任何惩罚之外,没收赖以实施犯罪或者相关的任何物品,并按照法院的指示处理。

商人没有保留账目　**第 402 条**　(1) 作为商人或者从事商业的任何人,符合以下条件,构成可诉罪,处不超过两年的监禁:

(a) 负债数额超过 1000 加元;

(b) 不能完全偿付债权人;以及

(c) 没有保留对表明与解释其交易是必需的记载交易或者商业日常过程的账目记录。

例外　(2) 符合以下条件的任何人,不得按照本条定罪:

(a) 法院或者法官认为他:

(i) 解释了损失;以及

（ii）证明了不是打算欺骗债权人而没有保留账目；或者

（b）没有保留账目发生在他不能完全偿付债权人之日的之前超过5年的。

假冒他人

故意假冒　　**第 403 条**　任何人欺诈地假冒活着或者死去的任何人，为了下述目的，构成可诉罪，处不超过10年的监禁，或者简易罪处罚：

（a）具有为自己或者他人获得利益的目的；

（b）具有获得财产或者财产中利益的目的；或者

（c）具有对被假冒的人或者他人造成不利的目的。

替考　　**第 404 条**　具有为自己或者其他人的利益的目的，任何人，在法律权威机关主持或者有关大学、学院、学校主持的竞争性或资格考试中假冒候选人，利用假冒的结果的，以简易罪处罚。

承认假姓名的文件　　**第 405 条**　有法律授权或者理由，在法院或者法官面前或者法律授权的其他人面前，承认以他人名义收到确认、保释金、判决意见、同意判决，或者判决、证书或者其他文件的，构成可诉罪，处不超过5年的监禁。

伪造商标与商业说明书

伪造商标　　**第 406 条**　在本章中，任何人的下述行为，就是伪造商标：

（a）没有商标所有人的同意，以任何方式制造或者再造该商标或者非常类似足以欺骗世人；或者

（b）以任何方式，伪造真商标。

犯罪　　**第 407 条**　具有蒙蔽或者欺骗不论是否特定的公众或者个人的目的，伪造商标的，构成犯罪。

冒充　　**第 408 条**　任何人具有蒙蔽或者欺骗不论是否特定的公众或者任何人的目的，实施以下行为，构成犯罪：

（a）冒充其他商品或者服务，并提供给那些预定或提出要求的人；

第十章　涉及合同与贸易的欺诈性交易

　　（b）结合商品或者服务,利用关于那些商品或者服务的下列事项的实质方面的虚假描述：
　　　（i）种类、质量、数量或者成分；
　　　（ii）地理原产地；或者
　　　（iii）制造、生产或者运行模式。

伪造商标的工具　　第409条　（1）制造、持有或者处理模版、印版、机器或者其他用于或者打算用于伪造商标的工具的,构成犯罪。

例外　　（2）能证明在日常商业或者工作中善意地行为,则不得被定罪。

有关商标的其他犯罪　　第410条　具有蒙蔽或者欺诈目的,实施以下行为的,构成犯罪：
　　（a）损坏、隐藏或者去除任何物品上的商标或者他人的姓名,没有获得他人的同意；或者
　　（b）作为生产者、经销人、商人或者装瓶人,将饮料、牛奶、奶产品或者其他液体商品,没有获得他人的同意,注装于任何带有商标或者他人姓名的瓶子。

使用出售商品不披露　　第411条　任何人出售、展览、持有或者发布广告出售已被使用、修复或者再造的物品,并且带有商标或者他人商业姓名,没有完全披露货物被修复、再造来出售以及不是处于原初制造或者生产的状况,构成犯罪。

处罚　　第412条　（1）任何人违反第407条、第408条、第409条、第410条或者第411条的犯罪,分别为：
　　（a）可诉罪,处不超过两年的监禁；或者
　　（b）以简易罪处罚。

没收　　（2）赖以实施第407条、第408条、第409条、第410条或者第411条的犯罪或者有关的任何物品,除非法院另有命令,要根据对此人所犯罪行的定罪予以没收。

虚假声称皇家令状　　第413条　虚假地声称物品由持有皇家令状的人生产、为女王陛下服务或者是皇室家庭或者政府机构的成员,构成简易罪。

从航运港推定　　第414条　在根据本章的诉讼中,所指控犯罪涉及进口货物的,货物从加拿大境外的地方航运到加拿大的证据,在没有相反证据时,就证明货物是装运港所在国制造或者生产。

（船只、航空器）残骸

涉及残骸犯罪　　第 415 条

（a）对有权调查残骸的人，隐藏残骸、损毁或者去除残骸上的标志，或者运用任何手段伪装或者隐瞒任何东西作为残骸的事实或者隐瞒残骸的性质；

（b）明知是残骸，从非主人或者残骸管理人那里接收残骸，没有在接受后 48 小时之内通知残骸管理人；

（c）明知是残骸，允诺出售或者以其他方式交易残骸，而没有合法授权出售或者交易；

（d）明知是残骸，没有合法授权，持有残骸超过送交残骸管理人的合理需要时间；或者

（e）违反主人意愿，登上毁坏、搁浅或者遇险船只，除非他是失事船只管理人或者根据该管理人命令行动的人；任何人的以上行为，构成

（f）可诉罪，处不超过两年的监禁；或者

（g）以简易罪处罚。

公共备用品

公共备用品识别标志　　第 416 条　政府地方长官可以在《加拿大公报》上发布通告，规定确定用于公共备用品的识别标志，表示属于女王陛下的财产，不论这些商店以加拿大的名义或者其他名义，属于女王陛下。

没有授权的运用或者去除　　第 417 条　（1）任何人的以下行为，构成可诉罪，处不超过两年的监禁：

（a）没有法律授权，在任何物品上采用识别标志；

（b）具有隐藏女王在公共备用品中的财产的动机，全部或者部分去除、损毁或者涂擦识别标志。

公共备用品的非法交易　　（2）任何人，没有法律授权，接受、持有、管理、出售或者移交知道带有识别标志的公共备用品，就是犯了：

（a）可诉罪并且处不超过两年的监禁；或者

（b）以简易罪处罚。

第十章 涉及合同与贸易的欺诈性交易

"识别标志"定义
（3）在本条中，"识别标志"指根据第416条确定用于公共备用品的识别标志。

将瑕疵备用品卖给女王陛下
第418条 （1）任何人明知地将瑕疵备用品出售或者移交卖给女王陛下，或者在出售、出租或者移交给女王陛下时或者为女王陛下制造时有欺诈行为，构成可诉罪，处不超过14年的监禁。

代表人犯罪
（2）作为组织的代表人以欺诈实施第（1）款犯罪，以下行为构成可诉罪，处不超过14年的监禁：

（a）明知地参与欺诈；或者

（b）知道或者有理由怀疑正在实施欺诈或者已经或者将要实施，没有告知女王的负有责任政府或者其部门。

非法使用军队制服或者证书
第419条 任何人，没有法律授权，有以下行为，构成简易罪：

（a）穿戴加拿大军队或者任何其他海军、陆军或者空军的制服，或者与那些军队制服非常类似可能引起误会的制服；

（b）佩戴有关战争中伤员或者服务的标志、军队奖章、绶带、徽章、臂章或者为参加战争或者演习而颁发的任何勋章，或者可能被误解为任何此类奖章、绶带、徽章、臂章或者勋章的任何标志、设计或者东西；

（c）持有加拿大军队或者任何其他海军、陆军或者空军并未签发，不属于他本人的解雇证书、释放证书、服役证书或者身份证；

（d）持有签发给曾经在加拿大军队或任何其他海军、陆军或者空军一个官员或者一个人的职务证书、令状、解雇证书、释放证书、服役证书或者身份证，包含有不能由签发人或者他授权的人证实的内容改动。

军队备用品
第420条 （1）任何人从加拿大军队人员、逃兵或者未请假缺席者那里购买、接收或者获得女王陛下所有的军队备用品，这些人员应对军队备用品向女王负责的，就构成：

（a）可诉罪，处不超过5年的监禁；或者

（b）构成简易罪。

例外
（2）任何人，在证实其不知道并且没有理由怀疑对于犯罪涉及的军队备用品是女王所有的或者该军队人员、逃兵或者未请假缺席者应对军队备用品向女王负责的,不得按照本条定罪。

服役证据　　第 421 条　(1) 在根据第 417 条至第 420 条的诉讼中,一个人任何时间在其中履行职务的证据,没有相反证据的,就证明在那个时间之前在其中服役。

受指控备用品交易商的推定　　(2) 被告受到违反第 417 条第(2)款的指控,应当推定其实施所指控的犯罪时,知道所指控犯罪所涉及的备用品带有该款规定的识别标志,如果他当时为女王服务或者受女王雇佣,或者是船只备用品或者旧金属交易商。

违反合同、胁迫与对工会成员的歧视

违反合同　　第 422 条　(1) 任何人故意地违反合同,知道或者有正当理由相信这样做将会有(a)项至(e)项的可能后果,不管是单独地或者结合其他原因,构成(f)项或(g)项的处罚:

(a) 威胁人类生命;

(b) 导致严重人身伤害;

(c) 使有价值财产、动产或者不动产,遭受损毁或者严重损坏;

(d) 剥夺某个城市或者地方居民或者其中的一部分人的全部或者大部的光、电、气、水的供应;

(e) 延迟或者阻止机车、煤水车、旅客或者货运列车或者车厢、铁路上的普通货架车的运行;

(f) 可诉罪,处不超过 5 年的监禁;或者

(g) 以简易罪处罚。

例外　　(2) 任何人仅由于以下情况,不构成第(1)款规定的故意违反合同:

(a) 作为雇主的雇员,由于雇主失败而停止工作,并且符合他的职位要求;或者

(b) 为了调整雇主与雇员的关系而成立的工会组织的成员,由于雇主与工会组织谈判代表不能就该组织成员的工作事项达成一致意见,而停止工作。

如果停止工作前,法律规定的处理工业纠纷的所有措施已采取,并且未停止工作,分歧解决的规定包含在或者按照

第十章　涉及合同与贸易的欺诈性交易

法律应该被视为包含在集体协议中应被遵守产生效力。

要求同意　　（3）未经总检察长的同意，不得根据本条提起任何诉讼。

胁迫　　**第423条**　（1）任何人，错误地并且没有法律授权，用下述方式，强迫他人不做他/她有合法权利去做的或者强迫他人去做其有权利不做的任何事情，构成可诉罪，处不超过5年的监禁；或者是简易罪处罚，

（a）对他人或者其配偶或者普通法的伙伴或者孩子或者损坏财产使用暴力或者暴力威胁；

（b）在加拿大境内外，以威胁对他人或者其亲人实施暴力或者损害他们的财产而胁迫他人或者其亲人；

（c）持续跟随他人；

（d）隐藏他人所有或者使用的工具、衣服或者其他财产，使其不能使用或者妨碍使用；

（e）以一个人或者更多的人在公路上以无序的方式跟随他人；

（f）围绕或者观察他人居住、工作、进行业务的固定场所或者临时场所；

（g）封闭或者阻塞公路。

例外　　（2）一个人出现、在附近或者接近住所或者场所，仅为了获得或者交流信息，不属于本条规定的观察或者围绕。

胁迫诉讼参与人或者记者　　**第423.1条**　（1）任何人，没有合法授权，不得进行第（2）款规定的行为，目的是引起下述人员的恐惧状态：

（a）一群人或者一般公众，为了妨碍审判；

（b）诉讼参与人，为了妨碍其履行义务；

（c）记者，为了妨碍其向公众传播有关犯罪组织的信息。

禁止性行为　　（2）第（1）款涉及的行为，包括：

（a）对诉讼参与人或者记者或者他们所认识的人使用暴力，或者损毁或者损害他们任何人的财产；

（b）威胁在加拿大境内外采用（a）项规定的行为；

（c）持续或者重复地跟随诉讼参与人或者记者或者他们所认识的人，包括在公路上以无序方式跟随；

（d）反复地与诉讼参与人或者记者或者他们所认识的

人交流；以及

（e）围绕或者观察诉讼参与人或者记者或者他们所认识的人的居住、工作、上学、进行业务的场所或者临时场所。

处罚　　（3）任何人违反本条，构成可诉罪，处不超过14年的监禁。

威胁国际保护人员　　第424条　任何人，威胁实施违反第235条、第236条、第266条、第267条、第268条、第269条、第269.1条、第271条、第272条、第273条、第279条或者第279.1条针对国际保护人员的犯罪，或者威胁实施违反第431条的犯罪，构成可诉罪，处不超过5年的监禁。

对联合国人员或者相关人员的威胁　　第424.1条　任何人，目的是强迫任何人、团体、国家或者任何国际或者政府间组织去做或者不做任何事情，威胁实施违反第235条、第236条、第266条、第267条、第268条、第269条、第269.1条、第271条、第272条、第273条、第279条或者第279.1条针对联合国人员或者相关人员的犯罪，或者威胁实施第431.1条的犯罪，构成可诉罪，处不超过10年的监禁。

雇主的犯罪　　第425条　作为雇主或者其代表的任何人，错误地并且没有法律授权，实施以下行为，构成简易罪：

（a）拒绝聘用或者解雇一个人，仅仅由于此人是合法工会成员，或者工人或者雇员为了以合法方式推进他们的利益而结成的合法结社或者联合的成员，并且组织起来是为了在规制工资与工作条件时获得保护；

（b）通过胁迫、威胁开除职位或者解雇或者造成实际失去职位或者解雇，或者威胁施加特定惩罚，寻求强迫工人或者雇员脱离他们有权力归属的任何工会、结社或者联合；或者

（c）与任何其他雇主或者其代表勾结、联合、协同或者安排，去做（a）项或者（b）项规定的任何事情。

秘 密 佣 金

秘密佣金　　第426条　（1）任何人的下述行为，构成犯罪：

（a）腐败地：

第十章 涉及合同与贸易的欺诈性交易

（i）给予、允诺或者同意给予或者向代理人允诺，或者

（ii）作为代理人，要求、接收或者允诺或者同意接受任何人的任何报酬、利益或者任何好处作为对价，去做或者不做或者已经做或者不做任何有关其委托人行为，或者表示或者不表示对其委托人事务有关的任何人有利或者不利；或者

（b）目的在于欺骗其委托人，给予该委托人的代理人或者作为代理人使用收据、账户或者其他符合下述条件的书面材料：

（i）委托人有利益，

（ii）包含任何实质细节中的虚假、错误或者瑕疵的陈述，以及

（iii）打算误导委托人。

参与犯罪　　（2）任何人明知地参与第（1）款的犯罪，构成犯罪。

处罚　　（3）任何人违反本条的犯罪，构成可诉罪，处不超过5年的监禁。

"代理人"与"委托人"定义　　（4）本条中，"代理人"包括雇员，而"委托人"包括雇主。

商品优惠券

发行优惠券　　**第427条**　（1）通过自己、雇员或者代理人，直接或者间接地向商人或交易商发行、给予、出售或者其他方式处理或者允诺发行、给予、出售或者其他方式处理优惠券，用于其商业中以简易罪处罚。

给予货物购买人　　（2）任何人，作为交易商，通过自己、雇员或者代理人，直接或者间接地向购买其货物的人给予或者以任何方式处理，或者允诺给予或者以任何方式处理优惠券，构成简易罪。

第十一章 关于某些财产的故意与禁止行为

解　释

"财产"定义　　　　**第428条**　本章中,"财产"指不动产或者有形动产。

故意促成事件发生　　**第429条**　（1）通过作为或者有义务而不作为,导致事件发生,明知该作为或者不作为可能造成事件发生而不顾其是否发生的,在本章中,就被认为故意地造成事件发生。

权利的名义　　　　（2）任何人,证明有法律根据或者有法律理由与权利而行为的,不得按照第430条至第446条被定罪。

利益　　　　　　　（3）毁坏或者损坏任何物品犯罪的:

（a）行为人对所毁坏或者损坏的东西有部分利益的事实,如果他造成了毁坏或者损坏,不能免除他构成犯罪;

（b）行为人对所毁坏或者损坏的东西有全部利益的事实,如果他有欺诈目的而造成毁坏或者损坏,不能免除他构成犯罪。

破 坏 财 产

破坏　　　　　　　**第430条**　（1）任何人故意地实施以下行为,构成破坏罪:

（a）毁坏或者损坏财产;

（b）使财产变为危险、无用、不运转或者无效用的;

（c）阻碍、妨碍或者干扰财产的合法使用、享用或者运行;或者

（d）阻碍、妨碍或者干扰合法使用、享用或者运行财产的人。

涉及数据的破坏　　（1.1）任何人,故意地实施以下行为,构成破坏罪,

（a）毁坏或者改变数据;

（b）使数据无意义、无用处或者无效用;

第十一章　关于某些财产的故意与禁止行为

（c）阻碍、妨碍或者干扰任何人合法使用数据；

（d）阻碍、妨碍或者干扰任何人合法使用数据或者拒绝有权利进入者的进入。

处罚　　（2）任何人犯破坏罪，造成对生命的实际危险的，构成可诉罪，处终身监禁。

处罚　　（3）任何人犯破坏罪，涉及遗嘱或者价值超过 5000 加元的财产，分别：

（a）构成可诉罪，处不超过 10 年的监禁；或者

（b）以简易罪处罚。

同前　　（4）任何犯破坏罪，涉及第（3）款规定之外的财产，分别：

（a）构成可诉罪，处不超过两年的监禁；或者

（b）以简易罪处罚。

涉及宗教财产的破坏　　（4.1）任何人犯破坏罪涉及主要用于宗教仪式的建筑、结构或者它们的一部分，包括教堂、清真寺、犹太教堂、寺庙、处于建筑或者结构之内或者之上的宗教崇拜物或者墓地，如果破坏犯罪行为是由基于宗教、种族、肤色或者民族的偏见引起的：

（a）构成可诉罪，处不超过 10 年的监禁；或者

（b）以简易罪处罚，并且处不超过 18 个月的监禁。

同前　　（5）任何人涉及数据的犯罪：

（a）可诉罪，处不超过 10 年的监禁；或者

（b）以简易罪处罚。

犯罪　　（5.1）任何人故意地作为或者故意地不为有义务的作为，如果该作为或者不作为可能构成对生命实际危险的破坏罪或者构成涉及财产或者数据的破坏罪，分别是：

（a）构成可诉罪，处不超过 5 年的监禁；或者

（b）以简易罪处罚。

例外　　（6）任何人，不得仅仅由于以下情况，构成本条规定的破坏罪：

（a）由于雇主与自己不能就聘用达成协议而停止工作；

（b）由于雇主与他的谈判代表不能就聘用达成协议而停止工作；

（c）由于参加了工人或者雇员为了工人或者雇员的合

同前	(7) 任何人,仅仅由于为了获得或者交流信息而出现在、在附近或者接近一个住所或者场所,不构成本条规定的破坏罪。
"数据"定义	(8) 本条中,"数据"与第342.1条的意义相同。
袭击国际保护人员的财产、住所、交通	**第431条** 对国际保护人员的官方财产、私人住所或者交通工具的实施暴力袭击,可能造成危害此类人员的生命或者自由的,就构成可诉罪,处不超过14年的监禁。
袭击联合国相关人员财产、住所、交通	**第431.1条** 对联合国相关人员的官方财产、私人住所或者交通工具实施暴力袭击,可能造成危害此类人员的生命或者自由的,构成可诉罪,处不超过14年的监禁。
定义	**第431.2条** (1) 以下定义适用于本条。
爆炸或者其他致命装置	"爆炸或者其他致命装置"指: (a) 目的是用于造成或者可能造成死亡、严重身体伤害或者实质肉体损害的爆炸或者放火的武器或者装置;或者 (b) 通过有毒化学物、生物制剂、毒物或者类似的物质、或者放射或者放射性物质的释放、传播或者作用,目的是造成或者可能造成死亡、严重人身伤害或者实质肉体损害的武器或者装置。
基础设施	"基础设施"指为了公众利益,公共或者私人所有的提供或者分送服务的设施,包括与水、废水、能源、燃料与通讯有关的服务。
一国的军队	"一国的军队"指一国按照本国法律为了国家防御与国家安全而组织、训练或者装备的武装力量,以及受到武装力量的正式指挥、控制和负责的任何辅助人员。
公共使用场所	"公共使用场所"指那些土地、建筑、街道、水道或者其他场所,向公众人员开放或者可以进入的,不论是持续的、定期的或者偶然的,并且包括任何商业、文化、历史、教育、宗教、政府、娱乐或者此类基础的其他场所。
公共交通	"公共交通"指公共或者私人所有的,用于与人员或者货物运输的公共服务相关联的设施、运输工具或者其他东西。
爆炸或者其他致命装置	(2) 任何人,将爆炸或者其他致命装置运送、放置、排放或者引爆,到其中、在或者针对公共使用场所、政府或者公共

第十一章　关于某些财产的故意与禁止行为

设施、公共交通系统或者基础设施,具有造成死亡或者造成带来或者可能带来巨大经济损失的大破坏的目的,构成可诉罪,处终身监禁。

武装力量　　（3）为更加明确,第(2)款不适用于武装冲突期间的作为或者不作为,并且在行为发生的时间和地点国际习惯法或者国际公约适用于该冲突,或者适用于由一国军队进行的执行官方义务受国际法的其他规则支配范围内的活动。

第432条　（已废除）

放火罪及其他

放火罪—不顾人的生命　　第433条　任何人,故意或者不计后果地通过对财产放火或者爆炸造成损害,不论其是否拥有该财产,构成可诉罪,以下两种情况,处终身监禁：
(a) 此人知道有人居住或者不顾是否有人居住；或者
(b) 放火或者爆炸导致他人人身伤害。

放火—损害财产　　第434条　任何人故意地或不计后果地用火或爆炸造成不是其完全拥有的财产的损害,构成可诉罪,处不超过14年的监禁。

放火—拥有财产　　第434.1条　任何人,故意或者不计后果地通过放火或者爆炸对全部或者部分拥有的财产造成损害,构成可诉罪,对他人的健康、安全或者财产造成威胁的,处不超过14年的监禁。

为欺诈放火　　第435条　（1）任何人,具有欺诈其他任何人的目的,通过对财产放火或者爆炸造成损害,不论其是否全部或者部分拥有该财产,构成可诉罪,处不超过10年的监禁。

保险持有人或者受益人　　（2）受到违反第(1)款指控的,一个人是指控犯罪行为相关财产的火险投保人或者受益人的事实,就是法院可以推论欺诈动机的事实。

失火　　第436条　（1）全部或者部分拥有或者控制财产的任何人,由于显著脱离一个合理谨慎者会采用的预防或者控制火的蔓延或者防止爆炸的注意标准,造成该财产的失火或者爆炸,引起他人人身伤害或者财产损害,构成可诉罪,处不超过5年的监禁。

不遵守预防法	（2）受到违反第(1)款指控的，一个人没有遵守关于财产的预防与控制火灾或者爆炸的任何法律的事实，就是法院可以推论该款所规定的显著脱离注意标准的事实。
持有易燃材料	第436.1条　为了实施违反第433条至第436条的犯罪而持有易燃材料、燃烧装置或者爆炸物的，构成可诉罪，处不超过5年的监禁。

其他妨害财产犯罪

虚假火警	第437条　任何人，没有正当理由，故意地通过呼叫、打铃、使用火警、电话或者电报，或者任何其他方式，制造或者传播，或者促成制造或者传播火警，分别是： （a）可诉罪，处不超过两年的监禁；或者 （b）简易罪处罚。
妨害援救遇险船只	第438条　（1）任何人，故意地阻止或者阻碍或者故意地努力阻止或者阻碍下述援救行为，构成可诉罪，处不超过5年的监禁： （a）援救失事、搁浅、放弃或者遇险的船只；或者 （b）试图援救失事、搁浅、放弃或者遇险船只的人。
妨碍救援沉船	（2）任何人，故意地阻止或者阻碍或者故意地努力阻止或者阻碍救援沉船，构成简易罪。
妨碍海洋信号等	第439条　（1）任何人将船只固定在用于导航的信号灯、浮标或者其他海洋标志上，构成简易罪。
同前	（2）任何人故意改变、移动或者隐藏用于导航的信号灯、浮标或者其他海洋标志，构成可诉罪，处不超过10年的监禁。
未经允许移动隔栏	第440条　故意地并且没有交通部长的书面许可，移动构成公共港口必要的自然隔栏或者构成隔栏保护的任何石头、木头、泥土或者其他材料的，构成可诉罪，处不超过两年的监禁。
占有者损害建筑物	第441条　任何人，故意地并且出于对抵押人或者所有人的偏见，推倒、毁坏或者迁移所占有或者占据的住房或者其他建筑的全部或者部分，或者分离不动产的固定附着物，构成可诉罪，处不超过5年的监禁。
妨碍分界线	第442条　任何人，故意地推倒、损坏、改变或者移动所

种植或者树立为分界线的任何物品或者土地分界线的部分，构成简易罪。

妨碍国际分界线等　　第 443 条　（1）任何人故意地推倒、损坏、改变或者移动下述对象，构成可诉罪，处不超过 5 年的监禁：

（a）合法安置的标示国际、省、县或者市的界标；或者

（b）由土地测量员合法安置的标示土地特许权、范围或者份额的任何界限、界线或者角度的界标。

例外规定　　（2）土地测量员在其作为工作的操作中所实施的如下行为，不构成违反第（1）款的犯罪：

（a）在必要时，拔出第（1）款（b）项所述的界标并且小心地更换得如同原样；或者

（b）在公路测量或者其他工作过程中拔出第（1）款（b）项所述的界标，完成后，界标占据原来的位置不可能或者不实际，并且他证实原来位置的永久记录足以确定位置。

牲畜与其他动物

伤害或者危害牲畜　　第 444 条　任何人下列故意行为，构成可诉罪，处不超过 5 年的监禁：

（a）杀害、残害、投毒或者伤害牲畜；或者

（b）将毒物置于很容易被牲畜吃到的地方。

伤害或者危害其他动物　　第 445 条　任何人的下述故意行为，并且没有合法理由，构成简易罪：

（a）杀害、残害、投毒或者伤害不属于牲畜的以及合法饲养的狗、鸟或者动物；

（b）将毒物置于很容易被合法饲养的狗、鸟或者不属于牲畜的动物吃到的地方。

虐待动物

造成不必要的痛苦　　第 446 条　（1）实施以下行为，构成犯罪：

（a）故意地造成或者作为主人故意允许对动物或者禽鸟造成不必要的痛苦、苦难或者伤害；

（b）驱赶或者运输动物或者禽鸟时，故意的疏忽造成它

们的损害或者伤害；

（c）作为家养动物或者禽鸟、或者受关押的野生动物或者禽鸟的主人或者看护人或者控制人，将它们抛弃于危险境地，或者故意地疏忽提供适当的食物、水、馆舍与照料；

（d）以任何方式鼓励、帮助或者援助动物或者禽鸟的打斗或者攻击；

（e）故意地，没有正当理由，将有毒或者有害药物投喂给家养动物或者禽鸟或者受关押的野生动物，或者作为这些动物或者禽鸟的主人，故意地允许将有毒或者有害药物投喂；

（f）推动、安排、指挥、帮助、接受酬金或者参加对以手、罗网或者装置放飞捕获鸟或者放飞时射击的其他工具的任何会议、比赛、展览、消遣、训练、展示、活动或者计划；

（g）作为房地产的主人、占有人或者管理人，允许财产或者任何部分用于（f）项所述的目的。

处罚　（2）实施第（1）款规定的犯罪，构成简易罪。

没有执行合理照料作为证据　（3）在违反第（1）款（a）项或者（b）项的诉讼中，一个人对动物或者禽鸟没有执行合理照料或者监护，因此造成痛苦、苦难、损害或者伤害的证据，在没有相反证据时，就证明痛苦、苦难、损害或者伤害是故意地、允许故意地、或者由故意疏忽造成，视具体情况而定。

出现在攻击时作为证据　（4）在违反第（1）款（d）项的诉讼中，被告出现在动物或者禽鸟的打斗或者挑逗现场的证据，在没有相反证据时，就证明被告鼓励、帮助或者援助动物或者禽鸟的打斗或者攻击。

禁令　（5）被告违反第（1）款被定罪，法院在对犯罪可判处的任何惩罚之外可以作出命令，禁止被告不超过两年期间拥有、看护或者控制动物或者禽鸟。

违反禁令　（6）任何人，在按照第（5）款规定所作命令的禁止期，拥有、看护或者控制动物或者禽鸟，构成简易罪。

经营斗鸡场　第 447 条　（1）任何人，在其所有或者占有的房地产中，建设、制造、维持或者经营斗鸡场，或者允许这样做，构成简易罪。

没收　（2）治安官发现斗鸡场中的或者斗鸡场所房地产中的公鸡，应当抓住它们并交到法官面前，法官应当命令将它们销毁。

第十二章 货币犯罪

解　释

定义
"假币"
　　第448条　在本章中，
　　"假币"包括：
　　（a）类似或者显然意图类似于或者冒充流通的货币的假硬币或者假纸币；
　　（b）伪造或者未伪造完毕的银行券、空白银行券；
　　（c）准备或者更改以冒充者冒充通用的有较高面值的货币的真实的硬币或者纸币；
　　（d）挫掉或者削掉原压印花边而换上新的压印花边以恢复原状的流通的硬币；
　　（e）基于仿照或者冒充流通的金币、银币或者镍币的目的而镀上金、银或者镍的流通的硬币；
　　（f）被以各种方法涂上或者镀上能产生金、银或者镍的表面效果并意图仿照或者冒充通用金币、银币或镍的普通硬币、金属片或者合金片。

"伪造的有价代币"
　　"伪造的有价代币"指以技术的、普通的或者欺诈的方式设计伪造的消费税票、邮票或者其他有价票证，包括没有货币价值的真实硬币或者纸币。

"流通的"
　　"流通的"指依照在加拿大或者其他地方有效的法律、公告或者行政法规的规定在加拿大或者其他地方合法流通。

"使用"
　　"使用"包括出售、付款、偿债和混用。

制　造

制造
　　第449条　制造或者开始制造假币的，构成可诉罪，处不超过14年的监禁。

持　　有

持有假币等

第450条　不能证明有合法根据或者理由实施针对假币的下列行为之一的,构成可诉罪,处不超过14年的监禁：

(a) 购买、接受或者允诺购买或者接受；

(b) 保管或者持有；

(c) 带进加拿大。

持有切割末等

第451条　不能证明有合法根据或者理由,而保管或者持有明知通过减损、减少或者减轻现行的金币或者银币而制造或者得到的下列物品,构成可诉罪,处不超过5年的监禁：

(a) 金或者银切磨碎末；

(b) 金条或者银条；或者

(c) 粉末、溶解或者其他形式的金或者银。

流　　通

流通假冒货币等

第452条　没有合法根据或者理由,如有合法根据或理由的举证责任自己承担；任何人的下列行为,构成可诉罪,处不超过14年的监禁。

(a) 流通或者允诺流通假冒货币或者将假冒货币当做真货币适用；或者

(b) 从加拿大出口、邮寄或者带走假冒货币。

流通硬币

第453条　任何人,具有欺诈目的,明知地流通：

(a) 非现行的硬币；或者

(b) 大小、数字或者颜色类似于现行硬币的一块金属或者合金；

构成可诉罪,处不超过两年的监禁。

金属块或者代用币

第454条　任何人,没有合法根据或者理由,相反证据的举证责任自己承担：

(a) 制造、生产或者出售；或者

(b) 持有；

任何打算欺诈地在投币或者投代用币设备上代替硬币或者有价值代用币使用,构成简易罪。

损坏表面或者减损

修剪并流通修剪硬币
第455条 任何人的下述行为,构成可诉罪,处不超过14年的监禁:
(a) 减损、减少或者减轻现行金币或者银币,目的是使它仍可作为现行金币或者银币;或者
(b) 流通知道违反第(a)款规定已被减损、减少或者减轻的硬币。

减损现行硬币
第456条 任何人的下述行为,构成简易罪:
(a) 减损现行硬币;或者
(b) 流通受到减损的硬币。

类似于银行票据
第457条 (1) 任何人,不得制造、刊印、印刷、发行、散布或者流通,包括以电子或者计算机辅助的手段,任何类似于:
(a) 现行的银行票据;或者
(b) 政府或者银行的债券或者证券。

例外
(2) 第(1)款不适用于:
(a) 加拿大银行或者其雇员执行义务的;
(b) 加拿大皇家骑警或者其执行义务的成员或者雇员;或者
(c) 任何人根据加拿大银行或者加拿大皇家骑警的合约或者许可而行动。

犯罪
(3) 一个人违反第(1)款的,构成简易罪。

抗辩
(4) 任何人不得按照第(3)款定罪,如果涉及所印刷类似于加拿大银行票据,证实印刷品的长或者宽小于银行票据的四分之三或者大于一点五倍,并且:
(a) 类似性只在于黑与白;或者
(b) 类似性表现为只有一面类似。

工具与材料

制造、持有或者交易伪造工具
第458条 任何人,没有法律根据或者理由,相反情况的举证责任由他自己承担:

（a）制造或者修理；
（b）开始或者继续制造或者修理；
（c）买或者卖；或者
（d）保管或者持有；

任何机器、发动机、工具、仪器、材料或者东西，知道曾经用于或者知道被改造并打算用于制造假冒货币或者有价值代用币，构成可诉罪，处不超过14年的监禁。

运输铸币工具

第459条 任何人，没有法律根据或者理由，相反情况的举证责任由自己承担，将以下物品运出女王陛下在加拿大的铸币厂，构成可诉罪，处不超过14年的监禁：

（a）任何机器、发动机、工具、仪器、材料或者东西，用于制造硬币或者与此相关；
（b）（a）项所述任何物品的一部分；或者
（c）硬币、整条金属、金属或者合金。

发布广告并交易假冒货币

第460条（1）任何人的以下行为，构成可诉罪，处不超过5年监禁。

（a）以广告或者其他书面文字，允诺出售、获得或者交易假冒货币或者有价值代用币或者提供假冒货币或者有价代用币可以出售、获得或者处理方式的信息；
（b）购买、获得、商议或者其他方式，交易有价值代用币或者允诺就购买或者获得而谈判。

欺诈使用无价值真币

（2）任何人不得因为作为货币无价值的真硬币或者真纸币而根据第（1）款被定罪，除非实施被指控犯罪的时候，他知道该硬币或者纸币作为货币无价值，并且具有关于该硬币或者纸币的交易中有欺诈目的。

关于证据的特别规定

假冒完成时间

第461条（1）涉及假冒货币或者有价值代用币的任何犯罪，不管诉讼涉及的货币或者有价值代用币尚未完成，或者没有精确地复制显然打算模仿或者显然打算当做的货币或者有价值代用币，应当视为完成。

检验人的证书

（2）在根据本章提起的诉讼中，由加拿大副总检察长指定的检验人签名的证书，说明任何硬币、纸币或者银行票据

第十二章 货币犯罪

是假冒或者真实的、是或者不是加拿大或者其他地方流通的,就是证书中陈述的证据,不需证明签名或者签名人的正式身份。

质证与通知　　(3) 第 258 条第(6)款与第(7)款,根据具体情况适用于第(2)款规定的证书。

没　　收

所有权　　**第 462 条**　(1) 假冒货币、假冒有价值代用币以及用于或者打算用于制造假冒货币或者有价值代用币的任何物品,属于女王陛下。

查封　　(2) 治安官可以查封并扣押以下物品,所查扣的任何物品,应当送交财政部长处理或者按照他的指示处理,但是在任何诉讼中需要作为证据的,不应当提交给部长,直至在那些诉讼中不再需要:

(a) 假冒的货币;

(b) 假冒的有价值代用币;以及

(c) 曾经用于与打算用于制造假冒货币或者有价值代用币的机器、发动机、工具仪器、材料或者东西。

第十二之一章 违法药品使用的工具与出版物

解　释

定义

"消费"

"非法药品"

"违法药品使用"

"违法药品使用的器具"

"违法药品使用出版物"

"出售"

第462.1条　本章中，

"消费"包括吸入、注射、咀嚼与吸烟。

"非法药品"指受控制的药品或者药品前体，进口、出口、生产、出售或者持有是受到《管制毒品与麻醉药品法》的禁止或者限制的。

"违法药品使用"指违反《管制毒品与麻醉药品法》或者根据该法制定的法规的进口、出口、生产、出售或者持有。

"违法药品使用的器具"指主要用于或者打算用于消费或者便于消费违法药品的任何物品，但不包括《食品与药品法》第2条中规定的"装置"。

"违法药品使用出版物"指任何印刷品或者描述或者描写的音像制品，主要用于或者打算用于推动、鼓励或者规劝违法药品的生产、准备或者消费的情况。

"出售"包括允诺出售、为出售而展示、持有以及散发，不论散发是否为了报酬。

犯罪与惩罚

犯罪

第462.2条　任何人明知地向加拿大进口、从加拿大出口、制造、推销或者销售非法药品使用的工具或者印刷品，构成犯罪，并且应以简易程序定罪处罚：

　　(a) 对于初犯，处不超过10万加元罚金或者不超过6个月监禁或者两者并处；或者

　　(b) 对第二次或者之后的犯罪，处不超过30万加元罚金或者不超过1年的监禁或者两者并处。

第十二之二章　犯罪的收益

解　释

定义　　　　　　　**第 462.3 条**　(1) 本章中，
　　　　　　　　　"指定毒品犯罪"[已废止]
"指定犯罪"　　　　"指定犯罪"指：
　　　　　　　　　(a) 根据本法或者任何其他议会法的可诉罪，法规规定的可诉罪除外；或者
　　　　　　　　　(b) 预谋或者企图实施(a)项规定的犯罪或者有关该项规定犯罪事后从犯或者教唆犯。
　　　　　　　　　"指定药品犯罪"[已废止]
　　　　　　　　　"企业罪犯罪"[已废止]
"法官"　　　　　　"法官"指第552条规定的法官或者形式管辖的上级法院的法官。
"犯罪收益"　　　　"犯罪收益"指任何加拿大境内外的财产、利润或者利益，直接或者间接地由于下述情况获得或者产生：
　　　　　　　　　(a) 在加拿大境内指定犯罪的犯罪行为；或者
　　　　　　　　　(b) 任何地方的作为或者不作为，如果发生在加拿大，就会构成指定犯罪的。
法规　　　　　　　(2) 省督可以制定由第(1)款指定犯罪定义排除之外规定可诉罪的法规。
加拿大总检察长的权力　(3) 尽管有第(2)条"总检察长"的定义，加拿大总检察长，可以运用全部权力，并且执行由或根据本法对指定犯罪所赋予的义务和职能，指定犯罪产生于全部或者部分涉及违反本法与根据本法制定的法规之外的议会法或根据议会法制定的法规的行为。
省的总检察长的权力　(4) 第(3)条不影响省的总检察长对于指定犯罪的诉讼权力或者运用权力或者执行由或者根据本法赋予的义务与职能。

犯 罪

犯罪的洗钱收益

第462.31条 (1)任何人使用、转移占有、寄送或者送达给任何人或地方,有隐藏或者转换的目的,以任何方式与任何手段运输、转送、改变、处分或处理任何财产或者任何财产的任何收益,知道或者相信该财产或那些收益的全部或者部分是直接或者间接地获得或者产生于以下情况:

(a)在加拿大境内的指定犯罪的行为;或者

(b)任何地方的作为或者不作为,如果发生在加拿大,就会构成指定犯罪的。

处罚

(2)任何人违反第(1)款,就是:

(a)构成可诉罪,处不超过10年的监禁;或者

(b)以简易罪处罚。

例外

(3)治安官或者根据治安官指令行动的人不构成违反第(1)款的犯罪,如果治安官或该人所做的该款规定的任何事情,是为了调查或者执行治安官义务。

搜查、扣押或者扣留犯罪收益

特别搜查令

第462.32条 (1)受第(3)款限制,根据总检察长申请,法官根据格式1形式的宣誓报告,认为有正当理由相信在法官有管辖权的本省内的或者在其他省的没收命令可以根据第462.37条第(1)款或者第462.38条第(2)款作出的任何建筑、仓库或场所中的任何财产,对于在法官有管辖权的所在省实施指控的指定犯罪,法官可以签发命令,授权命令中写明的个人或者治安官,搜查建筑、仓库或者地方的财产并扣押该财产或者该人或治安官有正当理由认为没收令可以根据前述两款之一作出的任何其他财产。

程序

(2)根据第(1)款的搜查令申请,可以单方提出,应当书面提出并且包括对申请所涉财产是否曾经根据第(1)款提出申请的陈述。

命令的执行

(2.1)受第(2.2)款的限制,按照第(1)款签发的命令,可以在加拿大的任何地方执行。

第十二之二章 犯罪的收益

在其他省的执行	（2.2）根据第（1）款在一个省签发的命令，可以合理地预期在其他省得到实施，此命令的实施要求进入外省的个人的财产的，该外省的法官可以单方申请或者确认该命令，该命令得到确认后即具有像命令在他的本省签发一样的效力和效果。
其他领土管辖权中的执行	（3）第487条第（2）款至第（4）款以及第488条根据情况要求修正后适用于根据本条签发的命令。
查封财产的扣留和记录	（4）任何人执行法官根据本条签发的命令，应当： （a）扣留或者促成扣留查封财产，合理注意以保障财产的保存可以按照法律规定处理； （b）执行命令后，在不超过7天的合理期间的尽可能短的合理时间内，准备格式5.3形式的报告，表明扣押财产及其扣留位置，将报告提交给法院的书记官；以及 （c）将报告的一份副本，根据其要求，提供给财产受到扣留的人或者法官认为在财产中有正当利益的任何其他人。
收益的归还	（4.1）适用本法或者其他议会法，根据法官按照本法签发的命令已扣留任何物品的治安官，经总检察长同意，在签发收据后，可以将东西归还给合法拥有者，如果： （a）治安官认为对扣留的东西谁有权合法占有没有争议； （b）治安官认为了继续扣留没收物没有必要；以及 （c）扣留的东西在根据第（4）款（b）项规定提交报告给法院书记官之前已经归还。
通知	（5）法官在根据本条签发涉及任何财产的命令之前，可以要求将通知送交给他认为在财产中有正当利益的任何人，除非法官认为发出此等通知会导致财产的消失、分散或者贬值，或者其他方式影响财产，不能按照命令扣押财产的全部或者部分。
总检察长的保证	（6）在根据本条签发命令之前，法官应当要求总检察长对有关命令的签发和执行的损失或者成本或者二者的支付作出法官认为适当的承诺。
申请限制令	**第462.33条** （1）总检察长按照第（2）款对任何财产根据第（3）款可以申请限制令。
程序	（2）按照第（1）款对任何财产根据第（3）款申请限制令

可以单方提出，并且应当书面向法官提出，以及附带总检察长报告与信念的宣誓书或者任何其他人证明下列事项的宣誓书：

（a）受调查的犯罪或者事项；

（b）被认为占有财产的人；

（c）认为按照第462.37条第(1)款或者462.38条第(2)款对于财产没收命令可作出的理由；

（d）财产的描述；以及

（e）对该财产是否曾经作出申请。

限制令　　（3）按照第(1)款向法官提出限制令申请，法官如果认为有正当理由相信在其有管辖权的所在省或者任何其他省的任何财产，可以按照第462.37条第(1)款或者第462.38条第(2)款作出没收命令，在法官有管辖权的所在省实施所指控的指定犯罪的，可以作出命令，禁止任何人以命令规定的方式之外的其他方式处分命令指明的财产或者其他利益交易。

外省的执行　　（3.01）第462.32条第(2.1)款与第(2.2)款，根据具体情况适用于限制令。

加拿大境外的财产　　（3.1）根据本条的限制令可以对加拿大境外的财产签发，按照具体情况要求作出修正。

同前　　（4）法官根据第(3)款作出命令可以附加法官认为合适的合理条件。

通知　　（5）在根据第(3)款作出涉及任何财产的命令之前，法官可以要求将通知送交法官认为对财产有正当利益的任何人并听审，除非法官认为在作出命令前送交此等通知会导致财产的灭失、分散或者贬值或者其他影响，以致财产的全部或者部分不受根据第462.37条第(1)款或者第462.38条第(2)款没收命令的约束。

书面的命令　　（6）根据第(3)款作出命令应当是书面的。

总检察长的保证　　（7）根据第(3)款作出命令之前，法官应当要求总检察长，对涉及下列事项的损失或者花费或者二者的支付，提供法官认为恰当的保证：

（a）对处于加拿大境内或者境外的财产作出命令；以及

（b）对于加拿大境内的财产的执行命令。

命令的送达	（8）法官根据第（3）款所作命令的副本应当送交法官指示写明或者规则或法院规定的人。
命令的登记	（9）根据第（3）款所作命令的副本，对任何财产，应当按照财产所在省的法律登记。
效力的继续	（10）根据第（3）款所作命令，持续有效，直至：
	（a）按照第462.34条第（4）款受到撤销或者改变，或者按照第462.43条第（a）款撤销；
	（b）根据第462.35条不再有效；或者
	（c）财产的没收或者恢复命令是根据第462.37条第（1）款、第462.38条第（2）款或者第462.41条第（3）款或者本法的其他条款或者任何议会法的规定作出。
犯罪	（11）根据第（3）款所作命令针对的任何人受到按照本条规定的送达，在命令有效力时，违反或者不遵守命令，构成可诉罪或者简易罪。
管理命令	**第462.331条**　（1）对于根据第462.32条查封或者第462.33条限制的财产，《管制毒品与麻醉药品法》规定的控制药物除外，根据总检察长或者其他经总检察长书面同意的任何人的申请，法官认为具体情况需要的，可以：
	（a）指定一个人按照法官的指示控制与管理或者其他方式处理全部或者部分财产；
	（b）要求占有财产的任何人将占有移交给按照（a）项指定的人。
公共事务与政府内务部长任命	（2）如果加拿大总检察长提出要求，根据第（1）款指定一个人的法官，应当任命公共事务与政府内务部长。
管理权力	（3）按照第（1）款管理或者以其他方式处理财产的权力，包括：
	（a）对于可灭失或者快速贬值的财产，诉讼进行中出售的权力；
	（b）对小价值或者无价值财产，销毁该财产的权力。
销毁命令的申请	（4）受命管理财产的人在销毁小价值或者无价值财产之前，应当向法院申请销毁令。
通知	（5）在对任何财产的销毁命令作出之前，法院应当要求按照第（6）款规定将通知送交给法院认为有正当利益的任何人，并听审。

送交通知的方式	（6）通知应当：
	（a）按照法院指定的或者法庭规则规定的方式送交；
	（b）在法院认为合理的或者法庭规则规定的期间内送交。
命令	（7）法院如果认为财产价值微小或者无价值，不论是金钱的或者其他的，可以命令将财产销毁。
管理命令不再有效	（8）作为管理命令对象的财产，按照法律归还给申请人或者由女王陛下没收，管理命令不再有效。
申请改变条件	（9）总检察长可以在任何时间向法官申请取消或者改变管理命令的条件，但不得申请改变根据第（2）款所作任命。
申请复议特别命令与限制令	第462.34条　（1）在按照第462.32条的命令查封或者按照第462.33条第（3）款的限制令的财产中有利益的人，可以在任何时间向法官提出申请：
	（a）第（4）款规定的命令；
	（b）允许验查财产。
给总检察长的通知	（2）提出第（1）款（a）项申请的：
	（a）未经总检察长同意，申请不得由法官听审，除非申请人已经给予总检察长至少两天的书面申请通知；
	（b）法官可要求将申请通知送交给法官认为在财产中有正当利益的任何人，并听审。
验查令条款	（3）法官可以根据第（1）款（b）项向他提出的申请，命令申请人遵守法官认为对为了后续需要而保护和保存财产必要或者可取的条款，允许验查财产。
恢复财产命令或者撤销或者改变命令	（4）根据第（1）款（a）项向法官提出的关于财产的申请，法官对申请人、总检察长以及按照第（2）款（b）项受送达通知的任何人听审之后，可以命令将财产或者其中部分交还申请人，或者根据第462.33条第（3）款的限制令时，撤销命令、改变命令将财产、任何利益或者它们的部分从命令申请中排除在外，或者使命令受到法官认为合适的如下合理条件之一限制：
	（a）如果申请人向法官提交指定数额的保证金，不管有或者没有保证人，按照法官认为合适的条件，依法官的指示存入一定数额的金钱或者其他有价证券；

(b) 如果第(6)款规定的条件得到满足；

(c) 为了：

(i) 满足执行命令或者作出时财产占有人或者法官认为在财产中有正当利益的任何人及其受供养人的合理生活支出；

(ii) 满足(i)目规定人员的合理商业和法律费用；或者

(iii) 为了提交第16章的保证金而允许使用财产，如果法官认为申请人没有其他财产或者手段实现本目规定的目的，并且没有其他人是合法所有人或者合法占有人。

听审　　(5) 为了确定第(4)款(c)项(ii)目规定的法律费用的合理性，法官应当举行总检察长不出席的秘密听审，并应当考虑该省的法律援助税。

费用　　(5.1) 为了确定第(4)款(c)项规定的法律费用的合理性，总检察长可以：

(a) 在申请听审时对法律费用之外的费用构成合理性作陈述；

(b) 按照第(5)款的不公开的申请听审之前或者之后，对构成第(4)款(c)项(ii)目规定的法律费用的合理性作陈述。

法律费用征税　　(5.2) 根据第(4)款(c)项规定作出命令的法官，可以根据总检察长的申请，对构成第(4)款(c)项(ii)目规定的法律费用征税，这样做时，应当考虑以下因素：

(a) 可能作出没收命令的财产的价值；

(b) 产生法律费用的诉讼的复杂性；

(c) 涉及诉讼的问题的重要性；

(d) 关于那些诉讼的审理期限；

(e) 是否诉讼的任何阶段是不恰当或者缠讼的；

(f) 总检察长所作的陈述；

(g) 任何其他相关事项。

要满足的条件　　(6) 如果法官认为符合以下条件之一，根据第(4)款(b)项规定对于财产的命令，可以由法官作出。

(a) 对该财产尚未按照第462.32条签发查封令或者按照第462.33条第(3)款的限制令，以下人员提出申请的：

(i) 受到指定犯罪指控的人；

(ii)有产生为避免没收财产而转移所有权或者占有权的合理推论的具体情况,从(i)目规定的人那里获得所有权或者占有权的任何人;

(b)在其他情况下,申请人是财产的合法所有人或者占有人,不是指定犯罪的共犯或者有关该犯罪的共谋,并且没有其他人是财产的合法所有人或者占有人,以及该财产不再需要为了调查或者在任何诉讼中作为证据。

例外规定 (7)本法第354条,不适用于按照第(4)款(c)项的命令在查封后归还或者按第462.33条第(3)款的限制令排除在外的任何财产或者东西的占有人。

保证金格式 (8)按照第(4)款(a)项交纳的保证金,可以填格式32。

申请恢复财产条款 第462.341条 第462.34条(2)款、第462.34条第(4)款(c)项与第462.34条第(5)款、第(5.1)款和第(5.2)款,根据具体情况适用于对根据本法或者《管制毒品与麻醉药品法》查封的并且根据第462.37条第(1)款或者第462.38条第(2)款可以提起诉讼的金钱或者银行票据具有利益的人。

特定命令与限制令的到期 第462.35条 (1)适用本条,财产根据第462.32条签发的命令或者根据第462.33条签发的涉及财产的限制令受到查封的,该财产可以被扣留或者命令继续有效,期限为不超过6个月,从查封或者作出命令时开始起算,视具体情况而定具体期限。

诉讼开始 (2)如果已经开始关于扣留的可能没收的东西的诉讼,财产可以继续受扣留或者命令继续有效,期限不过6个月。

提出申请的 (3)如果根据总检察长的申请,法官认为在期限届满后,为了第462.37条或第462.38条或者本法任何其他条款或者任何其他国会法关于没收的条款,或者为了调查或者在任何诉讼中作为证据,法官可以命令财产可以继续扣留或者命令继续有效,期限超过6个月的一个或者数个期间。

被告受审时转交书记官 第462.36条 法官对财产根据第462.32条签发命令或者根据第462.33条签发限制令的,法院书记官在被告因指定犯罪被命令受审时应当促成向审判法院转交按照第462.32条第(4)款(b)项关于财产的报告或者限制令副本一份。

犯罪收益的没收

根据定罪没收财产命令　**第462.37条**　(1)受本条与第462.39条至第462.41条的限制,犯罪人的指定犯罪被定罪或者按照第730条被释放,法院对犯罪人作出判决时,根据总检察长的申请与可能性的权衡,认为任何财产是犯罪收益并且指定犯罪是涉及该财产的,应当命令该财产由女王陛下没收,按照总检察长的指示处理或者按照法律规定处理。

其他犯罪产生的收益　(2)没有证据向法院证明犯罪人指定犯罪的定罪或者按照第730条被释放,犯罪涉及可根据第(1)款作出没收命令的财产,但是法院超出合理怀疑地认为该财产是犯罪收益,可以根据第(1)款对该财产作出没收命令。

加拿大境外的财产　(2.1)根据本条对加拿大境外的财产可以作出命令,根据具体情况需要作出修正。

罚金而非没收　(3)法院认为根据第(1)款对犯罪人的任何财产应当作出没收命令,但该财产或者其部分或者其中利益不受此等命令的限制的,尤其是属于以下情况之一:

(a)根据运用合理勤勉不能定位的;

(b)已经转移给第三方;

(c)处在加拿大境外;

(d)价值已经实质减损或者变为无价值;

(e)已经与其他财产混合不容易分开;

法院可以不按照第(1)款命令财产或者其部分或者其利益没收,而命令犯罪人支付与该财产、财产的部分或者利益的价值等额的罚金。

不支付罚金的监禁　(4)法院根据第(3)款命令犯罪人支付罚金的,法院应当:

(a)对不支付罚金的,处以定期监禁:

(i)不超过6个月,罚金额不超过1万加元的;

(ii)不少于6个月并且不超过12个月,罚金额超过1万但不超过2万加元的;

(iii)不少于12个月并且不超过18个月,罚金额超过2万但不超过5万加元的;

（iv）不少于 18 个月并且不超过两年，罚金额超过 5 万但不超过 10 万加元的；

（v）不少于 2 年并且不超过 3 年，罚金额超过 10 万但不超过 20 万加元的；

（vi）不少于 3 年并且不超过 5 年，罚金额超过 25 万但不超过 100 万加元的；

（vii）不少于 5 年并且不超过 10 年，罚金额超过 100 万加元的；

（b）指令按照（a）项判处的监禁累加到犯罪人被判处任何其他监禁刑期或者犯罪人正在服役的监禁刑期。

| 罚金选择不适用于犯罪人 | （5）第 736 条不适用于按照第（3）款被判处罚金的犯罪人。 |

| "命令"的定义 | **第 462.371 条** （1）在本条中，"命令"指按照第 462.37 条或者第 462.38 条作出的命令。 |

| 执行 | （2）命令可以在加拿大境内任何地方执行。 |

| 外省提交的命令 | （3）其他省签发的命令涉及的财产所在省的总检察长收到命令的正式副本，将其提交给该省的刑事管辖高等法院的，该命令就具有与该法院的判决一样的效力。 |

| 加拿大总检察长 | （4）加拿大总检察长收到一个省签发的关于处在另一个省的财产的命令，将命令交给财产所在地的省刑事管辖高等法院，该命令就具有与该法院的判决一样的效力。 |

| 登记命令的效力 | （5）命令从其按照第（3）款或者第（4）款交到省的法院之日起，具有原本由该法院作出的命令同样的效力。 |

| 通知 | （6）命令按照第（3）款或者第（4）款交到一个法院的，在按照第 462.41 条第（2）款将通知送交给法院认为在财产中有正当利益的人之前，不得被执行。 |

| 第 462.42 条的适用 | （7）按照具体情况需要做修正后，第 462.42 条适用于在第（3）款或者第（4）款的命令所涉及的财产中主张权利的人。 |

| 按照第 462.42 条在一个省的适用 | （8）任何人，对于第（3）款或者第（4）款命令对象的财产，如果此人对同一财产在另一个省已经先提出申请，不得适用第 462.42 条。 |

| 一个法院裁决的约束力 | （9）一个省法院涉及第（3）款或者第（4）款命令的财产，对于第 462.42 条第（4）款规定的申请人是否受到该款规

第十二之二章　犯罪的收益

定的没收所影响或者根据该款宣告申请人利益的性质和范围的裁决,对将命令视同其判决的该省高级刑事管辖法院具有约束力。

申请没收　　　　**第462.38条**　(1)对指定犯罪的提出起诉的,总检察长可以对财产根据第(2)款向法官申请没收命令。

财产没收令　　　(2)受第462.39条至第462.41条的限制,根据第(1)款向法官提出申请的,如果法官认为符合下述条件:
(a)任何财产超出合理怀疑地是犯罪收益;
(b)涉及财产的指定犯罪的收益已经开始;
(c)受(b)项规定犯罪指控的被告已经死亡或者潜逃;
法官应当命令该财产由女王陛下没收,按照总检察长的指示处理或者以法律规定的其他方式处理。

加拿大境外的财产　(2.1)对处于加拿大境外的财产可以根据本条作出命令,根据具体情况需要作修正。

被认为潜逃的人　(3)在本条中,如果符合以下3个条件,一个人应当被视为涉及指定犯罪的潜逃:
(a)已经起诉指控此人的犯罪行为;
(b)有关起诉的此人逮捕令或者对组织的传票已经签发;
(c)根据命令逮捕此人合理尝试或者送达传票在命令或者传票签发后的6个月内已经不成功,或者一个人不在或者从未在加拿大的情形中,此人不能在命令或者传票签发的期限内被带来审判;
此人应当被视为在6个月期限的最后一天潜逃。

推论　　　　　　**第462.39条**　对第462.37条第(1)款或者第462.38条第(2)款而言,在证据证实全部财产的价值在此人实施犯罪后超过了犯罪之前此人全部财产的价值,并且法院认为此人从其他渠道的收入不能合理地解释此等增加,可以推论财产通过指定犯罪获得或者产生于指定犯罪。

可撤销的转让　　**第462.4条**　法院可以根据以下条件,撤销财产查封或者命令按照第462.33条送达后发生的财产转让或者转移,除非转让或者转移是善意的人支付了有价值对价。
(a)在命令将财产根据第462.37条第(1)款或者第462.38条第(2)款没收之前;

　　　　　　　　　　　　(b) 在财产被按照第 462.33 条作出限制令，命令按照第 462.33 条第(8)款送达的。

通知　　　　　　　　第 462.41 条　(1) 根据第 462.37 条第(1)款或者第 462.38 条第(2)款作出涉及财产的任何命令之前，法院应当要求将通知按照第(2)款送交法院认为有正当利益的任何人，并可以听审。

通知送达、期间与内容　　(2) 根据第(1)款送交的通知应当：
　　　　　　　　　　(a) 按照法院指定或者法院规则的规定送交或者送达；
　　　　　　　　　　(b) 在法院认为合理的期间或者法院规则规定的期间内送达；
　　　　　　　　　　(c) 写明指控的指定犯罪与对财产的描述。

恢复财产命令　　　　(3) 法院认为，除了以下两种情况：
　　　　　　　　　　(a) 一个人被指控或者被判定指定犯罪；
　　　　　　　　　　(b) 一个人，在产生所有权或者占有权的转移是为了避免财产没收的合理推论的情况下，从(a)项规定的人手中获得财产的所有权或者占有权；
　　　　　　　　　　任何人是按照第 462.37 条第(1)款或者第 462.38 条第(2)款没收的任何财产或者部分财产的合法所有人或者合法占有人，并且此人没有参与或者牵连(a)项规定的犯罪，法院可以命令财产或者部分财产归还给此人。

主张从没收中利益补偿的申请　　第 462.42 条　(1) 任何财产按照第 462.37 条第(1)款或者第 462.38 条第(2)款被没收的，以下两种情况除外：
　　　　　　　　　　(a) 一个人被指控或者被判定指定犯罪；
　　　　　　　　　　(b) 一个人，所有权或者占有权的转移，产生了避免财产没收的合理推论的情况下，从(a)项规定的人手中获得财产的所有权或者占有权；
　　　　　　　　　　主张财产中利益的任何人可以在没收后的 30 天内，以书面通知向法官申请第(4)款规定的命令。

确定听审日期　　　　(2) 收到按照第(1)款提出申请的法官，应当在接受申请后 30 日内确定一个日期听审。

通知　　　　　　　　(3) 申请人应当将按照第(1)款所作的申请通知以及听审通知，在确定的听审日之前至少 15 天，送交总检察长。

宣布不受没收影响的利益　　(4) 根据对按照第(1)款所作申请的听审，法官认为申请人不是第(1)款(a)项或者(b)项规定的人,并且没有参与导致没收的指定犯罪或者与此等犯罪有牵连,可以作出命令,宣布申请人的利益不受没收影响,并且宣布利益的性质和范围。

对根据第(4)款命令的上诉

(5) 申请人或者总检察长可以对根据第(4)款作出的命令提出上诉,第 21 章关于上诉程序的规定,根据具体情况,适用于本款的上诉。

归还财产

(6) 总检察长根据收到按照第(4)款命令的任何人的申请,对命令的上诉期满并且对命令根据第(5)款的上诉已判决的,应当:

(a) 指示涉及申请人利益的财产或者财产部分归还给申请人;或者

(b) 指示根据命令宣布的申请人利益价值的相等数额支付给申请人。

剩余查封财产的处理或者按照特定命令或者限制令处理

第 462.43 条 (1) 财产根据第 462.32 条命令、第 462.33 条涉及财产的限制令或者按照第 462.34 条第(4)款(a)项涉及财产的提交保证金已被查封,法官根据总检察长或者任何在财产中有利益的人提出的申请,或者根据法官自己的提议,在将通知送交总检察长或者在财产中有利益的任何人之后,认为该财产在第 462.37 条、第 462.38 条或者本法或者任何议会法关于没收的任何其他条款中不再需要、或者在任何调查或者在诉讼中作为证据,法官:

(a) 在限制令情况下,撤销命令;

(b) 在保证金情况下,取消保证金;

(c) 在根据第 462.32 条命令财产被查封或者受按照第 462.331 条第(1)款(a)项任命人员控制的情况下:

(i) 如果被查封人的占有是合法的,应当命令归还此人;

(ii) 如果被查封人的占有是非法的,而知道合法所有人或者合法地有权占有的人,应当命令财产归还给合法所有人或者合法有权占有的人;或者

(iii) 如果被查封人的占有是不合法的,不知道合法所有人或者合法地有权占有的人,可以命令没收,按照总检察长的指示处理,或者依照法律处理。

加拿大境外的财产　　(2)根据本条的命令,可以根据具体情况作修订而对处于加拿大境外的财产签发。

对某些命令的上诉　　第462.44条　任何人认为受到根据第462.38条第(2)款或者第462.41条第(3)款或者第462.43条所作的命令的侵害的,可以对命令提出上诉,正如根据第二十一章对定罪、判决或者无罪判决的上诉一样,该章适用于此等上诉,根据具体情况需要作出修正。

未决上诉的没收中止　　第462.45条　尽管本章的任何规定,根据第462.34条第(4)款、第462.37条第(1)款、第462.38条第(2)款或者第462.41条第(3)款或者第462.43条的没收或者恢复财产命令的作用是中止以下事项,而财产在根据这些条款之一作出命令30天内不得处分:

(a)根据那些条款或者规定恢复或者没收财产的本法或者其他议会法的任何其他规定的对该财产的申请;

(b)对关于财产的没收或者恢复命令的上诉;

(c)任何查封权利受到质疑的其他诉讼。

文件副本的归还或者没收　　第462.46条　(1)任何文件,根据第462.34条第(3)款或者第(4)款、第462.37条第(1)款、第462.38条第(2)款、第462.41条第(3)款或者第462.43条,被归还或者命令要被归还、没收或者其他方式处理的,总检察长可以在归还文件或者服从命令之前,促成文件副本的制作与保留。

证明力　　(2)按照第(1)款制作的副本,如果得到总检察长的证实,应当被采纳为证据,在没有相反证据时,只要得到通常的方式证明,具有与原件同样的证明力。

披露条款

情报人员不引发民事与刑事责任　　第462.47条　为更加明确,但受《收入税法》第241条的限制,一个人向治安官或者总检察长揭发他合理地怀疑他人任何财产是犯罪收益或者任何人已经或者将要实施指定犯罪的任何事实,是正当的。

"指定药品犯罪"的定义　　第462.48条　(1)本条中,"指定药品犯罪"指:

(a)违反《管制毒品与麻醉药品法》第一章的犯罪,该法第(4)条第(1)款除外;或者

(b) (a)项规定的有关犯罪的共谋或者企图实施、事后从犯或者教唆犯。

收入税信息披露 (1.1) 总检察长可以按照第(2)款申请第(3)款规定的信息披露命令,为了对下列事项调查:

(a) 指定药品犯罪;

(b) 违反第 354 条或者第 462.31 条的犯罪,被指控犯罪涉及任何财产、东西或收益直接或者间接地获得于或者来自:

(i) 加拿大境内的指定药物犯罪行为;

(ii) 如果发生在加拿大境内构成指定药品犯罪的任何作为或者不作为;

(c) 违反第 467.11 条、第 467.12 条或者第 467.13 条的犯罪,或者有关犯罪的共谋或者企图实施、既遂的从犯;

(d) 恐怖主义犯罪。

申请 (2) 根据(1.1)款提出申请,应当单方向法官书面提出,并且附有总检察长或者总检察长特别任命的人对报告和意见的宣誓书,为证明下列事项:

(a) 正在调查的犯罪或者事情;

(b) (c)项规定需要的信息或者文件涉及的人;

(c) 寻求取得或者建议检查或者告知的、由或者代表《收入税法》的国家税收部获得的信息或者账簿、记录、记载、申报或者其他文件的类型;

(d) 一些事实:在合理基础上赖以证明认为(b)项规定的人实施了第(1.1)款(a)项、(b)项或者(c)项犯罪或者从中获益的,以及(c)项规定的信息和文件可能对提出申请的调查具有实质价值的,不论是单独或者与其他材料一起。

披露信息的命令 (3) 收到根据第(1.1)款提出的申请的法官,认为符合(a)项和(b)项条件,受法官认为为了公共利益需要的任何条件的限制,法官可以对关税与税收委员或者由委员为了本条而特别书面任命的任何人作出(c)项和(d)项命令:

(a) 第(2)款(d)项规定的事项;

(b) 有正当理由相信允许取得申请涉及的信息是为了公共利益,考虑到如果取得信息对调查可能增加的利益;

(c) 允许命令中写明的警官取得全部此等信息和文件

并审查；

（d）认为在该情形下必须将全部信息和文件提供给警官的，在按照第（4）款送达的命令7天期满后法官可确定的期限内，允许警官带走信息和文件。

命令的送达　（4）法官按照第（3）款所作命令的副本，应当按照法官指示或者法院规则的规定送达受命令人。

为遵守命令的延期　（5）按照第（3）款作出命令的法官，根据国内税收部长的申请，延长命令的期限。

对披露信息的反对　（6）国内税收部长或者国内税收部长为了本条特别书面任命的任何人，根据以下理由之一，可以反对根据第（3）款所作命令涉及的信息和文件的披露，通过口头或者书面证实该信息和文件不应当披露：

（a）受任何双边或者国际条约、公约或者加拿大政府参加的关于税收的其他协议的约束，国内税收部长禁止披露信息或者文件；

（b）法律赋予该信息和文件的特权；

（c）按照法律或者有管辖权的法院命令，信息或者文件已被封存；

（d）披露信息或者文件，无论如何，不利于公共利益。

反对的裁决　（7）根据第（6）款提出反对信息或者文件披露的，根据申请，反对可以按照第（8）款由联邦法院的首席法官或者首席法官任命的对申请听审的其他法官裁决。

法官可以审查信息　（8）按照第（7）款要裁决反对的法官，如果认为对裁决是必需的，可以审查所提出反对涉及的信息或者文件，法官同意第（6）款所属的任何理由时，应当准许反对，并命令拒绝披露信息或者文件。

期限　（9）根据第（7）款的申请，应当在反对作出后10天之内，联邦法院的首席法官或者首席法官任命的对申请听审的其他法官认为合适的更长或者更短的期限内提出。

向联邦上诉法院上诉　（10）产生于按照第（7）款裁决的上诉，向联邦上诉法院提出。

上诉期限　（11）根据第（10）款的上诉在裁决后的10天之内，或者联邦上诉法院认为合适的更长的时间内。

听审的特定规则　（12）根据第（7）款的申请或者对该申请的上诉，应当

　　　　　　　　　（a）不公开地听审；
　　　　　　　　　（b）根据反对披露信息的人的要求，在《国家首都法》规定的国家首都地区审决。

单方陈述　　　　（13）听审根据第(7)款的申请或者对该申请的上诉期间，对申请提出反对的人或者提出上诉的人应当根据其要求，给予单方陈述的机会。

副本　　　　　　（14）任何信息或者文件受到按照第(3)款的审查或者提供时，审查人或者受提供人或者加拿大关税与税收机构的官员可以制作或者促成制作一个或者一个以上的副本，所收到国内税收部长证实的任何副本或者授权人员按照本款制作的副本，是原本信息或者文件的性质与内容的证据，具有与原本信息或者文件以一般方式证明一样的证明力。

进一步披露　　　（15）按照本款或者根据第(3)款所作命令，收到信息或者文件的披露或者提供的任何人，不得再（向他人）披露信息或者文件，除非为了涉及制作命令的调查。

格式　　　　　　（16）根据第(3)款的命令可以用格式47。

"警官"定义　　　（17）本条中，"警官"指受雇于保持公共秩序的任何官员、治安官或者其他人员。

没收的特殊规则

不受本章影响的特殊没收条款　　第462.49条　（1）本章不影响本法或者议会关于没收财产的任何其他法的任何其他条款的操作。

犯罪受害人的赔偿优先　　（2）犯罪人的财产可以用于满足本法或者议会关于没收财产的任何其他法条款的执行，但仅在不要求满足本法或者议会任何其他法关于赔偿或者补偿受犯罪行为影响的人的任何其他条款范围内。

规　　章

规章　　　　　　第462.5条　总检察长可以制定规章，规定根据本章没收财产的处分方式或者其他依法处理的方式。

第十三章　未遂、共谋、从犯

未遂、从犯　　　第463条　法律另有明文规定除外,下列条款适用于企图实施犯罪行为者或者犯罪的事后从犯:

(a) 任何人企图实施可诉罪或者是可诉罪犯罪行为的从犯,被告如果被定罪可以被判处终身监禁的,构成可诉罪,处不超过14年的监禁;

(b) 任何人企图实施可诉罪或者是可诉罪犯罪行为的从犯,被告如果被定此罪可以被判处不超过监禁的,构成可诉罪,处犯此罪的人处最长监禁刑期的一半;

(c) 任何人企图实施可诉罪或者是可诉罪犯罪行为的从犯,被告如果是可以被简易程序定罪处罚的,构成简易罪;

(d) 任何人企图实施可诉罪或者是可诉罪犯罪行为的从犯,犯罪人可以被起诉控告或者以简易程序定罪处罚的,分别是:

(i) 犯了可诉罪,处监禁的刑期是不超过犯该罪的人处的最长刑期的一半;或者

(ii) 以简易罪处罚。

教唆未实施的犯罪　　第464条　法律另有明文规定除外,下列条款适用于教唆他人犯罪的人:

(a) 任何人教唆他人实施可诉罪,如果所教唆犯罪未实施,构成可诉罪,处与企图实施该犯罪的人同样的惩罚;

(b) 任何人教唆他人实施简易罪,如果所教唆犯罪未实施,构成简易罪。

共谋　　第465条　(1) 法律另有明文规定除外,下列规定适用于共谋:

(a) 任何人与他人共谋实施谋杀或者促成他人被谋杀,不论是否在加拿大境内,构成可诉罪,处终身监禁的最高刑期;

(b) 任何人与他人共谋,明知一个人没有实施犯罪而告发此人犯罪,构成可诉罪,处以:

第十三章 未遂、共谋、从犯

(i) 不超过 10 年的监禁,如果指控的犯罪是根据定罪能使他人被判处终身监禁或者不超过 14 年的监禁;

(ii) 不超过 5 年的监禁,如果指控的犯罪是根据定罪能使他被判处少于 14 年的监禁。

(c) 任何人与他人共谋实施(a)项或者(b)项没有规定的可诉罪,构成可诉罪,处等同于被告犯该罪的定罪所受的惩罚。

(d) 任何人与他人共谋实施简易罪,构成简易罪。

(2) [已废止]

共谋实施犯罪　　(3) 任何人在加拿大境内与他人共谋在根据当地法律是犯罪的加拿大境外实施第(1)款规定的事项,应当被视为共谋在加拿大境内实施该事项。

同前　　(4) 任何人在加拿大境外与他人共谋在加拿大境内实施第(1)款规定的事项,应当被视为共谋在加拿大境内实施该事项。

管辖　　(5) 一个人被指控共谋实施根据第(3)款或者第(4)款是犯罪的任何事情,对于犯罪的诉讼,不论此人是否在加拿大,可以在加拿大的任何地区提起,被告可以该犯罪就是发生该地区一样的方式受到审判和惩罚。

审判时被告的出庭　　(6) 为更加明确,本法的条款,涉及下述两项的,适用于按照第(5)款在任何地区提起的诉讼。

(a) 被告在诉讼过程中出庭与受代理的要求;

(b) 那些要求的例外。

在加拿大境外受过审判　　(7) 一个人被指控共谋实施根据第(3)款或者第(4)款是犯罪的任何事情,此人的犯罪在加拿大境外已经受到与在加拿大同样的方式审判和处理,即如果在加拿大审判和处理,他能够提出无罪释放、已受有罪判决或者赦免的抗辩,则此人应当被视为在加拿大受到了审判和处理。

限制贸易的共谋　　第 466 条　(1) 限制贸易的共谋是两人或两人以上实施或者导致实施限制贸易的非法行为的协议。

贸易协会,例外　　(2) 贸易协会的目的,仅仅根据它们限制贸易,不是第(1)款规定的非法。

例外　　第 467 条　(1) 任何人,不得仅仅由于以下情况,而被定为共谋:

(a) 拒绝与工人共事或者为雇主工作；

(b) 为了贸易联合做任何行为或者促成做任何行为，除非该行为是明文规定为应受惩罚的犯罪。

"工商协会"的定义　　(2) 在本条中，"工商协会"指在雇主、工人或者其他人中的任何联合，为了规范或者改变雇主之间、工人之间的关系或者雇主或者工人在其商业、工作或者雇用或者服务的合同中行为。

定义　　第 467.1 条　(1) 以下定义适用于本法。

"犯罪组织"　　"犯罪组织"指符合以下条件的一个群体，不论如何组织：

(a) 由在加拿大境内外的三人或者三人以上组成；以及

(b) 具有一个主要目的或者主要活动，如果帮助或者实施一个或者多个严重犯罪，群体或者群体成员就可能会得到直接或者间接的物质利益，包括金钱利益。

不包括随意形成的为了单个直接犯罪行为的一群人。

"严重犯罪"　　"严重犯罪"指根据本法或者任何议会其他法的最高惩罚是 5 年的监禁或者以上的可诉罪，或者由法规规定的其他犯罪。

帮助　　(2) 在本条与第 467.11 条中，帮助犯罪不要求知道所帮助的具体犯罪行为或者犯罪实际被实施。

犯罪行为　　(3) 在本条与第 467.11 条至第 467.13 条中，实施犯罪指参与或者教唆任何人参与犯罪。

规章　　(4) 省督可以制定规章，规定纳入第(1)款"严重犯罪"的犯罪。

参与犯罪组织的活动　　第 467.11 条　(1) 任何人为了提高犯罪组织帮助或实施本法或者任何其他议会法规定的可诉罪的能力，明知地以作为或者不作为参与或者帮助犯罪组织的活动，构成可诉罪，处不超过 5 年的监禁。

起诉　　(2) 在起诉第(1)款规定的犯罪时，检察官不必证明：

(a) 犯罪组织实际上帮助或者实施了可诉罪；

(b) 被告的参与或者帮助实际上提高了犯罪组织帮助或者实施可诉罪的能力；

(c) 被告知道可能受到犯罪组织帮助或者实施的可诉罪的具体性质；或者

	(d) 被告知道犯罪组织成员的身份。
因素	(3) 在确定被告是否参与或者帮助犯罪组织的活动时,法院可以考虑的其他因素为是否:
	(a) 使用识别或者与犯罪组织相关的姓名、词语、符号或者其他象征;
	(b) 经常地与犯罪组织成员联系;
	(c) 收取来自犯罪组织的好处;
	(d) 反复根据犯罪组织成员的指示进行活动。
犯罪组织的犯罪行为	第467.12条 (1) 任何人,为了犯罪组织的利益、根据其指示与其相联系而实施本法或者任何其他议会法规定的可诉罪,构成可诉罪,处不超过14年的监禁。
起诉	(2) 对根据第(1)款犯罪的起诉中,检察官不必证明被告知道犯罪组织成员的身份。
为犯罪组织指挥犯罪行为	第467.13条 (1) 任何人,作为犯罪组织成员,明知地直接或者间接地指挥任何人为了犯罪组织的利益、根据其指示与其相联系,实施本法或者任何其他议会法规定的犯罪,构成可诉罪,处终身监禁。
起诉	(2) 起诉违反第(1)款的犯罪时,检察官不必证明以下任一情形:
	(a) 非违反第(1)款的犯罪已经实际上实施;
	(b) 被告指挥具体的一个人事实犯罪;
	(c) 被告知道犯罪组织全部成员的身份。
刑罚连续计算	第467.14条 对一个人违反第467.11条、第467.12条或者第467.13条的犯罪所判处的刑罚,应当与对此人就同一事件或者系列事件所判处的其他惩罚,以及与对此人在当时违反那些条款的犯罪所判处的刑罚,连续计算。
加拿大总检察长的权力	第467.2条 (1) 根据第2条"总检察长"的定义,加拿大总检察长可以进行以下两项诉讼:
	(a) 违反第467.11条的犯罪;
	(b) 指控犯罪产生于全部或者部分涉及声称的违反除本法或者根据本法制定的法规之外的违反议会法或者根据议会法制定的法规的其他犯罪组织犯罪。
	为了上述目的,加拿大总检察长可以运用或者根据本法赋予总检察长的全部权力并履行全部职务和职能。

省总检察长的权力　　（2）第（1）款不影响省的总检察长进行对违反第467.11条、第467.12条或者第467.13条的犯罪的诉讼或者运用由或根据本法赋予总检察长的任何权力并履行任何职务和职能的权力。

第十四章 管 辖

一般规定

高等法院的刑事管辖　　**第 468 条**　每一个有刑事管辖权的高等法院都有权审判任何可诉罪。

刑事管辖法院　　**第 469 条**　每一个刑事管辖法院都有权审判可诉罪，但以下犯罪除外：

(a) 违反以下任何一条的犯罪：

(i) 第 47 条(叛国罪)；

(ii) 第 49 条(恐吓女王罪)；

(iii) 第 51 条(威胁议会或者立法机关罪)；

(iv) 第 53 条(煽动兵变罪)；

(v) 第 61 条(暴乱罪)；

(vi) 第 74 条(海盗罪)；

(vii) 第 75 条(海盗行为的犯罪)；或者

(viii) 第 235 条(谋杀罪)；

从犯　　(b) 作为严重叛国罪、叛国罪或者谋杀罪的从犯；

(c) 司法官员违反 119 条(受贿罪)；

反人类罪　　(c.1) 违反《反人类罪与战争罪法》第 4 条至第 7 条的任何一条的犯罪；

未遂　　(d) 企图实施第(a)款(i)项至(vii)项犯罪的犯罪；或者

共谋　　(e) 共谋实施第(a)款所述的任何犯罪。

对人的管辖　　**第 470 条**　受本法限制,有权力审判可诉罪的各个刑事管辖高等法院与刑事管辖法院，有权审判下列被告：

(a) 如果被告在该法院的管辖区域内被发现犯罪、逮捕或者关押；

(b) 如果命令由下述法院审判被告：

(i) 该法院；或者

(ii) 任何其他法院,管辖权按照合法授权转移给该法院。

强制的陪审团审判　第471条　除非法律另有明文规定，受到可诉罪指控的每个被告应当受到一个法官和陪审团组成的法庭审判。

第472条　[已废止]

无陪审团的审判　第473条　(1) 尽管本法的任何规定，受到第469条列举的犯罪指控的被告，经被告与总检察长同意，可以无陪审团，由有刑事管辖权的高等法院的一个法官审判。

其他犯罪的诉讼合并　(1.1) 被告与总检察长的同意按照第(1)款已经作出的，有刑事管辖权的高等法院的法官可以命令由该法官审判的任何犯罪与第469条列举的犯罪合并审判。

撤回同意　(2) 尽管本法的任何规定，被告与总检察长已经作出按照第(1)款同意的，除非被告与总检察长双方同意撤回，否则不得撤回。

陪审团未召集的延期　第474条　(1) 主管机构为了在任何地区的法庭听审刑事案件已经确定的陪审团，不能按期召集的，法院的书记官可以，如果法官未出席主持法庭，在开庭期或者庭审开始之日将法庭以及法庭的事务延期。

根据法官指示的延期　(2) 任何地区的刑事案件审判法庭的书记官，在任何时候，可以根据主审法官或者法院其他法官的指示，将法庭以及法庭事务延期。

审判期间被告潜逃　第475条　(1) 尽管本法任何其他规定，不论是否受到合并指控的被告在其审判过程中潜逃，就意味：

(a) 应当被认为放弃了出席审判的权利；

(b) 法院可以：

(i) 继续审判并作出判决或者裁决，如果确认被告有罪在其缺席的情况下判处刑罚；

(ii) 如果逮捕被告的命令以格式7的形式签发，延期审判等待其出庭；

但根据(b)项(ii)目审判被延迟的，法院如果认为等待被告出庭不利于公共利益，可以在任何时候继续审判。

不利的推论　(2) 法院按照第(1)款继续审判的，可以从其潜逃的事实作出对被告不利的推论。

被告无权重新开始　(3) 被告出席按照第(1)款继续审判的，他无权让在他缺席期间进行的诉讼重新开始，除非法院认为属于例外情况,重新开始是为了公共利益。

被告的律师可以继续行动　　(4)被告在审判过程中潜逃而法院继续审判的,被告的律师不因此被剥夺任何权力,他可以在诉讼中为了被告继续行动。

特殊管辖

特殊管辖　　**第476条**　在本条中:

(a)犯罪在两个或者两个以上地区之间的水域或者桥梁上实施的,犯罪应当被认为在任意一个地区实施;

(b)犯罪在两个或者两个以上地区的边界上或者边界的500米之内实施的,或者犯罪在一个地区开始在另一个地区完成的,犯罪应当被认为在任意一个地区实施;

(c)犯罪在运行途中的车辆里、在河流、运河或者内水中航行的船只上,车辆或者船只在运行或者航行途中实施的犯罪应当被认为在车辆或者船只通过的任意一个地区实施;车辆或者船只在运行或者航行途中通过的道路中心或者部分、适航河流、运河或者内水是两个或者两个以上地区的边界的,犯罪应当被认为在任意一个地区实施;

(d)犯罪在飞行中的航空器内实施的,应当视为实施在:

(i)飞行开始的地区;

(ii)航空器通过的任何地区;或者

(iii)飞行终止的地区;以及

(e)犯罪在上门送达邮件的过程中实施的,犯罪应当视为在送达时通过的任何地区实施。

"船只"定义　　**第477条**　(1)在第477.1条至第477.4条中,"船只"包括设计为、用于或者能够单独或者作为部分被用于海上航行的任何舰船、艇或者小船,不考虑推进方法或者有无推动力。

例外　　(2)第477.1条至第477.4条的任何规定都不限制任何其他议会法的作用或者法院在那些条款之外可以运用的管辖权。

加拿大境外的犯罪　　**第477.1条**　任何人实施《海洋法》第2条规定的作为

或者不作为,如果发生在加拿大就会构成违反联邦法的犯罪的,如果作为或者不作为发生在以下地域,得视为在加拿大境内实施该作为或者不作为:

(a) 在加拿大专属经济区:

(i) 由在加拿大专属经济区与勘探或者开发、保护或者管理加拿大专属经济区生物或者非生物自然资源相关的人实施;以及

(ii) 由加拿大公民或者《移民与难民保护法》第(2)条第(1)款规定的永久居民实施或者与其相关;

(b) 在加拿大大陆架或者在大陆架上实施,根据《海洋法》第20条在该地方是犯罪的;

(c) 在加拿大境外的船只上或者利用船只实施,而船只是按照任何议会法签发识别号码的;

(d) 在加拿大境外在穷追过程中实施的;

(e) 在任何国家的领土之外由加拿大公民实施的。

加拿大总检察长的同意 第477.2条 (1) 对在加拿大领海中或者领海上实施的犯罪诉讼,如果被告是非加拿大公民,犯罪在加拿大境外登记的船只上实施,除非诉讼开始后的8天之内获得加拿大总检察长的同意,否则不得继续。

例外 (1.1) 第(1)款不适用于简易程序的诉讼。

加拿大总检察长的同意 (2) 对于仅仅根据第477.1条(a)项或者第(b)法院有管辖权的诉讼,如果被告是非加拿大公民,犯罪在加拿大境外登记的船只上实施,除非在诉讼开始后的8天之内获得加拿大总检察长的同意,否则不得继续。

加拿大总检察长的同意 (3) 对于仅仅根据第477.1条(d)项或者第(e)法院有管辖权的诉讼,除非在诉讼开始后的8天之内获得加拿大总检察长的同意,否则不得继续。

同意的提交 (4) 第(1)款、第(2)款或者第(3)款要求的加拿大总检察长的同意必须交给诉讼开始的法院的书记官。

运用逮捕、进入等权力 第477.3条 (1) 逮捕、进入、搜查或者扣押的权力或者对于第477.1条规定的作为或不作为能够在加拿大境内运用的其他权力,可以在该条规定的情况中运用:

(a) 在《海洋法》第2条规定的作为或者不作为发生的地方、船只或者海洋设施或者结构上;

第十四章 管 辖

	(b) 穷追已经开始后，在其他国家领海之外的任何海域。
逮捕、搜查、扣押等等	(2) 加拿大境内任何地区的治安法官或者法官，有权以犯罪就是发生在领土内同样的方式，授权逮捕、搜查或者扣押或者调查，或者涉及以下犯罪的其他辅助事项：

(a) 在加拿大领海中或者领海上或者构成加拿大内水的任何海域中/上实施；

(b) 第477.1条规定的。

限制　　(3) 仅根据第477.1条的规定，作为或者不作为的犯罪被指控在加拿大境外登记的船只上实施的，没有加拿大总检察长的同意，不得对该作为或者不作为在加拿大境外运用第(1)款规定的权力。

第477.4条　(1)与(2)［已废止］

证据　　(3) 在关于犯罪的诉讼中，下述证据在任何时候对诉讼是实质性的，是陈述真实性的决定性证据，不需证明签发证书者的签名或者签名者正式身份。

(a)《海洋法》第23条第(1)款规定的证书；或者

(b) 外交部或者其授权签发的证书，证书中陈述所确定的地理位置，是在非加拿大内水、领海或者任何国家的领土的加拿大捕鱼区。

证书不受强迫　(4) 第(3)款规定的证书在本款的诉讼中是可接受的证据，但不能强迫提供。

完全在一个省实施的犯罪　**第478条**　(1) 受本法限制，一个省法院不得审判完全在另一个省实施的犯罪。

例外　　(2) 受到在报纸上出版损害名誉诽谤或者共谋出版损害名誉诽谤之指控的任何经营者、出版人、编辑或者其他人员，应当在其居住地或者报纸印刷地处理、起诉、审判和惩罚。

同前　　(3) 在加拿大的省外实施的犯罪受到指控的被告，如果犯罪不是第469条规定的，并且符合下述条件之一，

(a) 在根据加拿大政府的请求开始并由或代表政府指挥的诉讼中，如果加拿大总检察长同意；

(b) 在其他情况下，如果犯罪发生地的省总检察长同意的；

被告可以,如果犯罪是在被告所在的省实施,出庭接受有管辖权审判该案件的法院或者法官的审判,并且被告同意承认有罪并作有罪抗辩的,法院或者法官应当判决被告有罪并根据法律判处刑罚,但如果被告不同意认罪并不作有罪抗辩的,如果出庭前已受关押,被告应当送回关押,并按照法律规定处理。

被告受命令接受审判

(4)尽管有第(3)款规定的被告受命令接受审判或者对被告希望认罪的犯罪已经提出起诉,被告应当被视为未经初步询问或者起诉未曾被提起的仅仅处于该犯罪的受指控状态。

"报纸"定义

(5)本条中,"报纸"与第297条的含义相同。

在同一省未解决的犯罪

第479条　被告受到被认为是其所在省实施的犯罪的指控的,如果犯罪在第469条没有规定,并且符合下述条件之一,

(a)诉讼应加拿大政府的请求开始并由或者代表政府指挥的案件,加拿大总检察长同意的;

(b)其他案件中,犯罪发生地所在省的总检察长同意的;

如果犯罪是在被告所在省实施,被告可以出庭接受有管辖权审判该案件的法庭或者法官审判,被告同意承认有罪并作有罪抗辩的,法庭或者法官应当判决被告有罪并根据法律判处刑罚,但如果被告不同意认罪并不作有罪抗辩的,如果出庭前已受关押,被告应当送回关押,并按照法律规定处理。

在未组织地域的犯罪

第480条　(1)在国家、省未组织地域或者湖泊、河流或者其他水域,不属于某个地区或者临时司法区,实施犯罪的,有关指控可以开始,被告可以在任何地区或者临时司法区受到起诉、审判和惩罚,以对在该地区或者该省临时司法区实施的犯罪同样的方式。

新地区

(2)在第(1)款所述的无管理地域组建临时司法区或者新地区的,由该款的管辖权授权继续,直至该临时司法区或者新地区的刑事审判管理的适当条款由法律规定。

不在某个省的犯罪

第481条　犯罪在不属于某个省的加拿大地域实施的,有关诉讼可以开始,被告可以在任何省的任何地区受到起诉、审判与惩罚,以对在该地区实施的犯罪同样的方式。

在加拿大水域的犯罪　　第481.1条　犯罪在加拿大领海或者构成加拿大内水的任何海域实施的,有关诉讼可以开始,不论被告是否在加拿大,被告可以在加拿大的任何地区受到起诉、审判与惩罚,以对在地区实施的犯罪同样的方式。

加拿大境外的犯罪　　第481.2条　受到本法或者任何其他议会法的限制,作为或者不作为在加拿大境外实施,并且在那些情况下的作为或者不作为根据本法或者任何其他议会法是犯罪的,有关诉讼可以开始,不管被告是否在加拿大境内,被告可以在加拿大的任何地区受到起诉、审判与惩罚,以对在地区实施的犯罪同样的方式。

被告出庭受审判　　第481.3条　为更加明确,本法的条款涉及以下情况的,适用于按照第481条、第481.1条或者第481.2条在任何地区开始的诉讼。

(a) 要求被告出席诉讼;

(b) 该要求的例外。

法 院 规 则

制定规则的权力　　第482条　(1) 各个刑事管辖高等法院和上诉法院可以制定与本法或者任何其他议会法不矛盾的法院规则,这些规则在法院管辖权范围内,有关任何刑事案件开始或者产生于或者伴随任何此类的起诉、程序、诉讼或者上诉,适用于任何起诉、程序、诉讼或者上诉。

制定规则的权力　　(2) 下述法院可以,以相关省的副省督的批准为限,制定不与本法或者任何其他议会法相矛盾的法庭规则,在该法院管辖权范围内,有关任何刑事案件开始或者产生于或者伴随任何此类的起诉、程序、诉讼或者上诉,适用于任何起诉、程序,包括预审或者第二十七章规定的程序、诉讼或者上诉:

(a) 各省刑事管辖法院;

(b) 第812条规定的而非第(1)款所述的上诉法院;

(c) 安大略治安法院;

(d) 魁北克发源于魁北克省的各市法院;

(e) 诺瓦斯科舍省法院;

(f) 新不伦瑞克省法院;

（g）曼尼托巴省法院；

（h）不列颠哥伦比亚省法院；

（i）爱德华王子岛省法院；

（j）萨斯喀切温省法院；

（k）阿尔博塔省法院；

（l）纽芬兰省法院

（m）育空行政区法院；

（n）西北地区区法院；以及

（o）努纳武特治安法院。

规则的目的　（3）根据第(1)款或者第(2)款可以制定的规则是：

（a）一般地规定法院官员的义务和任何其他认为有利于达到审判目的与实施法律条款；

（b）规定法院的法庭组成或者任何划分，或者法庭的法官，由法律规定的除外；

（c）规定刑事问题的抗辩、惯例和程序，包括根据第625.1条的预审会议、关于临时司法释放与预先询问的诉讼程序，以及根据第(1)款规则的关于训令、移送令、人身保护令、禁止与催促审判令的程序与根据第830条的上诉程序；以及

（d）为实施本法关于定罪、无罪或者判处刑罚的上诉的条款，不限制本项的一般规定：

（i）为有关上诉通知或者申请允许向官员或者其他有要求的人员，提供必要的格式和指示；

（ii）为确保审判记录的准确和核对副本或者抄本；

（iii）为保存记录、展品或者其他与审判相关的东西；

（iv）为保障根据第689条第(1)款关于财产的命令中止期间财产的安全监护；以及

（v）规定总检察长以及审判中代表总检察长的律师获得为履行义务所要求的经证实的记录、展品或者其他与诉讼相关的东西。

发表　（4）根据本条的授权所制定的法院规则应当在《加拿大公报》中发表。

保障一致性的规章　（5）尽管本条的任何规定，政务总督可以制定为保障刑事问题的法院规则的一致性所认为合适的规定，而根据本款

第十四章 管　辖

的授权所制定的所有一致性规则优先,具有如同按本法制定的效力。

制定案件管理规则的权力　　**第482.1条**　(1)第482条第(1)款或者第(2)款所述的法院可以制定案件管理的规则,包括:

(a)为决定可帮助法院有效管理案件的任何事情;

(b)允许法院人员在法院之外处理涉及诉讼的行政事项,如果被告有律师代理;以及

(c)建立案件管理程序表。

遵循指令　　(2)案件的各方应当遵守按照第(1)款制定的规则所作的指令。

传票或者命令　　(3)如果规则是按照第(1)款制定的,法院、治安法官或者法官可以签发传票或者命令强迫被告出席案件管理程序。

要适用的条款　　(4)第512条与第524条第(1)款,根据具体情况要求做任何修改,适用于按照第(3)款的签发传票或者命令。

政务委员会副省督批准　　(5)由第482条第(2)款规定的法院根据本条制定的规则,要生效必须经过政务委员会副省督批准。

第482条第(4)款与第(5)款适用　　(6)第482条第(4)款与第(5)款,根据具体情况要求做任何修改,适用于根据第(1)款制定的规则。

第十五章　特殊程序和权力

某些官员的一般权力

具有两个治安法官权力的官员　　第483条　所有法官或者由省法律授权的法官,可以单独地去做本法或者任何其他议会法授权两个或者两个以上的治安法官去做的任何事情。

保持法庭秩序　　第484条　所有法官或者省法院法官,具有与该省高等刑事管辖法院可以行使的同样的保持所主持的法庭秩序的权力与职权。

程序违法　　第485条　(1)对犯罪的管辖权,不会由于任何法院、法官、省法院法官或者治安法官没有在任何特定时间行使该管辖权或者由于没有遵守本法关于延期或者还押的规定而丧失。

被告没有出庭　　(1.1)对被告的管辖权,只要适用第515条第(2.2)款、第537条第(1)款(j)项、(j.1)项或者(k)项、第650条第(1.1)款或者第(1.2)款、第650条第(2)款(b)项或者650.01条第(3)款(a)项、第683条第(2.1)款或者第688条第(2.1)款或者根据第482条或者第482.1条制定的法院规则,不会由于被告没有亲自出庭而丧失。

传票或者命令　　(2)对被告的管辖权已经丧失并且没有再获得的,法院、法官、省法院法官或者治安法官可以在失去管辖权的3个月内签发传票,或者如果认为公共利益必需时签发逮捕被告的命令。

需要起诉的撤销　　(3)没有按照第(2)款在规定期限内签发传票或者命令的,需要起诉的诉讼应当视为被驳回,并且除非按照第485.1条,不得重新开始。

休庭与命令　　(4)法院、法官、省法院法官或者治安法官认为出席诉讼的被告,由于第(1)款规定的事项的误导或者有偏见的,法院、法官、省法院法官或者治安法官可以中止诉讼并且作出认为合适的命令。

第十五章 特殊程序和权力

| 第16章适用 | （5）第十六章的规定，根据具体情况需要作修正后，适用于按照第（2）款签发传票和命令的情况。 |

第 485.1 条 关于一个事项的控告被驳回或者根据本法的任何规定需要起诉被视为驳回的，对同一事项的新起诉与新指控不得向法院提起，如果没有：

（a）在总检察长指挥的或者总检察长干预的起诉中，总检察长或者副总检察长书面亲自同意；

（b）在除总检察长之外的检察官指挥的或者总检察长不干预的起诉中，该法院法官的书面命令。

第 486 条 （1）对被告的庭审应当公开，但是主审法官、省法院法官或者治安法官，为公共道德的利益、维持秩序或者恰当审判，或者为防止损害国际关系或者国防或者国家安全需要，可以命令在全部或者部分诉讼程序中拒绝全体公众或者任何人员进入法庭。

（1.1）为了第（1）款与第（2.3）款的规定和更确定起见，"恰当审判"包括保证不满十八岁证人的利益，在指控被告性侵犯犯罪、违反第271条、第272条与第273条的犯罪或者对该证人使用、威胁使用或者企图使用暴力的暴力犯罪的诉讼中，得到保障。

（1.2）在第（1.1）款规定的诉讼中，主审法官、省法院法官或者治安法官，根据检察官或者审判或者预先询问时不满十四岁或者有精神或者身体残疾的证人的申请，可以命令允许证人选择的辅助人员在作证时出席并接近证人。

（1.3）主审法官、省法院法官或者治安法官不得允许第（1.1）款规定的诉讼中的证人作为辅助人员，除非主审法官、省法院法官或者治安法官认为是恰当审判所要求。

（1.4）主审法官、省法院法官或者治安法官可以命令辅助人员与证人之间在作证时不做交流。

（1.5）为了第（1）款规定和更确定起见，"恰当审判"包括保护参加到诉讼中的审判参与人的保障。

（2）被告受到第274条规定的犯罪指控，并且检察官或者被告按照第（1）款提出命令申请的，主审法官、省法院法官或者治安法官，应当结合案件的情况，如果没有作出命令，陈述不作出命令的理由。

| 庭外的作证 | （2.1）尽管第650条的规定,如果被告被指控违反第151条、第152条、第153条、第153.1条、第155条或者第159条、第160条第（2）款或者第（3）款、第163.1条、第170条、第171条、第172条、第173条、第210条、第211条、第212条、第213条、第266条、第267条、第268条、第271条、第272条或者第273条的犯罪指控,控告人或者任何证人在审判或者预先询问时不满十八岁或者能够但由于精神或者身体的残疾而有因难告知证据的,主审法官或者治安法官如果认为获得控告人或者证人对行为全面与坦率的解释是必要的,可以命令控告人或者证人在庭外、在屏幕后面或者其他使控告人或者证人不看到被告的装置后面作证。

| 庭外证词 | （2.101）尽管第650条的规定,如果被告被指控违反第（2.102）款的犯罪,主审法官或者治安法官,可以命令任何证人的作证:

（a）在法庭外,如果主审法官或者治安法官认为保护证人的安全是必需的;以及

（b）在法庭外或者在屏幕后面或者其他使控告人或者证人不看到被告的装置后面,如果法官或者治安法官认为获得控告人或者证人对行为全面与坦率的解释是必要的。

| 犯罪 | （2.102）为了第（2.101）款的犯罪有:

（a）违反第423.1条、第467.11条、第467.12条或者第467.13条的犯罪,或者为了犯罪组织的利益、受其指挥或者与其勾结的严重犯罪;

（b）恐怖主义犯罪;

（c）违反《信息安全法》第16条第（1）或者第（2）款、第17条第（1）款、第19条第（1）款、第20条第（1）款或者第22条第（1）款的犯罪;以及

（d）违反《信息安全法》第21条第（1）款或者第23条的犯罪涉及（c）项规定的犯罪的。

| 对认为的同样程序 | （2.11）法官或者治安法官认为决定是否应当作出根据第（2.1）款或者第（2.101）款关于控告人或者证人的命令而需要控告人或者证人作证的,法官或者治安法官应当命令按照该款作证。

| 除外条件 | （2.2）控告人或者证人不得按照第（2.1）款、第

第十五章 特殊程序和权力

(2.101)款或者第(2.11)款在庭外作证,除非所作的安排是为了被告、法官或者治安法官以及陪审团通过闭路电视或者其他装置观看控告人或者证人的作证,并且允许被告在观看作证时与律师交流。

被告不与儿童证人交叉质证
(2.3)第(1.1)款规定的诉讼中,被告不得亲自交叉质证当时不满十八岁的证人,除非主审法官、省法院法官或者治安法官认为恰当审判要求被告亲自进行交叉质证;如果被告不是亲自进行质证,主审法官、省法院法官或者治安法官应当为了进行质证指定律师。

限制发表的命令
(3)受第(4)款的限制,被告受到以下犯罪指控的,主审法官或者治安法官可以作出命令,指明控告人或者证人的身份以及可能披露控告人或者证人身份的信息,属于以下两项的,不得以任何方式在任何文件或者广播中发表;

(a)任何以下犯罪:

(i)违反第151条、第152条、第153条、第153.1条、第155条、第159条、第160条、第170条、第171条、第172条、第173条、第210条、第211条、第212条、第213条、第271条、第272条、第273条、第346条或者第347条的犯罪;

(ii)违反《加拿大1970年修订法典》第C-34章《刑法典》1983年1月4日以前的第144条、第145条、第149条、第156条、第245条或者第246条的犯罪;

(iii)违反《加拿大1970年修订法典》第C-34章《刑法典》1988年1月1日以前的第146条、第151条、第153条、第155条、第157条、第166条或者第167条的犯罪;

(b)在同一诉讼中两个或者两个以上的犯罪受处理,至少有一个犯罪是(a)项(i)目、(ii)目和(iii)目的犯罪。

限制
(3.1)根据第(3)款的命令不适用于审判过程中的目的不是向社会公布信息的披露信息。

根据申请的强制命令
(4)主审法官或者治安法官应当:

(a)在最初的合理机会中,通知出席第(3)款规定犯罪的任何不满十八岁的证人与控告人根据第(3)款提出申请的权利;以及

(b)根据控告人、检察官或者任何证人的申请,根据该款作出命令。

禁止发表等	（4.1）法官或者治安法官，对被告在除第（3）款列举的犯罪之外的任何诉讼中，如果法官认为此命令为恰当审判所必须，可以作出命令，指明受害人或者证人的身份或者第（4.11）款规定犯罪中参加诉讼的诉讼参与人的身份，或者能披露他们的身份的信息，不得以任何方式在任何文件或者广播中发表。
犯罪	（4.11）为第（4.1）款的犯罪有： （a）违反第423.1条的犯罪或者犯罪组织犯罪； （b）恐怖主义犯罪； （c）违反《信息安全法》第16条第（1）款、第16条第（1）款、第19条第（1）款、第20条第（1）款或者第22条第（1）款的犯罪；以及 （d）违反《信息安全法》第21条第（1）款或者第23条的犯罪涉及（c）项犯罪的。
限制发表的命令	（4.2）根据第（4.1）款的命令不适用于在审判过程中信息披露，如果该披露的目的为了使社会知道该信息。
适用	（4.3）根据第（4.1）款的命令可以根据检察官、受害人或者证人的申请作出。该申请必须向主审法官或者治安法官提出，或者如果主审的法官或者治安法官尚未确定，向诉讼进行地司法区的有刑事管辖权的高等法院法官提出。
申请内容	（4.4）申请必须书面提出，陈述申请人赖以证明命令对恰当审判是必须的根据。
申请通知	（4.5）申请人应当将申请的通知向检察官、被告与法官或者治安法官确定受命令影响的其他人提供。
可举行听审	（4.6）法官或者治安法官可以主持听审以确定根据第（4.1）款的命令是否应当作出，听审可不公开进行。
要考虑的因素	（4.7）在确定根据第（4.1）款的命令是否应当作出时，法官或者治安法官应当考虑以下因素： （a）公平与公开听审的权利； （b）受害人、证人或者诉讼参与人的身份如果披露受到重大伤害的现实和实质的风险； （c）受害人、证人或者诉讼参与人为了安全或者免受威胁或者报复是否需要命令； （d）鼓励报道犯罪与受害人、证人和诉讼参与参与刑事

第十五章 特殊程序和权力

程序的社会利益；

（e）有无其他的保护受害人、证人或者诉讼参与人身份的替代方案；

（f）提议命令的有利与有害后果；

（g）提议命令对受其影响者的表达自由的影响；

（h）法官或者治安法官认为有关的任何其他因素。

条件 （4.8）根据第（4.1）款所作的命令，可以附加法官或者治安法官认为合适的任何条件。

禁止发表申请 （4.9）除非主审法官或者治安官拒绝根据第（4.1）款作出命令，任何人不得以任何方式在文件或者广播中发表下列各项：

（a）第（4.3）款所规定的申请内容；

（b）在根据第（4.6）款的听审中提交的任何证据、信息或者辩护意见；

（c）能识别申请涉及的受害人、证人或者诉讼参与人的任何信息。

不遵守命令 （5）任何人不遵守根据第（3）款或者第（4.1）款所作的命令，构成简易罪。

搜查令的报告 **第487条** （1）治安法官根据格式1经起誓报告认为有正当理由相信，在建筑物、仓库或者地方内，有下述各项之一的，

（a）已经或者怀疑已经实施的违反本法或者任何其他议会法犯罪的任何有关东西；

（b）有正当理由相信将对违反本法或者任何其他议会法的犯罪提供证据或者揭示被认为已实施犯罪的人员的下落的任何物品；

（c）有正当理由相信打算用于实施针对他人的不需逮捕令即可逮捕的犯罪的任何物品；

（c.1）任何犯罪相关的财产，

可以在任何时候签发命令授权治安法官或者受任命或者指派执行联邦或省法律公职人员，并在命令中列出姓名，其职务包括实施本法或者任何其他议会法，实施下述两项；

（d）搜查建筑物、仓库或者地方寻找该东西并扣押；以及

(e) 受任何其他议会法的限制,尽可能快地,将先前扣押的东西按照第 489.1 条提交给该治安法官或者同一地区的其他治安法官或者提交有关报告。

搜查令的签名 (2) 第(1)款所属的任何物品所在的建筑物、仓库或者场所在其他地区的,治安法官可以按具体情况修正的类似形式签发搜查令,该搜查令在以格式 28 由该地区的治安法官签名后可以在该地区执行。

计算机与复印设备的操作 (2.1) 根据本条的授权搜查建筑物或者地方内的计算机系统数据的人,可以做以下行为:

(a) 使用或者促成使用建筑物或者地方内的任何计算机系统,查找计算机系统所包括或者可获得的任何数据;

(b) 以打印输出或者其他可辨识输出的形式复制或者促成复制任何数据;

(c) 扣押输出印刷或者其他输出供检验或者复印;以及

(d) 使用或者促成使用现场的任何复印设备以制作数据副本。

占有或者控制者的义务 (2.2) 占有或者控制要根据本条被搜查的建筑物或者地方的任何人,应当根据出示的搜查令,允许执行搜查者

(a) 使用或者促成使用在建筑物或者地方内的任何计算机系统以查找其由本条授权的计算机系统所包括或者可获得的任何数据;

(b) 获得该数据的复印件并扣押;

(c) 使用或者促成使用现场的复印设备制作数据副本。

形式 (3) 根据本条的搜查令可以以第 28 章所列的格式 5 的形式签发,可为适合案件而修改。

签名的效力 (4) 按照第(2)款规定在搜查令上的签名是对最初发给的治安官或者公职人员、签名治安官管辖区内的所有治安官充分授权,可执行命令并按照第 489.1 条或者法律规定的其他方式处理扣押的东西。

一般命令的报告 第 487.01 条 (1) 省法院法官、有刑事管辖权的高等法院法官或者第 552 条规定的法官可以签发书面命令授权治安官,在本条限制下使用任何装置或者调查技术或者程序、或者做命令规定的如果未授权构成对人或者财产的不合理搜查或者扣押的任何事项,只要符合以下条件:

第十五章 特殊程序和权力

　　　　　　　　(a)法官根据经宣誓书面报告认为有正当理由相信违反本法或者任何其他议会法的犯罪已经或者将要实施,并且关于犯罪的信息通过运用技术、程序或者装置或者做某件事情将获得;
　　　　　　　　(b)法官认为签发命令是为了审判的最佳利益;
　　　　　　　　(c)本法或者任何其他议会法没有其他规定可提供搜查令、授权或者命令允许使用技术、程序或者装置或者做某件事情。

限制　　　　　(2)第(1)款的规定不得被解释为允许干预任何人的身体完整性。

合理的搜查或者扣押　　(3)按照第(1)款签发的命令,应当包含法官认为可取的条款和条件,以保障该命令授权的搜查或者扣押在具体情况中是合理的。

视频监督　　　(4)根据第(1)款签发的命令,授权治安官通过摄像机或者其他类似电子装置观察任何人在其合理预期享有隐私权的情况中的活动,应当包含法官认为可取的条款和条件,以保障此人或者尽可能考虑到的其他人的隐私权。

其他条款适用　(5)第183条和第183.1条、第184.2条、第184.3条和第185条至第188.2条、第189条(5)款与第190条、第193条以及第194条至第196条的"犯罪"定义,根据具体情况需要,适用于第(4)款规定的命令,正如那些条款中规定的监听私人通讯就理解为治安官通过摄像机或者类似电子装置观察人们在其合理预期享有隐私权的情况中的活动。

秘密进入后的通知　(5.1)根据第(1)款签发的命令,授权治安官秘密进入和搜查一个地方的,应当要求,作为第(3)款规定的限制性规定的一部分,在执行命令后法官认为该情况中合理的任何时间内发出进入和搜查的通知。

发出通知期限的延长　(5.2)按照第(1)款签发命令的法官或者任何对签发命令有管辖权的其他法官,根据提交的支持第(5.1)款规定的发出通知的延长期限的申请宣誓书,认为公共利益要求允许申请的,可以允许延期或者再延期,但是延期不得超过3年。

适用条款　　　(6)第487条第(2)款和第(4)款,根据具体情况修改后适用于按照第(1)款签发的命令。

远程命令条款适用	（7）治安官认为亲自向法官申请本条规定的命令是不可行的，命令可以按照本条根据电话或者其他电信提交的报告签发，为此，根据具体情况需要作修改后，第487.1条适用于该命令。
协助命令	**第487.02条** 授权根据第184.2条、第184.3条、第186条或者第188条给予，搜查令根据本法签发或者命令根据第492.2条第(2)款作出的，给予授权、签发搜查令或者作出命令的法官或者治安法官，在任何人的协助可合理地认为授权、搜查令或者命令的生效所需要时，可以命令此人提供协助。
在外省的执行	**第487.03条** （1）如果符合以下条件，其他省的法官或者治安法官，根据申请，可以在搜查令上签名，签名后的搜查令，具有最初在该省签发的命令同样的效力： （a）搜查令根据第487.01条、第487.05条或者第492.1条或者第492.2条第(1)款在一个省签发； （b）可合理预期该命令将在其他省执行； （c）命令的执行需要进入外省人的财产或者对外省人根据第487.02条作出命令。
在外省执行—取身体物质	（2）所作出或者准许第487.051条、第487.052条、第487.055条或者第487.091条规定的命令或者授权，可以合理预期要在其他省执行，该其他省的省法院法官可以根据申请以格式28.1签署命令或者授权。一旦命令或者授权得到签署，在该省所具有的效力就如同最初在那里签发的一样。

DNA 法医分析

定义	**第487.04条** 本条以及第487.05条至第487.09条中，
"成人"	"成人"的含义由《青少年刑事审判法》第2条第(1)款规定。
"指定犯罪"	"指定犯罪"指一级指定犯罪或者二级指定犯罪。
"DNA"	"DNA"指脱氧核糖核酸（deoxyribonucleic acid）。
"DNA法医分析"	"DNA法医分析"指： （a）涉及执行根据第487.05条的命令从一个人那里取

第十五章 特殊程序和权力

得的身体物质的,指该身体物质的 DNA 法医分析以及该分析的结果与第 487.05 条第(1)款(b)项规定的身体物质 DNA 分析的结果的比较,也包括与该分析相关的任何附带检验;以及

(b)涉及指定犯罪调查过程中自愿提供的身体物质,或者执行根据第 487.051 条或者第 487.052 条的命令或者根据第 487.055 条或者第 487.091 条的授权从一个人那里所取得身体物质,或者第 487.05 条第(1)款(b)项规定的身体物质的,指对身体物质的法医 DNA 分析。

"一级指定犯罪"　　"一级指定犯罪"指:
(a)违反以下任何条款的犯罪,即:
(i)第 75 条(海盗行为);
(i.01)第 76 条(劫机);
(i.02)第 77 条(危害飞行器或者机场安全);
(i.03)第 78.1 条(夺取船只或者固定平台的控制权);
(i.04)第 81 条第(1)款(使用爆炸物);
(i.05)第 83.18 条(参与恐怖组织活动);
(i.06)第 83.19 条(帮助恐怖活动);
(i.07)第 83.2 条(为恐怖组织的犯罪行为);
(i.08)第 83.21 条(为恐怖组织指挥实施活动);
(i.09)第 83.22 条(指挥实施恐怖活动);
(i.1)第 83.23 条(包庇与藏匿);
(i.11)第 151 条(性猥亵);
(ii)第 152 条(引诱进行性猥亵);
(iii)第 153 条(性利用);
(iv)第 155 条(乱伦);
(v)第 212 条第(4)款(涉及青少年卖淫的犯罪);
(vi)第 233 条(杀婴);
(vii)第 235 条(谋杀);
(viii)第 236 条(过失杀人);
(ix)第 244 条(故意伤害);
(x)第 267 条(使用武器袭击或者造成人身伤害);
(xi)第 268 条(严重伤害);
(xii)第 269 条(非法造成伤害);

(xiii) 第 271 条(性侵害);

(xiv) 第 272 条(使用武器的性侵害、对第三方威胁或者造成人身伤害);

(xv) 第 273 条(严重性侵害);

(xvi) 第 279 条(绑架);

(xvii) 第 279.1 条(扣留人质);

(xviii) 第 431 条(袭击国际保护人员的财产、住所或者交通工具);

(xix) 第 431.1 条(袭击联合国人员或者相关人员的财产、住地或者交通工具);以及

(xx) 第 431.2 条第(2)款(爆炸物或者其他致命装置);

(b) 违反 1970 年加拿大修订法律第 C-34 章《刑法典》以下条款的犯罪,按照 1983 年 1 月 4 日前的规定,即

(i) 第 144 条(强奸);

(ii) 第 146 条(与不满十四岁以及十四岁至十六岁之间的女性性交);以及

(iii) 第 148 条(与弱智者性交等);

(c) 违反 1970 年加拿大修订法律第 C-34 章《刑法典》第 153 条第(1)款的犯罪,按照 1988 年 1 月 1 日前的规定;

(c.1) 违反《信息安全法》以下条款的犯罪,即:

(i) 第 6 条(靠近、进入禁区等);

(ii) 第 20 条第(1)款(威胁或者暴力);以及

(iii) 第 21 条第(1)款(包庇或者藏匿);以及

(d) 除为了第 487.05 条第(1)款之外的企图实施或者共谋实施(a)项至(c)项规定的犯罪。

"省法院法官"　"省法院法官",涉及青少年的,包括《青少年刑事审判法》第 2 条第(1)款规定的青少年审判法院的法官。

"二级指定犯罪"　"二级指定犯罪"指:

(a) 违反以下任何条款的犯罪,即

(i) 至(v)[已废止,2001]

(vi) 第 160 条第(3)款(儿童在场或者由儿童进行的兽奸);

(vii) 第 163.1 条(儿童色情);

第十五章 特殊程序和权力

(viii) 第 170 条(父母或者监护人促成性活动);

(ix) 第 173 条(猥亵行为);

(x) 第 220 条(犯罪的疏忽导致死亡);

(xi) 第 221 条(犯罪的疏忽导致伤害);

(xii) 第 249 条第(3)款(危险操作导致伤害);

(xiii) 第 249 条第(4)款(危险操作导致死亡);

(xiv) 第 252 条(没有在事故当场停止);

(xv) 第 255 条第(2)款(受妨碍驾驶造成人身伤害);

(xvi) 第 255 条第(3)款(受妨碍驾驶造成死亡);

(xvii) 第 266 条(侵害);

(xviii) 第 269.1 条(体罚);

(xix) 第 270 条第(1)款(a)项(袭击治安官);

(xx) [已废止,2001]

(xxi) 第 344 条(抢劫);

(xxii) 第 348 条第(1)款(故意侵入、实施犯罪或者逃出);

(xxiii) 第 430 条第(2)款(对生命造成实际危险的恶作剧);

(xxiv) 第 433 条(放火—不顾人的生命);以及

(xxv) 第 434.1 条(放火—自己的财产);

(b) 违反《刑法典》以下条款的犯罪,按照 1990 年 7 月 1 日以前的规定,即:

(i) 第 433 条(放火);以及

(ii) 第 434 条(在其他物质上放火);以及

(c) 除为了第 487.05 条第(1)款之外的企图实施或者共谋实施(a)项或者(b)项规定的犯罪。

"青少年" "青少年"的含义由《青少年审判法》第 2 条第(1)款规定。

申请命令采取身体物质进行 DNA 法医分析 **第 487.05 条** (1) 省法院法官在格式 5.01 所作的单方申请基础上,根据起誓告发,认为有正当理由相信:

(a) 指定犯罪已被实施;

(b) 身体物质发现或者获得于:

(i) 实施犯罪的场所;

(ii) 犯罪受害人身体上或者身体内;

（ⅲ）犯罪实施时受害人所穿戴或者所携带的任何物品上；或者

（ⅳ）与犯罪行为有关的任何人身体、东西或者场所上或者内；

（c）犯罪参与人；以及

（d）此人的身体物质 DNA 法医分析将提供（b）项规定的身体物质是否来自于此人的证据并且认为这样做是为了审判的最佳利益，可以以格式 5.02 签发命令，授权为了进行 DNA 法医分析，按照第 487.06 条第（1）款规定的程序，从此人那里采取一种或者一种以上身体物质的合理所需的任何数量的样本。

标准　　（2）在考虑是否签发命令，省法院法官应当考虑相关事项，包括：

（a）指定犯罪的性质以及犯罪行为的具体情节；以及

（b）是否有：

（ⅰ）治安官由于训练或者经验，按照第 487.06 条第（1）款规定的调查程序，能够从此人那里采取身体物质；或者

（ⅱ）其他人由于训练或者经验，按照那些调查程序，能够从此人那里采取身体物质。

远程命令　　（3）治安官认为根据本条亲自向法官申请命令是不可行的，本条规定的命令可以根据电话或者其他电信方式提交的报告签发，为此，第 487.1 条适用于该命令，根据具体情况需要作修改。

命令　　第 487.051 条　（1）受第 487.053 条的限制，如果一个人被定罪，根据第 730 条被释放，或者是青少年，根据 1985 年加拿大修订法律第 Y-1 章《青少年犯罪法》或者《青少年刑事审判法》犯有指定罪的，法院：

（a）应当，受第（2）款限制，在一级指定犯罪时，以格式 5.03 作出命令授权从此人那里为了 DNA 法医分析，以第 487.06 条第（1）款规定的调查程序，采取合理需要的一种或者一种以上身体物质的任何数量样本；

（b）可以，在二级指定犯罪时，以格式 5.04 作出命令，授权采取此等样本，如果法院认为这样做是为了审判的最佳利益。

第十五章 特殊程序和权力

例外　　　　　　　　(2) 如果法院认为此人或者该青少年已经证明,假如命令作出,对其个人隐私和安全的影响与保护社会和通过早期侦查、逮捕和犯罪的定罪实现的恰当审判的公共利益之间就会很不对称,法院不是必须根据第(1)款(a)项作出命令。

标准　　　　　　　　(3) 在裁决是否根据第(1)款(b)项作出命令时,法院应当考虑此人或者该青少年的犯罪记录、犯罪的性质、犯罪行为的情况以及命令可能对其个人隐私和安全的影响,并且应当为所作裁决说明理由。

《DNA 识别法》生效前的犯罪　　第 487.052 条　(1) 受第 487.053 条限制,如果一个人被定罪,根据第 730 条得到释放,或者是青少年,根据 1985 年加拿大修订法律第 Y-1 章《青少年犯罪法》或者《青少年刑事审判法》,在《DNA 识别法》第 5 条第(1)款生效之前犯有指定罪的,法院可以根据检察官的申请,以格式 5.04 作出命令,授权从此人或者该青少年那里为了 DNA 法医分析,以第 487.06 条第(1)款规定的调查程序,采取合理需要的一种或者一种以上身体物质的任何数量样本,如果法院认为这样做是为了审判的最佳利益。

标准　　　　　　　　(2) 在裁决是否作出命令时,法院应当考虑此人或者该青少年的犯罪记录、犯罪的性质、犯罪行为的情况以及命令可能对其个人隐私和安全的影响,并且应当为所作裁决说明理由。

无命令　　　　　　　第 487.053 条　根据第 487.051 条或者第 487.052 条的命令,如果检察官提醒法院,根据《DNA 识别法》建立的国家 DNA 数据库包含了该嫌疑人的该法第 2 条规定的 DNA 片断,不应当作出。

上诉　　　　　　　　第 487.054 条　犯罪人或者检察官可以对法院根据第 487.051 条第(1)款或者第 487.052 条第(1)款所作的裁决提出上诉。

犯罪服刑　　　　　　第 487.055 条　(1) 省法院法官可以根据单方以格式 5.05 提出的申请,以格式 5.06 授权从以下人员那里采取为了 DNA 法医分析,以第 487.06 条第(1)款规定的调查程序,合理需要的一种或者一种以上身体物质的任何数量样本:

(a) 在本款生效之前,已经按照第二十四章宣布为危险的犯罪人;

	（b）在本款生效之前，已经因不同时间的一次以上谋杀被定罪；
	（c）在本款生效之前，已经因第（3）款规定的一次以上性犯罪被定罪，在提出申请时正在为犯罪服刑至少两年。
证明书	（2）申请应当附第667条第（1）款（a）项规定的证明此人是第（1）款所规定的人的证明书。证明书可以接受为证据，不需发出第667条第（4）款规定的通知。
"性犯罪"定义	（3）为了第（1）款的规定，"性犯罪"指：
	（a）违反以下任何条款的犯罪，即
	（i）第151条（性猥亵）；
	（ii）第152条（引诱性猥亵）；
	（iii）第153条（性利用）；
	（iv）第155条（乱伦）；
	（v）第212条第（4）款（涉及青少年卖淫的犯罪）；
	（vi）第271条（性侵害）；
	（vii）第272条（使用武器、威胁第三方或者造成人身伤害的性侵害）；
	（viii）第273条（严重性侵害）；
	（b）违反1970年加拿大修订法律第C-34章《刑法典》以下条款的犯罪，按照1983年1月4日前的规定，即
	（i）第144条（强奸）；
	（ii）第146条（与不满十四岁或者14至十六岁的女性性交）；或者
	（iii）第148条（与弱智人的性交）；
	（c）违反1970年加拿大修订法律第C-34章《刑法典》第153条第（1）款（a）项的犯罪，按照1988年1月1日前的规定；以及
	（d）企图实施（a）项至（c）项的犯罪。
标准	（3.1）在裁决是否根据第（1）款允许授权时，法院应当考虑此人犯罪记录、犯罪的性质、犯罪行为的情况以及命令可能对其个人隐私和安全的影响，并且应当为所作裁决说明理由。
传票	（4）传票应当送到第（1）款规定的有条件释放人，要求他在传票写明的地点、日期与时间接受第（1）款规定的授

第十五章 特殊程序和权力

权采取其身体物质样本,并且写明第 487.07 条(a)项至(e)项规定的事项。

送达个人 （5）传票应当附一份第（1）款规定的授权并由治安官送达,治安官应当或者当面送交给被指定的人,或者如果此人不便于找到时,留给他最近的通常居住地中 16 岁以上的人转交。

送达的证明 （6）传票送达,可以由送达的治安官经过宣誓的口头证据或者在治安法官或者被授权管理宣誓或者制作宣誓书的其他人面前所作的宣誓书证明。

传票内容 （7）第（8）款的条文应当写在传票上。

不出席 （8）如果传票的受送达人没有在传票规定的地点、日期与时间报到,治安官可以签发拘捕令,为从此人那里按照授权采取身体物质样本得以进行。

逮捕令的内容 （9）逮捕令应当写明此人的姓名或者描述,并命令不延误地逮捕,为了按照授权采取身体物质样本。

没有归还日期 （10）根据第（8）款签发的逮捕令直到执行一直有效,不需要在任何具体时间归还。

进行采集时间 **第 487.056 条** （1）采取第 487.051 条与第 487.052 条规定的身体物质样本,应当在此人被定罪、根据第 730 条被释放时,或者是青少年的,根据 1985 年加拿大修订法律第 Y-1 章《青少年犯罪法》或者《青少年刑事审判法》定罪时,或者定罪后尽可能快地进行,即使可能提出上诉。

根据授权采集 （2）第 487.055 条与第 487.091 条规定的身体物质样本,应当在按照该条规定的授权允许后尽快采取。

采集人 （3）样本可以由治安官或者按照治安官指示行动能够凭借训练或者经验的其他人采取。

治安官的报告 **第 487.057 条** （1）被授权的治安官或者治安官让他人按照其指示执行根据第 487.05 条的命令、或者根据第 487.051 条或者第 487.052 条的命令、或者根据第 487.055 条或者第 487.091 条的授权去采取一个人的身体物质样本的,应当在样本采集后尽快以格式 5.07 作出书面报告,并促成报告交到：

（a）签发命令或者允许授权的省法院法官或者该法院的其他法官;或者

(b) 作出命令的法院。

报告内容　（2）报告应当包括以下两项：
(a) 采取样本的时间和日期；
(b) 描述所采取的身体物质样本。

不负刑事或者民事责任　第487.058条　任何治安官或者根据治安官的指示而行动的人对以合理谨慎与技术执行根据第487.05条的搜查令或者第487.051条或者第487.052条的命令或者根据第487.055条或者第487.091条的授权，从一个人那里采取身体物质都不承担任何形式或者民事责任。

调查程序　第487.06条　（1）治安官或者根据治安官的指示而行动的其他人，由根据第487.05条的搜查令或者第487.051条或者第487.052条的命令或者根据第487.055条或者第487.091条的授权获得从一个人那里采取身体物质的授权，通过任何以下方式：
(a) 采集此人的毛发，包括发根鞘；
(b) 进行擦拭嘴唇、舌头与内颊的口腔擦拭，采集上皮细胞；或者
(c) 以消毒刺血针扎皮肤表面，采集血液。

限制性规定　（2）搜查令、命令或者授权应当包括省法院法官或者法院认为，为保障受搜查令、命令或者令状所授权的采取样本在具体情况下是合理可行的任何限制性规定。

指纹　（3）由根据第487.05条的搜查令或者第487.051条或者第487.052条的命令或者根据第487.055条或者第487.091条的授权获得从一个人那里采取身体物质授权的治安官或者根据治安官的指示而行动的任何人，为了《DNA识别法》可以采集此人的指纹。

通知的义务　第487.07条　（1）在执行根据第487.05条的搜查令或者第487.051条或者第487.052条的命令或者根据第487.055条或者第487.091条的授权时，采取或者让人按照治安官的指示采取一个人的身体物质之前，治安官应当通知样本受采集人下述项目：
(a) 搜查令、命令或者授权的内容；
(b) 采集样本的调查程序的性质；
(c) 采集样本的目的；

第十五章 特殊程序和权力

(d) 治安官或者根据其指示行动的任何人为采集样本运用必要武力的权力；

(d.1)[已废止]

(e) 执行搜查令采集身体物质样本的情况下：

(i) DNA 分析的结果可用于证据的可能性；以及

(ii) 如果样本取自青少年，根据第(4)款的青少年权利。

人的拘留 (2) 身体物质样本的受采集人，可以

(a) 为了采集，在具体情况下受拘留一段合理的时间；以及

(b) 被要求陪同治安官。

尊重隐私 (3) 采集一个人身体物质样本的治安官或者根据治安官指示采集的人，应当以在该具体情况下合理的方式保障受采集人的隐私。

对青少年执行搜查令 (4) 执行搜查令针对的年轻人，在根据搜查令产生于受拘留的任何其他权利之外，具有以下权利：

(a) 进行咨询的合理机会的权利；以及

(b) 律师或者父母或者父母缺席时的成年亲戚或者父母与成年亲戚均缺席时由他自己选择任何其他合适的成年人，执行命令时在场的权利。

青少年放弃权利 (5) 青少年可以放弃根据第(4)款的权利，但放弃：

(a) 必须在录像带或录音带上记录或者其他方式记录；或者

(b) 必须书面记载，包括由青少年签名的说明被告知权利在放弃的陈述。

结果传送给警督 第 487.071 条　(1) 执行第 487.051 条或者第 487.052 条的命令或者根据第 487.055 条或者第 487.091 条的授权所采取的身体物质的 DNA 法医分析结果，应当传送给加拿大皇家骑警警督，以便在根据《DNA 识别法》建立的 DNA 国家数据库犯罪人索引中登记。

身体物质的送交 (2) 第(1)款所述的用于 DNA 法医分析的身体物质样本的任意一部分，为了《DNA 识别法》应当送交给加拿大皇家骑警警督。

身体物质的使用—身体物质的使用—命令、授权 第 487.08 条　(1) 任何人不得使用执行根据第 487.05

条或者《国家辩护法》第196.12条的搜查令所采取的身体物质,除非是为了指定犯罪调查过程中的DNA法医分析。

搜查令

(1.1) 任何人不得使用执行第487.051条或者第487.052条的命令或者根据第487.055条或者第487.091条的授权,执行根据《国家辩护法》第196.14条或者第196.15条的命令或者根据第196.24条的授权所采取的身体物质,除非符合下述条件之一:

(a) 为了DNA分析使用它们;

(b) 按照第487.071条送交给加拿大皇家骑警警督非用于DNA分析的一部分身体物质样本。

结果的使用—搜查令

(2) 对执行根据第487.05条或者《国家辩护法》第196.12条的搜查令所采取的身体物质的DNA法医分析结果,任何人不得使用,下述两项除外:

(a) 指定犯罪的或者签发搜查令或者第487.05条第(1)款(b)项或者《国家辩护法》第196.12条第(1)款(b)项规定的情况中发现身体物质的任何其他指定犯罪的调查过程;

(b) 对这些犯罪的任何诉讼中。

结果的使用—命令、授权

(2.1) 对执行第487.051条或者第487.052条的命令或者根据第487.055条或者第487.091条的授权、执行根据《国家辩护法》第196.14条或者第196.15条的命令或者根据第196.24条的授权所采取的身体物质的DNA法医分析结果,任何人不得使用,送交给加拿大皇家骑警警督除外。

犯罪

(3) 任何人违反第(1)款或者第(2)款的规定,构成简易罪。

犯罪

(4) 任何人违反第(1.1)或者第(2.1)款的规定,分别是:

(a) 可诉罪,处不超过两年的监禁;或者

(b) 以简易罪处罚,处不超过2000加元罚金或者不超过6个月监禁,或者两者并处。

销毁身体物质等—搜查令

第487.09条 (1) 受第(2)款的限制,执行根据第487.05条的搜查令从一个人那里所采取的身体物质与DNA法医分析的结果应当销毁,或者结果是电子形式的,进入那些结果的路径应当永久地删除,不延迟地在下述期限实施:

第十五章　特殊程序和权力

（a）分析结果证明第487.05条第（1）款（b）项规定身体物质不是来自此人之后；

（b）此人最终对指定犯罪或者同一事项的任何其他犯罪无罪之后；

（c）以下3目规定1年期满，一年之内对此人的指定犯罪或者同一事项的任何其他犯罪开始新起诉或者提出新指控，或者诉讼程序重新开始的除外：

（i）在对指定犯罪或者同一事项的任何其他犯罪的预先询问后被释放以后；

（ii）释放，不论无罪之外的任何原因或者撤销对指定犯罪或者同一事项的任何其他犯罪的指控以后；

（iii）一个人因犯罪或者同一事项的任何其他犯罪的任何诉讼程序，根据第579条或者根据该条如同适用第572条或者第795条而中止以后。

例外

（2）省法院法官可以命令所采取的身体物质与DNA法医分析结果在其认为恰当的任何期限内不予销毁，只要省法院法官认为，该身体物质或者结果可能在另一个指定犯罪的调查或者指控或者其他人的指定犯罪或者同一事项任何其他犯罪的调查或者指控中合理地需要。

销毁自愿提供的身体物质等

（3）由一个人自愿提供的身体物质与DNA法医分析结果，在分析结果证明第487.05条第（1）款（b）项规定身体物质不是来自此人之后，应当不延迟地销毁，或者结果是电子形式的，进入那些结果的路径应当永久地删除。

补充采集身体物质

第487.091条　（1）如果DNA片断不能产生于执行第487.051条或者第487.052条的命令或者根据第487.055条的授权所采取的一个人的身体物质，省法院法官可以根据在确定DNA片断不能产生的合理时间内以格式5.08单方提出的申请，以格式5.09授权为了DNA法医分析，按照第487.06条第（1）款规定的调查程序，从此人那里采取需要的任何数量的身体物质补充样本。

理由

（2）申请应当说明理由，解释为什么DNA片断不能产生于根据原命令或者授权所采取的身体物质。

不拘押的人

（3）第487.055条第（4）款至第（10）款适用于，根据具体情况需要作修改，并且不考虑第487.055条第（4）款中

"第(1)款所述有条件释放的人",不拘押的并且根据本条授权接受采取身体物质的任何人。

痕迹搜查令报告　　第 487.092 条　(1) 治安法官可以签发书面搜查令,授权治安官或者按照治安官的指示让人做搜查令中规定的任何事情,为了获得手印、指纹、脚纹、脚印、牙印或者其他身体的或者一个人身体的任何部分的印记或者痕迹,如果治安官符合以下条件:

(a) 根据宣誓的书面报告,认为有正当理由相信违反本法或者任何其他议会法的犯罪已经实施,关于该犯罪的信息将要通过印记或者痕迹获得;

(b) 认为签发搜查令是为了审判的最佳利益。

搜查或者扣押的合理　　(2) 根据第(1)款签发的搜查令,应当包含治安法官认为可取的对保障由搜查令授权的搜查或者扣押在具体情况下的合理性的限制性规定。

适用的条款　　(3) 第 487 条第(2)款与第(4)款适用于根据第(1)款签发的搜查令,根据具体情况需要作修改。

远程搜查令　　(4) 治安官认为向法官当面申请根据本条的搜查令不切实际的,本条规定的搜查令可以根据由电话或者其他电信手段提交的报告签发,为此第 487.1 条根据具体情况需要修改后适用于本搜查令。

关于搜查令的其他条款

远程搜查令　　第 487.1 条　(1) 治安官认为可诉罪已经被实施,并且向法官当面申请按照第 256 条或者第 487 条的搜查令不切实际的,可以通过电话或者其他电信手段将起誓告发提交给对此有管辖权的省法院首席法官专门指定的法官。

由电话提交的报告　　(2) 通过电话或者其他电信手段,产生书面文件的电信手段除外,所提交的报告,应当宣誓并且由治安法官逐字录音,治安官应当尽快让人将录音或者抄本经治安法官核对时间、日期和内容交给搜查令实施目的地区法院的书记官。

由其他电信手段提交报告　　(2.1) 接受由产生书面文件的电信手段提交的报告的治安法官,应当尽快让人将治安法官核对了接收时间和日期的报告交给搜查令实施目的地区法院的书记官。

第十五章 特殊程序和权力

宣誓的执行	（3）为了第（2）款，宣示可以通过或者其他电信手段进行。
代替宣誓	（3.1）采用第（2.1）规定的电信手段的治安官，可以不用口头宣誓而以书面陈述表明报告中包含的全部事项就他/她所知和信念而言是真实的，这一陈述就视为经宣誓的陈述。
报告的内容	（4）由电话或者其他电信手段提交的报告，应当包括： （a）治安官当面向法官提交不切实际的具体情况的陈述； （b）陈述所指控的可诉罪，要搜查的地方或者财产以及主张要扣押的项目； （c）治安官相信有关指控犯罪的将会在搜查的地方或者财产中发现的应受扣押项目的理由； （d）陈述根据本条的搜查令或者任何其他搜查令，对同一事项治安官所知道的任何以前的申请。
签发命令	（5）第（1）款规定的治安法官认为由电话或者其他电信手段提交的报告符合下述条件，可以给治安官签发搜查令，所授予的权利，与按照第256条第（1）款或者第487条第（1）款向法官当面申请的治安官所签发的搜查令的授权同样，并且可以要求搜查令在治安法官可命令的期限内执行。 （a）是关于可诉罪并且符合第（4）款的要求； （b）披露了免除当面提交的正当理由，并且是书面的； （c）按照第256条第（1）款或者第487条第（1）款（a）项（b）项或者（c）项，披露了签发对可诉罪搜查的正当理由。
关于搜查令的手续与传真	（6）治安法官通过电话或者产生书面文件的其他电信手段签发搜查令的，应当事项如下： （a）治安法官应当填完并签名格式5.1的搜查令，在正面标注签发的时间、日期和地点； （b）治安官根据治安法官的指示，应当填完格式5.1搜查令的传真一式二份，在正面标注签发治安法官姓名、签发的时间、日期和地点； （c）治安法官在签发搜查令之后应当尽快地让人交给搜查令执行地区的法院的书记官。
产生书面文件的电信签发搜查令	（6.1）治安官通过产生书面文件的电信签发搜查令的，

应当事项如下：

（a）治安法官应当填完并签署格式 5.1 的搜查令，在正面标注签发的时间、日期和地点；

（b）治安法官应当通过电信将搜查令传送给提交报告的治安官，由治安官收到的搜查令副本就视为第（6）款（b）项规定的传真；

（c）治安官应当得到搜查令的另一个传真；

（d）治安法官应当在签发搜查令之后尽快地让人将交给该搜查令执行地法院的书记官。

提供传真　　（7）治安官执行由电话或者其他电信手段签发的搜查令，按照第 256 条第（1）款签发的搜查令除外，应当在进入搜查的地方或者财产之前或者进入之后尽快地将搜查令传真交给现场的表现为控制该地或者该财产的任何人。

粘贴传真　　（8）治安官在无人在场的地方或者财产中执行由电话或者其他电信手段签发的搜查令的，按照第 256 条第（1）款签发的搜查令除外，应当在进入搜查的地方或者财产时或者进入之后尽快地将搜查令传真恰当地粘贴在其中的明显位置。

治安官的报告　　（9）受电话或者其他电信手段颁发的搜查令的治安官，应当向搜查令执行地法院的书记官在执行完成后尽可能快但必须在 7 天之内提交一份书面报告，报告应当包括：

（a）说明搜查令执行的时间和日期，或者如果搜查令为执行的，说明为什么不执行的原因；

（b）说明按照搜查令扣押的东西以及现在的保存地点，如果有的话；

（c）说明在搜查令所述的东西之外增加扣押的东西，如果有的话，以及现在的保存地点，加之说明治安官认为那些增加扣押的东西来自或者用于犯罪的理由。

交给治安法官　　（10）法院书记官应当尽快促使报告以及相关的申请报告与搜查令交给治安法官处理，对于报告中所述的扣押物品的处理方式，与按照根据治安官当面提交的申请报告由该治安法官或者同一地区的其他治安法官签发的搜查令所扣押的东西同样。

授权证明　　（11）在法院认为搜查或者扣押得到电话或者其他电信

第十五章 特殊程序和权力

手段颁发的搜查令授权是实质性的任何诉讼中,缺少由治安法官签名并且正面标注签发的时间、日期和地点的申请报告或者搜查令,在缺少相反证据时,就证明搜查或者扣押没有得到电话或者其他电信手段颁发的搜查令授权。

复印件与传真可接受

(12)申请报告或者搜查令的复印件或者传真,为了第(11)款的目的,具有与原件同样的证明力。

不需要搜查令的

第487.11条 治安官或者受任命或者指定执行或者实施联邦或者省法律的公职人员,其义务包括执行本法或者任何其他议会法,在履行职务过程中,可以没有搜查令运用第487条第(1)款或者第492.1条第(1)款规定的权力,如果取得搜查令的条件具备,但由于紧急情况取得搜查令不切实际的。

限制公开

第487.2条 (1)搜查令根据第487条或者第487.1条签发或者根据这种搜查令做搜查,任何人在报纸或者广播中发表关于下列事项任何信息,没有取得(b)项规定人员的同意,除非对搜查令赖以签发的任何犯罪已经提出了指控,构成简易罪。

(a)搜查或者将要搜查的地方的位置;或者

(b)实际或者可能占有或者控制该地方的任何人的身份或者涉及签发搜查令犯罪的嫌疑人。

"报纸"定义

(2)本条中,"报纸"含义与第297条相同。

不准获得信息的命令用于取得搜查令

第487.3条 (1)法官或者治安法官,根据申请按照本法或者任何其他议会法签发搜查令或者按照第529条或者第529.4条许可授权进入住所,在签发搜查令或者作授权时或者此后任何时间,可以作出命令,根据以下理由,禁止获得并披露涉及搜查令或者授权的任何信息:

(a)审判的目的会因披露受到破坏或者信息可能用于不正当的目的,由于第(2)款规定的理由;以及

(b)在重要性上(a)项规定的理由超过获得信息。

理由

(2)为了第(1)款(a)项的规定,按照第(1)款的命令可以根据披露会破坏审判的目的作出:

(a)如果信息的披露会:

(i)危害秘密情报员的身份;

(ii)危害进行中的调查的性质或者范围;

（iii）危害从事特定情报收集技术的人并因此妨碍未来调查使用类似技术；或者

（iv）损害无辜者的利益；以及

(b) 因任何其他充分的理由。

程序　（3）按照第（1）款作出命令的，有关申请的所有文件应当受治安法官或者法官认为具体情况下可取的任何限制性规定的限制，不限制前述的一般性，包括关于禁止的期限、文件的部分披露、任何信息的删除或者条件的发生，应当由治安法官或者法官在决定申请时立即装入文件袋并密封，文件袋保存在法院公众不能进入的地方或者治安法官或者法官可以授权的任何其他地方，并且不得处理，除非按照命令规定的条款和条件或者第（4）款的改变。

申请改变命令　（4）申请终止命令或者改变命令限制性规定，可以向以前作出命令的治安法官或者向进行产生于调查的有关命令获得的程序的法院的法官提出。

执行搜查令　**第488条**　根据第487条或者第487.1条签发的搜查令应当日间执行，下述情况除外：

(a) 治安法官认为有正当理由要在夜间执行；

(b) 正当理由包括在报告中；以及

(c) 搜查令授权在夜间执行。

定义　**第488.1条**　（1）在本条中，

"保管人"指按照第（2）款保存文件袋的人；

"文件"在本条中与在第321条的意义相同；

"法官"指扣押所在省刑事高等法院的法官；

"律师"指魁北克省的辩护律师、律师或者公证人，在其他省的出庭律师或者事务律师。

"官员"指治安官或者公职人员。

检验与扣押主张特权的某些文件　（2）官员根据本法或者任何其他议会法的授权将要检验、复制或者扣押律师占有的文件，对于此文件律师主张署名委托人具有律师—委托人特权的，该官员应当不检验文件或者制作副本：

(a) 扣押该文件并装入文件袋，恰当密封并加上标识；以及

(b) 将该文件袋交给扣押所在区或者郡县的警长保管，

第十五章 特殊程序和权力

如果有书面协议指定的人作为保管人,交给此保管人。

向法官申请
（3）按照第（2）款文件受到扣押与保管的,总检察长或者委托人或者代表委托人的律师,可以做如下事项：

（a）在文件被置于保管的 14 天内,将动议提前 2 天通知有权申请的所有人员后向法官申请命令：

（i）约定一个地点和不迟于命令后 21 天的时间,以确定文件是否应得到披露的问题；

（ii）要求保管人将文件在约定时间地点提交给法官；

（b）在命令作出后 6 天内将副本送交给所有有权提出申请的人；

（c）如果他按照（b）项的授权已经开始,在约定时间与地点申请决定问题的命令。

申请的处理
（4）根据第（3）款（c）项的申请,法官可以或应当做的事项如下：

（a）可以审查文件,如果法官认为必须决定文件是否应当披露的问题；

（b）法官认为对他决定文件是否有特权会有实质帮助的,可以允许总检察长审查文件；

（c）应当允许总检察长与反对披露文件的人做陈述；以及

（d）应当立即裁决问题,并且

（i）如果法官认为文件不应当披露,保证再封装并命令保管人将文件送交主张律师—客户特权的律师或者委托人；或者

（ii）如果法官认为文件应当披露,命令保管人将文件送交扣押文件的官员或者其他由总检察长任命的人,受法官认为合适的条款和条件的约束；

同时,应当简要说明决定的理由,描述文件的性质而不泄漏其细节。

特权继续
（5）法官根据第（4）款（d）项确定律师—委托人特权存在于文件中的,不管法官是否按照第（4）款（b）项已经允许检察官审查文件,该文件继续保持特权并且不可采纳为证据,除非委托人同意采纳为证据或者特权因其他原因丧失。

命令保护人送交
（6）文件已经按照第（2）款扣押并保管,法官根据总检

察长的申请认为没有按照第(3)款(a)项提出申请或者没有跟随这一申请按照第(3)款(a)项提出进一步申请的,法官应当命令保管人将文件交给扣押文件的官员或者由总检察长指定的其他人。

向另一个法官申请　　(7) 接受按照第(3)款(c)项提出申请的法官不能根据本条作为或者继续作为,可以向其他法官按照该项提出后续申请。

禁止　　(8) 没有提供合理机会按照第(2)款主张特权,任何官员不得审查、制作副本或者扣押任何文件。

授权制作副本　　(9) 文件根据本条由保管人保管的任何时间,法官可以根据一个人按照本条单方主张律师—客户特权的申请,授权此人审查文件或者在法官或者保护人监督下制作副本,但任何这类授权应当包含保证文件不改变或者损坏地再入袋封装。

秘密听审　　(10) 根据第(3)款(c)项提出的申请,应当不公开地听审。

例外　　(11) 本条不适用于律师—客户特权的主张可以按照《收入税法》或者《犯罪收益(洗钱)与恐怖分子金融法》提出的情况。

未规定东西的扣押　　**第489条**　(1) 执行搜查令的人可以扣押在搜查令所述的东西之外,有正当理由相信的任何物品,包括:

(a) 是由违反本法或者任何其他议会法的犯罪行为获得的;

(b) 是用于违反本法或者任何其他议会法的犯罪行为;

(c) 可对违反本法或者任何其他议会法的犯罪提供证据。

没有搜查令的扣押　　(2) 每个治安官,以及和每个受任命或者指定执行或者实施联邦或者省法律的公职人员,其职责包括实施本法或者任何其他议会法的,根据搜查令合法地出现在一个地方,或者其他履行职务,不需要搜查令,可以扣押该官员相信有下述正当理由的任何物品:

(a) 是由违反本法或者任何其他议会法的犯罪行为获得的;

(b) 是用于违反本法或者任何其他议会法的犯罪行为;

第十五章　特殊程序和权力

或者

（c）对违反本法或者任何其他议会法的犯罪可提供证据。

财产或者报告由治安官归还

第489.1条　（1）受本法或者任何其他议会法的限制,治安官根据本法或者第487.11条或者第489条签发的搜查令,或者根据本法或者任何其他议会法履行职务扣押任何物品的,该治安官应当尽快：

（a）如果治安官认为：

（i）对于谁是扣押东西的合法占有者没有争议；并且

（ii）继续扣留所扣押的东西,在任何调查或者预先询问、审判或者其他诉讼程序中不需要的；

接受收据,将扣押的东西归还给合法占有人,并向签发搜查令的治安法官或者同一地区的其他治安法官报告,或者如果没有搜查令的,向对该事项有管辖权的治安法官报告；

（b）如果治安法官认为不是(a)项(i)目与(ii)目规定的情形：

（i）将扣押的东西交给(a)项规定的治安法官；或者

（ii）报告治安法官已经扣押东西并扣留或者让人扣留；

将由治安法官按照第490条第(1)款处理。

财产或者报告由治安官归还

（2）受本法或者任何其他议会法的限制,非治安官人员根据本法或者第487.11条或者第489条签发的搜查令、或者根据本法或者任何其他议会法履行职务扣押任何物品的,此人应当尽快：

（a）将扣押的东西交给签发搜查令的治安法官或者同一地区的其他治安法官,或者如果没有搜查令的,交给该事项有管辖权的治安法官；或者

（b）向(a)项规定的治安法官报告已经扣押了东西或者扣留或者让人扣留,有待治安法官按照第490条第(1)款处理。

格式

（3）根据本条向治安法官的报告应当以第二十八章所列的格式5.2的形式提交,根据案件情况有变化,对于通过电话或者其他电信手段所签发命令的报告,应当包括第487.1条第(9)款规定的陈述。

扣押东西的扣留

第490条　（1）受本法或者任何其他议会法的限制,按

照第489.1条第(1)款(b)项或者按照第489.1条第(2)款所扣押的东西被交给治安法官或者关于扣押东西向治安法官报告的,治安法官应当:

(a) 知道扣押东西的合法所有人或者合法占有人的,命令归还给该所有人或者占有人,除非检察官、治安官或者扣押物保管人使治安法官相信扣押东西扣留是任何调查、预审、审判或者其他诉讼程序所需要的;或者

(b) 检察官、治安官或者扣押物保管人使治安法官相信扣押东西由于(a)项列举的理由应当扣留,扣留该东西或者命令扣留,合理谨慎保障保存,直至调查结束或者在预审、审判或者其他诉讼程序中提供。

继续扣留 (2) 根据第(1)款(b)项授权扣留的任何物品,自扣留之日起不得超过3个月期限,或者不超过按照(a)项的申请所裁决的更长期限,除非符合下列条件之一:

(a) 治安法官根据向东西的被扣押人发出通知3整天之后提出的简要申请,认为延长扣押一个规定期限,考虑到调查的性质,是有正当理由的,治安法官因此作出命令;

(b) 扣留东西可能需要的诉讼程序开始了。

同前 (3) 根据第(2)款(a)项延长扣留期限的命令可以超过一个,但是累计扣留期限自扣留之日起不得超过1年,或者超过根据(a)项提出申请所裁决的期限,除非

(a) 刑事高等管辖法院的法官或者第552条规定的法官,根据向东西的被扣押人发出通知3整天之后提出的简要申请,考虑了调查的复杂性,认为认为延长扣押一个规定期限,是有正当理由的,并且受到法官认为正当的其他条件的限制,法官因此作出命令;或者

(b) 扣留东西可能需要的诉讼程序开始了。

经同意的没有申请的扣留 (3.1) 东西可以按照第(1)款(b)项扣留任意期限,不管是否按照第(2)款或者第(3)款提出命令申请,如果合法所有人或者合法占有人书面同意该扣留期限。

命令被告受审的 (4) 被告已经被命令接受审判的,治安法官应当将按照第(1)款至第(3)款扣留的任何物品转交给发出命令要审判被告的法院的书记官,由该法院书记官扣留并按照法院指示处理。

第十五章 特殊程序和权力

继续扣留不需要的　　(5) 在按照第(1)款至第(3)款关于扣押物规定或者命令的扣留期限期满前的任何时间,检察官或者治安官或者保管扣押物的其他人决定所扣押的东西不再需要为了第(1)款或者第(4)款规定的目的,检察官、治安官或者其他人应当:

(a) 法官按照第(3)款命令扣留东西的,向刑事高等管辖法院的法官或者第552条规定的法官申请;

(b) 在任何其他情况下,向治安法官申请。

法官或者治安法官应当,在给受扣押人或者主张是合法所有人或者占有人的人,如果知道,提供证明其合法占有的机会之后,对该财产按照第(9)款作出命令。

同前　　(6) 按照第(1)款至第(3)款关于扣押物规定或者命令的扣留期限已经期满,可能需要扣押物的诉讼程序没有开始的,检察官、治安官或者其他人应当按照第(5)款(a)项或者(b)项规定的情况向法官或者治安法官提出申请根据第(9)款或者第(9.1)款对被扣押财产的命令。

申请命令归还　　(7) 任何物品受到扣押的人,按照第(1)款至第(3)款关于扣押物规定或者命令的扣留期限期满后,并根据向总检察长提出的3天通知,可以向下述人员提出简要申请,请求按照第(9)款(c)项命令归还被扣押物:

(a) 法官按照第(3)款命令扣留东西的,刑事管辖高等法院的法官或者第552条规定的法官;

(b) 在任何其他情况下,治安法官。

例外　　(8) 法官按照第(3)款命令扣留东西的,刑事管辖高等法院的法官或者第552条规定的法官,或者在任何其他情况下的治安法官,如果他认为除非允许申请否则会有艰难的结果,可以允许第(7)款规定的期限届满前按照该款提出的申请。

扣押物的处理　　(9) 受本法或者任何其他议会法的限制,

(a) 法官按照第(3)款命令扣留东西的,第(7)款规定的法官;或者

(b) 任何其他情况下,治安法官

认为按照第(1)款至第(3)款关于扣押物规定或者命令的扣留期限已经期满,可能需要扣押物的诉讼程序没有开

始,或者扣留期限尚未期满,继续扣押为了第(1)款或者第(4)款规定不再需要的;他应当

（c）受扣押人的占有是合法的,命令归还给此人;或者

（d）受扣押人的占有是不合法的,合法所有人或者合法占有人知道的,命令归还给合法所有人或者合法占有人,

并且可以,如果受扣押人的占有是不合法的或者扣押是没有任何人占有的,合法所有人或者合法占有人不知道的,命令由女王陛下没收,按照总检察长的指示处理或者按照法律规定处理。

例外　（9.1）尽管有第(9)款的规定,第(9)款(a)项或者(b)项规定的法官或者治安法官可以,如果根据第(1)款至第(3)款关于扣押物的规定或者命令的扣留期限届满而可能需要扣押物的诉讼程序尚未开始,命令在法官或者治安法官认为必要的一段时间继续扣留该东西,如果法官或者治安法官认为符合以下条件:

（a）继续扣留该东西可能是第(1)款至第(4)款的合理需要;

（b）这样做是为了审判的利益。

合法所有人的申请　（10）受本法或者任何其他议会法的限制,除了根据第(7)款可以提出申请的人,主张是扣押物的合法所有人或者合法占有人并且根据第489.1条向治安法官提出或者报告的人,根据对总检察长与受扣押人的3整天通知,可以在任何时间,向下述人员提出简要申请,请求命令扣留物归还申请人。

（a）第(7)款规定的法官,法官根据第(3)款命令扣留扣押物的;或者

（b）治安法官,任何其他情况的。

命令　（11）受本法或者任何其他议会法的限制,根据第(10)款提出的申请,法官或者治安法官认为符合(a)项和(b)项条件,应当作出(c)项或(d)项命令:

（a）申请人是扣押物合法所有人或者合法占有人的;以及

（b）根据第(1)款至第(3)款关于扣押物的规定或者命令的扣留期限届满而可能需要扣押物的诉讼程序尚未开始,

或者扣留期限尚未届满,继续扣押为了第(1)款或者第(4)款的目的不再需要的;

(c) 扣押的东西归还申请人;

(d) 除非法律另有规定,扣押物按照第(9)款受到没收、出售或者其他不能归还申请人的方式处理的,支付申请人出售受益或者扣押物的价值。

扣留未决上诉等

(12) 尽管本条的人规定,根据本条的申请未决定或者提出上诉,关于东西或者诉讼中的扣押权受到质疑的,或者根据本条对扣押物作出命令后的 30 天内,任何物品不得归还、没收或者处理。

文件副本归还

(13) 总检察长、检察官或者治安官或者其他保管扣押文件的人,在交给治安法官或者按照命令归还、没收或者按照第(1)款、第(9)款或者第(11)款的规定处理,制作或者让人制作文件副本并保留。

证明力

(14) 根据第 13 条所制作的副本,得到总检察长、制作副本的人或者制作时在场的人证明为真实副本的,可采纳为证据,在缺乏相反证据的情况下,与一般方式已经证明的原件具有同样的证明力。

接触扣押物

(15) 任何物品按照第(1)款至第(3.1)款扣留,有刑事管辖权的高等法院的法官、第 552 条规定的法官或者省法院法官,可以根据代表在扣押中有利益者的简要申请,给总检察长 3 整天通知后,命令提出申请的人或者提出申请的代表人允许检查扣押的任何物品。

条件

(16) 根据第(15)款作出的命令应当在法官认为必要或者可取的条款基础上作出,以保证涉及作出命令的任何物品得到保护和保存,符合随后需要的任何目的。

上诉

(17) 认为受到按照第(8)款、第(9)款、第(9.1)款或者第(11)款所作命令侵害的人,可以对命令向第 812 条规定的上诉法院提出上诉,第 814 条至 828 条的规定适用于上诉,根据具体情况需要作修正。

通知的放弃

(18) 第(2)款(a)项、第(3)款(a)项或者第(7)款、第(10)款或者第(15)款的规定必须受到 3 整天通知的任何人,可以同意给予通知的申请在 3 天期满前提出申请。

可灭失物

第 490.01 条 按照本法扣押的任何物品是可灭失的或

者可能快速贬值的,实施扣押的人或者其他保管人:

(a) 可以归还合法所有人或者合法占有人;或者

(b) 单方向治安法官申请,治安法官授权的,可以:

(i) 处理它,并将处理收益交给合法所有人,如果合法所有人没有参与涉及该物的犯罪,或者如果合法所有人的身份不能合理确定,处理收益由女王陛下没收;或者

(ii) 销毁它。

犯罪相关财产的没收

命令没收财产　　第490.1条　(1)受第490.3至第490.41条限制,一个人根据本法被定罪的,根据总检察长的申请,法院根据可能性的权衡认为任何财产是犯罪相关的财产,并且犯罪涉及该财产,法院应当根据以下情况作出命令:

(a) 依省政府的请求,并且由或者代表政府指挥的起诉已经开始,命令财产由女王陛下以该省的名义没收并由该省的总检察长或者副总检察长按照法律规定没收;

(b) 在任何情况下,命令财产由女王以加拿大的名义没收,并由女王加拿大枢密院的可能为了本项目的按照法律任命的人员处理。

涉及其他犯罪的财产　　(2)受第490.3条至第490.41条限制,证据不能证明法院认为的依据本法的一个人的可诉罪已经定罪,而其实施涉及的财产,没收命令可根据第(1)款作出,但法院超出合理怀疑地认为,财产是犯罪相关财产,法院可以对该财产根据第(1)款作出没收命令。

加拿大境外的财产　　(2.1)根据本条的命令可以对加拿大境外的财产作出,根据具体情况需要作修改。

上诉　　(3)已经按照本法可诉罪被定罪的人或者总检察长可以根据第(1)款对命令或者不作出命令提出上诉,该上诉如同对此人犯罪的判决的上诉。

申请对物的没收　　第490.2条　(1)根据本法对可诉罪已经提出起诉的,总检察长可以根据第(2)款向法官提出没收命令申请。

没收财产命令　　(2)受第490.3条至第490.41条限制,根据第(1)款向法官提出申请,而法官认为符合以下条件,可以命令没收财

产,并根据第(4)款处理。

(a)超出合理怀疑,任何财产构成犯罪相关财产;

(b)根据本法对涉及(a)项规定财产的可诉罪的诉讼程序开始了;

(c)受犯罪指控的被告已经死亡或者潜逃。

被告视为潜逃的　(3)为了第(2)款的规定,被告被视为与可诉罪有关的潜逃,只要符合以下条件:

(a)提出起诉指控被告的犯罪行为;

(b)有关该起诉对被告已经签发逮捕令;

(c)根据逮捕令逮捕被告的努力在自逮捕令签发之日起6个月期间内不成功,

因此被告被视为自从6个月期限的最后一天起潜逃。

谁可以处理没收财产　(4)为了第(2)款的规定,法官应当根据下述情况作出命令:

(a)依政府的请求并由或者代表政府指挥的对犯罪的起诉已经开始的,命令该财产由女王以该省的名义没收,由该省的总检察长或者副总检察长按照法律处理;

(b)在其他情况下,命令财产由女王以加拿大名义没收,并由女王加拿大枢密院的可能为了本项的目的按照法律任命的人员处理。

加拿大境外的财产　(4.1)根据本条对加拿大境外的财产可以作出命令,根据具体情况需要作出修改。

"法官"定义　(5)在本条以及第490.5条与第490.8条中,"法官"指第552条规定的或者有刑事管辖权的高等法院的法官。

可撤销转让　**第490.3条**　在根据第490.1条第(1)款或者第490.2条第(2)款命令没收犯罪相关财产之前,法院可以撤销财产扣押发生后的任何转让或者转移,或者对财产作出限制令,除非是为了有价值对价转移给善意的人。

通知　**第490.4条**　(1)在根据第490.1条第(1)款或者第490.2条第(2)款作出命令之前,法院应当要求按照第(2)款的通知送交给法院认为在财产中似乎有正当利益的任何人,并可以听审。

送交通知的方式　(2)根据第(1)款的通知应当:

(a)按照法院指定的或者法院规则规定的方式送交或

者送达;

(b) 在法院认为合理的任何期限或者法院规则规定的期限内;以及

(c) 陈述指控的犯罪以及财产描述。

命令归还财产 (3) 下述两种人除外,法院认为一个人是要根据第490.1条第(1)款或者第490.2条第(2)款所作的命令没收的任何财产或者其中一部分的合法所有人或者占有人,并且不是(a)项规定的犯罪的共犯或者该犯罪有勾结,法院可以命令财产归还给此人。

(a) 根据本法受到指控的人;或者

(b) 从(a)项规定的人那里,在产生转移所有权或者权利是为了规避财产没收的合理推论的情况下获得财产的所有权或者占有权。

通知 第490.41条 (1) 全部或者部分会受到根据第490.1条第(1)款或者第490.2条第(2)款没收的有关犯罪财产是住所的,在作出没收命令之前,法院应当要求按照第(2)款送交通知,并可以听审居住在该住所中的任何人以及受到根据本法涉及可没收财产可诉罪的指控或者定罪的人的亲近家庭成员。

送交通知的方式 (2) 通知应当:

(a) 按照法院指定的或者法院规则规定的方式送交或者送达;

(b) 在法院认为合理的任何期限或者法院规则规定的期限内;以及

(c) 陈述指控的犯罪以及财产描述。

非没收财产 (3) 受按照第490.4条第(3)款的命令约束,如果法院认为根据第490.1条第(1)款或者第490.2条第(2)款所作的命令没收的影响,与犯罪的性质与严重性、犯罪行为的情节与受指控或者定罪的犯罪记录(如果有),不成比例,法院可以决定不命令没收财产或者部分财产,并可撤销对该财产或者其中部分的限制令。

有关住所的因素 (4) 根据第490.1条第(1)款或者第490.2条第(2)款没收的全部或者部分财产是住所的,根据第(3)款作决定时,法院应当考虑:

第十五章 特殊程序和权力

(a)没收命令对受指控或者定罪者亲近家庭成员的影响,如果住所在提出指控时是该成员的主要住所,继续作为主要住所;

(b)(a)项所述家庭成员是否表现为不是犯罪的共犯或者与犯罪有牵连。

申请　　　　**第490.5条**　(1)任何犯罪有关财产根据第490.1条第(1)款或者第490.2条第(2)款所作命令有女王陛下没收的,主张财产中的利益的任何人,可以在没收后的30天内,通过书面通知向法官申请根据第(4)款的命令,除了

(a)财产根据第490.1条第(1)款所作命令没收的,一个人的被定罪的可诉罪所涉及的财产被没收;

(b)财产根据第490.2条第(2)款所作命令没收的,一个人受指控的可诉罪所涉及的财产被没收;或者

(c)一个人从(a)项或者(b)项规定的人那里,在产生所有权或者占有权的转移是为了规避财产没收的合理推论的情况下,获得所有权或者权利。

确定听审日期　　(2)接受按照第(1)款提出的申请的法官,应当确定在收到申请之日算起30天之内的一个日期,听审申请。

通知　　(3)申请人应当将按照第(1)款申请的通知与听审申请的通知送达总检察长,至少在所确定的听审日期之前15天。

宣布利益不受没收影响的命令　　(4)根据对按照第(1)款提出的申请的听审,法官认为申请人符合以下条件的:

(a)不是第(1)款(a)项、(b)项或者(c)项规定的人,并且不是任何导致财产没收的可诉罪的共犯或者与之有牵连;

(b)此人运用全部合理谨慎认为财产不可能已被此人用于与犯罪有关的行为,此人经申请人允许获得占有财产,或者从此人那里申请人获得财产占有,或者申请人是受抵押人或者留置权人的,抵押人或者留置人,法官可以命令宣布申请人的利益不受没收的影响,并宣布利益的性质与范围或者价值。

对根据第(4)命令的上诉　　(5)申请人或者总检察长可以对根据第(4)款命令向上诉法院提出上诉,第二十一章关于上诉程序的规定适用于

根据本款的上诉,根据具体情况需要作修改。

归还财产　　(6)总检察长根据法官依据第(4)款对他作出命令的任何人的申请,并且对命令的上诉期限已届满以及根据第(5)款的上诉已审决的,应当指示：

(a)财产或者申请人的利益所涉及的部分财产归还给申请人；

(b)数额等同于申请人利益价值,按命令的宣布,支付给申请人。

对根据第490.2条第(2)款命令的上诉　　**第490.6条**　任何人认为受到根据第490.2条第(2)款所作命令的侵害的,可以对命令提出上诉,如同是根据第二十一章对定罪或者判决或者无罪裁决的上诉,第二十一章适用于对命令的上诉,根据具体情况需要作修正。

未决上诉的命令中止　　**第490.7条**　尽管本法的任何规定,根据第490.1条第(1)款、第490.2条第(2)款或者第490.5条第(4)款对财产所作命令的作用暂停：

(a)根据那些条款或者本法或者任何其他议会法的任何条款,对财产提出申请归还或者没收申请待决；或者

(b)关于财产没收或者归还的命令的上诉待决,

财产不应当处理,或者直至命令根据那些条款作出后期满30天处理。

申请限制命令　　**第490.8条**　(1)总检察长可以按照本条对犯罪相关财产申请根据本条的限制令。

程序　　(2)根据第(1)款对犯罪相关财产申请限制令可以单方提出,并应当以书面向法官提出,附有对申请报告以及总检察长信念的宣誓书,或者任何其他人证明下列事项的宣誓书：

(a)犯罪相关财产涉及的可诉罪；

(b)被认为占有犯罪相关财产的人；

(c)对犯罪相关财产的描述。

限制令　　(3)限制令申请根据第(1)款向法官提出的,法官可以,如果认为有正当理由相信财产是犯罪相关财产,作出限制令禁止任何人处理命令中以特定方式可以指定的犯罪相关财产或者交易在其中的利益。

加拿大境外的利益　　(3.1)限制令可以根据本条对处于加拿大境外的财产

第十五章 特殊程序和权力

签发，根据具体情况需要作修正。

条件　　　（4）由法官所作的根据本条限制令可以受法官认为合适的任何合理条件的限制。

书面命令　　（5）根据本条所作的限制令应当是书面的。

命令的送达　　（6）根据本条所作的限制令的副本，应当以作出命令法官指定的方式或者按照法院规则送达命令写明的人。

命令的登记　　（7）根据本条所作的限制令应当登记为针对按照财产所在地省法律的任何财产。

命令继续有效　　（8）根据本条所作的限制令保持有效，直至

（a）有关该财产作出根据第 490 条第（9）款或者第（11）款或者第 490.4 条第（3）款或者第 490.41 条第（3）款的命令；

（b）财产的没收命令根据第 490 条或者第 490.1 条第（1）款或者第 490.2 条第（2）款作出。

犯罪　　（9）被根据本条作出限制令，受按照本条送达的任何人，在命令有效期间，违反或者不遵守命令，构成可诉罪或者简易罪。

管理命令　　**第 490.81 条**　（1）对犯罪相关财产，《管制毒品与麻醉药品法》规定的控制药物除外，根据总检察长或者总检察长书面同意的任何其他人的申请，根据第 487 条扣押犯罪相关财产的法官或者治安法官，根据第 490.8 条限制犯罪相关财产的法官，认为情况需要的，可以

（a）指定一个人，按照法官的指示，控制或者管理或者处理全部或者部分财产；以及

（b）要求占有财产的任何人将财产占有移交给根据（a）项指定的人。

公共事务与政府内务部长的任命　　（2）加拿大检察总长提出要求的，按照第（1）款指定的法官，应当任命公共事务与政府内务部长。

管理权力　　（3）根据第（1）款管理财产或者处理财产的权力，包括

（a）在可灭失或者快速贬值的财产情况下，诉讼进行中出售财产的权力；

（b）在财产价值很小或者无价值的，销毁该财产的权力。

申请销毁命令　　（4）受指定管理财产的人员销毁价值很小或者无价值

的财产之前,应当向法院申请销毁命令。

通知 （5）在作出涉及任何财产的销毁命令之前,法院应当要求将通知按照第(6)款送交法院认为似乎在财产中有利益的任何人,并可以听审。

送交通知的方式 （6）通知应当:

(a) 以法院指定或者法院规则规定的方式送交或者送达;以及

(b) 在法院认为合理的期间或者法院规则规定的期限间。

命令 （7）法院如果认为财产价值很小或者无价值,不管是金钱的或者其他的价值,可以命令销毁财产。

管理命令停止效力 （8）当管理命令的对象财产按照法律归还给申请人或者由女王陛下没收,管理命令停止其效力。

申请改变条件 （9）总检察长可以在任何时间向法官或者治安法官申请取消或者改变约束管理命令的任何条件,但不得申请改变根据第(2)款的任命。

第489.1条与第490条适用 第490.9条 （1）受第490.1条至第490.7条的限制,第489.1条与第490条适用于根据第490.8条所作限制令针对的任何犯罪相关财产,根据具体情况需要作修改。

保证金 （2）按照第(1)款,根据第490条第(9)款(c)项作出命令归还根据第490.8条所作限制令针对的犯罪相关财产的,作出命令的法官可以要求归还命令申请人按照法官所确定的认为合适的任何数额与任何条件提交保证金,不论有或者没有保证人,要求申请人交给法官或者治安法官任何数额的金钱或者法官指示的其他有价证券。

没收武器与弹药 第491条 （1）受第(2)款的限制,法院裁决下述所扣押和扣留的东西由女王陛下没收,并按总检察长的指示处理。

(a) 用于实施犯罪的武器、火器、禁止性装置、任何弹药、任何禁止性弹药或者爆炸性物质,并且已被扣押或者扣留;或者

(b) 一个人实施的犯罪涉及或者主要对象是火器、弩、禁止性武器、限制性武器、禁止性装置、弹药、禁止性弹药或者爆炸性物质,并且这类东西已被扣押或者扣留。

第十五章 特殊程序和权力

归还合法所有人　　（2）如果作出第(1)款规定裁决的法院认为,受到或者可以受到女王陛下没收的任何物品的所有人,不是犯罪人并且没有正当理由认为该东西会或者可能用于犯罪行为,法院应当命令将该东西归还给合法所有人、将出售该东西的收益支付给合法所有人,或者该东西被销毁的,支付等于该东西价值的数额给所有人。

收益申请　　（3）本条适用的任何物品已经出售的,出售的收益,应当支付给总检察长,或者根据第(2)款作出命令的,支付给该东西出售前的合法所有人。

命令将犯罪所得财产归还或者没收　　第491.1条　（1）被告因为犯罪受审而法院确定犯罪已被实施的,不论被告是否被定罪或者根据第730条被释放,审判时犯罪行为所得财产属于下述情况:
(a)是在法院或者已被扣留以便立即处理;
(b)不需要在任何程序中作为证据,
第490条不适用于该财产,法院应当对该财产根据第(2)款作出命令。

同前　　（2）在第(1)款规定的情况中,法院应当对任何财产命令分别处理:
(a)如果合法所有人或者合法占有人知道的,归还给此人;
(b)如果合法所有人或者合法占有人不知道的,由女王陛下没收,按总检察长的指示处理或者按法律规定处理。

某些命令不能作出　　（3）根据第(2)款不能作出命令的情况:
(a)对受托人、银行家、商人、律师、代理商、经济人或者其他受托占有物品或者物品所有权文件的代理人,违反第330条、第331条、第332条或者第336条的诉讼;或者
(b)关于:
(i)一个人的善意行为并且没有通知,已经支付有价值对价获得合法所有权的财产;
(ii)已经由一个有义务支付或者清偿的人善意地支付或者清偿的有价证券;
(iii)已经由一个人没有收到通知或者没有正当理由怀疑犯罪已被实施,善意地为了有价值对价,通过转移或者交付而取得或者接收的可兑付票据;

(iv) 除被告之外的主张者对于所有人或者占有权有争议的财产。

执行命令的人　　(4) 根据本条作出的命令应当按照法院的指示,由通常执行法院程序的治安官执行。

照相的证据　　**第491.2条**　(1) 需要为了预先询问、审判或者其他对于违反第334条、第344条、第348条、第354条、第362条或者第380条犯罪的诉讼程序中提供的任何财产,在归还或者命令归还、没收或者按照第489.1或者第490条处理或者归还之前,治安官或者听从治安官指挥的任何人可以对财产照相并保留照相。

经证实的照片可接收为证据　　(2) 根据第(1)款所拍照片,附有一个人包含第(3)款规定陈述的证明书,应当接受为证据,没有相反证据时,应当具有与财产按通常方式证明同样的证明力。

证明书中的陈述　　(3) 为了第(2)款的目的,一个人的证明书陈述下述内容:

(a) 此人按照第(1)款的授权拍照;

(b) 此人是治安官或者按照治安官的指示拍照;

(c) 照片是真实照片,

应当接受为证据,并且缺乏相反证据时,是证明书包含的陈述的证据,不需证明书签字人的签字。

治安官的间接证据　　(4) 治安官或者其他人的宣誓书或者严肃声明,说明扣押并扣留财产、或者从取得财产占有开始到对财产按照第(1)款照相让人扣留、以及在照相之前财产未以任何方式改变,应当可接受为证据,缺乏相反证据时,就是宣誓书或者严肃声明中陈述的证据,不需证明宣誓书或者严肃声明的签字人的签字。

打算提供经证实照片的通知　　(5) 除非法院另有命令,照片、证明书、宣誓书或者严肃声明不得在按照第(2)款、第(3)款或者第(4)款的审判或者其他诉讼程序中接受为证据,除非出席审判或者其他诉讼程序的检察官送交被告一份副本以及打算提供为证据的合理通知。

出席验证　　(6) 尽管有第(3)款或者第(4)款的规定,法院可以要求在该款规定的证明书、宣誓书或者严肃声明上签字的人出庭对包含证明书、宣誓书或者严肃声明中的事实的证明问题

第十五章 特殊程序和权力

接受询问或者交叉质证。

在法院提供财产　　（7）不管财产的照片已经按照第（2）款接受为证据，如果法院认为审判利益需要并且这样做在该情况下是可能和可行的，可以命令按照第489.1条或者第490条扣押并归还的财产向法院提供，或者可受诉讼各方参与人在合理的时间和地点检验。

"照片"定义　　（8）本条中，"照片"包括静态照片、照相胶片或者图板、缩微照相胶片、摄影直接复制负片、X光胶片、动态图画或者录像带。

扣押爆炸物　　**第492条**　（1）执行按照第487条或者第487.1条签发的搜查令的任何人，可以扣押他怀疑是用于非法目的的爆炸性物质，并且应当尽快地将根据本条所扣押的任何物品转移到安全地方并扣留，直至由上级法院的法官命令交付给其他人或者根据第（2）款所作的命令。

没收　　（2）被告因导致任何物品根据第（1）款被扣押的犯罪被定罪的，没收该东西并应当按照作出定罪的法院的指示处理。

收益的适用　　（3）本条适用的任何物品已卖掉的，出售收益应当支付给总检察长。

跟踪命令的申请　　**第492.1条**　（1）治安法官根据书面宣誓申请报告认为有正当理由怀疑违反本法或者任何其他议会法的犯罪已经或者将要实施，而与犯罪行为相关的信息，包括任何人的下落，能够通过使用跟踪装置获得，可以在任何时间签发命令，授权治安官或者受任命或者受指派实施或者执行联邦或者省法律并且其职责包括执行本法或者任何其他议会法的公职人员并在命令中写明姓名，实施以下行为：

（a）在任何物品上或者内，包括任何人携带、使用或者穿着的东西，安装、维护与拆除跟踪装置；

（b）监督已安装在任何物品上或者内的跟踪装置。

命令的时限　　（2）根据第（1）款签发的命令是不超过60天的其中所述的期限内有效。

添加命令　　（3）治安法官可以根据本条签发更多命令。

"跟踪装置"定义　　（4）在本条中，"跟踪装置"指安装在任何物品上或者内的任何装置，通过电子或者其他手段，可用于帮助确定任何物品或者人的位置。

命令期满后拆除　　(5) 根据附有宣誓书的书面申请,按照第(1)款签发命令或者第(3)款签发添加命令的治安法官或者任何其他有管辖权限鉴发此等命令的治安法官,可以在命令期满后授权秘密拆除跟踪装置:

(a) 根据治安法官认为了公共利益可取的任何限制性规定;以及

(b) 在不超过60天的规定期限内。

信息关于号码记录器　　**第492.2条**　(1) 治安法官根据书面宣誓报告认为有正当理由怀疑违反本法或者任何其他议会法的犯罪已经或者将要实施,而对犯罪调查有帮助的信息能通过使用号码记录器获得,可以在任何时间签发命令,授权治安官或者受任命或者受指派实施或者执行联邦或者省法律并且其职责包括执行本法或者任何其他国会法的公职人员,并在命令中写明姓名实施:

(a) 在有关电话或者电话线安装、维护或者拆除号码记录器;

(b) 监督号码记录器。

关于电话录音的命令　　(2) 当第(1)款规定的情况存在时,治安法官可以命令合法持有呼叫或者接听或者打算让接听的电话录音的个人或者机构,将录音或者录音的副本交给命令写明的人。

其他条款的适用　　(3) 第492.1条第(2)款与第(3)款适用于根据本条签发的命令,根据具体情况需要作出修正。

"号码记录器"的定义　　(4) 在本条中,"号码记录器"指能用于录音或者识别电话号码或者呼叫电话位置、接听电话或者打算让电话接听的位置。

第十六章 强制被告人到庭和暂时释放

注　释

定义　　　　　　　　**第493条**　在本章中，
"被告人"　　　　　"被告人"包括：
　　　　　　　　　　(a) 治安官按照第496条已向其签发出庭通知书的人；
　　　　　　　　　　(b) 因刑事犯罪被逮捕的人。
"出庭通知书"　　　"出庭通知书"指治安官签发的格式9的通知书。
"法官"　　　　　　"法官"指：
　　　　　　　　　　(a) 在安大略省，有刑事管辖权的高等法院的法官；
　　　　　　　　　　(b) 在魁北克省，有刑事管辖权的高等法院的法官，或者魁北克法院的三位法官；
　　　　　　　　　　(c)［已废止］
　　　　　　　　　　(d) 在诺瓦斯科舍省、新不伦瑞克省、曼尼托巴省、不列颠哥伦比亚省、爱德华王子岛省、萨斯喀彻温省、阿尔博塔省和纽芬兰省，有刑事管辖权的高等法院的法官；
　　　　　　　　　　(e) 在育空地区和西北地区，最高法院的法官；
　　　　　　　　　　(f) 在努纳武特，努纳武特法院的法官。
"主管官员"　　　　"主管官员"指警察中主管被告人被逮捕后羁押的拘留所或者其他处所的官员，或者由其为本章目的指派的主管被告人羁押地点的治安官。
"出庭承诺书"　　　"出庭承诺书"指格式10的承诺书。
"具结书"　　　　　"具结书"，用于向主管官员或者治安官提交的，指格式11的具结书；用于向法官提交的，指格式32的具结书。
"传票"　　　　　　"传票"指法官签发的格式6的传票。
"保证书"　　　　　"保证书"指交给法官的格式11.1或者12的保证书。
"令状"　　　　　　"令状"，用于逮捕的，指格式7的令状；用于羁押的，指格式8的令状。

无证逮捕与羁押释放

人人可为的无证逮捕　　**第 494 条**　（1）对下列人员，任何人均可实施无证逮捕：

（a）发现其正在实施可诉罪的罪犯；

（b）有正当理由认为其符合下列条件的人：

（i）犯有刑事罪行；

（ii）在逃并正在受经合法授权逮捕他的人追捕。

被财产所有人等人逮捕　　（2）下列人员，可将对其财产实施犯罪的人进行无证逮捕：

（a）财产的所有人或者合法占有人；

（b）经财产的所有人或者合法占有人授权的人。

扭送至治安官　　（3）治安官以外的人实施无证逮捕后，应当立即将被逮捕人扭送至治安官。

治安官实施的无证逮捕　　**第 495 条**　（1）对下列人员，治安官可实施无证逮捕：

（a）已实施可诉罪或者其有正当理由认为已实施或者将要实施可诉罪的人；

（b）发现其正在实施可诉罪的人；

（c）有正当理由认为其是以第二十八章规定的格式签发的并且在逮捕地有效的逮捕令或者羁押令要逮捕或者羁押的人。

限制　　（2）对实施（a）项、（b）项或者（c）项犯罪且符合（d）项和（e）项条件的人，治安官不得无证逮捕：

（a）第 553 条所述可诉罪；

（b）其可能受公诉书起诉的罪或者以简易程序处罚的罪；

（c）构成简易罪；

（d）考虑包括下列事项之需要的各种因素之后，有正当理由认为，出于公共利益不需要逮捕此人：

（i）查明此人身份；

（ii）获取或者保存与犯罪有关的证据；

（iii）防止罪犯继续犯罪、重新犯罪或者再犯新罪；

（e）无正当理由认为，如果不实施逮捕，犯罪人不会出

第十六章 强制被告人到庭和暂时释放

庭依法接受处理。

无证逮捕的后果

（3）尽管有第（2）款规定，若为下列目的仍按照第（1）款规定执行的治安官，应视为行为合法和履行职责：

（a）本法或者其他议会制定法规定的诉讼活动；

（b）其他诉讼活动，但有人在诉讼中宣称并证明该治安官未遵守第（2）款规定的除外。

治安官签发出庭通知书

第 496 条 治安官根据第 495 条第（2）款规定对一个人不实施逮捕的，可以就下列犯罪向其签发出庭通知书：

（a）第 553 条所述可诉罪；

（b）可能受公诉书起诉的罪或者以简易程序处罚的罪；

（c）构成简易罪。

治安官释放被捕人

第 497 条 （1）除适用第（1.1）款的情形外，治安官对实施第 496 条（a）项、（b）项或者（c）项所述犯罪的人实施无证逮捕的，应当尽快实施下列行为之一：

（a）意欲以传票方式强制其到庭而将被逮捕人释放；

（b）向其签发出庭通知书后释放。

例外

（1.1）治安官如果有正当理由相信有下列情形之一，则不应根据第（1）款进行释放：

（a）考虑包括下列事项之需要的各种因素之后，出于公共利益需要继续羁押此人或者释放问题应根据本法其他规定进行处理：

（i）查明此人身份；

（ii）获取或者保存与犯罪有关的证据；

（iii）防止罪犯继续犯罪、重新犯罪或者再犯新罪；

（iv）保证被害人或者证人的安全；

（b）如果释放被逮捕人，他不会出庭依法接受处理。

不适用第（1）款的情形

（2）第（1）款不适用于被治安官以第 503 条第（3）款所述犯罪实施无证逮捕的人。

不释放的后果

（3）以第（1）款所述犯罪实施无证逮捕的治安官，若为下列目的未按照第（1）款（d）项或者（e）项的规定尽快释放被逮捕人的，应视为行为合法和履行职责：

（a）本法或者其他议会法规定的诉讼活动；

（b）其他诉讼活动，但有人在诉讼中宣称并证明该治安官未遵守第（1）款规定的除外。

主管官员实施的释放

第 498 条 （1）除适用第（1.1）款的情形外，被治安官无证逮捕并羁押的人，或者按照第 494 条第（3）款规定被无证逮捕后扭送至治安官或因第 496 条（a）项、（b）项或者（c）项所述犯罪或其他应处 5 年以下监禁的犯罪被治安官依《海关法》第 163.5 条第（3）款羁押的人，未被带见法官或者未依本章其他规定被释放的，主管官员或者其他治安官应当尽快实施下列行为之一：

（a）意欲以传票方式强制其到庭而将被逮捕人释放；

（b）在他承诺出庭后将他释放；

（c）在他依主管官员或者其他治安官的指示当面具结无保证人承诺 500 元以下保证金，但不预缴钱款或者其他有价证券，将他释放；

（d）如果被逮捕人不是被羁押地省的常住居民且不是羁押地周围 200 公里以内的常住居民，在他依主管官员或者治安官的指示当面具结无保证人承诺 500 元以下保证金时释放；若主管官员或者治安官指示其缴纳保证金，待他按指示预缴不超过 500 元的钱款或者其他等值的有价证券后，将他释放。

例外

（1.1）如果主管官员或者治安官有正当理由相信有下列情形之一时，不应按照第（1）款进行释放：

（a）考虑包括下列事项之需要的各种因素之后，出于公共利益需要继续羁押此人或者释放问题应根据本法其他规定进行处理：

（i）查明此人身份；

（ii）获取或者保存与犯罪有关的证据；

（iii）防止罪犯继续犯罪、重新犯罪或者再犯新罪；

（iv）保证被害人或者证人的安全；

（b）如果释放被逮捕人，他不会出庭依法接受处理。

不适用第（1）款规定的情形

（2）第（1）款不适用于被治安官以第 503 条第（3）款所述犯罪实施无证逮捕的人。

不释放的后果

（3）以第（1）款所述犯罪实施羁押的主管官员或治安官，若为下列目的未按照第（1）款规定的方式尽快释放被逮捕人的，应视为行为合法和履行职责：

（a）本法或者其他议会制定法规定的诉讼活动；

(b) 其他诉讼活动,但有人在诉讼中宣称并证明该治安官未遵守第(1)款规定的除外。

主管官员释放被有证逮捕的人

第 499 条 (1) 一个人因第 522 条所述之外的犯罪被治安官有证逮捕并羁押时,若逮捕令系由法官按照第 507 条第(6)款签发,主管官员可以实施下列行为之一:

(a) 在他承诺出庭后将他释放;

(b) 在他依主管官员的指示当面具结无保证人承诺并附以 500 元以下保证金,但不预缴钱款或者其他有价证券,将他释放;

(c) 如果被逮捕人不是被羁押地省的常住居民也不是羁押地周围 200 公里以内的常住居民,在他依主管官员的指示当面具结无保证人承诺并附以 500 元以下保证金时释放,若主管官员指示其缴纳保证金时,待他按指示预缴不超过 500 元的钱款或者其他等值的有价证券后,将他释放。

附加条件

(2) 除第(1)款(a)项、(b)项和(c)项规定的释放条件之外,主管官员还可以要求被逮捕人提交格式 11.1 的保证书,为获释放而保证遵守下列一项或者多项条件:

(a) 不离开保证书载明的地区;

(b) 如果其住址、就业情况或者职业有变动,通知治安官或者保证书载明的其他人;

(c) 不直接或者间接地与被害人、证人或者保证书中确定的其他人接触,不去保证书载明的场所,除非符合保证书载明的条件;

(d) 将护照交由治安官或者保证书述及的其他人保存;

(e) 不占有火器,将其持有的火器、授权书、许可证、注册证或者其他可以获取、持有火器的证书交出;

(f) 按照保证书载明的时间向治安官或者保证书中指定的其他人报告;

(g) 不实施下列行为:

(i) 使用酒精类或者其他兴奋剂;

(ii) 非依医疗处方使用麻醉品;

(h) 遵守保证书载明的、主管官员认为为保证被害人或者证人的安全所必需的其他条件。

向法官申请

(3) 按照第(2)款提交保证书的人,在其依出庭承诺或者保证出庭之前或者出庭时,可以向法官申请签发第515条第(1)款的命令,以代替其保证书,对其比照适用第515条的规定。

检察官申请 (4) 一个人已按照第(2)款提交保证书的,检察官可以于下列时间向法官申请签发第515条第(2)款的命令,以代替保证书,对此比照适用第515条的规定:

(a) 在他依出庭承诺或者保证出庭之前,向他送交通知3天之后;

(b) 在他出庭时。

向法官交存钱款或者有价证券 第500条. 按照第498条第(1)款(d)项或者第499条第(1)款(c)项的规定,向主管官员缴纳任何数目的钱款或者其他有价证券的,主管官员应当立即将该钱款、有价证券移交法官保管。

出庭通知书、出庭承诺书和具结书的内容 第501条 (1) 治安官签发的出庭通知书、被告人向主管官员或者其他治安官作出的出庭承诺书或者具结书,应当:

(a) 写明被告人的姓名;

(b) 写明被告人被指控罪行的性质;

(c) 要求被告人在指定的时间和地点出庭,并在以后按法庭要求出庭,依法接受处理。

同上 (2) 治安官签发的出庭通知书、被告人向主管官员或者其他治安官作出的出庭承诺书或者具结书,应当写明第145条第(5)款和第(6)款及第502条规定的内容。

为《识别罪犯法》的目的出庭 (3) 治安官签发的出庭通知书、被告人向主管官员或者其他治安官作出的出庭承诺书或者具结书,在被告人被控犯可诉罪的情况下,可以要求被告人为《识别罪犯法》的目的在指定的时间和地点出庭;若指控罪行为《轻罪法》之轻罪,须该法所称的总检察长没有依该法第50条作出选择。

被告人签字 (4) 应当要求被告人在出庭通知书、出庭承诺书或者具结书的正副文本上签字,且无论他是否按要求签名,其中一份副本应当交给被告人;即使被告人未签名或者拒绝签名,也不影响出庭通知书、出庭承诺书或者具结书的效力。

证明签发出庭通知书 (5) 治安官签发出庭通知书,可以由签发官员提供经宣誓后的口头证言证明,或者由该官员在法官或者其他被授权听取宣誓或者接受宣誓书的官员面前所作的宣誓书加以证明。

未出庭 　　第502条　出庭通知书、被告人向主管官员或者其他治安官作出的出庭承诺书或者具结书要求被告人为《识别罪犯法》的目的在指定的时间和地点到庭而被告人未到庭的，如果该出庭通知书、出庭承诺书或者具结书已经由法官按照第508条规定确认，法官可以签发令状将被告人以被控罪名逮捕。

被告人在法官面前出庭

带见法官 　　第503条　（1）实施有证逮捕、无证逮捕、接受按照第494条第(3)款规定扭送的嫌疑人或者依《海关法》第163.5条第(3)款执行羁押的治安官，应当羁押嫌疑人，并根据下列规定将其送交法官依法处理：

　　(a) 法官能够在被逮捕人被逮捕或者扭送治安官后24小时以内处理的，应当无不合理延误而于24小时内将被逮捕或者扭送的人带见法官；

　　(b) 如果法官不能在被逮捕人被逮捕或者扭送治安官后24小时内予以处理，应当尽快将被逮捕或者扭送的人带见法官，但在(a)项、(b)项规定的将被逮捕或者扭送人带见法官的期间届满前有(c)项或者(d)项情形之一的除外；

　　(c) 治安官或者主管官员已依本章其他规定将被逮捕人或者被扭送人释放；

　　(d) 治安官或者主管官员确信应当将被逮捕人或者被扭送人释放，无论是按照第(4)款规定无条件释放还是依其他规定有条件或者无条件地释放，且已经将他释放。

有条件释放 　　(2) 治安官或者主管官员确信第(1)款所述人员应当被有条件释放的，可以按照第498条第(1)款(b)项至(d)项规定在其作出出庭承诺书或者具结书后将其释放，但因第522条所述犯罪而被羁押的除外。

保证书 　　(2.1) 除第(2)款规定的释放条件之外，治安官或者主管官员还可以要求被羁押人订立格式11.1的保证书，为获释放而保证遵守下列一项或者多项条件：

(a) 不离开保证书载明的地区；

(b) 将其住址、就业或者职业的任何变化通知治安官或者保证书所述的其他人；

(c) 不直接或者间接地与被害人、证人或者保证书中确定的其他人接触，不去保证书载明的场所，除非符合保证书载明的条件；

(d) 将护照交由治安官或者保证书述及的其他人保存；

(e) 不占有火器，将其持有的火器、授权书、许可证、注册证或者其可以获取或者持有火器的其他证书交出；

(f) 按照保证书载明的时间向治安官或者保证书中指定的其他人报告；

(g) 不实施下列行为：

(i) 使用酒精类或者其他兴奋剂；

(ii) 非依医疗处方使用麻醉品；

(h) 遵守保证书载明的、主管官员认为为保证被害人或者证人的安全所必需的其他条件。

向法官提出申请

(2.2) 按照第(2.1)款提交保证书的人，在其依出庭承诺或者保证出庭之前或者出庭时，可以向法官申请签发第515条第(1)款的命令，以代替其保证书，对其适用第515条的规定，但需根据具体情况作相应变更。

检察官提出的申请

(2.3) 一个人已按照第(2.1)款提交保证书时，检察官可以于下列时间向法官申请签发第515条第(2)款的命令，以代替保证书，对此比照适用第515条的规定，但需根据具体情况作相应变更：

(a) 在他依出庭承诺或者保证出庭之前，向他送交通知3天之后；

(b) 在他出庭时。

还押以便将其移送涉嫌犯罪地

(3) 因被指控在加拿大境内、被逮捕地以外的地方犯可诉罪而被无证逮捕的人，应当在第(1)款(a)项、(b)项规定的时间内被带见对逮捕他有管辖权的法官。但是，如果被指控罪行在被逮捕的省发生，被逮捕人曾被带见对被指控犯罪地有管辖权的法官的，该法官：

(a) 如果确信没有正当理由认定被逮捕人就是被指控罪行的人，应当将他释放；

第十六章　强制被告人到庭和暂时释放

（b）如果确信有正当理由认定被逮捕的人就是被指控罪行的人，可以：

（i）将其交由治安官看管，以便等待按照第 528 条规定对其执行逮捕；但如果将其被交给治安官看管后的 6 日内并未执行逮捕的，则看管人员应当将其释放；

（ii）若被指控罪行发生在被逮捕省，命令将其带见对此犯罪有管辖权的法官。

暂时释放　（3.1）尽管有第（3）款（b）项的规定，法官在征得检察官同意后，可以在等待执行逮捕期间，命令将第（3）款所述人员：

（a）无条件释放；

（b）依下列条件并附加法官认为适当的和检察官同意的第 515 条第（4）款所列的各种条件，经检察官同意将其释放：

（i）作出保证，包括在指定时间出席对指控罪行有管辖权的法庭；

（ii）作出第 515 条第（2）款（a）项至（e）项规定的具结。

释放可能实施可诉罪者　（4）看管作为将实施可诉罪而被无证逮捕的人的治安官或者主管官员，若确信没有必要继续羁押来防止其犯可诉罪的，应当立即将其无条件释放。

不释放的后果　（5）尽管有第（4）款的规定，若为下列目的，羁押该款所述人员的治安官或者主管官员没有在第（1）款（a）或者（b）项规定的带见法官的期间届满前将其释放，应视为行为合法和履行职责：

（a）本法或者其他议会制定法规定的诉讼活动；

（b）其他诉讼活动，但有人在诉讼中宣称并证明该治安官或者主管官员未遵守第（4）款规定的除外。

控告书、传票和令状

法官可以接受控告书的情形　**第 504 条**　有正当理由怀疑他人犯可诉罪的，可以经宣誓向法官提交书面控告书，有下列情形之一的，法官可以接受控告书：

（a）被控告人所犯可诉罪可以在法官任职的省受审且

被控告人有下列情形之一：

（i）在或者据信在法官的管辖区；

（ii）居住在或者据信居住在法官的管辖区；

（b）被控告人在该法官的管辖区内犯可诉罪，无论其身在何处；

（c）被控告人曾经非法接受过在该法官管辖区内犯罪而非法获取的财产，无论其接受地在何处；

（d）被控告人持有在该法官管辖区内的被盗财产。

特定情况下提交控告书的期间

第505条 有下列情形之一，与被告人被控罪行或者包含在内的罪行、或者其他被控罪行有关的控告书，应当在出庭通知书、出庭承诺书或者具结书规定的出庭时间之前，尽快提交法官：

（a）已按照第496条规定向被告人签发出庭通知书；

（b）已按照第497条或者第498条规定将被告人释放。

格式

第506条 按照第504条、第505条规定提交的控告书，可以采用格式2。

法官听取控告人陈述和证人证言，公诉

第507条 （1）受第523条第（1.1）款的限制，除非被告人已被有证逮捕或者无证逮捕，接受由治安官、公职人员、总检察长或者总检察长的代理人按照第504条所提交的控告书的法官，按照第505条规定提交的控告书除外，应当：

（a）单方面听取并考虑：

（i）控告人的陈述；

（ii）证人证言，若其认为适当或者有必要；

（b）在其认为控告书的内容已查明时，应依本条规定签发传票或者逮捕令以强制被告人在他或者同一辖区其他法官面前出庭以对犯罪指控作出答辩。

强制程序

（2）任何法官都不得仅因指控罪名是一项可予无证逮捕的犯罪而拒绝签发传票或者令状。

证人出庭时的程序

（3）按照第（1）款规定听取证人证言的法官，应当：

（a）在证人宣誓后取证；

（b）尽可能适用第504条规定保全证言。

特定情况外的传票

（4）法官认为情况表明应当强制被告人到庭对指控作出答辩的，应当向被告人签发传票，但控告人的陈述或者按照第（3）款规定保全的证人证言表明有正当理由相信为公

第十六章 强制被告人到庭和暂时释放

共利益有必要对被告人签发逮捕令的除外。

不得签发空白传票或令状
法官在令状上背书
（5）法官不得签发空白的传票或者令状。

（6）依本条、第508条或者第512条规定签发令状的法官，可以在格式29的令状上签注授权按照第499条将被告人释放，除非被告所犯之罪为第522条所涉及。

视为已确认的出庭承诺书或者具结书
（7）按照第（6）款规定，法官授权按照第499条释放被告人的，被告人依该条规定作出的出庭承诺书或者具结书，对第145条第（5）款规定，应视为已经由法官按照第508条规定确认。

签发传票或者令状
（8）基于对决定或者管辖不服的上诉或者复议而裁定重新审理或者继续进行审理的，法官可以签发传票或者逮捕令以便强制被告人出庭接受重新审理、继续进行审理或者重新开始的审理。

自诉时的转交
第507.1条 （1）接受第504条所述控告书的法官，若其非第507条第（1）款所述控告书，应当将其转交省法院法官，或者在魁北克，转交魁北克法院法官，或者转交给指定法官，以考虑是否强制控告书所诉之被告人出庭。

传票或者令状
（2）收到按照第（1）款转交控告书的法官或者指定法官认为控告书的内容已查明时，应当签发对被告人的传票或者逮捕令，以强制其出庭以对犯罪指控作出答辩。

签发条件
（3）只有具备下列全部条件时，法官或者指定法官才可以签发传票或者逮捕令：
（a）其已听取且考虑控告书之指控和证人证言；
（b）其确信总检察长已收到控告书副本；
（c）其确信总检察长已收到进行（a）项听证之合理通知；
（d）其已向总检察长提供参加（a）项所述之听审、反问、传唤证人和在听审时提交相关证据的机会。

总检察长出庭
（4）总检察长可以参加依第（3）款（a）项规定进行的听审，不被视为参与诉讼。

被视为没有提交控告书
（5）若法官或者指定法官未按照第（2）款规定签发传票或者令状，其应当在控告书上签注表明此意的声明。除非控告人在此签注后6个月内提起诉讼迫使法官或者指定法官签发传票或者令状，此控告书则被视为从未提交。

已开始程序的，被视为没有提交控告书	（6）若按照第（5）款提起诉讼但未签发传票或者令状，此控告书被视为从未提交。
新的听审要求的新证据	（7）若已按照第（3）款（a）项规定对犯罪进行听审且法官或者指定法官未签发传票或者令状，不得依该项对此犯罪或者包含在内的罪行进行其他诉讼，但有新的证据支持对犯罪指控的除外。
第507条第（2）款至第（8）款的适用	（8）第507条第（2）款至第（8）款适用于本条规定的诉讼。
不得适用——按照第810条和第810.1条提出的控告书	（9）第（1）款至第（8）款不适用于按照第810条或者第810.1条提起的告发。
"指定法官"的定义	（10）在本条中，"指定法官"指由具有刑事管辖权的高等法院首席法官专门指定的法官；在魁北克，指由魁北克法院首席法官指定的法官。
法官听取控告人陈述和证人证言	**第508条** （1）按照第505条规定接受控告书的法官，应当： （a）单方面听取并考虑： （i）控告人的陈述； （ii）证人证言，如果他认为适当且有必要； （b）在其认为与出庭通知书、出庭承诺书或者具结书上指控的罪行有关或者与包含在内的罪行或者其他罪行有关的信息表明案情需要时，实施下列行为之一： （i）根据情况分别确认出庭通知书、出庭承诺书或者具结书并相应批准控告书； （ii）根据情况分别撤销出庭通知书、出庭承诺书或者具结书，并按照第507条规定签发传票或者逮捕令，以强制被告人在他或者同一辖区其他法官面前出庭以便对指控罪名进行答辩，并在传票或者逮捕令上签注，说明出庭通知书、出庭承诺书或者具结书已依具体情况被撤销； （c）在其认为案情表明不需要适用（b）项规定时，根据情况分别撤销出庭通知书、出庭承诺书或者具结书，并应当立即将撤销事宜通知被告人。
证人出庭时的程序	（2）按照第（1）款听取证人证言的法官，应当： （a）在证人宣誓后取证； （b）尽可能适用第540条规定保全证言。

第十六章　强制被告人到庭和暂时释放

非亲自提交的控告书	**第508.1条**　（1）对于第504条至第508条,治安官可以能生成书面文件的电信手段提交控告书。
替代宣誓	（2）使用第（1）款所述电信手段的治安官,应当作出书面陈述,声明控告书中的全部事实就其所知所信为真实的,此项陈述视为经宣誓作出。
传票	**第509条**　（1）依本章规定签发的传票,应当： （a）以被告人为收件人； （b）扼要说明被告人被指控的罪行； （c）要求被告人按传票指定的时间和地点出庭并在以后按法庭要求重新出庭,依法接受处理。
送达个人	（2）传票应当由一位治安官亲自送达收件人；如果收件人不易找到,应当将传票留在他最近或者经常居住的住所,请与他同住的年满十六岁的人转交。
送达证明	（3）传票的送达,可以由送达传票的治安官提供的经宣誓的口头证言证明,或者由他在法官、被授权听取口头宣誓或者接受宣誓书的人面前所作的宣誓书加以证明。
传票内容	（4）每张传票均应写明第145条第（4）款和第510条规定的内容。
为《识别罪犯法》之目的而出庭	（5）被告人受一项可诉罪指控的,传票可以要求被告人为《识别罪犯法》之目的在指定的时间和地点出庭；若指控罪行为《轻罪法》之轻罪,须该法所称的总检察长没有依该法第50条作出选择。
未出庭	**第510条**　传票要求被告人为《识别罪犯法》之目的在指定的时间和地点出庭而被告人未出庭的,若指控罪行为《轻罪法》之轻罪,该法所称的总检察长没有依该法第50条作出选择,法官可以签发逮捕令将被告人以被控罪名逮捕。
逮捕令的内容	**第511条**　（1）依本章规定签发的逮捕令应当： （a）写明被告人的姓名或者描述被告人的体貌特征； （b）扼要说明被告人被指控的罪名； （c）命令立即逮捕被告人,送交签发逮捕令的法官或者同一地区有管辖权的其他法官依法处理。
无回呈日	（2）依本章规定签发的逮捕令的有效期至执行逮捕时止,不需要在特定的时间回呈。
酌情决定延缓执行	（3）虽然有第（1）款（c）项的规定,签发逮捕令的法官

加拿大刑事法典

可以在逮捕令中载明逮捕令暂不执行的期间,以容许被告人在签发逮捕令的区域内有刑事管辖权的法官前主动出庭。

视为执行令状　　（4）被告人为被指控罪行主动出庭的,逮捕令被视为已经执行。

不妨碍签发令状的某些诉讼行为　　第512条　（1）尽管有下列情形,法官若有正当理由认为为了公共利益有必要对被告人签发传票或者逮捕令的,可以签发传票或者逮捕令:

(a) 出庭通知书、出庭承诺书或者在主管官员面前所作的具结,已按照第508条第(1)款规定得到确认或者撤销;

(b) 曾按照第507条第(4)款规定签发传票;

(c) 被告人已被无条件释放或者出于以传票方式强制到庭的目的予以释放。

因未到庭而签发令状　　（2）有下列情形之一的,法官可以签发对被告人的逮捕令:

(a) 传票的送达已得到证实,而被告人未按传票要求到庭;

(b) 出庭通知书、被告人在主管官员面前作出的出庭承诺书或者具结书已按第508条第(1)款规定被确认,而被告人没有按要求到庭依法接受处理;

(c) 显然因被告人躲避送达而使传票无法送达。

令状的手续　　第513条　本章规定的令状,应当由法官或者法院签发给本辖区内的治安官。

执行令状　　第514条　（1）依本章规定签发的令状,可以在下列任何地方逮捕被告人而执行:

(a) 签发令状的法官或者法院的辖区内发现被告人的任何地方;

(b) 在紧追的情形下,加拿大境内发现被告人的任何地方。

可执行令状的人　　（2）依本章签发的逮捕令,可以由接受逮捕令的治安官执行,无论逮捕令的执行地是否位于其行使治安官职责的辖区内。

暂时司法释放

释放令　　第515条　（1）在适用本条规定的前提下,被告人因第

第十六章 强制被告人到庭和暂时释放

469条规定以外的犯罪受指控而被带见法官的,除非被告人的认罪答辩被接受,法官应当在被告人作出保证后作出命令,将其无条件释放,但公诉人在法官给予他的合理的机会里能证明羁押被告人是正当的或者应当依本条其他规定作出命令的除外,在法官依本条其他规定作出命令的情况下,该命令只针对导致被告人被带见法官的那项犯罪。

附条件的交保释放,等

(2) 若法官未按照第(1)款规定作出命令,除非检察官证明羁押被告人是正当的,法官应当命令依下列条件之一将被告人释放:

(a) 被告人依法官指示作出附条件的保证;

(b) 被告人依法官的指示当面具结附以一定数额保证金和一定条件的无保证人承诺,但不预缴钱款或者其他有价证券;

(c) 被告人按法官指示当面具结、提供保证人,并附以一定数额的保证金和一定条件,但不预缴钱款或者其他有价证券;

(d) 经检察官同意,被告人按法官指示当面具结,无保证人但附以一定数额的保证金和一定条件,并按法官的指示缴纳保证金或者其他有价证券;

(e) 如果被告人不是被羁押省常住居民,或者不常在被羁押地200公里以内的地方居住,其按法官的指示当面具结,提供保证人或者无保证人,附以一定数额的保证金和一定条件,并按法官的指示缴纳保证金或者其他有价证券。

法官在命令中指定保证人的权力

(2.1) 法官、法院根据第(2)款或者本法其他规定命令在被告人作出有保证人的具结后将其释放的,法官或者法庭可以在命令中指定保证人。

替代亲自出庭

(2.2) 根据本法暂时司法释放要求被告人出庭的,被告人须亲自出庭;但在适用第(2.3)款的情况下,法官可以允许被告人采用法官满意的包括电话在内的电信手段出庭。

何时要求同意

(2.3) 若需在开庭时获取证人证言而被告人不能以闭路电视或者可让法庭和被告人同步参与的视频和口头表达的其他方式出庭,应经公诉人和被告人同意。

同上

(3) 法官不得按照第(2)款(b)项至第(e)项的任何一项规定作出命令,但控方说明不能依(a)项规定作出命令的情形除外。

批准条件

(4) 法官可以按照第(2)款规定,指示被告人遵守命令中载明的下列一项或者一项以上事项作为条件:

(a) 按命令指定的时间向治安官或者命令指定的其他人报告;

(b) 不得离开命令指定的区域;

(c) 如果其住址、就业情况或者职业有变动,应当通知治安官或者按照(a)项规定所指定的其他人;

(d) 不得直接或者间接地与被害人、证人或者命令中确定的其他人接触,不去保证书载明的场所,除非符合保证书载明的、法官认为必要的条件;

(e) 如果被告人持有护照,按命令规定上缴护照;

(e.1) 遵守命令中载明的、法官认为为保证被害人或者证人安全所必需的其他条件;

(f) 遵守命令中载明的法官认为适当的其他合理条件。

禁止持有火器等的条件

(4.1) 在按照第(2)款作出命令时,如果被告人被指控的为下列任何犯罪,法官应当在命令中增加条件,即禁止被告人持有火器、弩、禁用武器、管制武器、禁用器械、弹药、禁用弹药、爆炸物,或者全部此类物品,直至被告人依法接受处理,除非法官认为为了被告人、犯罪被害人或者其他人的安全利益并不需要这样的条件:

(a) 实施过程中使用、威胁使用针对人身的暴力的犯罪或者其未遂;

(a.1) 恐怖主义犯罪;

(b) 第264条规定的犯罪(刑事骚扰);

(b.1) 第423.1条规定的犯罪(恐吓司法工作人员);

(c) 与违反《管制毒品和麻醉药品法》第5条第(3)款或者第(4)款、第6条第(3)款或者第7条第(2)款相关的犯罪;

(d) 涉及或者其对象为火器、弩、禁用武器、管制武器、弹药、禁用弹药或者爆炸物的犯罪;

(e)《信息安全法》第20条第(1)款规定的犯罪,或者该法第21条第(1)款、第22条第(1)款或者第23条规定的、其实施与第20条第(1)款相关的犯罪。

第十六章　强制被告人到庭和暂时释放

上缴,等　　　　（4.11）法官在按照第（2）款作出的命令中添加第（4.1）款所述条件的,应当在命令中载明关于下列事项的方式和程序：

（a）被告人持有的第（4.1）款所述物品的上缴、销毁、扣押、储存和处理；

（b）被告人持有的授权书、许可证和注册证的上缴。

理由　　　　（4.12）法官在按照第（2）款作出的命令中没有添加第（4.1）款所述条件的,应当在记录中说明理由。

附加条件　　　　（4.2）按照第（2）款规定作出命令前,如果被告人因第（4.3）款所述犯罪受到指控,法官应当考虑,为了他人尤其是犯罪被害人、证人或者司法工作人员的安全,是否有必要将下列事项之一规定为命令中的条件：

（a）被告人不得直接或者间接地与被害人、证人或者命令中确定的其他人接触,不去保证书载明的场所；

（b）被告人遵守命令中载明的、法官认为为保证这些安全所必要的其他条件。

犯罪　　　　（4.3）对于第（4.2）款,犯罪为：

（a）恐怖主义犯罪；

（b）第264条或者第423.1条所述犯罪；

（c）实施过程中使用、威胁使用针对人身的暴力的犯罪或者其未遂；

（d）《信息安全法》第20条第（1）款规定的犯罪,或者该法第21条第（1）款、第22条第（1）款或者第23条规定的、其实施与第20条第（1）款相关的犯罪。

羁押　　　　（5）如果检察官证明羁押被告人是正当的,法官应当命令将被告人羁押直至依法对被告人作出处理时为止,并在记录中说明作出这项命令的理由。

羁押令　　　　（6）尽管本条有其他规定,被告人因下列犯罪之一受到指控的,法官应当裁定将被告人羁押至依法对他作出处理时止,除非被告人在给予他的合理的机会里,证明对他的羁押是不正当的；但如果法官命令释放被告人,他应当在诉讼记录中说明作出该命令的理由：

（a）第469条列举之外的、符合下列条件之一的可诉罪；

(ⅰ)被指控于因可诉罪而依本章或者第 679 条或者第 680 条规定释放期间实施的犯罪;

(ⅱ)第 467.11 条、第 467.12 条或者第 467.13 条规定的犯罪,或者被指控为犯罪组织的利益、受犯罪组织指示或者与犯罪组织合伙实施的严重犯罪;

(ⅲ)第 83.02 条至第 83.04 条、第 83.18 条至第 83.23 条规定的犯罪或者其他被指控为恐怖主义犯罪的犯罪;

(ⅳ)《信息安全法》第 16 条第(1)款或者第(2)款、第 17 条第(1)款、第 19 条第(1)款、第 20 条第(1)款或者第 22 条第(1)款规定的犯罪;

(ⅴ)《信息安全法》第 21 条第(1)款、第 22 条第(1)款或者第 23 条规定的、其实施与本项第(ⅳ)目所述犯罪相关的犯罪。

(b)第 469 条所述之外的犯罪,且通常不居住在加拿大;

(c)第 145 条第(2)款至第(5)款规定的犯罪,且被指控在根据本章或者第 679 条、第 680 条或者第 816 条的规定因其他犯罪被释放期间实施;

(d)已经实施《管制毒品和麻醉药品法》第 5 条第(3)款、第 6 条第(3)款或者第 7 条第(2)款规定的、应当处终身监禁的犯罪,或者其共谋;

释放令　　(7)如果适用第(6)款(a)项、(c)项、(d)项规定的被告人说明对他的羁押是不正当的,法官应当命令,在被告人作出他认为必要的第(2)款(a)项至(e)项所述的保证书或者具结并附以第(4)款至第(4.2)款所述条件后,将其释放,如果被告人是处于作出保证或者具结后的假释期间,则在附以法官认为适当的第(4)款至第(4.2)款所述附加条件后予以释放,除非被告人在法官给予他的合理的机会里说明不应附条件或者附加条件的理由。

同上　　(8)适用第(6)款(b)项规定的被告人,如果能证明对其羁押是不正当的,法官应当命令在被告人作出他认为必要的第(2)款(a)项至第(e)项规定的保证书或者具结并附以第(4)款至第(4.2)款所述各项条件后,将其释放。

充分的记录　　(9)对于第(5)款和第(6)款,有按照第十八章关于在

第十六章 强制被告人到庭和暂时释放

预审期间取证的规定而制作的理由的有关记录即可。

羁押的正当理由　（10）对于本条,羁押被告人只有符合下列一项或者多项理由,才属正当：

（a）羁押为保证被告人出庭依法接受处理所需；

（b）考虑到包括释放后被告人实施犯罪或者干涉司法活动的实质可能性的全部情节,羁押为保护包括犯罪被害人或者证人在内的公众或者其安全所需；

（c）其他明显的正当理由,以及考虑到包括控方证据的力量、犯罪性质的严重性、犯罪情节和判处长期监禁的可能性的全部情况,羁押为维护对于司法的信任所需。

因第 469 条规定之罪被羁押　（11）被指控犯第 469 条所述犯罪的被告人被带见法官时,法官应当命令将被告人羁押至依法对他作出处理,并应当签发格式 8 的拘押令。

关于不得沟通的裁定　（12）依本条规定命令羁押被告人的法官可以在命令中指示,被告人不得直接或者间接地与被害人、证人或者命令中确定的其他人沟通,除非符合命令中载明的、法官认为必要的条件。

保证书或者具结书的修改　第 515.1 条　被告人被释放所依据的、根据第 499 条、第 503 条或者第 515 条订立的保证书或者具结书,经检察官书面同意,可以修改；若作出修改,视为已按照第 515 条作出。

还押　第 516 条　（1）在按照第 515 条规定进行诉讼活动之前或者期间,基于检察官或者被告人的申请,法官可以延期审理,并以格式 19 的令状将被告人还押监狱,但非经被告人同意,延期审理的时间不得超过 3 日。

等待保释审理期间的羁押　（2）按照第（1）款或者第 515 条第（11）款将被告人还押的法官,可以命令被告人不得直接或者间接地与被害人、证人或者命令中确定的其他人接触,除非符合命令中载明的、法官认为必要的条件。

命令在特定期间不得公开某些事项　第 517 条　（1）检察官或者被告人试图按照第 515 条规定说明理由的,应当向法官作出说明,法官可以,若被告人提出申请则应当,在进行该条规定的诉讼活动之前或者期间,指示在下列时间前不得在任何报纸上、广播中公开被保全的证据、提交的控告书或者请求、法官说明或者将要说明的理由：

(a) 进行预审的，被告人被免除刑罚；

(b) 被告人受审或者还押候审的，审理终结。

未予遵守

(2) 不能证明有合法理由而未遵守按照第(1)款规定作出的命令，构成简易罪。

"报纸"的定义

(3) 在本条中，"报纸"与第 297 条规定同义。

法官进行的询问和证据

第 518 条 (1) 在按照第 515 条规定进行的诉讼中：

(a) 在适用(b)项规定的前提下，法官认为需要时可以在被告人宣誓或者采取其他方式后对被告人进行询问；

(b) 被告人不应当因他被指控的罪行受到法官或者辩护人以外的人的询问；除非其就被指控的罪行已经作证，亦不得对他就指控罪行以反问的方式进行调查；

(c) 除其他相关证据外，检察官基于下列目的之一可以诱导他人提出证据：

(i) 证明被告人有犯罪前科；

(ii) 证明被告人曾被指控罪行，目前正因另一刑事犯罪而候审；

(iii) 证明被告人曾犯第 145 条规定的犯罪；

(iv) 说明指控罪行的情节，特别是可能对被告人定罪的情节。

(d) 法官可以考虑检察官和被告人或者其律师之间达成的任何有关协议；

(d.1) 法官可以接受按照第六章规定通过监听私人电话得到的书面、口头或者录音证据，在本条中这样的证据不适用第 189 条第(5)款的规定；

(d.2) 法官应当考虑就保证犯罪被害人或者证人安全的需要所提交的任何证据；

(e) 法官可以接受他认为根据具体案情可信或者可靠的证据，并依据该证据进行认定。

等候量刑期间的释放

(2) 在按照第 515 条规定进行诉讼活动之前或者期间，如果被告人作有罪答辩且其答辩被接受，法官可以作出本章规定的命令释放被告人直至量刑时。

释放被告人

第 519 条 (1) 法官按照第 515 条第(1)款、第(2)款、第(7)款、第(8)款的规定作出命令的：

第十六章 强制被告人到庭和暂时释放

（a）如果被告人遵守命令,该法官应当指示：

（i）如果没有其他事由需要羁押被告人的,应当立即予以释放；

（ii）一旦没有其他事由需要羁押被告人的,应当尽快予以释放；

（b）如果被告人未遵守命令,作出命令的法官或者有管辖权的法官应当签发针对被告人的拘押令,并在拘押令上签注并附以命令的副本,授权看守被告人的人在被告人遵守命令时实施下列行为之一：

（i）如果没有其他事由需要羁押被告人的,立即予以释放；

（ii）一旦没有其他事由需要羁押被告人的,尽快予以释放。

从羁押中释放　　（2）如果被告人遵守第（1）款（b）项所述命令,并且没有需要羁押他的事由的,作出命令的法官或者有管辖权的法官,应当签发格式 39 的命令将其释放,除非被告人依该项规定所述授权已被释放或者将被释放。

拘押令　　（3）法官按照第 515 条第（5）款或者第（6）款规定作出羁押被告人的命令的,应当签发拘押令。

命令的复议　　**第 520 条**　（1）法官或者努纳武特法院法官按照第 515 条第（2）款、第（5）款、第（6）款、第（7）款、第（8）款或者第（12）款规定作出命令的,或者按照第 523 条第（2）款（b）项规定作出或者撤销命令的,被告人可以在开庭前任何时间向法官申请复议。

通知检察官　　（2）未经检察官同意,法官不得听取依本条提出的申请,但被告人已提前两日将申请书面通知检察官的除外。

被告人应在场　　（3）如果法官命令听取复议申请,或者检察官、被告人或者其律师要求法官听取复议申请的,在法官依本条听取申请时,被告人应当在场。如果被告人在押,法官可以书面命令羁押人将被告人带至法庭。

诉讼延期　　（4）基于检察官或者被告人的申请,法官可以在听取申请时或者之前决定延期审理。如果被告人在押,非经被告人同意,延期审理的时间不得超过 3 日。

被告人未出庭　　（5）法官命令未在押的被告人在法官听取依本条规定

提出的申请时出庭,而其未出庭的,法官可以对其签发逮捕令。

执行

(6) 按照第(5)款规定签发的逮捕令,可以在加拿大境内任何地方执行。

证据和法官的复议权

(7) 在听取依本条规定提出的申请时,法官可以参考(a)项至(c)项因素,并应作出(d)项或者(e)项裁决之一:

(a) 曾对法官命令进行复议的任何法官的诉讼卷宗;

(b) 诉讼中在法官面前出示的物证;

(c) 被告人或者检察官可能补充的证据或者物证;

(d) 驳回申请;

(e) 如果被告人确有理由,批准申请、撤销法官先前作出的命令,并按照第515条规定作出他认为合理的其他命令。

对重新申请的限制

(8) 对依本条或者第521条规定提出的申请进行审理后,不得就同一被告人而依本条或者第521条规定重新提出申请或者提出其他申请,但在听取原申请的法官作出决定后30日内得到一位法官允许的除外。

第517条、第518条和第519条的适用

(9) 第517条、第518条和第519条适用于依本条规定提出的申请,可根据具体情况作适当变更。

命令的复议

第521条 (1) 法官或者努纳武特法院法官按照第515条第(1)款、第(2)款、第(7)款、(8)款或者(12)款规定作出命令的,或者按照第523条第(2)款(b)项规定作出或者撤销命令的,检察官可以在开庭前任何时间向法官申请复议。

通知被告人

(2) 除非检察官已将申请于两日前书面通知被告人,法官不得听取依该条提出的申请。

被告人应在场

(3) 如果法官命令听取复议申请,或者检察官、被告人或者其律师要求法官听取复议申请,在法官依本条听取申请时,被告人应当在场。如果被告人在押,法官可以书面命令羁押人将被告人带至法庭。

诉讼延期

(4) 基于检察官或者被告人的申请,法官可以在听取申请时或者之前决定延期审理。如果被告人在押,非经被告人同意,延期审理的时间不得超过3日。

被告人未出庭

(5) 法官命令未在押的被告人在法官听取依本条规定

第十六章 强制被告人到庭和暂时释放

提出的申请时出庭,而其未出庭的,法官可以对其签发逮捕令。

拘押令　　　(6) 按照第(8)款(e)项法官命令将被告人羁押至其依法得到处理的,若被告人未被羁押,法官应当签发对被告人的拘押令。

执行　　　(7) 按照第(5)款或者第(6)款规定签发的逮捕令,可以在加拿大境内任何地方执行。

证据和法官的复议权　　　(8) 在听取依本条规定提出的申请时,法官可以参考(a)项至(c)项因素,并应作出(d)项或者(e)项行为之一:
(a) 曾对法官命令进行复议的任何法官的诉讼卷宗;
(b) 诉讼中在法官面前出示的物证;
(c) 被告人或者检察官可能补充的证据或者物证;
(d) 驳回申请;
(e) 如果被告人确有理由,批准申请、撤销法官先前作出的命令,并按照第515条规定作出他认为合理的其他命令。

对重新申请的限制　　　(9) 对依本条或者第520条规定提出的申请进行审理后,不得就同一被告人而依本条或者第520条规定重新提出申请或者提出其他申请,但在听取原申请的法官作出决定后30日内得到一位法官允许的除外。

第517条、第518条和第519条的适用　　　(10) 第517条、第518条和第519条适用于依本条规定提出的申请,可根据具体情况作适当变更。

只能由法官暂时释放　　　**第522条**　(1) 被告人被指控犯第469条规定的犯罪的,在其受指控的省有刑事管辖权的高等法院的法官或者主审法官外的任何法院、法官均不得在被告人被命令出庭受审之前或者之后将其释放。

同上　　　(2) 被告人被指控犯第469条所规定的犯罪的,在其受指控的省有刑事管辖权的高等法院的法官或者主审法官应当裁定将被告人羁押,但被告人在给予他的合理的机会中说明按照第515条第(10)款规定将他羁押为不合理的除外。

关于不得沟通的命令　　　(2.1) 第(2)款所述依本条规定裁定羁押被告人的法官,可以在裁定中指示被告人不得直接或者间接地与被害人、证人或者命令中确定的其他人沟通,除非符合命令中载明的、法官认为适当的条件。

释放被告人	（3）法官未按照第（2）款规定裁定羁押被告人的，其可以在被告人作出第515条第（2）款（a）项至（e）项所述的任何一项保证书或者具结书并附以第515条第（4）款、第（4.1）款和第（4.2）款规定的法官认为适当的条件之后，命令将被告人释放。
除第680条规定外不得对命令进行复议	（4）依本条规定作出的裁定不得复议，但第680条规定的情形除外。
第517条、第518条和第519条的适用	（5）第517条、第518条除第（2）款以外以及第519条的规定适用于按照第（2）款规定提出的申请，可根据具体情况作适当变更。
其他犯罪	（6）被告人被指控犯第469条所规定的犯罪和其他犯罪的，依本条规定行使职权的法官，就被控的其他犯罪，可以适用本章关于暂时释放的规定。
出庭通知书持续有效的期间，等	第523条　（1）被告人未因被控犯罪而羁押，或者已依或者因为本章规定而获释的，出庭通知书、出庭承诺书、传票、保证书或者具结书继续有效，且于下列情形，适用于在签发或者作出出庭通知书、出庭承诺书、传票、保证书或者具结书后收到的指控同一罪名或者包含在内的罪名的新的控告书； （a）被告人被法官按照第522条第（3）款规定作出的命令释放的，其有效期至法院对该案的审理终结时止； （b）在其他情况下： （i）其有效期至法院对该案的审理终结时止； （ii）被告人在法庭上被确定有罪的，其有效期至对他作出第673条所含意义的量刑判决时止；但法庭或者法官在对被告人定罪时命令在等候量刑期间将其羁押的除外。
新的控告书指控同一犯罪	（1.1）被告人未因被控罪行而羁押、在押或者已根据或者因为本章任何规定获释的，在签发、作出或者送达暂时释放令、拘押令、到庭通知书、出庭承诺书、传票、保证书或者具结书后收到指控同一罪行或者包含在内的罪行的新的控告书的，第507条或者第508条规定不适用于新的控告书；暂时释放令、拘押令、出庭通知书、出庭承诺书、传票、保证书或者具结书适用于新的控告书。
撤销先前释放令或者拘押令的命令	（2）尽管有第（1）款和第（1.1）款的规定，下列人员认

第十六章　强制被告人到庭和暂时释放

为确有理由的,可以撤销先前依本章规定作出的对被告人的暂时释放令或者拘押令,并依本章规定作出法庭、法官认为正当的其他命令,将被告人羁押或者释放直至法庭审理终结:

　　(a) 正在审理被告人的法庭或者法官,随时;
　　(b) 对犯第469条规定之外的犯罪的被告人的预审结束后的法官;
　　(c) 经检察官和被告人同意,或者被告人或者检察官申请撤销本来依(1.1)款规定适用的命令的,如果未经同意;
　　(i) 在被告人被指控犯第469条规定之外的犯罪的情况下,依本章规定作出命令的法官或者其他法官;
　　(ii) 被告人被指控犯第469条规定之罪的,该省有刑事管辖权的高等法院的法官或者主审法官;
　　(iii) 将要审理被告的法庭或者法官。

可适用于第(2)款规定的诉讼活动的规定

　　(3) 第517条、第518条和第519条适用于按照第(2)款规定进行的诉讼活动,可根据具体情况作适当变更,但第518条第(2)款不适用于被指控犯第469条所述犯罪的被告人。

逮捕被暂时释放的被告人

签发对被告人的逮捕令

　　第524条　(1) 法官确信有正当理由相信被告人具有下列情形之一的,可以对被告人签发逮捕令:
　　(a) 已经或者将要违反传票、出庭通知书、出庭承诺书、保证书或者具结书的规定的;
　　(b) 在收到传票、出庭通知书,作出出庭承诺书、保证书或者具结书后,实施了可诉罪的。

无证逮捕被告人

　　(2) 虽然有本法规定,治安官有正当理由相信被告人具有下列情形之一的,可以予以无证逮捕:
　　(a) 已经或者将要违反传票、出庭通知书、出庭承诺书、保证书或者具结书的规定的;
　　(b) 在收到传票、出庭通知书,作出出庭承诺书、保证书或者具结书后,实施了可诉罪的。

听审

　　(3) 按照第(1)款规定被有证逮捕或者按照第(2)款规

定被逮捕的被告人被带见法官的,法官应当实施下列行为之一:

(a) 被告人是由具有刑事管辖权的省高等法院的法官按照第522条第(3)款作出命令释放的,命令将被告人带见该法院的法官;

(b) 在其他情况下,听取检察官及公诉方证人和被告人及其证人的陈述。

羁押被告人

(4) 第(3)款(a)项所述被告人被带见法官,法官认定有下列情形之一的,应当撤销传票、出庭通知书、出庭承诺书、保证书或者具结书,并命令羁押被告人;但被告人在给予他的合理机会中,能证明按照第515条第(10)款的规定将他羁押是不合理的除外:

(a) 被告人已经或者曾计划违反传票、出庭通知书、出庭承诺书、保证书或者具结书的;

(b) 有正当理由相信被告人在收到传票、出庭通知书,作出出庭承诺书、保证书或者具结书后又犯可诉罪的。

释放被告人

(5) 法官未按照第(4)款的规定将被告人羁押的,可以命令在被告人作出第512条第(2)款(a)项至(e)项规定的任何保证书或者具结书并附以第515条第(4)款所述条件之后,将其释放;如果被告人在作出附条件的保证书或者具结书而被释放,则该条件为法官认为必要的第515条第(4)款所述的附加条件。

不得复议的命令

(6) 按照第(4)款、第(5)款作出的命令,不得复议,但第680条规定的情形除外。

释放被告人

(7) 法官未作出第(4)款(a)项或者(b)项认定的,应当命令将被告人释放。

法官在听审后的权力

(8) 第(3)款所规定的适用该款(a)项规定以外的被告人被带见法官,法官认定有下列情形之一的,应当撤销传票、出庭通知书、出庭承诺书、保证书或者具结书,并命令羁押被告人;但被告人在给予他的合理机会中,能证明按照第515条第(10)款的规定将他羁押是不合理的除外:

(a) 被告人已经或者曾计划违反传票、出庭通知书、出庭承诺书、保证书或者具结书;

(b) 有正当理由相信被告在收到传票、出庭通知书,作

第十六章 强制被告人到庭和暂时释放

出出庭承诺书、保证书或者具结书后又犯可诉罪。

释放被告人　（9）被告人证明按照第 515 条第（10）款的规定将其羁押不合理的，法官可以在被告人作出第 515 条第（2）款（a）项至（e）项所述保证书或者具结书并附以法官认为适当的第 515 条第（4）款所述条件后，命令将其释放。

理由　（10）法官按照第（9）款规定作出命令的，应当在诉讼记录中说明理由，并可以适用第 515 条第（9）款的规定，必要时可作适当修改。

法官应命令释放被告人的情形　（11）法官未作出第（8）款（a）项或者（b）项认定的，应当命令将被告人释放。

可适用于本条规定的诉讼活动的规定　（12）第 517 条、第 518 条和第 519 条适用于依本条规定进行的诉讼活动，可根据具体情况作适当变更。但对被指控犯第 522 条所述犯罪的被告人，不适用第 518 条第（2）款的规定。

可适用于本条规定命令的某些规定　（13）按照第（8）款和第（9）款作出的命令，比照法官或者努纳武特法院法官按照第 515 条第（2）款或者第（5）款作出的命令，适用第 520 条的规定；按照第（9）款规定作出的命令，比照法官或者努纳武特法院法官按照第 515 条第（2）款作出的命令，适用第 521 条的规定。

审理延误时对羁押的复议

向法官提出申请的时间　**第 525 条**　（1）被指控犯第 469 条规定之外罪行的被告人，无其他事由需要对他羁押而因被控犯罪羁押候审而审理尚未开始的，看押被告人的人应当于下列 90 日或者 30 日期限届满时，立即向对被告人被羁押处有管辖权的法官申请确定听审日期，决定是否应当释放被告人：

（a）被以可诉罪指控的，自下列时间起 90 日内：

（i）被告人按照第 503 条规定被带见法官之日；

（ii）按照第 521 条、第 524 条规定作出羁押被告人的命令或者按照第 520 条作出复议裁决的，被告人被依命令羁押之日与复议裁决作出之日中的较晚日期；

（b）被以简易罪处罚指控的，自下列时间起 30 日内：

（i）被告人按照第 503 条第（1）款规定被带见法官

之日；

(ii) 按照第521条、第524条规定作出羁押被告人的命令或者按照第520条作出复议裁决的，被告人被依命令羁押之日与复议裁决作出之日中的较晚日期。

听审通知　　(2) 收到按照第(1)款提出的申请后，法官应当：

(a) 确定日期，在下列管辖区之一进行第(1)款所述听审：

(i) 被告人的羁押地；

(ii) 将进行审理的地方；

(b) 指示将听审通知以法官可以确定的方式送达包括检察官和被告人在内的人员。

听审时须考虑的事项　　(3) 进行第(1)款所述听审时，法官在决定是否应当释放被告人时，可以考虑是否由于检察官或被告人的原因造成审理的不合理延误。

命令　　(4) 第(1)款所述听审结束后，如果法官确信按照第515条第(10)款规定对被告人继续羁押是不合理的，应当在被告人作出第515条第(2)款(a)项至(e)项中规定的保证书或者具结书并附以法官认为适当的第515条第(4)款所述条件后，命令将其释放。

法官签发逮捕令　　(5) 对按照第(4)款规定作出释放被告人的命令的省具有管辖权的法官，确信有正当理由认为被告人具有下列情形之一的，可以对其签发逮捕令：

(a) 违反或者将要违反其据以获释的保证书或者具结书；

(b) 在他因保证书或者具结书获释期间犯可诉罪。

治安官实施的无证逮捕　　(6) 无论本法有何规定，只要治安官有正当理由认为按照第(4)款规定获释的被告人具有下列情形之一的，可以将其无证逮捕并带见在命令释放被告人的省有管辖权的法官：

(a) 违反或者将要违反其据以获释的保证书或者具结书；

(b) 在他因保证书或者具结书获释后犯可诉罪。

听审和命令　　(7) 被告人按照第(5)款签发的令状或者按照第(6)款规定被带见法官时，如果能证明按照第515条第(10)款规定对其羁押是不合理的，法官可以在被告人作出第515条第

第十六章　强制被告人到庭和暂时释放

	(2)款(a)项至(e)项中规定的保证书或者具结书并附以法官认为适当的第515条第(4)款所述条件后,命令将其释放。
诉讼活动可适用的规定	(8) 第517条、第518条和第519条适用于依本条规定进行的诉讼,可根据具体情况作适当变更。
加快审理的指令	(9) 被告人被依本条规定带见法官的,法官可以指示迅速审理。
加快诉讼程序的指令	**第526条**　除适用第525条第(9)款规定的情形外,被告人依本章规定被带至法庭或者法官的,法庭或者法官可以指令加快进行有关被告人的诉讼程序。

在押犯的出庭程序

促使出庭	**第527条**　(1) 符合下列条件的,有刑事管辖权的高等法院的法官可以书面命令将被羁押于监狱的人带至要求他出庭的法庭、法官或者省法院法官: (a) 申请命令的人在宣誓书中述明案件事实并出示令状; (b) 法官确信基于公正合理的目的,有此需要。
省法院法官的命令	(2) 对于第(1)款或者第(7)款,需要出庭的人被监禁地的有管辖权的省法院法官与该款所述法官具有相同的权力。
押送在押犯	(3) 按照第(1)款或者第(2)款作出的命令应当发给看管在押犯的人,其收到命令后,应当实施下列行为之一: (a) 将在押犯移交命令中确定的接管人; (b) 在收取合理的押送费用后,将在押犯带至法庭、法官或者省法院法官。
羁押需要做证人的在押犯	(4) 需要被告人做证人的,法官或者省法院法官应当在命令中指示以何种方式羁押被告人并将其押回所在监狱。
其他情况下的羁押	(5) 按照第(1)款(a)项或者(b)项需要在押犯出庭的,法官或者省法院法官应当在命令中就下列事项作出适当的指示: (a) 在押犯被命令候审的,指定对其进行羁押的方式; (b) 在押犯经预审后被免予刑事处罚或者罪名不成立

与量刑有关的条文的适用	（6）适用本条规定的在押犯,被法庭、法官或者省法院法官定罪并判处监禁刑的,适用第718.3条和第743.1条的规定。
移送在押犯	（7）基于检察官的申请,有刑事管辖权的高等法院的法官如果认为移交为协助治安官履行职责所需,经在押犯或者被治安官看管的人书面同意,可以命令将其移交命令中确定的治安官看管,看管期限在命令中确定。
押送在押犯	（8）按照第（7）款规定作出的命令应当发给看管在押犯的人,其接到命令后应当将该在押犯移交命令中确定的治安官。
还押	（9）依本条规定作出的命令的目的实现后,应当将在押犯押回签发命令时的羁押处。

令状的签注

令状的签注	第528条　（1）采用第二十八章规定格式对被告人签发的逮捕令或者拘押令无法按照第514条或者第703条规定执行的,管辖被告人所在或者被认为所在地的法官根据申请和宣誓证明或者经签发令状的法官署名的陈述,应当以在采用格式28的令状上签注的方式,授权在其管辖区内逮捕被告人。
正式书面陈述和令状的副本	（1.1）对于第（1）款,以电信方式提交并生成书面文件的正式书面陈述和令状的副本与原件具有同等证明力。
签注的效力	（2）按照第（1）款在令状上的签注,是对原令状授权的治安官和签注的法官辖区内的所有治安官执行令状并将被告人带见签发令状的法官或者同一辖区的其他法官行为的充分授权。

进入住宅执行逮捕的权力

逮捕令可以授权进入住宅	第529条　（1）如果法官根据书面的起誓告发,有正当理由相信要逮捕或者拘押的人正在或者将出现在住宅内,根据本法或者其他议会制定法由法官签发的逮捕令或者拘押

第十六章　强制被告人到庭和暂时释放

令可以授权治安官为执行逮捕或者拘押而进入住宅的权力,此授权受第(2)款规定的限制。

执行　　(2)虽然有按照第(1)款进行的进入住宅的授权,治安官在其在进入住宅前若没有正当理由相信要逮捕或者拘押的人正在或者将出现在住宅内,仍不得进入住宅。

进入住宅的令状　　第529.1条　如果法官根据起誓告发有正当理由相信要逮捕或者拘押的人正在或者将出现在住宅内并且有下列情形之一,法官可以签发格式7.1的令状,授权治安官为逮捕或者拘押令状确认或者可根据令状进行确认的人进入令状中载明的住宅:

(a)本法或者其他议会法提及的逮捕或者拘押令在加拿大任何地方有效;

(b)存在按照第495条第(1)款(a)项或者(b)项或者第672.91条进行无证逮捕的情况;

(c)存在依其他议会制定法进行无证逮捕或者无证拘押的情况。

合理的限制性规定　　第529.2条　除适用第529.4条的情形外,法官应当在第529条或者第529.1条规定的令状中增加其认为适当的限制性规定,以保证在具体情况下进入住宅为合理的。

无令状进入住宅的权力　　第529.3条　(1)不限制或者限定治安官依本法或者其他法拥有的进入住宅的权力,如果治安官有正当理由相信应被逮捕或者拘押的人在住宅内,且存在按照第529.1条规定获取令状的条件,但因情况紧急来不及获取的,治安官可以在未持有第529条或者第529.1条规定令状的情况下,为逮捕或者拘押此人而进入住宅。

紧急情况　　(2)对于第(1)款,紧急情况包括下列情形:

(a)治安官有正当理由认为,为防止即将来临的人身伤害或者死亡而有必要进入住宅;

(b)治安官有正当理由相信住宅中有与可诉罪的实施相关的证据,且为防止证据的即将来临的灭失或者毁坏而有必要进入住宅。

省略进入前的声明　　第529.4条　(1)按照第529条或者第529.1条授权治安官进入住宅的法官,根据起誓告发有正当理由相信进入前的声明可能导致下列结果之一的,他或者其他法官可以授权治安官不经事先声明而进入住宅：

（a）使治安官或者他人面临即将来临的身体伤害或者死亡；

（b）即将来临的证据的灭失或者毁坏。

令状的执行　　（2）虽然有本条授权，治安官仍不得不经事先声明而进入住宅，除非其在进入住宅前：

（a）有正当理由怀疑事先声明可能使治安官或者他人面临即将来临的身体伤害或者死亡；

（b）有正当理由相信事先声明可能导致即将来临的证据的灭失或者毁坏。

例外　　（3）按照第529.3条无令状进入住宅的治安官不得未经事先声明而进入住宅，除非其在进入前：

（a）有正当理由怀疑事先声明可能使治安官或者他人面临即将来临的身体伤害或者死亡；

（b）有正当理由相信事先声明可能导致即将来临的证据的灭失或者毁坏。

远程令状　　**第529.5条**　　如果治安官相信，在具体情况下亲自向法官申请签发第529.1条规定的令状、第529条或者第529.4条规定的授权书不可行，令状或者授权书可根据以电话或者其他电信方式提交的控告书签发，为此，第487.1条的规定适用于此令状或者授权书，可根据具体情况作适当变更。

第十七章 被告人的语言

被告人的语言

第530条 (1) 基于母语为加拿大官方语言之一的被告人于不迟于下列时间之一提出的申请,治安法官、省法院法官或者努纳武特法院法官应当签发命令,指示将被告人带至讲以被告语言为加拿大官方语言的法官、省法院法官、法官或者法官和陪审团组成的法庭接受审理,必要时将被告人带见会讲加拿大两种官方语言的法官、省法院法官、法官或者法官和陪审团组成的法庭接受审理:

(a) 如果有下列情形之一,被告人于确定的庭审时间到庭时:

(i) 他被指控犯第553条所列罪行或者简易罪处罚;

(ii) 他将根据第577条规定的公诉书接受审理;

(b) 如果被告人按照第536条选择由一位省法院法官审理或者按照第536.1条选择由一位法官审理而不要陪审团且不经预审,其作出选择时;

(c) 如果被告人有下列情形之一,被告人被命令出庭受审时:

(i) 被以第469条所述犯罪指控;

(ii) 已选择由一位法官单独审理或者由一位法官和陪审团组成的法庭审理;

(iii) 被视为已选择由一位法官和陪审团组成的法庭审理。

同上

(2) 基于其语言非加拿大官方语言的被告人在第(1)款(a)项至(c)项所述任何时间之前提出的申请,治安法官或者省法院法官可以签发命令,指示将被告人带至讲他们认为能使被告人最准确提供证言的那种加拿大官方语言的治安法官、省法院法官、法官或者由法官与陪审团组成的法庭接受审理,必要时由会讲加拿大两种官方语言的治安法官、省法院法官、法官或者由法官和陪审团组成的法庭进行审理。

应当告知被告人权利

(3) 如果被告人未委托辩护律师,接受被告人首次出庭的治安法官或者省法院法官,应当告知他有权申请第(1)款、第(2)款规定的命令以及提出申请的时间。

还押 　　(4) 如果被告人未申请第(1)款、第(2)款规定的命令,并且将要审理被告人的治安法官、省法院法官或者法官,在本章中称为"法庭",确信司法的最佳利益要求被告人由会讲被告人语言的那种加拿大官方语言的治安法官、省法院法官、法官或者法官和陪审团组成的法庭审理,或者,在被告人的语言不是加拿大官方语言的情况下,由在法庭看来会讲能使被告人最准确提供证言的那种官方语言的治安法官、省法院法官或者法官审理,在法庭不会讲该种官方语言的情况下,法庭可以命令将被告人还押,等候由会讲那种官方语言的治安法官、省法院法官、法官或者法官和陪审团组成的法庭审理,或者必要时由会说加拿大两种官方语言的治安法官、省法院法官、法官或者法官和陪审团组成的法庭审理。

更改令状 　　(5) 对于本条规定的关于被告人由会讲被告人语言的那种加拿大官方语言、或者能使被告人最准确提供证言的那种加拿大官方语言的治安法官、省法院法官、法官或者法官和陪审团组成的法庭审理的命令,法庭在必要时可予以变更,要求被告人由会说加拿大两种官方语言的治安法官、省法院法官、法官或者法官和陪审团组成的法庭审理。

按照第530条发布命令时 　　**第530.1条**　按照第530条规定发布命令,指示由会讲被告人语言的那种加拿大官方语言或者会讲能使被告人最准确提供证言的加拿大官方语言的治安法官、省法院法官、法官或者法官和陪审团组成的法庭审理的:

　　(a) 被告人及其辩护人有权在预审和庭审中使用任何一种官方语言;

　　(b) 被告人及其辩护人可以使用任何一种官方语言书写书面答辩状或者与预审或者庭审诉讼活动有关的其他文件;

　　(c) 任何证人在预审和庭审中都可使用任何一种官方语言提供证言;

　　(d) 被告人有权由一位能讲被告人语言的那种官方语言的法官主持预审;

　　(e) 被告人有权由一位能讲被告人语言的那种官方语

言的检察官作为控告人,但控告人是自诉人的除外;

(f) 法庭应当在预审、庭审中提供译员以协助被告人及其辩护人或者证人;

(g) 预审、庭审期间的诉讼记录应当包括下列内容:

(i) 用法庭当时使用的官方语言表述的一切言词的文本;

(ii) 将法庭当时使用的语言译成另一种官方语言的文本;

(iii) 以其提交时所使用的官方语言表述的诉讼中提交的书证;

(h) 对于以任何一种官方语言签发的判决,包括其中的理由,法庭应向被告人提供使用被告人语言的那种官方语言的文本。

变更审理地点　　**第 531 条**　尽管本法有其他规定,在适用按照第 533 条制定的条例的前提下,如果法庭命令被告人由会讲被告人母语的那种加拿大官方语言、或者能使被告人最准确提供证言的那种加拿大官方语言、或者两种加拿大官方语言的治安法官、省法院法官、法官或者由法官和陪审团组成的法庭在某地区审理,而此命令的内容难以遵从时,法庭应当命令对被告人的审理在同省其他地区进行。

保留　　**第 532 条**　本章规定在某省生效时或者后来就与本法或者《官方语言法》不相矛盾的刑事案件中的诉讼或者作证生效时此省有效法律授予的任何权利,不受本章或者《官方语言法》的任何影响。

条例　　**第 533 条**　为在本省实现本章宗旨和规定,副省督可以制定条例;为在本地区实现本章宗旨和规定,育空地区、西北地区和努纳武特地区的专员可以分别制定一般条例。

第 534 条　[已废止]

第十八章 预审程序

管 辖

法官的预审　　**第535条**　被以可诉罪指控的被告人被带见法官且已按照第536条第(4)款或者第536.1条第(3)款提出预审申请的,法官应当根据本章规定,对被指控罪行以及根据本章规定采纳的证据就同一事项所认定的其他可诉罪进行预审。

特定案件由法官移送省法院法官　　**第536条**　(1)押见省法院法官以外的法官的被告人,被指控犯有省法院法官按照第553条有绝对管辖权的犯罪的,法官应当将被告押见指控犯罪地有管辖权的省法院法官。

特定案件在法官面前作选择　　(2)押见法官的被告人受指控的罪行是第469条规定以外的可诉罪,且不属于省法院法官按照第553条有绝对管辖权的犯罪的,在向被告人宣读控告书后,法官应当将下列内容告诉被告人,由其作出选择:

"你可以选择不要陪审团而由一位省法院法官进行单独审理而不进行预审;你可以选择由一位法官单独审理;你可以选择由一位法官和陪审团组成的法庭进行审理。如果现在不作选择,你将被视为已经选择由一位法官和陪审团组成的法庭进行审理。如果你选择由一位法官单独审理、由一位法官和陪审团组成的法庭进行审理或者被视为选择由一位法官和陪审团组成的法庭进行审理,只有你或者检察官提出申请,才进行预审。你如何选择?"

被告人选择由省法院法官审理的程序　　(3)被告人选择由一位省法院法官单独审理的,法官应当在控告书上签注该选择的记录,并应当实施下列行为之一:

(a)该法官不是省法院法官的,将被告人移送对被控犯罪地有管辖权的省法院法官,以便被告人对指控的罪行进行答辩;

(b)该法官是省法院法官的,要求被告人对指控的罪行

	进行答辩,如果被告人不认罪,则继续进行庭审或者另定庭审时间。
预审申请	（4）被告人选择由一位法官单独审理、由一位法官和陪审员组成的法庭进行审理、未进行选择或者按照第565条第（1）款（b）项被视为选择由一位法官和陪审团组成的法庭进行审理的,或者被以第469条规定的犯罪指控的,除适用第577条的情形外,基于被告人或者检察官于按照第482条或者第482.1条规定的法院规则规定的时间内所提出的申请,如果没有此项规则,则依法官提出的申请,法官应当对指控的罪行进行调查。
在控告书上的签注	（4.1）被告人选择由一位法官单独审理、由一位法官和陪审团组成的法庭进行审理、未进行选择或者按照第565条第（1）款（b）项被视为选择由一位法官和陪审团组成的法庭进行审理的,或者被以第469条规定的犯罪指控的,法官应在控告书上签注,如果被告人在押,还应当在还押令状上签注表明下列事项的陈述:
	（a）被告人的选择、被视为作出选择的性质或者未作选择的事实;
	（b）被告人或者检察官是否已申请进行预审。
被告人为多人时的预审	（4.2）两个以上的人共同受到一份控告书指控,其中有人按照第（4）款申请进行预审的,必须对全体被告人进行预审。
未申请预审时	（4.3）如果未按照第（4）款提出预审申请,法官应当确定审理日期或者为确定审理日期而让被告必须出庭的日期。
管辖	（5）正在进行或者将要进行预审的法官尚未开始取证的,在被控犯罪地省有管辖权的任何法官,都有第（4）款规定的管辖权。
法官还押—努纳武特	第536.1条 （1）被带见治安法官的被告人被指控犯有第553条规定的犯罪的,治安法官应当将被告人押见法官。
特定案件在法官面前作选择—努纳武特	（2）被带见治安法官或者法官的被告人被指控的罪行为第469条和第553条规定以外的可诉罪的,在向被告人宣读控告书后,治安法官或者法官应当将下列内容告诉被告人,由其作出选择:

"你可以选择由一位法官单独审理,或者选择由一位法官和陪审团组成的法庭进行审理。如果现在不作选择,你将被视为已经选择由一位法官和陪审团组成的法庭进行审理。如果你选择由一位法官单独审理、由一位法官和陪审团组成的法庭进行审理或者被视为选择由一位法官和陪审团组成的法庭进行审理,只有你或者检察官提出申请,才进行预审。你如何选择?"

预审申请—努纳武特

（3）被告人选择由一位法官单独审理、由一位法官和陪审团组成的法庭进行审理、未进行选择或者按照第565条第（1）款（b）项被视为选择由一位法官和陪审团组成的法庭进行审理的,或者被以第469条规定的犯罪指控的,除适用第577条的情形外,基于被告人或者检察官按照第482条或者第482.1条规定,在法院规则规定的时间或者如果没有此项规则依法官确定的期间所提出的申请,法官应当对指控的罪行进行预审。

在控告书上的签注

（4）被告人选择由一位法官单独审理、由一位法官和陪审团组成的法庭进行审理、未进行选择或者按照第565条第（1）款（b）项被视为选择由一位法官和陪审团组成的法庭进行审理的,或者被以第469条规定的犯罪指控的,法官应在控告书上签注,如果被告人在押,还应当在还押令状上签注表明下列事项的陈述:

（a）被告的选择、被视为作出选择的性质或者未作选择的事实;

（b）被告人或者检察官是否已申请进行预审。

被告人为多人时的预审

（4.1）两个以上的人共同受到一份控告书指控,其中有人按照第（3）款申请进行预审的,必须对全体被告人进行预审。

被告人选择由法官审理时的程序—努纳武特

（4.2）如果未按照第（3）款提出预审申请:

（a）被告人在治安法官处的,治安法官应当将被告人押见法官以便其对被控犯罪进行答辩;

（b）被告人在法官处的,法官应当实施下列行为之一:

（i）被告人选择由一位法官单独审理的,要求被告人对指控的罪行作出答辩,如果被告人不认罪,则继续进行庭审或者另定庭审时间;

第十八章 预审程序

(ii) 被告人选择或者被视为选择由一位法官和陪审团组成的法庭进行审理的,确定审理日期。

管辖—努纳武特
(5) 正在进行或者将要进行预审的治安法官尚未开始取证的,在努纳武特有管辖权的任何治安法官,都有第(3)款规定的管辖权。

适用于努纳武特
(6) 本条,而非第536条,适用于在努纳武特进行的刑事诉讼。

书面的选择和重新选择
第536.2条 被告人对审理方式的选择和重新选择可以提交书面文件的方式进行,被告人不必亲自出庭。

预审前程序

关于争议问题和证人的陈述
第536.3条 如果提出预审申请的或者如果若被告人提出预审申请的,检察官或律师,应当于依第482条或者第482.1条制定的法院规则确定的时间内,如果没有规则,则在法官确定的时间内,向法庭和另一方当事人提供确定下列事项的陈述:

(a) 申请人要求在预审中出示证据以说明的争议问题;

(b) 申请人要求在预审时听取其证言的证人。

裁定进行听审
第536.4条 (1) 将要进行预审的法官,基于检察官或者被告人的申请,或者基于本人的意向,可以裁定于按照第482条或者第482.1条制定的法院规则规定的日期,如果没有这样的规则,则于法官确定的时间内,进行听审以办理下列事项:

(a) 协助当事人确定将在预审中出示证据以证明的问题;

(b) 协助当事人考虑证人的需要和具体情况而确定证人;

(c) 帮助当事人考虑将促成公正和迅速预审的其他事项。

应当记录的协议
(2) 听审结束时,法官应当将当事人承认事实的陈述以及当事人达成的任何协议记录在案。

协议限制预审的范围
第536.5条 无论是否按照第536.4条举行关于预审的听审,检察官和被告人可以协议将预审限于特定事项。协议应当按照第 536.4 条第（2）款规定向法庭提交或者记录在案。

法官的权力

法官的权力　　第 537 条　（1）依本章规定行使权力的法官，可以实施下列行为：

（a）在证人缺席、证人因病无法到法官通常开庭的地方或者因其他充分理由而显然有必要的情况下，随时暂停预审并变更审理地点；

（b）为《识别罪犯法》之目的而将被告人还押；

（c）用格式 19 的令状将被告人还押监狱，但被告人按照第十六章规定未被羁押的除外；

（d）经检察官和被告人或者其辩护人同意，在暂停预审期限届满前恢复预审；

（e）以格式 30 书面命令在还押期限届满之前将被告人带见自己或者同一地区的其他法官；

（f）批准或者拒绝检察官或者其顾问以首次陈述、总结发言或者对被告方提供的证据作出答辩的方式向法官作支持指控的发言；

（g）听取控诉方、被告方提供的证据后，接受证据；

（h）为公正合理的目的而认为有此必要时，命令检察官、被告人和辩护人以外的任何人不得进入或者停留在预审室；

（i）以其认为与本法规定相符的方式控制调查过程，且除其认为违背司法最高利益的情形外，控制方式应与按照第 536.4 条第（2）款记录的承认事实的陈述和协议以及按照 536.5 条达成的协议相一致。

（j）经检察官和被告人同意，在听取证人证言以外的预审阶段，准许被告人由律师代理、通过闭路电视或者以法庭和被告能够进行同步视频和口头联系的其他方式出庭；

（j.1）基于被告人的申请，准许被告人于预审的整个过程或者部分阶段依法官认为适当的条件离开法庭；

（k）在被告人由辩护人代理的情况下，被告人获得与其

第十八章 预审程序

辩护人秘密联系的机会的,于听取证人证言以外的预审阶段,要求被羁押于监狱的被告人通过闭路电视或者以法庭和被告能够进行同步视频和口头联系的其他方式出庭;

不当发问　　（1.1）认为对于证人的任何询问或者反问为污辱、重复或者其他不当情形,依本章行事的法官应当命令立即停止询问或者反问。

变更审理地点　　（2）法官按照第(1)款(a)项规定将预审地点移至同省内其没有管辖权的地区的,对变更后的预审地有管辖权的任何法官可以继续进行预审。

组织　　第538条　被告人为组织的,适用第556条第(1)款、第(2)款的规定,但需根据具体情况作相应变更。

录取证人证言

命令限制公开在预审中采纳的证据　　第539条　（1）如果检察官提出申请,预审法官可以在预审中开始记录证据前作出命令,指示在被告人获释前,若被告人被命令出庭受审,则在审理结束前,不得在任何报纸上、广播中公开预审中记录的证据;如果被告人提出申请,预审法官应当作出命令。

告知被告人申请命令的权利　　（2）被告人在预审中没有委托辩护人的,预审法官在开始调查取证前,应当告知被告人其享有按照第(1)款规定提出申请的权利。

未遵守命令　　（3）不遵守按照第(1)款规定作出的命令的,构成简易罪。

"报纸"的定义　　（4）在本条中,"报纸"与第297条规定的含义相同。

记取证言　　第540条　（1）被告人在主持预审的法官面前出庭的,法官应当:

(a) 在被告人在场的情况下,记录控方证人的宣誓证言,允许被告人或者其辩护人对控方证人进行质证;

(b) 分别以下列方式之一记录每位证人提供的证言:

(i) 采用格式31,以清晰易辨的字迹誊写记录,或者由其指派的或者法定的速记员记录;

(ii) 在省法律规定民事案件审理过程中可以使用录音设备的省份,采用允许使用的设备根据该省法律规定记录。

宣读并签署证言	（2）以书面形式录取证人证言的,在询问被告人是否要求传唤证人之前,法官应当在被告人在场的情况下：
	（a）向证人宣读证言；
	（b）让证人在证言上署名；
	（c）自己在证言上署名。
法官的证实	（3）以书面形式录取证人证言的,法官可以：
	（a）在每份证言的末页署名；
	（b）以表明自己的署名旨在认证每份证言的方式在数份或者所有证言的末页署名。
速记员宣誓	（4）被指定记录证言的速记员不是经正式宣誓的法院速记员的,他应当宣誓将如实记录证言。
记录的证实	（5）由法官指定或者法定的速记员记录证言的,不需要向证人宣读或者由证人署名,但若法官或者当事人之一要求的,应当由速记员将全部或者部分证言整理并附下列文件之一：
	（a）速记员证明其为真实的证据记录的宣誓书；
	（b）如果该速记员是经正式宣誓的法庭速记员,一份证明该誊本为证言的真实记录的证明书。
录音设备所作的记录的誊本	（6）依本法规定,在本法规定的诉讼活动中用录音设备记录的,应法官或者当事人之一的要求,应对该记录的全部或者部分按所在省的法律进行处理、转写为书面文字,誊本应按照该省法律认证和使用,并按照第（1）款所述情况作必要更改。
证据	（7）依本章规定行事的法官可以将其他情况下不能采纳为证据而其认为在具体情况下可信的控告书,包括证人所作的书面的或者以其他方式记录的陈述,采纳为证据,
关于提交控告书的意向的通知	（8）若法官没有作出其他命令,任何控告书不得按照第（7）款被采纳为证据,除非当事人已经将其提交控告书的意图适当通知其他每一位当事人,并附以第（7）款所述陈述的副本。
出庭接受询问	（9）基于当事人的申请,法官应当要求其认为适当的任何人出庭,就意欲按照第（7）款提交作为证据的控告书接受询问或者反问。
听取证人证言	**第 541 条**　（1）控方证人的证言已被录取并已依本章

规定进行宣读的,法官应当依本条听取辩方证人证言。

告知被告人的内容　　(2) 在听取没有委托辩护人的被告人一方的证人证言之前,法官应当告知被告人下列或者类似内容:

"你是否想就本案对你的指控或者可能由基于控方证据的其他指控作出答辩?你不必答辩,但你所说的一切都可能在法庭上被用作对你不利的证据。你不应当因向你作出的承诺或者威胁而承认有罪,但你若作出任何陈述,即使有承诺或者威胁,你的陈述仍然可能在法庭上用作对你不利的证据。"

被告人陈述　　(3) 被告人对法官按照第(2)款规定告知的上述内容所作的任何答复,都应当以书面记录下来,由法官署名,并与证人证言保存在一起,按本章的规定处理。

被告人方证人　　(4) 被告人没有委托辩护人的,按第(2)款和第(3)款规定执行后,法官应当询问被告人是否要求传唤证人。

证人证言　　(5) 法官应当听取被告人一方要求传唤的每位证人就有关预审的任何事项所作的证言。对于本款适用第540条的规定,可根据具体情况作适当变更。

被告人的坦白或者承认　　**第542条**　(1) 本法任何规定,均不妨碍检察官在预审中作为证据出示被告人所作的依法可用作不利于他的供述、坦白或者陈述。

限制公开预审情况　　(2) 除非有下列情形之一,在报纸上、广播中公开在预审中作为证据出示的供述或者坦白,或者带有供述或者坦白性质的报道的,构成简易罪:

(a) 被告人已获释;

(b) 在被告人被羁押候审的情况下,庭审已终结。

"报纸"的定义　　(3) 在本条中,"报纸"与第297条规定的含义相同。

异地犯罪的还押

命令被告人在犯罪地法官面前出庭或者将被告人带见犯罪地法官　　**第543条**　(1) 被告人被指控在指控地管辖范围以外的地方犯罪,听审被告人的法官于预审的任何阶段在听取双方当事人的陈述后,可以实施下列行为之一:

(a) 命令被告人出庭;

(b) 如果被告人在押,签发格式15的令状,将其押送至犯罪地有管辖权的法官面前，由该法官继续进行预审直至终结。

<dl>
<dt>移送记录和文件以及命令或者令状的效力</dt>
<dd>（2）法官作出命令或者按照第（1）款规定签发令状的，应当将预审时收集的任何证据的副本和随后得到的与预审有关的所有文件，一并移送给在指控罪行地有管辖权的法官，而且：

（a）被移送其副本的任何证据，视为已被接受移送的法官接受；

（b）按照第十六章规定向被告人签发或者由被告人作出的到庭通知书、出庭承诺书、保证书或者具结书，应当视为是在被控犯罪地管辖范围内签发或者作出的，并且要求被告人在第（1）款（a）项命令规定的时间，在接受移送的法官面前出庭。</dd>
</dl>

被告人潜逃

<dl>
<dt>被告在预审期间潜逃</dt>
<dd>第544条 （1）尽管本法有其他规定，被告人，无论是否与他人被共同指控，在对他被指控的罪行进行预审期间潜逃的，导致下列后果；但当依（b）项（ii）目的规定暂停预审时，法官认为继续等候不符合司法利益的，可以依（b）项（i）目规定随时决定继续预审：

（a）其被视为放弃预审时在场的权利；

（b）法官可以实施下列行为之一：

（i）继续进行预审，待所有证据被采集后，按照第548条规定结束预审；

（ii）对被告人签发逮捕令的，暂停预审，等候被告人到庭。</dd>

<dt>不利推断</dt>
<dd>（2）按照第（1）款规定继续进行预审的法官，可以从被告人潜逃这一事实得出不利于被告人的推断。</dd>

<dt>被告无权要求重新开庭</dt>
<dd>（3）在按照第（1）款规定继续进行的预审过程中重新出庭的被告人，无权要求重新进行在他缺席期间已经进行的诉讼活动，但法官认为由于特殊情况重新开始预审符合司法利益的除外。</dd>

<dt>被告律师可以继续履行职责</dt>
<dd>（4）被告人在预审中潜逃而法官继续进行预审的，被告</dd>
</dl>

人的律师不因此而被剥夺所享有的代理被告人进行诉讼活动的权利。

被告人传唤证人 （5）按照第（1）款规定继续进行预审，控方证据提供完毕时被告人缺席而其辩护人在场的，应给予辩护人替被告人传唤证人的机会，此时适用第541条第（5）款的规定，可根据具体情况作适当变更。

证人拒绝作证时的程序

证人拒绝接受询问 第545条 （1）在预审中出庭并被法官要求作证的人具有下列行为之一而又未提供合理的未能出庭或者拒绝的理由的，法官可以宣布休庭，采用格式20的令状将其拘押。拘押时间为不超过8日和休庭期间两者之间的较短期间：

(a) 拒绝宣誓；

(b) 宣誓后拒绝回答问题；

(c) 不出示被要求出示的书面材料；

(d) 拒绝在证言上署名。

重新羁押 （2）被适用第（1）款规定的证人在恢复预审时再度出庭而重新拒绝按要求做的，法官可以重新休庭并将其拘押，拘押时间不超过8日或者为休庭期间，并可以多次休庭并将其拘押，直至证人同意按要求做为止。

保留 （3）执行本条规定不应妨碍法官在获得其他足够的证据后将本案送交法庭审理。

救济性规定

瑕疵或者不一致不影响效力 第546条 预审期间或者此后的诉讼的效力，不受下列因素的影响：

(a) 传票或者令状的内容或者形式上的瑕疵或者缺陷；

(b) 传票或者令状中的指控与控告书指控之间的不一致；

(c) 传票、令状、控告书上的指控与预审中控方提供的证据之间的不一致。

被告人被误导而休庭 第547条 法官认为被告人因第546条所述程序上的

瑕疵、缺陷、变更而受欺骗或者误导的，可以暂停预审，将被告人还押或者按照第十六章规定予以暂时释放。

法官无法继续履行职责　**第547.1条**　依本章规定行事的法官，在开始取证后死亡或者因故无法继续履行职责的，其他法官可以实施下列行为之一：

（a）证据已按照第540条规定记录且能够得到的，从取证中断处继续取证；

（b）证据未按照第540条规定记录或者不能得到的，重新开始取证。

审理与具结

命令接受审理或者释放被告人　**第548条**　（1）法官取得所有证据后，应当实施下列行为之一：

（a）如果其认为已有充分证据使被告人就被指控的罪名或者其他涉及本案的罪名接受审理，命令被告人出庭受审；

（b）如果认为证据不足以使被告人就被指控的罪名或者其他涉及本案的罪名接受审理，命令将被告人释放。

在指控上签注　（2）法官命令被告人就指控以外的或者追加的可诉罪接受审理的，应当在控告书上签注，说明其命令被告人接受审理的指控。

被告人被命令接受审理时　（2.1）命令被告人接受审理的法官有权确定审理日期或者为确定审理日期而要求被告人出庭的日期。

缺陷不影响效力　（3）命令被告人出庭受审的效力，不因据以进行预审的控告书或者指控的表面缺陷而受影响，但是，受理对控告书或者指控提出异议的法庭认为被告人因这些缺陷在辩护中受误导或者不利影响的除外。

在调查的任何阶段经同意命令接受审理　**第549条**　（1）尽管本法有其他规定，法官在预审的任何阶段，经被告人和检察官同意，可以命令被告人在有刑事管辖权的法庭接受审理，不采纳或者记录任何证据或者进一步的证据。

受到限制的预审　（1.1）如果检察官和被告人按照第536.5条同意将预审范围限定于特定问题，法官不须记录关于其他问题的证

第十八章　预审程序

程序	据，可以命令被告人在有刑事管辖权的法庭接受审理。 　　（2）如果按照第（1）款规定命令被告人出庭受审，法官应当在控告书上签注，说明已经被告人和检察官同意，随后被告人将比照第548条规定出庭受审。
证人具结	**第550条**　（1）被告人被命令出庭受审的，预审法官可以要求其认为能提供重要证言的证人，作出保证在庭审时出庭作证的具结，遵守具结书上确定的法官认为为保证证人在庭审时出庭作证所必要的合理条件。
格式	（2）本条规定的具结，可以采用格式32，可以在证言的末页作出或者单独作出。
证人出庭的保证人或者保证金	（3）法官可以以他认为适当的理由，要求证人依本条规定作出下列内容之一的具结： 　　（a）按法官的指示提供一位或者一位以上的保证人； 　　（b）向法官缴纳其认为足以保证证人出庭作证的保证金。
证人拒绝遵守	（4）证人未按法官的要求遵守第（1）款或者第（3）款规定的，法官可以采用格式24的令状将证人羁押在庭审地所在地区的监狱里，直至他按要求作证或者庭审结束。
释放	（5）证人被按照第（4）款规定羁押的，庭审结束时，证人出庭的法庭或者对羁押监狱所在地区有管辖权的法官，可以采用格式39的命令将证人释放。

移 交 记 录

移交记录	**第551条**　法官裁定被告人出庭受审的，应当立即向承审法庭的书记官或者其他适当的官员移送其所掌握的控告书、证据、物证、按照第541条规定书面记录的被告人陈述、按照第十六章规定作出的出庭承诺书、保证书或者具结书和在验尸官面前获取的证据。

第十九章 可诉罪——没有陪审团的审理

解 释

定义——"法官"

第552条 在本章中,"法官"指:

(a) 在安大略省,该省有刑事管辖权的高等法院的法官;

(b) 在魁北克省,魁北克法院的法官;

(c) 在诺瓦斯科舍省,该省有刑事管辖权的高等法院的法官;

(d) 在新不伦瑞克省,王座分庭的法官;

(e) 在不列颠哥伦比亚省,最高法院的首席法官或者普通法官;

(f) 在爱德华王子岛省和纽芬兰省,最高法院的法官;

(g) 在曼尼托巴省,王座分庭的首席法官或者普通法官;

(h) 在萨斯喀彻温省和阿尔博塔省,该省有刑事管辖权的高等法院的法官;

(i) 在育空地区和西北地区,最高法院的法官;

(j) 在努纳武特,努纳武特法院的法官。

"治安法官"[已废止]

省法院法官的管辖权:绝对管辖

绝对管辖

第553条 当被告人被控告书提出下列指控时,省法院法官或者努纳武特法院法官对被告人的审理管辖权是绝对的,不需经被告人同意:

(a) 下列指控,且犯罪对象不是遗嘱文件,其价值不超过5000元:

(i) 偷家畜以外的盗窃;

第十九章 可诉罪——没有陪审团的审理

（ii）以诈骗方式获取金钱或者财产；

（iii）明知某财产、物品或者其收益的全部或者部分系直接或者间接地通过实施在加拿大构成可诉罪的行为得到或者取得，或者通过在某地实施在加拿大构成可诉罪的作为或者不作为得到或者取得，而非法占有该财产、物品或者其收益；

（iv）通过欺骗、撒谎或者其他欺诈手段，骗取公众或者个人财产、金钱或者有价证券，不管是否查明被害人；

（v）第 430 条第（4）款所规定的损害；

（b）劝诱、共谋实施下列罪行或者其未遂犯，或者其事后从犯：

（i）（a）项所述且其对象和价值符合该项规定的犯罪；

（ii）（c）项所述犯罪；

（c）下列规定中的犯罪：

（i）第 201 条（经营游戏场或者赌博场）；

（ii）第 202 条（赌博、出卖赌注、博彩登记，等）；

（iii）第 203 条（代人投注）；

（iv）第 206 条（博彩和机运犯罪）；

（v）第 209 条（赌博欺诈）；

（vi）第 210 条（经营妓院）；

（vii）［已废止］

（viii）第 393 条（与收费有关的欺诈）；

（viii.1）第 811 条（违反具结书）；

（ix）第 733.1 条第（1）款（违反缓刑令）；

（x）《管制毒品和麻醉药品法》第 4 条第（4）款（a）项；

（xi）《管制毒品和麻醉药品法》第 5 条第（4）款。

经同意的省法院法官的管辖权

经同意后由省法院法官审理

第 554 条 （1）除适用第（2）款的情形外，当被告人被控告书指控犯有第 469 条规定以外的可诉罪，并且该犯罪不属于省法院法官按照第 553 条享有绝对管辖权的犯罪，如果被告人选择由省法院法官审理，省法院法官可以对其进行审理。

|努纳武特|　　(2)对于在努纳武特进行的诉讼,当被告人被控告书指控犯有第469条规定以外的可诉罪,并且该犯罪不属于努纳武特法院法官按照第553条享有绝对管辖权的犯罪,如果被告人选择不要陪审团而由一位法官单独审理,努纳武特法院的法官可以对其进行审理。|

|省法院法官可以决定进行预审|　　**第555条**　(1)在依本章规定进行的诉讼中,当被告人的案子呈现在省法院法官面前,而案情向省法院法官表明,出于各种原因指控应当由检察官提起,他可以在被告人作出辩护前决定不进行审理,将此决定通知被告人,并作为预审而继续诉讼。|

|犯罪对象是遗嘱文件或者价值超过5000元时|　　(2)当被告人在省法院法官面前被控以第553条(a)项或者(b)项(i)目所述的犯罪,且在该省法院法官裁决前有证据表明该犯罪侵害的对象是遗嘱文件或者其价值超过5000元的,该省法院法官应当按照第536条第(2)款规定让被告人作出选择。|

|继续诉讼|　　(3)当被告人按照第536条第(2)款规定作出选择时,适用下列规定:
　　(a)如果被告人选择不要陪审团而由一位法官单独审理、或者由一位法官与陪审团组成的法庭进行审理,或者有选择权而未进行选择的,该省法院法官应当按照第十八章的规定作为预审继续进行诉讼;如果其命令被告人接受审理,应当在控告书上签注记录被告人的选择;
　　(b)如果被告人选择由一位省法院法官单独审理,该省法院法官应当在控告书上签注记录被告人的选择,并继续进行审理。|

|决定进行预审—努纳武特|　　**第555.1条**　(1)在依本章规定进行的诉讼中,当被告人的案子呈现在努纳武特法院法官面前,而案情向该法官表明,出于各种原因指控应当以公诉书提起,其可以在被告人作出辩护前决定不进行审理,将此决定通知被告人,并作为预审而继续进行诉讼。|

|犯罪对象是遗嘱文件或者价值超过5000元时—努纳武特|　　(2)当被告人在省法院法官面前被控以第553条(a)项或者(b)项(i)目所述的犯罪,且在该省法院法官裁决前有证据表明该犯罪侵害的对象是遗嘱文件或者其价值超过5000元的,该省法院法官应当按照第536条第(2)款规定让

第十九章 可诉罪——没有陪审团的审理

被告人作出选择。

继续进行预审—努纳武特
（3）如果被告人选择不要陪审团而由一位法官单独审理且按照第536.1条第(1)款要求进行预审、选择由一位法官和陪审团组成的法庭进行审理或者未进行选择，法官应当按照第十八章的规定作为预审继续进行诉讼。

继续诉讼—努纳武特
（4）如果被告人选择不要陪审团而由一位法官单独审理，且未按照第536.1条第(3)款要求进行预审，该法官应当在控告书上签注记录被告人的选择，并继续进行审理。

适用于努纳武特
（5）对于在努纳武特进行的诉讼，适用本条，而不适用第555条。

组织
第556条　（1）被告人组织应当由律师或者代理人代理出庭。

不出庭
（2）被告人组织未按照传票出庭，而业已证明向该组织送达了传票，省法院法官或者努纳武特法院法官：

(a) 如果对于指控罪行拥有绝对管辖权，可以在被告组织缺席的情况下对指控进行审理；

(b) 如果对于指控罪行没有绝对管辖权，法官应当确定审理日期或者为确定审理日期而让被告人组织必须出庭的日期。

未要求预审
（3）如果被告人组织出庭而未按照第536条第(4)款要求进行选择，省法院法官应当确定审理日期或者为确定审理日期而让被告组织必须出庭的日期。

未要求预审—努纳武特
（4）如果被告人组织出庭而未按照第536.1条第(3)款要求进行选择，治安法官或者努纳武特法院法官应当确定审理日期或者为确定审理日期而让被告组织人必须出庭的日期。

记录证据
第557条　如果被告人按照本章规定由一位省法院法官或者努纳武特法院法官进行审理，控辩双方证人的证据应当按照第十八章与预审有关的规定进行记录，但第540条第(7)款至(9)款规定除外。

法官的管辖权：经同意的法官的管辖权

由法官在无陪审团的情况下单独审理
第558条　被告人被指控犯有第469条规定以外的可

诉罪,其按照第536条选择或者按照第536.1条重新选择由法官在无陪审团情况下单独审理的,该被告人应根据本章规定由一位法官在无陪审团的情况下单独审理。

法庭记录　　　　**第559条**　(1)根据本章规定进行审理的法官,为本诉讼以及相关或者相牵连诉讼的目的,应当为记录法院的法官。

记录的保管　　　(2)法官根据本章规定进行审理的法庭记录应当在该法官任职的法院保管。

选　　择

法官职责　　　　**第560条**　(1)如果被告人按照第536条或者第536.1条规定选择由一位法官在无陪审团情况下单独审理,有管辖权的法官应当于下列时间之一确定对被告人进行审理的时间和地点:

(a)收到司法行政官或者其他负责羁押被告人的人员说明被告人现被羁押和指控其犯罪的性质的书面通知时;

(b)收到法院书记官关于被告人现未被羁押和指控其犯罪的性质的通知时。

司法行政官通知,何时提交　　　(2)如果被告人根据接受审理的命令被羁押或者在发布此命令时因其他原因被羁押,司法行政官或者其他负责羁押被告人的人员应当在被告人被命令接受审理后24小时内发出第(1)款(a)项所述通知。

当确定审理日期后司法行政官的职责　　(3)按照第(1)款规定对被羁押的被告人确定审理的时间和地点的:

(a)司法行政官或者其他负责羁押被告人的人员应当立即将确定的审理时间和地点通知被告人;

(b)被告人应当在确定的审理时间和地点出庭。

未被羁押的被告人的责任　　(4)被告人未被羁押的,按照前(1)款规定,从法院书记官处获取确定的审理时间和地点为被告人的责任,并且其应按照确定的时间和地点出庭受审。

(5)〔已废止〕

重新选择的权利　　**第561条**　(1)选择或者被视为选择由一位省法院法官单独审理以外的审理方式的被告人可以:

第十九章 可诉罪——没有陪审团的审理

　　（a）在预审结束前后任何时间，经检察官书面同意，重新选择由一位省法院法官审理；

　　（b）在预审结束之前或者在预审结束后 15 日内任何时间，有权重新选择由一位省法院法官单独审理以外的其他审理方式；

　　（c）在预审结束后的第 15 日或者之后，经控告人书面同意，可以重新选择任何审理方式。

重新选择的权利　　（2）选择由一位省法院法官单独审理的被告人或者未按照第 536 条第（4）款要求进行预审的被告人，在不晚于首次确定的审理日前的第 14 日，有权重新选择其他审理方式；在此时间后，经检察官书面同意，也可以重新选择。

通知　　（3）被告人想按照第（1）款规定在预审结束前重新选择的，应当书面通知主持预审的法官，需要经控告人同意时还应附上控告人的书面同意。该法官应当于收到通知后实施下列行为之一：

　　（a）在按照第（1）款（b）项规定进行重新选择的情况下，让被告人按照第（7）款规定的方式重新选择；

　　（b）被告人按照第（1）款（a）项规定想重新选择而该法官不是省法院法官的，应通知省法院法官或者法院书记官被告人意欲重新选择，并将公诉书和其保存的按照第十六章规定所作的任何出庭承诺、保证书、具结书和由验尸官收集的证据等一并移送省法院法官或者书记官。

同上　　（4）被告人想按照第（2）款规定重新选择的，该被告人应当书面通知其出庭和答辩的省法院法官或者法院书记官，需要经控告人同意时还应附上控告人的书面同意。

通知和移送记录　　（5）被告人按照第（1）款规定在预审结束后意欲重新选择的，其应当书面通知他最初选择的法院的法官或者书记官，需要经控告人同意时还应附上控告人的书面同意。该法官或者书记官接到被告人通知后，应当通告被告人欲接受其审理的法官、省法院法官或者法院书记官，并将自己保存的起诉书、证据、物证和被告人按照第 541 条规定作出的书面证言，和按照第十六章规定所作的出庭承诺、保证书和具结书，以及由验尸官收集的证据等一并移送有关法官、省法院法官或者法院书记官。

重新选择的时间和地点	（6）省法院法官、法官或者法院书记官按照第（3）款(b)项、第（4）款或者第（5）款规定接到被告人意欲重新选择的通知的，该省法院法官或者法官应当立即确定被告人作重新选择的时间和地点，并且将此通知被告人和控告人。
重新选择的程序	（7）被告人应当在按照第（6）款规定确定的时间和地点出庭；如果被告人在押，应当被押解出庭。在向被告人宣读下列文件后，应当以下述文字或者类似文字交待被告人作重新选择："你已经通知说你想对审理方式重新选择，现在你可以这样做。你想怎样重新选择？" （a）已按照第566条、第574条或者第577条提出公诉书的或者已按照第577条将公诉书向法庭备案的，命令被告人接受审理的控告书或者公诉书； （b）被告人按照第（1）款在预审结束前或者按照第（2）款进行重新选择的，为控告书。
经同意重新选择的权利—努纳武特	**第561.1条** （1）已经选择或者被视为已经选择审理方式的被告人，经控告人书面同意，在任何时间可以重新选择其他审理方式。
审理前重新选择的权利—努纳武特	（2）已经选择或者被视为已经选择审理方式但未按照第536.1条第（3）款要求预审的被告人，有权在首次确定的审理日14日前重新选择其他审理方式。
预审时重新选择的权利—努纳武特	（3）已经选择或者被视为已经选择审理方式且按照第536.1条第（3）款已经要求预审的被告人，有权在预审结束前或者预审结束后15日内重新选择其他审理方式。
按照第（1）款或者第（3）款重新选择的通知—努纳武特	（4）如果被告人在预审结束前想按照第（1）款或者第（3）款重新选择，被告人应当书面通知主持预审的治安法官或者法官，需要经控告人同意时还应附上控告人的书面同意。主持预审的治安法官或者法官接到通知后应当让被告人按照第（9）款规定的方式重新选择。
预审时的通知—努纳武特	（5）如果被告人在预审中按照第（1）款或者第（3）款想重新选择不要陪审团而由一位法官单独审理但不想按照第536.1条第（3）款要求预审，主持预审的治安法官应当将被告人重新选择的意图通知努纳武特法院的法官或者书记官，并向其送交治安法官保存的起诉书和按照第十六章规定所作的出庭承诺、保证书和具结书，以及由验尸官收集的证据。

第十九章 可诉罪——没有陪审团的审理

没有预审或者预审结束时的通知—努纳武特	(6)如果按照第536.1条第(3)款未曾或者已经要求进行预审的被告人想依本条规定重新选择,被告人应当将其欲重新选择的意图,书面通知其面见并进行答辩的努纳武特法官或者努纳武特法院的书记官,需要经控告人同意时还应附上控告人的书面同意。
	(7)〔已废止〕
进行重新选择的时间和地点—努纳武特	(8)接到按照第(4)款至第(7)款任何一款规定送交的被告人意欲重新选择的通知后,法官应当立即确定时间和地点让被告人重新选择,并通知被告人和控告人。
进行重新选择的程序—努纳武特	(9)被告人应当在按照第(8)款规定确定的时间和地点出庭;如果被告人在押,应当被押解出庭。在向被告人宣读下列文件后,应当以下述文字或者类似文字交待被告人作重新选择:"你已经通知说你想对审理方式重新选择,现在你可以这样做。你想怎样重新选择?"
	(a)已按照第566条、第574条或者577条提出公诉书的或者已按照第577条将公诉书向法庭备案的,命令被告人接受审理的控告书或者公诉书;
	(b)被告人在预审结束前或者按照第(2)款根据第(1)款或者第(3)款进行重新选择的,为控告书。
适用于努纳武特	(10)对于在努纳武特进行的刑事诉讼,适用本条,而不适用第561条。
重新选择后的程序	**第562条** (1)被告人按照第561条第(1)款(a)项在预审结束前或者按照第561条第(1)款在预审结束后重新选择的,省法院法官或者法官应当继续进行审理或者确定审理的时间和地点。
同上	(2)被告人按照第561条第(1)款(b)项在预审结束前或者按照第561条第(2)款重新选择的,法官应当继续进行预审。
重新选择后的程序—努纳武特	**第562.1条** (1)如果被告人按照第561.1条第(1)款重新选择不要陪审团而由一位法官单独审理而未按照第536.1条第(3)款要求预审,法官应当继续进行审理或者确定审理的时间和地点。
重新选择后的程序—努纳武特	(2)如果被告人按照第561.1条在预审结束前重新选择不要陪审团而由一位法官单独审理或者由一位法官与陪

审团组成的法庭审理,并且按照第536.1条第(3)款要求预审,治安法官或者法官应当继续进行预审。

适用于努纳武特

(3) 对于在努纳武特进行的刑事诉讼,适用本条,而不适用第562条。

重新选择由省法院法官在没有陪审团情况下进行审理的程序

第563条 被告人按照第561条规定重新选择由一位省法院法官审理的:

(a) 该被告人应当根据在预审阶段已经提交预审法官的控告书被审理,经主持审理的省法院法官许可可以对原控告书作修改;

(b) 主持被告人作重新选择的省法院法官应当在控告书上签注记录被告人重新选择的结果。

重新选择由法官在没有陪审团情况下进行审理的程序——努纳武特

第563.1条 (1) 如果被告人按照第561.1条规定重新选择不要陪审团而由一位法官审理且未按照第536.1条第(3)款规定要求进行预审:

(a) 该被告人应当根据在预审阶段已经提交主持预审的治安法官或者法官的控告书被审理,经主持审理的法官许可可以对原控告书作修改;

(b) 主持被告人作重新选择的法官应当在控告书上签注记录被告人重新选择的结果。

适用于努纳武特

(2) 对于在努纳武特进行的刑事诉讼,适用本条,而不适用第563条。

第564条 [已废止]

被视为已经作出选择

第565条 (1) 除适用第(1.1)款的情形外,如果被告人因根据本章规定可以由法官在没有陪审团情况下审理的罪行而被命令接受审理,有下列情形之一的,对于本章有关选择和重新选择的规定,该被告人应当被视为已经选择由一位法官和陪审团组成的法庭进行审理:

(a) 被告人被省法院法官命令接受审理,而该法官按照第555条第(1)款的规定继续进行预审的诉讼活动;

(b) 法官、省法院法官或者法官按照第567条的规定拒绝将被告人的选择或者重新选择进行记录;

(c) 被告人被指示按照第536条进行选择时没有选择。

努纳武特

(1.1) 对于在努纳武特进行的诉讼活动,如果被告人因根据本章规定可以由法官在没有陪审团情况下审理的罪行

第十九章 可诉罪——没有陪审团的审理

而被命令接受审理,有下列情形之一的,对于本章有关选择和重新选择的规定,该被告人应当被视为已经选择由一位法官和陪审团组成的法庭进行审理:

（a）被告人被法官命令接受审理,而该法官按照第555.1条第(1)款的规定继续进行预审的诉讼活动;

（b）治安法官或者法官按照第567.1条第(1)款的规定拒绝将被告人的选择或者重新选择作记录;

（c）被告人被指示按照第536.1条作选择时没有作出选择。

直接提出公诉书时　　（2）如果被告人应当在对其进行指控的公诉书按照第577条规定的同意或者命令提起后接受审理,对于本章有关选择和重新选择的规定,该被告人应当被视为已经选择了由一位法官和陪审团组成的法庭进行审理,且未按照第536条第(4)款或者第536.1条第(3)款规定要求进行预审。经控告人书面同意,被告人可以重新选择不进行预审,由一位法官在没有陪审团的情况下进行审理。

关于重新选择的通知　　（3）被告人希望按照第(2)款规定重新选择的,应当将重新选择的意图书面通知指控他的公诉书已经备案或者提交的法院的法官或者书记官,并附以控告人的书面同意。在接到被告人的通知后,法官或者书记官应当将被告人希望重新选择的意图通知有管辖权的法官或者被告人希望接受其审理的法院的书记官,并移送本人保存的公诉书、按照第十六章规定所作的任何出庭承诺、保证书、具结书、按照第578条签发的传票和令状,以及由验尸官收集的证据。

适用　　（4）对于按照本条第(3)款所作的重新选择,分别适用第561条第(6)和第(7)款或者第561.1条第(8)款和第(9)款。

审　理

公诉书　　第566条　（1）对被告人就可诉罪进行审理而且审理非由省法院法官主持时,应当依据书面的阐明被告人被控罪行的公诉书进行。

提起公诉书　　（2）被告人按照第536条选择或者按照第561条重新

可以包括什么罪状及谁可以提起公诉书

公诉书——努纳武特

选择由一位法官在没有陪审团的情况下进行审理的,可以提起格式4的公诉书。

(3) 按照第(2)款提起公诉书,适用第574条和第576条第(1)款的规定,必要时可作适当修改。

第566.1条 (1) 如果被告人被指控的罪行为第553条规定之外的可诉罪,被告人没有选择或者重新选择由一位法官在没有陪审团的情况下单独审理,也没有当事人根据第536.1条第(3)款规定要求进行预审,审理必须依据书面的阐明被告人被控罪行的公诉书进行。

提起公诉书——努纳武特

(2) 如果被告人按照第536.1条选择或者按照第561.1条重新选择由一位法官在没有陪审团的情况下进行审理,且当事人之一根据第536.1条第(3)款要求进行预审,可以提起格式4的公诉书。

可以包括什么罪状以及谁可以提起公诉书——努纳武特

适用于努纳武特

(3) 按照第(2)款提起公诉书,适用第574条和第576条第(1)款的规定,必要时可作适当修改。

(4) 对于在努纳武特进行的刑事诉讼,适用本条,而不适用第566条。

一 般 规 定

有两名或者两名以上被告人时的审理方式

第567条 尽管本章有其他规定,如果两人或者两人以上受到同一罪行指控,除非他们选择、重新选择或者被视为已经选择了相同的审理方式,法官、省法院法官或者法官可以拒绝记录任何选择、重新选择或者视为选择由一位省法院法官或者一位法官在没有陪审团的情况下进行审理。

有两名或者两名以上被告人时的审理方式——努纳武特

第567.1条 (1) 尽管本章有其他规定,如果两人或者两人以上受到同一罪行指控,除非他们选择、重新选择或者被视为已经选择了相同的审理方式,治安法官或者法官可以拒绝记录任何选择、重新选择或者视为选择由一位省法院法官或者一位法官在没有陪审团的情况下进行审理。

适用于努纳武特

(2) 对于在努纳武特进行的刑事诉讼,适用本条,而不适用第567条。

总检察长可以要求由陪审团审理

第568条 即使被告人按照第536条规定选择或者按照第561条规定重新选择由一位法官或者省法院法官审理,

第十九章 可诉罪——没有陪审团的审理

总检察长仍然可以要求由法官和陪审团组成的法庭进行审理,但被控罪行法定刑为5年或者5年以下监禁的除外。如果总检察长这样要求,法官或者省法院法官无权按照本章规定审理被告人,而且,如果根据第536条第(4)款提出要求,必须进行预审,但已经进行预审的除外。

|总检察长可以要求由陪审团审理—努纳武特|

第569条 (1)即使被告人按照第536.1条规定选择或者按照第561.1条规定重新选择由一位法官在没有陪审团的情况下进行审理,总检察长仍然可以要求由法官和陪审团组成的法庭进行审理,但被控罪行法定刑为5年或者5年以下监禁的除外。如果总检察长这样要求,法官无权按照本章规定审理被告人,而且,如果根据第536.1条第(3)款提出要求,必须进行预审,但已经进行预审的除外。

|适用于努纳武特|

(2)对于在努纳武特进行的刑事诉讼,适用本条,而不适用第568条。

|定罪判决或者裁定的记录|

第570条 (1)被按照本章进行审理的被告人被法官或者省法院法官接受认罪答辩或者认定有罪而确定犯罪的,该法官或省法院法官应当在公诉书上作相应签注,并且对被告人科刑或者以法律授权的其他方式作出处置。根据被告人、控告人、治安官或者其他人的请求,法官或者省法院法官还应当依格式35制作定罪判决和相应副本,或者依格式36制作裁定和相应副本,并且将经验证的副本送交请求人。

|无罪释放和无罪释放的记录|

(2)被按照本章进行审理的被告人被确定没有犯指控的罪行的,法官或者省法院法官应当立即将被告人释放,并且依格式37制作命令,根据请求应制作命令的副本并将经验证的副本送交被告人。

|记录的移交|

(3)被告人按照本章选择由一位省法院法官审理的,该省法院法官应当将书面指控、审理以及可能有定罪的记录按照总检察长的指示交付保管。

|定罪判决、裁定或者无罪释放的证明|

(4)依格式35制作的定罪判决书或者依格式36或者格式37制作的裁定书的副本经法院的法官、书记官或者其他适当官员或者经省法院法官验证的,或者证实为准确副本的,经证实与该定罪判决或者裁定有关的人的身份,在任何法律程序中对于证明此人曾因判决书或者裁定副本上所述的罪行而被判决有罪、有对其不利的裁定或者无罪释放的裁

定,都是充分的证据。

拘押令　（5）作为自然人的被告人被定罪的,法官或者省法院法官应当签发格式 21 的拘押令,第 528 条适用于按照本款规定签发的拘押令。

经验证副本的可采性　（6）拘押令由法庭书记官签发的,经此书记官验证的拘押令的副本在任何诉讼中可以采纳为证据。

休庭　**第 571 条**　按照本章行事的法官或者省法院法官在审理最终结束前可以随时休庭。

第十六章、第十八章、第二十章和第二十三章的适用　**第 572 条**　第十六章的规定、第十八章中与省法院法官主持预审后移送记录有关的规定,以及第二十章、第二十三章中与本章不相抵触的规定,比照适用于按照本章进行的诉讼。

第十九之一章　努纳武特法院

努纳武特法院　　第 573 条　（1）努纳武特法院法官可以行使或者履行根据本章规定应由具有刑事管辖权的法庭、简易法院、法官、省法院法官或者治安法官行使或者履行的权力、职责和职能。

行使权力时的地位　　（2）努纳武特法院法官，如同高等法院法官，根据第（1）款行使或者履行权力、职责和职能。

解释　　（3）第（2）款并不授权主持预审的努纳武特法院法官按照《加拿大权利和自由宪章》第24条的规定给予救济。

请求复审—努纳武特　　第 573.1 条　（1）总检察长、被告人或者直接受到努纳武特法院法官作出的判决或者裁定影响的人可以就有下列情形之一的判决或者裁定向努纳武特上诉法院法官请求复审：

（a）与令状或者传唤有关；

（b）与预审的实施、包括第548条第（1）款的命令有关；

（c）与传票有关；

（d）与资料的公布或者广播或者进入进行全部或者部分诉讼活动的法庭有关；

（e）拒绝撤销控告书或者公诉书；

（f）与对根据令状或者命令扣押的物品的保管、处理或者没收有关。

限制　　（2）有下列情形之一的，不得根据本条复审判决或者裁定：

（a）决定或者命令属于只能在努纳武特之外的省或者地区由具有刑事管辖权的高等法院的法官作出或者由第552条所述法官作出；

（b）可以行使其他法定权利进行复审。

复审理由　　（3）只有在确信有下列情形之一时，努纳武特上诉法院法官才可以根据第（4）款规定准许救济：

（a）第（1）款所述判决或者裁定，有下列情形之一：

(i)努纳武特法院法官没有遵守自然裁断原则或者没有或者拒绝行使管辖权;

(ii)判决或者裁定系基于对无关事项的考虑或者不正当目的作出;

(b)第(1)款(a)项所述判决或者裁定,有下列情形之一:

(i)法官没有遵守关于作出判决或者裁定的法定要求;

(ii)判决或者裁定系在缺少符合法定要求的证据的情况下作出;

(iii)判决或者裁定系基于对真实、欺诈、故意虚伪陈述重要事实或者故意不陈述重要事实的轻率的忽视而作出;

(iv)令状内容不清或者没有说明细节因而授权的是无理的搜查;

(v)令状缺少法律要求的实质性条款或者条件;

(c)对于第(1)款(b)项所述判决或者裁定,努纳武特法院法官有下列行为之一:

(i)没有遵守本法与进行预审有关的强制性规定;

(ii)在没有提出受到适当指示并理性行事的陪审团可能定罪的证据的情况下指令被告人接受审理;

(iii)在已经提出受到适当指示并理性行事的陪审团可能定罪的证据的情况下将被告人无罪释放;

(d)对于第(1)款(c)项或者(d)项所述判决或者裁定,努纳武特法院法官错误适用法律;

(e)第(1)款(e)项所述判决或者裁定,有下列情形之一:

(i)告发或者公诉没有将指控通知被告人;

(ii)努纳武特法院法官没有权力进行审理;

(iii)关于被指控犯罪的规定违宪;

(f)第(1)款(f)项所述判决或者裁定,有下列情形之一:

(i)法官没有遵守关于作出判决或者裁定的法定要求;

(ii)判决或者裁定系在缺少符合法定条件的证据的情况下作出;

(iii)判决或者裁定系基于对真实、欺诈、故意虚伪陈述

第十九之一章　努纳武特法院

重要事实或者故意不陈述重要事实的轻率的忽视而作出。

法官的权力　（4）对复审请求进行庭审时,努纳武特上诉法院法官可以遵守下列一项或者多项条件:

（a）指令努纳武特法院法官实施该法官或者该法院的其他法官没有实施、拒绝实施或者迟延实施的任何行为;

（b）取缔、撤销努纳武特法院法官作出的判决、裁定或者处置措施;

（c）对努纳武特法院法官作出的判决、裁定或者处置,宣布其全部或者部分无效或者非法,或者全部或者部分撤销;

（d）将努纳武特法院法官作出的判决、裁定或者处置发回,以根据法官认为适当的指示进行裁决;

（e）提供《加拿大权利和自由宪章》第24条第（1）款规定的救济;

（f）如果法官认为没有实质性错误或者审判不公,或者请求的主旨应当通过审理或者上诉解决,拒绝给予赔偿;

（g）驳回请求。

临时裁决令　（5）如果已提出复审请求,努纳武特上诉法院法官在等待对复审申请进行最终处理期间可以作出其认为合适的临时裁决令。

规则　（6）提议请求复审的人应当遵守法院规则可能指示的方式和可能规定的期间,但努纳武特上诉法院法官延长规则中规定的期间的除外。

上诉　（7）对根据第（4）款作出的判决或者裁定,可以向努纳武特上诉法院提出上诉。对于上诉,适用第二十一章的规定,必要时可作适当修改。

人身保护令　第573.2条　（1）对于努纳武特法院法官签发的命令或者令状,可以向努纳武特上诉法院法官提起人身保护程序,但下列情形除外:

（a）命令或者令状属于只能在努纳武特之外的省或者地区由具有刑事管辖权的高等法院的法官作出或者由第552条所述法官作出;

（b）可以行使其他法定权利进行复审或者上诉。

例外　（2）尽管有第（1）款的规定,如果人身保护程序系对人身拘押或者羁押的合宪性提出异议,仍然可以对努纳武特法院法官签发的命令或者令状向努纳武特上诉法院法官提起该程序。

适用规定　　(3) 第784条第(2)款至第(6)款适用于根据第(1)款或者第(2)款提起的程序。

第二十章 陪审团审理的程序和一般规定

提出公诉

检察官可以提出公诉

第574条 （1）除适用第（3）款的情形外，无论是否包含在一项起诉中，检察官可以针对已经被命令就下列指控接受审理的任何人员提出公诉：

（a）此人被命令接受审理的任何指控；

（b）以预审中采纳的证据所揭示的事实为基础的、补充或者替代此人被命令接受审理的原指控的任何指控。

未要求预审时提出公诉

（1.1）如果一个人未根据第536条第（4）款或者第536.1条第（3）款就指控要求进行预审，除适用第（3）款的情形外，检察官可以于一个人就指控作出选择、重新选择或者被视为作出选择后任何时间，就控诉中描述的指控或者包含在内的指控，针对其提起公诉。

单独公诉

（1.2）如果根据第（1）款和第（1.1）款都可以提起公诉，检察官可以就第（1）款所述一项或者多项指控结合第（1.1）款所述一项或者多项指控单独提起公诉。

同意包括其他指控

（2）如果被告人同意，根据第（1）款至第（1.2）款提出的公诉书可以包括这些规定中未述及的任何指控，该被指控的罪行如同被告人已被命令接受审理的指控相关的罪行一样被处置、审理、认定和处罚。但是，如果该罪行完全是在被告人现被审理的法院所在的省以外的地方实施，则适用第478条第（3）款的规定。

自诉人要求同意

（3）在由总检察长以外的控告人提起且总检察长未予干预的任何起诉中，没有法院法官的书面命令，不得根据第（1）款至第（1.2）款向该法院提出公诉。

公诉书
刑事起诉和申请公诉书

第575条　［已废止］

第576条 （1）只能按照本法规定提出公诉。

（2）不得提出或者准许刑事告发，不得向大陪审团提交申请公诉书。

(3) 不得根据验尸官的调查报告而对任何人进行审理。

验尸官的调查报告
直接公诉书

第 577 条 尽管有第 574 条的规定,即使没有给被告人要求预审的机会、预审已经开始而尚未结束或者已经进行预审且被告人已被释放,有下列情形之一,仍然可以提出公诉:

(a) 总检察长提起或者参加起诉时,总检察长或者总检察长助理的书面同意已向法庭备案;

(b) 其他情况下,法院法官作出裁定。

传票或者令状

第 578 条 (1) 关于诉讼重新开始的通知已经按照第 579 条第(2)款被送达或者公诉书已经向诉讼将要在其开始或者重新开始的法庭提交后,该法庭如果认为有必要,可以签发对被告人的传票或者逮捕令,以强迫其出庭对公诉书中对他的指控进行答辩。

适用第十六章

(2) 根据第(1)款签发传票或者逮捕令时,比照适用第十六章的规定。

总检察长可以指示
中止诉讼

第 579 条 (1) 总检察长或者其指派的律师,在与被告人有关的诉讼开始后至判决作出前,可以指示法庭书记官或者其他适当官员在审理记录中记载,此诉讼根据他的指示而中止。应当立即作此记录,诉讼应当相应中止,与此诉讼有关的具结书均被撤销。

重新开始诉讼

(2) 根据第(1)款中止的诉讼可以由总检察长或者其指派的律师通知诉讼中止的法院的书记官而重新开始,毋须进行新的指控或者提出新的公诉书。但是,诉讼中止后 1 年内仍无这样的通知,或者在该诉讼应当能重新开始的期间届满前没有通知,不管其是否未满 1 年,该诉讼应被视为从来没有开始。

总检察长没有指示
中止诉讼时

第 579.01 条 如果总检察长参加诉讼而没有根据第 579 条指示中止诉讼,其不提起诉讼即可以传唤证人、询问和反问证人、提交证据和提出意见。

加拿大总检察长参
加诉讼

第 579.1 条 (1) 加拿大总检察长或者其指派的律师在具备下列条件时可以参加诉讼:

(a) 诉讼系关于违反、共谋违反或者其未遂或者劝诱违反本法或者按照本法制定的条例之外的议会制定法或者按照议会制定法制定的条例;

第二十章　陪审团审理的程序和一般规定

(b) 总检察长尚未提起诉讼；
(c) 尚未作出判决；
(d) 诉讼进行的省的总检察长尚未参加诉讼。

适用第579条　　(2) 对于加拿大总检察长按照本条参加的诉讼，比照适用第579条的规定。

公诉书格式　　第580条　只要公诉书是书面形式且采用格式4就是充分的。

关于罪状的一般规定

犯罪的实质　　第581条　(1) 公诉书中的每条罪状一般应针对一件事，其应当实质包含指控被告人实施某项特定可诉罪行的陈述。

陈述形式　　(2) 第(1)款所述陈述可以：
(a) 采用普通语言，且不包括对并不亟待证明的事项的技术上的主张或者断言；
(b) 采用规定该罪行或者宣称被指控事项构成可诉罪的法律的言词；
(c) 采用足以使被告人了解他被指控的罪名的言词。

情况的细节　　(3) 每条罪状应当包含有关被控罪行的充分的细节，以向被告人提供关于要证明的对其不利的作为或者不作为的合理的信息并确定有关事项。但是，缺少详细情况或者细节不够充分不影响罪状的效力。

叛国罪的起诉　　(4) 被告人被控以第47条或者第49条至第53条规定的罪行的，作为指控依据的每项公开的行为都应当在公诉书中陈述。

参考规定　　(5) 罪状可以参考规定被控罪行法律的任何条、款、项或者目。为确定罪状是否充分，应当考虑作这样的参考。

一般规定不受限制　　(6) 本章中所有与不能使罪状不充分的事项有关的规定都不能被视为限制本条的适用。

严重叛国和一级谋杀罪　　第582条　除非在公诉书中明确被指控犯有严重叛国罪或者一级谋杀罪，任何人不能被认定犯有这些罪行。

某些省略不构成异议的根据　　第583条　公诉书中的任何罪状，在其他方面符合第581条的要求的，不能仅因法院看来不够详细而认为不充分。公诉书中的任何罪状也不能仅因下述原因而被认为不充分：

（a）没有说明被害人、意图伤害或者伤害未遂的人的姓名；

（b）没有说明罪状提及的财产的所有人或者对其有特别财产权或者特别利益的人的姓名；

（c）指控诈骗未遂，但没有说明其企图诈骗的人的姓名或者对其进行描述；

（d）没有说明作为指控犯罪对象的文件；

（e）当言词被称用于实施指控的罪行时没有说明这些言词；

（f）没有详细说明实施被控罪行的手段；

（g）对人员、地点或者物品没有准确地提供名称或者详细描述；

（h）当对某项罪行提起诉讼前需要经有关个人、官员或者机构同意的，没有说明已经获得同意。

关于罪状的特殊规定

指控诽谤罪的罪状的充分性　　**第584条**　（1）指控发表渎神性、煽动性或者对名誉的诽谤，或者出售或者展示淫秽的书刊、小册子、报纸或者其他文字材料的罪状，不得仅因未说明被控为诽谤性的言词或者被控为诲淫性的文字材料而被认为不充分。

详细说明意图　　（2）关于发表诽谤的罪状可以指控，该发表物系基于以影射使其违法的意图而呈现为书面文件，且可以对此意图详细说明诽谤的含意，但不需介绍性地说明其是如何基于该意图而书写的。

证明　　（3）在对发表诽谤的罪状进行的审理中，只要证明该发表物为诽谤性的即为充分，无论是否证明其是否采用影射方式。

指控伪证等罪的罪状的充分性　　**第585条**　指控下列罪行的罪状，不能仅因未说明接受宣誓或者陈述的法庭的权限性质、调查的主题、使用的言词或者伪造的证据，或者未能明确地否认该使用言词的真实性，而被认为不充分：

第二十章　陪审团审理的程序和一般规定

(a) 伪证；
(b) 作伪誓或者虚假陈述；
(c) 伪造证据；
(d) 诱使实施(a)项、(b)项或者(c)项所述罪行。

有关诈骗的罪状的充分性　　第586条　指控欺诈、诈骗或者其未遂或者共谋使用欺骗手段的罪状，不得仅因未详细说明该欺诈、诈骗或者欺骗手段的性质而被认为不充分。

详　细　说　明

可以命令什么　　第587条　(1) 法庭认定为公正审理所必要的,可以命令检察官提供详细情况,且可以命令控告人提供下列事项的详细情况：

(a) 用来支持关于伪证、作伪誓或者虚假陈述、伪造证据或者劝诱实施上述犯罪的指控；
(b) 指控的欺诈或者诈骗罪行；
(c) 指控的未遂或者共谋使用欺骗手段；
(d) 指控出售或者展示淫秽书刊、小册子、报纸、图画或者文字的,详细说明可用来支持控诉的这些书刊、小册子、报纸、绘画或者文字中的淫秽段落；
(e) 进一步说明与指控有关的文字或者言词；
(f) 进一步说明实施被控犯罪行为的手段；
(g) 进一步说明公诉书提及的人、场所或者物品。

考虑证据　　(2) 为确定是否需要说明细节,法庭可以考虑任何已收集的证据。

细节　　(3) 按照本条规定提供细节的：
(a) 应当无偿向被告人或者其律师提供副本；
(b) 应当将此细节记入审理记录；
(c) 审理应当继续进行,如同为符合细节已对公诉书进行修改。

财产所有权

所有权　　第588条　由一个人依法经营、管理或者保管的不动产和动产,就对该财产所为的或者与其有关的犯罪而提起的公诉或者诉讼,应视为经营、管理或者保管财产的人的财产。

罪状之合并或者分离

谋杀罪状　　　　　**第589条**　不能在公诉书中将指控谋杀以外的可诉罪的罪状与指控谋杀的罪状合并,但有下列情形之一的除外:

（a）指控谋杀以外之罪行的罪状与指控谋杀的罪状系基于同一行为;

（b）被告人表示同意将罪状合并。

可以选择指控罪行　　**第590条**　（1）不能仅因下述原因对罪状提出异议:

（a）在一条罪状中指控数个不同的事项、作为或者不作为以供选择,这些事项、作为或者不作为在法律中均规定为可诉罪以供选择;

（b）罪状为双重的或者多重的。

申请修改罪状或者分离罪状　　（2）被告人在审理中的任何阶段都可以以妨碍辩护为由向法庭申请对有下列情形之一的罪状进行修改或者分离:

（a）指控数个不同的事项、作为或者不作为,这些事项、作为或者不作为规定在描述犯罪或者宣称其为可诉罪并可供选择的法律中;

（b）为双重的或者多重的。

命令　　　　　　　（3）法庭确信为公正合理的目的所需要的,可以命令对罪状作修改或者将一条罪状分为两条或者两条以上罪状,并立即在分离后的每条罪状之前插入正式的开始程序。

罪状的合并　　　　**第591条**　（1）除适用第589条的情形外,可以在同一公诉书中将关于任何数目的罪行的罪状加以合并,但是罪状必须以格式4所示形式进行区分。

独立的每一罪状　　（2）当公诉书中罪状不止一条的,每一条罪状可以视为一份独立的公诉书。

被告人和罪状的分离　　（3）法庭确信为司法利益所必需的,可以命令:

（a）根据指控的一条或者数条罪状分别对被告人进行审理;

（b）被告人不止一人的,对其中一名被告人或者数名被告人根据指控的一条或者数条罪状分别进行审理。

第二十章　陪审团审理的程序和一般规定

命令分离	（4）可以在审理前或者审理期间根据第（3）款作出命令，但是，如果在审理期间作出命令，应当免除陪审团对有下列情形之一的罪状作出裁决的义务： （a）审理尚未进行的； （b）针对已允许分开审理的被告人的。
随后的程序	（5）对于根据第（4）款（a）项免除陪审团裁决义务的罪状，如同其包含在一份独立的公诉书中那样，可以继续进行审理。
同上	（6）应当根据第（3）款（b）项对被告人作出命令时，如果与命令有关的罪状包含在独立的公诉书中，可以针对这些罪状分别对被告人进行审理。

特定案件中被告人的合并审理

事后从犯	第592条　被指控为某项罪行的事后从犯的，可以被起诉，无论该罪的主犯或者其他犯罪人是否已被起诉、定罪或者是否有接受审理的义务。
因占有而对人合并审理	第593条　（1）尽管有下列情形，仍然可以在一份公诉书中就第354条或者第356条第（1）款（b）项规定的罪行对不论数目的人进行指控： （a）该财产是在不同的时间被占有的； （b）获得财产的人， （i）没有与其他人同时被指控； （ii）不在押或者没有接受审理的义务。
对一人或者数人定罪	（2）两名或者两名以上的人根据第（1）款在同一公诉书中被指控犯有该款所述的罪行的，可以对他们当中对该项财产或者其部分单独实施犯罪的人定罪。
	第594条至第596条　［已废止］

被指控人未被关押时的程序

法庭逮捕令	第597条　（1）已经对某未被关押者提起公诉而其没有出庭接受审理或者没有停留在法庭受审的，审理法庭可以签发格式7的令状将其逮捕。

执行	（2）根据第（1）款签发的逮捕令可以在加拿大境内的任何地方执行。
暂时释放	（3）被告人被根据依第（1）款签发的逮捕令逮捕的，签发逮捕令的法庭的法官可以命令，在被告人保证遵守命令载明的下列事项后将其释放：

（a）根据命令规定的时间向治安法官或者命令指定的其他人员报告；

（b）不离开命令规定的管辖区域；

（c）如果其住址、就业情况或者职业有变动，应当通知治安官或者根据（a）项指定的其他人；

（d）不得与被害人或者命令确定的其他人接触，除非符合命令载明的法官认为必要的条件；

（e）被告人持有护照的，根据命令将护照交存；

（f）遵守命令中载明的法官认为必要的其他合理条件。

酌定延缓执行	（4）签发逮捕令的法官可以在逮捕令中载明逮捕令不应执行的期间，以允许被告人在签发逮捕令的区域内有刑事管辖权的法官前主动出庭。
视为执行	（5）被告人就被指控罪行主动出庭的，视为逮捕令已经执行。
视为放弃选择	**第 598 条**　（1）尽管有本法规定，适用第 597 条第（1）款的人已选择或者被视为选择由一位法官和陪审团组成的法庭进行审理，且在其未出庭或者未停留在法庭接受审理时，其未曾重新选择由一位法官或者一位省法院法官在没有陪审团的情况下进行审理的，不应当由一位法官和陪审团组成的法庭对其进行审理，但有下列情形之一的除外：

（a）他使接受起诉的法庭的法官确信，没有出庭受审或者离开法庭受审有合法理由；

（b）总检察长根据第 568 条或者第 569 条要求由法官和陪审团组成的法庭对被告人进行审理。

视为放弃选择	（2）根据第（1）款不得由法官和陪审团组成的法庭审理的被告人，被视为已经根据第 536 条或者第 536.1 条规定选择由接受起诉的法院的一位法官在无陪审团的情况下单独审理，第 561 条或者第 561.1 条对其不适用。

第二十章　陪审团审理的程序和一般规定

变更审理地点

变更审理地点的原因　　第599条　（1）根据控告人或者被告人的申请，如果具有下列情形之一，被告人被起诉或者可以被起诉的法院在任何开庭期，或者可以在该法院开庭审理的法官在宣告起诉前后的任何时间，可以命令在同一省内原定审理地外的其他地方进行审理：

（a）显得符合公正合理的目的；

（b）主管机关已经指示于指定时间在原定审理地不得召集陪审团。

（2）〔已废止〕

关于费用的条件　　（3）法庭或者法官基于控告人按照第（1）款提交的申请，可以在作出的命令中，对变更审理地点而给被告人增加的额外开支，规定认为合适的条件。

记录的移送　　（4）根据第（1）款作出命令的，保管公诉书以及与起诉有关的文件和证据的官员，应当立即将它们移送给按照命令将进行审理的法庭的书记官。该案的所有程序应当开始，如果已经开始，应当在该法庭继续进行。

同上　　（5）第（4）款所述文件和证据在命令变更审理地点时尚未归还原定审理法庭的，获取命令的人应当向保管这些文书和证据的人送达命令的准确副本，此人应当立即将它们移送给将要审理此案的法庭的书记官。

命令为转移在押犯的授权　　第600条　根据第599条作出的命令，对所有司法行政官、监狱看守人和治安法官，系按照命令规定的条件移送、处理或者接受被告人的充足令状、合法理由和授权。司法行政官可以指定或者授权治安官将被告人押送至根据命令将进行审理的辖区的监狱。

修　　改

修改有缺陷的公诉书或者罪状　　第601条　（1）因公诉书或者公诉书中的罪状表面缺陷而对公诉书或者公诉书中的罪状的异议，应当在被告人答辩前通过申请撤销公诉书或者罪状而采纳，此后只有受理诉讼的法庭或者根据本条采纳异议的法庭在其认为有必要时，经将要审理的法庭允许，可以指令对公诉书或者罪状进行修改以纠正缺陷。

不一致时的修改　　（2）适用本条时，证据与下列罪状存在不一致的，法庭可以在对公诉书的审理中修改公诉书、其中的罪状或者根据第587条提供的细节，以使公诉书、罪状或者细节与证据相符：

（a）在提起的公诉书中的罪状；

（b）公诉书中的罪状：

（i）按照修改后的那样；

（ii）如果其已作修改以便与按照第587条提供的细节相符，按照修改后的那样。

修改公诉书　　（3）适用本条时，有下列情形之一的，法庭在诉讼的任何阶段应当对公诉书或者其中的罪状作必要的修改：

（a）公诉书是根据国会的特别法而不是国会的其他法律提起的；

（b）公诉书或者其中的罪状符合下列条件，且在提议的修改中要陈述的事项被在预审或者审理中获取的证据所揭露：

（i）没有阐明或者未完全阐明成立犯罪所必要的条件；

（ii）没有否定应当否定的例外；

（iii）在实质内容上存在任何瑕疵；

（c）公诉书或者其中的罪状在形式上有瑕疵。

法庭应当考虑的事项　　（4）在考虑是否应对公诉书或者其中的罪状进行修改时，法庭应当考虑下列事项：

（a）在预审中获取的证据所揭露的事项；

（b）在审理中可能获取的证据；

（c）案件的情节；

（d）被告人是否因第（2）款或者第（3）款提到的不一致、错误或者省略而被误导或者在辩护中受到损害；

（e）考虑到案件的实质问题，建议的修改是否会造成不公正。

非实质性的不一致　　（4.1）公诉书或者其中的罪状与获取的证据间有关下列事项的不一致，为非实质性的：

第二十章　陪审团审理的程序和一般规定

| | （a）宣称指控罪行的时间，如果经证明公诉书是在可能规定的期限内提起；
| | （b）宣称提起主要诉讼行为的地点，如果证明其在法院管辖区内。
损害被告人时的休庭 | （5）法庭认为被告人因公诉书或者其中罪状的不一致、错误或者省略而被误导或者在辩护中受到损害且这些误导或者损害可以通过休庭而消除的，法庭可以休庭至法庭指定之期日或者开庭期，并就其认为因必要的改动而产生的费用缴纳问题作出命令。
法律问题 | （6）关于允许或者拒绝对公诉书或者其中的罪状进行修改的命令，为法律问题。
在公诉书上签注 | （7）对公诉书或者其中的罪状进行修改的命令应当在公诉书上签注作为记录的一部分，诉讼应当继续进行，如同公诉书或者罪状本来已修改过的那样提起。
非实质性的错误 | （8）对公诉书标题的错误，一旦发现应当立即纠正，但纠正与否并不重要。
限制 | （9）法庭修改公诉书的权限并不授权法庭对于公诉书阐明的构成严重叛国、叛国或者第49条、第50条、第51条和第53条规定罪行的明显的行为增加内容。
"法庭"的定义 | （10）在本条中，"法庭"指法院、法官或者在简易罪程序或者公诉程序中行事的省法院法官。
适用 | （11）本条比照适用于包括预审在内的所有诉讼。

第602条　［已废止］

检查和文件副本

被告人的权利 | 第603条　被告人在被命令接受审理后或者在审理中，有权实施下列行为，但不能为使被告人获得副本而推迟审理，除非法庭相信被告人未能在审理前获得有关副本不是由于被告方不努力的结果：
　　（a）免费查阅公诉书、本人陈述和可能有的证据和证物；
　　（b）在缴纳按照省总检察长确定或者批准的费用标准而确定的合理费用后，获得下列文件的副本：

(i) 证据；

(ii) 可能有的本人陈述；

(iii) 公诉书。

第 604 条 ［已废止］

出示物证以供检验　**第 605 条**　（1）有刑事管辖权的高等法院的法官或者有刑事管辖权的法庭，根据被告人或者控告人一方提出的简易申请，在通知被告人或者检察官 3 日后，可以命令出示物证以供做科学鉴定或者做其他的试验或者检验，但须遵从为保护或者保存物证以供法庭审理时使用所必要或者适当的条件。

不服从命令　（2）不遵守根据第（1）款作出的命令，构成藐视法庭罪，可由作出命令的或者审理被告人案件的法官或者省法院法官即行处理。

答　　辩

允许的答辩　**第 606 条**　（1）被要求作答辩的被告人可以作有罪答辩或者无罪答辩，也可以作本章所允许的特殊答辩，不允许作其他答辩。

接受有罪答辩的条件　（1.1）只有在确信被告人符合下列条件时，法庭才可以接受有罪答辩：

（a）在自愿作如此答辩；

（b）理解下列事项：

(i) 答辩是对犯罪的基本要素的承认；

(ii) 答辩的性质和后果；

(iii) 法庭不受控辩双方达成的协议的约束。

答辩的效力　（1.2）法庭没有全面审查是否满足了第（1.1）款规定的全部条件，不影响答辩的效力。

拒绝答辩　（2）被告人拒绝答辩或者没有直接回答的，法庭应当指令书记官作无罪答辩记录。

允许的时间　（3）被告人没有权利使审理推迟，但是如果法庭认为应当给予被告人更多的时间以进行答辩、申请撤销或者准备辩护以及其他原因，法庭可以附以其认为适当的条件，将审理时间推迟至法庭本次开庭期的稍后时间，或者推迟至下一开

第二十章 陪审团审理的程序和一般规定

包容的或者其他的罪行

（4）尽管本法有其他规定，当被告人对指控的罪行作无罪答辩而对因同一行为而构成的其他罪行进行有罪答辩的，无论该罪行是否包容在指控罪行内，经控告人同意，法庭可以接受该有罪答辩。如果接受该有罪答辩，法庭应当判决被告人对于指控的罪行无罪，而构成其作有罪答辩的罪行，并将这些判决写入法庭记录。

视频连接

（5）为更加明确，如果被告人同意采用第650条第（1.1）或者（1.2）款述及的方式，则该两款比照适用于根据本条所作的答辩。

特殊答辩

第607条 （1）被告人可以作下列特殊答辩：
（a）前经开释；
（b）前经定罪；
（c）赦免。

诽谤案件

（2）被指控犯诽谤名誉罪的被告人可以根据第611条和第612条规定进行答辩。

处置

（3）前经开释、前经定罪和赦免的答辩应当于要求被告人作进一步答辩前由法官在无陪审团的情况下处置。

结束答辩

（4）对第（3）款规定的答辩所作处置对被告人不利时，被告人可以作有罪答辩或者无罪答辩。

充分陈述

（5）被告人作前经开释或者前经定罪答辩的，如果其作出下列陈述，答辩即是充分的：
（a）对于与答辩相关的在罪状中指控的罪行，他曾被根据第730条第（1）款合法地无罪释放、定罪或者撤销起诉；
（b）说明根据第730条第（1）款被无罪释放、定罪或者撤销起诉的时间和地点。

例外：缺席外国的审理

（6）被指控在加拿大境外实施根据第7条第（2）款至第（3.4）款或者第（3.7）款的效力在加拿大构成犯罪或者构成《反人类罪和战争罪法》规定的犯罪的作为或者不作为的人，曾经在加拿大境外被审理和定罪，如果符合下列条件，尽管该被告人根据第7条第（6）款或者《反人类罪和战争罪法》第12条第（1）款被视为已因该作为或者不作为在加拿大受到审理和定罪，其不得对指控该罪的罪状作前经定罪的答辩：

（a）在加拿大境外进行的审理中，该被告人没有出庭，也没有律师根据他的委托进行代理；

（b）该被告人没有按照因该作为或者不作为基于定罪而判处的刑罚受到处罚。

关于指控同一性的证据

第 608 条 对关于前经开释或者前经定罪答辩的争议问题进行审理的，根据第 551 条移送法庭的关于未决指控的先前审理中的证据、判决、法官便条、正式速记记录以及审理记录，可以作为证明或者推翻指控同一性的证据。

什么决定同一性

第 609 条 （1）对关于前经开释或者前经定罪答辩的争议问题进行审理的，表明符合下列条件时，法官应当作出释放被告人的判决：

（a）被告人在先前审理中被指控的事项与计划指控的全部或者部分相同；

（b）在先前审理中，如果所有应当作的修改被作出后，其可能在先前审理中被以其作前经开释或者前经定罪答辩的未决指控可能构成的全部犯罪定罪。

部分允许特殊答辩

（2）对关于前经开释或者前经定罪答辩的争议问题进行审理时，适用下列规定：

（a）表明被告人可能在先前审理中被以其作前经开释或者前经定罪答辩的未决指控可能构成的一种犯罪定罪的，法官应当指示裁决对被告人不以其在前次审理中可能定罪的犯罪定罪；

（b）表明被告人就未决指控可能被以其在先前审理中不能被定罪的犯罪定罪的，对于争议中的罪状，可以被裁定犯有他不可能在先前审理中被定罪的罪行时，被告人应当对该罪行进行有罪或者无罪答辩。

加重情节

第 610 条 （1）公诉书指控的罪名与被告人先前曾被定罪或者无罪释放的公诉书指控的罪名实质相同，但增加了可能使刑罚加重的犯意和情节的陈述的，先前的定罪裁决或者无罪释放裁决排斥后来的公诉书。

先前关于谋杀或者非预谋杀人指控的效力

（2）就有关谋杀罪指控裁决有罪或者无罪释放的，就同一杀人行为不得再以非预谋杀人罪或者杀婴罪进行指控；就有关非预谋杀人罪或者杀婴罪指控裁决有罪或者无罪释放的，就同一杀人行为不得再以谋杀罪进行指控。

第二十章 陪审团审理的程序和一般规定

先前关于一级谋杀的指控	（3）就有关一级谋杀罪指控裁决有罪或者无罪释放的，就同一杀人行为不得再以二级杀人罪进行指控；就有关二级谋杀罪指控裁决有罪或者无罪释放的，就同一杀人行为不得再以一级谋杀罪进行指控。
先前关于杀婴或者非预谋杀人指控的效力	（4）就有关杀婴罪指控裁决有罪或者无罪释放的，就同一杀人行为不得再以非预谋杀人罪进行指控；就有关非预谋杀人罪指控裁决有罪或者无罪释放的，就同一杀人行为不得再以杀婴罪进行指控。
诽谤，关于正当理由的答辩	**第611条** （1）被指控发表诽谤言论的被告人可以答辩称他所发表的所谓毁坏名誉的事情是真实的，并且为了公共利益应当在该时间以该方式进行发表。
当所谓具有多种意义时	（2）根据第（1）款作出的答辩可以在指控罪状中所载明的意义上证明所谓毁坏名誉的事情是正当的，或者在罪状未载明意义时在该毁坏名誉的事情所具有的意义上证明是正当的，或者如果在独立的罪状中指控两个诽谤行为，可以对每个罪状在不同的意义上分别答辩证明所谓毁坏名誉的事情是正当的。
书面答辩	（3）根据第（1）款作出的答辩应当是书面的，应当阐述特定的事实以说明为了公共利益应当将这些事情发表的原因。
答复	（4）控告人可以在答复中一般否认根据本条作出的答辩。
正当理由答辩为必要	**第612条** （1）在被告人未根据第611条作出正当理由答辩的情况下，不应对指控诽谤罪中的事实的真实性进行审查，但被告人被控明知是虚假的而故意发表的除外。在后一种情况下，可以提供有关事情真实性的证据来反驳所谓被告人知道该诽谤的事情是虚假的主张。
无罪，除外	（2）除根据第611条作出的答辩外，被告人可以进行无罪答辩，应当对这些答辩一并进行审查。
答辩对于刑罚的影响	（3）报告人进行正当理由答辩且被定罪的，法庭在宣告判决时，可以考虑被告人的罪行是否因此答辩而加重或者减轻。
无罪答辩	**第613条** 本法未规定为特殊答辩理由的事由，可以作为无罪答辩的理由。

第 614 条至第 619 条 ［已废止］

组　　织

由律师出庭　　　　**第 620 条**　被提起公诉的组织应当由律师或者代理人出庭和进行答辩。

通知组织　　　　**第 621 条**　（1）对组织提起公诉的，法庭书记官或者控告人应当向组织送达公诉通知。

通知的内容　　　　（2）第（1）款规定的关于公诉书的通知应当阐述公诉的性质和意义，并告知如果被告组织于通知规定的时间或者根据第 548 条第（2.1）款确定的时间不出庭答辩，法庭将作无罪答辩记录，对公诉的审理将如同被告组织已出庭答辩那样举行。

未出庭的程序　　　　**第 622 条**　组织没有按照第 621 条所述通知出庭的，主审法官证实通知已经送达后，可以指令法院书记官进行被告组织作无罪答辩的记录，该答辩与被告组织由律师或者代理人出庭进行的答辩具有同等效力和作用。

对组织的审理　　　　**第 623 条**　组织出庭并对公诉书进行答辩或者按照第 622 条规定经法官命令进行无罪答辩记录的，法庭应当就公诉书进行审理。如果被告组织被定罪，适用第 735 条的规定。

诉 讼 记 录

怎样记录　　　　**第 624 条**　（1）在制作关于起诉的定罪或者宣告无罪的记录时，将公诉书和对其作出的答辩进行抄录即可，不需要正式的标题。

诉讼记录　　　　（2）法庭应当保存每次传讯和传讯后的程序的记录。

修改时记录的形式　　　　**第 625 条**　在公诉书已经被修改的诉讼中有必要制作正式的记录的，该记录应当以该公诉书修改后所保持的形式制作，无需提及该公诉书被修改的事实。

审 前 协 商

审前协商　　　　**第 625.1 条**　（1）除适用第（2）款的情形外，基于检察

第二十章 陪审团审理的程序和一般规定

官或者被告人的申请或者自己的动议,主审法庭、法官、省法院法官或者治安法官,可以命令于诉讼前在检察官与被告人或者其律师之间进行协商,由主审法庭、法官、省法院法官或者治安法官主持,以考虑促成公正和迅速审理的有关事项和其他类似事项,并就关于这些事项的决定作出安排。

陪审团审理时的法定审前听审

(2)对于将由陪审团审理的案件,审理法庭的法官应当于庭审前命令,遵照根据第482条和第482.1条制定的法院规则,在检察官和被告人或者其律师之间举行协商,由审理法庭的法官主持,以考虑促成公正和迅速审理的有关事项。

陪 审 团

陪审员资格

第626条 (1)根据省的法律有资格充任陪审员并且被传唤作为陪审员的人,在该省的刑事诉讼中有资格充任陪审员。

不因性别而无资格

(2)无论第(1)款所述的省的法律有何规定,任何人不得因其性别而被取消、剥夺或者免除在刑事诉讼中充任陪审员的资格。

主审法官

第626.1条 主审法官可以是于审理前主持挑选陪审团的法官,也可以是同一法院的其他法官。

为有生理缺陷的陪审员提供协助

第627条 法官可以允许为有生理缺陷的合格陪审员提供技术的、人身的、翻译的或者其他类型的协助。

对候选陪审员名单提出异议

第628条 [已废止]

对候选陪审员名单的异议

第629条 (1)被告人或者检察官只能以偏袒、欺诈或者负责选举陪审员的司法行政官或者其他官员的故意渎职为由,就候选陪审员名单提出异议。

书面

(2)第(1)款所述的异议应当以书面提出,并且说明选举陪审员的人的偏袒、欺诈或者故意渎职。

格式

(3)本条规定的异议可以采用格式40。

审查异议的理由

第630条 根据第629条提出异议的,法官应当确定异议中主张的理由是否真实;当法官确信异议的理由真实时,应当指示挑选新的名单。

选任陪审团

将陪审员姓名记录在卡片上	**第631条** （1）已经被选入陪审团名单的每名陪审员的姓名、其在名单中的号码和住址应当分别在卡片上登记,所有卡片应当尽可能同样大小。
将卡片放入盒子	（2）负责挑选陪审员名单的司法行政官或者其他官员应当将第（1）款规定的卡片移送法院的书记官,书记官应当将这些卡片一起放入专门设置的盒子里并充分摇匀。
候补陪审员	（2.1）如果法官认为司法利益需要准备一位或者两位候补陪审员,应当在法庭书记官根据第（3）款或者第（3.1）款规定抽取卡片前作出命令。
由法院书记官抽取	（3）有下列情形之一的,法庭的书记官应当于公开法庭依次抽出第（1）款规定的卡片,每抽一张,应当大声读出卡片上的姓名和号码,直至应到的陪审员人数达到法官认为在允许命令解除职务、提出异议和指示退出陪审员席后仍足够组成完整的陪审团且具有候补陪审员为止: （a）陪审员名单未受到异议; （b）陪审员名单受到异议,但法官没有指示挑选新的名单。
何时不应喊出姓名	（3.1）基于控告人申请或者自己的动议,将要进行陪审团审理的法庭或者其法官,如果确信符合司法的最高利益,包括为保护陪审团成员和候补陪审员的隐私和安全,可以指令,对于第（3）款,法庭书记官只喊出每张卡片上的号码。
陪审员和其他人员应当宣誓	（4）法庭书记官应当根据抽取卡片的顺序让陪审团的每位成员和候补陪审员进行宣誓,并且应当让为有生理缺陷的陪审员提供技术的、人身的、翻译的或者其他类型的协助的人员进行宣誓。
于必要时抽取补充卡片	（5）如果根据第（3）款和第（3.1）款规定唱名应到的人员不够组成完整的陪审团和法官命令的候补陪审员,法庭书记官应当继续按照第（3）款、第（3.1）和第（4）款的规定进行,直至有十二名陪审员和任何候补陪审员宣誓为止。
不得公布,等	（6）在已根据第（3.1）款作出指令的情况下,基于控告

第二十章 陪审团审理的程序和一般规定

人申请或者自己的动议,将要进行陪审团审理的法庭或者其法官,如果确信为正当司法所必需,应当指示不得在任何文件或者广播中以任何方式公布陪审员或者候补陪审员的身份或者可能透露其身份的任何资料。

免除陪审员职务	**第 632 条** 在开始审理前任何时间,法官基于下列原因可以裁定免除某陪审员履行陪审义务,无论该陪审员是否已按照第 631 条第(3)款或者第(3.1)款被抽签选出或者是否已对其提出异议:

  (a) 与待审事项有切身利益;

  (b) 与主持挑选陪审团的程序的法官、主审法官、检察官、被告人、被告人的律师或者预期证人有关联;

  (c) 法官认为需要免除该陪审员职务的个人困难或者其他合理原因。

退出	**第 633 条** 基于个人困难或者其他合理原因,法官可以指示已经被按照第 631 条第(3)款至第(3.1)款唱出的陪审员退出陪审席以作候补。
无因回避	**第 634 条** (1) 对陪审员可以提出无因回避,无论其是否已因第 638 条规定的原因而被提出回避。
最大数目	(2) 除适用第(3)款和第(4)款的情形外,控告人和被告人各自有权:

  (a) 被告人被控以严重叛乱或者一级谋杀罪的,提出二十次无因回避;

  (b) 被告人被控以(a)项规定以外的罪行而可能判处 5 年以上监禁的,提出十二次无因回避;

  (c) 被告人被控以(a)和(b)项规定外的罪行的,提出四次无因回避。

有候补陪审员时	(2.1) 如果法官命令要求准备候补陪审员,每增加一位候补陪审员,控辩双方各自提出无因回避的总数目增加一次。
有多项罪状时	(3) 一份公诉书中两项或者两项以上罪状应一起审理的,检察官和被告人只被允许各自进行适用回避次数最高的罪行而适用的数目的无因回避。
合并审理的	(4) 两名或者两名以上被告人被一起审理的:

  (a) 每名被告人有权按照被单独审理时所允许的次数

提出无因回避；

(b) 检察官有权按照所有被告人被允许的次数总和提出无因回避。

回避顺序 　　第635条 (1) 被告人应当先于检察官被询问是否对第一位陪审员提出回避，无论是有因回避还是无因回避，随后检察官和被告人应被依次交替询问对剩下的每名陪审员是否要求其回避。

合并审理 　　(2) 两名或者两名以上被告人被一起审理的，适用第(1)款规定，但所有被告人应当按照在公诉书中排列的顺序或者他们一致同意的顺序依次行使下列权利：

(a) 在检察官之前要求第一位陪审员回避；

(b) 按照第(1)款的规定在检察官之前或者之后要求其他每一位陪审员回避。

第636条和第637条　[已废止]

有因回避 　　第638条 (1) 检察官或者被告人有权因下列原因对陪审员提出回避，次数不限：

(a) 陪审员的姓名没有出现在陪审团名单上，但法庭认为名单上所作的描述足以指明该名陪审员时，不能以姓名或者描述有误为由提出回避；

(b) 陪审员不能在政府与被告人之间保持中立；

(c) 陪审员曾被定罪，为此被判处死刑或者12个月以上监禁；

(d) 陪审员是外国人；

(e) 即使得到第627条所述的技术的、人身的、翻译的或者其他类型的协助，陪审员仍然不能适当履行陪审员职责；

(f) 被告人由于按照第530条作出的命令由讲被告人语言或者被告人可以最准确作证的加拿大官方语言或者能讲加拿大两种官方语言的法官和陪审团审理，而陪审员不能讲前述加拿大官方语言或者加拿大两种官方语言。

无其他理由 　　(2) 不得以第(1)款规定以外的理由要求陪审员回避。

(3)至(5) [已废止]

以书面提出回避 　　第639条 (1) 以第638条规定的原因为由提出回避的，法庭可以酌情要求提出回避的当事人以书面方式提出

第二十章 陪审团审理的程序和一般规定

回避。

格式	（2）回避可采用格式41。
拒绝	（3）对方当事人可以在诉讼中以该回避理由不实为由拒绝回避。
姓名没有出现在名单中的理由	第640条 （1）申请回避的理由为陪审员的姓名没有出现在陪审员名单上，此争议应当由法官在对陪审员资格进行预先审查时通过审查陪审员名单和法官认为适于采纳的其他证据来加以解决。
其他理由	（2）回避的理由未在第（1）款规定的，最后宣誓的两名陪审员，或者陪审员未宣誓时由法官专门指定的两人，应在宣誓后就回避的理由是否真实进行裁决。
回避没有得到支持或者得到支持	（3）按照第（1）款或者第（2）款规定作出的裁决为回避理由不真实的，被提出回避的陪审员应当宣誓；如果裁决回避的理由属实，该陪审员不得宣誓。
裁判者意见不一	（4）经过法庭认为合理的时间后，两名经宣誓对回避理由是否属实进行裁决的人不能达成一致意见的，法庭可以免除两人裁决的职责，另行指定两人宣誓后进行裁决。
对候补陪审员重新唱名	第641条 （1）当陪审团和候补陪审员尚未宣誓，又没有其他人可进行唱名时，那些已被指示待命的人员应当按照他们被抽签的顺序重新唱名，足以组成一个完整的陪审团的陪审员和候补陪审员应当进行宣誓，但已被法官解除职务或者经被告人或者检察官提出而回避的人除外。
其他陪审员可履行职责	（2）在陪审员按照第（1）款的规定宣誓前列在陪审员名单上的其他陪审员可以到庭履行职责的，控告人可以要求将这些陪审员的卡片按照第631条的规定放入盒子再行抽取。这些陪审员应当在先前已被指示退为候补陪审员的陪审员重新被唱名之前，分别被提出回避、指示退为候补陪审员、解除职务或者进行宣誓。
候选陪审员名单用完时传唤其他陪审员	第642条 （1）尽管已经遵守本章的有关规定，仍不能选出一个完整的陪审团和候补陪审员时，根据控告人的请求，法庭可以命令司法行政官或者其他适当官员为准备一个完整的陪审团和候补陪审员，立即传唤尽可能多的人员，无论他们是否具备陪审员资格。
口头	（2）根据第（1）款规定传唤陪审员，如有必要，可以

口头方式进行。

| 在候选陪审员名单上增加姓名 | （3）根据本条传唤的人员的姓名应当被加入为审理目的而准备的候选陪审员总名单，应当对这些人采用与按照本章规定对列入最初名单中的人所采用的相同程序进行唱名、异议、解除职务和指示退出陪审员席。 |

| 候补陪审员替换 | 第642.1条　（1）候补陪审员于审理开始时应当出庭。如果陪审团成员没有全部出席，候补陪审员应当以根据第631条第（3）款抽取姓名的顺序替补，直至有十二位陪审员。 |

| 允许离开 | （2）对未被要求进行替补的候补陪审员，应当允许离开。 |

| 谁应组成陪审团 | 第643条　（1）按照本章规定宣誓且于审理开始时出庭的十二名陪审员应当组成陪审团就公诉书进行审理。 |

| 陪审员姓名 | （1.1）每一位经过宣誓的陪审员和候补陪审员的姓名应当被分别保管，直至该陪审员被解除职务、陪审团作出裁决或者被解除职务。只要争议仍在由陪审团审理，这些姓名应当根据需要经常被放回盒子里。 |

| 同一陪审团经同意可以审理另一争议 | （2）法庭可以与先前审理过或者被抽取来审理另一争议的陪审团全部或者部分成员相同的陪审团一起审理争议，而不需要这些陪审员们重新宣誓。但是，如果检察官或者被告人对其中某些陪审员提出回避，或者法庭解除其中某些陪审员的职务，法庭应当命令这些人退出，并指示抽取必要数目的卡片以组成完整的陪审团，并适用本章关于挑选、解除职务和指示退出陪审员席的规定，被挑选出的人员应当进行宣誓。 |

| 指导性条文 | （3）未遵守本条或者第631条、第635条或者第641条规定的指示，不影响诉讼的效力。 |

| 解除陪审员职务 | 第644条　（1）在审理过程中主审法官确信陪审员因疾病或其他合理原因不能继续履行职责的，可以解除其职务。 |

| 替换陪审员 | （1.1）如果陪审团尚未开始听证，法官可以挑选另一陪审员取代因疾病或者其他合理原因不能继续履行职责的陪审员，可以从已宣誓担任陪审员的候选陪审员名单并且取代时在法庭的人员中抽取，也可以采用第642条规定的程序替换。 |

第二十章 陪审团审理的程序和一般规定

审理可以继续	（2）在审理过程中陪审员死亡或者按照第（1）款被解除职务的，陪审团应视为仍然有效继续进行审理，审理应当继续，可以作出裁决，但法官另行指示或者陪审团成员减至不足十人的除外。

审　　理

持续审理	**第645条**　（1）对被告人的审理，除法庭休庭外，应当持续进行。
休庭	（2）法官在同一开庭期间可以暂停审理。
没有必要正式休庭	（3）不要求正式地暂停审理或者将其进行记录。
决定保留的问题	（4）在无陪审团审理的案件中，法官对于审理中产生的问题或者与审前协商有关的事项，可以保留而不作出终局判决。判决作出时，应当被视为在审理中作出。
在无陪审团的审理中决定保留的问题	（5）在由陪审团审理的案件中，在列在候选陪审员名单上的陪审员被按照第631条第（3）款或第（3.1）款被唱名以前以及在这些陪审员缺席的情况下，主审法官有权处理在陪审团已经宣誓后缺席的情况下通常或者有必要由其处理的一切事务。
取证	**第646条**　在就可诉罪对被告人的审理中，控辩双方证人的证据、检察官和被告人陈述、被告人律师的概述，应当根据第十八章有关在预审中记录证据的规定进行记录，但不适用第540条第（7）款至第（9）款的规定。
陪审员分开	**第647条**　（1）法官在陪审团退庭评议前可以允许陪审团的成员分开。
看管	（2）不能按照第（1）款允许陪审员分开或者未允许陪审员分开的，陪审团应当接受法官指定的法庭官员的看管，该官员应当阻止陪审员未经法官许可与该官员以外的人或者陪审团的其他成员沟通。
不遵守第（2）款规定	（3）未遵守第（2）款规定，并不影响诉讼的效力。
在一定情况下选任新的陪审团	（4）在陪审团宣告裁决前发现存在未遵守本条或者第648条的事实的，法官如果认为未遵守这些规定可能导致审理不公，可以解散陪审团，并且实施下列行为之一：

（a）指示在法院的同一开庭期内由新的陪审团对被告

人重新进行审理；

(b) 出于正义要求的条件推迟审理。

休息和住宿　(5) 法官应当指示司法行政官为宣誓过的陪审员提供适当和充分的休息、食物和住宿,直至他们作出裁决。

禁止发表　第 648 条　(1) 按照第 647 条第(1)款允许陪审团成员分开的,在作出许可后,在陪审团退庭评议裁决前,不允许在报纸或者电台发表任何有关陪审团尚未提交裁决的审理期间的信息。

罪行　(2) 违反第(1)款规定,构成简易罪。

"报纸"的定义　(3) 在本条中,"报纸"与第 297 条规定的意义相同。

泄露陪审团的活动　第 649 条　陪审团成员和为有生理缺陷的陪审员提供技术的、人身的、翻译的或者其他类型的协助的人员,泄露公开法庭不公开的陪审团退庭后活动的情况,即以简易罪处罚,但出于下列目的除外:

(a) 对第 139 条第(2)款规定的与陪审员有关的犯罪的调查；

(b) 在与上述犯罪有关的刑事诉讼中作证。

被告人应当出庭　第 650 条　(1) 除适用第(1.1)款至第(2)款和第 650.01 条的情形外,非组织的被告人应当在整个审理期间出庭。

视频连接　(1.1) 法庭命令且检察官和被告人同意的,被告人可以由律师代理出庭,或者以闭路电视或者可让法庭和被告人参与同步视频和口头表达的其他方式出庭,但记录证人证言时除外。

视频连接　(1.2) 法庭作出命令的,在被羁押于监狱中的被告人由律师代理的案件中,被告人获准与其律师秘密交流的,被告人可以闭路电视或者可让法庭和被告人参与同步视频和口头表达的其他方式出庭,但记录证人证言时除外。

例外　(2) 法庭可以:

(a) 当被告人在法庭行为不端,扰乱审理秩序,使得审理在被告人在场的情况下已无法进行时,将被告人驱逐出庭；

(b) 在其认为适当的条件下,允许被告人在整个审理期间或者其中部分时间不出庭；

第二十章　陪审团审理的程序和一般规定

（c）确信若不将被告人驱逐出庭可能会对被告人的精神状况有害的,在审理被告人是否不宜接受审理的争议时,将被告人驱逐出庭。

进行辩护　　（3）被告人有权在控方结束举证后,亲自或者由其律师作全面答辩和进行辩护。

指定律师的记录　　第650.01条　（1）被告人可以通过向法庭提交文件指定律师在根据本法进行的任何诉讼中代理被告人。

指定的内容　　（2）指定必须包含律师的姓名和住址,并由被告人和被指定的律师签名。

指定的效力　　（3）如果已经提交指定,则:

（a）被告人可以在诉讼中由律师代理,而不必亲自出庭,但下列情形除外：

（i）记录证人口头证言的阶段；

（ii）挑选陪审员的阶段；

（iii）申请人身保护令；

（b）被指定的律师出庭等同于被告人出庭,但法庭另行命令的除外；

（c）被告人在场时才可进行有罪答辩和宣布判决,但法庭另行命令的除外。

法庭指令被告人出庭时　　（4）如果法庭指令被告人亲自出庭,法庭可以实施下列行为之一：

（a）签发强制被告人到庭的传票并指令以将其副本留在指定中包含的地址的方式进行送达；

（b）签发强制被告人到庭的令状。

技术性出庭　　第650.02条　检察官和根据第650.01条指定的律师可以通过法庭满意的、可让法庭和所有律师参与同步交流的技术手段出庭。

指示前的协商　　第650.1条　陪审团审理中的法官,在对陪审团作出指示前,可以就应向陪审团解释的事项和选择向陪审团的说明与被告人或者其律师和检察官进行协商。

检察官总结　　第651条　（1）被告人或者被一起审理的数名被告人中的一名由律师进行辩护的,在检察官结束举证时,该律师应当声明是否准备代表其代理的当事人提出证据。如果辩护律师没有声明准备提出证据,检察官可以向陪审团作

	总结。
被告人总结	（2）辩护律师或者没有律师代理的被告人，如果认为适宜，有权作开场陈述，有权在终结辩方举证开场陈述后对其认为适宜的证人进行询问，有权在所有证据出示后对这些证据进行概括总结。
被告人回答的权利	（3）辩方证人未被询问的，被告人或者其律师有权最后向陪审团陈述，否则控方律师有权对陪审团作最后陈述。
被告人多于一人时检察官回答的权利	（4）合并审理中为任何被告人作证的证人被询问时，要求所有被告人或者其代理律师在检察官之前向陪审团作陈述。
查验	**第652条** （1）当表明出于司法利益需要时，法官可以在陪审团宣誓后作出裁决前指示陪审团对任何场所、物品或者人员进行查验，就向陪审团展示该场所、物品或者人员的方式和人员进行指示，且为此可以中止审理。
指示防止接触	（2）按照第（1）款命令进行查验的，该法官为阻止与陪审团成员的不当接触应当作出必要的指示，但没有遵守按照本款作出的指示并不影响诉讼的效力。
谁应当参加	（3）按照第（1）款命令进行查验的，被告人和法官应当参加。
陪审团意见不一	**第653条** （1）主审法官确信陪审团不能就裁决达成一致意见且继续滞留陪审团没有意义的，法官可以酌情决定解除陪审团职务，指示在法院的开庭期内选任新的陪审团，或者根据司法的需要决定中止审理。
裁量处理不受复审	（2）对法官根据第（1）款所作的裁量处理不得复审。
在星期日等节假日进行的诉讼并不无效	**第654条** 接受陪审团裁决和附带的有关诉讼不仅仅因为其在星期日或者节假日进行而无效。

审理中的证据

审理中的承认	**第655条** 被告人因可诉罪接受审理的，被告人或者其律师可以出于省略证明的目的承认指控事实。
推定—有价值矿物	**第656条** 在与盗窃或者占有未经矿业从业人员提炼、部分提炼、切割或者以其他方式加工的有价值矿物有关的诉讼中，如果确定此人占有该有价值矿物，在缺少引起合理怀

疑的相反证据的情况下，可以推定此人已盗窃或者非法占有有价值矿物。

被告人陈述证据的使用

第657条 被告人按照第541条第(3)款所作且宣称已由听取该陈述的法官签字的陈述，可以在对被告人的审理中提供并作为对被告人不利的证据，而无需该法官签字的证明，但证明该法官并未签字的除外。

财产所有权和价值的证明

第657.1条 (1)在任何诉讼中，宣称为已经发生的犯罪的对象之财产的合法所有人、其合法占有人或者对此财产或者该类型的财产有专门知识的人所提交的宣誓书或者郑重声明，包括第(2)款所述陈述，应当采纳为证据；在没有相反证据的情况下，无需证明在该宣誓书或者郑重声明上的签名的真实性，即可作为该宣誓书或者郑重声明所含陈述的证据。

应当作出的陈述

(2)对于第(1)款，应当在宣誓书或者郑重声明中说明下列事项：

(a)本人是该财产的合法所有人或者合法占有人，或者对此财产或者该类型的财产有专门知识；

(b)该财产的价值；

(c)若为合法所有人或者合法占有人，本人被以欺诈的手法或者未经其合法许可而剥夺了该财产；

(c.1)在就第342条规定的犯罪的诉讼中，某信用证已被撤销或者作废、属于第321条所规定的伪造文件或者从未发行与其特征完全相同的信用证；

(d)本人亲自知悉的可以证明以上(a)项至(c.1)项陈述的任何事实。

通知准备提出宣誓书或者郑重声明

(3)除非检察官在审理前或者其他诉讼前向被告人送达了宣誓书或者郑重声明的副本以及准备将其作为证据提出的合理通知，任何宣誓书或者郑重声明均不得按照第(1)款采纳为证据，但法庭另行命令的除外。

出庭接受询问

(4)尽管有第(1)款规定，法庭可以要求似乎在该款所规定的宣誓书或者郑重声明书上签名的人出庭，就该宣誓书或者郑重声明中所作陈述的证明问题接受询问或者反问。

盗窃和占有

第657.2条 (1)被告人被指控占有通过实施犯罪而获取的财产的，对他人因盗窃该项财产的定罪或者无罪释放的证据可以被采纳为对被告人不利的证据；在没有相反证据的情况下，即可作为证明该财产系盗窃所得的证据。

事后从犯　　　　（2）被告人被指控为犯罪的事后从犯的，对他人因该罪行的定罪或者无罪释放的证据可以被采纳为对被告人不利的证据；在没有相反证据的情况下，即可作为证据证明犯罪已经实施。

专家证言　　　　**第657.3条**　（1）在任何诉讼中，如果符合下列条件，专家提出的证言可以以此人的宣誓书或者郑重声明的报告提交，报告应特别阐明此人作为专家的资格：

（a）法庭认可此人为专家；

（b）在诉讼前，打算出示报告作为证据的当事人应当将宣誓书或者郑重声明书的副本、报告副本和打算出示的通知送交另一方当事人。

出庭接受询问　　　（2）尽管有第（1）款规定，法庭可以要求显示在该款所规定的宣誓书或者郑重声明书上签名的人出庭，就该宣誓书或者郑重声明或者报告中所作陈述的证明问题接受询问或者反问。

关于专家证言的通知　　（3）为促进证人证言的公平、有序和高效的提交：

（a）打算传唤专家证人的当事人，应当于审理开始前至少30日前或者法官确定的其他期间内，将其打算通知另一方当事人，并附以下列内容：

（i）提议证人的姓名；

（ii）对此证人专门知识的领域的说明，足以使另一方当事人了解此专门领域；

（iii）此证人的资格的说明；

（b）除遵守（a）项规定外，打算传唤专家证人的检察官应当于审理前合理期间内向另一方当事人提供：

（i）由提议证人可能准备的报告的副本；

（ii）如果没有报告，打算由提议证人提交的意见的概括及其理由；

（c）除遵守（a）项规定外，打算传唤专家证人的被告人或者其律师，应当至迟于控方结束举证前向另一方当事人提交（b）项所述资料。

如果没有通知　　　（4）如果当事人传唤专家证人而未遵守第（3）款规定，

应另一方当事人要求,法庭应当:

(a) 中止审理,以让提出要求的当事人为反问专家证人进行准备;

(b) 指令传唤专家证人的当事人向另一方当事人和其他当事人提供第(3)款(b)项所述资料;

(c) 指令为就专家证言引起的有关事项提供证言而传唤或者重新传唤证人,但法庭认为不适当的除外。

法庭补充命令　(5) 如果法庭认为接到第(3)款所述通知和资料的当事人不能为提议证人的证言进行准备,法庭可以实施下列一项或者多项行为:

(a) 中止诉讼;

(b) 命令提供建议证人证言的更多细节;

(c) 命令为就专家证言引起的有关事项提供证言而传唤或者重新传唤证人。

控方资料的使用　(6) 如果建议证人没有作证,未经被告人同意,检察官不得出示根据第(3)款(c)项作为证据向其提供的资料。

不得另行披露　(7) 除非法庭作出其他命令,根据本条出示的与诉讼有关的资料只能用于该诉讼。

儿童和少年

关于生日的证言　第658条　(1) 在适用本法的诉讼中,关于本人生日的证言可以采纳为关于该日期的证据。

父母证言　(2) 在适用本法的诉讼中,父母关于子女年龄的证言可以采纳为关于子女年龄的证据。

年龄的证明　(3) 在适用本法的诉讼中:

(a) 出生证明、洗礼证明或者宣称由此类证件保管人证明的此类证件的副本为关于此人年龄的证据;

(b) 相关儿童或者少年被带进加拿大时负责或者照料他们的社团或者其职员的登记或者记录,如果是在被指控的罪行实施之前制作的,为关于该儿童或者少年年龄的证据。

其他证据　(4) 在缺少第(3)款所述证明、副本、登记或者记录或者由此类证明、副本、登记或者记录加以佐证的情况下,陪审团、法官、治安法官或者省法院法官可以接受其认为可靠的

从外表推测	（5）在缺少其他证据或者由其他证据加以佐证的情况下，陪审团、法官、治安法官或者省法院法官可以根据该儿童或者少年的外表推测其年龄。

确　　证

儿童的证据	**第 659 条**　关于法庭在陪审团根据儿童提供的证据对被告人定罪前应对陪审团作出警告的要求一律废除。

判　　决

被控既遂罪，证明未遂罪	**第 660 条**　指控的既遂罪未得到证实而证据证明了未遂罪的，可以对被告人定未遂罪。
被控未遂罪，证明既遂罪	**第 661 条**　（1）指控未遂罪而证据证明了既遂罪的，被告人不能被无罪释放，陪审团可以裁决其构成未遂罪，但主审法官裁量决定免除该陪审团作出裁决的责任并指示对该被告人以既遂罪起诉的除外。
定罪构成限制	（2）根据本条被定罪的被告人不能因其曾被指控实施未遂的犯罪而重新受到审理。
部分指控罪行被证明	**第 662 条**　（1）公诉书中的罪状为可分的且被指控的罪行如法律规定的那样或者如罪状指控的那样包括另一项罪行的，无论是可以根据可诉罪程序还是简易罪程序处罚，该被告人可以下列犯罪之一被定罪： （a）业经证明的包含在被控犯罪之内的罪行，尽管被控的整个罪行未得到证明； （b）包含在被控犯罪之内的犯罪的未遂。
被控以一级谋杀罪	（2）为更加明确且不限制第（1）款的适用，罪状指控一级谋杀而证据却不能证明一级谋杀但可以证明二级谋杀或者二级谋杀未遂的，陪审团可以裁决被告人不构成一级谋杀罪而构成二级谋杀罪或者二级谋杀未遂罪。
对谋杀的指控以杀婴罪或者非预谋杀人罪的定罪	（3）除适用第（4）款的情形外，罪状指控谋杀但证据只能证明非预谋杀人罪或者杀婴罪而不能证明谋杀罪的，陪审团可以裁决被告人不构成谋杀罪而构成非预谋杀人罪或者

第二十章 陪审团审理的程序和一般规定

杀婴罪,但是不能根据该罪状裁决被告人构成其他罪行。

被控谋杀罪或者杀婴罪而被定以隐藏儿童尸体罪
（4）罪状指控谋杀儿童或者杀婴罪而证据证明第243条规定的犯罪但不能证明谋杀或者杀婴罪的,陪审团可以裁决被告人不构成谋杀罪或者杀婴罪但构成第243条规定的罪行。

被控非预谋杀人罪而被定以危险驾驶罪
（5）为更加明确,罪状指控因驾驶机动车、船只或者航空器而犯第220条、第221条或者第236条规定的罪行但证据不能证明此类罪行却能证明第249条或者第249.1条第（3）款规定的罪行的,可以裁决被告人构成第249条或者第249.1条第（3）款规定的罪行。

以破门进入企图实施犯罪定罪
（6）罪状指控第348条第（1）款（b）项规定的罪行而证据不能证明此种罪行却能证明第348条第（1）款（a）项规定的罪行的,可以裁决被告人构成第348条第（1）款（a）项规定的罪行。

作为或者不作为非基于故意,才能无罪释放
第663条　妇女被指控实施杀婴罪而证据能够证明她造成其婴儿死亡,但不能确定在她实施造成该婴儿死亡的作为或者不作为时符合下列条件的,可以对其定罪,但证据证明作为或者不作为非基于故意的除外：

（a）她尚未从生育该婴儿或者生育该婴儿后的哺乳造成的影响中完全恢复；

（b）生育该婴儿或者生育该婴儿后的哺乳造成的影响打乱了其心态的平衡。

前　科

不得提及前科
第664条　对于因存在前科而可能加重刑罚的犯罪,公诉书不得提及前科。

第665条　[已废止]

品行证明
第666条　被告人在审理中提出证明其品行良好的证据时,作为回应,检察官可以在裁决宣告前提出被告人先前曾因某种罪行而被定罪的证据,包括可能因此加重处罚的先前定罪。

前科的证明
第667条　（1）在任何诉讼中：

（a）由下列人员之一签署的、合理详细地描述定罪判决或者根据第730条规定进行释放、根据1985年修订法第Y-1章之《青少年犯罪法》作出的定罪裁决、《青少年犯罪审判法》作出的定罪裁决、根据该法第42条第(9)款作出的司法确认以及在加拿大对罪犯作出的定罪判决、量刑、有罪裁决或者量刑的证明书，即使没有显示的签署人的签名或者公务性质的证明，只要证明被告人为该证明书所提及的犯罪人，即为被告人被定罪、释放、定罪且量刑、裁决有罪或者有对其不利的司法确认的证据：

(i) 作出定罪判决、释放命令、有罪裁决或者司法确认的人员；

(ii) 作出定罪判决、释放命令、有罪裁决或者司法确认的法庭的书记官；

(iii) 指纹检验员。

(b) 被告人的指纹与按照(a)项(iii)目规定签发的证明书上复制或者所附的罪犯的指纹同一的证据，在没有相反证据的情况下，即证明被告人为证明书所述的罪犯；

(c) 由指纹检验员出具证明书，说明他已经将证明书上复制或者所附的指纹与按照(a)项(iii)目规定签发的证明书上复制或者所附的指纹作过比较且它们属于同一人的指纹，该证明书即使没有显示的签署人的签名或者公务性质的证明，即为证实其中论断的证据；

(d) (a)项(iii)目规定的证明书可以采用格式44，(c)项规定的证明书可以采用格式45。

同上

(2) 在任何诉讼中，由作出简易定罪判决或者按照第730条在加拿大将罪犯释放裁定的人员或者作出此判决或者裁定的法庭的书记官签发的简易罪判决或者裁定的副本，只要证明被告人为简易罪定罪判决副本提及的罪犯，即使没有显示签署人的签名或者公务性质的证明，即为证明该被告人曾被定罪或者按照第730条被释放的证据。

身份的证明

(2.1) 在简易程序中，被告人的姓名与按照第(1)款(a)项(i)目或者(ii)目规定作出的有关简易定罪判决的证明书所述的罪犯或者第(2)款所规定的有关简易定罪判决副本所述的罪犯姓名相似的，在没有相反证据的情况下，姓名相似即为被告人系该证明书或者简易定罪判决副本上所

第二十章　陪审团审理的程序和一般规定

述罪犯的证据。

出庭和反问的权利　（3）出示的按照第(1)款(a)项(iii)目或者第(1)款(c)项规定签发的证明书所针对的被告人,经法庭同意,可以要求签发该证明书的人出庭接受反问。

通知准备提出证明书　（4）若准备提出证明书的一方当事人未曾将其意图合理地通知被告人并提供该证明书的副本,按照第(1)款(a)项(iii)目或者第(1)款(c)项规定签发的证明书均不得被采纳为证据。

"指纹检验员"的定义　（5）在本条中,"指纹检验员"指由加拿大司法部副部长为本条目的而指定的人员。

第 668 条和第 669 条　[已废止]

管 辖 权

管辖权　第 669.1 条　（1）已听取被告人答辩的法官、法庭或者省法院法官尚未开始听证的,有权审理被告人的任何法官、法庭或者省法院法官都有权听证和作出裁决。

休庭　（2）有权审理被告人的法庭、法官或者省法院法官,或者该法庭的书记官或者其他适当官员,或者简易罪处罚中的治安法官,在听取被告人答辩前后的任何时间,都可以休庭。

继续诉讼　第 669.2 条　（1）适用本条规定时,被告人正在由下列人员审理而此法官、省法院法官或者其他人员死亡或者因任何原因而不能继续履行职责的,有权审理被告人的其他法官、省法院法官或者其他人员可以继续进行诉讼:

(a) 一位法官或者省法院法官;

(b) 一位法官或者其他属于简易法院成员的人;

(c) 由一位法官和陪审团组成的法庭。

作出裁决时　（2）陪审团已作出裁决或者原主审的法官、省法院法官或者其他人员已作出裁判时,继续该诉讼的法官、省法院法官或者其他人员,无需被告人进一步选择,应当判处刑罚或者作出在此情况下法律授权的命令。

未作出裁决时　（3）除适用第(4)款和第(5)款的情形外,审理已经开始但未作出裁决或者裁判的,继续该诉讼的法官、省法院法官或者其他人员,无需被告人进一步选择,应当如同没有采纳任何证据那样重新开始审理。

未作出裁决时—陪审团审理　（4）由一位法官和陪审团组成的法庭已开始审理但尚未作出裁决或者裁判的，无需被告人进一步选择，继续诉讼的法官应当实施下列行为之一：

(a) 继续进行审理；

(b) 应当如同没有取证那样重新开始审理。

审理继续进行时　（5）审理根据第（4）款（a）项规定继续进行的，在第（1）款（c）项所述法官面前已经出示的证据，视为在继续进行审理的法官面前已经出示，但如果控辩双方同意，可以在继续审理的法官面前重新出示已经出示的证据的任何部分。

委派到其他法院时的权力　第 669.3 条　由一位法官和陪审团组成的法庭正在进行审理而该法官或者省法院法官被委派到其他法院的，其对该案件仍然具有审判权，直至审理结束。

陪审团程序中形式上的缺陷

不因一定理由而延期判决　第 670 条　在对公诉书作出裁决后，判决不应因下列原因而延期作出或者撤销：

(a) 在传唤或者选任陪审员过程中的任何不当行为；

(b) 在陪审团履行职务的人未曾被司法行政官或者其他官员选任为陪审员。

关于陪审团或者陪审员名录的指示　第 671 条　未遵守法律中有关陪审员的资格、选择、抽签或者分派，准备陪审员名册、选择陪审员名单或者从陪审员名单中抽选陪审团成员的指示的行为，不得作为对在刑事诉讼中作出的裁决进行质疑或者宣布其无效的理由。

保留法庭的权力　第 672 条　本法不改变、剥夺或者影响法庭或者法官在 1955 年 4 月 1 日前所拥有的任何权力或者授权，或者在 1955 年 4 月 1 日前关于陪审团审理、陪审团程序、陪审团或者陪审员所存在的任何诉讼程序或者形式，但本法明确改变或者与本法明显不符的权力或者授权、程序或者形式除外。

第二十之一章 精神失常

解　释

定义	**第672.1条**　在本章中，
"被告人"	"被告人"包括简易罪诉讼中的被告人和已被裁决因精神失常而不负刑事责任的被告人。
"鉴定"	"鉴定"指由开业医生按照根据第672.11条作出的鉴定命令对被告人的精神状况所作的鉴定，以及对被告人所作的附带观察及检查。
"主席"	"主席"包括由审查委员会主席指定代行主席职务的人员。
"法庭"	"法庭"包括第785条所定义的简易法院和第673条所定义的法官、治安法官和上诉法院的法官。
"处置"	"处置"指由法庭或者审查委员会根据第672.54条作出的裁定，或者由法庭根据第672.58条作出的裁定。
"双重身份犯人"	"双重身份犯人"指因一项罪行被判处监禁刑，同时因另一项罪行根据第672.54条(c)项规定受到监管处分的犯罪人。
"医院"	"医院"指位于一省内、由该省卫生部长指定用来对已作出鉴定命令、处置或者安置决定的被告人进行看管、治疗或者鉴定的地方。
"开业医生"	"开业医生"指根据省的法律有资格从事医疗事业的人员。
"当事人"	"当事人"，在法院作出处置或者审查委员会对处置进行审查的程序中，指：

　　(a) 被告人；

　　(b) 按照鉴定命令或者处置决定拘押被告人的人或者被告人应当前往的医院的负责人；

　　(c) 由法院或者审查委员会按照第672.5条第(3)款指派的总检察长；

（d）由法院或者审查委员会按照第672.5条第(4)款指定的利害关系人；

（e）当法院作出处置令时，指控被告人的控告人。

"安置决定"　　"安置决定"指审查委员会根据第672.68条第(2)款对双重身份犯人确定看管地点的决定。

"规定的"　　"规定的"指由总督按照第672.95条制定的法令所规定的。

"审查委员会"　　"审查委员会"指按照第672.38条第(1)款在省建立或者任命的审查委员会。

"因精神失常而不负刑事责任的裁决"　　"因精神失常而不负刑事责任的裁决"指认定被告人实施了构成被控犯罪基础的作为或者不作为，但是因精神失常而不负刑事责任的裁决。

鉴 定 命 令

鉴定命令　　**第672.11条**　如果有正当理由相信有必要获取证据以便确定下列事项，就某项罪行对被告人拥有裁判权的法庭可以命令对被告人的精神状况进行鉴定：

（a）被告人是否不宜承受审理；

（b）被告人于实施被控罪行时是否处于精神失常状态而应当按照第16条(1)款规定免除刑事责任；

（c）当被告人是女性且被控以造成其新生儿死亡而构成的罪行的，被告人在实施被控罪行时其心态的平衡是否已被打乱；

（d）对被告人已经作出因精神失常而不负刑事责任或者不宜承受审理的裁决的，应作何种适当的处置；

（e）被告人已被定罪的，是否应根据第747.1条第(1)款命令将被告人羁押于处置设施。

何时法庭可以命令鉴定　　**第672.12条**　(1) 法庭在针对被告人的诉讼的任何阶段，可以根据自己的动议、被告人的申请，以及在适用第(2)款和第(3)款规定的情况下根据检察官的申请，作出鉴定的命令。

对检察官申请作健康鉴定的限制　　(2) 检察官申请鉴定以确定被告人是否不宜因其被指控的罪行接受以简易罪程序进行的审理的，只有符合下列条件之一，法庭才可以命令鉴定：

（a）被告人提出适宜问题；

（b）检察官使法庭确信存在正当理由怀疑被告人适宜接受审理。

对检察官申请作鉴定的限制　　（3）检察官申请鉴定以确定被告人于实施被控罪行时是否处于精神失常状态而应当免除刑事责任的，只有符合下列条件之一，法庭才可以命令鉴定：

（a）被告人就自己形成犯意的意识能力问题提出异议；

（b）检察官使法庭确信存在正当理由怀疑被告人因为精神失常对被控罪行应负刑事责任。

鉴定命令的内容　　第672.13条　（1）鉴定命令必须详细说明下列事项：

（a）进行鉴定的机构或者人员，或者进行鉴定的医院；

（b）命令有效期间被告人是否应被羁押；

（c）命令有效的期间，包括要求鉴定的时间和被告人往返鉴定地的时间。

格式　　（2）鉴定命令可以采用格式48。

期间的一般规定　　第672.14条　（1）鉴定命令的有效期不得超过30日。

适宜状况鉴定的例外　　（2）为确定被告人是否不宜接受审理的鉴定命令的有效期不得超过5日，不包括节假日和被告人往返鉴定地所需的时间；被告人和检察官一致同意的，可以超过5日，但不得超过30日。

因不得已情况的例外　　（3）尽管有第（1）款和第（2）款的规定，法庭确信存在不得已情况时，可以作出有效期为60日的鉴定命令。

延长　　第672.15条　（1）在适用第（2）款的前提下，根据自己的动议或者被告人或者控告人于命令生效之前或者有效期间提出的申请，法庭可以将命令的有效期间作其认为必要的延长，以完成对被告人的鉴定。

延长的最长期限　　（2）对鉴定命令的延长不得超过30日，且最初命令的有效期和所有延长期的总和不得超过60日。

不得羁押的推定　　第672.16条　（1）除适用第（3）款的情形外，除非具有下列情形之一，不得根据鉴定命令羁押被告人：

（a）法庭确信，证据表明为进行鉴定有必要拘押被告人，或者根据开业医生提供的证据需要将被告人羁押以进行鉴定且被告人同意被羁押；

(b) 因其他事项或者根据本法其他规定,有必要羁押被告人;

(c) 检察官在得到适当机会后表明依据第 515 条第(10)款规定的情形之一将被告人羁押是正当的。

开业医生的报告　　(2) 对于第(1)款(a)项,检察官和被告人同意的,可以以书面报告的形式接受开业医生提供的证据。

在一定情况下的羁押推定　　(3) 被指控在第 515 条第(6)款(a)项至(d)项各项所规定的情况下犯有该项所规定的罪行的被告人,或者被控犯有第 522 条第(2)款规定的罪行的被告人,应当按照鉴定命令被羁押,但被告人表明根据上述规定羁押缺少法律根据的除外。

鉴定命令优于保释听证　　**第 672.17 条**　在对受到指控的被告人进行鉴定的命令的有效期内,不得就此项罪行或者包括在内的罪行根据第十六章或者第 679 条规定签发对于被告人的暂时释放令或者拘押令。

申请修改鉴定命令　　**第 672.18 条**　检察官或者被告人于法庭作出的鉴定命令有效期内的任何时间表明理由,法庭可以以其认为适当的方式对命令中关于将被告人暂时释放或者羁押的规定进行修改。

鉴定命令中不能包含治疗内容　　**第 672.19 条**　鉴定命令不能命令对被告人进行精神治疗或者其他治疗,或者命令被告人接受此类治疗。

鉴定结束时　　**第 672.191 条**　对其已经签发鉴定命令的被告人应当于鉴定结束后尽快出席签发命令的法庭,不得迟于命令有效期的最后一日。

鉴定报告

鉴定报告　　**第 672.2 条**　(1) 鉴定命令可以要求鉴定人以书面形式提交关于被告人精神状况的鉴定报告。

应向法庭提交鉴定报告　　(2) 鉴定报告应当在法庭确定的期间内提交给命令进行鉴定的法庭。

法庭应将鉴定报告移送审查委员会　　(3) 法庭应当毫不延误地将按照第(2)款规定向法庭提交的鉴定报告的副本移送审查委员会,以便对有关被告人作出适当的处置。

受保护的陈述

向被告人和检察官送达报告副本	（4）除适用第672.51条第（3）款的情形外，按照第（2）款规定向法庭提交的任何报告的副本应当毫不延误地送达检察官、被告人及其律师。
"受保护的陈述"的定义	第672.21条 （1）在本条中，"受保护的陈述"指由被告人在接受鉴定或者按照处置指示进行的治疗过程中，向鉴定命令或者处置决定中确定的人员或者其他根据其指示行事的人员所作的陈述。
受保护的陈述不能用于反对被告人	（2）被告人所作的受保护的陈述或者对受保护的陈述的引用，未经被告人同意，不得在有权强制提供证据的法院、法庭、机关和人员面前进行的任何诉讼中采纳为证据。
例外	（3）尽管有第（2）款的规定，基于下列目的之一，受保护的陈述可以被采纳为证据： （a）确定被告人是否不宜承受审理； （b）对被告人作出处置或者安置决定； （c）确定被告人是否属于第672.65条规定的危险的精神失常被告人； （d）被告人是女性且被控以造成其新生儿死亡而构成的罪行，确定被告人在实施被控罪行时其心态的平衡是否已被打乱； （e）被告人就自己形成犯意的意识能力问题提出异议或者检察官在宣告裁决后提起这一争议的，确定被告人在实施被控犯罪行为时是否处于无意识或者精神失常状态而应当根据第16条第（1）款规定免除刑事责任； （f）在任何诉讼中，被告人的证言与其先前作出的受保护的陈述在重要细节上不一致的，对被告人的可信性提出质疑； （g）用于证实因在诉讼中所作陈述而受到伪证罪指控的被告人的伪证行为。

适宜承受审理

推定适宜承受审理	第672.22条 除法庭经优势证据证明认为被告人不宜

承受审理的以外,被告人被推定适宜承受审理。

法庭可以指示审理争议

第 672.23 条　(1) 在诉讼中宣告裁决前的任何阶段有正当理由相信被告人不宜承受审理的,根据自己的动议或者被告人或者检察官的申请,法庭可以指示审理被告人是否适宜承受审理的争议。

举证责任

(2) 根据第(1)款规定提出申请的被告人或者检察官就被告人不宜承受审理承担举证责任。

律师

第 672.24 条　(1) 法庭有正当理由相信被告人不宜承受审理且被告人没有律师代理的,法庭应当命令该被告人由律师代理。

律师酬金和支出

(2) 根据第(1)款指定律师代理而被告人不能根据省法律援助计划获取法律援助的,律师酬金和支出中被告人没有能力缴纳的部分由总检察长缴纳。

核定律师酬金和支出

(3) 律师和总检察长不能就律师酬金和支出达成一致的,总检察长或者律师可以向法院登记官提出申请,法院登记官可以核定争议的律师酬金和支出。

延期审理争议

第 672.25 条　(1) 在对被告人就既可以公诉书指控也可以简易罪程序处理的罪行所进行的诉讼中,法庭应当延期指示审理被告人是否适宜承受审理的争议,直至检察官就以公诉书指控还是以简易罪方式进行诉讼作出选择。

同上

(2) 有下列情形之一的,法庭可以延期指示审理被告人是否适宜承受审理的争议:

(a) 争议产生于预审中控方结束举证前的,延期至不迟于被告人被传唤回答指控;

(b) 争议产生于审理中控方结束举证前的,延期至不迟于开始辩护前,或者根据被告人的意向,延期至法庭可能指示的稍后时间。

由法官和陪审团审理争议

第 672.26 条　被告人正由或者将由一位法官和陪审团组成的法庭审理的:

(a) 如果法官指示在将被告人提交陪审团根据公诉书进行审理前对被告人是否适宜承受审理的争议进行审理,由按照审理所在省有关对公诉书审理所要求的数目的陪审员组成的陪审团应当经宣誓后审理此争议;经被告人同意,根据公诉书进行审理;

(b) 如果法官指示在将被告人提交陪审团根据公诉书进行审理后对被告人是否适宜承受审理的争议进行审理,除已经宣誓审理的争议外,陪审团还应当宣誓对此争议进行审理。

由法庭审理争议　　第672.27条　被告人是否适宜承受审理的争议有下列情形之一的,法庭应当审理争议并作出裁决:

(a) 涉及正由或者将由法庭而非由法官和陪审团组成的法庭进行审理的被告人;

(b) 产生于进行预审的法庭或者其他诉讼阶段。

被告人适宜承受审理时继续诉讼　　第672.28条　争议经审理并作出被告人适宜承受审理的裁决的,传讯、预审、审理以及其他诉讼活动继续进行,如同从未产生过被告人能否承受审理的争议那样。

继续羁押　　第672.29条　作出被告人适宜承受审理的裁决时被告人在押的,如果法庭有正当理由相信,被告人于释放后将不宜承受审理,法庭可以命令将被告人继续在医院看管直至审理结束。

无罪释放　　第672.3条　法庭已按照第672.25条第(2)款规定延期指示审理被告人是否适宜承受审理的争议,而被告人在审理此争议前已被撤销指控或者无罪释放的,对此争议将不再审理。

不宜承受审理的裁决　　第672.31条　对争议作出被告人不宜承受审理的裁决的,已经作出的答辩应宣布无效,陪审团应当解散。

以后的诉讼　　第672.32条　(1) 被告人以后能够承受审理时,不宜承受审理的裁决并不妨碍被告人以后再接受审理。

举证责任　　(2) 证明被告人以后能够承受审理的责任,由提出这一主张的当事人承担,通过提供优势证据证明来履行此责任。

每两年就是否有希望立案进行调查　　第672.33条　(1) 对被裁决不宜承受审理的被告人提起指控的罪行有管辖权的法院,应当在作出裁决后的两年内进行调查,以决定能否提出充分的证据将被告人交付审理;并且以后每两年进行一次,直至将被告人按照第(6)款无罪释放或者进行审理。

法庭可以命令调查　　(2) 基于被告人的申请,法庭如果根据被告人提交的申请和书面材料确信有理由怀疑存在针对被告人的表面证据确凿的案件,可以在任何时候命令根据本条的规定进行

举证责任	（3）在本条规定的调查中，提供充分证据以便将被告人交付审理的举证责任由检察官承担。
调查中可采纳的证据	（4）在本条规定的调查中，法庭应当将下述事项采纳为证据： （a）任何含有如果作出宣誓书之人作为证人在法庭上提供则应当被采纳的证据的宣誓书； （b）在由法庭就被告人被控罪行举行的先前调查或者听证中提供的口头证言的经验证的副本。
调查行为	（5）法庭可以决定进行本条所规定的调查的方式，如果认为司法利益这样要求时，可以遵循第十八章所规定的有关预审的实践和程序。
没有希望立案时	（6）法庭于本条所规定的调查结束时认为不能提供充分的证据将被告人交付审理的，应当将被告人释放。

因精神失常不负刑事责任的裁决

因精神失常不负刑事责任的裁决	第672.34条　陪审团、或者无陪审团的情况下法官或者省法院法官查明被告人实施了构成被指控犯罪基础的作为或者不作为，但是当时处于精神失常状态而按照第16条第（1）款规定不应承担刑事责任的，陪审团或者法官应当作出被告人实施了作为或者不作为但由于精神失常而不负刑事责任的裁决。
因精神失常不负刑事责任的裁决的效力	第672.35条　作出因精神失常不负刑事责任的裁决的，被告人不应被确定有罪或者宣判有罪，但是： （a）对于以后与此罪有关的指控，被告人可以作前经开释的答辩； （b）法院在考虑有关暂时司法释放的申请时、考虑对其他罪行作出何种处分或者判处什么刑罚时，可以考虑此裁决； （c）国家假释委员会或者省级假释委员会在针对被告人就其他罪行的假释申请或者赦免申请时，可以考虑这一裁决。
裁决不构成前科	第672.36条　因精神失常不负刑事责任的裁决，对于

按照议会立法因前科而要加重处罚的罪行，不构成前科。

"联邦就业申请"的定义　　第672.37条　（1）在本条中，"联邦就业申请"指与下述工作有关的申请书：

(a) 在《财务管理法》第2条所定义的部门中的工作；

(b) 由《财务管理法》第83条第（1）款所定义的政府企业提供的工作；

(c) 在加拿大军队中服役；

(d) 与议会中的立法机构所从事的工作、事务或者业务有关的工作。

联邦就业申请　　（2）如果申请人就某指控罪名已被完全免责或者不再受到处置的约束，任何联邦就业申请书中均不应包含这样的问题，即要求申请人说明他曾因某指控罪名最终得到因精神失常而不负刑事责任的认定或者裁决。

处罚　　（3）违反第（2）款规定使用或者授权使用联邦就业申请书，构成简易罪。

审查委员会

建立审查委员会　　第672.38条　（1）各省应当建立或者任命一个审查委员会，对被裁决因精神失常而不负刑事责任或者不宜承受审理的被告人作出处置或者对已经作出的处置进行复审。在该委员会中，由副省督任命的组成人员不得少于5人。

作为省级委员会对待　　（2）审查委员会应当被视为根据省的法律建立。

个人责任　　（3）审查委员会的成员对于在行使成员权力、履行成员职责或功能过程中出于善意的行为或者出于善意的失误或过错不承担个人责任。

审查委员会的成员　　第672.39条　审查委员会中至少应有一位成员根据省的法律有资格从事精神病医生职业。当仅有一位成员有这种资格时，在其他成员中至少有一位必须接受过心理健康方面的训练并具有实践经验，并且根据省的法律有资格从事医生或者心理学职业。

审查委员会主席　　第672.4条　（1）除适用第（2）款的情形外，审查委员会的主席应当是联邦法院的法官，或者是省高等法院、地区法院或者县法院的法官，或者是有资格被任命为上述司法职

加拿大刑事法典

位或者已从该职位退休的人员。

过渡　　(2) 审查委员会在第(1)款规定生效前建立且该委员会的主席不是法官或者第(1)款所规定的其他人员的,如果该审查委员会中至少有一位其他成员是法官或者第(1)款所规定的其他人员或者是该省律师协会的成员,该主席可以继续任职至任职期满。

审查委员会法定人数　　第 672.41 条　(1) 除适用第(2)款的情形外,审查委员会应当由主席、一位根据省的法律可以从事精神病医生职业的人和其他人员组成。

过渡　　(2) 审查委员会在本条规定生效前建立而其主席不是法官或者第 672.4 条第(1)款规定的人员的,该委员会应当由主席、一位根据省的法律可以从事精神病医生职业的人和一位该款所规定的人或者一位省律师协会的会员组成。

多数票决制　　第 672.42 条　出席人员中多数人的决定和表决为审查委员会的决定。

审查委员会的权力　　第 672.43 条　在审查委员会为对被告人作出处置或者对处置进行复审所举行的听证会上,该委员会主席拥有《调查法》第 4 条和第 5 条授予根据该法第一章任命为委员会委员的全部权力。

审查委员会的规则　　第 672.44 条　(1) 经副省督批准,审查委员会可以制定本委员会实践和程序方面的规则。

规则的适用和公布　　(2) 由审查委员会根据第(1)款制定的规则适用于其辖区内的任何诉讼,并应当在加拿大公报上公布。

条例　　(3) 尽管有本条规定,省督可以制定审查委员会实践和程序方面的条例,特别是为统一审查委员会的规则。根据本款制定的所有条例优于根据第(1)款制定的规则。

处　置　听　审

由法庭进行听审　　第 672.45 条　(1) 对被告人作出因精神失常不负刑事责任或者不宜承受审理的裁决的,法庭可以根据自己的动议举行处置听审;如果被告人或者检察官提出请求,则应当举行处置听审。

应当作出的处置　　(2) 在处置听审中,如果法庭确信已经能够进行处置而

第二十之一章 精神失常

审查委员会听审期间的现状	且应当立即进行处置,法庭应当对被告人作出处置。 第 672.46 条 （1）法庭在处置听审中没有对被告人作出处置的,任何在对被告人作出因精神失常不负刑事责任或者不宜承受审理的裁决时有效的将被告人暂时释放或者监禁的命令、出庭通知、出庭承诺、传票、保证书、具结书,都继续有效,直至审查委员会作出处置。
命令的变更	（2）尽管有第（1）款规定,法庭根据表明的理由可以撤销该款所述的命令、出庭通知、出庭承诺、传票、保证书、具结书,并作出法庭根据情况认为适宜的其他命令暂时释放或者监禁被告人,包括命令在审查委员会处置期间将被告人在医院看管的命令。
法庭未作处置时由审查委员会作出处置	第 672.47 条 （1）对被告人作出因精神失常不负刑事责任或者不宜承受审理的裁决且法庭没有对被告人作出处置的,审查委员会应当尽可能快地、至迟在裁决后 45 日以内,进行听审并作出处置。
听审时间的延长	（2）法庭确信存在例外的情况而有必要的,可以将前款所规定的进行听审的时间延长至作出裁决后 90 日以内。
法庭作出处置时	（3）法庭根据第 672.54 条对被告人作出无条件释放以外的处置的,审查委员会应当于处置失效日前进行听审并对被告人作出处置。
审查委员会确定适宜	第 672.48 条 （1）审查委员会进行听审以对已被裁决不宜承受审理的被告人作出处置或者对有关处置进行复审的,应当确定被告人在听审时是否适宜承受审理。
审查委员会应将被告人移送法院	（2）审查委员会如果认定被告人适宜承受审理,应当命令将被告人移送回法院,法院应当对此问题进行审理并作出裁决。
主席可以将被告人移送法院	（3）审查委员会主席认为符合下列条件的,经被告人和拘禁被告人的医院的负责人同意,可以命令将被告人移送回法院,由法院对被告人是否适宜承受审理的问题进行审理: (a)被告人适宜承受审理; (b)审查委员会在合理的期间内不能进行听审对被告人作出处置或者对处置进行复审。
在医院继续拘禁	第 672.49 条 （1）审查委员会或其主席如果有正当理由相信如果将被告人释放将使其变得不宜承受审理,可以在

按照第672.47条作出的处置中要求将被告人继续拘禁在医院,直至法院确定被告人是否适宜承受审理。

将处置副本送达法院　(2)审查委员会或其主席应当将按照第672.47条作出的处置的副本立即送达对被告人有管辖权的法院,和被告人将接受审理的地方的省的总检察长。

处置听审的程序　**第672.5条**　(1)法庭或者审查委员会进行听审以对被告人作出处置或者对处置进行复审,应当按照本条进行。

非正式听审　(2)听审在适当的情况下可以以非正式的方式进行。

总检察长可以作为当事人　(3)根据申请,法庭或者审查委员会应当指定作出处置所在地的省的总检察长作为当事人;当被告人是从其他省移送来时,还应指定该省的总检察长作为当事人。

利益关系人可以作为当事人　(4)如果法庭或者审查委员会认为公正需要,可以指定与保护被告人利益有实际利害关系的人作为当事人。

听审通知　(5)听审的通知,应当在规定的期间以规定的方式,或者依法庭或者审查委员会规则确定的期间和方式送达当事人、处置地的省的总检察长;当被告人是从其他省移送来时,还应送达该省的总检察长。

命令不公开　(6)法庭或者审查委员会认为符合被告人的最佳利益且不违反公共利益的,可以命令听审活动或者其中某一阶段不公开进行。

获得律师的权利　(7)被告人或者其他当事人有权由律师代理。

指定律师　(8)如果有下列情形之一,被告人没有律师代理,法庭或者审查委员会应当为被告人指定律师:

(a)被告人被裁决不宜承受审理;

(b)司法利益如此要求。

律师酬金和支出　(8.1)根据第(8)款指定律师代理而被告人不能根据省法律援助计划获取法律援助的,律师酬金和支出中被告人没有能力缴纳的部分由总检察长缴纳。

核定律师酬金和支出　(8.2)律师和总检察长不能就律师酬金和支出达成一致的,总检察长或者律师可以向法院登记官提出申请,法院登记官可以核定争议的律师酬金和支出。

被告人出庭的权利　(9)除适用第(10)款的情形外,被告人有权在整个听审活动中出庭。

令被告人退庭或者被告人缺席　(10)法庭或者审查委员会主席可以:

	(a) 在其认为适当的情况下,允许被告人在整个听审活动或者其中某一阶段缺席;
	(b) 于下列情形中,将被告人驱逐出庭:
	(i) 被告人干扰听审,以致听审在被告人在场的情况不能继续进行;
	(ii) 确信不这样做,很可能对其他人的生命或者安全构成危险,或者严重损害被告人的治疗或者康复;
	(iii) 为了在被告人不在场的情况下,听取证据、口头或者书面意见,或者就是否存在(ii)目规定将被告人从法庭带走的理由对证人进行反问。
当事人出席听审时的权利	(11) 当事人均可以提出证据、发表口头或者书面意见、传唤证人、对对方当事人传唤的证人进行反问,经提出申请可以对任何向法庭或者审查委员会提交书面鉴定报告的人进行反问。
要求强制证人出庭	(12) 当事人不能强制证人出庭,但是可以请求法庭或者审查委员会主席这样做。
视频连接	(13) 被告人同意的,法庭或者审查委员会主席可以允许被告人于听审的任何阶段以闭路电视或者可让法庭或审查委员会和被告人参与同步视频和口头表达的其他方式出庭。
被害人所受影响之陈述	(14) 犯罪被害人可以起草说明其因犯罪受到的损害或损失的书面陈述,提交给向法庭或审查委员会。
陈述副本	(15) 法庭或者审查委员会应当于作出被告人因精神失常而不宜接受审理的裁决后尽快将根据第(14)款提交的陈述送达被告人或者其律师和检察官。
"被害人"的定义	(16) 在第(14)款中,"被害人"与第722条第(4)款所述含义相同。
"处置资料"的定义	**第672.51条** (1) 在本条中,"处置资料"指向法庭或者审查委员会提交的鉴定报告以及向法庭或者审查委员会出示的与对被告人作出处置有关的其他书面材料的全部或者部分。
处置资料应向当事人公开	(2) 除本条另有规定外,所有处置资料应向各当事人及被告人的律师公开,供其查阅;法庭或者审查委员会应当向他们提供处置资料的副本。

披露会对他人造成危险时的例外	(3) 法庭或者审查委员会根据处置资料或者负责对被告人进行鉴定或者治疗的医生提供的证据或者报告,确信披露处置资料很可能对他人的生命或者安全造成危害或者将严重损害被告人的治疗或者康复的,应当将处置资料的部分或者全部对被告人保密。
同上	(4) 尽管有第(3)款规定,法庭或者审查委员会认为司法利益使披露至关重要的,可以向被告人披露部分或者全部处置资料。
披露不必要或者不公正时的例外	(5) 法庭或者审查委员会认为向被告人、总检察长以外的当事人披露处置资料在诉讼中没有必要或者将损害被告人利益的,应当将处置资料对该当事人保密。
禁止特定人员出席听审	(6) 法庭或者审查委员会按照第(3)款或者第(5)款规定将处置资料对被告人或者其他当事人保密的,应当于下列时间让被告人或者该当事人离开法庭: (a) 以口头方式出示处置资料时; (b) 法庭或者审查委员会就处置资料进行询问或对有关人员进行反问时。
在一定情况下禁止披露	(7) 在下列场合,不得向诉讼当事人以外的人员披露任何处置资料: (a) 按照第(3)款或者第(5)款规定将处置资料对被告人或者其他当事人保密的; (b) 法庭或者审查委员会认为披露处置资料将严重损害被告人利益且保护被告人利益优于披露处置资料所体现的公共利益的。
同上	(8) 按照第672.5条第(10)款(b)项(ii)目或者(iii)目规定将被告人驱逐出庭后的诉讼记录,不得向被告人或者诉讼当事人以外的人员披露而供其审查。
处置资料应向特定人员公开	(9) 尽管有第(7)款和第(8)款规定,法庭或者审查委员会根据请求,可以向符合下列条件之一的人员提供处置资料或者其副本: (a) 出于研究或者统计的目的,对此资料有正当利益,法庭或者审查委员会相信披露资料是为了公众利益; (b) 出于适当司法的目的,对此资料有正当利益; (c) 被告人以书面形式要求或者授权其查阅处置资料,

法庭或者审查委员会确信接受资料者将不会按照第(3)款对被告人保密的处置资料或者符合第(8)款规定的诉讼记录向被告人披露或者向其提供副本,或者将此资料对被告人保密的理由已不复存在的。

出于研究或者统计目的披露　　(10) 法庭或者审查委员会根据第(9)款(a)项向其提供资料的人,出于研究或者统计的目的可以将资料披露,但是采用的方式不得可能导致辨认出与资料有关人员的身份。

禁止发表　　(11) 不得在第 297 条所定义的报纸上或者广播中发布:

(a) 按照第(7)款禁止披露的处置资料;

(b) 按照第 672.5 条第(10)款(b)项(ⅱ)目或者(ⅲ)目规定不对被告人公开的诉讼记录。

法院的权力不受限制　　(12) 除本条另有规定外,本条不限制法院行使依据本条以外所享有的权力。

诉讼记录　　**第 672.52 条**　(1) 法庭或者审查委员会应当保存其处置听审过程的记录,记录中应包括提交的鉴定报告。

向审查委员会移送记录　　(2) 法庭作出处置决定的,应当立即向有管辖权的审查委员会移送处置听审的记录、法庭保管的有关文件和资料以及向法院提交的所有物证或者其复制品。

提供处置理由和副本　　(3) 法庭或者审查委员会应当在诉讼记录中陈述作出处置决定的理由,应当向每位当事人提供该处置决定和相关理由的副本。

诉讼有效　　**第 672.53 条**　任何与处置听审有关的程序性瑕疵,不影响听审的效力,但对被告人造成实质不公正的除外。

由法庭或者审查委员会做处置:处置条件

可以作出的处置　　**第 672.54 条**　法庭或者审查委员会按照第 672.45 条第(2)款或者第 672.47 条作出处置的,应当考虑保护公众免受危险分子侵害的需要、被告人的精神状况、被告人重返社会和被告人的其他需要,作出下列使被告人承担的法律义务最少、强制性最低的处置之一:

(a) 已经对被告人作出因精神失常不负刑事责任的裁

决且法庭或者审查委员会认为被告人对社会安全不构成严重威胁的,以裁定指示将被告人无条件释放;

(b)以裁定指示将被告人按照法庭或者审查委员会认为适当的条件予以释放;

(c)以裁定指示将被告人按照法庭或者审查委员会认为适当的条件拘禁在医院。

被害人所受影响之陈述

第 672.541 条 如果已经对被告人作出因精神失常不负刑事责任的裁决,法庭或者审查委员会在根据第 672.45 条或者第 672.47 条举行的听审中根据第 672.54 条确定适当的处置或者条件时,应当考虑根据第 672.5 条第(14)款提交的陈述,只要该陈述与考虑第 672.54 条规定的标准相关。

不得将治疗作为条件

第 672.55 条 (1)按照第 672.54 条作出的处置决定不得指示对被告人进行精神或者其他治疗或者让被告人接受治疗,但被告人同意且审查委员会认为合理并且为被告人利益所需要的,处置决定可以包括与精神或者其他治疗有关的条件。

处置有效期间

(2)法院按照第 672.54 条(c)项作出的处置决定的有效期不得超过 90 日。

授权变更对被告人自由的限制

第 672.56 条 (1)按照第 672.54 条(b)项或者(c)项规定对被告人作出处置的审查委员会,可以授权医院负责人指示按照处置决定中明确的条件和限度增加或者减少对被告人自由的限制,该负责人依此作出的指示对于本法视为由审查委员会作出的处置。

通知被告人和审查委员会增加对被告人自由的限制

(2)按照审查委员会的授权增加对被告人自由的限制的人应当:

(a)在被告人的档案中记录增加的限制措施;

(b)尽快将增加的限制措施通知被告人,如果该限制措施有效期超过 7 日,还应当尽快通知审查委员会。

拘押令

第 672.57 条 法庭或者审查委员会按照第 672.54 条(c)项作出处置的,应当签发对被告人的拘押令。拘押令可以采用格式49。

治疗处置

第 672.58 条 作出不宜承受审理的裁决且法庭没有按照第 672.54 条对被告人作出处置的,根据检察官的申请,法庭可以以裁定指示于不超过 60 日的期间内按照法庭认为适当的条件对被告人进行治疗；被告人未在医院拘禁的，指示将被告人交付确定的人员或者医院治疗。

处置的标准　　第 672.59 条　（1）除非法庭根据医生的证言确信为使被告人适宜承受审理需要对被告人进行确定的治疗，不得根据第 672.58 条作出处置。

证据要求　　（2）法院为第（1）款目的所要求的证据，应当包括关于开业医生对被告人所作的鉴定以及根据所述理由提出下列意见的陈述：

(a) 被告人在鉴定时不宜承受审理；

(b) 精神病治疗和由该医生确定的相关的其他治疗很可能使被告人于 60 日内能够承受审理；如果不治疗，该被告人可能仍然不能承受审理；

(c) 精神病治疗和确定的其他医疗措施对被告人造成伤害的风险与通过治疗预期获得的利益相均衡；

(d) 考虑到(b)项和(c)项所述意见，所确定的精神病治疗和相关的治其他疗在具体情况下是为第(1)款规定的目的所能确定的强制性最低、危害最小的治疗措施。

要求通知　　第 672.6 条　（1）除非检察官以书面方式将有关申请尽快通知被告人，法庭不得根据第 672.58 条作出处置。

被告人反对　　（2）在收到第(1)款规定的通知后，被告人可以对此申请提出反对并为此提出证据。

例外　　第 672.61 条　（1）法庭不能指示，按照第 672.58 条作出的处置也不能包括，对被告人实行精神外科术或者电震疗法，或者按照规定禁止使用的其他治疗方法。

定义　　（2）在本条中，

"电震疗法"　　"电震疗法"指对某些精神失常者采用的通过对大脑进行电刺激而引起一系列周身颤动的治疗方法；

"精神外科术"　　"精神外科术"指通过直接或者间接地加强大脑活动，破坏或者干扰正常脑组织结构的持续性，或者植入内在电极产生电刺激以改变行为方式或者治疗精神疾病的方法，但是不包括于症状显著时诊断或者治疗难以消除的身体疼痛、器官性脑症状或者癫痫病的神经病学方法。

治疗需获得医院同意　　第 672.62 条　（1）未获得下列人员之一的同意，法院不得根据第 672.58 条作出处置：

| | (a) 被告人将要接受治疗的医院的负责人；
| | (b) 由法院指定负责对被告人治疗的人员。

治疗不需要获得被告人同意　　(2) 法院可以指示根据按照第 672.58 条作出的处置决定对被告人进行治疗，而无需得到被告人或者按照作出处置所在省的法律对被告人负有监护责任的人的同意。

处置的生效日期　　第 672.63 条　处置决定应当于作出之日或者法庭或者审查委员会在决定中所确定的日期生效，至处置决定所确定的日期或者至审查委员会按照第 672.47 条或第 672.81 条举行听证时失效。

处置的期限

第 672.64 条至第 672.66 条　［无效］

双重身份犯人

法庭量刑　　第 672.67 条　(1) 法庭对具有双重身份犯人处以监禁刑或者因法庭判处刑罚而使该犯人具有双重身份的，在审查委员会作出安置决定前，该量刑的效力优于任何先前所作的监禁性处置。

法庭作出的监禁性处置　　(2) 法庭对具有双重身份犯人作出监禁性的处置或者因法庭的处置从而使犯人具有双重身份的，在审查委员会作出安置决定前，该处置的效力优于第 747 条所定义的入院令以外的任何先前所判处的监禁刑。

"部长"的定义　　第 672.68 条　(1) 在本条和第 672.69 条以及第 672.7 条中，"部长"指加拿大副总检察长或者按照监禁刑判决可能将双重身份犯人移送至的省负责矫正事务的部长。

审查委员会的安置决定　　(2) 审查委员会认为按照法院作出的监禁刑判决或者拘禁处置所关押双重身份犯人的处所不能满足该罪犯精神健康的需要或者不能保证其他人的健康的，根据部长的申请或者自己的动议，审查委员会应当在给予犯人和部长合理通知后决定将犯人在医院监护还是在监狱监禁。

同上　　(3) 在作出安置决定时，审查委员会应当考虑下列因素：

　　　　　　　　　　(a) 保护公众免受危险人员侵害的需要；
　　　　　　　　　　(b) 对犯人的治疗需要以及为满足这些需要所需的适当治疗条件和设备；
　　　　　　　　　　(c) 犯人是否同意治疗或者是否适于接受治疗；
　　　　　　　　　　(d) 犯人或者其他当事人向审查委员会提出的意见和以书面形式向审查委员会提交的鉴定报告；
　　　　　　　　　　(e) 审查委员会认为相关的其他因素。

作出安置决定的时间　　(4) 审查委员会应当根据第(2)款接到部长的申请或通知部长以后30日内尽快作出安置决定；若审查委员会和部长一致同意延长，也不得超过60日。

安置决定的效力　　(5) 犯人被按照审查委员会的安置决定在监狱羁押的，部长负责对该犯人的监管和控制。

部长和审查委员会有权接近　　第672.69条　(1) 为了对判决或者处置进行复审，部长和审查委员会有权接近安置决定所涉及的双重身份犯人。

对安置决定的复审　　(2) 根据部长或者作为安置决定对象的双重身份犯人的申请，审查委员会确信因情况发生重要变化而有必要的，审查委员会应当尽快举行听证对安置决定进行复审。

同上　　(3) 在给予部长和作为安置决定对象的双重身份犯人以合理通知后，审查委员会可以根据自己的动议举行听证对安置决定进行复审。

部长应当为当事人　　(4) 在任何与双重身份犯人的安置有关的诉讼中，部长均应作为当事人。

通知释放　　第672.7条　(1) 部长或者审查委员会想要将双重身份犯人解除监禁的，应当将释放的时间、地点和条件以书面形式通知对方。

拘押令　　(2) 作出安置决定的审查委员会应当签发拘押被告人的令状，该令状可以采用格式50。

羁押时间应折抵刑期　　第672.71条　(1) 按照安置决定或者监禁处置对双重身份犯人羁押一日，应当折抵监禁刑刑期一日。不管出于何种目的，被告人应当被视为在监狱依法羁押。

处置决定的效力高于缓刑命令　　(2) 双重身份犯人因某项罪行被定罪或者被按照第730条作出的假释令所确定的条件而释放但没有被判处监禁刑时，对该被告人的监禁处置生效，尽管有第732.2条第(1)款的规定，其效力高于就同一罪行作出的缓刑命令。

上　诉

上诉理由	第672.72条　（1）当事人对于法庭或者审查委员会作出的处置决定或审查委员会作出的安置决定，可以单独就法律或者事实问题或者同时就法律和事实问题，向处置地或者安置地的省的上诉法院提出上诉。
上诉期限	（2）上诉人对处置或者安置决定的上诉及其理由的通知，应当在接到安置或者处置决定的副本后15日内或者上诉法院或者其法官指示的其他较长时间内，以可适用的法院规则所规定的方式提出。
应迅速审理上诉	（3）上诉法院在收到上诉通知后，应当在法院开庭期间或者休庭期间，在上诉法院、上诉法院法官或者上诉法院规则规定的期限内尽快对针对处置或者安置决定提出的上诉进行审理。
以诉讼记录为根据的上诉	第672.73条　（1）对法庭或者审查委员会的处置或者审查委员会的安置决定提出上诉，应当根据诉讼记录和上诉法院出于司法利益认为有必要采纳的其他证据。
附加证据	（2）为按照本条采纳附加证据的目的，比照适用第683条第（1）款和第（2）款的规定。
上诉通知应送达法庭或者审查委员会	第672.74条　（1）上诉法院的书记官，在收到对处置或者安置决定提出的上诉通知后，应当通知作出处置的法庭或者审查委员会。
向上诉法院移送记录	（2）在收到第（1）款所述的通知后，法庭或者审查委员会应当在对上诉进行审理前或者在上诉法院或者其法官确定的时间内，向上诉法院移送下列材料： （a）处置或者安置决定的副本； （b）向法庭或者审查委员会提交的所有证据或者其复件； （c）其所保存的与听证有关的全部其他材料。
记录应由上诉法院保存	（3）上诉法院的书记官应当将第（2）款所述的材料与上诉法院的记录一并保存。
上诉人应提供证供记录副本	（4）上诉人应当向上诉法院和被上诉人提供在法庭或者审查委员会面前记录的、由速记员记录或者录音设备固定

第二十之一章 精神失常

的、经速记员或根据第540条第(6)款证明的证供记录,但与上诉法院的命令或者可适用的法院规则相违背的除外。

保留

(5)上诉法院不能仅因上诉人以外的人未遵守本条规定而驳回上诉。

自动中止某些处置

第672.75条 对根据第672.54条(a)项或者第672.58条作出的处置提出上诉,在上诉审理期间中止执行该处置。

关于上诉中的处置的申请

第672.76条 (1)向其他各方当事人发出通知的当事人,可以在规定的时间内以规定的方式,根据本条向上诉法院的法官申请就上诉审理期间的处置或者安置决定签发命令。

关于中止处置的裁量权

(2)在收到根据第(1)款规定提出的申请后,上诉法院的法官如果确信被告人的精神状况证明有必要时,可以:

(a)作出裁定指示,尽管有第672.75条的规定,在上诉期间执行按照第672.54条(a)项或者第672.58条作出的处置;

(b)作出裁定,指示在上诉期间中止执行按照第672.54条(b)项或者(c)项作出的安置决定或者处置;

(c)按照第672.75条或者本款(b)项中止执行处置的,在上诉期间,对被告人作出第672.54条(a)项或者第672.58条规定以外的适当处置;

(d)按照(b)项作出的命令中止执行安置决定的,在上诉期间,作出其他适当的安置决定;

(e)作出法官认为为加快上诉审理所必要的其他指示。

向当事人提供命令副本

(3)根据本条作出命令的上诉法院的法官应当将命令副本立即送达每位当事人。

中止处置的效力

第672.77条 上诉期间的处置或者安置决定被中止执行的,按照第672.76条第(2)款(c)项作出的处置,或者在无此种处置的情况下在被上诉的处置或者安置决定生效前有效的将被告人暂时释放或者暂时拘押的命令,在上诉期间继续有效。

上诉法院的权力

第672.78条 (1)上诉法院认定有下列情形之一的,可以支持对处置或者安置决定提出的上诉,并撤销法庭或者审查委员会作出的命令:

(a)不合理或者缺少证据支持;

	(b) 以关于法律问题的错误决定为基础；
	(c) 审判不公。
同上	(2) 上诉法院认定有下列情形之一的,可以驳回对处置或者安置决定提出的上诉：
	(a) 不能适用第(1)款(a)项、(b)项和(c)项规定；
	(b) 可以适用第(1)款(b)项规定,但法院认定未产生实质性的错误或者审判不公。
法院可以作出的命令	(3) 上诉法院支持对处置或者安置决定提出的上诉的,可以实施下列行为之一：
	(a) 按照第672.54条作出处置,或者作出审查委员会可能作出的安置决定；
	(b) 将案件发回法庭或者审查委员会,按照上诉法院认为适当的指示对整个案件或者其部分进行重审；
	(c) 作出其他裁定。
危险的精神失常被告人提出上诉	**第672.79条** (1) 法院认定被告人属于危险的精神失常被告人并按照第672.65条增加对被告人适用的限制措施的,被告人可单独以法律或者事实理由、或者同时以法律和事实理由对增加的限制向上诉法院提出上诉。
对上诉的处理	(2) 对于被告人按照第(1)款提出的上诉,上诉法院可以实施下列行为之一：
	(a) 撤销增加的限制措施并作出对该罪适宜的其他限制措施,或者命令重新听审；
	(b) 驳回上诉。
总检察长的上诉	**第672.8条** (1) 总检察长可以法律理由对驳回请求认定被告人是危险的精神失常被告人的申请提出上诉。
对上诉的处理	(2) 对于总检察长按照第(1)款提出的上诉,上诉法院可以实施下列行为之一：
	(a) 支持上诉,确定被告人为危险的精神失常被告人并将对该罪行的限制期延长至终身,或者裁定重新审理；
	(b) 驳回上诉。
第二十一章适用于上诉	(3) 第二十一章关于上诉的程序,比照适用于根据本条或者第672.79条规定提起的上诉。

对处置的复审

对处置的强制复审	**第 672.81 条** （1）审查委员会应当在作出处置后的 12 个月内举行听审，并且此后于处置有效期内每 12 个月举行一次听审，对已经对被告人作出的第 672.54 条（a）项规定的无条件释放以外的处置进行复审。
在羁押情况下的附加强制复审	（2）审查委员会在收到被告人被羁押或者被指定护理的场所的负责人实施下列行为之一的通知后，应尽快举行听审，对按照第 672.54 条（b）项或者（c）项作出的处置进行复审： （a）显著增加对被告人自由的限制时间超过 7 日； （b）请求对处置进行复审。
同上	（3）被告人被按照第 672.54 条（c）项的处置予以监禁而且其因其他罪行被判处监禁刑的，审查委员会于收到该判决通知后应当尽快举行听审，对处置进行复审。
根据请求进行的任意复审	**第 672.82 条** （1）根据被告人或者其他当事人的请求，审查委员会可以随时举行听审对自己作出的处置进行复审。
复审取消上诉	（2）当事人根据本条请求复审的，被视为放弃按照第 672.72 条对处置的上诉。
审查委员会的处置	**第 672.83 条** （1）在按照第 672.81 条或者第 672.82 条举行的听审中，除了根据第 672.48 条第（1）款认定被告人适宜承受审理的情形以外，审查委员会应当对有关被告人的处置进行复审，并根据情况作出审查委员会认为适宜的其他处置。
可以适用的某些规定	（2）第 672.52 条第（3）款、第 672.64 条以及第 672.71 条至 672.82 条，比照适用于按照本条作出的处置。
复审的程序	**第 672.84 条** 审查委员会按照第 672.81 条或者第 672.82 条举行听证对处置进行复审，应当按照第 672.5 条规定的程序进行。
将被告人带至审查委员会出庭	**第 672.85 条** 为将按照第 672.81 条举行的听审所涉及的被告人带至审查委员会出庭，审查委员会主席： （a）应当命令看管被告人的人将被告人于指定的时间

和地点押解出席听审；

(b) 如果被告人未被看管，可以签发传票或者令状强制被告人在指定的时间和地点出席听审。

跨省移送

跨省移送　　第672.86条　(1) 符合下列条件的，被法庭或者审查委员会按照第672.54条(c)项、或者法院按照第672.58条作出处置交付看管或者交付医院护理的被告人，可以被移送至加拿大境内任何地方：

(a) 被告人被看管或者被交付护理所在省的审查委员会为了有利于被告人重归社会、被告人的康复、治疗或者看管，建议移送被告人；

(b) 移送地的省和接受移送地的省的总检察长同意。

移送被羁押的被告人　　(2) 移送被羁押的被告人的，由被告人被看管地省总检察长授权的官员应当签署令状，令状应当确定被告人在加拿大境内被移送的地点。

移送未被羁押的被告人　　(3) 移送未被羁押的被告人的，被告人被交付护理所在省的审查委员会应当以命令形式规定下列内容之一：

(a) 指示将被告人羁押，并根据第(2)款所述的令状进行移送；

(b) 指示被告人按照审查委员会认为适当的条件至确定的加拿大境内的地点报到。

将被告人移送和羁押　　第672.87条　第672.86条第(2)款所规定的令状为下列事项的充分授权：

(a) 负责看管被告人的人将被告人羁押，并将其移送给令状所确定的地点的负责人；

(b) 令状上所确定的人员按照第672.54条(c)项对被告人所作的处置将被告人羁押。

接受移送的省的审查委员会对被移送人有管辖权　　第672.88条　(1) 被告人按照第672.86条被移送的，接收地的省审查委员会对该被告人有排他的管辖权，可以与对被告人作出处置的审查委员会同样行使第672.5条和第672.81条至第672.83条规定的权力，履行规定的责任。

协议　　(2) 尽管有第(1)款规定，移送地的省总检察长与接收

	地的省总检察长可以在不违背本法的前提下达成协议,使移送地的省审查委员会能够按照协议规定的情况、期限和条件对被告人行使第(1)款所规定的权力,履行相应的责任。
其他跨省移送	**第672.89条** (1)将按照审查委员会的处置予以羁押的被告人根据第672.86条以外的规定移送至另一省份的,移送地的省的审查委员会对该被告人拥有排他的管辖权,可以继续行使第672.5条和第672.81条至第672.83条所规定的权力,履行规定的责任。
协议	(2)尽管有第(1)款规定,移送地的省的总检察长和接收地的省的总检察长在移送后,可以在不违背本法的前提下达成协议,使接收地的省的审查委员会能够按照协议所规定的期限、条件和情况对被告人行使前款所规定的权力,履行相应的责任。

命令和规章裁定的执行

在加拿大各地执行令状	**第672.9条** 凡签发的与对被告人所作的鉴定命令或者处置有关的令状或者传票,可以在作出命令或者处置的省以外的加拿大境内的任何地方执行或者送达,如同在该省作出的那样。
因违反处置而无证逮捕	**第672.91条** 如果有正当理由相信被告人违反了处置或者故意不遵守处置或者其规定的条件,或者将要实施此类行为,治安官可以在加拿大境内任何地方对被告人实施无证逮捕。
将被告人带见法官	**第672.92条** (1)根据第672.91条逮捕被告人,应当在逮捕后无不必要延误地、并在任何情况下不超过24小时,将被捕的被告人带见在当地有管辖权的法官。
同上	(2)如果不能在逮捕后24小时内见到第(1)款规定的法官,应当尽快将被告人带见法官。
法官何时应当释放被告人	**第672.93条** (1)法官应当将被按照第672.92条带见的被告人释放,除非其确信有正当理由相信被告人违反了处置或者没有遵守处置的要求。
在审查委员会决定前法官的命令	(2)如果法官确信有正当理由相信被告人违反了处置或者没有遵守处置的要求,法官可以在作出处置地的省的审

查委员会举行听证前，根据情况对被告人作出适当的命令，并且将此命令通知审查委员会。

审查委员会的权力　　第 672.94 条　审查委员会收到按照第 672.93 条第（2）款所作的通知的，可以像对处置进行复审那样行使第 672.5 条和第 672.81 条至第 672.83 条规定的权力，履行规定的责任。

条例　　第 672.95 条　省督可以制定条例，以：
（a）规定按照本法可以规定的事宜；
（b）全面实现本法的目的和规定。

第二十一章 上诉——可诉罪

解 释

定义　　　　　　第673条　在本章中，

"上诉法院"　　　"上诉法院"指如第2条中"上诉法院"所定义的，在对公诉书指控的人进行审理所在的省或者地区的上诉法院。

"公诉书"　　　　"公诉书"包括被告人因之而就第十九章规定的可诉罪接受审理的控告书或者指控。

"登记官"　　　　"登记官"指上诉法院的登记官或者书记官。

"判决"　　　　　"判决"包括：

(a) 按照第199条第(3)款所作的声明；

(b) 按照第109条第(1)款或者第110条第(1)款、第161条、第164.2条第(1)款、第194条第(1)款、第259条第(1)款或者第(2)款、第261条或者第462.37条、第491.1条第(2)款、第730条第(1)款、第737条第(3)款或者第(5)款、第738条、第739条、第742.1条、第742.3条、第743.6条、第745.4条、第745.5条或者第747.1条作出的裁定；

(c) 按照第731条或者第732条、第732.2条第(3)款或者第(5)款、第742.4条第(3)款或者第742.6条第(9)款作出的处理；

(d) 按照《管制毒品和麻醉药品法》第16条第(1)款作出的裁定。

[注：第747.1条没有效力]

"初审法院"　　　"初审法院"指被告人接受审理的法庭，包括按照第十九章行事的法官或者省法院法官。

上 诉 权

已废止的程序　　第674条　在有关可诉罪的诉讼中，只能以本章和第二十六章所允许的程序进行上诉。

被定罪人上诉的权利	**第675条** (1) 在因公诉书引起的诉讼中被初审法院定罪的人可以向上诉法院上诉： （a）对其的定罪： （i）单独以涉及法律问题为由上诉； （ii）经上诉法院或者其法官允许，或者经审理法官证明本案属于正当的上诉，以涉及事实问题、或者既涉及事实问题又涉及法律问题为由上诉； （iii）经上诉法院允许，以（i）目或者（ii）目规定以外的、上诉法院认为充足的理由上诉； （b）经上诉法院或者其法官允许，针对初审法院的量刑上诉，但刑罚为法律确定的除外。
简易罪上诉	(1.1) 根据第（1）款规定，如果符合下列条件，经上诉法院或者其法官同意，可以对简易罪判决或者与简易罪有关的判决如同公诉程序中的判决一样向上诉法院提出上诉： （a）对该简易罪判决未曾提出上诉； （b）构成简易罪与可诉罪同时审理； （c）对可诉罪提出了上诉。
对超过10年的绝对期限的上诉	(2) 被以二级谋杀罪定罪而处以终身监禁，并且不允许假释的确定期限超过10年的人，可以向上诉法院就不许假释超过10年的期限提出上诉。
对依第743.6条规定所作命令的上诉	(2.1) 依照第743.6条针对其作出裁定的人可以向上诉法院对此命令提出上诉。
不满十八岁的人	(2.2) 实施犯罪时不满十八岁的人，如果被以一级谋杀罪或者二级谋杀罪定罪、被判处终身监禁且在服完主审法官确定的刑期前不得假释，可以向上诉法院对此刑期提出上诉。
对基于精神失常所作裁决的上诉	(3) 对一个人作出因精神失常不负刑事责任或者不宜承受审理的裁决的，其可以第（1）款（a）项（i）目、（ii）目或者（iii）目所提到的情况为由，并在符合上述法律规定的条件下，向上诉法院对该裁决提出上诉。
请求允许被法官拒绝的上诉	(4) 上诉法院的法官根据第（1）款（b）项以外的规定拒绝同意上诉的，上诉人可以在拒绝后7日内向上诉法院提交书面通知，请求上诉法院对同意上诉的申请作出决定。
总检察长的上诉权	**第676条** (1) 总检察长或者其为此指定的律师可以

向上诉法院提出上诉：

（a）单独以法律问题为由，对初审法院在因公诉书引起的诉讼中无罪判决或者无罪裁决或者因精神失常不负刑事责任的裁决提出上诉；

（b）针对具有刑事管辖权的高等法院撤销公诉书或者以任何方式拒绝或者没有对起诉书行使管辖权的裁定提出上诉；

（c）针对初审法院中止因公诉书引起的诉讼或者撤销起诉的命令提出上诉；

（d）经上诉法院或者其法官允许，针对初审法院在因公诉书引起的诉讼中的量刑提出上诉，但刑罚为法律确定的除外。

简易罪上诉

（1.1）根据第（1）款规定，如果符合下列条件，经上诉法院或者其法官同意，总检察长或者其指定的律师可以对简易罪判决或者与简易罪有关的判决如同公诉程序中的判决一样向上诉法院提出上诉：

（a）对该简易罪判决未曾提出上诉；

（b）构成简易罪与可诉罪同时审理；

（c）对可诉罪提出了上诉。

宣判无罪

（2）对于本条，被告人在审理中已经根据第730条被定罪或者撤销其他罪名的，无罪判决或者裁决包括就特别指控罪名的无罪释放。

对不宜承受审理的裁决的上诉

（3）总检察长或者其专门指定的律师可以单独以涉及法律问题为由，对被告人不宜承受审理的裁决向上诉法院提出上诉。

对不得假释期限的上诉

（4）总检察长或者其专门指定的律师，可以对二级谋杀罪定罪判决中附加不得假释的期限为25年以下的向上诉法院提出上诉。

对不按照第743.6条作出裁定的上诉

（5）总检察长或者其专门指定的律师，可以对法庭不按照第743.6条作出命令的决定向上诉法院提出上诉。

关于诉讼费用的上诉

第676.1条　被裁定缴纳诉讼费用的当事人，经上诉法院或者其法官同意，可以就对该裁定或者数额对该命令向上诉法院提出上诉。

说明异议的理由

第677条　上诉法院的法官表明与该法院判决不同的

意见的,上诉法院的判决应当说明该不同意见的全部或者部分法律依据。

上诉的程序

通知上诉　　　　第 678 条　(1) 打算向上诉法院提出上诉或者获得上诉法院允许上诉的上诉人,应当将上诉的通知或者申请获取同意的通知在法院规则规定的期限内以法院规则规定的方式提交给上诉法院。

期限的延长　　　　(2) 上诉法院或者其法官可以随时延长提交上诉通知或者申请获取同意的通知的期限。

不能找到被上诉人时的送达　　　　第 678.1 条　经过合理努力不能找到被上诉人从而不能向其送达上诉的通知或者请求允许上诉的通知的,送达通知可以按照上诉法院法官指示的方式和期限替代实施。

上诉审理期间的释放　　　　第 679 条　(1) 如果有下列情形之一,上诉法院的法官可以按照本条规定在上诉审理期间将上诉人解除羁押:

(a) 在针对定罪向上诉法院提出上诉的情况下,上诉人已按照第 678 条通知上诉;要求得到上诉法院允许的,已通知请求允许上诉;

(b) 在仅对量刑向上诉法院提出上诉的情况下,上诉人已经被准予上诉;

(c) 在向加拿大最高法院提出上诉或者请求允许上诉的情况下,上诉人已经提交和送达了上诉的通知;要求得到最高法院允许的,已经提交和送达了请求允许上诉的申请。

通知请求释放　　　　(2) 上诉人于上诉审理期间向上诉法院的法官申请释放的,他应当将此申请书面通知控告人或者上诉法院法官指示送达的其他人员。

上诉人可以被释放的情况　　　　(3) 在第(1)款(a)项或者(c)项所规定的上诉的情况下,如果上诉人证实符合下列条件,上诉法院的法官在上诉审理期间可以裁定将上诉人释放:

(a) 上诉或者请求允许上诉不是无意义的;

(b) 他将按照裁定规定的条件接收羁押;

(c) 从公共利益考虑,没有必要将其羁押。

同上　　　　(4) 在第(1)款(b)项所规定的上诉的情况下,如果上

诉人证实符合下列条件,上诉法院的法官可以裁定将上诉人释放至作出上诉裁决或者上诉法院法官作出其他裁定:

(a) 上诉有充分的法律依据在此情况下如果上诉人被羁押将造成不必要的困难;

(b) 他将按照裁定规定的条件接受羁押;

(c) 从公共利益考虑,没有必要将其羁押。

命令的条件　　(5) 上诉法院的法官没有拒绝上诉人的申请的,应当分别根据下列情况裁定将上诉人释放;上诉人遵守裁定的,看管人应当立即将其释放:

(a) 上诉人无条件或者按照法官确定的条件向法官保证遵守裁定接受羁押;

(b) 提供具结书并且分别根据法官指示的数额和条件向指定的法官:

(i) 提供一位或者数位保证人;

(ii) 缴纳保证金或者其他有价证券;

(iii) 既提供保证人,又缴纳保证金;

(iv) 既不提供保证人,也不缴纳保证金。

(c) [已废止]

条件　　(5.1) 法官可以指示第(5)款规定的保证书或者具结书包括第515条第(4)款、第(4.1)款和第(4.2)款规定的法官认为适当的条件。

适用第525条的某些规定　　(6) 第525条第(5)款、第(6)款和第(7)款的规定比照适用于本条第(5)款所述的羁押释放的人。

裁决听审期间的释放或者羁押　　(7) 如果司法部长按照第696.3条就一个人作出指示或者提交裁决,在进行听审或者作出裁决前,将此人视为第(1)款(a)项规定的上诉中的上诉人,其释放或者拘押适用本条规定。

重新审理或者重新听审期间的释放或者羁押　　(7.1) 如果上诉法院或者加拿大最高法院就一个人指令举行新的审理,在重新审理或者重新听证期间,将此人视为第一次受到该罪指控,其释放或者拘押适用第515条或第552条规定,但第515条规定的法官或者第522条规定的法官的权力由上诉法院法官行使的除外。

适用于简易罪上诉的程序　　(8) 对简易罪向加拿大最高法院请求允许上诉和提出上诉,适用本条规定。

保证书或者具结书的形式	（9）本条所规定的保证书可以采用格式12，具结书可以采用格式32。
关于加快上诉、重新审理等的指示	（10）上诉法院的法官对于上诉人的申请没有根据第(5)款作出裁定或者撤销根据本条作出的裁定的，可以作出其认为必要的指示加快进行对上诉人上诉的听证、加快进行新的审理、新的听证或者裁决；在向最高法院上诉的情况下，基于上诉人的申请，上诉法院法官也可以作出此种指示。
上诉法院的复审	第680条　（1）法官根据第522条、第524条第(4)款或者第(5)款作出的决定，或者上诉法院法官根据第261条或者第679条作出的裁定，按照上诉法院院长或者代理院长的指示，可以由上诉法院进行复审。如果复审没有确认原裁定，法院可以： （a）改变原决定； （b）根据自己的意见代之以其他本应作出的决定。
独任法官	（2）经当事人同意，第(1)款规定的上诉法院的权力可以由该法院的一位法官单独行使。
决定的执行	（3）根据本条予以改变或者作出的新的决定应当有效，与原决定同样执行。
	第681条　[已废止]
法官报告	第682条　（1）根据本章提出上诉或者提交请求允许上诉的申请的，应上诉法院或者其法官的要求，主持审理的法官或者省法院法官应当按照法院规则向上诉法院或者其法官提供有关案件的报告或者要求中所规定的其他事项的情况报告。
证供记录副本	（2）应当向上诉法院提供下列文件或者其副本，但上诉法院法官指示免于提供的除外： （a）审理中采用的证据； （b）对陪审团的指示和对陪审团指示的反对意见； （c）可能说明的判决理由； （d）控告人和被告人的意见，如果上诉理由是基于其中一方的意见。
	（3）[已废止]
利害当事人的副本	（4）上诉一方当事人在缴纳法院规则确定的费用后有权得到根据第(1)和第(2)款规定准备的所有材料的副本。

第二十一章 上诉——可诉罪

司法部长的副本　　（5）司法部长有权要求得到根据第(1)款和第(2)款规定准备的任何材料或者其副本。

上诉法院的权力　　**第683条**　（1）对于本章规定的上诉,上诉法院认为司法利益需要的,可以实施下列行为:

(a) 指令提供文书、物证或者其他与诉讼有关的物品;

(b) 指令任何可以被强制作证的证人实施下列行为,无论其是否被传唤出庭:

(i) 在上诉法院出庭并接受询问;

(ii) 在上诉法院法官、上诉法院任何官员、治安法官或者上诉法院专门指定的其他人员面前按照法院规则规定的方式接受询问;

(c) 将根据(b)项(ii)目规定所进行的询问采纳为证据;

(d) 接受包括具备证人资格但不得被强制作证的上诉人在内的证人可能提供的证据;

(e) 命令将上诉中产生的符合下列条件的问题,依法院规则规定的方式提交上诉法院指定的特别专员进行调查并提出报告:

(i) 涉及先前对文书或者账目的持久审查、科学或者地方调查;

(ii) 上诉法院认为不便由上诉法院调查;

(f) 基于按照(e)项指定的特别专员提交的报告,采取上诉法院认为适当的行为;

(g) 修改公诉书,但上诉法院认为被告人在其辩护或者上诉中已经被误导或者受到损害的除外。

当事人有权举证和被听证　　（2）在根据本条进行的诉讼中,当事人或其律师有权对证人进行询问或者反问,在根据第(1)款(e)项进行的调查中,有权出席并提供证据和被听证。

当事人实质出庭　　（2.1）在根据本条进行的诉讼中,上诉法院可以命令,当事人可以采用法庭满意的、可以让法庭和其他当事人同步交流的其他方式出庭。

证人实质出庭　　（2.2）第714.1条至第714.8条适用于本句本条对证人进行的询问和反问,可根据具体情况作适当变更。

其他权力　　（3）上诉法院在处理此诉讼中,可以行使第(1)款未提到的但上诉法院在民事上诉中可以行使的权力,可以签发为执行法院裁定或者判决所必要的法律文书,但是不得要求上诉人或者被上诉人负担对上诉进行审理和决定的费用或者任何先前或者附属程序的费用。

执行法律文书　　(4)上诉法院根据本条签发的任何法律文书可以在加拿大各地执行。

命令中止的权力　　(5)已向上诉法院提交上诉或者请求允许上诉的申请的,上诉法院或者其法官在其认为司法利益需要时,可以命令中止执行下列事项,直至对上诉作出裁决:

(a)缴纳罚金;

(b)没收或者处理所没收的财产的裁定;

(c)根据第738条或者第739条进行赔偿的裁定;

(d)根据第737条向被害人缴纳额外费用的裁定;

(e)根据第732.1条第(2)款和第(3)款规定的缓刑命令中的条件。

撤销中止命令　　(6)当上诉法院认为撤销符合司法利益的,可以撤销根据第(5)款作出的任何命令。

对上诉人的法律帮助　　**第684条**　(1)上诉法院或者其法官认为从司法利益考虑被告人应当获得法律帮助而被告人缺少充分资力获得这种帮助的,上诉法院或者其法官可以随时为作为上诉一方当事人、或者作为先前或者附属诉讼一方当事人的被告人指定律师。

律师酬金和支出　　(2)根据第(1)款指定律师代理而被告人不能根据省法律援助计划获取法律援助的,律师酬金和支出由作为该上诉案中的上诉人或者答辩人的总检察长缴纳。

核定律师酬金和支出　　(3)适用第(2)款而律师和总检察长不能就律师酬金和支出达成一致的,总检察长或者律师可以向法院登记官提出申请,法院登记官可以核定争议的律师酬金和支出。

对无意义上诉的简易决定　　**第685条**　情况向登记官表明,宣称单独以法律问题为上诉理由的上诉通知未能说明实质的上诉理由的,该登记官可以将上诉提交上诉法院作简易决定。根据本条提交上诉的,上诉法院如果认为该项上诉无意义或者无根据、不经充分听证便作出决定,可以不经传唤任何人或者其代表出庭即简单驳回上诉。

上诉法院的权力

权力　　**第 686 条**　（1）在对定罪判决或者不宜承受审理或者因精神失常不负刑事责任的裁决提起上诉进行的审理中，上诉法院：

（a）认为有下列情形之一的，可以允许上诉：

（i）该裁决不合理或者缺少证据而应当被撤销；

（ii）初审法院的判决因适用法律错误应当被撤销；

（iii）存在审判不公；

（b）有下列情形之一的，可以驳回上诉：

（i）法院认为，虽然上诉人未被根据公诉书的某项罪状或者某部分适当定罪，但根据公诉书的其他罪状或者部分被适当定罪；

（ii）上诉未依（a）项规定的理由作出有利于上诉人的决定；

（iii）尽管上诉法院认为依（a）项（ii）目规定的理由，就上诉本来可以作出有利于上诉人的决定，其认为原审无实质错误或者审判不公；

（iv）尽管在审理中存在程序方面的瑕疵，初审法院对上诉人被定罪的罪行种类有管辖权，上诉法院认为上诉人未受到损害；

（c）认为初审法院关于特别裁决的作用得出错误结论的，可以拒绝允许上诉，可以命令将上诉法院认为裁决所要求的结论作记录，可以宣告有法律根据的判决以代替初审法院确定的判决；

（d）可以撤销定罪，裁定上诉人不宜承受审理或者因精神失常不负刑事责任，可以根据情况以上诉法院认为适当的方式行使初审法院根据第 672.45 条享有的其他权力。

（e）[已废止]

应当作出的命令　　（2）上诉法院根据第（1）款（a）项允许上诉的，应当撤销定罪判决，并实施下列行为之一：

（a）指示作出无罪释放的判决或者裁决；

（b）命令重新审理。

替换裁决	（3）上诉法院根据第(1)款(b)项(i)目驳回上诉的，可以作出其认为适当的裁决，并且实施下列行为之一： （a）维持初审法院判处的刑罚； （b）依法作出判决，或者将案件发回初审法院并且指示初审法院依法作出判决。
对无罪释放的上诉	（4）如果上诉系对无罪释放或者上诉人或者被上诉人不宜承受审理或者因精神失常不负刑事责任的裁决而提出，上诉法院可以实施下列行为之一： （a）驳回上诉； （b）允许上诉，撤销原裁决，并且实施下列行为之一： （i）裁定重新审理； （ii）除原裁决是由法官和陪审团共同组成的法庭作出的以外，对自己认为被告人应当被定罪但适用法律错误的罪行作出定罪裁决并宣告判决，或者将案件发回初审法院，指示初审法院依法作出判决。
根据第十九章重新审理	（5）除适用第(5.01)款的情形外，如果上诉系对第十九章规定的诉讼程序而提起并且上诉法院根据本章裁定重新审理，适用下列规定： （a）如果被告人在其上诉通知或者请求允许上诉的申请中，请求如果裁定重新审理的话，由法官和陪审团组成法庭进行，那么新的审理应当按照上诉人的要求进行； （b）如果被告人在其上诉通知或者请求允许上诉的申请中，没有请求如果裁定重新审理的话，重新审理由法官和陪审团共同组成法庭进行，那么无需经被告人进一步选择，新的审理应当由未参初审的一位法官或者省法院法官根据第十九章进行，但上诉法院指示新的审理由原初审法官或者省法院法官进行的除外； （c）如果上诉法院裁定重新审理应当由法官和陪审团组成的法庭进行，新的审理应当由书面指控被裁定重新审理的罪行的公诉书开始； （d）尽管有(a)项规定，如果被告人提出上诉的定罪属于第553条规定的犯罪并且定罪判决是由省法院法官作出的，新的审理应当由未参加初审的省法院法官根据第十九章规定进行。但上诉法院指示新的审理由原进行初审的省法

院法官进行的除外。

根据第十九章重新审理——努纳武特

(5.01) 如果上诉系对第十九章规定的诉讼程序而提起并且努纳武特上诉法院裁定根据第二十一章重新审理,适用下列规定:

(a) 如果被告人在其上诉通知或者请求允许上诉的申请中,请求如果命令重新审理的话,由法官和陪审团组成法庭进行,那么新的审理应当按照上诉人的要求进行;

(b) 如果被告人在其上诉通知或者请求允许上诉的申请中,没有请求如果裁定重新审理的话,重新审理由法官和陪审团共同组成法庭进行,那么无需经被告人进一步选择,也无需进一步预审,新的审理应当由未参初审的法官根据第十九章规定独任审理,但努纳武特上诉法院指示新的审理由原初审法官进行的除外;

(c) 如果努纳武特上诉法院裁定重新审理应当由法官和陪审团组成的法庭进行,那么新的审理应当由书面指控被裁定重新审理的罪行的公诉书开始;

(d) 尽管有(a)项规定,如果被告人提出上诉的定罪属于第553条规定的犯罪,新的审理应当由未参加初审的法官根据第十九章规定独任审理。但努纳武特上诉法院指示新的审理由原进行初审的省法院法官进行的除外。

由陪审团重新审理情况下的选择

(5.1) 除适用第(5.2)款的情形外,如果上诉法院裁定由一位法官和陪审团组成的法庭进行重新审理,则:

(a) 经控告人同意,被告人可以选择不要陪审团而由一位法官或者省法院法官独任审理;

(b) 该选择视为第561条第(5)款所定义的重新选择;

(c) 对于该选择比照适用第561条第(5)款。

由陪审团重新审理情况下的选择——努纳武特

(5.2) 如果努纳武特上诉法院命令的重新审理将由一位法官和陪审团组成的法庭进行,经控告人同意,被告人可以选择不要陪审团而由一位法官独任审理。该选择将被视为属于第561.1条第(1)款意义内的重新选择,而第561.1条第(6)款适用于在条件需要时对该选择的任何变动。

允许对不宜承受审理的裁决上诉

(6) 上诉法院允许对被告人不宜承受审理的裁决上诉的,在适用第(7)款规定的前提下,应当裁定进行重新审理。

上诉法院可以撤销不宜承受审理的裁决	（7）在控诉方举证终结后宣告被告人不宜承受审理的裁决的，尽管该裁决适当，如果上诉法院认为被告人在控诉方举证终结后应当被无罪释放的，可以允许上诉、撤销原裁决，指示作出无罪释放的判决或者裁决。
附加的权力	（8）上诉法院行使第(2)款、第(4)款、第(6)款或者第(7)款授予的权力的，可以根据司法需要作出其他裁定。
对于量刑判决上诉法院的权力	第687条　（1）对量刑提起上诉的，除该刑罚为法律所确定的之外，上诉法院应当考虑被上诉的量刑是否适当，可以依据自己认为可以要求或者采纳的证据实施下列行为之一： （a）在法律为被告人被定罪的罪行规定的幅度内改判刑罚； （b）驳回上诉。
判决的效力	（2）上诉法院对被定罪的被告人改判刑罚的判决，与初审法院作出的量刑判决具有同等效力和作用。
上诉人出庭的权利	第688条　（1）除适用第(2)款的情形外，被羁押的上诉人如果要求，有权在审理上诉时出庭。
上诉人由律师代理	（2）被羁押的上诉人由律师代理的，无权出席： （a）上诉仅涉及法律问题的，对上诉进行的审理； （b）请求允许上诉的申请； （c）上诉之前或者附属的诉讼，但法院规则规定其有权出庭或者上诉法院或者其法官允许其出庭的除外。
出庭方式	（2.1）对于被羁押并且在上诉中有权出庭的上诉人，法庭可以指令采用下列方式，而不要求上诉人亲自出庭： （a）对于请求允许上诉的申请或者上诉之前或者附属的诉讼中，上诉人采用法官满意的包括电话在内的电信手段出庭； （b）审理上诉时，如果上诉人能够得到法律咨询，其以闭路电视或者可让法庭和所有当事人同步参与的视频和口头表达的其他方式出庭。
辩论可以采用口头或者书面方式	（3）上诉人可以书面代替口头方式进行举证和辩论，上诉法院应当考虑书面提出的辩论。
在上诉人缺席的情况下量刑	（4）尽管上诉人没有出庭，上诉法院可以行使权力判处刑罚。

第二十一章　上诉——可诉罪

归还或者没收财产　　第689条　（1）如果初审法院根据第738条或者第739条作出赔偿或者归还财产的裁定，或者根据第164.2条第（1）款或者第462.37条第（1）款作出没收财产的裁定，这些裁定暂缓执行：

（a）直至法院规则规定的提供上诉通知或者通知请求允许上诉的期限届满，但被告人放弃上诉的除外；

（b）已经提出上诉或者允许上诉的申请的，直至作出裁决。

取消或者变更裁定　　（2）上诉法院可以在初审法院作出赔偿或者归还财产裁定所依据的法律规定的限度内，裁定取消或者变更初审法院关于赔偿或者归还财产的裁定，无论是否撤销定罪。

第690条　［已废止］

向加拿大最高法院提出的上诉

对定罪的上诉　　第691条　（1）因可诉罪被定罪而且其定罪经上诉法院维持的人，可以分别就下列问题向加拿大最高法院提出上诉：

（a）上诉法院法官持不同意见的法律问题；

（b）如果经加拿大最高法院批准上诉，有关任何法律问题。

撤销无罪释放的上诉　　（2）受可诉罪指控、因精神失常不负刑事责任的裁决以外的原因而被宣布无罪释放，但其无罪释放被上诉法院撤销的人可以向加拿大最高法院提出上诉：

（a）以上诉法院一位法官持有异议的法律问题为由；

（b）以法律问题为由，如果上诉法院对其作出有罪裁决；

（c）以法律问题为由，如果加拿大最高法院允许上诉。

对维持因精神失常不负刑事责任裁决的上诉　　第692条　（1）具有下列情形之一，被裁决因精神失常不负刑事责任的人可以向加拿大最高法院提出上诉：

（a）该裁决被上诉法院以同样理由予以维持；

（b）上诉法院根据686条第（4）款（b）项（ii）目对其作出有罪裁决。

对维持不宜承受审理裁决的上诉　　（2）被裁决不宜承受审理并且该裁决经上诉法院维持

的人,可以向加拿大最高法院提出上诉。

上诉理由　　　　（3）根据第(1)款或者第(2)款的上诉可以分别:

(a) 以上诉法院法官持有异议的法律问题为由;

(b) 以法律问题为由,如果经加拿大最高法院允许上诉。

总检察长的上诉　　第 693 条　（1）上诉法院基于根据第 675 条提出的上诉撤销定罪裁决或者驳回根据第 676 条第(1)款(a)项、(b)项或者(c)项或者第 676 条第(3)款提出的上诉的,总检察长可以分别以下列理由向加拿大最高法院提出上诉:

(a) 上诉法院法官持有异议的法律问题;

(b) 任何法律问题,如果经加拿大最高法院允许上诉。

条件　　　　（2）上诉根据第(1)款(b)项得到允许的,加拿大最高法院可以确定其认为适当的条件。

通知上诉　　第 694 条　除非上诉人按照《最高法院法》的规定将上诉书面通知被上诉人,不得向加拿大最高法院提出上诉。

为被告人提供法律帮助　　第 694.1 条　（1）加拿大最高法院或者其法官认为案情表明出于司法需要被告人应当获得法律帮助而被告人缺少资力获得这种帮助的,加拿大最高法院或者其法官随时可以为在向本院的上诉中以及上诉前后的诉讼中作为一方当事人的被告人指定代理律师。

律师酬金和支出　　（2）根据第(1)款指定律师代理而被告人不能根据省法律援助计划获取法律援助的,律师酬金和支出应当由在上诉中作为上诉人或者答辩人的总检察长缴纳。

核定律师酬金和支出　　（3）适用第(2)款并且律师和总检察长不能就律师酬金和支出达成一致的,总检察长或者律师可以向法院登记官提出申请,法院登记官可以核定争议的律师酬金和支出。

上诉人出庭的权利　　第 694.2 条　（1）除适用第(2)款的情形外,被羁押的上诉人希望在加拿大最高法院对上诉举行审理时出庭的,有权出庭。

上诉人由律师代理　　（2）被羁押的上诉人由律师代理的,无权在加拿大最高法院对下列问题审理时出庭,但法院规则授权或者加拿大最高法院或者其法官允许上诉人出庭的除外:

(a) 请求允许上诉的申请;

(b) 准备或者附属杂项诉讼程序;

(c) 对上诉的审理。

加拿大最高法院的命令　　第 695 条　（1）对于本章规定的上诉,加拿大最高法院可以作出上诉法院可能作出的命令,可以制定任何对执行其判决有必要的规则或者命令。

（2）［已废止］

加拿大总检察长的上诉

加拿大总检察长的上诉权　　第 696 条　在应加拿大政府之请求提起并由加拿大政府或者其代表进行的诉讼中,加拿大总检察长享有与省总检察长根据本章享有的相同的上诉权。

第二十一之一章　申请行政审查
——审判不公

申请　　　　　　第696.1条　（1）依照议会制定法或者根据议会制定法制定的条例被定罪的人、依照第二十四章被认定为危险犯或者长期罪犯的人，在用尽对于定罪判决或者认定的司法审查或者上诉权利后，其本人或者代表，可以以审判不公为由，向司法部长申请行政审查。

申请书格式　　　（2）申请必须采用条例规定的格式，包括规定的资料并附以规定的文件。

对申请的审查　　第696.2条　（1）接到本章规定的申请后，司法部长应当根据条例对申请进行审查。

调查权　　　　　（2）为进行与本章规定的申请相关的调查，司法部长拥有并且可以行使《调查法》第一章规定的专员的权力以及该法第十一条可以授予专员的权力。

授权　　　　　　（3）尽管有《调查法》第11条第（3）款的规定，司法部长可以将其取证、签发传票、强制证人出庭、强制其作证以及根据第（2）款实施调查的其他权力以书面方式授予一省律师业合格人员、已退休法官或者其认为有相同背景和经验的其他人员。

"上诉法院"的定义　第696.3条　（1）在本条中，"上诉法院"指第2条所定义的、与本章规定的申请相关的人受到审理的省的上诉法院。

提交权力　　　　（2）司法部长可以随时将与本章规定的申请相关的、其希望得到上诉法院协助的问题提交给上诉法院征求意见，上诉法院应当相应地提供意见。

司法部长的权力　（3）收到本章规定的申请后，司法部长可以实施下列行为之一：

（a）如果司法部长确信有正当理由推断可能出现了审判不公：

（i）以书面命令指示其认为适当的法院重新审理，或者对于根据第二十四章规定认定为危险犯或者长期罪犯的案件根据该章重新进行听审；

(ii) 将该事项随时提交上诉法院,由其进行听审并且如同对待被定罪的人或者根据第二十四章被认定为危险犯或者长期罪犯的人提出的上诉那样作出裁决；

(b) 驳回申请。

不得上诉　(4) 司法部长根据第(3)款作出的决定为终局决定,不得上诉。

考虑事项　**第 696.4 条**　根据第 696.3 条第(3)款作出决定时,司法部长应当考虑其认为相关的所有事项,包括：

(a) 申请是否有具有重要意义的新的事实支持,而该事实在法庭或者司法部长处理与定罪判决或者根据第二十四章作出的裁决有关的申请时未得到考虑；

(b) 所提交的与申请相联系的资料的相关性和可靠性；

(c) 本章规定的申请并不意在引起上诉和根据该申请所获得的救济为特殊救济的事实。

年度报告　**第 696.5 条**　司法部长应当于每个财政年度结束后 6 个月内就本章规定的申请向议会提交年度报告。

条例　**第 696.6 条**　总督可以就下列事项制定条例：

(a) 规定本章规定的申请的格式、要求包含的资料以及必须与申请同时提交的文件；

(b) 规定与本章规定的申请相关的审查程序,可以包括以下阶段,即预先评定、调查、调查报告和决定；

(c) 关于第 696.5 条规定的年度报告的格式和内容。

第二十二章 促使出庭

适 用

适用　　第697条　除适用第527条的情形外,在适用本法的诉讼中要求一个人出庭作证的,适用本章规定。

程 序

传票　　第698条　(1)在适用本法的程序中一个人可能提供实质性证据的,可以根据本章规定签发传票要求其到庭提供证据。

格式17的令状　　(2)可能提供实质性证据的人,显然具有下列情形之一的,有权签发传票要求其出庭作证的法庭、法官或者省法院法官可以签发格式17的令状,将其逮捕并带至法庭作证:

　　(a)如果签发传票,不会按传票要求到庭;

　　(b)逃避传票送达。

首先签发传票　　(3)除适用第(2)款(a)项规定的情形外,如果未签发传票,不得签发格式17的令状。

谁可以签发　　第699条　(1)如果要求出庭作证的是有刑事管辖权的高等法院、审理上诉的法院、上诉法院、有刑事管辖权法院但非根据第十九章行使职权的省法院法官,指示此人到庭的传票应当由要求出庭的法院签发。

法官命令　　(2)如果要求出庭在根据第十九章行使职权的省法院法官或者根据第二十七章行使职权的简易法院或者在有管辖权的法官面前作证,传票应当由下列人员之一签发:

　　(a)被要求出庭的人在诉讼进行的省内的,省法院法官或者法官;

　　(b)被要求出庭的人不在省内的,进行诉讼省的省法院法官或者有刑事管辖权的高等法院。

法官命令　　(3)只有按照有刑事管辖权的高等法院法官基于诉讼

当事人提出的申请所作出的裁定,该法院才可以依照第(2)款(b)项规定签发传票。

印章　　　　　　　(4)法院根据本章规定签发的传票或者令状,应当加盖法院的印章,并由法院的法官或者书记官签名。

签名　　　　　　　(5)法官或者省法院法官根据本条规定签发的传票和令状应当由法官签名。

性犯罪　　　　　　(5.1)尽管有第(1)款至第(5)款的规定,对于第278.2条第(1)款规定的罪行,要求证人将其出示由第278.1条至第278.91条调整的记录带至法庭的传票,必须由法官签发和签名。

传票格式　　　　　(6)除适用第(7)款的情形外,根据本章规定签发的传票可以采用格式16。

性犯罪中的传票格式　(7)对于第278.2条第(1)款规定的罪行,要求证人将任何物品带至法庭的传票应当采用格式16.1。

传票的内容　　　**第700条**　(1)传票应当要求受传票送达的人在传票指定的时间和地点出庭作证,并且,如果要求,将他所持有或者控制的与诉讼事项有关的物品带至法庭。

证人出庭和停留　　(2)受传票送达的人应当出庭,并且,除非经主审法官、法官或者省法院法官同意,在整个诉讼过程中不离开法庭。

视频连接,等　　**第700.1条**　(1)如果一个人应当按照第714.1条或者第714.3条或者按照《加拿大证据法》第46条第(2)款作证,或者按照根据《刑事司法双边协助法》第22.2条发出的指令提供证据或者陈述,且作证地位于第699条第(1)款或者第(2)款规定的法院的管辖范围内且可以采用此种技术的,传票应当由法院签发,指令此人在此地提供证据。

《刑事法典》的规定　(2)第699条、第700条和第701条至第703.2条比照适用按照本条签发的传票。

令状的执行和送达

送达　　　　　　　**第701条**　(1)除适用第(2)款的情形外,传票应当由治安官或者在该省有资格送达民事诉讼文书的其他人员比照第509条第(2)款的规定送达。

直接送达　　　　　(2)根据第699条第(2)款(b)项规定签发的传票应当

送达被送达人本人。

送达证明 （3）传票的送达可以由送达人的宣誓书证明。

根据省法律送达 第701.1条 尽管有第701条的规定,在任何省份,传票或者其他文件的送达和送达的证明可以根据与该省法律规定的犯罪相关的法律进行。

在加拿大全境有效的传票 第702条 （1）由省法院法官、有刑事管辖权的法院、审理上诉的法院、上诉法院或者有刑事管辖权的法院签发的传票,根据其规定在加拿大全境有效。

在省全境有效的传票 （2）由法官签发的传票,在签发省全境有效。

在加拿大全境有效的令状 第703条 （1）尽管本法有其他规定,由有刑事管辖权的高等法院、审理上诉的法院、第812条所定义的上诉法院或者有刑事管辖权的法院,而非按第十九章行使职权的省法院法官,签发的逮捕令或者拘押令,可以在加拿大境内任何地点执行。

在省内有效的令状 （2）尽管本法有其他规定,但按照第705条第（3）款的规定,由省法官或者法院法官签发的逮捕令或者拘押令,可在签发法院所在省内任何地方执行。

在加拿大全境有效的传票 第703.1条 传票可在加拿大境内任何地点送达;传票一经送达即有效力,而无论签发机构属地管辖权如何。

对组织送达文书 第703.2条 传票、通知书或者其他文书的受送达人为组织并且没有其他送达方式的,有效的送达方式为:

（a）受送达人是市的,交给市长、高级官员、议长或者该市的其他主要官员,或者交给市的秘书、财务主管或者其职员;

（b）受送达人是其他组织的,交给经理、秘书或者该组织或者其分支机构的高级官员。

证人不出庭或者逃避出庭

对逃避的证人的令状 第704条 （1）对于具结书要求在诉讼中作证的人,如果法官根据书面的起誓控告书确信此人要逃避或者已逃避作证,法官可以签发格式18的令状,命令治安官将此人逮捕并带至其应到庭的法庭、法官或者省法院法官面前。

签注令状 （2）第528条比照适用于根据本条签发的令状。

控告书副本	（3）根据本条被逮捕的人有权请求得到据以签发逮捕令状的控告书的副本。
证人不到庭时的令状	**第705条** （1）已受要求出庭作证的传票的证人不出庭或者中途退庭的，如果证实符合下列条件，法院、法官或者省法院法官如果确信符合下列条件，可以签发格式17的令状将其逮捕： （a）传票已按本章的规定予以送达； （b）此人可能提供实质性证据。
证人已作具结书时的令状	（2）已作了具结书保证在诉讼中出庭的人不出庭或者中途退庭的，法院、法官或者省法院法官可以签发格式17的令状将其逮捕并带至法庭。
在加拿大全境有效的令状	（3）根据第（1）款或者第（2）款由法官或者省法院法官签发的令状可以在加拿大境内任何地方执行。
证人按照令状被逮捕时的命令	**第706条** 按照根据第698条第（2）款、第704条或者第705条签发的令状被带至法院、法官或者省法院法官的人，法院、法官或者省法院法官可以将其： （a）羁押； （b）作出于受到要求时出庭作证的格式32的具结书后予以释放，无论是否提供保证人。
羁押证人的最长期限	**第707条** （1）根据本法授权对一个人进行羁押，如果仅是为了使其按要求出庭作证，羁押的最长期限不得超过30日，但在30日届满前他被带见羁押的省的有刑事管辖权的高等法院的法官的除外。
证人向法官提出的申请	（2）第（1）款所述证人于该款规定的30日届满前申请将其带见所规定的法院法官的，收到申请的法官应当指定在30日届满前的时间听审该申请，并将指定的时间通知该证人、看管证人的人以及法官指定的其他人员。看管证人的人应当于指定的听审时间将证人带见该法院法官。
审查羁押	（3）如果听审证人申请的法官确信不应继续羁押该证人，应当命令将其释放或者在其作出格式32的有保证人或者无保证人的保证按指定时间出庭及提供证据的具结书后，予以释放。但是如果法官确信应继续羁押的，可以命令继续羁押，直至证人完成第550条规定的事项、审理结束或者到出庭履行作证义务时止。但对证人从其第一次被羁押之时

起的羁押期间在任何情况下不得超过90日。

蔑视法庭罪　　第708条　（1）法律规定有义务出庭作证的人,没有法定理由不出庭或者中途退庭,为蔑视法庭罪。

处罚　　（2）法院、法官或者省法院法官可以对本条规定的蔑视法庭罪按简易程序处理,可以对行为人处以不超过100元的罚金或者不超过90日的监禁或者两者并罚,可以裁定他缴纳本章规定的文书送达费以及对其进行羁押的费用。

格式　　（3）本条规定的定罪判决可以采用格式38,与定罪有关的拘押令可以采用格式25。

电子传送的副本

电子传送的副本　　第708.1条　对于本法,以电子方式传送并生成书面文件的传票或者令状的副本与原件具有同等证明力。

委　托　取　证

指派被授权人的指令　　第709条　（1）在以公诉书提起的诉讼中或者简易罪程序中,一方当事人可以申请指令一位被授权人提取下列证人的证言：

(a) 因为下列原因之一不可能在审理时出庭的：

(i) 因疾病而导致的生理缺陷；

(ii) 有其他充分正当的理由；

(b) 在加拿大境外的。

同上　　（2）根据第(1)款作出的决定视为在与该款所述程序有关的审理中作出。

证人患病时的申请　　第710条　（1）第709条第(1)款(a)项规定的申请应当向下列人员之一提出：

(a) 诉讼进行的省高等法院的法官；

(b) 进行诉讼的司法区的县或者郡法院的法官；

(c) 省法院法官,如果具有下列情形之一：

(i) 提出申请时,被告人正在由省法院法官根据第十八章的规定进行预审；

(ii) 被告人将要由省法院法官根据第十九章或者第二

第二十二章 促使出庭

十七章的规定进行审理。

开业医生的证据　　(2)根据第709条第(1)款(a)项(i)目规定提出的申请应当根据注册登记的开业医生出具的证据予以批准。

采纳生病证人的证言　　**第711条**　第709条第(1)款(a)项的证人证言为由按照第710条指派的被授权人取得的,如果符合下列条件,可以在诉讼中采纳为证据:

(a)经口头证言或者宣誓书证明证人不到庭是因为死亡、疾病导致的生理缺陷或者因其他充分正当的理由;

(b)证言笔录经被授权人或者宣称获取证人证言的人签名认可;

(c)经证明,法庭确信提取证据的时间已合理通知对方当事人、被告人或者其辩护人、控诉人或者其代理人,他们已经或者本可以有充分的机会对证人进行反问。

证人不在加拿大时申请命令　　**第712条**　(1)根据第709条第(1)款(b)项提出的申请,应当向下列人员提出:

(a)有刑事管辖权的高等法院的法官或者将审理被告人的有刑事管辖权的法院的法官;

(b)省法院法官,如果被告人将由省法院法官根据第十九章或者第二十七章的规定进行审理。

采纳不在加拿大的证人的证言　　(2)证人的证言是由指定的被授权人根据本条的规定取得的,可以在诉讼中采纳为证据。

(3)[已废止]

为被告人的律师提供到场的机会　　**第713条**　(1)指派被授权人的法官或者省法院法官可以在命令中规定使被告人或者其律师在提取证据时到场,但如果证据已按照命令及本章的规定提取的,被告人或者其律师未能按照命令规定到场不妨碍在诉讼中将其采纳为证据。

递交证据　　(2)指派被授权人提取证据的命令,应当指示根据命令取得的证据应当递交的法官。

不得排除的证据　　**第713.1条**　根据第712条由指派的专员记取的证据,只要取证程序符合取证地国家法律且不与基本正义原则相违背,则不得仅因取证方式与加拿大不同而将其排除。

规则及程序与民事诉讼相同　　**第714条**　除本章或者法院规则另有规定以外,根据本章指派被授权人、被授权人提取证据、确认证据及送交证据以及在诉讼中的运用证据的程序及手续,应当尽可能与进行诉讼的省高等法院民事诉讼调整类似事项的有关规定一致。

视频连接,等—加拿大境内的证人

第714.1条 如果法庭认为在考虑到包括下列因素的情况下方式合适,法庭可以命令在当事人实际出庭的情况下,由证人在在加拿大境内其他地方以技术手段作证:

（a）证人所处位置和个人情况；

（b）若由证人亲自出庭将发生的费用；

（c）证人可能提供的证据的性质。

视频连接,等—加拿大境外的证人

第714.2条 （1）法庭应当接受加拿大境外的证人以于当事人亲自出庭的情况下可以由其异地作证的技术手段提供的证据,但当事人之一使法庭确信接受此类证据与根本正义的原则相悖的除外。

通知

（2）期望传唤证人根据第（1）款作证的当事人应当于证人根据安排作证至少10日以前将其意图通知法庭和其他当事人。

录音证据—加拿大境内的证人

第714.3条 如果法庭认为在考虑到包括下列因素的情况下方式合适,法庭可以命令加拿大境内的证人以可以让当事人和法庭于异地听取和询问证人的技术手段作证:

（a）证人所处位置和个人情况；

（b）若由证人亲自出庭将发生的费用；

（c）证人可能提供的证据的性质；

（d）因不能见到证人而可能对任何一方当事人造成的损害。

录音证据—加拿大境外的证人

第714.4条 如果法庭认为在考虑到包括下列因素的情况下方式合适,法庭可以接受加拿大境外的证人以可以让当事人和法庭在加拿大境内听取和询问证人的技术手段提供的证据:

（a）证人可能提供的证据的性质；

（b）因不能见到证人而可能对任何一方当事人造成的损害。

宣誓或者确认

第714.5条 根据第714.2条或者第714.4条所提供的证据应当以下列方式之一提供:

（a）按照加拿大法律经宣誓或者确认；

（b）按照证人所在地法律经宣誓或者确认；

(c) 以表明证人明白其必须如实作证的其他方式。

适用关于证人的其他法律　　第714.6条　加拿大境外的证人按照第714.2条或者第714.4条作证时,对于有关证据、程序、伪证和藐视法庭的法律,该证据视为在加拿大境内按照加拿大法律提供。

采用技术手段的费用　　第714.7条　打算传唤证人采用第714.1条、第714.2条、第714.3条或者第714.4条所述技术手段作证的当事人,应当缴纳与采用技术手段相关的任何费用。

同意　　第714.8条　第714.1条至第714.7条的规定不得被解释为妨碍法庭经当事人同意接受采用第714.1条至第714.4条所述的技术手段提供的证据。

先前取得的证据

预审中取得的证据可于审理某些案件时宣读　　第715条　(1) 审理时,当一个人的证据已在同一指控的先前审理中取得,或者已在对被告人的指控的调查中取得,或者在对指控进行预审中取得,在审理被告人时,此人拒绝宣誓或者提供证据的,或者由经口头宣誓证明的事实可以合理推断出此人有下列情形之一并且经证明取得此人的证据时被告人在场的,该证据可以无需其他证据证明而在诉讼中作为证据宣读,但被告人能证明其没有充分的机会对证人进行反问的除外：

(a) 已死亡;

(b) 已精神失常;

(c) 因病不能旅行或者作证;

(d) 不在加拿大。

证据的采纳　　(2) 在预备审理中或者其他对被告人的指控调查中取得的证据,如同在对相同犯罪指控进行调查时获取的证据那样,可以在根据同一事实以相同方式指控被告人其他罪名时采纳为证据。

视为到庭的潜逃被告人　　(3) 对于本条,证据是在先前审理、预审或者其他程序中被告人因潜逃而不在场的情况下取的,应视为被告人于取证时在场并且有充分的机会对证人进行反问。

例外　　(4) 第(1)款至第(3)款不适用于按照第540条第(7)款取得的证据。

音像证据

控告人或者证人的证据　　第715.1条　在就第151条、第152条、第153条、第155条、第159条、第160条第(2)款或者第(3)款、第163.1条、第170条、第171条、第172条、第173条、第210条、第211条、第212条、第213条、第266条、第267条、第268条、第271条、第272条或者第273条规定的罪行所进行的诉讼中,如果控告人或者其他证人在指控的犯罪发生时不满十八岁,在指控的犯罪发生后合理时间内制作的控告人或者证人描述该罪行的录像带,其内容于控告人或者证人作证时得到其认可的,该录像带可以采纳为证据。

控告人的证据　　第715.2条　(1)在就第151条、第152条、第153条、第153.1条、第155条、第159条、第160条第(2)款或者第(3)款、第163.1条、第170条、第171条、第172条、第173条、第210条、第211条、第212条、第213条、第266条、第267条、第268条、第271条、第272条或者第273条规定的罪行所进行的诉讼中,如果控告人或者其他证人能够提供证据但因为精神障碍或者生理缺陷而有困难,在指控的犯罪发生后合理时间内制作的控告人或者证人描述该罪行的录像带,其内容于控告人或者证人作证时得到其认可的,该录像带可以采纳为证据。

禁止使用的命令　　(2)主审法官可以禁止在其他场合使用第(1)款所述的录像带。

第二十三章 量 刑

解 释

定义　　　　　　**第716条** 在本章中，
"被告人"　　　　"被告人"包括受到犯罪指控的人。
"替代措施"　　　"替代措施"指本法规定的司法措施以外的、对于年满十八周岁且受到犯罪指控的人的处置措施。
"法庭"　　　　　"法庭"指：
　　　　　　　　（a）有刑事管辖权的高等法院；
　　　　　　　　（b）有刑事管辖权的法院；
　　　　　　　　（c）根据第二十七章规定的简易罪程序行事的法官或者省法院法官；
　　　　　　　　（d）审理上诉的法庭。
"罚金"　　　　　"罚金"包括金钱处罚或者其他金钱，但不包括赔偿。

替代措施

替代措施的适用条件　　**第717条** （1）只有在与社会保护不相冲突且满足下列条件时，才可以对受到犯罪指控的人适用替代措施：

（a）这些措施属于替代措施方案的一部分，该方案得到总检察长或者其代表的授权，或者得到副省督指定的人的授权；

（b）考虑是否适用替代措施的人确信，根据被指控的人的需要以及社会和被害人的利益，适于适用这些措施；

（c）此人被告知后，完全且自由地同意参与替代措施；

（d）在同意参与替代措施以前，此人已被告知由律师代理的权利；

（e）此人认可对于构成被指控罪行的主要部分的作为或者不作为的责任；

（f）根据总检察长或者其代理人的意见，有充分证据继续进行对于犯罪的诉讼；

（g）对于犯罪的诉讼不以任何方式被法律禁止。

适用限制　　（2）如果受到犯罪指控的人有下列情形之一，则对其不得适用替代措施：

（a）否认实施或者参与了犯罪；

（b）表明愿意由法庭处理任何犯罪指控。

承认不得作为证据　　（3）受到犯罪指控的人作为替代措施适用条件而对于特定作为或者不作为的责任的承认、供认和陈述，在任何民事或者刑事诉讼中不得作为对其不利的证据。

不妨碍程序的进行　　（4）对于受到犯罪指控的人适用替代措施，并不妨碍根据本法进行的诉讼程序，但是，如果此人受到对于前述犯罪的指控，则：

（a）如果法庭根据优势证据确信其已经完全遵从替代措施的限制性规定，法庭应驳回起诉；

（b）法庭根据优势证据确信其部分地遵从了替代措施的限制性规定，考虑到案件的情节和其有关替代措施的表现，如果认为对他的指控将不公平，法庭可以驳回起诉。

起诉，等　　（5）除适用第（4）款的情形外，本条的任何规定不得被解释为妨碍依法对于被适用替代措施的人提起民事诉讼、获取案件处理结果或者证明或者对于犯罪的指控。

对于被处理人的记录　　**第717.1条**　第717.2条至第717.4条仅适用于以替代措施处置的人，无论他们对于替代措施的限制性规定遵从的程度如何。

警方记录　　**第717.2条**　（1）与被指控罪行有关的记录，包括被指控人的指纹或者照片的原件和复件，可以由负责或者参与犯罪调查的警察机构保存。

治安官披露　　（2）若有必要，治安官可以向进行犯罪调查的任何人披露根据本条规定保存的记录中的任何资料。

同上　　（3）治安官可以向保险公司披露根据本条规定保存的记录中的任何资料，用于调查因与记录相关的人实施的犯罪或者被指控的罪行而发生的索赔。

政府记录　　**第717.3条**　（1）加拿大政府的部门或者机构可以保存包括本部门或者机构获得的资料的记录：

（a）用于调查被指控的罪行；

（b）用于根据本法对人提起的诉讼；

（c）作为对一个人适用替代措施的结果。

私人记录　　（2）任何个人或者组织可以保存包含其获取的作为对被指控罪行的人适用替代措施的结果的资料的记录。

披露记录　　第717.4条　（1）根据第717.2条或者第717.3条保存的任何记录可以向下列人员提供：

（a）任何法庭或者法官，为了与该记录有关的人实施或者被指控实施的犯罪相关的诉讼；

（b）任何治安官，目的是：

（i）用于调查此人被合理怀疑已经实施的犯罪或者因之被逮捕或者起诉的犯罪；

（ii）管理与该记录相关的案件；

（c）加拿大政府部门或者机构的符合下列条件之一的成员或者其代理人：

（i）从事对此人适用的替代措施的管理；

（ii）正在依本法起草与此人相关的报告；

（d）法官认为对于该记录有正当利益的任何人，且法官确信记录的披露：

（i）考虑到公共利益，可以用于研究或者统计目的；

（ii）考虑到司法利益，为可行的。

后续披露　　（2）记录根据第（1）款（d）项（i）目规定向他人披露后，此人以后可以披露记录中的任何资料，但是所采用的方式不得使他人辨认出记录相关人的身份。

资料，副本　　（3）根据本条授权查看记录的人可以获取记录中的任何资料，可以获取记录中任何部分的副本。

证据　　（4）记录中在其他情况下不得采纳为证据的部分不因为本条的规定而可以采纳为证据。

同上　　（5）相关人员同意参加替代措施的时间届满两年以后，根据第717.2条或者第717.3条的规定保存的记录不得采纳为证据，但为第721条第（3）款（c）项规定的目的除外。

量刑的目的和原则

目的　　第718条　量刑的根本目的在于，通过适用具有下列一

项或者多项目的制裁,积极预防犯罪,促进对于法律的尊重,维护正当、和平和安全的社会秩序:

(a) 谴责非法行为;

(b) 威慑罪犯和其他人使其不实施犯罪;

(c) 必要时将罪犯与社会隔离;

(d) 协助改造罪犯;

(e) 为犯罪给被害人或者团体造成的损害进行补偿;

(f) 增强罪犯的责任感和对于给被害人和团体造成的损害承担责任。

基本原则　　第718.1条　刑罚必须与犯罪的严重程度和犯罪人的责任相适应。

其他量刑原则　　第718.2条　量刑的法庭还应考虑下列原则:

(a) 刑法应随相关的趋重或者减轻情节而增减,下列因素应被视为趋重情节:

(i) 表明犯罪是基于因种族、血统、民族、语言、肤色、宗教、性别、年龄、精神或者生理缺陷、性倾向或者其他类似因素而产生的成见、偏见或者歧视等动机的证据;

(ii) 表明罪犯于犯罪时对其配偶、普通法配偶或者子女进行虐待的证据;

(iii) 表明罪犯于实施犯罪时滥用了与被害人相关的信任或者委托身份的证据;

(iv) 表明犯罪系为犯罪组织利益、受犯罪组织指示或者与犯罪组织合伙实施的证据;

(v) 表明犯罪为恐怖主义犯罪的证据;

(b) 科刑应当与对在类似条件下实施类似罪行的类似犯罪人判处的刑罚相类似;

(c) 判处了连续执行的刑罚的,合并执行的刑罚不应过长或者过于严厉;

(d) 如果在具体情况下限制性较低的制裁合适,则不得剥夺犯罪人的自由;

(e) 对于所有犯罪人应当考虑适用监禁刑以外的在具体情况下合理的处罚措施,应特别考虑土著犯罪人的具体情况。

组 织

附加因素　　**第 718.21 条**　对组织量刑的法庭还应考虑下列因素：
　　（a）该组织因实施犯罪而获取的利益；
　　（b）实施犯罪的计划程度、犯罪的持续时间和复杂程度；
　　（c）该组织是否企图隐匿其财产或者转化财产，以表明其没有缴纳罚金或者进行赔偿的能力；
　　（d）科刑将对该组织的经济能力和其雇员的继续就业造成的影响；
　　（e）公共机构调查和起诉犯罪的费用；
　　（f）管理机构就构成犯罪的主要部分的行为而对该组织或者其代表人判处的处罚；
　　（g）该组织——或者其与实施犯罪有关的任何代表人——是否曾因类似行为被以类似罪名定罪或者受到行政管理机构处罚；
　　（h）该组织对代表人就其在实施犯罪中的作用而进行的处罚；
　　（i）该组织被命令缴纳的赔偿或者其已经向犯罪被害人缴纳的数额；
　　（j）该组织为降低重新犯罪的可能性而已经采取的措施。

一般情形下的处罚

不同程度的处罚　　**第 718.3 条**　（1）法律对一种犯罪规定了不同程度或者不同种类的刑罚的，要判处的刑罚应当由对犯罪人定罪的法庭在法律规定的限度内斟酌决定。

关于处罚的裁量　　（2）法律对一种犯罪规定了一种刑罚的，要判处的刑罚应当由对犯罪人定罪的法庭在法律规定的限度内斟酌决定。除非明确宣布，判处的刑罚不为最低刑。

未规定期限时不履行义务的监禁　　（3）被告人被确定构成的犯罪既可以判处罚金又可以判处监禁刑而规定刑罚的法律中没有规定不缴纳罚金时的

监禁期限的,不缴纳罚金时判处的监禁刑不得超过对此犯罪规定的监禁刑的期限。

累积刑罚

(4) 如果符合下列条件之一,对被告人进行判决的法庭或者青少年法庭可以命令,由该法庭判处的或者作为适用第 734 条第(4)款、第 743.5 条第(1)款或者第(2)款结果的数个监禁刑应当连续执行:

(a) 被告人于受到另一刑罚处罚时被科刑,并且判处一定期限的监禁刑,无论是因不缴纳罚金或者其他原因;

(b) 被告人被认定构成或者被定的罪可以被并处罚金和监禁刑,被告人被以两者并处;

(c) 被告人被认定构成多种犯罪或者被定多种犯罪,并且符合下列条件之一:

(i) 判处两笔以上罚金;

(ii) 就各罪分别被判处监禁刑;

(iii) 就一种犯罪被判处监禁刑,就其他犯罪被判处罚金;

(d) 适用第 743.5 条第(1)款或者第(2)款。

刑罚的开始执行

第 719 条 (1) 刑罚于判处时开始执行,但相关法规另有规定的除外。

未被羁押的时间不计入监禁期限

(2) 被定罪的被告人非法地未被羁押或者按照本法其他规定暂时释放而合法地未被羁押的时间,不得计入对其判处的监禁刑的期间。

刑罚的确定

(3) 对被定罪的人判处刑罚时,法庭可以考虑其因该犯罪而被羁押的时间。

何时开始计算时间

(4) 尽管有第(1)款规定,监禁刑的期限,无论是由初审法院或者审理上诉的法院判处,于被定罪的人被逮捕或者按照判决被关押之日开始或者视为开始。

判处罚金时

(5) 尽管有第(1)款规定,判处的刑罚为罚金并附以不缴纳罚金时的监禁刑的,执行拘押令之前的时间不得计入监禁刑执行期间。

申请允许上诉

(6) 申请允许上诉为本条的上诉。

程序和证据

量刑程序

第 720 条 犯罪人被认定构成犯罪后,法庭应当尽快开始程序确定要判处的适当的刑罚。

缓刑监督官的报告　**第 721 条**　(1) 除适用根据第(2)款制定的条例的情形外,非组织的被告人对罪行作有罪答辩或者被认定构成某罪的,如果法庭要求,缓刑监督官应当起草并向法庭提交与被告人有关的书面报告,以协助法庭判处刑罚或者确定是否应当按照第 730 条释放被告人。

省级条例　(2) 副省督可以制定条例,规定法庭可以要求提交报告的犯罪的类型以及报告的内容和形式。

报告的内容　(3) 除非法庭另行指定,报告必须尽可能包括关于下列事项的资料:

(a) 罪犯的年龄、发育状况、性格、表现、态度和改过的主动性;

(b) 除适用《青少年刑事审判法》第 119 条第(2)款的情形外,根据《1985 年制定法修正本》第 Y-1 章之《青少年犯罪法》进行处置的历史、根据《青少年犯罪法》先前进行判决的历史以及根据本法和其他议会制定法先前作出有罪裁决的历史;

(c) 曾用于处理该罪犯的替代措施的历史和罪犯对那些措施的反应;

(d) 根据第(2)款制定的条例要求在报告中包括的其他事项。

同上　(4) 报告还必须包括法庭于听取控辩双方的辩论之后要求包括的其他事项,但受根据第(1)款制定的条例的相反规定的限制。

报告副本　(5) 法庭书记官应当于登记后按照法庭的指示尽快向犯罪人或者其律师提供报告的副本,并向控告人提供。

关于被害人所受影响的陈述　**第 722 条**　(1) 为确定对犯罪人判处的刑罚或者是否应当按照第 730 条将犯罪人释放,法庭应当考虑可能已经按照第(2)款提交的、说明被害人因犯罪受到的损害或损失的书面陈述。

关于被害人所受影响的陈述的程序　(2) 第(1)款所述之陈述必须:

(a) 按照法庭行使管辖权的省的副省督所特别制定的计划规定的格式和程序,以书面形式起草;

(b) 向法庭提交。

提交陈述	（2.1）经被害人要求，法庭应当允许被害人宣读按照第（2）款起草和提交的陈述，或者以法庭认为适当的其他方式出示陈述。
可以采纳的有关被害人的证据	（3）无论是否已经按照第（2）款起草和提交陈述，在确定对犯罪人判处的刑罚或者是否应当按照第730条将犯罪人释放时，法庭可以考虑与被害人有关的其他证据。
"被害人"的定义	（4）对于本条和第722.2条，与犯罪有关的"被害人"：
	(a)指因为犯罪而受到损失和受到人身伤害或者精神损害的人；
	(b)(a)项所述人员死亡以及因疾病或者其他原因而不能提交第(1)款所述陈述的，包括在法律上或者事实上监护此人、负责对其照顾或者抚养或者由其抚养的任何人，包括其配偶、普通法上的配偶或者任何亲属。
陈述的副本	第722.1条　法庭书记官应当在作出有罪的裁决后尽快向犯罪人或者其律师提供第722条第(1)款规定的陈述的副本，并向控告人提供。
法庭询问	第722.2条　（1）法庭应当在作出有罪裁决后尽快，无论如何在量刑之前，向控告人、被害人或者被害人的代表人询问被害人是否已经被告知有提交第722条第(1)款所述陈述的机会。
延期审理	（2）根据控告人或者被害人的申请或者其自己的动议，如果确信延期审理不会影响正当司法，法庭可以延期审理，以允许被害人起草第722条第(1)款所述陈述或者根据第722条第(3)款规定提交证据。
关于事实的意见	第723条　（1）在量刑前，法庭应当向控告人和犯罪人提供机会，让他们就与刑罚有关的事实发表意见。
证据的提交	（2）法庭应当听取控告人或者犯罪人提交的相关证据。
证据的出示	（3）在听取控辩双方的辩论后，根据自己的动议，法庭可以要求出示证据以协助其确定适当的刑罚。
强制出庭	（4）基于司法利益考虑而有必要的，法庭经与当事人协商后可以强制可被强制出庭的人出庭，以协助法庭确定适当的刑罚。
传闻证据	（5）在量刑程序中可以采纳传闻证据，但如果法庭认为符合司法利益，可以强制符合下列条件的人予以证实：

(a) 对该事项亲自知悉;
(b) 经适当努力可以找到;
(c) 为被强制作证的证人。

接受的控告 第724条 (1) 量刑时,法庭可以将于审理时或者量刑程序中披露的控告以及控辩双方没有争议的事实作为经过证实的事实接受。

陪审团 (2) 法庭由一位法官和陪审团组成的,法庭:
(a) 应当将陪审团作出的有罪裁决中的明示或者默示的基本事实作为业经证实的事实予以接受;
(b) 可以认定在审理中由证据披露的其他相关事实予以证实,或者听取任何一方当事人提供的与此事实相关的证据。

有争议的事实 (3) 对与量刑相关的事实存在争议的:
(a) 法庭应当要求提供证明存在事实的证据,但法庭确信已经在审理中提供了充分证据的除外;
(b) 当事人期望依赖相关事实,包括判决前调查报告中包括的事实的,就该事实承担举证责任;
(c) 当事人可以向对方当事人传唤的证人进行反问;
(d) 除适用(e)项的情形外,法庭必须根据优势证据确信争议的事实的存在后才可将其作为量刑根据;
(e) 控告人必须排除合理怀疑地证明趋重处罚事实的存在或者犯罪人有前科。

其他罪行 第725条 (1) 量刑时,法庭:
(a) 如果可能并且合适,应当考虑同一法庭认定犯罪人构成的其他犯罪,对每一犯罪量刑;
(b) 如果总检察长和犯罪人同意,应当考虑犯罪人同意并且作有罪答辩的、法庭有管辖权的未决指控,并且应当对每一指控进行量刑,但法庭认为对另一罪行单独指控符合公共利益的除外;
(b.1) 如果符合下列条件,应当考虑针对犯罪人的任何未决指控,但法庭认为对其他罪行另行指控符合公共利益的除外:
(i) 总检察长和犯罪人同意;
(ii) 法庭对于每一指控都有管辖权;

(iii) 每一项指控都在开庭时进行了说明；

(iv) 犯罪人认可每一项指控中主张的事实；

(v) 犯罪人承认实施了每一项指控中说明的罪行；

(c) 可以考虑作为该罪行部分情节而可能构成单独指控基础的事实。

总检察长的同意　(1.1) 对于第(1)款(b)项和(b.1)项，总检察长同意之前应当考虑公共利益。

不需要进一步的程序　(2) 法庭应当在起诉书或者公诉书上批注下列事项，不得就这些指控中所说明的或者这些事实所披露的罪行实施进一步的诉讼，但对于犯罪人已经被认定构成犯罪的罪行的定罪判决在上诉中被撤销或者宣布无效的除外：

(a) 按照第(1)款(b.1)项量刑时考虑的未决指控；

(b) 按照第(1)款(c)项量刑时考虑的事实。

犯罪人可以对量刑发表意见　**第726条**　在确定宣告刑之前，法庭应当询问出庭的被告人是否要发表意见。

相关资料　**第726.1条**　量刑时，法庭应当考虑向其提交的任何资料，包括控告人或者被告人或者他们的代表提交的陈述或者意见。

量刑理由　**第726.2条**　宣判刑罚时，法庭应当说明刑罚的条件和理由，并且将这些条件和理由记入诉讼记录。

前科　**第727条**　(1) 除适用第(3)款和第(4)款的情形外，对犯罪人被定之罪可因前科而判处较重刑罚的，如果控告人不能使法庭确信犯罪人在答辩前已经收到因此寻求判处较重刑罚的通知，则不得因此而判处较重刑罚。

程序　(2) 对犯罪人被定之罪可因前科而判处较重刑罚的，基于控告人的申请并且确信犯罪人没有根据第(1)款得到通知，法庭应当询问犯罪人是否有前科。如果犯罪人否认前科，可以出示相关证据。

何时依单方申请进行听审　(3) 简易法院按照第803条第(2)款进行审理并对犯罪人定罪的，无论犯罪人是否得到将因前科而被判处较重刑罚的通知，法庭可以进行询问并听取与犯罪人的前科相关的证据；如果前科得到证实，可以因此而判处较重的刑罚。

组织　(4) 如果法庭根据第623条对未出庭答辩的组织进行缺席审理并且作出有罪判决，无论组织是否得到将因前科

第二十三章 量刑

而被判处较重刑罚的通知，法庭可以进行询问并听取与犯罪组织的前科相关的证据；如果前科得到证实，可以因此而判处较重的刑罚。

不适用　　　　　　（5）本条不适用于第 745 条(b)项所述的人。

宣告刑因任何罪项　第 728 条　以起诉书中两个或者两个以上罪项的有罪
而正当　　　　　　裁决为基础而宣告判决的，如果任何一个罪项使判决正当化，该判决即为有效。

分析证明书的证明　第 729 条　（1）在下列情形中，宣称由化验师签名、说明化验师已经化验或者检查某种物质并且陈述化验或者检察结果的分析证明书，可以被采纳为证据，并且，在无相反证据的情况下，即使没有签署人的签名或者官方身份的证明，也为其中包含陈述的证明：

（a）因被告人不遵守缓刑命令规定的禁止占有或者使用麻醉品的条件而提起的控告；

（b）为确定犯罪人是否违反了附条件监禁刑判决中关于禁止其占有或者使用麻醉品的条件而进行的审理。

"化验师"的定义　　（2）在本条中，"化验师"指按照《管制毒品和麻醉药品法》的规定被指定作为化验师的人。

将要出示证明书的　（3）除非意欲出示证明书的当事人在审理前或者听审
通知　　　　　　　前向其意欲针对的当事人送达了合理的通知并附以证明书副本，证明书不得采纳为证据。

送达证明　　　　　（4）第(1)款所述证明书的送达，可以由宣称已经将其送达的人经宣誓的口头证言、宣誓书或者郑重声明书加以证明。

出庭接受询问　　　（5）尽管有第(4)款的规定，法庭可以要求似乎已经签署了该款所述宣誓书或者郑重声明书的人出庭，就送达的证明问题接受询问或者反问。

要求化验师出庭　　（6）被针对出示分析证明书的当事人，经法庭允许，可以要求化验师出庭接受反问。

无条件释放和有条件释放

有条件和无条件释　第 730 条　（1）非组织的被告人作有罪答辩并被裁决
放　　　　　　　　构成法律规定了最低刑罚或者应处 14 年或者终身监禁刑以

外的犯罪的,如果认为符合被告人的最佳利益并且与公共利益不相冲突,法庭可以不对被告人定罪,而以命令指示将被告人无条件释放或者按照根据第731条第(2)款作出的裁定规定的条件释放。

出庭通知,等的有效期间　　(2) 除适用第十六章的情形外,未被羁押或者已经根据第十六章的规定被释放的被告人作有罪答辩并被裁决构成犯罪但是没有被定罪的,针对被告人签发或者其作出的出庭通知书、出庭承诺书、保证书、具结书根据其规定继续有效,直至按照第(1)款对被告人作出处置,但法庭或者法官于被告人作有罪答辩或者被裁决有罪时命令将被告人羁押等待处置的除外。

释放的效力　　(3) 法庭根据第(1)款命令将被告人释放的,犯罪人视为没有被定罪,但符合下列条件的除外:

(a) 犯罪人可以对有罪裁决如同对有罪判决那样提起上诉;

(b) 总检察长和简易罪程序中的控告人或者其代理人,对于法庭的不定罪裁决,如同对无罪判决、无罪裁决或者驳回起诉的决定那样提起上诉;

(c) 犯罪人对于针对该罪行的后续指控可以作前经定罪的答辩。

受缓刑命令约束的人被定罪的情况　　(4) 如果受到于根据本条被命令释放时发出的缓刑命令约束的被告人被宣告构成犯罪,包括第733.1条规定的犯罪,发出缓刑命令的法庭,可以在行使第732.2条第(5)款规定的权力之外或者作为行使该权力的替代,于根据该款规定可以采取行动时,随时撤销释放决定,对犯罪人以被指控的犯罪定罪,并且判处犯罪人于被指控时本可判处的刑罚。对指示将被告人释放的命令提出上诉的,对于本款规定的有罪判决不得上诉。

缓　　刑

发出缓刑命令　　**第731条**　(1) 一个人被定罪的,考虑到犯罪人的年龄和品行、犯罪的性质以及实施犯罪的环境:

(a) 如果法律没有规定最低刑,法庭可以暂缓宣告判

第二十三章 量刑

决,命令根据缓刑命令规定的条件将被告人释放;

(b) 在判处罚金或者不超过两年的监禁刑之外,命令犯罪人遵守缓刑命令规定的条件。

同上　　　　　　(2) 法庭在按照第730条第(1)款释放被告人时也可以发出缓刑命令。

(3) [已废止]

火器,等的禁止　　第731.1条　(1) 在作出缓刑命令前,法庭应当考虑是否可适用第109条或者第110条。

适用第109条或者第110条　　(2) 为更加明确,第732.1条第(3)款(d)项所述缓刑命令的条件不影响第109条或者第110条的适用。

间歇性刑罚　　第732条　(1) 无论是因为不缴纳罚金或者其他原因,法庭对被定罪的犯罪人处以90日以下监禁刑的,考虑到犯罪人的年龄和品行、犯罪性质和实施犯罪的环境以及为保证遵守判决而适当变通的可能性,法庭可以命令:

(a) 按照命令规定的时间间歇地执行刑罚;

(b) 犯罪人在刑罚执行期间未被关押时遵从缓刑命令规定的条件;如果法庭命令,还应于刑满释放后遵从缓刑命令规定的条件。

申请变更间歇性刑罚　　(2) 按照命令间歇地执行刑罚的犯罪人,在通知控告人之后,可以向判处刑罚的法庭申请连续执行刑罚。

再犯的情况下法庭可以变更间歇性刑罚　　(3) 法庭对于正在因为其他罪行而间歇地执行刑罚的犯罪人判处监禁刑的,间歇性刑罚没有执行完毕的部分应当连续执行,法庭作出其他命令的除外。

定义
"变更"
"选择性条件"　　第732.1条　(1) 在本条和第732.2条中,
"变更",对于选择性条件,包括取消和增加。
"选择性条件"指第(3)款或者第(3.1)款所述条件。

缓刑命令的强制性条件　　(2) 法庭应当规定,犯罪人遵守下列全部规定,作为缓刑命令的条件:

(a) 维持治安,行为端正;

(b) 法庭要求出庭时出庭;

(c) 就其姓名和住址的变更先行向法庭或者缓刑监督官报告,就业或者职业有变更时立即向法庭或者缓刑监督官报告。

缓刑命令的选择性条件　　(3) 作为缓刑命令的附加条件,法庭可以命令被告人遵守下列一项或者数项条件：

(a) 向缓刑监督官报到：

(i) 于发出缓刑命令后两个工作日内，或者法庭规定的较长时间内；

(ii) 此后，于缓刑监督官要求时，并以缓刑监督官指定的方式；

(b) 未经法庭或者缓刑监督官书面允许，不得离开法院管辖区；

(c) 不实施下列行为：

(i) 使用酒精类或者其他兴奋剂；

(ii) 非依医疗处方使用麻醉品；

(d) 不拥有、占有或者携带武器；

(e) 对受其抚养的人进行抚养和照顾；

(f) 在不超过18个月的时间内提供总计240小时的社区服务；

(g) 如果犯罪人同意并且项目指导人接受该犯罪人，积极参与省批准的治疗计划；

(g.1) 缓刑命令地所在的省的副省督已建立计划进行与使用酒精或者毒品有关的矫正治疗的，前往副省督指定的治疗机构接受评估和该计划安排的与使用酒精或者毒品有关的矫正治疗；

(g.2) 缓刑命令地所在的省的副省督已建立计划调整犯罪人对于酒类联动装置的使用并且犯罪人同意参与该计划的，遵守该计划；

(h) 只要根据第738条第(2)款制定的条例有规定，遵守法庭认为为保护社会和促进犯罪人成功融入社会而适当的其他合理条件。

选择性条件—组织

(3.1) 作为针对组织作出的缓刑命令的附加条件，法庭可以规定犯罪人遵守下列一项或者数项条件：

(a) 为犯罪给他人造成的损失或者破坏进行赔偿；

(b) 为降低该组织重新实施犯罪的可能性而制定政策、标准和程序；

(c) 将这些政策、标准和程序传达给其代表人；

(d) 将这些政策、标准和程序的执行情况向法庭报告；

(e) 指定一名高级职员负责这些政策、标准和程序的遵守；

(f) 以法庭指定的方式向公众提供下列资料，即：

(i) 该组织被定的罪名；

(ii) 法庭判处的刑罚；

(iii) 该组织为降低重新实施犯罪的可能性正在采取的措施——包括按照(b)项制定的政策、标准和程序；

(g) 遵守法庭认为为防止该组织重新实施犯罪或者为补救犯罪造成的危害而适当的其他合理条件。

考虑因素—组织　　(3.2) 在作出第(3.1)款(b)项规定的命令前，法庭应当考虑由其他管理机构监督该项规定的政策、标准和程序的制定和实施是否更为合适。

命令的格式和期限　　(4) 缓刑命令可以采取格式46，发出缓刑命令的法庭应当在命令中规定其有效期间。

作出命令的程序　　(5) 作出缓刑命令的法庭应当：

(a) 向犯罪人提供：

(i) 命令的副本；

(ii) 对第732.2条第(3)款和第(5)款以及第733.1条规定的内容的解释；

(iii) 根据第732.2条第(3)款变更选择性条件的程序的解释；

(b) 采取合理措施保证犯罪人理解命令和按照(a)项向其提供的解释。

命令的生效　　**第732.2条**　(1) 缓刑命令于下列时间之一生效：

(a) 作出命令之日；

(b) 犯罪人被按照第731条第(1)款(b)项判处监禁刑或者因其他犯罪曾被判处监禁刑的，犯罪人被释放之时，或者有条件释放的，监禁刑期满时；

(c) 针对犯罪人作出附条件监禁刑命令的，该命令有效期满时。

命令的有效期间及其限制　　(2) 除适用第(5)款的情形外：

(a) 受到缓刑命令约束的被告人被宣告构成犯罪，包括第733.1条规定的犯罪，或者因不缴纳罚金而按照第731条第(1)款(b)项被监禁的，缓刑命令继续有效，但判决使得犯罪当事人不能遵守命令时例外。

(b) 缓刑命令的有效期限不得超过3年。

缓刑命令的变更

(3) 根据犯罪人、缓刑监督官或者控告人的申请,作出缓刑命令的法庭可以随时要求犯罪人出庭,并且于听取犯罪人以及缓刑监督官和控告人两者或者两者之一的意见后实施下列行为之一,法庭应当在缓刑命令上作相应签注;如果变更了选择性条件,应当将此通知犯罪人并向其提供经过签注的命令的副本:

(a) 法庭认为因自规定那些条件之后情况的变化而有必要,变更选择性条件;

(b) 无条件地或者根据法庭认为适当的条件,免除犯罪人遵守任何选择性条件的义务;

(c) 缩短缓刑命令的有效期限。

法官可以在其办公室行事

(4) 第(3)款所述的法庭的所有职责,可以在法官办公室履行。

定罪时

(5) 受到缓刑命令约束的被告人被宣告构成犯罪,包括第733.1条规定的犯罪,并且有(a)、(b)或者(c)项情形之一的,在可能对此犯罪判处的其他刑罚之外,根据控告人的申请,法庭可以要求犯罪人出庭,在听取控告人和犯罪人的意见后,实施(d)或者(e)项行为之一,并且在缓刑命令上作相应签注;如果变更了选择性条件或者延长了命令的有效期限,应当将此通知犯罪人并向其提供经过签注的命令的副本:

(a) 对有罪判决上诉期满而犯罪人没有提出上诉;

(b) 犯罪人提出上诉,而上诉已被驳回;

(c) 犯罪人已经通知对其定罪的法庭其不提出上诉或者已经放弃上诉;

(d) 缓刑命令是根据第731条第(1)款(a)项作出的,撤销该命令,如果宣判未推迟,判处本可判处的刑罚;

(e) 对选择性条件进行法庭认为适当的变更,或者延长命令的有效期限,延长期限以法庭认为适当的为限,不得超过1年。

强制出庭

(6) 对于第(3)款和第(5)款规定的程序,比照适用第十六章和第十八章的规定。

第二十三章 量刑

命令的移送　　　**第 733 条**　（1）受缓刑命令约束的犯罪人成为作出命令地以外的司法区的居民，或者被作出命令地以外的司法区以包括第 733.1 条规定的犯罪定罪或者根据第 730 条被释放，根据缓刑监督官的申请，在遵守第（1.1）款规定的前提下，作出缓刑命令的法院应当将命令移交给另一司法区中的法院；如果犯罪人在此接受审理并被以与缓刑命令相关的罪名定罪，接受移送的法院应当根据已经采用的审理方式在此司法区有权作出缓刑命令。此后，缓刑命令可以完全如接受移送的法院作出的那样由其处理和执行。

总检察长的同意　　（1.1）必须经下列人员之一同意，才可进行移送：

（a）作出缓刑命令的省的总检察长，如果两个司法区不在同一省内；

（b）加拿大总检察长，如果导致签发缓刑命令的程序由加拿大总检察长或者其代表提起。

法庭不能行事时　　（2）作出缓刑命令的法院或者按照第（1）款接受命令移送的法院因任何原因不能履行职责的，该法院与缓刑命令有关的权力可以由同一省中有同等管辖权的法院行使。

不遵守缓刑命令　　**第 733.1 条**　（1）受缓刑命令约束的犯罪人，无合理辩解不遵守或者拒绝遵守该命令的，分别构成：

（a）可诉罪，处以两年以下监禁；

（b）构成简易罪，处以 18 个月以下监禁或者 2000 元以下罚金，或者两者并罚。

可以在任何地方审理和处罚被告人　　（2）受到第（1）款规定的犯罪指控的被告人，可以由对该犯罪有管辖权的法院在被指控犯罪发生地或者被告人被发现地、被逮捕地或者被关押地进行审理和处罚，但被告人被发现地、被逮捕地或者被关押地不在被指控的犯罪发生地的省的，必须经该省总检察长同意，才可以对该犯罪进行诉讼。

罚金和没收

法庭判处罚金的权力　　**第 734 条**　（1）除适用第（2）款的情形外，对自然人定罪的法庭可以按照第 734.1 条以裁定对犯罪人处以罚金：

（a）如果该罪的法定刑不包括最低监禁刑，在法庭有权判处的刑罚之外或者替代该刑罚处以罚金；

（b）如果该罪的法定刑包括最低监禁刑，在法庭被要求或者有权判处的刑罚之外处以罚金。

犯罪人的缴纳能力

（2）除该罪的法定刑包括最低限度的罚金刑或者替代没收令而处以罚金刑的情形以外，法庭只有在确信犯罪人有能力缴纳罚金或者能够根据第736条履行的情况下，才可以根据本条对犯罪人处以罚金。

未缴纳罚金的含义

（3）对于本条和第734.1条至第737条，如果没有按照依第734.1条作出的裁定规定的时间全额缴纳罚金，即为未缴纳罚金。

未缴纳罚金时的监禁

（4）犯罪人根据本条被处以罚金的，根据第（5）款确定的监禁刑应当视为不缴纳罚金时判处的处罚。

监禁期限的确定

（5）第（4）款所述的监禁刑的期限，以日计算，为下列两者中的较短者：

（a）由下列分数舍弃尾数而调整得到的整数：

（i）分子为未缴纳的罚金与按照第（7）款计算的审理费用和押交、移送未缴纳罚金的人至监狱的支出之和；

（ii）分母为未缴纳罚金时判处罚金的省的小时最低工资的八倍；

（b）法庭可以判处的以日计的监禁刑的最高期限。

在犯罪人处发现的金钱

（6）如果作出裁定的法庭确信对逮捕犯罪人时发现的钱款的所有权不会受到犯罪人以外的请求权人的反对而作出指示，根据本条判处的监禁刑的全部或者部分可以以此钱款缴纳。

省的条例

（7）副省督可以就第（5）款（a）项（i）目和第734.8条第（1）款（b）项述及的费用和支出的计算制定条例。

适用于其他法律

（8）本条和第734.1条至第734.8条以及第736条适用于根据任何议会制定法判处的罚金；如果该法中规定的不缴纳罚金时易科监禁刑的刑期有下列情形之一时，不适用第（4）款和第（5）款：

（a）以其他方法计算；

（b）有特殊规定，无论是作为最低刑期还是最高刑期。

处以罚金的裁定的条款

第734.1条　根据第734条对犯罪人判处罚金的法庭应当作出裁定，该裁定应当清楚地规定：

(a) 罚金的数额；

(b) 缴纳罚金的方式；

(c) 全部罚金或者其部分缴纳的时间；

(d) 与罚金的缴纳有关的法庭认为适当的其他条款。

作出裁定的程序　　**第734.2条**　根据第734.1条作出裁定的法庭应当：

(a) 向犯罪人送交：

(i) 裁定的副本；

(ii) 对第734条至第734.8条和第736条的内容的解释；

(iii) 对第736条所述可参加的计划和申请参加计划的程序的解释；

(iv) 按照第734.3条申请变更命令条款的程序的解释；

(b) 采取合理措施以保证犯罪人理解按照(a)项向其送交的裁定和解释。

裁定条款的变更　　**第734.3条**　根据第734.1条作出裁定的法庭或者以该法庭的名义或称号所指定的人，基于犯罪人的申请或为了犯罪人的利益，可以按照法庭根据第482条或者第482.1条制定的规则变更裁定中除罚金数额以外的条款，本条和第734条、第734.1条、第734.2条、第734.6条中所提及的任何与裁定有关的事项都被认为包括了依本条而变更了裁定的事项。

收益交付省财政　　**第734.4条**　(1) 判处罚金、没收财产或者没收保证金而关于此类收益的处理除本条外没有其他法律规定的，收益归判处罚金或者没收财产或者没收保证金的省，应由收到收益的人交付省财政。

收益交付加拿大国库收入官　　(2) 有下列情形之一的，罚金、没收或者保证金的收益归加拿大，应由收到收益的人交付国库收入官：

(a) 判处罚金或者没收财产而有下列情形之一：

(i) 因违反加拿大岁入法；

(ii) 因加拿大政府官员或者雇员的失职或者渎职行为；

(iii) 与应加拿大政府的请求而提起、由政府承担起诉费用的诉讼有关；

(b) 没收与(a)项所述诉讼有关的保证金。

指示缴纳给市当局

　　(3)省、市或者地方当局承担了执法的部分或者全部费用而在此执法过程中判处罚金或者没收财产或者没收保证金的：

　　(a)副省督可以裁定将归省所有的罚金、没收财产或者没收保证金的收益缴纳给该地方当局；

　　(b)副总督可以裁定将归加拿大所有的罚金、没收财产或者没收保证金的收益缴纳给该地方当局。

许可证、牌照等

　　第734.5条　如果犯罪人不缴纳罚金：

　　(a)罚金收益根据第734.4条第(1)款归省所有的，按照省的立法负责核发、续延和吊销许可证、牌照和其他与犯罪人有关的类似证照的人可以拒绝核发、拒绝续延和吊销许可证、牌照或者其他类似证照，直至犯罪人证明已经足额缴纳罚金；

　　(b)罚金收益根据第734.4条第(2)款归加拿大所有的，按照议会制定法负责核发、续延和吊销许可证、牌照和其他与犯罪人有关的类似证照的人可以拒绝核发、拒绝续延和吊销许可证、牌照或者其他类似证照，直至犯罪人证明已经足额缴纳罚金。

罚金、没收的民事执行

　　第734.6条　(1)有(a)或者(b)项情形之一的，(c)或者(d)项所述人员可以将裁定提交备案的方式，在加拿大有权作出特定数额判决的民事法院，将罚金或者没收财产的数额的金钱记入判决：

　　(a)犯罪人未缴纳罚金；

　　(b)根据法律判处的罚金未按照科处罚金命令的要求缴纳，除法律规定的获取罚金或者没收的财产的方式以外；

　　(c)罚金或者没收财产的收益应当归属的省的总检察长；

　　(d)罚金或者没收财产的收益应当归加拿大所有的，归属加拿大总检察长。

提交命令的效力

　　(2)根据本条作成判决的裁定，如同省或者加拿大总检察长获取的判决，可以在民事程序中强制执行。

拘押令

　　第734.7条　(1)已经给予缴纳罚金的时间的，只有符合下列条件，法庭才可以因不缴纳罚金而签发拘押令：

　　(a)给予全额缴纳罚金的期限届满；

(b) 法庭确信有下列情形之一：

(i) 第734.5条和第734.6条规定在具体情况下不宜适用；

(ii) 犯罪人没有正当理由拒绝缴纳罚金或者按照第736条免于缴纳。

拘押的理由　　(2) 未给予缴纳罚金的时间且已因不缴纳罚金而签发对犯罪人的拘押令的,法庭应当在拘押令中说明立即拘押的理由。

监禁的期限　　(2.1) 在第(1)款或者第(2)款所述的拘押令中应当载明不缴纳罚金的拘押期限。

强制被告人出庭　　(3) 第十六章和十七章中关于强制被告人的规定比照适用于第(1)款(b)项的程序。

监禁的效力　　(4) 因不缴纳罚金而监禁犯罪人的,不再实施第734.5条和第734.6条的规定。

"刑罚"的定义　　**第734.8条**　(1) 在本条中,"刑罚"指下列款项的总额：

(a) 罚金；

(b) 按照根据第734条第(7)款制定的条例计算的拘押和转送不缴纳罚金的人的支出和费用。

部分缴纳,缩短监禁期限　　(2) 不缴纳罚金易科监禁的期限,在部分缴纳刑罚时,无论是在执行拘押令之前或者以后,应当以刑期中与缴纳部分在应当缴纳的刑罚的总额中所占比例同等比例的日数缩短。

可以接受的最低额　　(3) 执行拘押令后,不得接受对刑罚的部分缴纳,但缴纳金额足以缩短一天或者其倍数的刑期的除外；只有先行缴纳拘押或者其执行的费用后,才能缴纳刑罚。

向谁缴纳　　(4) 可以根据本条向总检察长指定的人员缴纳；如果犯罪人被监禁,可以向监管人或者总检察长指定的其他人员缴纳。

缴纳的钱款的处理　　(5) 根据本条缴纳的金钱,应首先用于全额缴纳支出和费用,其次用于全额缴纳根据第737条判处的对于被害人的额外费用,最后用于缴纳尚未缴纳的刑罚。

对组织的罚金　　**第735条**　(1) 对被定罪的组织应当判处罚金。如果法律没有其他规定,判处罚金的数额：

	(a) 在可诉罪的情况下,由法庭酌定;
	(b) 在简易罪处罚的情况下,不超过10万元。
某些规定的适用——罚金	(1.1) 根据第(1)款或者其他议会制定法判处罚金的法庭应当作出裁定,裁定应当清楚地规定:
	(a) 罚金的数额;
	(b) 缴纳罚金的方式;
	(c) 全部或者部分缴纳罚金的时间;
	(d) 与缴纳罚金相关的、法庭认为适当的其他条款。
提交命令的效力	(2) 组织不按照裁定的条款缴纳罚金时,比照适用第734.6条。
罚金选择方案	第736条 (1) 按照第734条被判处罚金的犯罪人,无论是否因不缴纳罚金而正在服监禁刑,只要被接受参加下列之一省的副省督专门建立的方案,可以以根据该方案在不超过两年时间内进行工作所挣得的积分全部或者部分履行罚金义务:
	(a) 判处罚金的省;
	(b) 犯罪人所居住的省,如果该省的政府与判处罚金的省的政府之间的协议在有效期间。
积分和其他事项	(2) 第(1)款所述方案应当确定挣得积分的比率,可以规定挣得的积分抵消罚金的方式以及其他为实施方案所必要的和附带的事项。
视为缴纳	(3) 第(1)款规定的通过工作挣得的积分,对于本法,应当视为对罚金的缴纳。
联邦与省之间的协议	(4) 罚金的收益按照第734.4条第(2)款属于加拿大所有的,如果加拿大政府和某省政府之间的协议在有效期间,犯罪人可以按照第(1)款所述的省的罚金选择方案全部或者部分履行罚金义务。
被害人额外费用	第737条 (1) 除适用第(5)款的情形外,被以本法或者《管制毒品和麻醉药品法》规定的罪行定罪或者按照第730条被释放的犯罪人,除被判处的其他刑罚外,还应当向被害人缴纳额外费用。
额外费用的数额	(2) 除适用第(3)款的情形外,因犯罪应当向被害人缴纳的额外费用的数额为:
	(a) 因该犯罪而对犯罪人判处的罚金数额的15%;

	(b) 未判处罚金的,则:
	(i) 对于简易罪处罚,为50元;
	(ii) 对于可诉罪,为100元。
提高额外费用	(3) 如果认为在具体情况下适宜并且确信犯罪人有能力缴纳,法庭裁定犯罪人向被害人缴纳的额外费用可以高于第(2)款规定的数额。
缴纳时间	(4) 因犯罪而对犯罪人判处的额外费用应当在罚金缴纳时间缴纳;如果未判处罚金,则应当在判处罚金的省的副省督规定的时间内缴纳。
例外	(5) 犯罪人使法庭确信向被害人缴纳额外费用将导致犯罪人过度的贫困或者家庭负担的,基于犯罪人的申请,法庭可以裁定对犯罪人免于适用第(1)款。
理由	(6) 法庭按照第(5)款作出裁定时,应当在诉讼记录中说明理由。
用于帮助被害人	(7) 按照第(1)款判处的额外费用应当依照判处额外费用的省的副省督可能作出的裁定用于向犯罪的被害人提供帮助。
通知	(8) 法庭应当向犯罪人提供说明下列事项的书面通知:
	(a) 额外费用的数额;
	(b) 缴纳额外费用的方式;
	(c) 必须缴纳额外费用的时间;
	(d) 按照第734.3条申请变更(b)和(c)项所述条款的程序。
执行	(9) 第734条第(3)款至第(7)款、第734.3条、第734.5条、第734.7条和第734.8条比照适用于按照第(1)款判处的额外费用,尤其是:
	(a) 除第734.8条第(5)款以外关于"罚金"的规定,须解释为关于"被害人额外费用"的规定;
	(b) 按照第(8)款提供的通知视为按照第734.1条作出的裁定。
不适用第736条	(10) 为更加明确,第736条所述关于履行罚金义务的方案不适用于被害人额外费用。

赔 偿

向犯罪被害人赔偿

第738条 （1）犯罪人被定罪或者按照第730条被释放的，基于总检察长的申请或者自己的意向，判处刑罚或者释放犯罪人的法庭，可以在对犯罪人判处的其他措施之外，裁定犯罪人向下列人员进行赔偿：

（a）因实施犯罪、逮捕或者企图逮捕犯罪人而造成任何人的财产的破坏、损失或者毁坏的，如果数额易于查明，向此人缴纳不超过作出命令日重置该财产价值的数额，但要扣除向此人返还的部分财产于返还日的价值；

（b）因实施犯罪、逮捕或者企图逮捕犯罪人而造成任何人人身伤害的，如果数额易于查明，向此人缴纳不超过所有损害赔偿的数额，包括因身体伤害造成的收入损失和抚养费；

（c）因实施犯罪、逮捕或者企图逮捕犯罪人而造成犯罪人的配偶、普通法上的配偶、子女或者其他人员的身体伤害或者威胁造成身体伤害且该配偶、普通法上的配偶、子女或者其他人员于相关时间为犯罪人的家庭成员的，如果数额易于查明，在按照（a）项和（b）项缴纳的数额之外，向此人缴纳不超过因搬出犯罪人的家而为临时住宿、食物、照料儿童和交通需要缴纳的实际的、合理的费用的数额。

条例

（2）副省督可以制定条例，禁止将关于执行赔偿裁定的规定作为缓刑命令或者附条件监禁刑判决命令的选择性条件。

向善意行为人赔偿

第739条 犯罪人被定罪或者按照第730条被释放且有下列情形之一的，如果下述财产已经归还给其合法所有人或者实施犯罪时的合法占有人，法庭可以裁定犯罪人向（a）项或者（b）项所述人员缴纳不超过该财产对价或者未偿还的借款的数额：

（a）因实施犯罪而获取的财产已经以充分对价转让或者转移给未得到告知的善意行为人；

（b）犯罪人以某项财产为担保自未得到告知的善意行为人处借款。

赔偿优先	**第740条** 法庭认定在具体情况下按照第738条或者第739条就犯罪人作出赔偿裁定可行且适当并且具有下列情形之一的,法庭应当首先作出赔偿裁定,然后考虑在具体情况下是否应当以及在什么限度内作出没收财产或者罚金的裁定合适:
	(a) 对于可以作出赔偿裁定的财产,按照本法或者其他议会制定法同样可以作出没收财产的裁定;
	(b) 法庭正在考虑裁定犯罪人缴纳罚金,而在法庭看来犯罪人没有同时遵守赔偿裁定和缴纳罚金的裁定的手段和能力。
执行赔偿裁定	**第741条** (1) 按照第732.1条、第738条、第739条或者第742.3条规定的裁定缴纳的数额没有毫不拖延地缴纳的,按照裁定应当接受缴纳的人可以以将裁定提交备案的方式,在加拿大有权作出特定数额判决的民事法院,将应当缴纳的数额的金钱记入判决;该判决与该法院在民事诉讼中针对犯罪人作出的民事判决一样,对犯罪人有强制执行的效力。
在犯罪人处发现的金钱	(2) 如果作出裁定的法庭确信对逮捕犯罪人时发现的钱款的所有权不会受到犯罪人以外的请求权人的反对而作出指示,根据第738条或者第739条判处的金钱的全部或者部分可以以此钱款缴纳。
关于赔偿裁定的通知	**第741.1条** 法庭按照第738条或者第739条作出赔偿裁定的,应当将关于裁定内容的通知或者裁定的副本送给受赔偿人。
民事救济不受影响	**第741.2条** 作为或者不作为引起的民事救济,不受按照第738条或者第739条就该作为或者不作为已经作出的赔偿裁定的影响。

附条件监禁刑

定义	**第742条** 在第742.1条至第742.7条中,
"变更"	"变更",对于选择性条件,包括取消和增加。
"选择性条件"	"选择性条件",指第742.3条第(2)款所述条件。
"监督官"	"监督官",指总检察长为第742.1条至第742.7条之目

的而以姓名或者职务指定作为监督官的人员。

判处附条件处罚

第 742.1 条 犯罪人被以最短监禁刑以外的罪行定罪且符合下列条件的,基于在社区监督犯罪人行为的目的,法庭可以裁定犯罪人遵守按照第 742.3 条作出的附条件监禁裁定规定的条件而在社区服刑:

(a)法庭判处两年以下监禁;

(b)法庭确信犯罪人在社区服刑不会危及社区安全且符合第 718 条至第 718.2 条规定的量刑的基本目的和原则。

禁止持有火器等

第 109 条或者第 110 条的适用

第 742.2 条 (1)在按照第 742.1 条判处附条件判决前,法庭应当考虑是否可以适用第 109 条或者第 110 条。

(2)为更加明确,第 742.3 条第(2)款(b)项所述附条件监禁命令中的条件不影响第 109 条或者第 110 条的适用。

附条件处罚裁定中的强制性条件

第 742.3 条 (1)法庭应当规定,犯罪人遵守下列全部规定,作为附条件处罚裁定的强制性条件:

(a)维持治安,行为端正;

(b)法庭要求出庭时出庭;

(c)于下列时间向监督官报告:

(i)作出附条件处罚裁定后两个工作日内,或者法庭指示的较长时间内;

(ii)此后,监督官要求时,按照监督官指示的方式;

(d)未经法庭或者监督官书面允许,不离开法院管辖区;

(e)就其姓名和住址的变更先行向法庭或者监督官报告,就业或者职业有变更时立即向法庭或者监督官报告。

附条件处罚裁定中的选择性条件

(2)法庭可以规定,被告人遵守下列一项或者数项规定,作为附条件处罚裁定的附加条件:

(a)不实施下列行为:

(i)使用酒精类或者其他兴奋剂;

(ii)非依医疗处方使用麻醉品;

(b)不拥有、占有或者携带武器;

(c)对受其抚养的人进行抚养和照顾;

(d)在不超过 18 个月的时间内提供总计 240 小时的社区服务;

(e)参与省批准的治疗计划;

(f) 在符合按照第 738 条第(2)款制定的条例的前提下,遵守法庭认为为保证犯罪人行为端正和防止其再犯该罪或者实施其他犯罪而属适当的其他合理条件。

作出裁定的程序　　(3) 按照本条作出裁定的法庭应当:

(a) 向犯罪人提供:

(i) 裁定的副本;

(ii) 对第 742.4 条和第 742.6 条内容的解释;

(iii) 关于按照第 742.4 条申请变更选择性条件的程序的解释;

(b) 采取合理措施保证犯罪人理解裁定和按照(a)项向其提供的解释。

监督官可以建议变更选择性条件　　**第 742.4 条**　(1) 犯罪人的监督官认为情况发生变化而宜于变更选择性条件的,监督官应当将变更建议及其理由书面通知犯罪人、检察官和法庭。

听审　　(2) 收到第(1)款所述通知之后 7 日内,犯罪人或者检察官,或者法庭,可以分别采取下列行动;经下列要求或者裁定,应当于法庭收到第(1)款所述通知后 30 日内进行听审:

(a) 犯罪人或者检察官可以要求法庭进行听审,考虑变更条件的建议;

(b) 法庭可以根据自己的意向裁定进行听审,考虑变更条件的建议。

听审决定　　(3) 在按照第(2)款举行的听审中,法庭:

(a) 应当采纳或者拒绝采纳变更条件的建议;

(b) 可以对选择性条件进行其认为适当的其他变更。

未要求或者命令听审的　　(4) 在第(2)款规定期限内没有要求或者命令进行听审的,建议的变更于法庭收到第(1)款所述通知 14 日之后生效,监督官应当通知犯罪人,并将通知的证明提交法庭。

犯罪人或者检察官建议变更　　(5) 对犯罪人或者检察官就选择性条件建议的变更,适用第(1)款和第(3)款的规定,可以根据具体情况作适当变更,在此情况下必须进行听审,且必须在法庭收到第(1)款所述通知后 30 日内进行听审。

法官可以在其办公室行事　　(6) 本条规定的法庭的所有职责,可以在法官办公室履行。

裁定的移交　　**第 742.5 条**　(1) 受附条件处罚裁定约束的犯罪人成

为裁定作出地以外的管辖区的居民的,根据监督官提出的申请,在适用第(1.1)款的前提下,作出裁定的法庭应当将裁定移交给此管辖区中根据对犯罪人的审理方式若犯罪人在此被审理和定罪将有权对犯罪人作出该裁定的法院;此裁定应当如同接受移交的法院作出的那样得到处理和执行。

总检察长同意　　(1.1) 只有得到下列人员之一的同意,才允许移交裁定:

(a) 作出附条件处罚裁定的省的总检察长,如果两个管辖区不在同一省内;

(b) 加拿大总检察长,如果导致签发附条件处罚裁定的程序由加拿大总检察长或者其代表提起。

法庭不能行事时　　(2) 作出附条件处罚裁定的法院或者按照第(1)款规定已经接受移送裁定的法院因任何原因不能履行职责的,其与附条件处罚裁定相关的权力可以由同一省中有同等管辖权的法院行使。

违反条件时的程序　　**第742.6条**　　(1) 对于本条规定的诉讼:

(a) 第十六章和第十八章中关于强制被告人出庭的规定,比照适用于对违反有条件判决命令中条件的处理;这两章中关于实施犯罪的规定应当被解释为关于违反附条件处罚裁定中的条件的规定;

(b) 因违反条件而进行逮捕的权力为可以适用于可诉罪的权力,不适用第495条第(2)款的规定;

(c) 虽然有(a)项的规定,如果有关于违反条件的指控,诉讼程序由下列事项之一开始:

(i) 因违反条件而签发对犯罪人的逮捕令;

(ii) 因违反条件而对犯罪人实施无证逮捕;

(iii) 按照(d)项强制犯罪人出庭;

(d) 如果犯罪人已经被拘押或者出席法庭,可以按照(a)项所述规定强制其出庭;

(e) 如果犯罪人因违反条件而被逮捕,实施逮捕的治安官、主管官员或者法官可以释放犯罪人,可以按照(a)项所述规定强制犯罪人出庭;

(f) 违反条件如同可诉罪,无论是哪个法院、法官对犯罪人作出判决,有刑事管辖权的高等法院的法官、有刑事管

第二十三章 量刑

	辖权的法院的法官或者任何治安法官可以签发逮捕令状,并且可以比照适用于签发电子令状的规定。
暂时释放	(2) 为适用第 515 条,释放因被指控违反附条件处罚裁定中的条件而被拘押的犯罪人,应当受第 515 条第(6)款的控制。
听审	(3) 对指控违反条件的听审,应当在 30 日内开始,或者于下列事件之一后尽快开始: (a) 逮捕犯罪人; (b) 按照第(1)款(d)项规定强制犯罪人出庭。
地点	(3.1) 具有刑事管辖权的法院可以在指控的违反条件行为地、罪犯被发现地、逮捕或者羁押地就指控进行听审。
总检察长同意	(3.2) 如果犯罪人被发现地、被逮捕地或者被羁押地在指控的违反条件行为发生的省以外,未经下列人员之一的同意,不得开始就违反条件行为开始诉讼: (a) 被指控的违反条件行为发生地的省总检察长; (b) 加拿大总检察长,如果导致签发附条件处罚裁定的程序由加拿大总检察长或者其代表提起。
休庭	(3.3) 在对违反条件的指控进行听审期间,法官可以随时将听审中止一段合理的时间。
监督官报告	(4) 对违反条件的指控必须得到监督官的书面报告的支持。如果适当,该报告必须包含经签名的证人陈述。
经通知采纳报告	(5) 如果打算出示报告的当事人在听审前已适当通知犯罪人并向其提供了报告的副本,该报告可以采纳为证据。
送达证明	(6) 第(4)款所述报告的送达,可以由宣称已经将其送达的人经宣誓的口头证言、宣誓书或者郑重声明书加以证明。
出庭接受询问	(7) 尽管有第(6)款规定,法庭可以要求似乎在该款所规定的宣誓书或者郑重声明书上签名的人出庭,就送达的证明问题接受询问或者反问。
要求监督官或者证人出庭	(8) 经法庭允许,犯罪人可以要求监督官或者报告中包含经其签名的陈述的证人出庭接受反问。
法庭的权力	(9) 法庭根据优势证据确信犯罪人违反了附条件处罚裁定中的条件而不能证明有合理解释的,法庭可以: (a) 不采取行动;

（b）变更选择性条件；

（c）中止附条件处罚裁定并且指示：

（i）犯罪人在羁押中服部分余刑；

（ii）附条件处罚裁定于释放犯罪人时恢复执行，变更或者不变更选择性条件；

（d）终止附条件处罚裁定，指示将犯罪人拘押至刑期届满。

令状或者逮捕附条件处罚裁定的效力中止
（10）对犯罪人判处的附条件处罚裁定的效力于一定期间中止，该期间结束于对是否违反了条件作出认定，开始于下列时间的最早者：

（a）因违反条件而签发对犯罪人的逮捕令；

（b）因违反条件而对犯罪人实施无证逮捕；

（c）按照第（1）款（d）项规定强制犯罪人出庭。

条件继续适用
（11）如果犯罪人在第（10）款所述期间未被羁押，裁定中的条件和按照第742.4条所作变更继续适用，其后违反条件的行为应当按照本条进行处理。

按照第515条第（6）款拘押
（12）第（10）款所述附条件处罚裁定于按照第515条第（6）款作出拘押犯罪人的裁定时恢复效力，在犯罪人被羁押期间继续有效，但适用第742.7条时除外。

不能通过劳动免除
（13）《监狱和感化院法》第6条不适用于按照第515条第（6）款进行拘押的期限。

执行中的不当延误
（14）尽管有第（10）款的规定，如果在执行令状中有不当延误，法庭可以随时裁定在令状签发与执行期间的其从司法的最佳利益考虑认为适当的任何时间视为按照附条件处罚裁定服刑的时间，但该时间已经按照第（15）款视为服刑时间的除外。

驳回指控或者合理辩解
（15）如果指控被撤回、被驳回或者犯罪人对违反条件被认定为有合理辩解，下列时间的总和视为按照附条件处罚裁定服刑的时间：

（a）附条件处罚裁定中止效力的时间；

（b）如果适用第（12）款，犯罪人按照第（12）款所述命令被羁押期间为附条件处罚裁定有效时间的一半。

法庭的权力
（16）如果法庭根据优势证据确信犯罪人不能证明对违反附条件处罚裁定条件有合理辩解，在特殊情况下和根据司法利益,法庭可以裁定第(10)款所述时间的部分或者全部视为按照附条件处罚裁定服刑的时间。

考虑事项　　(17)按照第(16)款斟酌作出裁定时,法庭应当考虑下列因素:

(a)违反条件行为的情节和严重程度;

(b)根据犯罪人的个人情况,不作出裁定是否会造成犯罪人过度的贫困;

(c)附条件处罚裁定的效力中止期间犯罪人受条件约束的时间以及在此期间犯罪人是否遵守了条件。

如果因为新罪而被监禁　　第742.7条　(1)如果受附条件处罚裁定约束的犯罪人因任何时间实施的新罪被判处监禁刑,附条件处罚裁定的效力在此监禁刑执行期间中止。

违反条件　　(2)如果按照第742.6条第(9)款(c)项或者(d)项作出裁定拘押犯罪人,该拘押期限应当在作出裁定时犯罪人所服监禁刑期满后连续执行,但法庭认为不符合司法利益的除外。

多重处罚　　(3)如果犯罪人同时服第(2)款所述拘押期限和其他监禁刑,对于第743.1条和《矫正和有条件释放法》第139条,两个期限视为构成一个监禁刑处罚。

附条件处罚裁定恢复效力　　(4)应当在社区服刑的附条件处罚裁定的有效时间在犯罪人因假释而被从监狱释放、被依法释放、赦免或者刑期届满时继续计算。

监　　禁

没有其他规定时的监禁　　第743条　任何人被以可诉罪定罪,而法律没有为此罪行规定刑罚的,对犯罪人处以不超过5年的监禁。

终身监禁或者两年以上监禁　　第743.1条　(1)除非有其他规定,被判处下列时间监禁刑的人,应当被判决在教养院服刑:

(a)终身;

(b)两年或者两年以上;

(c)应当连续执行的两个或者两个以上不满两年的刑期,合计为两年或者两年以上。

两年以下的新刑期　　(2)被判决在教养院服刑的人于刑期届满前被判处两

两年以下监禁	年以下监禁的,应当在教养院服刑;如果判处在教养院服监禁刑的判决被撤销的,其应当按照第(3)款服刑。

(3) 如果法律未规定特别监狱,被判处监禁刑并且未被要求按照第(1)款或者第(2)款判决的人,应被判决在其被定罪的省内的、可以依法执行监禁刑判决的监狱或者教养院以外的其他关押场所服刑。 |
长期监督	(3.1) 尽管有第(3)款的规定,被要求按照第753.1条第(3)款(b)项作出的裁定进行监督并且在监督期间因其他罪行被判决的犯罪人应当被判决在教养院服监禁刑。
对在其他场所服刑的人员判决在教养院服刑	(4) 除法律另有规定以外,被依法羁押于教养院以外场所的人被判决在教养院服监禁刑的,应当被立即送往教养院,应当在教养院服完被判决入教养院时未服完的刑期以及判决在教养院所服的刑期。
移送至教养院	(5) 被关押在监狱或者教养院以外的场所的人被判处两个或者两个以上监禁刑,每一个不足两年、两者应当连续执行而其总和达到两年或者两年以上的,应当将其送往教养院服刑。但如果其中一个或者更多刑期被撤销或者减刑而剩余刑期在犯罪人按照本条被转送日不足两年的,其应当按照第(3)款服完剩余刑期。
纽芬兰	(6) 对于第(3)款,在总督发布的命令所确定的日期之前,"教养院"不包括《矫正和有条件释放法》第15条第(2)款提到的机构。
法庭向矫正机构提交的报告	**第743.2条** 将一个人判决或者拘押入教养院的法院,应当向加拿大矫正局转交其与判决或者拘押裁定相关的理由和建议、向法院提交的报告以及其他与执行判决或者拘押相关的任何资料。
按照规定服刑	**第743.3条** 监禁刑判决应当按照调整罪犯被判决进入的公共机构的立法和规则执行。

第743.4条 [已废止] |
| 已经按照《青少年犯罪法》判决时案件管辖权的转移 | **第743.5条** (1) 青少年或者成年人在执行按照《1985年修订法》第Y-1章之《青少年犯罪法》第20条第(1)款(k)项或者(k.1)项作出的少年判决或者按照《青少年犯罪审判法》第42条第(2)款(n)项、(o)项、(q)项或者(r)项判处的青少年刑罚期间因犯罪被判处或者已经被判处监禁刑的,对 |

于本法或者其他议会制定法,此少年判决和青少年刑罚应当与按照本法作出的判决同样处理。

已经按照《青少年犯罪法》判决青少年刑罚时案件管辖权的转移

(2) 如果青少年或者成年人在按照依《青少年刑事审判法》以外的议会制定法作出的判决服监禁刑期间被按照 1985 年修订法第 Y-1 章之《青少年犯罪法》第 20 条第(1)款(k)项或者(k.1)项作出少年判决或者被按照《青少年刑事审判法》第 42 条第(2)款(n)项、(o)项、(q)项或者(r)项判处青少年刑罚,对于本法和其他议会制定法,此少年判决和青少年刑罚应当与按照本法作出的判决同样处理。

数个判决视为构成一个判决——第 743.1 条

(3) 为更加明确,第(1)款和第(2)款所述判决,对于《矫正和有条件释放法》第 139 条,视为构成一个监禁刑判决。

假释资格

法庭延期假释的权力

第 743.6 条 (1) 尽管有《矫正和有条件释放法》第 120 条第(1)款的规定,犯罪人被以公诉书起诉并于 1992 年 11 月 1 日或者之后被以《矫正和有条件释放法》附表 Ⅰ 和 Ⅱ 列举的犯罪定罪并被处以两年或者两年以上监禁刑的,包括非作为最低刑的终身监禁,如果法庭经考虑犯罪情节、犯罪人的性格和情况后确信,为表达社会对犯罪的谴责、一般威慑或者特殊威慑的目的所要求,可以裁定犯罪人在获得完全假释前必须服完的刑期为判处刑罚的一半,但不得超过 10 年。

法庭延期假释的权力

(1.1) 尽管有《矫正和有条件释放法》第 120 条的规定,如果犯罪人被以第 467.11 条、第 467.12 条或者第 467.13 条规定以外的犯罪组织犯罪定罪并被处以两年或者两年以上监禁刑,包括非作为最低刑的终身监禁,法庭可以裁定犯罪人在获得完全假释前必须服完的刑期为判处刑罚的一半,但不得超过 10 年。

法庭延期假释的权力

(1.2) 尽管有《矫正和有条件释放法》第 120 条的规定,如果犯罪人被以恐怖主义犯罪或者第 467.11 条、第 467.12 条或者第 467.13 条规定的犯罪定罪并被处以两年或者两年以上监禁刑,包括终身监禁,法庭应当裁定犯罪人在获得完全假释前必须服完的刑期为判处刑罚的一半,但不得超过10年;但是,经考虑犯罪情节、犯罪人的性格和情况后确信,为表达社会对犯罪的谴责、实现一般威慑或者特殊威慑的目的,法庭认为应当按照《矫正和有条件释放法》确定不得假释的时间的除外。

指导法庭的原则 (2)为更加明确,根据本条法庭的首要指导原则应当是谴责与特别或普通的威慑,附以对犯罪人的改造。

向监狱长移交罪犯

拘押令的执行 第744条 根据本法和其他议会制定法收到拘押令状或者指令的治安官或者其他人员,为将拘押令中指明或者描述的人拘押,应当将其逮捕、转送至令状指定的监狱,将此人与令状一并移交给监狱长;监狱长应当立即向移交罪犯的治安官或者其他人员交付格式43的收据,收据中应当说明移交时犯罪人的情况和状态。

终身监禁

终身监禁判决 第745条 除适用第745.1条的情形外,将对应被处终身监禁的人宣告的判决应当为:

(a)对于被以重大叛国罪或者一级谋杀罪定罪的人,判处终身监禁,非经服刑25年,不得假释;

(b)对于曾经被以杀人罪定罪而又被以二级谋杀罪定罪的人,判处终身监禁,非经服刑25年,不得假释;

(b.1)对于曾经被以《反人类和战争法》第4条或者第6条规定的以故意杀人为基础的罪行定罪而又被以二级谋杀罪定罪的人,无论二级谋杀罪是否有预谋和故意,判处终身监禁,非经服刑25年,不得假释;

(c)对于被以二级谋杀罪定罪的人,判处终身监禁,非经服刑10年或者按照第745.4条代替的10年以上25年以下的时间,不得假释;

(d)对于以其他罪行定罪的人,判处终身监禁,可以正常假释。

第二十三章 量 刑

有关假释的资料　**第745.01条**　除适用第745.6条第(2)款的情形外,按照第745条(a)项、(b)项或者(c)项判决时,主审法官应当陈述下列内容以供记录:

犯罪人已经被以(罪名)定罪并被判处终身监禁。犯罪人于(日期)前不得假释。但是,在服刑至少15年之后,犯罪人可以按照《刑事法典》第745.6条的规定申请缩短不得假释的服刑期限。如果审理申请的陪审团裁决缩短期限,犯罪人可以在缩短后的期限届满时按照《矫正和有条件释放法》申请假释。

不满十八岁的人　**第745.1条**　对于犯罪时不满十八岁、被以一级谋杀罪或者二级谋杀罪定罪且应当判处终身监禁的人宣告的判决,应当为判处终身监禁,且未经服完下列规定的不同时间的刑期,不得假释:

(a)主审法官在5年以上7年以下的期限内确定的时间,或者5年,如果主审法官没有确定时间且犯罪人实施犯罪时不满十六周岁;

(b)10年,如果犯罪人被以一级谋杀罪定罪且在实施犯罪时年满十六或者十七周岁;

(c)7年,如果犯罪人被以二级谋杀罪定罪且在实施犯罪时年满十六或者十七周岁。

陪审团建议　**第745.2条**　除适用第745.3条的情形外,陪审团裁决被告人构成二级谋杀罪的,主审法官应当在解散陪审团前向其提出下列问题:

"你们已经裁决被告人构成二级谋杀罪,法律要求我现在对被告人宣告终身监禁判决。就被告人在获得假释资格前必须服完的刑期,你们是否愿意提出建议?你们不必提出建议。但是,如果你们提出建议,我将在考虑是否以法律另外规定的10年以上、25年以下的时间代替10年作为犯罪人在获得假释资格前必须服刑的时间时考虑你们的建议。"

不满十六周岁的人　**第745.3条**　陪审团裁决被告人构成一级谋杀或者二级谋杀罪而被告人在实施犯罪时不满十六周岁的,主审法官应当在解散陪审团前向其提出下列问题:

你们已经裁决被告人构成一级谋杀罪(或者二级谋杀罪),法律要求我现在对被告人宣告终身监禁判决。就被告人在获得假释资格前必须服完的刑期,你们是否愿意提出建议?你们不必提出建议。但是,如果你们提出建议,我将于考虑在5年以上、7年以下的期间决定犯罪人在获得假释资格前必须服刑的时间时考虑你们的建议。

无假释资格　　第745.4条　除适用第745.5条的情形外,按照第745条对被定二级谋杀罪的犯罪人宣告判决时,主审法官或者主审法官不能履行职责情况下同一法院的任一法官,根据犯罪人的品行、犯罪性质、实施犯罪的情况以及可能依第745.2条提出的建议,可以裁定以其认为适当的一定时间(10年以上25年以下)的监禁代替10年,作为犯罪人有资格获得假释前必须服完的刑期。

同上　　第745.5条　按照第745.1条对被定一级谋杀罪或者二级谋杀罪且于犯罪时不满十六周岁的犯罪人宣告判决时,主审法官或者主审法官不能履行职责情况下同一法院的任一法官,根据犯罪人的品行、犯罪性质、实施犯罪的情况以及可能依第745.3条提出的建议,可以裁定在5年以上7年以下的期间内的其认为适当的一定时间,作为犯罪人有资格获得假释前必须服完的刑期。

申请复审　　第745.6条　(1)除适用第(2)款的情形外,符合下列条件的人,可以向对其定罪的省的合适的首席法官提出书面申请,要求缩短有资格获得假释前必须服刑的时间:

(a)被以谋杀罪或者重大叛国罪定罪;

(b)被判处终身监禁,且在服完15年以上刑期前不得假释;

(c)已经服刑15年。

例外—数个谋杀罪　　(2)被以多于一个的谋杀罪定罪的人不得按照第(1)款提出申请,无论针对其中任何一个谋杀罪的诉讼是否在实施另外一个谋杀罪之前已经开始。

"合适的首席法官"　　(3)对于本条和第745.61条至第745.64条,"合适的首席法官":

(a)在安大略省,指安大略法院首席法官;

(b)在魁北克省,指高等法院首席法官;

(c)在爱德华王子岛省和纽芬兰省,指最高法院分庭的首席法官;

（d）在新不伦瑞克省、曼尼托巴省、萨斯喀彻温省和阿尔博塔省，指王座分庭的首席法官；

（e）在诺瓦斯科舍省和不列颠哥伦比亚省，指最高法院首席法官；

（f）在育空地区、西北地区和努纳武特，指上诉法院首席法官。

司法甄别　　第745.61条　（1）接到按照第745.6条第（1）款提出的申请后，合适的首席法官或者其指定的有刑事管辖权的高等法院的法官，应当根据下列书面材料确定申请人是否已经表明可以合理期待申请成功：

（a）申请书；

（b）加拿大矫正局或者其他矫正机构提供的报告；

（c）由申请人或者总检察长向首席法官或者法官提交的其他书面证据。

标准　　（2）在确定申请人是否已经表明可以合理期待申请成功时，首席法官或者法官应当考虑第745.63条第（1）款（a）项至第（e）项规定的标准，可以根据具体情况作适当变更。

就新的申请作出裁决　　（3）如果首席法官或者法官确定申请人未能表明可以合理期待申请成功，首席法官或者法官可以实施下列行为之一：

（a）确定作出认定之日两年以后的时间，规定申请人在此时间或者之后才可以重新按照第745.6条第（1）款规定提出申请；

（b）裁决申请人不得重新按照第745.6条第（1）款规定提出申请。

未就新的申请作出裁决时　　（4）如果首席法官或者法官认定申请人未能表明可以合理期待申请成功但没有规定重新提出申请的时间或者裁决不得重新提出申请，申请人可以在作出裁决两年之后重新提出申请。

指定法官选任陪审团　　（5）如果首席法官或者法官认定申请人已经表明可以合理期待申请成功，首席法官应当指定有刑事管辖权的高等法院的法官挑选陪审团审理该申请。

上诉　　第745.62条　（1）对于按照第745.61条作出的认定或者裁决，申请人或者总检察长可以以法律问题、事实问题或者以法律和事实问题向上诉法院提出上诉。

应当考虑的文件　（2）应当根据向作出认定或者裁决的首席法官或者法官提交的文件、作出认定或者裁决的任何理由以及上诉法院要求提交的其他文件就上诉作出裁决。

适用的条款　（3）比照适用第673条至第696条。

对申请的听审　**第745.63条**　（1）按照第745.61条第（5）款选任的将要审理申请的陪审团，应当考虑下列标准，并就是否应当缩短申请人在获得假释资格前必须服刑的时间作出裁决：

（a）申请人的品行；

（b）申请人在服刑期间的行为表现；

（c）申请人被定罪的罪行的性质；

（d）被害人在宣告判决时或者根据本条进行听审时提供的资料；

（e）法官认为在具体情况下相关的其他事项。

被害人提供的资料　（1.1）第（1）款（d）项所述被害人提供的资料可以由被害人自行决定以口头或者书面方式提供，或者以法官认为适当的其他方式提供。

"被害人"的定义　（2）在第（1）款（d）项中，"被害人"与第722条第（4）款含义相同。

缩短　（3）按照第（1）款审理申请的陪审团可以裁决应当缩短申请人在获得假释资格前必须服刑的时间，该裁决必须经陪审团一致同意才能作出。

不得缩短时间　（4）如果有下列情形之一，不得缩短申请人在获得假释资格前必须服刑的时间：

（a）按照第（1）款审理申请的陪审团裁决其不应缩短；

（b）按照第（1）款审理申请的陪审团推断不能一致决定缩短；

（c）在陪审团经过合理时间的商讨后，主审法官推断陪审团不能一致决定缩短。

认定应当缩短时间时　（5）如果陪审团裁决应当缩短犯罪人在获得假释资格前必须服刑的时间，经2/3以上多数通过，陪审团可以实施下列行为之一：

（a）代以可以适用的较短的监禁时间作为不得假释的时间；

（b）终止不得假释的时间。

就新的申请作出裁决　　（6）如果申请人在获得假释资格前必须服刑的时间没有被缩短，陪审团可以实施下列行为之一：

（a）确定按照第（4）作出裁决或者推断之日两年以后的时间，规定申请人在此时间或者之后才可以重新按照第745.6条第（1）款规定提出申请；

（b）裁决申请人不得重新按照第745.6条第（1）款规定提出申请。

三分之二多数裁决　　（7）必须经过陪审团成员三分之二以上多数通过，才可以作出第（6）款（a）项或者（b）项所述裁决。

未就新的申请作出裁决时　　（8）如果陪审团未确定可以提出或者在其后可以提出的时间，也未裁决不得重新提出申请，申请人可以在按照第（4）款作出裁决或者推断之日两年之后重新提出申请。

规则　　第745.64条　（1）每个省或者司法区的合适的首席法官可以为实施第745.6条至第745.63条而制定必要的规则。

地区　　（2）合适的首席法官为按照第第745.61条第（1）款进行司法甄别或者按照第745.61条第（5）款审理申请而指定法官时，对于在育空地区、西北地区或者努纳武特作出的定罪判决，合适的首席法官可以指定育空地区、西北地区或者努纳武特上诉法院的法官，也可以指定育空地区、西北地区的最高法院或者努纳武特法院的法官。

羁押时间　　第746条　为第745条、第745.1条、第745.4条、第745.5条或者第745.6条计算监禁时间时，下列时间应当计入监禁时间：

（a）终身监禁判决如果是在1976年7月25日以后作出，罪犯因为被判处终身监禁的犯罪而被逮捕关押之日与判决作出之日之间的时间；

（b）如果是死刑判决或者被视为减为终身监禁的判决，罪犯因为被判处死刑的犯罪而被逮捕关押之日与减为或者被视为减为终身监禁之日之间的时间。

禁止假释　　第746.1条　（1）除非议会立法以明示方式提及本条，对按照本法被判处终身监禁且非经服一定刑期不得假释的人，在所确定不得假释的时间届满以前不得按照《矫正和有条件释放法》或者其他议会制定法考虑适用假释或者释放。

有陪同或者无陪同离开以及日间假释

（2）除适用第（3）款的情形外，对按照本法被判处终身监禁且非经服一定刑期不得假释的人，在距所确定不得假释的时间届满3年以前：

（a）不得按照《矫正和有条件释放法》准予日间假释；

（b）不得按照《矫正和有条件释放法》或者《监狱和感化院法》准予无陪同离开监狱；

（c）除非经国家假释委员会批准，非为医疗原因、为参加诉讼活动或者法医官调查，不得按照《矫正和有条件释放法》或者《监狱和感化院法》准予无陪同而离开监狱。

青少年犯

（3）对被以一级谋杀罪或者二级谋杀罪定罪、于实施犯罪时不满十八岁且被判处终身监禁而非经服一定刑期不得假释的人，在所确定不得假释的时间的剩余五分之一以前：

（a）不得按照《矫正和有条件释放法》准予日间假释；

（b）不得按照《矫正和有条件释放法》或者《监狱和感化院法》准予无陪同离开监狱；

（c）除非经国家假释委员会批准，非为医疗原因、为参加诉讼活动或者法医官调查，不得按照《矫正和有条件释放法》或者《监狱和感化院法》准予无陪同而离开监狱。

禁止假释

第747条　（1）除非议会立法以明示方式提及本条，对按照本法被判处终身监禁且非经服一定刑期不得假释的人，在所确定不得假释的时间届满以前不得按照《矫正和有条件释放法》或者其他议会制定法考虑适用假释或者释放。

有陪同或者无陪同离开以及日间假释

（2）除适用第（3）款的情形外，对按照本法被判处终身监禁且非经服一定刑期不得假释的人，在距所确定不得假释的时间届满3年以前：

（a）不得按照《矫正和有条件释放法》准予日间假释；

（b）不得按照《矫正和有条件释放法》或者《监狱和感化院法》准予无陪同离开监狱；

（c）除非经国家假释委员会批准，非为医疗原因、为参加诉讼活动或者法医官调查，不得按照《矫正和有条件释放法》或者《监狱和感化院法》准予无陪同而离开监狱。

（3）［已废止］

赦免和免刑

可以赦免谁	**第 748 条** （1）女王可以宽宥按照议会制定法被判处监禁刑的人，即使其因为不向他人缴纳钱款而被监禁。
无条件赦免或者有条件赦免	（2）总督可以无条件赦免或者附条件赦免任何被定罪的人。
特赦的效力	（3）总督进行赦免的，被赦免的人被视为从未实施过其被赦免的犯罪。
对以后犯罪的处罚不受影响	（4）对任何人的无条件赦免或者附条件赦免并不妨碍或者减轻被赦免人因后来实施的被赦免以外的罪行而应依法承受的处罚。
总督免刑	**第 748.1 条** （1）总督可以全部或者部分免除按照议会制定法判处的罚金或者没收财产刑的执行，无论应当向谁偿付或者可以怎样追缴。
免刑的条件	（2）按照第（1）款作出的免刑命令可以免除诉讼中发生的费用，但是不得免除自诉人有权获取的费用。
王权	**第 749 条** 本章的任何规定不限制或者影响女王的特权。

无 资 格

因定罪而解除公职	**第 750 条** （1）被以可诉罪定罪并被判处两年或者两年以上监禁刑的人被定罪时在女王管辖下担任的职务或者其他公职，在定罪时空缺。
无资格状态结束的时间	（2）适用第（1）款的人，在承受判处的刑罚或者主管机关代之的刑罚前或者被女王赦免前，没有资格在女王管辖下担任职务或者其他公职，或者被选举为、担任或者选举议会或者立法机构成员，或者行使选举权。
无资格缔约	（3）被以第121条、第124条或者第418条规定的犯罪定罪的人，在定罪后没有资格与女王订立合同、按照与女王或者其他人订立的合同受益或者在女王管辖下担任职务。
申请复权	（4）适用第（3）款的人在被赦免或者按照《犯罪记录法》第4.1条被准予赦免前，可以随时向总督申请恢复按照

第(3)款被剥夺的资格。

复权令　　（5）按照第(4)款提出申请的,总督可以命令,以其认为基于公共利益考虑而为必要的事项为条件,全部或者部分恢复申请人依第(3)款被剥夺的资格。

结束无资格状态　　（6）定罪判决被主管机关撤销的,按照本条判处的无资格状态结束。

其 他 规 定

向诽谤案中的胜诉当事人偿付费用　　**第 751 条**　在因书面诽谤罪起诉书提起的诉讼中获取胜诉判决的当事人,有权从对方当事人获取法庭以裁定确定的合理数额的赔偿。

怎样追缴　　**第 751.1 条**　按照第 751 条确定的费用没有得到即时偿付的,得到胜诉判决的当事人可以在进行诉讼的省的有权作出特定数额判决的民事法院,以将裁定备案的方式获得特定数额的判决,该判决如同该法院在民事诉讼中作出的判决那样,可以对对方当事人强制执行。

第二十四章 危险犯和长期罪犯

解 释

定义
"法院"

第752条 在本章中,

"法院"指对与依本章规定提起的申请相关的犯罪人定罪的法院,或者有刑事管辖权的高等法院。

"严重人身伤害罪"

"严重人身伤害罪"指:

(a) 重大叛国罪、叛国罪、一级谋杀罪和二级谋杀罪外的、涉及下列因素之一的可诉罪,犯罪人可能被判处10年或者10年以上监禁:

(i) 对他人使用暴力或者企图使用暴力;

(ii) 行为危及或者可能危及他人生命或者安全,或者使他人遭受或者可能遭受严重精神损害;

(b) 第271条(性侵害)、第272条(以武器或者威胁第三者或者以伤害其身体为手段实施的性侵害)或者第273条(严重性侵害)规定的犯罪或者其未遂。

危险犯和长期罪犯

为鉴定申请还押

第752.1条 (1) 犯罪人被以严重人身伤害罪或者第753.1条第(2)款(a)项所述犯罪定罪,并且,根据检察官的申请,法院在量刑前认为有正当理由相信犯罪人可能应当按照第753条被裁决为危险犯或者按照第753.1条被裁决为长期罪犯的,法院可以以书面裁定由其指定的可以进行鉴定或者可以请专家进行鉴定的人在不超过60日的时间内羁押犯罪人。鉴定报告应当在按照第753条或者第753.1条提出的申请中作为证据使用。

报告

(2) 羁押犯罪人的人应当在鉴定期间届满后15日内向法院提交鉴定报告,并向检察官和犯罪人的律师提供报告的副本。

申请裁决犯罪人为危险犯	**第753条** （1）根据在依第752.1条第（2）款提交鉴定报告后按照本章规定提出的申请，法庭如果确信有下列情形之一，可以裁决犯罪人为危险犯：

（a）犯罪人所据以定罪的罪行属于第752条定义中（a）项所述严重人身伤害罪，并且有证据证明下列事项之一，表明其对他人的生命、安全或者身体、精神健康构成威胁：

（i）据以对犯罪人定罪的罪行构成其行为的一部分，其反复实施该行为的方式表明，他不能控制自己的行为，并且由于他将来不能控制的行为而可能造成他人死亡或者伤害或者给他人造成严重精神损害；

（ii）据以对犯罪人定罪的罪行构成其行为的一部分，其持续实施该行为的方式表明，犯罪人对于其行为给他人造成的可以合理预见的影响持冷漠的态度；

（iii）犯罪人的任何行为，与已被定罪的罪行相结合，其残酷性足以表明不可能以通常的控制方式阻止他将来的行为；

（b）犯罪人所据以定罪的罪行属于第752条定义中（b）项所述严重人身伤害罪，并且该犯罪人的性相关行为，包括已被定罪的性行为方式表明其不能控制性冲动，并且由于其将来不能控制性冲动而可能造成他人伤害、痛苦或者其他不幸。

申请时间	（2）第（1）款规定的申请必须在对犯罪人量刑前提出，但符合下列条件的除外：

（a）在量刑前，检察官已经通知犯罪人可能按照第752.1条提出申请以及可能按照第（1）款在判决后6个月内提出申请；

（b）情况表明控方在按照第（1）款于量刑后6个月内提出申请时可以获取其在量刑时不能获取的证据。

判决后鉴定的还押者申请	（3）尽管有第752.1条第（1）款的规定，该款所述申请，犯罪人可以在量刑后或者在适用第（2）款（a）项和（b）项的情况下开始服刑后提出。
如果犯罪人被裁决为危险犯	（4）法庭如果裁决犯罪人为危险犯，应当判决犯罪人在教养院内服不定期刑。
如果判决后提出申请	（4.1）如果申请系在适用第（2）款（a）项和（b）项的情

况下犯罪人开始服刑后提出,第(4)款所述犯罪人在教养院内服不定期刑的处罚将代替犯罪人因该罪而被判处的刑罚。

如果犯罪人未被裁决为危险犯

(5) 如果法庭没有裁决犯罪人为危险犯:

(a) 法庭可以将该申请作为裁决犯罪人为长期罪犯的申请,第 753.1 条适用于该申请。法庭可以裁决犯罪人为长期罪犯,也可以专门另行听审;

(b) 法庭可以就犯罪人被定之罪判处刑罚。

被害人的证据

(6) 犯罪的被害人在对按照第(1)款提出的申请进行审理期间提出的证据,被视为在按照第(5)款(a)项对犯罪人进行听审期间提出。

申请裁决犯罪人为长期罪犯

第 753.1 条 (1) 根据在依第 752.1 条第(2)款提交鉴定报告后按照本章规定提出的申请,法庭如果确信符合下列条件,可以裁决犯罪人为危险犯:

(a) 对犯罪人已被定罪的罪行,适于判处两年或者两年以上监禁;

(b) 犯罪人有重新犯罪的实质性危险;

(c) 在社区有可能对此危险实现控制。

实质性危险

(2) 如果符合下列条件,法庭应当确信犯罪人有重新犯罪的实质性危险:

(a) 犯罪人被以第 151 条(性猥亵)、第 152 条(引诱进行性猥亵)、第 153 条(性剥削)、第 163.1 条第(2)款(制作儿童色情物)、第 163.1 条第(3)款(发行儿童色情物等)、第 163.1 条第(4)款(持有儿童色情物)、第 163.1 条第(4.1)款(用计算机存取儿童色情物)、第 172.1 条(引诱儿童)、第 173 条第(2)款(性暴露)、第 271 条(性侵害)、第 272 条(携带武器进行性侵害)或者第 273 条(严重性侵害)规定的犯罪定罪,或者在实施其他被定罪的罪行时参与性质严重的性行为;

(b) 犯罪人有下列情形之一:

(i) 据以对犯罪人定罪的罪行构成其行为的一部分,其反复实施该行为的方式表明其可能造成他人死亡或者伤害或者给他人造成严重精神损害;

(ii) 以其与性有关的任何事项,包括涉及实施其被定罪的行为中的举动,表明其有可能在将来以类似罪行给他人造成伤害、痛苦或者其他不幸。

如果裁决犯罪人为长期罪犯　　（3）除适用第(3.1)款、第(4)款和第(5)款的情形外，法庭如果裁决犯罪人为长期罪犯，其应当：

(a) 就犯罪人的定罪判处刑罚，至少服刑两年才可以假释；

(b) 裁定犯罪人在不超过10年的时间内按照第753.2条和《矫正和有条件释放法》在社区接受监督。

例外——如果在量刑后提出申请　　（3.1）如果申请符合下列条件，法庭不得按照第(3)款(a)项判处刑罚，原来对犯罪人就其定罪判处的刑罚继续有效，即使其被裁决为长期罪犯：

(a) 申请系在适用第753条第(2)款(a)项和(b)项的情况下于犯罪人开始服刑后提出；

(b) 申请被法庭根据第753条第(5)款(a)项视为按照本条提出。

例外——终身监禁　　（4）如果犯罪人已被判处终身监禁，法庭不应按照第(3)款(b)项作出裁定。

有新判决时监督期限的例外　　（5）如果犯罪人在按照依第(3)款(b)项作出的裁定接受监督期间实施其他犯罪并因此被裁决为长期罪犯，其接受监督的期限总计不得超过10年。

如果未裁决犯罪人为长期罪犯　　（6）法庭如果没有裁决犯罪人为长期罪犯，则应当就其定罪判处刑罚。

长期监督　　**第753.2条**　（1）除适用第(2)款的情形外，按照依第753.1条第(3)款(b)项作出的裁定接受监督的犯罪人，应当在服完下列刑罚后按照《矫正和有条件释放法》接受监督：

(a) 其因被定罪的罪行而被判处的刑罚；

(b) 其因被定罪的罪行而被判处的所有其他刑罚，犯罪人因其中罪行被判处监禁刑，无论此判决是在(a)项所述定罪判决作出之前还是之后作出。

非监禁性处罚　　（2）第(1)款所述对犯罪人判处的、不要求监禁犯罪人的刑罚，应当与依第753.1条第(3)款(b)项作出的裁定规定的长期监督同时执行。

申请缩短长期监督期限　　（3）被要求接受监督的犯罪人、国家假释委员会成员或者《矫正和有条件释放法》第134.2条第(2)款所定义的犯罪人的假释监督官,经过假释委员会批准,可以向有刑事管辖权的高等法院提出申请,要求裁定缩短长期监督期限或者以犯罪人不再有再犯的实质的危险性而不再对社区构成危险为由结束监督。证明存在上述理由的举证责任由申请人承担。

通知总检察长　　(4) 申请人必须于提出申请时将第(3)款所述申请通知总检察长。

违反长期监督裁定　　**第753.3条**　(1) 按照依第753.1条第(3)款(b)项作出的裁定接受监督的犯罪人,无合理辩解而不遵守或者拒绝遵守该裁定的,构成可诉罪,处以不超过10年的监禁刑。

何时可以审理和处罚犯罪人　　(2) 受到第(1)款所述犯罪指控的被告人,可以由有权审理该罪的法院在被指控犯罪发生地、被告人被发现地、被逮捕地或者被羁押地审理和处罚。但是,如果被告人被发现地、被逮捕地或者被羁押地不在被指控犯罪发生地的省,未经被指控犯罪发生地的省的总检察长同意,不得对该罪进行诉讼。

再犯新罪　　**第753.4条**　(1) 按照依第753.1条第(3)款(b)项作出的裁定接受监督的犯罪人,实施本法或者其他议会制定法规定的犯罪并被法庭处以监禁刑的,长期监督中断,直至犯罪人服刑期满,但法庭裁定结束监督的除外。

缩短长期监督期限　　(2) 第(1)款所述判处监禁刑的法庭可以裁定缩短犯罪人的长期监督期限。

听审申请　　**第754条**　(1) 根据本章规定提出申请的,法庭应当进行听审并作出决定,但不符合下列条件时除外:

(a) 审理犯罪人的省的总检察长已同意该申请,不论是在申请提出前或者提出后;

(b) 提出申请后,检察官至少提前7日通知犯罪人,通知应当概述确定申请的理由;

(c) 通知书的副本已提交法庭的书记官或者省法院法官。

法庭单独听审　　(2) 本章规定的申请应当由法庭在没有陪审团参加的情况下听审并作出裁决。

不必要进行证明　　(3) 对于按照本章规定提出的申请,犯罪人承认第(1)款(b)项所述通知中包含的指控的,这些指控即无需其他证据证明。

同意的证明

（4）宣称是根据总检察长指定或者经其同意制作并由总检察长签署的文件，如无相反证据，经出示，即使没有签署的证据或者签署人的官方身份的证据，也为指定或者同意的证据。

第755条和第756条　[已废止]。

品行证据

第757条　在不损害被告人就其品行和名誉提供证据的权利的情况下，如果法庭认为适当，就犯罪人是否危险犯的问题进行裁决时可以使用关于品行和名誉的证据。

听审申请时被告人到场

第758条　（1）就本章规定的申请进行听审时，犯罪人应当到场。如果在听审时：

（a）犯罪人被羁押的，法庭可以书面指令看管他的人将其带至法庭；

（b）犯罪人未被羁押的，法庭应当签发传票或者令状使被告人到庭，并比照适用第十六章中有关传票及令状的规定。

例外

（2）尽管有第（1）款的规定，法庭可以：

（a）在被告人行为干扰诉讼使得诉讼无法进行时，将被告人驱逐出庭；

（b）按照法庭规定的条件，允许犯罪人在整个诉讼进行期间或者某阶段不出庭。

上诉—危险犯

第759条　（1）按照本章被裁决为危险犯的犯罪人可以对此裁决以法律或者事实为由或者以法律及事实为由，向上诉法院提出上诉。

上诉—长期罪犯

（1.1）按照本章被裁决为危险犯的犯罪人可以对此裁决或者长期监督的期限以法律或者事实为由或者以法律及事实为由，向上诉法院提出上诉。

总检察长的上诉

（2）对驳回本章规定的申请的裁决或者对长期罪犯进行长期监督的期限，总检察长可以以法律为由向上诉法院提出上诉。

对上诉的处理—危险犯

（3）针对对危险犯裁决提出的上诉，上诉法院可以：

（a）准许上诉并实施下列行为之一：

（i）裁决犯罪人不是危险犯，裁决犯罪人为长期罪犯，对犯罪人处以监禁刑，非经服刑两年不得假释，并命令犯罪人按照第753.2条和《矫正和有条件释放法》的规定在社区接受监督,时间不超过10年,同时受第753.1条第(5)款规定的限制;

(ii) 裁决犯罪人不是危险犯,对其被定的罪判处刑罚;

(iii) 裁定另行听审;

(b) 驳回上诉。

对上诉的处理—长期罪犯

(3.1) 针对对长期罪犯裁决提出的上诉,上诉法院可以:

(a) 准许上诉并实施下列行为之一:

(i) 裁决犯罪人不是长期罪犯,撤销长期监督裁定;

(ii) 裁定另行听审;

(b) 驳回上诉。

对上诉的处理—长期罪犯

(3.2) 对长期罪犯就长期监督期限提出的上诉,上诉法院可以:

(a) 准许上诉,变更监督期限;

(b) 驳回上诉。

对总检察长上诉的处理

(4) 对驳回本章规定的申请危险犯裁决提出的上诉,上诉法院可以:

(a) 准许上诉并实施下列行为之一:

(i) 裁决犯罪人为危险犯;

(ii) 裁决犯罪人不是危险犯,裁决其是长期罪犯,对犯罪人处以监禁刑,非经服刑两年不得假释,并命令犯罪人按照第753.2条和《矫正和有条件释放法》的规定在社区接受监督,时间不超过10年,同时受第753.1条第(5)款规定的限制;

(iii) 裁定另行听审;

(b) 驳回上诉。

对总检察长上诉的处理

(4.1) 对总检察长就长期罪犯的长期监督的期限提出的上诉,上诉法院可以:

(a) 准许上诉,变更监督期限;

(b) 驳回上诉。

对总检察长上诉的处理

(4.2) 对驳回本章规定的申请长期罪犯裁决提出的上诉,上诉法院可以:

(a) 准许上诉并实施下列行为之一:

（i）裁决犯罪人为长期罪犯,对犯罪人处以监禁刑,非经服刑两年不得假释,并命令犯罪人按照第753.2条和《矫正和有条件释放法》的规定在社区接受监督,时间不超过10年,同时受第753.1条第(5)款规定的限制;

（ii）裁定另行听审;

（b）驳回上诉。

判决的效力

（5）上诉法院裁决犯罪人是或者不是危险犯或者长期罪犯、变更长期罪犯监督期限的判决,与初审法院作出的判决或者裁决有相同效力。

刑罚的开始

（6）尽管有第719条第(1)款的规定,上诉法院按照本条规定对犯罪人判处的刑罚应当视为从原审定罪法院判处刑罚时开始执行。

第二十一章适用于上诉

（7）第二十一章关于上诉的规定,比照适用于本条规定的上诉。

向加拿大矫正委员会披露

第760条 法庭裁决犯罪人为危险犯或者长期罪犯的,其应当指令将精神病专家、心理学家、犯罪学家和其他专家提供的全部报告和证据的副本以及法庭关于裁决理由的评述,连同对犯罪人的审判记录,一并转交加拿大矫正委员会。

假释审查—同上

第761条 （1）除适用第(2)款的情形外,犯罪人被判处在教养院服不定期刑的,国家假释委员会应当在犯罪人被拘押之日起7年期满后尽快,并且以后每两年,为确定是否应当按照《矫正和有条件释放法》进行假释,对该犯罪人的条件、经历和情况进行审查;如果应当假释,应规定假释条件。

（2）犯罪人于1977年10月15日前被判处在教养院服不定期刑的,为确定是否应当按照《矫正和有条件释放法》进行假释,国家假释委员会应当至少每年一次对该犯罪人的条件、经历和情况进行审查;如果应当假释,应规定假释条件。

第二十五章　具结书的效力和执行

申请没收保证金	**第762条** （1）没收保证金的申请应当向附表属于第Ⅰ栏指示的省的第Ⅱ栏中指示的法院提出。
定义 "法院书记官"	（2）在本章中， "法院书记官"指属于附表第Ⅱ栏指示的法院的第Ⅲ栏指示的官员。
"附表"	"附表"指本章的附表。
具结书的约束力	**第763条**　一个人受具结书约束保证到庭、面见法官或者省法院法官而法庭开庭时间或者诉讼延期或者审理地点变更的，具结书继续有效。
保证人的责任	**第764条**　（1）被告人受具结书约束保证到庭的，传讯或者定罪并不解除具结书对他及其保证人的约束力。具结书继续有效，直至他被免除刑事责任或者被判处刑罚。
拘押或者重新提供保证人	（2）尽管有第（1）款的规定，法庭、法官或者省法院法官还可根据案件具体情况，将被告人拘押在监狱或者责令他重新提出或者补加保证人以保证其出庭，直至他被免除刑事责任或者被判处刑罚。
拘押的效力	（3）以具结书保证到庭的被告人被按照第（2）款规定羁押在监狱的，其保证人的责任即行解除。
在具结书上签注	（4）第763条和本条第（1）款至第（3）款的规定应当签注在根据本法作出的具结书上。
后来的逮捕的效力	**第765条**　被告人受具结书约束保证到庭的，其因为其他指控被捕并不解除具结书的效力。就与具结书有关的犯罪，具结书对他及其保证人继续有效，直至他被免除刑事责任或者被判处刑罚。
保证人解交被告人	**第766条**　（1）具结保证他人出庭的保证人向法庭、法官或者省法院法官提出书面申请，要求解除其依保证书承担的义务，法庭、法官或者省法院法官应当签发书面命令，将被保证人解送到距离保证出庭地点最近的监狱。
逮捕	（2）按照第（1）款签发的命令应当送达保证人。接到

命令后，保证人或者治安官可以将被保证人逮捕并将其和命令移交命令指定的监狱的看守人，看守人应当接收并看管，直至将其依法释放。

解交的证书和记载　　(3) 法庭、法官或者省法院法官按照第(1)款规定签发了命令并收到了司法行政官出具的命令指明的人已经被拘押于第(2)款中的监狱的证书的，法庭、法官或者省法院法官应当命令将拘押情况在具结书上签注。

保证人责任的解除　　(4) 第(3)款规定的签注终止具结书的效力，解除保证人的责任。

保证人解交被告人到法庭　　**第767条**　具结保证他人出庭的保证人可以在法庭开庭期内、审理以前把被告人带至要求到庭的法院，保证人可以将被保证人交法庭看管，其保证责任即行解除，法庭应当将被告人羁押在监狱，直至依法释放。

保证人的更换　　**第767.1条**　(1) 尽管有第766条第(1)款和第767条的规定，保证人已按照第767条的规定将被保证人交法庭看管或者已按照第766条第(1)款申请要求解除保证责任的，法庭、法官或者省法院法官可以更换合适的保证人，而不拘押被保证人或者签发拘押令。

新保证人签署具结书　　(2) 第(1)款中更换后的保证人在被告人的具结书上签名的，原保证人的责任解除，但具结书及按照具结书所作的审判前暂时释放令不受影响。

保证人保留的权利　　**第768条**　本章的规定不限制保证人因保证而看管被保证人或者将其解送拘押的权利。

暂时释放规定的适用　　**第769条**　被保证人被交付拘押并已拘押的，对其比照适用第十六章、第二十一章和第二十七章中有关暂时释放的规定，其应当作为受到指控的被告人或者上诉人被立即带见法官。

违反条件的行为应签注　　**第770条**　(1) 在适用本法的诉讼中，受具结书约束的人不遵守具结书规定的条件的，知悉该事实的法庭、法官或者省法院法官应当在具结书上签注格式33的证书，说明下列事项：

(a) 违反条件行为的性质；

(b) 违反的原因，如果知道的话；

(c) 是否因违反而使得公正合理的目的不能或者难以

第二十五章　具结书的效力和执行

实现；

　　(d) 保证人和被保证人的姓名及住址。

转交法院书记官　　(2) 按照第(1)款签注的具结书应当送交法庭书记官，其应将具结书与法庭记录共同保存。

证书为证据　　(3) 按照第(1)款在具结书上签注的证书为与其相关的违反条件行为的证据。

保证金的转交　　(4) 在适用本条的诉讼中被保证人或者保证人为保证遵守具结书的条件已经缴纳了保证金的，应当将该保证金与具结书一并送交法庭书记官，按照本章规定进行处理。

违反条件情况下的诉讼　　**第771条**　(1) 已经按照第770条在具结书上签注证明且法庭书记官已经按照该条规定收到具结书的：

　　(a) 根据法庭书记官、总检察长或者其律师的要求，该法庭的法官应当确定时间和地点，对没收保证金的申请进行听审；

　　(b) 法庭的书记官应当在按照(a)项确定的听审时间至少10日以前，以挂号邮件、法庭指定的方式或者法院规则规定的方式，将要求按照法庭确定的时间和地点出庭并说明不应没收保证金的理由的通知，寄送或者送达证明书中签注的保证人和被保证人的地址。

法官的裁定　　(2) 已经执行第(1)款的，法官在给予当事人发表意见的机会后，准予或者驳回要求没收保证金的请求，并就没收保证金作出其认为适当的裁定。

英王的判定债务人　　(3) 法官按照第(2)款裁定没收保证金的，被保证人和保证人成为英王的判定债务人，承担的数额由法官以裁定确定。

可提交的裁定　　(3.1) 按照第(2)款作出的裁定可以提交上一级法院的书记官。如果提交，书记官应当签发格式34的财产扣押令，并将其送达被保证人或者任何保证人居住地、营业地或者财产所在地的各个管辖区的司法行政官。

保证金的转交　　(4) 对其作出没收保证金裁定的人已经缴纳钱款的，则不得对其签发财产扣押令，但已经缴纳的钱款应当由保管人转交依法有权接收的人。

根据令状扣押财产　　**第772条**　(1) 已经按照第771条规定签发财产扣押令的，收到令状的司法行政官应当按照省高等法院在民事诉讼中签发的财产扣押令的执行方式及对所扣押财产的处理方式进行执行和处理。

费用　　　　　（2）在适用本条的情况下,女王有权收取执行费用及相应进行的其他诉讼程序的诉讼费用。收取数额,在魁北克省由法官按照高等法院在民事诉讼中适用的收费价目确定,在其他省由法官按照省高等法院在民事诉讼中适用的收费价目确定。

令状不能执行时的拘押
第 773 条　（1）已经按照本章规定签发财产扣押令,而司法行政官作出的执行报告表明不能查获足够的动产、土地及房产以充分执行令状或者变卖执行财产的全部所得不能充分执行令状的,根据总检察长或者其律师的请求,法官可以确定时间和地点要求保证人说明不应对他们签发拘押令的理由。

通知　　　　　（2）按照第（1）款确定的听审时间和地点,应当在听审前 7 日以前通知保证人。

听审　　　　　（3）在举行第（1）款规定的听审时,法官应当调查案件的情况并作出下列裁决之一：

（a）裁定免除保证人应缴付的金额；

（b）就监禁保证人的适当期限作出裁定,并签发格式 27 的拘押令。

拘押令　　　　（4）按照本条签发的拘押令即授权司法行政官拘押令状中指明的人,并将其羁押在令状签发区的监狱或者离法院最近的监狱,直至保证人履行义务或者法官确定的监禁期限届满。

"总检察长"的定义
（5）在本条和第 771 条中,"总检察长"的含义适用第 734.4 条第（2）款的规定,指加拿大总检察长。

附表
（第 762 条）

第 I 栏	第 II 栏	第 III 栏
安大略	接受保证出庭的具结书的上诉法院法官 接受所有其他具结书的高等法院	上诉法院登记官 高等法院登记官

第二十五章 具结书的效力和执行

（续表）

第I栏	第II栏	第III栏
魁北克	魁北克法院刑事和民事分庭	法院书记官
诺瓦斯科舍	最高法院	最高法院首席书记官
新不伦瑞克	王座分庭	王座分庭的登记官
不列颠哥伦比亚	接受保证出庭的具结书的最高法院或者上诉法院	最高法院的地方登记官
	接受保证出庭的具结书的省法院	省法院书记官
爱德华王子岛	最高法院分庭	首席书记官
曼尼托巴	王座分庭	王座法庭登记官或者助理登记官
萨斯喀彻温	王座分庭	王座法庭的地方登记官
阿尔博塔	王座分庭	王座分庭的书记官
纽芬兰	最高法院	最高法院登记官
育空	最高法院	最高法院书记官
西北地区	最高法院	最高法院书记官
努纳武特	努纳武特法院	努纳武特法院书记官

第二十六章 特殊救济

本章的适用 第774条 本章适用于由调卷令、人身保护令、执行职务令、强制判决令和禁令引起的刑事程序。

亲自出庭——人身保护令 第774.1条 尽管有本法其他规定,作为人身保护令状对象的人必须亲自出庭。

为判定监禁合法性进行调查时的羁押 第775条 为判定对受到指控的人或者被定罪的人的羁押是否合法,有管辖权的法官或者法庭已经开始适用本法的程序的,该法官或者法庭在对此作出裁决前可以作出裁定,继续羁押相关人员,指示作出羁押令状的法官或者省法院法官或者其他法官或者省法院法官听取证据或者实施其认为能够实现公正合理目的的其他事项。

何种情形的定罪判决或者裁定不能审查 第776条 有下列情形之一的定罪判决或者裁定不能以调卷令移交:

(a) 已提出上诉的,不论上诉是否已有处理结果;

(b) 被告人出庭并答辩且案件已审理,本可以上诉,但被告人未上诉。

可纠正的定罪判决或者裁定 第777条 (1)受理的法院或者法官对证据进行仔细审查后确信符合下列条件的,根据调卷令移交的定罪判决、裁定或者执行定罪判决或者裁定的令状不应当因为不规范、不正规或者不全面而被认定无效,但该法庭或者法官仍然有权如同对本应提出的上诉那样以其认为合适的方式作出处理:

(a) 定罪判决、裁定或者令状中所述犯罪行为确已实施;

(b) 定罪判决、裁定或者令状系根据权力作出或者签发;

(c) 所处刑罚(如果有的话)并非过重。

改判刑罚 (2)在适用第(1)款规定的程序中,法庭或者法官确信定罪适当但处刑过重的,以下列方式之一处理:

(a) 应当改判刑罚;

第二十六章 特殊救济

(i) 所处刑罚是罚金的,改判不超过法定最大数额的罚金;

(ii) 所处刑罚是监禁刑且罪犯已服刑期少于本可判处的监禁刑期的,改判不超过法定最长期限的监禁刑;

(iii) 所处刑罚是监禁刑附加罚金的,分别按照(i)目或者(ii)目改判;

(b) 应当发回原审定罪的法官或者省法院法官,并指示判处以不超过法定幅度的刑罚。

修正

(3) 按照第(1)或者第(2)款的规定变更裁决的,定罪判决和可能有的拘押令应当按照已变更的裁决作相应修改。

陈述的充分性

(4) 在定罪判决中出现的、对于定罪为充分的陈述,对于提出控告、签发传票、发出命令或者签发令状也为充分的陈述。

第777条中所称的不规范

第778条 在不限制第777条适用范围的情况下,该条应当视为适用于下列情形:

(a) 判决书等文件中的陈述用的是过去时而不是现在时;

(b) 对于证据证实已经实施的犯罪,所处刑罚轻于依法应当判处的刑罚;

(c) 忽略了一些否定情节,这些情节的存在会引起对行为合法性的申诉,无论这些情节是在规定此罪的法律条款中以例外或者以其他方式说明的,还是规定在其他条款中。

指令根据具结书缴纳保证金

第779条 (1) 有权以调卷令宣布定罪判决、裁定或者其他诉讼文书无效的法院可以以一般指令规定,必须在被告人在作出该定罪判决或者裁定的管辖区的法官或者其他官员面前作有一个或者多个保证人的具结书,或者按照将由其本人承担调卷费用的条件毫无故意拖延地提交了保证金,以及将向确定后的该定罪判决、裁定或者其他诉讼文书与其有利的一方缴纳由法院核定的诉讼费用及杂费之后,才可以听审要求以调卷令宣布定罪判决、裁定或者其他诉讼文书无效的申请。

第二十五章的规定

(2) 第二十五章有关没收保证金的规定适用于本条规定的具结书。

驳回请求宣告无效的裁定的效力

第780条 请求宣告定罪判决、裁定或者其他诉讼文书无效的申请被驳回的,法院的驳回裁定为对法庭的书记官将调取的定罪判决、裁定或者其他诉讼文书立即退回原移交法院或者移交人员并采取执行这些文书的措施的充分授权。

需要证明相关裁定　　第781条　(1)不得仅仅以缺少关于下列事项的证据为由,撤销定罪判决、裁定或者其他文件或者释放被告人:

(a)总督或者副总督的声明或者命令;

(b)总督根据议会制定法或者副总督根据省立法制定的规则、条例和细则;

(c)《加拿大公报》或者省的官方公报上发布的声明、命令、规则、条例或者细则。

司法认知　　(2)第(1)款中所述声明、命令、规则、条例或者及其公开发表属于司法认知范围。

形式上的缺陷　　第782条　符合下列条件的拘押令,不得仅仅由于形式上的缺陷而根据调卷令或者人身保护令被认定无效:

(a)令状中宣称被告人为被定罪人;

(b)有一有效的定罪判决证实该令状。

定罪判决等被撤销时不应当针对官员采取的行为　　第783条　以超越管辖权为由提出撤销第十九章规定的省法院法官或者法官作出的定罪判决、裁定或者其他诉讼文书的,收到申请的法庭或者法官,在撤销定罪判决、裁定或者其他文件时,可以裁定不应当对作出原定罪判决、裁定或者其他诉讼文书的法官、省法院法官或者按照该定罪判决、裁定或者诉讼文书行事或者按照据其签发的执行令状行事的任何官员提起民事诉讼。

执行职务令等程序中的上诉　　第784条　(1)对于允许或者拒绝在以执行职务令、调卷令或者禁止令提起的程序中的救济要求的裁决,可以向上诉法院提出上诉。

第二十一章的适用　　(2)除本条另有规定外,第二十一章的规定比照适用于本条规定的上诉。

驳回申请和上诉　　(3)申请解交审查令而被有管辖权的法院的法官拒绝的,不得再以同一理由向同一法院或者法官提出申请,但有新证据的除外。但请求被拒绝的,应向上一级法院提出上诉,申请被上诉法院拒绝的,应当经加拿大最高法院允许而向其提出上诉。

批准令状时　　(4)申请解交审查令的请求被法官批准的,任何当事人不得提出上诉,包括相关省的总检察长或者加拿大总检察长。

对发回令状的判决的上诉 （5）作出退回解交审查令的判决的,可以向上诉法院提出上诉。对上诉法院的判决,由申请人或者相关省的总检察长或者加拿大总检察长提出并经加拿大最高法院的同意,可向加拿大最高法院提出上诉。

听审上诉 （6）有关人身保护令的上诉,上诉法院应当尽快指定日期听审,不论是否在规定的开庭期内。

第二十七章 简易罪

解释

定义	**第785条** （1）在本章中，
"上诉法院的书记官"	"上诉法院的书记官"包括上诉法院的地方书记官。
"控告人"	"控告人"指提出控告的人。
"控告书"	"控告书"包括：

(a) 控告书中指控的罪状；

(b) 所控之罪是根据国会法或者制定法的授权，可由法官作出裁定的罪行。

"裁定"　　"裁定"指任何裁定，包括缴付钱款的裁定。

"程序"　　"程序"指：

(a) 就国会法或者根据议会制定法制定的法律规定的简易罪处罚提起控诉的程序；

(b) 由法官根据国会法或者制定法的授权作出裁定的程序。

"检察官"　　"检察官"指总检察长，或者在总检察长不参加的情况下，指控告人，包括代表他们的律师或者代理人。

"判决"　　"判决"包括：

(a) 根据第199条第（3）款作出的宣告；

(b) 根据第109条第（1）款、第110条第（1）款、第259条第（1）款或者第（2）款、第261条、第730条第（1）款、第737条第（3）款或者第（5）款、第738条、第739条、第742.1条或者第742.3条作出的裁定；

(c) 根据第731条、第732条、第732.2条第（3）款或者第（5）款、第742.4条第（3）款或者第742.6条第（9）款作出的处置；

(d) 根据《管制毒品和麻醉药品法》第16条第（1）款作出的裁定。

"简易法院"　　"简易法院"指在提起诉讼的区域内有管辖权并且符合

下列条件之一的人员：

(a) 根据制定法的授权,对提起的诉讼有管辖权；

(b) 制定法未明确规定被授权人的情况下,是法官或者省法院法官；

(c) 制定法授权两个或者两个以上法官的,是省法院法官。

"审理"	"审理"包括对控告的听审。
本章的适用	**第 786 条** （1）除法律另有规定外,本章适用于本章中定义的程序。
限制	（2）不得在诉因发生 6 个月之后提起诉讼,但检察官和被告人同意的除外。

处 罚

| 一般处罚 | **第 787 条** （1）除法律另有规定外,对被以简易罪处罚定罪的人应当处以 2000 元以下罚金或者 6 个月监禁,或者两者并处。|
| 无其他特殊规定情况下因不缴纳罚金的监禁 | （2）法律规定判处罚金或者作出缴付金钱令,但未规定不缴纳罚金或者不遵守命令可易科监禁的刑,法院可以裁定,对不缴纳罚金或者不遵守命令的被告人易科 6 个月以下监禁。 |

第(3)款至第(11)款[已废止]

控 告 书

诉讼的提起	**第 788 条** （1）本章规定的程序应当以格式 2 的控告书提起。
法官可在审理前单独实施的行为	（2）尽管法律规定应由两名或者两名以上的法官对控告进行审理,但一位法官可以单独实施下列行为： (a) 受理控告书； (b) 签发与控告书有关的传票或者令状； (c) 进行审理前的准备工作。
控告书的格式	**第 789 条** （1）在适用本章规定的程序中,控告书： (a) 应当以书面形式并附以宣誓；

	(b) 可以指控一个以上的罪或者提出一个以上控告事项，但每一罪或者控告事项应当分别列出。
不得提及前科	(2) 对可能因前科而判处较重刑罚的犯罪提起的控告书不得提及前科。
法官可以在审理前后行使职权	**第790条** (1) 本法或者其他法律规定都不应当视为要求向其提起本程序或者签发传票或者令状的法官应当是主审法官或者参加审理的法官。
两位或者两位以上的法官	(2) 两名或者两名以上的法官就一简易罪程序有管辖权的，他们应当一起出庭审理，但此后与该诉讼有关的事项可由一位法官根据职责或者职权单独进行。
	第(3)款和第(4)款〔已废止〕
	第791条和第792条 ［已废止］

瑕疵和缺陷

第793条 ［已废止］

无需否定例外等	**第794条** (1) 法律规定的例外、免责条款、但书、宽恕条款或者资格条件不要求在控告书中列举或者否定。
证明例外的责任	(2) 对法律规定的例外、免责条款、但书、宽恕条款或者资格条件对被告人有利的举证责任由被告人承担。不论是否已在控告书中列举，检察官无需证明法律规定对被告人不利的例外、免责条款、但书、宽恕条款或者资格条件，但进行反驳的除外。

适 用

第十六章、第十八章、第二十章和第二十之一章的适用	**第795条** 第十六章和第十八章关于强制被告人到庭的规定以及第二十章和第二十之一章与本章不矛盾的规定，比照适用于本章规定的程序。
	第796条和第797条 ［已废止］

审 判

管辖权	**第798条** 每一简易法院都有权在组成该法庭的人员

第二十七章 简易罪

有管辖权的范围内,对提起本章规定程序的案件进行审理并依法作出裁决。

检察官不出庭	**第799条** 在适用本章的程序中被告人到庭而检察官经预先通知未出庭的,简易法院可以驳回起诉或者延期审理。
双方当事人到庭时	**第800条** (1)检察官和被告人到庭的,简易法院应当开庭审理。
律师或者代理人	(2)被告人可以亲自出庭或者由其律师或者代理人出庭,但简易法院可以要求被告人亲自出庭。如果认为合适,简易法院可以签发格式7的令状逮捕被告人,并延期至被告人被带至法庭时审理。
视频连接	(2.1)在被告人由律师代理的案件中,法庭裁定且被告人同意的,如果被告人得到与律师秘密联系的机会,被羁押于监狱的被告人可以以闭路电视或者可让法庭和被告人参与同步视频和口头表达的其他方式出庭。
组织出庭	(3)被告人是组织的,应当由其律师或者代理人出庭;如果不出庭,简易法院可在证实传票已经送达后进行缺席审理。
审讯	**第801条** (1)被告人出庭的,应向其宣读控告书并讯问:
	(a)在所控之罪为简易罪处罚的情况下,其对控告书作有罪答辩还是无罪答辩;
	(b)在法官有权就该诉讼作出裁定的情况下,其是否有说明法官不应当对他作出裁定的理由。
认罪情况下的裁决有罪、定罪判决和裁定	(2)被告人作有罪答辩或者不应对他作出裁定的理由不充分的,简易法院应当对被告人定罪、根据第730条免除其刑事责任或者作出裁定。
不认罪情况下的程序	(3)被告人作无罪答辩或者说明了不应对其作出裁定的充分理由的,简易法院应当继续进行审理,按照第十八章有关预审的规定听取控辩双方证人的证言。
	第(4)款和第(5)款〔已废止〕
进行全面答辩和辩护的权利	**第802条** (1)检察官有权亲自控诉,被告人有权进行全面答辩和辩护。
询问证人	(2)检察官或者被告人可以亲自询问和反问证人,也可

	以由其律师或者代理人代为进行。
宣誓	（3）在本章规定的程序中，证人应当在宣誓后接受询问。
使用代理人的限制	**第802.1条** 尽管有第800条第（2）款和第802条第（2）款的规定，如果被告人经简易罪程序应被判处6个月以上监禁刑，其不得由代理人代理出庭、询问或者反问证人，但被告人为法人或者根据副省督批准的计划代理人被授权的除外。
延期审理	**第803条** （1）在审理前或者审理过程中，简易法院可以向当事人、其律师或者代理人宣布延期审理，确定另行审理的时间和地点。
被告人不到庭	（2）被告人已经得到开庭时间和地点的通知而不到庭的，或者在按照第（1）款规定延期后恢复审理时不到庭的，简易法院可以： （a）缺席审理并判决； （b）如认为适当，签发格式7的令状逮捕被告人，并延期至被告人到庭时审理。
必须经总检察长同意	（3）审理时，简易法院采用第（2）款（a）项程序的，不应提起第145条规定的因被告人不按指定时间和地点到庭或者不按恢复审理的日期到庭的程序；如果已提起，不应继续进行，但经总检察长同意的除外。
检察官不到庭	（4）检察官在延期后恢复审理时不到庭的，简易法院可以驳回控告，可以收取或者不收取诉讼费。 第（5）款至第（8）款〔已废止〕

裁　决

认定有罪、定罪判决、裁定或者驳回	**第804条** 简易法院对控告人、被告人和证人听审后，应当根据具体情况作出对被告人定罪、根据第730条免除其刑事责任、对被告人作出裁定或者驳回起诉的决定。
	第805条 〔已废止〕
定罪判决或者裁定的备忘录	**第806条** （1）对被告人定罪或者作出裁定的，简易法院应当制作定罪判决或者裁定的记录或者备忘录，说明根据本章处置的事项。根据被告人、检察官或者其他人的要求，

第二十七章 简易罪

	制作格式 35 的定罪判决或者格式 36 的裁定,并制作其副本,将经过验证的副本送交提出要求的人。
拘押令	(2)对被告人定罪或者作出裁定的,简易法院应当签发格式 21 或者格式 22 的拘押令,第 528 条适用于根据本款签发的拘押令。
经验证的副本的可采性	(3)由法庭书记官签发格式 21 的拘押令的,经该书记官验证的拘押令的副本在任何程序中可以采纳为证据。
对共犯的处罚	**第 807 条** 数人共同实施同一犯罪而被定罪后每个人都被判决向被害人赔偿的,向被害人偿付的数额不应超过被损坏或者损害的财产价值、因伤害造成的损失与可能发生的诉讼费用的总额,余数应当按照法律规定的罚款的处理方式进行处理。
裁定驳回	**第 808 条** (1)简易法院驳回控告的,如果被告人要求,简易法院可以起草驳回裁定并将经过验证的副本交给告人。
证明的效力	(2)按照第(1)款经过验证的驳回裁定的副本,无需进一步证明,具有阻止以同一诉因对被告人再提起诉讼的效力。
诉讼费用	**第 809 条** (1)简易法院可以斟酌判定并裁定其认为合理的、与第 840 条规定的可以在简易罪程序中收取的不相冲突的诉讼费用:
	(a)简易法院对被告人定罪或者作出裁定的,由被告人偿付给控告人;
	(b)简易法院驳回起诉的,由控告人偿付给被告人。
应列出的裁定	(2)第(1)款规定的裁定应当在定罪判决、裁定或者驳回裁定中列出。
费用为罚金的一部分	(3)判处被告人罚金或者赔偿金或者二者并处并规定了不偿付时易科的监禁刑的,如被告人不偿付,应当执行判处的监禁刑,被告人应缴付的任何诉讼费用都应当视为所判处的罚金或者赔偿金的一部分。
如果未判处罚金	(4)没有判处被告人罚金或者赔偿金但判决被告人或者控告人缴纳诉讼费用的,缴付义务人不缴纳的,应当处以 1 个月监禁。
"诉讼费用"的定义	(5)在本条中,"诉讼费用"包括确定诉讼费用和支出

后将缴付义务人拘押和转送监狱的支出。

维持治安的保证

|担心伤害或者损坏时| **第810条** （1）有正当理由担心他人会伤害自己、自己的配偶、普通法上的配偶或者子女或者会损坏自己财产的人，可以向法官提出控告。

|法官的责任| （2）收到第（1）款控告的法官应当要求当事人到本人或者本司法区内有管辖权的简易法院出庭。

|裁决| （3）受理当事人出庭的法官或者简易法院根据提交的证据确信其担心是有正当理由的，可以实施下行为之一：

（a）裁定被告人作有保证人或者无保证人的具结书，保证维持治安、品行良好，保证时间不超过12个月，并遵守具结书中规定的其他合理条件，包括第（3.1）款和第（3.2）款规定的、法庭认为为保证被告人品行良好而必要的条件；

（b）被告人没有或者拒绝作具结书的，将其拘押在监狱，时间不超过12个月。

|条件| （3.1）在按照第（3）款规定作出裁定前，法官或者简易法院应考虑，基于被告人或者他人的安全，是否有必要在具结书中规定一个条件，禁止被告人在一段时间内持有任何火器、弩、禁用武器、管制武器、禁用器械、弹药、禁用弹药或者爆炸物或者全部此类物品。如果法官或者简易法院认为适当，应当在具结书中增加这样的条件。

|上缴，等| （3.11）法官或者简易法院在具结令中规定第（3.1）款所述条件的，应当在命令中规定下列事项的方式和程序：

（a）被告人持有的第（3.1）款所述物品的上缴、处置、扣押、储存或者处理；

（b）被告人持有的授权证书、许可证和注册证书的上缴。

|理由| （3.12）法官或者简易法院未在具结令中规定第（3.1）款所述条件的，应当在审理记录中说明理由。

|同上| （3.2）在按照第（3）款规定作出裁定前，法官或者简易法院应考虑，基于控告人、控告的被代表人或者其配偶、普通法上的配偶或者子女的安全，是否有必要在具结书中规定下

列一个或者两个条件：

(a) 禁止被告人进入与具结书中规定的能够经常见到控告人或者其配偶、普通法上的配偶或者子女的地方一定距离的范围；

(b) 禁止被告人直接或者间接地与控告人或者其配偶、普通法上的配偶或者子女接触。

格式　　(4) 第(3)款规定的具结书可以采用格式32,不遵守具结书条件而拘押于监狱的拘押令采用格式23。

修改具结书　(4.1) 根据控告人或者被告人的申请,法官或者简易法院可以修改具结书中规定的条件。

程序　　(5) 本章规定比照适用于本条规定的程序。

担心某些犯罪　第810.01条　(1) 有正当理由担心他人会实施第423.1条规定的犯罪行为、犯罪组织犯罪或者恐怖主义犯罪的人,经总检察长同意,可以向省法院法官提出控告。

出庭　　(2) 收到第(1)款所述控告书的省法院法官可以要求当事人出庭。

裁决　　(3) 如果根据提交的证据确信控告人的担心有正当理由,接受当事人出庭的省法院法官可以裁定被告人订立具结书,保证维持治安,品行良好,保证时间不超过12个月,并遵守具结书中规定的其他合理条件,包括第(5)款规定的、省法院法官认为为防止第(1)款所述犯罪发生而必要的条件。

拒绝订立具结书　(4) 被告人没有或者拒绝作具结书的,省法院法官可以将其拘押在监狱,时间不超过12个月。

条件—火器　(5) 在按照第(3)款规定作出裁定前,省法院法官应当考虑,基于被告人或者他人的安全,是否有必要在具结书中规定一个条件,禁止被告人在一段时间内持有任何火器、弩、禁用武器、管制武器、禁用器械、弹药、禁用弹药或者爆炸物或者全部此类物品。如果省法院法官认为适当,应当在具结书中规定这样的条件。

上缴,等　(5.1) 省法院法官在具结令中规定第(5)款所述条件的,应当在命令中规定下列事项的方式和程序：

(a) 被告人持有的第(5)款所述物品的上缴、处置、扣押、储存或者处理；

(b) 被告人持有的授权证书、许可证和注册证书的

	上缴。
理由	(5.2) 省法院法官未在具结令中规定第(5)款所述条件的,应当在审理记录中说明理由。
变更条件	(6) 根据控告人、总检察长或者被告人的申请,省法院法官可以修改具结书中规定的条件。
适用的其他规定	(7) 第810条第(4)款和第(5)款比照适用于本条规定的具结书。
担心性犯罪	**第810.1条** (1) 有正当理由担心他人会对十四岁以下的人实施第151条、第152条、第155条、第159条、第160条第(2)款或者第(3)款、第163.1条、第170条、第171条、第172.1条、第173条第(2)款、第271条、第272条或者第273条规定的犯罪行为的人,可以向省法院法官提出控告,不论是否指明犯罪行为将针对的人的姓名。
出庭	(2) 收到第(1)款所述控告书的省法院法官可以要求当事人出庭。
裁决	(3) 如果根据提交的证据确信控告人的担心有正当理由,接受当事人出庭的省法院法官可以裁定被告人订立具结书,并在省法院法官确定的不超过12个月内遵守省法院法官规定的条件,包括禁止被告人实施下列行为: (a) 参加与十四岁以下的人接触的活动,包括为了与不满十四岁的人联系的目的而使用第342.1条第(2)款定义的计算机; (b) 到有十四岁以下的人在场或者能合理预见其会在场的公用公园或公用游泳区、日托中心、校园、运动场或者社区中心。
拒绝订立具结书	(3.1) 被告人没有或者拒绝作具结书的,省法院法官可以将其拘押在监狱,时间不超过12个月。
法官可以变更具结书	(4) 根据控告人或者被告人的申请,省法院法官可以修改具结书中确定的条件。
适用的其他规定	(5) 第810条第(4)款和第(5)款比照适用于本条规定的具结书。
担心严重人身伤害罪	**第810.2条** (1) 有正当理由担心他人会实施第752条所定义的严重人身伤害罪的人,经总检察长同意,可以向省法院法官提出控告,不论是否指明将实施犯罪行为的人的

	第二十七章 简易罪 557
	姓名。
出庭	（2）收到第（1）款所述控告书的省法院法官可以要求当事人出庭。
裁决	（3）如果根据提交的证据确信控告人的担心有正当理由，接受当事人出庭的省法院法官可以裁定被告人订立具结书，保证维持治安、品行良好，保证时间不超过12个月，并遵守具结书中规定的其他合理条件，包括第（5）款和第（6）款规定的、省法院法官认为为保证被告人品行良好而必要的条件。
拒绝订立具结书	（4）被告人没有或者拒绝作具结书的，省法院法官可以将其拘押在监狱，时间不超过12个月。
条件—火器	（5）在按照第（3）款规定作出裁定前，省法院法官应当考虑，基于被告人或者他人员的安全，是否有必要在具结书中规定一个条件，禁止被告人在一段时间内持有任何火器、弩、禁用武器、管制武器、禁用器械、弹药、禁用弹药或者爆炸物或者全部此类物品。如果省法院法官认为适当，应当在具结书中规定这样的条件。
上缴，等	（5.1）省法院法官在具结令中规定第（5）款所述条件的，应当在命令中规定下列事项的方式和程序： （a）被告人持有的第（5）款所述物品的上缴、处置、扣押、储存或者处理； （b）被告人持有的授权证书、许可证和注册证书的上缴。
理由	（5.2）省法院法官未在具结令中规定第（5）款所述条件的，应当在审理记录中说明理由。
条件—报告和监视	（6）在按照第（3）款规定作出裁定前，省法院法官应当考虑，是否有必要在具结书中规定一个条件，要求被告人向省的矫正机构或者适当的警察当局报告。如果省法院法官认为适当，应当在具结书中规定这样的条件。
变更条件	（7）根据控告人、总检察长或者被告人的申请，省法院法官可以修改具结书中规定的条件。
适用的其他规定	（8）第810条第（4）款和第（5）款比照适用于本条规定的具结书。
违反具结书	**第811条** 受到第83.8条、第810条、第810.01条、第

810.1条或者第810.2条规定的具结书约束的人,违反具结书的,分别构成:

(a)可诉罪,处以不超过两年的监禁;

(b)构成简易罪。

上　　诉

"上诉法院"的定义　　**第812条**　(1)对于第813条至第828条,"上诉法院"指:

(a)在安大略省,设在作出裁决的区域、地区、郡或者几个郡内的高等法院常设庭;

(b)在魁北克省,高等法院;

(c)在诺瓦斯科舍省和不列颠哥伦比亚省,最高法院;

(d)在新不伦瑞克省、曼尼托巴省、萨斯喀彻温省和阿尔博塔省,王座分庭;

(e)[已废止]

(f)在爱德华岛省,最高法院分庭;

(g)在纽芬兰省,最高法院分庭;

(h)在育空和西北地区,最高法院的法官;

(i)在努纳武特,努纳武特法院的法官。

上诉法院为努纳武特上诉法院时　　(2)如果上诉系针对努纳武特法院的一位法官组成的简易法院所作出的定罪判决、裁定、量刑或者裁决,对于第813条至第828条,努纳武特上诉法院的法官为上诉法院。

被告人、控告人或者总检察长的上诉　　**第813条**　除法律另有规定外,不同人员可以如下所述分别情形提出上诉:

(a)适用本章规定程序的被告人,可以对下列事项向上诉法院提出上诉:

(i)对定罪判决或者对其作出的裁定;

(ii)对其所判处的刑罚;

(iii)因精神缺陷不宜承受审理或者不负刑事责任的裁决;

(b)控告人、总检察长或者其代理人可以对下列事项向上诉法院提出上诉,加拿大总检察长或者其代理人在应加拿大政府要求提起的诉讼和代表加拿大政府提起的诉讼中具

第二十七章 简易罪

有与本项中省总检察长或者其代理人同等的上诉权利：
（i）停止审理控告的诉讼或者驳回控告的裁定；
（ii）对被告人所处的刑罚；
（iii）因精神缺陷不宜承受审理或者不负刑事责任的裁决。

曼尼托巴和阿尔博塔

第814条 （1）在曼尼托巴省和阿尔博塔省，第813条规定的上诉应当于上诉法院开庭期在离诉因发生地最近地点审理。根据当事人的要求，上诉法院的法官也可以指定其他审理地点。

萨斯喀彻温

（2）在萨斯喀彻温省，第813条规定的上诉应当于上诉法院开庭期在离原裁决地最近的司法中心审理。根据当事人的要求，上诉法院的法官也可以指定其他审理地点。

不列颠哥伦比亚

（3）在不列颠哥伦比亚省，第813条规定的上诉应当于上诉法院开庭期在离原裁决地最近的地点审理。根据当事人的要求，上诉法院的法官也可以指定其他审理地点。

地区

（4）在育空、西北地区和努纳武特，第813条规定的上诉应当在诉因发生地或者法院指定的最近的地点审理。

通知上诉

第815条 （1）向上诉法院提出上诉的上诉人应当按照法院规则可能规定的方式和时间提出上诉通知。

延期

（2）上诉法院或者法官可以延长提出上诉通知的时间。

上诉人的暂时释放

上诉人的保证书或者具结书

第816条 （1）简易罪程序中的被告人按照第813条提出上诉的，如果其在押，应当继续羁押。但受理上诉的法院命令根据下列不同条件裁定将被告人释放的，如果上诉人遵守裁定，关押上诉人的人应当立即释放上诉人：
（a）被告人向上诉法院作出保证书，保证其将按照裁定归押，上诉法院可以附加条件，也可以不附加条件；
（b）被告人订立具结书并附以法庭可能指示的条件，但不需要保证人，也不需要缴纳保证金或者其他有价证券；
（c）被告人订立具结书并附以法庭可能指示的条件，提供或者不提供保证人，并且按照法庭的指示缴纳保证金或者其他有价证券。

第525条某些规定的适用	(2) 第525条第(5)款、第(6)款和第(7)款比照适用于按照第(1)款规定被释放的人。
检察官的保证书或者具结书	**第817条** (1) 简易罪程序中检察官按照第813条提出上诉的,应当在提交第815条规定的上诉通知并证实送达后,到法官面前。法官在给检察官和被上诉人合理的发表意见的机会后,应当裁定检察官实施下列行为之一:
	(a) 根据本条规定作出保证书;
	(b) 按照法官的指示,作出一定保证金额的具结书,提供或者不提供保证人,缴纳或者不缴纳钱款或者其他有价证券。
条件	(2) 根据本条作出的保证书或者具结书的条件是检察官在法庭于其开庭期审理上诉时亲自或者由其律师出庭。
总检察长的上诉	(3) 本条不适用于由总检察长或者其律师代为提出的上诉。
保证书或者具结书的格式	(4) 本条规定的保证书可以采用格式14,具结书可以采用格式32。
申请上诉法院复审	**第818条** (1) 法官按照第817条规定作出裁定的,上诉人或者被上诉人可以在听审上诉前或者听审过程中,申请上诉法院对法官作出的裁定进行复审。
上诉法院对申请的处理	(2) 听审本条规定的申请时,上诉法院在给上诉人和被上诉人发表意见的合理机会后,应当实施下列行为之一:
	(a) 驳回申请;
	(b) 如果申请人说明原裁定无效的理由,准许申请,撤销裁定,作出上诉法院认为适当的裁定。
裁定的效力	(3) 按照本条作出的裁定与法官作出的裁定具有同等效力。
申请确定听审上诉的日期	**第819条** (1) 被简易法院定罪的人在上诉审理期间被羁押而在按照第815条所述的规则提交上诉通知之日起30日内未开始审理上诉的,关押上诉人的人应当在30日届满时立即向上诉法院申请确定审理上诉的日期。
确定日期的裁定	(2) 收到第(1)款规定的申请后,上诉法院应当给检察官发表意见的合理机会后,确定审理上诉的日期,并为迅速审理上诉发出其认为必要的指示。
偿付罚金并不放弃上诉权	**第820条** (1) 没有以任何方式特别表示上诉意图或

第二十七章 简易罪

者保留上诉权的人,按照定罪判决偿付所处罚金的,并不因此放弃第813条规定的上诉权。

推定

（2）除非表明有相反情况,定罪判决、裁定或者量刑应视为未被上诉。

上诉程序

通知和定罪判决的移交,等

第821条 （1）已按照第815条所述规则提交上诉通知的,上诉法院的书记官应当通知原作出定罪判决、裁定或者量刑的简易法院。接到通知的简易法院应当在上诉审理前或者上诉法院另行指定的时间内将定罪判决、裁定、驳回裁定以及其掌握的与诉讼相关的其他全部材料移交上诉法院,移送的材料应当与上诉法院的审理记录由上诉法院的书记官保存。

保留

（2）上诉法院不应当仅因上诉人以外的人未遵守本章有关上诉的规定而驳回上诉。

上诉人应提供证供副本

（3）简易法院审理中的证据已经由正式宣誓的速记员记录或者以录音设备记录的,上诉人应当将经过速记员验证的或者按照第540条第(6)款验证的证供记录提交上诉法院和被上诉人以供在上诉中使用,但上诉法院作出其他指令或者第815条所述规则有其他规定的除外。

适用于上诉的某些条款

第822条 （1）根据第813条对定罪判决、无罪判决、量刑、裁决或者裁定提出的上诉,比照适用第683条至第689条,但第683条第(3)款和第686条第(5)款的规定不得适用。

重新审理

（2）上诉法院裁定重新审理的,应当由进行初审的以外的简易法院进行审理,但上诉法院指定由原审简易法院进行审理的除外。

拘押令或者释放令

（3）上诉法院裁定重新审理的,可以按照第515条的规定作出裁定在等待审理期间释放或者羁押上诉人。该裁定按照第515条规定的方式执行,并比照适用第十六章的规定。

重审

（4）尽管有第(1)款至第(3)款的规定,如果按照第813条规定提出上诉并且由于简易法院的记录条件或者其他原因，上诉法院若认为以重审方式进行听审并作出裁定会更好地实现司法公正的，可以根据被告人、控告人、总检察长或者其代理人的申请，上诉法院可以裁定按照依第 482 条或者第 482.1 条制定的规则进行重审；为此，比照适用第 793 条至第 809 条的规定。

先前的证据

（5）为按照第（4）款对上诉进行听审和裁决，如果简易法院录取的证人证言已经按照第 540 条进行确认并且有下列情形之一，上诉法院可以允许宣读在原简易法院取得的证人证言，根据本条宣读的证据具有和证人到上诉法院提供证言同等的效力：

（a）上诉人和被上诉人同意；

（b）上诉法院确信不能合理期待该证人出庭；

（c）法院确信不会因证据形式上的特征或者其他原因而对对方当事人产生不利影响。

对量刑的上诉

（6）第（4）款规定的上诉系对量刑提出的，如果所处刑罚并非由法律确定，上诉法院应当考虑原量刑是否适当，并可以根据其认为适当的证据以裁定作出下列处理之一，在作出（b）项裁定时可以考虑被告人因犯罪而被羁押的时间：

（a）驳回上诉；

（b）在法定的刑罚幅度内，改判刑罚。

关于上诉的一般规定

（7）下列规定适用于第（4）款中的上诉：

（a）对控告或者其他文书提出上诉的，不应当因（i）目或者（ii）目所述原因作出支持上诉人的判决，但能够证明符合（iii）目和（iv）目所述条件的除外：

（i）所宣称的内容或者形式上的缺陷；

（ii）控告书或者其他文书与审理中提出的证据之间的差异；

（iii）在审理中就已提出了异议；

（iv）尽管（ii）目所述差异已蒙蔽或者误导了上诉人，中止审理的请求仍被拒绝；

（b）对定罪判决或者裁定中存在的缺陷提出上诉的，不应当作出支持上诉人的判决，但法院应当裁定纠正缺陷。

第 823 条 ［已废止］

中止审理

第 824 条 上诉法院可以根据需要随时中止上诉的

第二十七章 简易罪

审理。

因不出庭或者缺少控诉而驳回上诉
第 825 条　上诉法院证实已经送达上诉通知,且有下列情形之一的,可以裁定驳回上诉:
（a）上诉人未遵守根据第 816 条或者第 817 条作出的裁定或者未遵守其规定的保证书或者具结书中的条件;
（b）上诉未继续进行或者已被放弃。

诉讼费用
第 826 条　对上诉进行审理并裁决、放弃上诉或者因缺少控诉而驳回上诉的,上诉法院可以裁定公平合理的诉讼费用。

向谁缴纳费用及何时缴纳
第 827 条　（1）上诉法院裁定上诉人或者被上诉人缴付费用的,应当在裁定中指示将费用在指定期限内缴纳给法院的书记员,由其转交有权受付人。

未缴纳费用的证明
（2）在指定期限内未缴纳全部费用且缴付义务人没有作具结书保证缴纳的,根据有权受付人或者其代理人的请求,法院的书记官在收取其有权收取的手续费后,应当签发格式 42 的证明文件,证明费用的全部或者部分未缴纳。

羁押
（3）在第(2)款签发证明文件的区域内有管辖权的法官,根据出示的证明文件,可以签发格式 26 的令状将不缴纳费用者交监狱羁押,时间不超过 1 个月,但该费用以及法官认为适当并裁定的对不缴纳费用者进行拘押和转送的费用得到即时偿付的除外。

上诉法院的定罪判决或者裁定的执行
第 828 条　（1）上诉法院作出的定罪判决或者裁定执行可以以下列方式之一执行:
（a）按照简易法院作出的定罪判决或者裁定的执行方式;
（b）以上诉法院作出的文件执行。

法官执行
（2）对于定罪判决或者规定偿付金钱的裁定的上诉被驳回的,作出该定罪判决、裁定的简易法院或者同一辖区内的法官可以如未提出上诉那样签发拘押令。

法院书记官的职责
（3）上诉法院作出的定罪判决或者裁定应当由法官执行的,上诉法院的书记官应当将定罪判决或者裁定以及相关的书面文件送交该法官,但上诉通知和具结书除外。

以庭审记录或者意见一致的事实陈述为依据的简易上诉

"上诉法院"的定义　　**第 829 条**　（1）除适用第（2）款的情形外,对于第 830 条至第 838 条,"上诉法院"指各省的有刑事管辖权的高等法院。

努纳武特　　（2）如果上诉系针对由努纳武特法院的一位法官组成的简易法院作出的定罪判决、判决、裁决或者其他终局裁决而提出,"上诉法院"则指努纳武特上诉法院的一位法官。

上诉　　**第 830 条**　（1）适用本章规定的程序中的当事人或者总检察长可以对定罪判决、裁定、无罪释放裁决、因精神病不负刑事责任或者不宜承受审理的裁决,或者简易法院作出的其他终局裁决,以下列理由,提出上诉:

(a) 适用法律错误;
(b) 超越管辖权;
(c) 拒绝或者不行使权力。

上诉的格式　　（2）本条规定的上诉应当以庭审记录为基础,除非上诉人在提交上诉通知后 15 日内向上诉法院提交一份经被上诉人同意的书面形式的事实陈述。

上诉规则　　（3）本条的上诉应当按照法院规则规定的方式在规定的期限内提出。如法院规则无其他规定,上诉通知应当以书面形式送达被上诉人,同时上诉通知的副本连同送达证明应当在原定罪判决、无罪释放裁决或者其他终局裁决作出之日起 30 日内提交上诉法院。

加拿大总检察长的权利　　（4）在应加拿大政府之请求提起并由加拿大政府或者其代表进行的诉讼中,加拿大总检察长享有与省总检察长根据本条享有的相同的上诉权。

适用　　**第 831 条**　第 816 条、第 817 条、第 819 条和第 825 条的规定比照适用于第 830 条规定的上诉。但在收到第 819 条描述的负责看管上诉人的人员提出的确定听审上诉的日期的申请后,上诉法院在给检察官发表意见的合理机会后,应当为加速审理上诉作出其认为必要的指示。

保证书或者具结书　　**第 832 条**　（1）按照第 830 条提交上诉通知的,上诉法院可以裁定上诉人到一法官面前作出保证书或者具结书。被告人是上诉人的,按照第816条的定,其他情况则按照第817条的规定。

总检察长　　(2) 第(1)款的规定不适用于上诉人是总检察长或者其代理律师的情况。

不需要令状　　**第833条**　为获取上诉法院的判决、裁决或者意见,不需要移送简易法院的定罪判决、判决、裁决或者其他终局裁决的调卷令或者其他令状。

上诉法院的权力　　**第834条**　(1) 按照第830条提交上诉通知的,上诉法院应当就上诉理由举行听证,可以作出下列处理之一,并可以作出与案件相关的或者有关诉讼费用的裁定:

(a) 维持、撤销或者修改定罪判决、判决、裁决或者其他终局裁决;

(b) 将案件发回简易法院,并附以上诉法院的意见。

法官的权力　　(2) 上诉法院的职权和管辖权可以由该法院的一位法官行使的,在适用法院有关规则的前提下,该职权和管辖权可以由上诉法院的一位法官在开庭期或者休庭期行使。

执行　　**第835条**　(1) 上诉法院对上诉作出裁决的,原审简易法院或者行使同等管辖权的法官具有未上诉情况下简易法院具有的相同权力执行得到上诉法院维持、修改或者作出的定罪判决、裁定或者裁决。

同上　　(2) 上诉法院的裁定可以以上诉法院作出的文件执行。

根据第830条提出的上诉　　**第836条**　根据第813条规定有上诉权的人,按照第830条规定对定罪判决、判决、裁定或者其他终局裁决提出上诉的,应当视为放弃了第813条规定的全部上诉权利。

禁止上诉　　**第837条**　法律规定不得对定罪判决或者裁定提出上诉的,不得按照第830条规定对该定罪判决或者裁定提出上诉。

延期　　**第838条**　上诉法院或者其法官可以随时延长第830条、第831条或者第832条规定的期间。

向上诉法院上诉

关于法律问题的上诉　　**第839条**　(1) 除适用第(1.1)款的情形外,经该第

673条所定义的上诉法院或者其法官同意,可以单独以法律问题为由对下列事项向其提出上诉:

(a)第822条中法院就上诉作出的决定;

(b)第834条中上诉法院的决定,但该法院是上诉法院的除外。

努纳武特 (1.1)经努纳武特上诉法院或者其法官同意,可以单独以法律问题为由对努纳武特上诉法院法官按照第812条第(2)款或者第829条第(2)款作为上诉法院而作出的裁决向其提出上诉。

可适用条款 (2)第673条至第689条比照适用于本条规定的上诉。

费用 (3)尽管有第(2)款的规定,上诉法院可以就与本条规定的上诉有关的诉讼费用作出其认为适当的裁定。

执行决定 (4)上诉法院的决定可以按照与原审简易法院作出的决定相同的方式执行。

加拿大总检察长的上诉权 (5)在应加拿大政府之请求提起并由加拿大政府或者其代表进行的诉讼中,加拿大总检察长享有与省总检察长根据本章享有的相同的上诉权。

费用和津贴

费用和津贴 **第840条** (1)除适用第(2)款的情形外,本章附表中提到的费用和津贴指可以在本章规定的简易罪程序中收取的费用和津贴。

副省督的命令 (2)副省督可以命令,在本省进行的简易程序中,不收取附表提及的全部或者任何项目的费用和津贴;如果副省督作出这样的命令,其可以就与附表中项目类似的项目或者其他项目规定其他的费用和津贴。

附表
(第840条)
可以由简易法院和法官收取的费用和津贴

1. 控告书	1.00元
2. 传票或者令状	0.50元
3. 签发传票后的令状	0.30元
4. 传票或者令状的每一必要的副本	0.30元

第二十七章 简易罪

5. 向证人签发的每份传票或者令状	0.30 元

（每一张传票可以包含数个姓名。在任何程序中，代表一位当事人只能签发一份传票，但简易法院或者法官认为有必要或者可以签发数份传票的除外）

6. 要求对证人签发令状的控告书和对证人签发的令状	1.00 元
7. 向证人签发的每一份必要的传票或者令状的副本	0.20 元
8. 每份具结书	1.00 元
9. 听审和裁决程序	1.00 元
10. 听审持续超过两个小时的	2.00 元
11. 两位或者两位以上法官进行听审和裁决的，每位法官有权收取第 9 项费用	
12. 每份拘押令	0.50 元
13. 应当事人要求制作定罪判决或者裁定记录	1.00 元
14. 应当事人的要求制作定罪判决和裁定以外的书面文件的副本，每百词	0.10 元
15. 应当事人要求，制作诉讼费用细目表	0.20 元

（只有在作出裁决的情况下才可以收取第 14 项和第 15 项费用）

16. 出庭还押罪犯	1.00 元
17. 出庭取保释书	1.00 元

可以向治安官偿付的费用和津贴

18. 执行有证逮捕或者无证逮捕	1.50 元
19. 送达传票或者令状	0.50 元
20. 送达传票或者令状或者执行逮捕，往返每英里	0.10 元

（未乘坐公共运输工具的，可以收取合理的交通费用）

21. 不能送达而证明已经努力的，单程每英里	0.10 元
22. 在逮捕罪犯后将其带至治安官接到逮捕令以外的地方的简易法院，如果路线与治安官执行逮捕的路线不同，单程每英里	0.10 元
23. 执行还押或者拘押而将罪犯押至监狱，单程每英里	0.10 元

（未乘坐公共运输工具的，可以收取合理的交通费用。对于按照第 22 项收取费用的服务，不得按照本项收取费用）

24. 在简易罪程序中有必要而出席法庭的，每天	2.00 元

（无论治安官出席简易法院的诉讼数目的多少，根据本项每天收取的费用不得超过 2 元）

可以向证人缴纳的费用和津贴

25. 出席法庭,每天　　　　　　　　　　　　4.00元
26. 出席法庭,单程每英里　　　　　　　　　0.10元

可以向翻译人员缴纳的费用和津贴

27. 出席法庭,每半天　　　　　　　　　　　2.50元
28. 离开经常居住地期间的实际生活费用,每天不
    超过　　　　　　　　　　　　　　　　10.00元
29. 出席法庭,单程每英里　　　　　　　　　0.10元

第二十八章 其他规定

电子文件

定义	**第841条** 本条中的定义适用于本条和第842条至第847条。
"数据"	"数据"指对于资料或者概念的任何形式的描绘。
"电子文件"	"电子文件"指由计算机或者类似设备记录或者储存、或者记录或者储存于其中的任何介质并且可以由人、计算机系统或者类似设备阅读和提取的数据，包括数据的展示、打印文件或者其他结果以及包含此数据的文件、记录、命令、证物、通知或者表格。
在法庭上处理数据	**第842条** 尽管本法有其他规定，法庭可以根据法律或者法院规则制作、收集、接收、储存、移交、分发、发表或者以其他方式处理电子文件。
移送数据	**第843条** （1）尽管有本法的规定，如果数据的移送是根据数据来源地或者数据接收地的法律进行，法庭可以接收以电子方式传送的数据。
提交时间	（2）如果要求向法庭提交文件而提交以通过电子方式移送数据实施，法庭接受移送时提交完成。
书面文件	**第844条** 按照法律或者法院规则以电子方式制作文件，即满足本法以书面方式制作文件的要求。
签名	**第845条** 如果本法要求在文件上签名，法庭可以接受按照法律或者法院规则在电子文件中的签名。
宣誓	**第846条** 按照本法应当作出控告书、宣誓书、郑重声明书或者经宣誓或者郑重确认的陈述的，如果符合下列条件，法庭可以接受其电子文件：
	（a）此人在电子文件中说明，控告书、宣誓书、郑重声明书或者陈述中包含的所有事项就其所知所信为真实的；
	（b）在其面前制作文件或者宣誓的人被授权记录和接受控告书、宣誓书、郑重声明书或者陈述，并且其在电子文件

中说明，控告书、宣誓书、郑重声明书或者陈述系经宣誓、郑重声明或者郑重确认而作出；

(c) 电子文件系按照制作地的法律制作。

副本　　第847条　如果文件采用电子格式，有权从法庭获取该文件副本的人员，在缴纳了根据相关省的总检察长制定或者批准的诉讼费用价目表确定的合理费用后，有权获取该电子文件的打印副本。

被关押的被告人远程出庭

远程出庭的条件　　第848条　尽管有本法规定，如果被羁押于监狱的被告人在诉讼中不能进行法律咨询，在批准被告人以可让法庭和被告人同步参与的视频和口头表达的其他方式出庭之前，法庭应当确信被告人将能够理解诉讼并且被告人在诉讼中作出的任何决定系出于自愿。

格　式

格式　　第849条　(1) 本章规定的、经变更适用于不同案件的格式以及具有相似效果的格式，在根据规定适用的具体情况下，视为良好、有效和充分的格式。

不要求盖章　　(2) 法官不必在其有权签发并且本章规定了格式的书面文件或者令状上加盖印章。

官方语言　　(3) 本章规定了格式或者具有相似效果的格式的事先印制的任何一份，都应当同时采用两种官方语言。

格式 1

（第487条）

申请搜查令的控告书

加拿大_____省

此为_____地区的_____，职业_____，以下称控告人，向我提交的控告书。

控告人称_____（说明应当查获的物品和所涉犯

罪),并且其有正当理由相信上述物品或者其中一部分在_____的位于_____(地区)的住宅中(此处陈述任何理由)。

为此控告人请求签发搜查令,以在上述_____(住宅,等)搜查上述物品。

于公元　年　月　日在_____在我面前宣誓。 _____(地区)治安法官	控告人签名:

格式 2

(第506条和第788条)

控告书

加拿大_____省

此为_____地区的_____,职业_____,以下称控告人,提交的控告书。

控告人称_____(如果控告人非亲自知悉,则说其有正当理由相信,并说明罪行)。

于公元　年　月　日在_____在我面前宣誓。 _____(地区)治安法官	控告人签名:

注:控告书或者公诉书中可以提及被告人的出生日期。

格式 3

[已废止]

格式4

（第566条、第566.1条、第580条和第591条）

公诉书标题

加拿大_____省

在_____（法院名称）

女王诉_____（被告人姓名）

_____（被告人姓名）受到下列指控：

1. 其_____（说明罪行）。
2. 其_____（说明罪行）。

公元_____年_____月_____日，_____

签署官员或者总检察长代理人的签名：

注：控告书或者公诉书中可以提及被告人的出生日期。

格式5

（第487条）

搜查令

加拿大_____省

致_____地区的治安官或者_____（治安官的姓名）：

鉴于根据_____的宣誓，表明有正当理由相信在位于_____的_____，以下称房屋，有_____（说明要查获的物品和所涉犯罪）。

兹授权并且要求你们在_____（法官可能指定的时间）之间进入上述房屋，搜查上述物品，并且将其带给我或者其他法官。

公元_____年_____月_____日，_____

_____的治安法官

格式 5.01

(第 487.05 条第(1)款)

申请令状调取身体物质进行 DNA 司法鉴定的控告书

加拿大_____省

此为_____地区的_____(治安官姓名),职业_____,以下称控告人,向我提交的控告书。

控告人称,其有正当理由相信:

(a) 已经发生《刑事法典》第 487.04 条所定义的指定犯罪,即_____;

(b) 已经在下列地点之一发现某种身体物质;

(i) 犯罪实施地;

(ii) 犯罪被害人的身上或者体内;

(iii) 犯罪发生时被害人穿着或者携带的物品上;

(iv) 任何人的身上或者体内或者与实施犯罪有关的物品或者地点;

(c) _____(姓名)为犯罪当事人;

(d) 对从_____(姓名)身上获取的人身物质进行 DNA 司法鉴定将为(b)项所述物质是否为此人身上物质提供证据。

正当理由为:

所以,控告人要求签发令状授权从_____(姓名)身上获取为 DNA 司法鉴定所需的合理数量的物质,条件为获取样本的人因接受的训练或者经验能够按照《刑事法典》第 487.06 条第(1)款规定的调查程序获取,并且,如果获取人不是治安官,其在治安官的指导下获取。

已在我面前宣誓。

公元____年____月____日,____省法院法官签名:

格式 5.02

（第 487.05 条第(1)款）

授权获取身体物质以进行 DNA 司法鉴定的令状

加拿大_____省

致_____地区的治安官：

鉴于_____的_____（治安官姓名）的宣誓陈述表明，有正当理由相信：

（a）已经发生《刑事法典》第 487.04 条所定义的指定犯罪，即_____；

（b）已经在下列地点之一发现某种身体物质；

（i）犯罪实施地；

（ii）犯罪被害人的身上或者体内；

（iii）犯罪发生时被害人穿着或者携带的物品上；

（iv）任何人的身上或者体内或者与实施犯罪有关的物品或者地点；

（c）_____（姓名）为犯罪当事人；

（d）对从_____（姓名）身上获取的人身物质进行 DNA 司法鉴定将为(b)项所述物质是否为此人身上物质提供证据；

并且鉴于我确信签发本令状符合司法的最佳利益；

所以，兹授权并且要求你或者在你指导下由他人从_____（姓名）身上获取为 DNA 司法鉴定所需的合理数量的物质，条件为获取样本的人因接受的训练或者经验能够按照《刑事法典》第 487.06 条第(1)款规定的调查程序获取，并且，如果获取人不是治安官，其在治安官的指导下获取。本令状受我认为适当的下列限制性规定的限制，以保证在具体情况下获取样本的正当性：

公元____年____月____日，

省法院法官签名：

第二十八章 其他规定

格式 5.03

(第 487.051 条第(1)款(a)项)

授权获取身体物质以进行
DNA 司法鉴定的命令

加拿大_____省

致_____地区的治安官：

  鉴于_____(犯罪人姓名)已经被定罪、被根据《刑事法典》第 730 条释放，或者青少年已经被根据《1985 年加拿大修订法》第 Y-1 章《青少年犯罪法》或者《青少年犯罪审判法》被裁决犯有《刑事法典》第 487.04 条所规定的主要的指定犯罪，即_____;

  所以，授权你或者你指导他人从_____(姓名)身上获取为 DNA 司法鉴定所需的合理数量的物质，条件为获取样本的人因接受的训练或者经验能够按照《刑事法典》第 487.06 条第(1)款规定的调查程序获取，并且，如果获取人不是治安官，其在治安官的指导下获取。

  本裁定受我认为适当的下列限制性规定的限制，以保证在具体情况下获取样本的正当性：

     公元_____年_____月_____日，_____
       法官签名：

格式 5.04

(第 487.051 条第(1)款(b)项和第 487.052 条第(1)款)

授权获取身体物质以进行
DNA 司法鉴定的命令

加拿大_____省

致_____地区的治安官：

  鉴于_____(犯罪人姓名)，在本命令中称为"犯罪人"，已经被定罪、被根据第 730 条释放，或者青少年已经被根据《1985 年加拿大修订法》第 Y-1 章《青少年犯罪法》或者

《青少年犯罪审判法》被裁决犯有下列规定之一的犯罪；

（a）《刑事法典》第 487.04 条所规定的次要的指定犯罪；

（b）《刑事法典》第 487.04 条所规定的指定犯罪，且发生在《DNA 鉴定法》第 5 条第(1)款生效之前；

鉴于我已经考虑了犯罪人的犯罪记录、犯罪的性质、犯罪的情节和此命令将给犯罪人的隐私和此人的安全所造成的影响；

鉴于我确信发出此命令符合司法的最佳利益；

所以，兹授权你或者你指导他人从_____（姓名）身上获取为 DNA 司法鉴定所需的合理数量的物质，条件为获取样本的人因接受的训练或者经验能够按照《刑事法典》第 487.06 条第(1)款规定的调查程序获取，并且，如果获取人不是治安官，其在治安官的指导下获取。

此命令受我认为适当的下列限制性规定的限制，以保证在具体情况下获取样本的正当性：

公元_____年_____月_____日，_____

法官签名：

格式 5.05

（第 487.055 条第(1)款）

要求授权获取身体物质以进行 DNA 司法鉴定的申请书

加拿大_____省

我，_____地区的_____（治安官姓名），_____（职业），申请获取身体物质以进行 DNA 司法鉴定的授权书。《刑事法典》第 667 条第(1)款(a)项所述的证明书与本申请书一并提交。

鉴于_____（犯罪人姓名）有下列情形之一：

（a）于《刑事法典》第 487.055 条第(1)款生效之前根据该法第二十四章被裁决为危险犯；

（b）于《刑事法典》第 487.055 条第(1)款生效之前被以在不同时间实施一个以上的杀人罪定罪；

(c) 于《刑事法典》第 487.055 条第(1)款生效之前,被以《刑事法典》第 487.055 条第(3)款规定的一项以上的性犯罪定罪,并且因其中一项或者一项以上犯罪正在服刑,刑期至少为两年;

鉴于我已经考虑了犯罪人的犯罪记录、犯罪的性质、犯罪的情节和此授权书将给犯罪人的隐私和此人的安全所造成的影响;

所以,我请求根据《刑事法典》第 487.055 条第(1)款规定签发授权书,授权从_____(犯罪人姓名)身上获取为 DNA 司法鉴定所需的合理数量的样本,条件为获取样本的人因接受的训练或者经验能够按照《刑事法典》第 487.06 条第(1)款规定的调查程序获取,并且,如果获取人不是治安官,其在治安官的指导下获取。

公元_____年_____月_____日,_____

申请人签名:_____

格式 5.06

(第 487.055 条第(1)款)

授权获取身体物质以进行 DNA 司法鉴定的授权书

加拿大_____省

致_____地区的_____治安官:

鉴于_____(犯罪人姓名)有下列情形之一:

(a) 于《刑事法典》第 487.055 条第(1)款生效之前根据该法第二十四章被裁决为危险犯;

(b) 于《刑事法典》第 487.055 条第(1)款生效之前被以在不同时间实施的杀人罪定罪;

(c) 于《刑事法典》第 487.055 条第(1)款生效之前,被以《刑事法典》第 487.055 条第(3)款规定的一项以上的性犯罪定罪,并且因其中一项或者一项以上犯罪正在服刑,刑期至少为两年;

鉴于上述地区的_____治安官_____(治安官的姓名)已经申请授权按照该法第 487.06 条第(1)款规定的

调查程序从_____（犯罪人姓名）获取合理数量的身体物质以进行 DNA 司法鉴定的授权书；

鉴于我已经考虑了犯罪人的犯罪记录、犯罪的性质、犯罪的情节和此授权书将给犯罪人的隐私和此人的安全所造成的影响；

所以，授权上述地区的治安官从_____（犯罪人姓名）身上获取为 DNA 司法鉴定所需的合理数量的样本，条件为获取样本的人因接受的训练或者经验能够按照《刑事法典》第 487.06 条第（1）款规定的调查程序获取，并且，如果获取人不是治安官，其在治安官的指导下获取。

本授权书受我认为适当的下列限制性规定的限制，以保证在具体情况下获取样本的正当性：

公元_____年_____月_____日，

省法院法官签名：

格式 5.07

（第 487.057 条第（1）款）

向省法院法官或者法庭提交的报告

[ ]致根据《刑事法典》第 487.05 条签发令状或者根据第 487.055 条或者第 487.091 条授予授权书的法官_____（法官姓名）或者该法院的其他法官：

[ ]致根据《刑事法典》第 487.051 条或者第 487.052 条发出命令的法庭：

我，_____（治安官姓名），已经_____（陈述是否已经执行根据《刑事法典》第 487.05 条签发的令状、根据 487.051 条或者第 487.052 条规定，或者是否已经按照根据第 487.055 条或者第 487.091 条授予的授权书行事）。

我，_____（治安官姓名），已经_____（陈述亲自或者让他人）按照_____（陈述是否按照法官签发的令状或者授予的授权书或者法庭发出的命令）从_____（犯罪人姓名）获取为进行 DNA 司法鉴定所需的合理数量的物质。

样本系于公元_____年_____月_____日_____午_____时在_____获取。

我（或者说明取样人的姓名）因接受的训练或者经验能够按照《刑事法典》第487.06条第(1)款规定的调查程序获取样本，并且以此方式从_____（犯罪人姓名）获取了：

[ ]个人毛发，包括发根鞘

[ ]以棉拭子拭抹唇、舌头或者口腔获得的上皮细胞

[ ]用消毒手术刀刺破皮肤表面而获得的血

遵守了_____（令状、命令或者授权书）中的限制性规定。

公元_____年_____月_____日，_____

治安官签名：

格式5.08

（第487.091条第(1)款）

要求授权获取身体物质的追加样本以进行DNA司法鉴定的申请书

加拿大_____省

我，_____地区的_____（治安官姓名），_____（职业），申请获取身体物质的追加样本以进行DNA司法鉴定的授权书。

鉴于已经执行根据《刑事法典》第487.051条或者第487.052条发出的命令或者根据《刑事法典》第487.055条授予的授权书（附以命令或者授权书的副本），自_____（犯罪人姓名）获取了身体物质的样本；

鉴于在_____（年、月、日）确定，因为下列原因不能从样本得到DNA的轮廓：

所以，我请求根据《刑事法典》第487.091条第(1)款规定签发授权书，授权从_____（犯罪人姓名）身上获取为DNA司法鉴定所需的合理数量的附加样本，条件为获取样本的人因接受的训练或者经验能够按照《刑事法典》第487.06条第(1)款规定的调查程序获取，并且，如果获取人不是治安官，其在治安官的指导下获取。

公元_____年_____月_____日，_____

申请人签名：

格式 5.09

(第 487.091 条第(1)款)

授权获取身体物质的追加样本以 进行 DNA 司法鉴定的授权书

加拿大_____省

致_____地区的_____治安官:

鉴于已经执行根据《刑事法典》第 487.051 条或者第 487.052 条发出的命令或者根据《刑事法典》第 487.055 条授予的授权书,自_____(犯罪人姓名)获取了身体物质的样本;

鉴于在_____(年、月、日)确定,因为下列原因不能从样本得到 DNA 的轮廓:

鉴于上述地区的治安官_____(治安官姓名)已经申请授权按照该法第 487.06 条第(1)款规定的调查程序从_____(犯罪人姓名)获取身体物质的合理数量的附加样本以进行 DNA 司法鉴定的授权书;

所以,授权上述地区的治安官从_____(犯罪人姓名)身上获取为 DNA 司法鉴定所需的合理数量的追加样本,条件为获取样本的人因接受的训练或者经验能够按照《刑事法典》第 487.06 条第(1)款规定的调查程序获取,并且,如果获取人不是治安官,其在治安官的指导下获取。

本授权书受我认为适当的下列限制性规定的限制,以保证在具体情况下获取样本的正当性:

公元____年____月____日,____

省法院法官签名:

格式 5.1

(第 487.1 条)

搜查令

加拿大_____省(说明何省)

致_____（姓名）和_____（搜查令授权搜查地区）的其他治安官：

鉴于_____（搜查令授权搜查地区的）的治安官_____宣誓陈述表明，有正当理由执行亲自提交的书面的控告书；有正当理由相信将在下列地点和房屋_____（描述要搜查的地点和房屋）发现与调查下列可诉罪（说明搜查涉及的犯罪）相关的下列物品_____（描述要查获的物品）；

所以，兹授权你们在_____（法官可能指定的时间）之间进入上述地点和房屋，搜查并且查封上述物品，并尽快，至迟在执行后 7 日以内，向_____（令状授权搜查地区）的法院的书记官报告。

签发时间：公元____年____月____日____时
签发地点：

_____省法院法官签名：

致占有人：本搜查令以电话或者其他电信方式签发。如果你希望了解签发本搜查令的原因，你可以向位于_____（地址）的本搜查令执行地区的法院的书记官提出申请，索要宣誓控告书的副本。

你可以向法院书记官索要执行本搜查令的治安官提交的报告的副本。如果有的话，报告将说明查封物品及其存放地。

格式 5.2

（第 489.1 条）

向法官提交的报告

加拿大_____省

致根据《刑事法典》第 256 条、第 487 条或者第 487.1 条向签名人签发令状的法官（或者同一地区的其他法官；如果没有签发令状，则有管辖权的任何法官）：

我，_____（治安官或者其他人的姓名），已经_____（陈述是否已经按照根据《刑事法典》第 256 条、第 487 条或者第 487.1 条签发的令状或者根据第 489 条行事，或根据刑事法典或者表明的其他议会制定法履行职责）：

1. 搜查了位于_____的房屋；
2. 查封了下列物品并且对其进行了处理：

财产

（说明每件查封物品的状态，是否被押）

（a）已经返还给财产的合法占有人（此种情况应附收据）；

（b）已扣押以等待依法处理，扣押地、扣押方式，以及扣押人（如果适合的话）。

……
1.……
2.……
3.……
4.……
……

如果是以电话或者其他电信方式签发的令状，报告应当载明《刑事法典》第487.1条第（9）款所述陈述。

公元_____年_____月_____日，_____

治安官或者其他人签名：

格式5.3

（第462.32条）

向法官提交的关于查封的财产的报告

加拿大_____省

致签发令状的法院（说明法院名称）的法官：

我，_____（治安官或者其他人的姓名），按照根据《刑事法典》第462.32条签发的令状行事，已经：

1. 搜查了位于_____的房屋；
2. 查封了下列财产：

财产

查封地

（说明每件查封物品的状态，是否被扣押，扣押地）

……

1. ……
2. ……
3. ……
4. ……
……

公元_____年_____月_____日，_____

治安官或者其他人签名：

格式 6

（第 493 条、第 508 条和第 512 条）

向被控告人签发的传票

加拿大_____省

致职业为_____的_____：

鉴于你于今天被控告_____（扼要说明控告的罪行）；

兹以女王的名义命令你：

（a）于公元_____年_____月_____日_____午_____时，在_____出庭或者见此处的法官，并且此后按照法庭要求出庭，依法接受处理；

（b）为《识别罪犯法》之目的，于公元_____年_____月_____日_____午_____时在_____出庭。（如果未填写，则忽略）

兹警告你：无合法理由而不按照本传票出庭，构成《刑事法典》第 145 条第（4）款规定的犯罪。

《刑事法典》第 145 条第（4）款规定：

"（4）受传票送达的人，不能证明有合法理由而不为《识别罪犯法》之目的按照传票可能规定的时间和出庭的，分别构成：

（a）可诉罪，处以不超过两年的监禁；

（b）构成简易罪。"

《刑事法典》第 510 条规定：

"传票要求被告人为《识别罪犯法》之目的在指定的时间和地点出庭而被告人未按照要求出庭的，法官可以签逮捕令将被告人以被控罪名逮捕。"

公元_____年_____月_____日，_____
_____的治安法官或者法官

格式 7

（第 475 条、第 493 条、第 597 条、第 800 条和第 803 条）

逮捕令

加拿大_____省

致_____（地区）的治安官：

签发此令状系为逮捕职业为_____的_____（姓名），以下称被告人。

鉴于被告人已被控告犯有_____（扼要说明控告的罪行），

鉴于*：

（a）有正当理由相信，为公共利益有必要签发本令状逮捕被告人［第 507 条第（4）款、第 512 条第（1）款］；

（b）被告人没有按照已经向其送达的传票出庭［第 512 条第（2）款］；

（c）（出庭通知书、出庭承诺书或者在主管官员面前订立的具结书）已经确认有效，而被告人没有按照其要求出庭［第 512 条第（2）款］；

（d）情况表明因为被告人的逃避而不能送达传票［第 512 条第（2）款］；

（e）被告人被命令在法官听取对裁定进行复审的申请时出庭，而其未出庭［第 520 条第（5）款、第 521 条第（5）款］；

（f）有正当理由相信被告人已经或者将要违反其据以释放的（出庭承诺书、保证书或者具结书）［第 524 条第（1）款、第 525 条第（5）款、第 679 条第（6）款］；

（g）被告人在依据（出庭承诺书、保证书或者具结书）被释放后实施了可诉罪［第 524 条第（1）款、第 525 条第（5）款、第 679 条第（6）款］；

（h）被告人按照（出庭承诺书、保证书在主管官员订立的具结书或者传票)要求应当为《识别罪犯法》之目的在其规定的时间和地点出庭,而其没有按照要求出庭[第 502 条和第 510 条];

(i) 发现有针对被告人的公诉书,而其没有出庭或者在对其进行审理期间离开法庭[第 597 条];

(j)**

所以,兹以女王的名义命令你立即逮捕上述被告人,并将其带至_____(说明法院或者法官)依法接受处理。

(如果合适,另加)鉴于有正当理由相信在或者将出现在_____(说明住宅);

本令状还授权你为逮捕或者拘留被告人而进入上述住宅,但在进入住宅前你若没有正当理由相信要逮捕或者拘留的人正在或者将出现在住宅内,仍不得进入住宅。

公元_____年_____月_____日,_____
法院的法官、书记官或者省法院法官

*优先适用的列举事项。
**(a)项至第(i)项列举没有包括的事项,以授权签发令状的法律的词语加入列举事项。

格式 7.1

(第 529.1 条)

授权进入住宅的令状

加拿大_____省

致_____(地区)的治安官:

签发此令状系为逮捕_____(姓名)或者符合下列( )项特征的、职业为_____的人。

鉴于有正当理由相信有下列情形之一*:

(a) 根据本法或者其他议会制定法签发的逮捕或者拘留此人的令状在加拿大全境有效;

(b) 存在按照《刑事法典》第 495 条第(1)款(a)项或者(b)项或者第 672.91 条对此人实施无证逮捕的根据;

(c) 存在按照本法以外的议会制定法对此人实施无证

逮捕或者拘留的根据;

鉴于有正当理由相信此人在_____(描述住宅)内或者将在该住宅内出现,

兹签发此令状授权你为逮捕或者拘留此人而进入上述住宅。

公元_____年_____月_____日,_____
法院的法官、书记官或者省法院法官

* 优先适用的列举事项

格式 8

(第493条和第515条)

拘押令

加拿大_____省

致上述(地区)的治安官和位于_____的监狱的监狱长:

签发此令状系为拘押_____的职业为_____的_____(姓名),以下称被告人。

鉴于被告人已被控告犯有_____(扼要说明控告的罪行),

鉴于*:

(a) 检察官已经说明理由,拘押被告人为正当的[第515条第(5)款];

(b) 已经裁定在被告人_____(作出保证书或者具结书后)将其释放,但被告人没有遵守裁定[第519条第(1)款、第520条第(9)款、第521条第(10)款、第524条第(12)款、第525条第(8)款]**;

(c) 检察官对法官作出的临时释放被告人的裁定进行审查的申请已经得到准许,该裁定已被撤销,检察官已经说明理由,拘押被告人为正当的[第521条];

(d) 被告人已经或者将要违反其作出的_____(出庭承诺书、保证书或者具结书),其已被撤销,拘押被告人为正当的或者在具体情况下为合适的[第524条第(4)款、第524条第(8)款];

(e) 有正当理由相信,被告人在依据_____(出庭承诺书、保证书或者具结书)被释放后实施了可诉罪,拘押被告人为正当的或者在具体情况下为合适的[第 524 条第(4)款、第 524 条第(8)款];

(f) 被告人已经或者将要违反其据以释放的_____(出庭承诺书、保证书或者具结书),拘押被告人为正当的或者在具体情况下为合适的[第 525 条第(7)款、第 679 条第(6)款];

(g) 有正当理由相信,被告人在依据_____(保证书或者具结书)被释放后实施了可诉罪,拘押被告人在具体情况下为合适的[第 525 条第(7)款、第 679 条第(6)款];

(h) ***

所以,兹以女王的名义命令你,如果有必要则逮捕被告人,将其押送至位于_____的监狱,将其交给监狱长,并附以下列指令:

我兹命令你,上述监狱的监狱长,将被告人收押于上述监狱,直至其依正当的法律程序获得释放。

公元____年____月____日,____
法院的法官、书记官或者省法院法官

* 优先适用的列举事项。

** 如果被告人的看管人按照第 519 条第(1)款(b)项被授权以被告人遵守裁定为条件将其释放,则将授权书签注于本令状上并附以裁定的副本。

*** (a)项至(g)项列举没有包括的事项,以授权签发令状的法律的词语加入列举事项。

格式 9

(第 493 条)

治安官向未受到犯罪控告的人签发的出庭通知书

加拿大_____省

致职业为_____的_____:

你已被指控实施了_____(说明犯罪的性质)。

1. 你必须于公元_____年_____月_____日_____午_____时在位于_____市的_____法院第_____号法庭出庭,并且此后按照法庭要求出庭,依法接受处理。

2. 你还必须为《识别罪犯法》之目的于公元_____年_____月_____日_____午_____时到位于_____的_____(警察局)(如果未填写,则忽略)。

兹警告你:不按照本传票要求出庭,构成《刑事法典》第145条第(5)款规定的犯罪。

《刑事法典》第145条第(5)款和第(6)款规定:

"(5) 在经法官根据第508条批准的出庭通知书、出庭承诺书或者在主管官员面前订立的具结书中列名的人,不能证明有合法理由而不为《识别罪犯法》之目的按照传票可能规定的时间和出庭,分别构成:

(a) 可诉罪,处以不超过两年的监禁;

(b) 构成简易罪。

(6) 对于第(5)款,出庭通知书、出庭承诺书或具结书对被告被指控罪行的不完全陈述,不构成合法理由。"

公元_____年_____月_____日,_____的治安法官或者法官

格式 10

(第493条)

出庭承诺书

加拿大_____省

我,姓名_____,职业_____,知道本人已被指控实施了_____(说明犯罪的性质)。

为获得释放:

1. 我承诺于公元_____年_____月_____日_____午_____时在位于_____市的_____法院第_____号法庭出庭,并且此后按照法庭要求出庭,依法接受处理。

2. 我还承诺为《识别罪犯法》之目的于公元_____年_____月_____日_____午_____时到位于_____的_____（警察局）（如果未填写，则忽略）。

我知道，不按照本出庭承诺书出庭，构成《刑事法典》第145条第(5)款规定的犯罪。

《刑事法典》第145条第(5)款和第(6)款规定：

"(5) 在经法官根据第508条批准的出庭通知书、出庭承诺书或者在主管官员面前订立的具结书中列名的人，不能证明有合法理由而不为《识别罪犯法》之目的按照传票可能规定的时间和出庭，分别构成：

（a）可诉罪，处以不超过两年的监禁；

（b）构成简易罪。

（6）对于第(5)款，出庭通知书、出庭承诺书或具结书对被告被指控罪行的不完全陈述，不构成合法理由。"

《刑事法典》第502条规定：

"出庭通知书、被告人向主管官员或者其他治安官作出的出庭承诺书或者具结书要求被告人为《识别罪犯法》的目的在指定的时间和地点到庭而被告人未到庭的，如果该出庭通知书、出庭承诺书或者具结书已经由法官按照第508条规定确认，法官可以签发令状将被告人以被控罪名逮捕。"

公元_____年_____月_____日，_____
被告人签名：

格式 11

（第493条）

在主管官员或者其他治安官面前订立的具结书

加拿大_____省

我，姓名_____，职业_____，知道本人已被指控实施了_____（说明犯罪的性质）。

为获得释放，我兹承认，如果我今后不按照要求出庭，女王可以扣押我_____（不超过500）元的财产。

（或者，对于不经常居住在拘押地的省又不居住在拘押

地两百公里内的人）

为获得释放，我兹承认，如果我今后不按照要求出庭，女王可以从我现在交纳的_____（不超过500元的钱款或者其他有价证券）没收_____（不超过500）元。

1. 我承认被要求于公元_____年_____月_____日_____午_____时在位于_____市的_____法院第_____号法庭出庭，并且此后按照法庭要求出庭，依法接受处理。

2. 我还承认为《识别罪犯法》之目的于公元_____年_____月_____日_____午_____时到位于_____的_____（警察局）。（如果未填写，则忽略）

我知道，不按照本具结书出庭，构成《刑事法典》第145条第(5)款规定的犯罪。

《刑事法典》第145条第(5)款和第(6)款规定：

"(5) 在经法官根据第508条批准的出庭通知书、出庭承诺书或者在主管官员面前订立的具结书中列名的人，不能证明有合法理由而不为《识别罪犯法》之目的按照传票可能规定的时间和出庭，分别构成：

(a) 可诉罪，处以不超过两年的监禁；

(b) 构成简易罪。

(6) 对于第(5)款，出庭通知书、出庭承诺书或具结书对被告被指控罪行的不完全陈述，不构成合法理由。"

《刑事法典》第502条规定：

"出庭通知书、被告人向主管官员或者其他治安官作出的出庭承诺书或者具结书要求被告人为《识别罪犯法》的目的在指定的时间和地点到庭而被告人未到庭的，如果该出庭通知书、出庭承诺书或者具结书已经由法官按照第508条规定确认，法官可以签发令状将被告人以被控罪名逮捕。"

公元_____年_____月_____日，_____

被告人签名：

格式 11.1

（第493条、第499条和第503条）

向治安官或者其他主管官员
提交的保证书

加拿大_____省

我,姓名_____,职业_____,知道本人已被指控实施了_____（说明犯罪的性质）。

为依据_____（出庭承诺书或者具结书）获得释放,我保证（加入指定的条件）：

（a）不离开_____（地区）；

（b）将我住址、就业和职业的任何变化通知_____（治安官或者指定的其他人员的姓名）；

（c）不直接或者间接地与_____（被害人、证人或者其他人）接触,不去_____（场所的名称或者特征）,除非符合下列条件：_____（按照治安官或者其他人员的指示）；

（d）将护照向_____（治安官或者指定的其他人员的姓名）交存；

（e）不占有火器,将持有的火器、授权书、许可证、注册证或者可以获取或持有火器的其他证书交出；

（f）每_____次（说明频率）向_____（治安官或者指定的其他人员的姓名）报到；

（g）不实施下列行为：

（i）使用酒精类或者其他兴奋剂；

（ii）非依医疗处方使用麻醉品；

（h）遵守治安官或者主管官员认为为保证被害人或者证人的安全所必需的其他条件。

我知道,我并非被要求提交保证书遵守上述规定的条件;但是如果不提交保证书,我可能被拘留并被带见法官,检察官可能获得合理机会以说明不应当以提交无条件保证书为条件将我释放的理由。

我知道,如果提交保证书遵守上述规定的条件,我即可以,于出庭前随时或者在出庭时,依据_____(出庭承诺书或者在主管官员或者其他治安官面前订立的具结书)向法官申请撤销或者修改本保证书,此申请将与我按照《刑事法典》第515条面见法官时得到同等考虑。

我还知道,本保证书持续有效,直至其被撤销或者修改。

我还知道,不遵守上述任何条件,构成《刑事法典》第145条第(5.1)款规定的犯罪。

《刑事法典》第145条第(5.1)款规定:

"(5.1)不能证明有合法理由而不按照根据第499条第(2)款或者第503条第(2.1)款规定达成的保证书规定的条件出庭的,分别:

(a)构成可诉罪,处以不超过两年的监禁;

(b)构成简易罪。"

公元____年____月____日,____

被告人签名:

格式 12

(第493条和第679条)

向法官提交的保证书

加拿大_____省

我,姓名_____,职业_____,知道本人已被指控实施了_____(说明犯罪的性质)。

为获得释放,我保证于公元____年____月____日出庭,并且此后按照法庭的要求出庭依法接受处理(或者,在提交保证书时不知道出庭的日期和地点的,于法庭确定的时间和地点出庭,并且此后按照法庭的要求出庭依法接受处理)。

(如果合适,增加下列内容)

我还保证_____(加入指定的条件):

(a)每____ ____次(说明频率)向_____(治安官或者指定的其他人员的姓名)报到;

(b)不离开_____(地区);

(c)将我住址、就业和职业的任何变化通知_____

（治安官或者指定的其他人员的姓名）；

（d）不直接或者间接地与_____（被害人、证人或者其他人）接触，不去_____（场所的名称或者特征），除非符合下列条件：_____（按照治安官或者其他人员的指示）；

（e）将护照_____（按照法官的指示）交存；

（f）_____（其他合理条件）。

我知道，没有合法理由不按照本保证书出庭，构成《刑事法典》第145条第（2）款规定的犯罪。

《刑事法典》第145条第（2）款和第（3）款规定：

"（2）实施下列行为之一或者不按照法庭或者法官的裁定到案的，构成可诉罪，处以不超过两年的监禁，或者构成简易罪：

（a）依照提交给法官或者在其面前达成的保证书或者具结书未受拘押的人，不能证明有合法理由而不按照保证书或者具结书出庭；

（b）曾经在法庭或者法官面前出庭，此后不能证明有合法理由而不按照法庭或者法官的要求出庭。

（3）依照提交给法官或者在其面前达成的保证书或者具结书未受拘押并且受到此保证书或者具结书规定的条件约束的人，以及受到根据第515条第（12）款或者第522条第（2.1）款规定的裁定所规定的指令约束的人，不能证明有合法理由而不遵守该条件或者指令的，分别构成：

（a）可诉罪，处以不超过两年的监禁；

（b）构成简易罪。"

公元_____年_____月_____日，_____

被告人签名：

格式13

（第816条、第832条和第834条）

上诉人（被告人）提交的保证书

加拿大_____省

我，姓名_____，职业_____，作为就下列事项_____（说明罪行、裁定的争议问题或者法律问题）对定罪判决（或者量刑、裁定或者以判案陈述方式）的上诉人，保证在法院的开庭期到将审理上诉的法庭亲自出庭。

（如果合适，增加下列内容）

我还保证_____（加入指定的条件）：

(a) 每_____ _____次（说明频率）向_____（治安官或者指定的其他人员的姓名）报到；

(b) 不离开_____（地区）；

(c) 将我住址、就业和职业的任何变化通知_____（治安官或者指定的其他人员的姓名）；

(d) 不直接或者间接地与_____（被害人、证人或者其他人）接触，除非符合下列条件：_____（按照治安官或者其他人员的指示）；

(e) 将护照_____（按照法官的指示）交存；

(f) _____（其他合理条件）。

公元_____年_____月_____日，_____

上诉人签名：

格式 14

（第 817 条）

上诉人（控告人）提交的保证书

加拿大_____省

我，姓名_____，职业_____，作为就下列控告_____（说明被告人姓名、罪行、裁定的争议问题或者法律问题）对驳回控告的裁定（或者量刑）的上诉人，保证在法院的开庭期亲自或者由他人代理到将审理上诉的法庭出庭。

公元_____年_____月_____日，_____

上诉人签名：

格式 15

（第 543 条）

将被告人转送另外地区法官的令状

加拿大_____省

致上述_____(地区)的治安官:
　　鉴于_____的_____,以下称被告人,已被控告_____(说明犯罪地和控告);
　　鉴于我已经记取_____有关上述控告的证言;
　　鉴于控告系针对在_____(地区)实施的罪行;
　　兹以女王的名义命令你,将上述被告人_____转送至_____(上述地区)的法官。

　　　　　　　公元_____年_____月_____日,_____
　　　　　　　　　　　　_____的治安法官

格式 16

(第 699 条)

证人传票

　　　　　　　　加拿大_____省

致职业为_____的_____:
　　鉴于_____已被控告_____(说明控告书所指的罪行)并且你可能为_____(控方或者辩方)提供实质性证据,
　　所以,兹命令你于公元_____年_____月_____日_____午_____时在_____市到_____(法院或者法官)出庭,就上述控告提供证据。*

*要求证人出示物品的,增加下列内容:
　　并携带你所占有或者控制的与上述控告有关的任何物品,尤其是下列物品:_____(要求携带的文件、事物或者其他物品)。

　　　　　　　公元_____年_____月_____日,_____
　　　　　　　　法院的法官或者书记官
　　　　　　　　　(如果要求,则盖章)

格式 16.1

(第 278.3 条第(5)款和第 699 条第(7)款)

在关于第 278.2 条第(1)款所述犯罪的诉讼中的证人传票

加拿大_____省

致职业为_____的_____：

　　鉴于_____已被控告_____(说明控告书所指的罪行)并且你可能为_____(控方或者辩方)提供实质性证据，

　　所以，兹命令你于公元_____年_____月_____日_____午_____时在_____市到_____(法院或者法官)出庭，就上述控告提供证据，并携带你所占有或者控制的与上述控告有关的任何物品，尤其是下列物品：_____(要求携带的文件、事物或者其他物品)。

　　注意：仅要求你于规定的日期和时间将上述物品带至法庭，不要求你将上述物品提供给任何人或者与任何人讨论其内容，除非得到法庭的命令。

　　如果上述规定的任何物品属于《刑事法典》第 278.1 条所定义的"记录"，就其是否应当出示以及其出示范围，可以由法庭根据《刑事法典》第 278.1 条至第 278.91 条作出的裁定规定。

　　如果上述规定的任何物品属于《刑事法典》第 278.1 条所定义的"记录"，其出示须依照《刑事法典》第 278.1 条至第 278.91 条的规定的，本传票必须附以根据《刑事法典》第 278.3 条提出的关于出示记录的申请书的副本，你将获得机会向法庭提交关于出示记录的意见。

　　如果上述规定的任何物品属于《刑事法典》第 278.1 条所定义的"记录"，其出示依照《刑事法典》第 278.1 条至第 278.91 条的规定，在根据这些规定作出是否应当出示以及出示范围的裁决前，你不必携带该物品。

　　如《刑事法典》第 278.1 条所定义的那样，"记录"指包括任何可以合理期待作为隐私的个人信息的任何形式的记录,包括关于治疗、精神病、医疗、辅导、教育、就业、儿童福利、收养和社会服务方面的记录、个人日志和日记,以及包含其出示或者披露受到其他议会制定法或者省法律保护的个人资料的记录,但不包括负责调查或者控告犯罪的人员制作的记录。

公元_____年_____月_____日,_____法院的法官或者书记官、省法院法官
（如果要求,则盖章）

格式 17

（第 698 条和第 705 条）

证人令状

加拿大_____省

致上述_____（地区）的治安官:

鉴于_____的_____已被控告_____（说明控告书中的犯罪）;

鉴于情况表明_____的_____,以下称证人,可能为_____（控方或者辩方）提供实质性证据,并且*

*加入下列合适的理由

(a) 如果不受到强制,上述_____将不出庭;

(b) 上述_____正在逃避送达传票;

(c) 已经向上述_____送达传票,而其_____（怠于按照传票规定的时间和地点出庭,或者离开法庭）;

(d) 上述_____按照具结书应当出庭提供证据,而其_____（怠于出庭,或者离开法庭）。

所以,兹以女王的名义命令你,将上述证人立即逮捕并带至_____（法庭或者法官）以根据《刑事法典》第 706 条接受处理。

公元_____年_____月_____日,_____法院法官或者书记官
（如果要求,则盖章）

格式 18

(第 704 条)

对潜逃证人的逮捕令

加拿大_____省

致上述_____(地区)的治安官：

鉴于_____的_____已被控告_____(说明控告书中的罪行)；

鉴于我根据经宣誓提交的书面控告书确信，_____(以下称证人)，依照具结书应当在就上述控告对被告人进行的审理中作证，而该证人_____(已经或者将要逃避)；

所以，兹以女王的名义命令你，将上述证人立即逮捕并带至_____(证人应当出庭的法庭、法官或者省法院法官)以根据《刑事法典》第 706 条接受处理。

公元____年____月____日，____
_____的治安法官

格式 19

(第 516 条和第 537 条)

对囚犯的还押令

加拿大_____省

致上述_____(地区)的治安官：

兹命令你，如果有必要则立即逮捕并，将下列附表中列名的人员于下列时间转押至_____(监狱)。

人员　　被控罪行　　转押至

兹命令你，上述监狱的监狱长，将上述所有人员收押于监狱，将其安全看管，直至在候审期满之日_____午____时将其带至_____见我以对上述控告作出答辩并依法接受处理，但你在上述时间之前接到其他命令的除外。

公元____年____月____日，____
_____的治安法官

格式 20

（第 545 条）

对拒绝宣誓作证的证人的拘押令

加拿大_____省

致上述_____（地区）的治安官：

鉴于_____的_____已被控告_____（说明控告书中的罪行）；

鉴于_____的_____，以下称证人，应当出庭并就针对被告人的控告为_____（控方或者辩方）作证，而其于接到命令后_____（拒绝宣誓、宣誓后对向其提出的关于控告的问题拒绝回答或者拒绝或者怠于出示下列物品，即_____，或者拒绝签署证词），又未能提供任何正当理由；

所以，兹以女王的名义命令你，如果有必要则立即逮捕并，将证人安全转押至位于_____的监狱，交给监狱长，并附以下列指令：

兹命令你，上述监狱的监狱长，将上述证人收押于上述监狱，将其安全看管，时间为_____日，但其立即同意按照要求去做时除外。本令状为对其进行看管的充分授权。

公元_____年_____月_____日，_____
_____的治安法官

格式 21

（第 570 条和第 806 条）

作出定罪判决后的拘押令

加拿大_____省

致_____地区的治安官和联邦教养院（或者_____省的省级矫正机构）的看守人：

鉴于_____，以下称犯罪人，于_____年_____月_____日被_____（法官姓名或者法院名称）以下列罪行定罪，并受到下列内容的判决：

罪行	刑罚	注
（说明被定的罪行）	（说明被判处的监禁刑期限；在不缴纳罚金而易科监禁的情况下，说明罚金的数额和可能发生的费用以及应当立即缴纳或者确定的缴纳时限）。	（说明为连续执行还是合并执行的刑罚，并说明与其连续执行或者合并执行的其他刑罚）

……
　　1.……
　　2.……
　　3.……
　　……

　　兹以女王的名义命令你，如为将其交付关押所必要则立即逮捕并，将其安全转押至联邦教养院（或者_____省的省级矫正机构），交给看守人。兹命令此看守人将其收押，按照判决的刑罚期限关押，但仅因为不缴纳罚金或者费用而易科监禁刑的情况下上述数额和将犯罪人拘押并转送至上述监狱的费用和支出得到即时偿付的除外。本令状为对其进行看管的充分授权。

公元_____年_____月_____日，_____
法院的书记官、法官或者省法院法官

格式 22

（第 806 条）

就缴纳钱款的裁定作出的拘押令

加拿大_____省

致_____地区的治安官和位于_____的监狱的监狱长：
　　鉴于_____，以下称被告人，因指控其_____（说明指控事项）的控告书而被审理并裁定_____（说明裁定内容），被告人因不履行义务而被裁定在位于_____的（监狱）关押_____（时间）；
　　兹以女王的名义命令你，如果有必要则立即逮捕并，将

被告人安全转押至位于_____的监狱,交给监狱长,并附以下列指令:

兹命令你,上述监狱的监狱长,将上述被告人收押于上述监狱,将其安全看管,时间为_____日,但上述数额和将被告人拘押并转送至上述监狱的费用和支出得到即时偿付的除外。本令状为对其进行看管的充分授权。

公元_____年_____月_____日,_____
_____的治安法官

格式 22

（第810条和第810.1条）

对不提交保证维持治安的具结书者签发的拘押令

加拿大_____省

致_____地区的治安官和位于_____的监狱的监狱长:

鉴于_____,以下称被告人,已被命令订立维持治安和品行良好的具结书,而其_____(拒绝或者不)按照要求订立具结书;

兹以女王的名义命令你,如果有必要则立即逮捕并,将被告人安全转押至位于_____的监狱,交给监狱长,并附以下列指令:

兹命令你,上述监狱的监狱长,将上述被告人收押于上述监狱,将其安全看管,直至其订立上述具结书或者按照正当的法律程序获得释放。

公元_____年_____月_____日,_____
法院书记官、法官或者省法院法官
（如果要求,则盖章）

格式 24

(第550条)

对不订立具结书的证人签发的拘押令

　　　　　　　加拿大_____省

致_____地区的治安官和位于_____的监狱的监狱长：
　　鉴于_____，以下称被告人，已被拘押以就关于_____（说明控告书中的罪行）的控告接受审理；
　　鉴于_____，以下称证人，已经在就上述控告举行的预审中作为证人出庭，被要求订立关于其将在就上述针对被告人的控告进行的审理中出庭作证的具结书，而其_____（没有或者拒绝）订立；
　　所以，兹以女王的名义命令你，如果有必要则立即逮捕并，将上述证人安全转押至位于_____的监狱，交给监狱长，并附以下列指令：
　　兹命令你，上述监狱的监狱长，将上述证人收押于上述监狱，将其安全看管，直至就上述控告对被告人进行审理，但在此前证人订立上述具结书的除外。

　　　　　　　公元____年____月____日，____
　　　　　　　　　　　　　_____的治安法官

格式 25

(第708条)

因藐视法庭罪而签发的拘押令

　　　　　　　加拿大_____省

致_____地区的治安官和位于_____的监狱的监狱长：
　　鉴于_____，以下称违法行为人，虽然已经_____（受到以正当程序送达的传票传唤出庭或者按照具结书应当出庭提供证据）而于_____在就_____（说明控告书中的罪行）对_____的_____进行的审理中没有出庭而又没有说明充分理由，因而于公元____年____月

_____日在_____被_____判决犯有藐视法庭罪；

鉴于上述判决对违法行为人处以_____（说明判处的刑罚）；

鉴于违法行为人没有按照裁决偿付应付数额；（如果不适用则删除）

所以，兹以女王的名义命令你，如果有必要则立即逮捕并，将违法行为人安全转押至位于_____的监狱，交给监狱长，并附以下列指令：

兹命令你，上述监狱的监狱长，将上述证人收押于上述监狱*。本令状为对其进行看管的充分授权。

*插入下列中可以适用的选项

（a）期限为_____；

（b）期限为_____，但上述数额和将违法行为人拘押并转送至上述监狱的费用和支出得到即时偿付的除外；

（c）期限为_____和期限为_____（如果要连续执行，则如此说明），但上述数额和将违法行为人拘押并转送至上述监狱的费用和支出得到即时偿付的除外。

公元_____年_____月_____日，_____法院的法官或者书记官

（如果要求，则盖章）

格式 26

（第 827 条）

因不缴纳上诉费用而签发的拘押令

加拿大_____省

致_____地区的治安官和位于_____的监狱的监狱长：

鉴于在_____（说明法院名称）进行的上诉听审中裁决_____的_____，以下称违法行为人，应当向法院书记官缴纳数额为_____元的上诉费用；

鉴于法院书记官已经证实违法行为人没有在规定的时间内缴纳上述数额的费用；

兹以女王的名义命令你，上述治安官，将违法行为人安全转押至位于_____的监狱，交给监狱长，并附以下列

指令：

兹命令你，上述监狱的监狱长，将上述证人收押于上述监狱，关押时间为_____，但上述数额和将违法行为人拘押并转送至上述监狱的费用和支出得到即时偿付的除外。本令状为对其进行看管的充分授权。

公元_____年_____月_____日，_____
_____的治安法官

格式 27

（第 773 条）

因没收保证金而签发的拘押令

加拿大_____省

致_____地区的司法行政官和位于_____的监狱的监狱长：

兹命令你，如果有必要则立即逮捕并，将_____（姓名），以下称违法行为人，安全转押至位于_____的监狱，交给监狱长，并附以下列指令：

兹命令你，上述监狱的监狱长，将上述违法行为人收押于上述监狱，关押时间为_____，或者直至就根据_____于公元_____年_____月_____日在_____订立的具结书应当没收的数额为_____元的保证金判定债务得到清偿。

公元_____年_____月_____日，_____
_____的书记官
盖章：

格式 28

（第 487 条和第 528 条）

在令状上的签注

加拿大_____省

根据今天向我提交的申请，我兹授权在上述_____

(地区)对被告人实施逮捕(或者在根据第487条签发令状的情况下,执行令状)。

公元＿＿＿＿年＿＿＿＿月＿＿＿＿日,＿＿＿＿
＿＿＿＿＿＿的治安法官

格式28.1

(第487.03条第(2)款)

签注(裁定或者授权书)

加拿大＿＿＿＿＿＿省

根据今天向我提交的申请,我兹授权在上述＿＿＿＿＿＿(地区)执行本裁定(若为根据第487.051条或者第487.052条作出的裁定)(或者在根据第487.055条或者第487.091条签发的授权书的情况下,执行本授权书)。

公元＿＿＿＿年＿＿＿＿月＿＿＿＿日,＿＿＿＿
省法院法官

格式29

(第507条)

在令状上的签注

加拿大＿＿＿＿＿＿省

鉴于本令状系根据《刑事法典》第507条、第508条或者第512条针对《刑事法典》第522条规定以外的犯罪而签发,我兹授权根据该法第499条将被告人释放。

公元＿＿＿＿年＿＿＿＿月＿＿＿＿日,＿＿＿＿
＿＿＿＿＿＿的治安法官

格式30

(第537条)

在还押期满前将被告人带见法官的命令

加拿大＿＿＿＿＿＿省

致位于＿＿＿＿的监狱的监狱长：

鉴于根据签发时间为公元＿＿＿年＿＿＿月＿＿＿日、签发地为＿＿＿＿的令状，我将＿＿＿＿，以下称被告人，交你看管并要求你将其拘押至公元＿＿＿年＿＿＿月＿＿＿日，然后于＿＿＿＿午＿＿＿＿时将其带至＿＿＿＿见我或者其他法官以就对其提出的控告进行答辩并依法接受处理，但你在此前接到其他命令的除外；

所以，现在我命令你于＿＿＿午＿＿＿时将被告人带至＿＿＿＿见＿＿＿以就对其提出的控告进行答辩并依法接受处理。

公元＿＿＿年＿＿＿月＿＿＿日，＿＿＿

＿＿＿＿＿＿的治安法官

格式 31

（第 540 条）

证人证词

加拿大＿＿＿＿省

此为＿＿＿＿的＿＿＿＿和＿＿＿＿的＿＿＿＿于今天，即公元＿＿＿年＿＿＿月＿＿＿日，在＿＿＿＿，在受到＿＿＿＿（说明控告书中的罪行）控告的＿＿＿＿，以下称被告人，在场的情况下，在我面前提供的证词。

＿＿＿＿，经郑重宣誓，证明：（插入证言，尽可能地使用证人的语言）。

＿＿＿＿，经郑重宣誓，证明：

我兹证明：在附以我的签名的此数页书写的＿＿＿＿和＿＿＿＿的证词，系在被告人在场的情况下（并由他们分别签名，若要求证人签名则在他们在场时进行）。我已经在证词上签名。

＿＿＿＿＿＿的治安法官

格式 32

（第 493 条、第 550 条、第 679 条、第 706 条、第 707 条、第 810 条、第 810.1 条和第 817 条）

具结书

加拿大_____省

兹谨记住，下列表格中的人员于今天亲自见我，并且各自承认，如果表中列名的_____不遵守下列任何条件，可以从其动产、土地及房产没收规定的与其姓名相对的数额的财产归女王所有。

姓名	住址	职业	数额

于公元_____年_____月_____日在_____在我面前记取并确认。

法院的法官、书记官，省法院法官

条件：

1. 鉴于上述_____，以下称被告人，已被控告_____（说明被告人被控告的罪行）；

所以，本具结书的条件为：如果被告人于公元_____年_____月_____日_____午_____时，在_____出庭，并且此后按照法庭要求出庭，依法接受处理（或者，在订立具结书时不知道出庭日期和时间的情况下，如果被告人按照法庭确定的时间和地点出庭并且此后按照法庭要求出庭，依法接受处理）[第 515 条、第 520 条、第 521 条、第 522 条、第 523 条、第 524 条、第 525 条、第 680 条]；

并且，如果被告人_____（按照指令加入《条件附表》中的适当的附加条件），

上述具结无效，否则其具有完全、充分的效力。

2. 鉴于上述_____，以下称上诉人，为对就下列控告_____（说明上诉人被定罪的罪行）作出的定罪判决（或

者量刑)提出上诉的人[第 679 条和第 680 条];

　　所以,本具结书的条件为:如果上诉人按照法庭要求出庭依法接受处理;

　　并且,如果上诉人_____(按照指令加入《条件附表》中的适当的附加条件),

　　上述具结无效,否则其具有完全、充分的效力。

　　3. 鉴于上述_____,以下称上诉人,为对就下列事项_____(说明罪行、裁定的争议事项或者法律问题)作出的定罪判决(或者对量刑、裁定或者以判案陈述方式)提出上诉的人[第 816 条、第 831 条、第 832 条和第 834 条];

　　所以,本具结书的条件为:如果上诉人于将要审理上诉的上诉法院的开庭期亲自出庭;

　　并且,如果上诉人_____(按照指令加入《条件附表》中的适当的附加条件),

　　上述具结无效,否则其具有完全、充分的效力。

　　4. 鉴于上述_____,以下称上诉人,为对就下列控告_____(说明被告人姓名、罪行、裁定的争议事项或者法律问题)作出的驳回诉讼的裁定(或者对量刑)提出上诉的人[第 817 条、第 831 条、第 832 条和第 834 条];

　　所以,本具结书的条件为:如果上诉人于将要审理上诉的上诉法院的开庭期亲自出庭或者由其律师出庭,上述具结无效,否则其具有完全、充分的效力。

　　5. 鉴于上述_____,以下称被告人,已被命令就关于_____(说明被告人被控告的罪行)的控告接受审理;

　　鉴于_____已在对上述控告进行的预审中作为证人出庭[第 550 条、第 706 条和第 707 条];

　　所以,本具结书的条件为:如果上述_____于确定的就公诉书对被告人进行审理的时间和地点出庭作证出庭,上述具结无效,否则其具有完全、充分的效力。

　　6. 上述书面具结书的条件为:如果上述_____在自_____开始的_____期限内维持治安、品行良好,上述具结无效,否则其具有完全、充分的效力。

　　7. 鉴于已经就_____(说明财产特征和所在地)的财产按照《刑事法典》第 462.32 条签发令状或者按第 462.33

条第(3)款作出限制令；

所以，本具结书的条件为：_____不作任何可能直接或者间接导致上述财产灭失、浪费或者使其价值降低的事情或者以其他方式导致对财产不能执行按照《刑事法典》第462.37条或者第462.38条或者其他条款或者其他议会制定法作出的没收裁定〔第462.34条〕。

条件附表

(a) 每_____ _____次向_____(治安官或者指定的其他人员的姓名)报到；

(b) 不离开_____(指定的地区)；

(c) 将住址、就业状况和职业的任何变化通知_____(治安官或者指定的其他人员的姓名)；

(d) 不直接或者间接地与_____(被害人、证人或者其他人)接触，除非符合下列条件：_____(按照法官指示)；

(e) 将护照_____(按照法官的指示)交存；

(f) (任何其他合理条件)。

注：《刑事法典》第763条和第764条第(1)款至第(3)款规定：

"**第763条** 一个人受具结书约束保证到庭、面见法官或者省法院法官而法庭开庭时间或者诉讼延期或者审理地点变更的，具结书继续有效。

第764条 (1) 被告人受具结书约束保证到庭的，传讯或者定罪并不解除具结书对他及其保证人的约束力。具结书继续有效，直至他被免除刑事责任或者被判处刑罚。

(2) 尽管有第(1)款的规定，法庭、法官或者省法院法官还可根据案件具体情况，将被告人拘押在监狱或者责令他重新提出或者补加保证人以保证其出庭，直至他被免除刑事责任或者被判处刑罚。

(3) 以具结书保证到庭的被告人被按照第(2)款规定羁押在监狱的，其保证人的责任即行解除。"

格式 33

(第 770 条)

在具结书上签注的关于
不履行义务的证明

我兹证明：_____ _____（没有按照具结书出庭或者没有遵守本具结书规定的条件），公正合理的目的因此而_____（已不可能实现或者已被延误实现）。

其不履行义务的性质为_____，不履行义务的原因为_____（如果知道则说明原因）。

被保释人和保释人的姓名和住址如下：

公元_____年_____月_____日，_____
....

法官、省法院法官、法庭书记官、治安官或者其他人员签名：
（如果要求，则盖章）

格式 34

(第 771 条)

债务人财产扣押令

伊丽莎白二世承蒙上帝的恩惠，等

至_____的司法行政官：

兹命令你，从下列人员的动产、土地及房产扣押与其姓名相对的数额的财产：

姓名　　住址　　职业　　数额

且命令你，将本令状的执行情况进行回呈。

公元_____年_____月_____日，_____

_____法院书记官

（盖章）

格式35

（第570条和第806条）

定罪判决

加拿大＿＿＿＿＿＿＿省

兹记住：公元＿＿＿＿年＿＿＿＿月＿＿＿＿日，＿＿＿＿＿＿＿，＿＿＿＿＿＿＿（出生日期），以下称被告人，就＿＿＿＿＿＿＿（详细说明被告人被定的罪行）的控告被根据《刑事法典》第＿＿＿＿＿＿＿（十九或者二十七）章进行审理，被以上述罪名定罪，并处以下列刑罚，即*：

适用下列合适形式的刑罚*：

（a）上述被告人在位于＿＿＿＿＿＿＿的监狱服监禁刑，期限为＿＿＿＿＿＿＿；

（b）上述被告人依法缴纳＿＿＿＿＿＿＿元，且缴纳＿＿＿＿＿＿＿元的费用；如果不立即（或者在指定的时间内）缴纳，则在位于＿＿＿＿＿＿＿的监狱内服监禁刑，刑期为＿＿＿＿＿＿＿，但上述数额以及拘押和转送被告人至上述监狱的费用和支出得到即时偿付的除外；

（c）上述被告人在位于＿＿＿＿＿＿＿的监狱服监禁刑，期限为＿＿＿＿＿＿＿，并依法缴纳＿＿＿＿＿＿＿元，且缴纳＿＿＿＿＿＿＿元的费用；如果不立即（或者在指定的时间内）缴纳，则在位于＿＿＿＿＿＿＿的监狱内服监禁刑，刑期为＿＿＿＿＿＿＿（为应连续执行的刑罚，作相应说明），但上述数额以及拘押和转送被告人至上述监狱的费用和支出得到即时偿付的除外。

公元＿＿＿＿年＿＿＿＿月＿＿＿＿日，＿＿＿＿＿＿＿
法院书记官、法官或者省法院法官
（如果要求，则盖章）

格式36

（第570条和第806条）

对犯罪人的裁定

加拿大＿＿＿＿＿＿＿省

兹记住:公元_____年_____月_____日,在_____对_____,_____(出生日期),以下称被告人,就指控其_____(详细说明控告事项或者指控的罪行)的控告进行审理,并裁定和裁决_____(说明作出的裁定)。

公元_____年_____月_____日,_____
法院法官或者书记官

格式 37

(第570条)

无罪裁定

加拿大_____省

兹记住:公元_____年_____月_____日,在_____对_____,_____(出生日期),_____(职业),以下称被告人,就关于_____(详细说明被告人不构成的罪行)的控告进行审理,并裁定被告人不构成上述罪行。

公元_____年_____月_____日,_____
省法院法官或者书记官
(如果要求,则盖章)

格式 38

(第708条)

藐视法庭罪定罪判决

加拿大_____省

兹记住:公元_____年_____月_____日,在_____,我对_____,下称违法行为人,作出有罪判决,因为其虽然_____(受到正式的传票送达或者根据具结书应当提供证据)但在对关于_____(详细说明被告人被指控的罪行)的控告进行审理时没有到_____(法庭或者法官)出庭作证,并且其没有提供充分理由;

所以,我裁决因违法行为人的违法行为而对其处以_____(说明根据授权和《刑事法典》第708条的规定判处的刑罚）。

　　　　　公元_____年_____月_____日，_____
　　　　　　法院法官或者书记官
　　　　　　（如果要求，则盖章）

格式 39

（第519条和第550条）

释放被关押人的命令

　　　　　加拿大_____省

致位于_____的监狱的监狱长：

　　你根据_____年_____月_____日签发的_____（拘押令或者命令）对_____执行拘留。如果没有其他拘留理由，我兹命令你将其释放。

　　　　　　　　　法官或者法院书记官
　　　　　　　　　（如果要求，则盖章）

格式 40

（第629条）

对陪审团名单的异议

　　　　　加拿大_____省
　　　　　女王诉_____

　　_____（控告人或者被告人）对陪审团名单提出异议，理由为：挑选陪审团的_____（司法行政官或者其助理）在挑选时有_____（偏袒、欺诈或者有意识的不当行为）。

　　　　　公元_____年_____月_____日，_____
　　　　　　（控告人或者被告人的）律师

格式 41

(第 639 条)

有因回避

加拿大_____省

女王诉_____

_____(控告人或者被告人)要求_____回避,理由为:_____(按照《刑事法典》第 638 条第(1)款说明回避理由)。

(控告人或者被告人)的律师

格式 42

(第 827 条)

未缴纳上诉费用的证明

_____法院
(案件名称)

我兹证明:_____(上诉人或者被上诉人),已被命令缴纳_____元的上诉费用,而其没有在规定的期限内缴纳上述费用。

公元____年____月____日,_____
法院书书记官
(盖章)

格式 43

(第 744 条)

监狱看守向治安官出具的收据

我兹证明:我从_____(地区)的治安官_____处接收了_____,以及由_____(法院或者法官)签发的_____(令状或者裁定)。*

*增加关于囚犯状况的描述

公元_____年_____月_____日,_____
_____监狱的监狱长

格式 44

(第 667 条)

我,作为加拿大副总检察长为《刑事法典》第 667 条之目的而专门指定的指纹检验员,兹证明:_____,别名_____(说明可能用过的任何别名),指纹号码_____,其指纹再现于下面(指纹再现)或者附在下面,其已经被根据《刑事法典》第 730 条定罪、释放或者已经在加拿大被定罪并判处下列刑罚:

(记录)

公元_____年_____月_____日,_____
指纹检验员

格式 45

(第 667 条)

我,作为加拿大副总检察长为《刑事法典》第 667 条之目的而专门指定的指纹检验员,兹证明:我已经将再现或者附于表 A 中的指纹与标示为 B、在表格 44 的证明书中再现或者附有的指纹进行了比较,它们属于同一个人的指纹。

公元_____年_____月_____日,_____
指纹检验员

格式 46

(第 732.1 条)

缓刑命令

加拿大_____省

鉴于_____,以下称被告人,于公元_____年月_____日在_____就_____（说明被告人作有罪答辩或者被判决或者裁决构成的罪行）的控告_____（做有罪答辩或者按照《刑事法典》第_____章接受了审理），并被_____（判决或者裁决有罪）；

鉴于法院于_____年_____月_____日裁决：*

*适用下列适当形式的处置

（a）根据规定的下列条件将被告人释放：

（b）延缓对被告人宣告判决，根据规定的下列条件将被告人释放：

（c）被告人依法缴纳_____元，若不立即（或者在规定的期限内）缴纳上述数额，则在位于_____的监狱内服监禁刑，刑期为_____，但上述数额以及拘押和转送被告人至上述监狱的费用和支出得到即时偿付的除外；此外，上述被告人应当遵守规定的下列条件：

（d）被告人在位于_____的监狱内服监禁刑，刑期为_____；此外，上述被告人应当遵守规定的下列条件：

所以，自本命令日期（或者，在适用（d）项的情况下，监禁刑期满时）开始的为期_____的时间内，上述被告人应当遵守下列条件，即，上述被告人维持治安，品行良好，在法庭要求出庭时出庭，并且，

（加入按照《刑事法典》第732.1条第(3)款规定的附加条件）

公元_____年_____月_____日，_____

法院书记官、法官或者省法院法官

格式47

（第462.48条）

披露所得税资料的命令

加拿大_____省

致（职务或者职业）为_____的_____：

鉴于，根据_____的_____的宣誓，有正当理由相信，_____的_____已经实施_____或者从实施该罪获益，并且_____（资料、文件的特征）的资料或者文件可能对于对该罪或者相关事项的调查有实质性的价值；

鉴于有正当理由相信,考虑到若允许接触可能为促进调查带来的利益,允许接触上述资料和文件符合公共利益;

所以,兹授权和要求你在_____至_____的期间,于_____至_____(按照法官可能作出的指示)之间向下列治安官,即_____(治安官的姓名)之一,出示上述全部资料和文件,或者允许治安官依照法官指令接触上述资料和文件,但须符合下列条件(说明条件):

..........。

公元____年____月____日,_____

法官签名:

格式 48

(第 672.13 条)

鉴定命令

加拿大_____省

鉴于我有正当理由相信,关于已经受到_____控告的_____(被告人姓名)的精神状况的证据可能为确定下列事项所必要:

- 被告人是否不宜承受审理
- 被告人在实施其被控告的作为或者不作为时是否精神失常从而根据《刑事法典》第 16 条第(1)款应免于刑事责任
- 被告人是否属于《刑事法典》第 672.65 条规定的危险的精神失常被告人
- 女性被告在其新生儿死亡影响下实施犯罪而受到控告的,被告人在实施被指控的罪行时,其心态的平衡是否被破坏
- 在对被告人作出不宜承受审理或者因精神失常而不承担刑事责任的裁决的情况下,根据《刑事法典》第 672.54 条或者第 672.58 条应对被告人作出的适当的处置

我兹命令由/在_____(将要进行鉴定的人员的姓名或者鉴定地点)在_____日内对_____(被告人姓名)的精神状况进行鉴定。

本鉴定命令的有效期,包括旅途时间,总计为_____日,在此期间,被告人应当:*
- 被拘押于_____(应当拘押被告人的地点)
- 不被拘押,条件为:
(若适宜,说明条件)
*核对选择。

公元_____年_____月_____日,_____
法院法官或者书记官签名:

格式 49

(第 672.57 条)

拘押令

加拿大_____省

致_____地区的治安官和(关押被告人的监狱、医院或者其他机构)的监狱长(或者管理人、管理员):

此令状系为拘押职业为_____的_____,以下称被告人,而签发。

鉴于被告人已被控告_____(扼要说明被告人被控告的罪行);

鉴于被告人被认定:*
- 不宜承受审理
- 因精神失常而应免于刑事责任

所以,兹以女王的名义命令你,将被告人拘押并安全转押至位于_____的_____(监狱、医院或者其他机构),并将被告人交给那里的监狱长(管理人、管理员),并附以下列指令:

我兹命令你,上述监狱长(管理人、管理员),将被告人收押于上述_____(监狱、医院或者其他机构),直至其依正当的法律程序获得释放。

下列为被告人在你处期间应当遵守的条件:

下列为授予你们——上述_____(监狱、医院或者其他机构)的监狱长(管理人、管理员)——行使的对被告人的自由进行限制(以及限制的程度和条件)的权力:

*核对选择。

　　　　　　公元＿＿＿＿年＿＿＿＿月＿＿＿＿日,＿＿＿＿
　　法官、书记官、省法院法官或者审查委员会主席签名:

格式 50

(第 672.7 条第(2)款)

拘押令
安置决定

　　　　　　　　加拿大＿＿＿＿＿＿＿省
致＿＿＿＿＿＿＿地区的治安官和(关押被告人的监狱、医院或者其他机构)的监狱长(管理人、管理员):
　　此令状系为拘押职业为＿＿＿＿＿＿的＿＿＿＿＿＿,以下称被告人,而签发。
　　鉴于被告人已被控告＿＿＿＿＿＿(扼要说明被告人被控告的罪行);
　　鉴于被告人被认定*:
- 不宜承受审理
- 因精神失常而应免于刑事责任

　　鉴于审查委员会已经举行听证并裁决应当将被告人关押;
　　鉴于按照＿＿＿＿＿＿(法官、书记官或者省法院法官的姓名和法院以及地区的名称)就＿＿＿＿＿＿(扼要说明被告人被控告或者认定的罪行)的罪行而签发的、日期为＿＿＿＿年＿＿＿＿月＿＿＿＿日的拘押令,应当将被告人拘押;
　　所以,兹以女王的名义命令你*:
- 按照令状中规定的条件执行法院签发的拘押令
- 执行审查委员会签发的拘押令

*核对选择。

　　　　　　公元＿＿＿＿年＿＿＿＿月＿＿＿＿日,＿＿＿＿
　　　　　　审查委员会主席签名:

格式 51

（第 747.1 条第（3）款）

入院令

加拿大＿＿＿＿＿＿＿省

鉴于已被以＿＿＿＿＿＿＿（罪行）定罪并被判处为期＿＿＿＿＿＿＿的监禁刑的＿＿＿＿＿＿＿（犯罪人姓名）正患急性发作的精神失常，需要立即对其精神失常进行治疗，以防止其精神或者生理健康状况的恶化或者防止其对于任何人造成严重的人身伤害；

鉴于＿＿＿＿＿＿＿（犯罪人姓名）和＿＿＿＿＿＿＿（治疗机构名称）已经同意遵守本命令和其限制性规定；

我兹命令：按照下列限制性规定，将＿＿＿＿＿＿＿（犯罪人姓名）关押在＿＿＿＿＿＿＿（治疗机构名称）接受治疗，时间不超过＿＿＿＿＿＿＿（不超过60日的期限）。

公元＿＿＿＿年＿＿＿＿月＿＿＿＿日，＿＿＿＿＿

法官或者书记官签名：

不再有效的修正案

第255条第(5)款,由《1985年修订法》第27章(附件1)第36条规定,由《1985年修订法》第1章(附件4)第18条(F)和《1995年制定法》第22章第18条(附表4第26项)修改为:

[注:在诺瓦斯科舍省、新不伦瑞克省、曼尼托巴省、爱德华王子岛省、萨斯喀彻温省和阿尔博塔省以及育空地区和西北地区有效。见1985年制定法文件之211和1988年制定法文件之24]

有条件释放

"(5)尽管有第730条第(1)款规定,在听取医学和其他证据之后,如果认为行为人就其使用酒精类或者毒品的行为需要医疗,而此又不违背公共利益,法庭可以不对被告人以第253条规定的罪行定罪,而以命令指令,以缓刑命令规定的包括行为人接受对其使用酒精类或者毒品的行为进行的医疗为条件,根据第730条将其释放。"

第258条第(1)款(c)项(i)目,由《1985年修订法》第27章(附件1)第36条规定为:

"(i)收集每份样本时,收集人主动向被告人提供装在经检验的容器内的被告人的呼吸样本,并且应被告人当时提出的要求,向被告人提供了样本;"

第258条第(1)款(g)项(iii)目(A)段,由《1985年修订法》第27章(附件1)第36条规定为:

"(A)收集每份样本时,技师主动向被告人提供装在经检验的容器内的被告人的呼吸样本,并且应被告人当时提出的要求,向被告人提供了样本;"

第672.64条至第672.66条,由《1991年制定法》第43章第4条规定为:

定义　　第672.64条　(1)在本条以及第672.65条、第672.79条和第672.8条中,

"指定犯罪"　　"指定犯罪",指本由章附表规定的犯罪、第(2)款所述《国防法》规定的犯罪,以及此种犯罪的共谋、未遂、事后共犯或者其教唆犯;

"上限"　　"上限",指被告人因其罪行而受一项或者多项处置约束的最长时间,其开始于宣告裁决。

《国防法》规定的附加的指定犯罪　　(2)如果在规定的情况下实施,则违反《国防法》下列规定之一的犯罪为指定犯罪:

(a)第73条(作战中的指挥员实施的犯罪),在被告人因怯懦而行为的情况下;

(b)第74条(面临敌人时实施的犯罪)、第75条(安全相关犯罪)或者第76条(战俘相关犯罪),在被告人出于叛变以外的原因而行为的情况下;

(c)第77条(作战相关犯罪),在被告人于服现役期间实施的情况下;

(d)第107条(与航空器或者航空材料相关的违法行为)或者第127条(持有危险物质而可能造成伤害或者破坏);

(e)第130条(由军事法院对民事违法行为进行的审理),在该民法违法行为包括在本章附表中的情况下;

(f)第132条(在加拿大境外适用的法律规定的犯罪),在军事法庭裁决该犯罪与本章附表中规定的犯罪实质相似的情况下。

不同犯罪的上限　　(3)在对被告人作出因精神失常而不宜承受审理的裁决的情况下,上限:

(a)在犯罪为下列之一的情况下,为终身

(i) 第 47 条第(1)款规定的重叛国罪或者第 229 条规定的一级或者二级谋杀罪;

(ii) 被告人因叛变而实施的《国防法》第 73 条(作战中的指挥员实施的犯罪)、第 74 条(面临敌人时实施的犯罪)、第 75 条(安全相关犯罪)或者第 76 条(战俘相关犯罪)规定的犯罪,或者应当按照该法第 130 条处理的一级谋杀罪或者二级谋杀罪;

(iii) 议会制定法所规定的、法定最高刑为终身监禁的任何其他犯罪;

(b) 在犯罪为应由公诉书提出控告的指定犯罪的情况下,为被告人因此犯罪应被判处的监禁刑的最高期限,但不超过 10 年;

(c) 在犯罪为本法或者其他议会制定法规定的(a)项或者(b)项规定以外的犯罪的情况下,为被告人因此犯罪应被判处的监禁刑的最高期限,但不超过两年。

<u>有两个以上犯罪时的最高上限</u>

(4) 除适用第(5)款的情形外,当被告人因两项或两项以上犯罪被裁决的,即使这些犯罪源于同一事项,应依照其中监禁刑期限最长的犯罪决定对被告人因所有犯罪而适用的最长期限。

<u>在先前处置期间实施的犯罪</u>

(5) 对因先前犯罪受到无条件释放以外的处置的被告人作出因精神失常不负刑事责任或者不宜承受审判的裁决的,法院可以命令将对此项犯罪作出的处置与先前处置连续执行,即使全部处置的期限超过了对于该罪按照第(3)款和第(4)款规定确定的上限。

危险的精神失常被告人

<u>"严重人身伤害罪"的定义</u>

第 672.65 条 (1) 在本条中,"严重人身伤害罪"指应对被告人处以 10 年或者 10 年以上监禁刑的下列犯罪:

(a) 第 271 条(性侵害罪)、第 272 条(使用武器、恐吓第三方或者致伤的性侵害罪)和第 273 条(严重性侵害罪)规定的犯罪及其未遂;

(b) 以公诉书提出指控的、有下列情形之一的指定犯罪:

(i) 对他人使用暴力或者企图使用暴力;

(ii) 行为危及或者可能危及他人生命或者安全,或者使

他人遭受或者可能遭受严重精神损害;

申请裁决被告人为危险的精神失常被告人

（2）对被告人作出因精神失常而不负刑事责任的裁决的,控告人可以在作出处置之前,向作出裁决的法院或有刑事管辖权的上级法院申请裁决被告人为危险的精神失常被告人。

裁决的根据

（3）对于根据本条提出的申请,法庭确信有下列情形之一的,可以裁决被告人为危险的精神失常被告人：

（a）据以作出裁决的罪行属于第（1）款（b）项所述严重人身伤害罪,并且有证据证明下列事项之一,表明其对他人的生命、安全或者身体、精神健康构成威胁：

（i）被告人被据以定罪的罪行构成其行为的一部分,其反复实施该行为的方式表明,他不能控制自己的行为,并且由于他将来不能控制的行为而可能造成他人死亡或者伤害或者给他人造成严重精神损害；

（ii）被告人被据以定罪的罪行构成其行为的一部分,其持续实施该侵害性行为的方式；

（iii）被告人的任何行为,与据以作出裁决的罪行相结合,其残酷性足以表明不可能以通常的控制方式阻止他将来的行为；

（b）据以作出裁决的罪行属于第（1）款（a）项所述严重人身伤害罪,并且该被告人的性相关行为,包括已被定罪的性行为方式表明其不能控制性冲动,并且由于其将来不能控制性冲动而可能造成他人伤害、痛苦或者其他不幸。

法庭可以延长处置期间

（4）法庭根据本条裁决被告人为危险的精神失常被告人的,可以将对该罪行的处置期间的上限提高至终身。

适用第754条至第758条

第672.66条 （1）第754条至第758条比照适用于根据第672.65条提出的申请,如同其为根据第二十四章提出的申请且被告人为犯罪人的情形一样。

向审查委员会移送记录

（2）法庭裁决被告人为危险的精神失常的被告人的,应当立即向有管辖权的审查委员会移送对申请进行听审的记录、法庭保管的有关文件和资料以及向法庭提交的所有物证或者其复制品。

第二十之一章之附表

（第 672.64 条第（1）款）

指 定 犯 罪

刑 事 法 典

1. 第 49 条—企图惊扰女王或者破坏公共安全的行为
2. 第 50 条—帮助敌侨离开加拿大，或者不阻止叛国行为罪
3. 第 51 条—恐吓议会或者立法机构罪
4. 第 52 条—破坏罪
5. 第 53 条—煽动叛乱罪
6. 第 75 条—海盗罪
7. 第 76 条—劫持罪
8. 第 77 条—危害航空器安全罪
9. 第 78 条—进攻性武器和爆炸物罪
10. 第 80 条—失职罪（爆炸物）
11. 第 81 条—使用爆炸物罪
12. 第 82 条—无合法理由持有爆炸物罪
13. 第 85 条第（1）款—实施犯罪时使用火器罪
13.1. 第 85 条第（2）款—实施犯罪时使用仿制火器罪
14. 第 86 条第（1）款—疏忽使用火器，等罪
15. 第 87 条第（1）款—将火器指向他人罪
16. 第 88 条第（1）款—为危险目的持有武器罪
17. 第 151 条—性骚扰罪
18. 第 152 条—引诱进行性触摸罪
19. 第 153 条—性剥削罪
20. 第 155 条—乱伦罪
21. 第 159 条—肛交罪
22. 第 160 条第（2）款—强迫兽奸罪
23. 第 160 条第（3）款—于儿童在场时实施兽奸或者诱使儿童进行兽奸罪
24. 第 220 条—犯罪过失致死罪
25. 第 221 条—犯罪过失致伤罪
26. 第 223 条—在出生前或者出生过程中致伤婴儿罪

27. 第236条—非预谋杀人罪

28. 第238条—致死未出生的婴儿罪

29. 第239条—谋杀未遂罪

30. 第241条—教唆、帮助自杀罪

31. 第244条—故意致伤罪

32. 第245条(a)项—为杀人或者伤害提供毒物罪

33. 第246条—克制对犯罪的反抗罪

34. 第247条—设置可能导致死伤的陷阱罪

35. 第248条—破坏交通设施罪

36. 第249条第(3)款—危险驾驶机动车、船只和航空器致伤罪

37. 第249条第(4)款—危险驾驶机动车、船只和航空器致死罪

38. 第255条第(2)款—无能驾驶致伤罪

39. 第255条第(3)款—无能驾驶致死罪

40. 第262条—妨害救生罪

41. 第265条第(1)款(a)项—伤害罪

42. 第267条—使用武器伤害或者伤害致伤罪

43. 第268条—严重伤害罪

44. 第269条—非法致伤罪

45. 第269.1条第(1)款—酷刑罪

46. 第271条第(1)款(a)项—性侵害罪

47. 第272条—使用武器、恐吓第三方或者致伤的性侵害罪

48. 第273条—严重性侵害罪

49. 第279条第(1)款—绑架罪

50. 第279条第(2)款—强行拘禁罪

51. 第279.1条—扣留人质罪

52. 第280条—诱拐不满十六岁的人

53. 第281条—诱拐不满十四岁的人

54. 第282条(a)项—违反监护令的诱拐罪

55. 第283条第(1)款(a)项—无监护令时的诱拐罪

56. 第344条—强盗罪

57. 第345条—故意拦截邮车罪

58. 第346条—敲诈勒索罪

59. 第348条—意图犯罪而破门进入罪、实施犯罪或者逃出罪

60. 第349条第(1)款—非法在住宅停留罪

61. 第430条第(2)款—对生命造成实际危险罪

62. 第431条—攻击受国际保护人员的房屋罪

63. 第433条—放火罪(不顾人的生命)

64. 第434条—放火罪(损坏财产)

65. 第434.1条—放火罪(本人财产)

66. 第435条—为诈骗目的放火罪

原子能控制法

67. 第20条—犯罪和处罚

紧急状态法

68. 第8条第(1)款(j)项(ii)目—违反公共福利紧急状态条例

69. 第19条第(1)款(e)项(ii)目—违反公共秩序紧急状态条例

70. 第30条第(1)款(l)项(ii)目—违反国际紧急状态条例

71. 第40条第(3)款(b)项—违反战争紧急状态条例

加拿大环境保护法

72. 第274条—破坏环境致死或者致伤罪

管制药品和药物法

73. 第4条第(3)款和第(4)款—持有罪

74. 第5条第(3)款和第(4)款—贩卖罪

75. 第6条第(3)款—进出口罪

76. 第7条第(2)款—制造罪

77. [已废止]

国防法

78. 第78条—间谍罪

79. 第 79 条—暴乱罪

80. 第 80 条—叛乱罪

81. 第 81 条—与叛乱有关的犯罪

82. 第 82 条—煽动暴力颠覆政府罪

83. 第 83 条—违反合法命令罪

84. 第 84 条—殴打上级或者对上级实施暴力罪

85. 第 88 条—擅离职守罪

86. 第 98 条(c)项—自残、自伤或者致使他人伤残罪

87. 第 105 条—与护航相关的犯罪

88. 第 106 条—违反船长命令罪——船只

89. 第 110 条—违反机长命令罪—航空器

90. 第 128 条—阴谋罪

信息安全法

91. 第 4 条第(1)款—错误传送信息罪

92. 第 4 条第(2)款—传送图表、计划、模型等罪

93. 第 4 条第(3)款—接收暗语、图表,等罪

94. 第 4 条第(4)款—留存或者允许占有文件,等罪

95. 第 5 条第(1)款—未经授权使用制服、篡改报告、伪造、假冒和伪造的文件,等罪

96. 第 5 条第(2)款—非法处置印模、印章等罪

97. 第 6 条—靠近、进入禁区罪

98. 第 7 条—妨碍罪

99. 第 13 条第(1)款—假称传送罪

100. 第 14 条第(1)款—未经授权传送有用的特别信息罪

101. 第 16 条第(1)款—传送受保护的信息罪

102. 第 16 条第(2)款—传送受保护的信息罪

103. 第 17 条第(1)款—传送有用的特别信息罪

104. 第 18 条第(1)款—有关受保护信息的背信罪

105. 第 19 条第(1)款—为外国经济实体利益使用商业秘密罪

106. 第 20 条第(1)款—恐吓或者使用暴力罪

107. 第 21 条第(1)款—窝藏或者包庇罪

108. 第22条第(1)款——预备行为
109. 第23条——阴谋、未遂等罪

第747条至第747.8条,由《1995年制定法》第22章第6条规定为:

入 院 令

定义	**第747条** 在本条和第747.1条至747.8条中,
"鉴定报告"	"鉴定报告"指按照根据第672.11条签发的鉴定命令由根据省法律可以治疗精神病的精神病专家或者在不能找到精神病专家的情况下由开业医生提交的书面报告。
"入院令"	"入院令"指由法庭根据第747.1条作出的将犯罪人关押于处置设施的命令。
"开业医生"	"开业医生"指根据省的法律有资格从事医疗事业的人员。
"处置设施"	"处置设施"指由对犯罪人作出判决的省的省督或者副省督,或者他们专门书面授权的人指定的、对精神失常的犯罪人进行治疗的医院或者场所。
法庭可以作出入院令	**第747.1条** (1)如果法庭在宣告判决时发现,犯罪人精神失常急性发作,并且法庭根据鉴定报告或者其他证据确信需要立即进行治疗以防止犯罪人的精神或者身体健康状况的显著恶化或者防止犯罪人对他人造成严重身体伤害,法庭可以命令将犯罪人关押于处置设施,作为监禁刑判决的首部。
对入院令的限制	(2)入院令确定的一个疗程的期间不得超过60日,并且要遵守法庭认为适当的其他限制性规定。
格式	(3)入院令可以采用格式51。
拘押令	(4)作出入院令的法庭应当签发对犯罪人的拘押令,拘押令可以采用格式8。
推荐的处置设施	**第747.2条** (1)在入院令中,法庭应当规定将犯罪人关押于犯罪人被判在其中服监禁刑的教养院、监狱或者其他机构的中央管理机构推荐的某个处置设施,但法庭根据开业医生提供的证据确信前往该设施或者旅途中出现的延误可能对犯罪人的精神或者身体健康造成严重危害的除外。

法庭选择处置设施	（2）法庭没有采纳第（1）款所述推荐意见的，应当命令将犯罪人关押于从作出入院令时犯罪人被关押的地方或者法院所在地容易到达的处置设施。
条件	第747.3条　如果犯罪人或者将对其进行关押的处置设施的负责人不同意入院令或者其限制性规定，则不得作出入院令。但本条的规定不得被解释为不必按照本法以外的规定就治疗获得许可或者获得其他人同意。
例外	第747.4条　犯罪人有下列情形之一的，不得对其作出入院令： （a）被以法律规定终身监禁为最低刑的犯罪定罪或者因该罪正在服刑； （b）已被根据第753条裁决为危险犯； （c）犯罪人将要服刑的期限不超过60日； （d）监禁刑系因犯罪人不缴纳罚金或者按照第737条第（1）款判处的被害人额外费用而判处； （e）对犯罪人宣告的监禁刑根据第732条第（1）款（a）项规定被命令间歇性地执行。
犯罪人应服余刑	第747.5条　（1）有下列情形之一的，应当将犯罪人送往或者送还监狱以服余刑： （a）入院令在刑期届满前期满； （b）犯罪人或者处置设施的负责人撤回对按照入院令将犯罪人关押于处置设施的同意。
由一所处置设施向其他处置设施的转送	（2）在对犯罪人签发的入院令届满前，如果法庭书面授权并且处置设施的负责人同意，可以将犯罪人由入院令规定的处置设施转送至可以对其精神失常进行治疗的另一所处置设施。
羁押时间折抵刑期	第747.6条　按照入院令将犯罪人羁押一日，应当折抵监禁刑刑期一日。不管出于何种目的，被告人应当被视为在监狱依法羁押。
《矫正和有条件释放法》第12条的适用	第747.7条　尽管有《矫正和有条件释放法》第12条的规定，在入院令有效期间，教养院可以于法定上诉限届满前接受对其作出入院令并且判决或者押交教养院的犯罪人，应当在此期间将犯罪人关押于入院令规定的处置设施。
将令状和命令的副本交监狱和医院	第747.8条　法庭对犯罪人作出入院令的，法庭应当将

根据第747.1条签发的命令的副本和拘押令的副本送交犯罪人将要服监禁刑的教养院、监狱或者其他机构的中央管理机构以及犯罪人将被关押以接受治疗的处置设施。

《1995年制定法》第22章第7条第(2)款：

(2) 本法第6条规定的《刑事法典》第747.1条生效时，《刑事法典》第785条规定的"判决"的定义中的(b)项由下列规定代替：

(b) 根据第100条第(2)款、第259条第(1)款或者第(2)款、第261条、第730条第(1)款、第737条、第738条、第739条、第742.3条或者第747.1条第(1)款作出的裁定；

第97条，由《1995年制定法》第39章第139条规定为：

向无许可证的人出售弩	**第97条** (1) 将弩出售、交换、送交他人的，构成犯罪，但该他人当时向行为人出示其无正当理由相信其为无效或者系向他人签发的许可证的除外。
处罚	(2) 实施第(1)款规定的犯罪的，分别： (a) 构成可诉罪，处以不超过两年的监禁刑； (b) 构成简易罪。
例外	(3) 将弩出借给在可以合法持有弩的人的直接和即时监督下的人的，不适用第(1)款规定。

《1996年制定法》第34章第1条：

第1条 《刑事法典》第745条由下列规定代替：

申请复审	**第745条** (1) 除适用第(2)款的情形外，符合下列条件的人，可以向对其定罪的省的合适的首席法官提出书面申请，要求缩短有资格获得假释前必须服刑的时间： (a) 被以谋杀罪或者重大叛国罪定罪； (b) 被判处终身监禁，且在服完15年以上刑期前不得假释； (c) 已经服刑至少15年。
例外—数个谋杀罪	(2) 被以一个以上的谋杀罪定罪的人不得按照第(1)款提出申请，无论针对其中任何一个谋杀罪的诉讼是否在实

施另外一个谋杀罪之前已经开始。

"合适的首席法官"的定义
(3) 对于本条和第745.1条至第745.4条,"合适的首席法官":

(a) 在安大略省,指安大略法院首席法官;

(b) 在魁北克省,指高等法院首席法官;

(c) 在爱德华王子岛省和纽芬兰省,指最高法院分庭的首席法官;

(d) 在新不伦瑞克省、曼尼托巴省、萨斯喀彻温省和阿尔博塔省,指王座分庭的首席法官;

(e) 在诺瓦斯科舍省和不列颠哥伦比亚省,指最高法院首席法官;

(f) 在育空地区和西北地区,指上诉法院首席法官。

司法甄别
第745.1条 (1) 接到按照第745条第(1)款提出的申请后,合适的首席法官或者其指定的有刑事管辖权的高等法院的法官,应当根据下列书面材料确定申请人是否已经表明可以合理期待申请成功:

(a) 申请书;

(b) 加拿大矫正局或者其他矫正机构提供的报告;

(c) 由申请人或者总检察长向首席法官或者法官提交的其他书面证据。

标准
(2) 在确定申请人是否已经表明可以合理期待申请成功时,首席法官或者法官应当参照第745.3条第(1)款(a)项至(e)项规定的标准。

就新的申请作出裁决
(3) 如果首席法官或者法官确定申请人未能表明可以合理期待申请成功,首席法官或者法官可以实施下列行为之一:

(a) 确定作出认定之日两年以后的时间,规定申请人在此时间或者之后才可以重新按照第745条第(1)款规定提出申请;

(b) 裁决申请人不得重新按照第745条第(1)款规定提出申请。

未就新的申请作出裁决时
(4) 如果首席法官或者法官认定申请人未能表明可以合理期待申请成功但没有规定重新提出申请的时间或者裁决不得重新提出申请,申请人可以在裁决日两年之后重新提

	出申请。
指定法官选任陪审团	（5）如果首席法官或者法官认定申请人已经表明可以合理期待申请成功,首席法官应当指定有刑事管辖权的高等法院的法官挑选陪审团审理该申请。
上诉	第745.2条　（1）对于按照第745.1条作出的认定或者裁决,申请人或者总检察长可以以法律问题、事实问题或者以法律和事实问题向上诉法院提出上诉。
应当考虑的文件	（2）应当根据向作出认定或者裁决的首席法官或者法官提交的文件、作出认定或者裁决的任何理由以及上诉法院要求提交的其他文件就上诉作出裁决。
适用的条款	（3）比照适用第673条至第696条。
对申请的听审	第745.3条　（1）按照第745.1条第(5)款选任、将要审理申请的陪审团,应当考虑下列标准,并就是否应当缩短申请人在获得假释资格前必须服刑的时间作出裁决: （a）申请人的品行; （b）申请人在服刑期间的行为表现; （c）申请人被定罪的罪行的性质; （d）被害人在宣告判决时或者根据本条进行听审时提供的资料; （e）法官认为在具体情况下相关的其他事项。
"被害人"的定义	（2）在第(1)款(d)项中,"被害人"与第735条第(1.4)款含义相同。
缩短	（3）按照第(1)款审理申请的陪审团可以裁决应当缩短申请人在获得假释资格前必须服刑的时间,该裁决必须经陪审团一致同意才能作出。
不得缩短时间	（4）如果有下列情形之一,不得缩短申请人在获得假释资格前必须服刑的时间: （a）按照第(1)款审理申请的陪审团裁决其不应缩短; （b）按照第(1)款审理申请的陪审团推断不能一致决定缩短; （c）在陪审团经过合理时间的商讨后,主审法官推断陪审团不能一致决定缩短。
认定应当缩短时间时	（5）如果陪审团裁决应当缩短申请人在获得假释资格前必须服刑的时间,经三分之二以上多数通过,陪审团可以

实施下列行为之一：

(a) 代以可以适用的较短的监禁时间作为不得假释的时间；

(b) 终止不得假释的时间。

就新的申请作出裁决
(6) 如果申请人在获得假释资格前必须服刑的时间没有被缩短，陪审团可以实施下列行为之一：

(a) 确定按照第(4)款作出裁决或者推断之日两年以后的时间，规定申请人在此时间或者之后才可以重新按照第745条第(1)款规定提出申请；

(b) 裁决申请人不得重新按照第745.6条第(1)款规定提出申请。

三分之二多数裁决
(7) 必须经过陪审团成员三分之二以上多数通过，才可以作出第(6)款(a)项或者(b)项所述裁决。

未就新的申请作出裁决时
(8) 如果陪审团未确定可以提出或者在其后可以提出申请的时间，也未裁决不得重新提出申请，申请人可以在按照第(4)款作出裁决或者推断之日两年之后重新提出申请。

规则
第745.4条 (1) 每个省或者司法区的合适的首席法官可以为实施第745条至第745.3条而制定必要的规则。

地区
(2) 合适的首席法官为就在育空地区或者西北地区作出的定罪判决按照第745.1条第(1)款进行司法甄别或者按照第745.1条第(5)款挑选陪审团审理申请而指定有刑事管辖权的高等法院的法官时，合适的首席法官可以指定育空地区或者西北地区上诉法院或者最高法院的法官。

《1996年制定法》第34章第2条第(1)款规定：

第2条 (1) 对《修订〈刑事法典〉(量刑)以及后继其他法律的法律》第6条进行修改，该第6条规定的《刑事法典》第745.6条由下列规定代替：

申请复审
第745.6条 (1) 除适用第(2)款的情形外，符合下列条件的人，可以向对其定罪的省的合适的首席法官提出书面申请，要求缩短有资格获得假释前必须服刑的时间：

(a) 被以谋杀罪或者重大叛国罪定罪；

(b) 被判处终身监禁，且在服完15年以上刑期前不得假释；

> (c) 已经服刑 15 年。

例外—数个谋杀罪
> (2) 被以多于一个的谋杀罪定罪的人不得按照第(1)款提出申请，无论针对其中任何一个谋杀罪的诉讼是否在实施另外一个谋杀罪之前已经开始。

"合适的首席法官"的定义
> (3) 对于本条和第 745.61 条至第 745.64 条，"合适的首席法官"：
> (a) 在安大略省，指安大略法院首席法官；
> (b) 在魁北克省，指高等法院首席法官；
> (c) 在爱德华王子岛省和纽芬兰省，指最高法院分庭的首席法官；
> (d) 在新不伦瑞克省、曼尼托巴省、萨斯喀彻温省和阿尔博塔省，指王座分庭的首席法官；
> (e) 在诺瓦斯科舍省和不列颠哥伦比亚省，指最高法院首席法官；
> (f) 在育空地区和西北地区，指上诉法院首席法官。

司法甄别
> **第 745.61 条** (1) 接到按照第 745.6 条第(1)款提出的申请后，合适的首席法官或者其指定的有刑事管辖权的高等法院的法官，应当根据下列书面材料确定申请人是否已经表明可以合理期待申请成功：
> (a) 申请书；
> (b) 加拿大矫正局或者其他矫正机构提供的报告；
> (c) 由申请人或者总检察长向首席法官或者法官提交的其他书面证据。

标准
> (2) 在确定申请人是否已经表明可以合理期待申请成功时，首席法官或者法官应当参照第 745.63 条第(1)款(a)项至第(e)项规定的标准。

就新的申请作出裁决
> (3) 如果首席法官或者法官确定申请人未能表明可以合理期待申请成功，首席法官或者法官可以实施下列行为之一：
> (a) 确定作出认定之日两年以后的时间，规定申请人在此时间或者之后才可以重新按照第 745.6 条第(1)款规定提出申请；
> (b) 裁决申请人不得重新按照第 745 条第(1)款规定提出申请。

未就新的申请作出裁决时	（4）如果首席法官或者法官认定申请人未能表明可以合理期待申请成功但没有规定重新提出申请的时间或者裁决不得重新提出申请，申请人可以在作出裁决两年之后重新提出申请。
指定法官选任陪审团	（5）如果首席法官或者法官认定申请人已经表明可以合理期待申请成功，首席法官应当指定有刑事管辖权的高等法院的法官挑选陪审团审理该申请。
上诉	第745.62条　（1）对于按照第745.61条作出的认定或者裁决，申请人或者总检察长可以以法律问题、事实问题或者以法律和事实问题向上诉法院提出上诉。
应当考虑的文件	（2）应当根据向作出认定或者裁决的首席法官或者法官提交的文件、作出认定或者裁决的任何理由以及上诉法院要求提交的其他文件就上诉作出裁决。
适用的条款	（3）比照适用第673条至第696条。
对申请的听审	第745.63条　（1）按照第745.61条第（5）款选任、将要审理申请的陪审团，应当考虑下列标准，并就是否应当缩短申请人在获得假释资格前必须服刑的时间作出裁决： （a）申请人的品行； （b）申请人在服刑期间的行为表现； （c）申请人被定罪的罪行的性质； （d）被害人在宣告判决时或者根据本条进行听审时提供的资料； （e）法官认为在具体情况下相关的其他事项。
"被害人"的定义	（2）在第（1）款（d）项中，"被害人"与第722条第（4）款含义相同。
缩短	（3）按照第（1）款审理申请的陪审团可以裁决应当缩短申请人在获得假释资格前必须服刑的时间，该裁决必须经陪审团一致同意才能作出。
不得缩短时间	（4）如果有下列情形之一，不得缩短申请人在获得假释资格前必须服刑的时间： （a）按照第（1）款审理申请的陪审团裁决其不应缩短； （b）按照第（1）款审理申请的陪审团推断不能一致决定缩短； （c）在陪审团经过合理时间的商讨后，主审法官推断陪

审团不能一致决定缩短。

认定应当缩短时间时。
（5）如果陪审团裁决应当缩短申请人在获得假释资格前必须服刑的时间，经三分之二以上多数通过，陪审团可以实施下列行为之一：

（a）代以可以适用的较短的监禁时间作为不得假释的时间；

（b）终止不得假释的时间。

就新的申请作出裁决
（6）如果申请人在获得假释资格前必须服刑的时间没有被缩短，陪审团可以实施下列行为之一：

（a）确定按照第（4）款作出裁决或者推断之日两年以后的时间，规定申请人在此时间或者之后才可以重新按照第745.6条第（1）款规定提出申请；

（b）裁决申请人不得重新按照第745.6条第（1）款规定提出申请。

三分之二多数裁决
（7）必须经过陪审团成员三分之二以上多数通过，才可以作出第（6）款（a）项或者（b）项所述裁决。

未就新的申请作出裁决时
（8）如果陪审团未确定可以提出或者在其后可以提出申请的时间，也未裁决不得重新提出申请，申请人可以在按照第（4）款作出裁决或者推断之日两年之后重新提出申请。

规则
第745.64条 （1）每个省或者司法区的合适的首席法官可以为实施第745.6条至第745.63条而制定必要的规则。

地区
（2）合适的首席法官为就在育空地区或者西北地区作出的定罪判决按照第745.61条第（1）款进行司法甄别或者按照第745.61条第（5）款挑选陪审团审理申请而指定有刑事管辖权的高等法院的法官时，合适的首席法官可以指定育空地区或者西北地区上诉法院或者最高法院的法官。

《1996年制定法》第34章第3条至第5条规定：

第3条 行为人被定罪的数项谋杀罪中至少一项是在本法第1条所规定的《刑事法典》第745条第（2）款生效之后实施，才可以对其适用该款规定。

第4条 本法第1条所规定的《刑事法典》第745.1条至第745.3条中除第745.3条第（1）款（d）项以外的规定，

适用于根据该条所规定的《刑事法典》第745条第(1)款生效之后提出的要求对于在该条生效前后实施的犯罪进行复审的申请,但是,在该条生效之前申请人已经根据《刑事法典》第745条第(1)款提出申请而该申请尚未得到处理的除外。

第5条　本法第1条所规定的《刑事法典》第745.3条第(1)款,适用于根据该条所规定的《刑事法典》第745条第(1)款生效之后提出的要求对于在该条生效前后实施的犯罪进行复审的申请。

《1997年制定法》第9章第124条规定：

第124条　在《1991年制定法》第43章《修订〈刑事法典〉(精神失常)、修订〈国防法〉和〈青少年罪犯法〉以及后继其他法律的法律》第4条所规定的《刑事法典》第672.64条第(1)款生效之日与本法生效之日两者之中的后者之日：

(a)《刑事法典》第二十章之一的附表中第67项及其前的标题废止；

(b) 在《刑事法典》第二十章之一的附表中第90项之后增加下列规定：

《核安全和控制法》

第90.1条　第48条(a)项和(b)项以及第50条——犯罪《1997年制定法》第18章第106条和第107条规定：

第106条　(1)《刑事法典》第717条第(4)款(a)项由下列规定代替：

(a) 在因犯罪受到判决约束期间被判决,并且因为不缴纳罚金或者其他原因被判处监禁刑；

(2)《刑事法典》第717条第(4)款(c)项中(i)目之前的部分由下列规定代替：

(c) 被以两项或者两项以上犯罪定罪；

(3)《刑事法典》第717条第(4)款(c)项之后的部分由下列规定代替：

对被告人宣告判决的法庭可以命令监禁刑连续执行。

第107条　《刑事法典》第736条第(1)款由下列规定

代替：

有条件释放和无条件释放

第736条 (1)非组织的被告人作有罪答辩或者被裁决构成法律规定了最低刑罚或者应处以14年或者终身监禁刑以外的犯罪的，如果认为符合被告人的最佳利益并且与公共利益不相冲突，法庭可以不对被告人定罪，而以命令指示将被告人无条件释放或者按照缓刑命令规定的条件释放。

《1999年制定法》第25章第29条规定：

第29条 (1)在本法生效之日与《1995年制定法》第22章《修订〈刑事法典〉(量刑)和后继其他法律的法律》第6条规定的《刑事法典》第747.4条(d)项生效之日两者之中的后者之日，第747.4条(d)项由下列规定代替：

(d)监禁刑系因不缴纳罚金或者根据第737条判处的被害人额外费用而判处；

(2)在本法生效之日与《1995年加拿大制定法》第22章《修订〈刑事法典〉(量刑)和后继其他法律的法律》第7条第(2)款规定的《刑事法典》第785条"判决"定义中的(b)项生效之日两者之中的后者之日，第785条中(b)项由下列规定代替：

(b)根据第110条第(1)款、第259条第(1)款或者第(2)款、第261条、第730条第(1)款、第737条第(3)款或者第(5)款、第738条、第739条、第742.3条或者第747.1条第(1)款作出的裁定；

《2001年制定法》第26章第294条规定：

第294条 废止《刑事法典》第44条。

《2001年制定法》第32章第82条第(1)款和第(3)款规定：

第82条 (1)如果在第37届议会第一次会议上提出的、题为《2001年〈刑事法典〉修订法》的法案C-15获得御准，第(2)款至第(4)款所述的规定则予以修订。

……

(3) 在本法第 37 条第(1)款与另一法律第 32 条两者中生效在后的规定生效之日,《刑事法典》法语版本第 515 条第(4.1)款由下列规定代替:

(4.1) 在按照第(2)款作出命令时,如果被告人被指控的为使用伪造的文书罪、违反 264 条(刑事骚扰)、第 423.1 条(恐吓司法工作人员)的犯罪、违反《管制毒品和麻醉药品法》第 5 条第(1)款或者第(2)款、第 6 条第(1)款或者第(2)款或者第 7 条第(1)款的犯罪或者涉及火器、弩、禁用武器、管制武器、弹药、禁用弹药或者爆炸物的犯罪,法官认为为被告人、被害人或者其他人员的安全而有必要的,其应当在命令中增加条件,禁止被告人持有火器、弩、禁用武器、管制武器、禁用器械、弹药、禁用弹药,或者全部此类物品,直至被告人依法接受处理。

《2003 年制定法》第 8 章第 8 条规定:

第 8 条 本法第 515 条第(4.1)款(c)项由下列规定代替:

(c) 与违反《管制毒品和麻醉药品法》第 5 条第(1)款或者第(2)款、第 6 条第(1)款或者第(2)款或者第 7 条第(1)款相关的犯罪;

《2003 年制定法》第 22 章第 224 条(z.23)项规定:

第 224 条 在英语版本的下列规定中出现的"加拿大公共事务"由"联邦公共管理事务"代替:

……

(z.23)《刑事法典》第 117.07 条第(2)款(g)项;

……

《2004 年制定法》第 3 章第 1 条至第 8 条规定:

《2001 年制定法》第 41 章第 2 条第(1)款

第 1 条 (1)《刑事法典》第 2 条"总检察长"定义中的(a)项由下列规定代替:

(a) 除适用(c)项至(g)项的情形外,对于适用本法的

诉讼,指进行诉讼的省的总检察长或者副总检察长,包括其合法代理人;

(2)对《刑事法典》第2条"总检察长"的定义进行修改,即删除(e)项末尾的"和",在(f)项末尾增加"和",在(f)项之后增加下列规定:

(g)在与第380条、第382条、第382.1条和第400条规定的犯罪有关的诉讼中,指加拿大总检察长或者进行诉讼的省的总检察长或者副总检察长,包括其合法代理人;

《1994年制定法》第44章第25条第(1)款

第2条 (1)《刑事法典》第380条第(1)款(a)项由下列规定代替:

(a)犯罪对象是遗嘱文件或者其价值超过5000元的,构成可诉罪,处以不超过14年的监禁;

(2)《刑事法典》第380条第(2)款由下列规定代替:

影响公共市场

(2)意图欺诈而以欺诈、虚假或其他欺骗手段影响证券、股票、商品或者任何向公众出售的物品的市场价格的,无论其手段是否符合本法所规定的欺诈的定义,均构成可诉罪,处以不超过14年的监禁。

第3条 在《刑事法典》第380条后增加下列规定:

量刑—加重情节

第380.1条 (1)不限制第718.2条的适用范围,法庭对第380条、第382条、第382.1条和第400条规定的犯罪宣告判决时,应当将下列情节作为加重情节:

(a)欺诈价值超过1,000,000元;

(b)犯罪对加拿大经济、金融体系或者金融市场的稳定或者投资者对此金融市场的信心造成或者可能造成不利影响;

(c)被害人众多;

(d)实施犯罪时,犯罪人利用了其在社会中享有的威望。

非减轻情节

(2)如果犯罪人的就业状况、职业能力或者其在社会中的威望或者名誉与实施犯罪有关或者在实施犯罪时被利用,法庭不得将其作为减轻情节。

第4条 《刑事法典》第382条(c)项后的部分由下列

规定代替：

构成可诉罪，处以不超过10年的监禁。

第5条 《刑事法典》第382条后增加下列规定：

禁止内幕交易

第382.1条 （1）利用通过下列途径获得的内幕信息，直接或者间接地购买或者出售证券的，构成可诉罪，处以不超过10年的监禁：

（a）作为证券发行者的股东而获得信息；

（b）因其经营活动或者在经营过程中或者因与该发行者的职业关系而获得信息；

（c）因对该发行者的建议收购、重组或者与其进行的联合、吞并或者类似的商业联合或者在此过程中而获得信息；

（d）因其在该发行人处的就业、职务、职责或者与该发行人或者（a）项至（c）项所述人员的共同占有而获得信息；

（e）从以（a）项至（d）项所述方式占有或者获得信息的人员那里获得信息。

泄露内幕信息

（2）除在经营中有必要的情况之外，明知存在他人将利用内幕信息直接或者间接地购买或者出售与此信息相关的证券或者他人将此信息透露给可能购买或者出售该证券的人员的风险，而故意将通过第（1）款所述方式占有或者获得的内幕信息透露给他人的，分别构成：

（a）可诉罪，处以不超过5年的监禁；

（b）构成简易罪。

保留

（3）为更加明确，为任何联邦法律或者省法律或者可以适用的条例所许可、要求或者不加禁止的行为，不构成本条规定的犯罪。

"内部信息"的定义

（4）在本条中，"内幕信息"指与证券的发行人或者其已经或者将要发行的证券有关或者将对其发生影响的符合下列条件的信息：

（a）尚未公开；

（b）对该发行人的证券的市场价格或者价值可能发生重大影响。

第6条 《刑事法典》第425条后增加下列规定：

对雇员的威胁和报复

第425.1条 （1）雇主或者作为雇主代表或者得到雇主授权的人员不得出于下列任何意图而对雇员采取惩戒、降级、终止工作或者其他影响雇员工作的行为，或者威胁采取此类行为：

（a）迫使该雇员就其相信已经由雇主或者雇主的雇员，或者在雇主为公司的情况下由其一位或者数位董事，已经或者正在实施的违反本法、其他议会制定法或者省法律的犯罪，不向其职责包括执行联邦或者省的法律的人员提供资料；

（b）报复雇员，因为其已经向其职责包括执行联邦或者省的法律的人员提供（a）项所述资料。

处罚　　（2）违反第（1）款规定的，分别构成：

（a）可诉罪，处以不超过 5 年的监禁；

（b）构成简易罪。

第 7 条　《刑事法典》第 487.01 条后增加下列规定：

定义　　第 487.011 条　下列定义适用于第 487.012 条至 487.017 条：

"数据"　　"数据"，与第 342.1 条第（2）款规定含义相同。

"文件"　　"文件"，指记录或者标示可以由人、计算机系统或者其他装置阅读或者理解的任何事物的任何媒介。

出示命令　　第 487.012 条　（1）法官可以命令因第（3）款（a）项所述犯罪接受调查的人以外的人员实施下列行为之一：

（a）出示文件或者由宣誓保证为准确的文件副本，或者提供数据；

（b）根据已有的文件或者数据起草并出示文件。

向治安官出示　　（2）命令应当要求在规定的时间和地点并以规定的格式向下列人员之一出示文件或者数据：

（a）命令中列明的治安官；

（b）命令中列明的、已被任命或者指定执行或者实施联邦或者省法律、且其职责包括实施本法或者其他议会制定法的公职人员。

签发命令的条件　　（3）作出命令前，法官必须根据单方面提交的包含经宣誓提交的书面资料的申请确信，有正当理由相信符合下列条件：

（a）已经发生或者怀疑已经发生违反本法或者其他议会制定法的犯罪；

	（b）要求提供的文件或者数据将就犯罪的实施提供证据；
	（c）受命令约束的人持有或者掌握该文件或者数据。
限制性规定	（4）命令可以包括法官认为在具体情况下适当的限制性规定，包括保护律师与其当事人之间、在魁北克省的律师或者公证员与其当事人之间的特许通讯的限制性规定。
撤销、续延或者变更命令的权力	（5）作出命令的法官或者同一地区的法官可以根据命令中列明的治安官或者公职人员单方提出的申请撤销、续延或者变更命令。
申请	（6）第489.1条和第490条比照适用于根据本条规定出示的文件和数据。
副本的证明力	（7）根据本条规定出示的文件的副本，经宣誓证明其为准确副本的，在根据本法或者其他议会制定法进行的诉讼中可以采纳为证据，与以通常方式加以证实的文件的原件具有同等证明力。
归还副本	（8）根据本条出示的文件的副本不需归还。
出示命令——金融或者商业资料	**第487.013条** （1）《银行法》第2条所定义的金融机构、《犯罪收益（洗钱）和恐怖资金法》第5条所述的人员或者单位，除因第(4)款(a)项规定的犯罪正在接受调查的以外，法官可以命令其以书面形式提交命令中列明的人的账号或者命令中规定的账号的使用人的姓名、账户的情况和类型以及开户或者销户日期。
识别命令中列明的人员	（2）为确认命令中列明的人或者规定的账号的使用人的身份，命令可以要求金融机构、人员或者单位提供此人的出生日期、当前住址和以前的任何住址。
向治安官出示	（3）命令应当要求在规定的时间和地点并以规定的格式向下列人员之一出示资料：
	（a）命令中列明的治安官；
	（b）命令中列明的、已被任命或者指定执行或者实施联邦或者省法律、且其职责包括实施本法或者其他议会制定法的公职人员。
签发命令的条件	（4）作出命令前，法官必须根据单方面提交的包含经宣誓提交的书面资料的申请确信，有正当理由怀疑符合下列条件：

(a) 已经发生或者将要发生违反本法或者其他议会制定法的犯罪；

(b) 要求提供的资料有助于对犯罪的调查；

(c) 受命令约束的机构、人员或者单位占有或者掌握该资料。

限制性规定　　(5) 命令可以包括法官认为在具体情况下适当的限制性规定，包括保护律师与其当事人之间、在魁北克省的律师或者公证员与其当事人之间的特许通讯的限制性规定。

撤销、续延或者变更命令的权力　　(6) 作出命令的法官或者同一地区的法官可以根据命令中列明的治安官或者公职人员单方提出的申请撤销、续延或者变更命令。

治安官的权力　　第 487.014 条　(1) 为更加明确，执行或者实施本法或者其他议会制定法的治安官或者公职人员要求他人自愿向其提供此人不被法律禁止提供的文件、数据或者资料的，没有必要签发出示命令。

适用第 25 条　　(2) 在第(1)款规定的情况下提供文件、数据或者资料的人员，被视为为第 25 条之目的得到实施此类行为的授权。

申请免除义务　　第 487.015 条　(1) 根据第 487.012 条规定作出的命令中列名的人和根据第 487.013 条规定作出的命令中列名的金融机构、人员或者单位，可以在命令终止前向签发命令的法官或者同一地区的其他法官提出书面申请，要求免于出示命令中所述的文件、数据或者资料的义务。

通知　　(2) 只有在作出命令后 30 日内将其意图通知命令中列名的治安官或者公职人员，才可以根据第(1)款提出申请。

中止命令　　(3) 在就免除义务的申请作出最后决定前，对于申请书所述的文件、数据或者资料的出示命令中止执行。

免除义务　　(4) 如果确信有下列情形之一，法官可以准予免除义务：

(a) 该文件、数据或者资料将会披露法律就其特别授权或者以其他方式保护不予披露的信息；

(b) 要求申请人出示该文件、数据或者资料不合理；

(c) 申请人未占有或者掌握该文件、数据或者资料。

自证其罪　　第 487.016 条　任何人不得因命令中所述的文件、数据或者资料趋于使其负罪或者使其陷于诉讼或者处罚而免于遵守根据第487.012条或者487.013条作出的命令,但个人根据第487.012条第(1)款(b)项起草的文件在以后针对他们提起的刑事诉讼中不得使用或者作为对此个人不利的证据,但根据第132条、第136条或者第137条提起的控告除外。

犯罪　　　　第487.017条　金融机构、人员或者单位,不遵守根据第487.012条或者487.013条作出的命令的,构成犯罪,根据简易罪程序处理,应处以不超过250,000元的罚金或者不超过6个月的监禁,或者两者并罚。

第8条　(1)《刑事法典》第487.3条第(1)款中(a)项之前的部分由下列规定代替:

命令禁止接触用以　　第487.3条　(1)根据在依照本法或者其他议会制定
获取令状或者出示　法签发令状时、依照第487.012条或者第487.013条签发命
命令的资料　　　　令时、依照第529条授权进入住宅时、依照第529.4条进行授权时或者在此后任何时间提出的申请,法官可以作出命令,以下列理由禁止接触或者披露与令状、出示命令或者授权相关的资料。

(2)第487.3条第(4)款由下列规定代替:

申请变更命令

(4)终止命令或者修改其限制性规定的申请,可以向作出命令的法官或者因与获取令状或者出示命令相关的调查可能进行诉讼的法院的法官提出。

《2004年制定法》第10章第20条和第21条规定:

第20条　在《刑事法典》第490.01条之后增加下列规定:

性犯罪者资料

解　　释

定义　　　　第490.011条　(1)下列定义适用于本条和第490.012条至第490.032条。

"性本质的犯罪"　　"性本质的犯罪",指《性犯罪者资料登记法》第3条第(2)款所述的犯罪。

"数据库"　　　　"数据库",与《性犯罪者资料登记法》第3条第(1)款含

义相同。

"指定的犯罪"　　"指定的犯罪",指:

(a) 下列规定中的犯罪:

(i) 第7条第(4.1)款(针对儿童实施的与性犯罪相关的犯罪);

(ii) 第151条(性猥亵);

(iii) 第152条(引诱进行性猥亵);

(iv) 第153条(性剥削);

(v) 第153.1条(对残疾人的性剥削);

(vi) 第155条(乱伦);

(vii) 第160条第(3)款(于儿童在场时实施兽奸);

(viii) 第163.1条(儿童色情物);

(ix) 第170条(父母或者监护人引诱奸淫);

(x) 第172.1条(用计算机引诱儿童);

(xi) 第173条第2款(性暴露);

(xii) 第212条第(1)款(i)项(为性交目的实施迷幻行为);

(xiii) 第212条第(2)款(以不满十八岁的人卖淫收入为生活来源);

(xiv) 第212条第(2.1)款(严重罪—以不满十八岁的人卖淫收入为生活来源);

(xv) 第212条第(4)款(获取不满十八岁的人的性服务);

(xvi) 第271条(性侵害);

(xvii) 第272条(使用武器、恐吓第三方或者致伤的性侵害);

(xviii) 第273条第(2)款(a)项(严重性侵害罪—使用火器);

(xix) 第273条第(2)款(b)项(严重性侵害);

(xx) 第273.3条第(2)款(向加拿大境外移送儿童);

(b) 下列规定中的犯罪:

(i) 第173条第(1)款(猥亵行为);

(ii) 第177条(夜间非法侵入);

(iii) 第230条(在犯罪中杀人);

（iv）第 234 条（非预谋杀人）；

（v）第 246 条（b）项（克制对犯罪的反抗）；

（vi）第 264 条（刑事骚扰）；

（vii）第 279 条（绑架）；

（viii）第 280 条（诱拐不满十六岁的人）；

（ix）第 281 条（诱拐不满十四岁的人）；

（x）第 348 条第（1）款（d）项（为实施可诉罪而闯入住宅）；

（xi）第 348 条第（1）款（d）项（闯入住宅实施可诉罪）；

（xii）第 348 条第（1）款（e）项（为实施可诉罪而闯入住宅以外的场所）；

（xiii）第 348 条第（1）款（e）项（闯入住宅以外的场所实施可诉罪）；

（c）《1970 年修订法》第 C-34 章《刑事法典》下列规定在 1983 年 1 月 4 日前规定的犯罪：

（i）第 144 条（强奸）；

（ii）第 145 条（强奸未遂）；

（iii）第 149 条（猥亵妇女）；

（iv）第 156 条（猥亵男性）；

（v）第 246 条第（1）款（故意猥亵）；

（d）《1970 年修订法》第 C-34 章《刑事法典》下列规定在 1988 年 1 月 1 日前规定的犯罪：

（i）第 146 条第（1）款（与不满十四岁的女性性交）；

（ii）第 146 条第（2）款（与已满十四岁不满十六岁的女性性交）；

（iii）第 153 条（与继女性交）；

（iv）第 157 条（严重猥亵）；

（v）第 166 条（父母或者监护人诱使侮辱）；

（vi））第 167 条（房主容许侮辱）；

（e）（a）项、（c）项或者（d）项规定犯罪的未遂或者共谋；

（f）（b）项规定犯罪的未遂或者共谋。

"安大略法"　　　"安大略法"，指《2000 年制定法》第 1 章《2000 年科里斯托佛法（性犯罪者登记法）》。

"赦免"	"赦免",指依照法律授权进行的、尚未停止其效力或者被撤销的赦免,但不包括女王宽宥或者根据第 748 条进行的赦免。
"登记中心"	"登记中心",与《性犯罪者资料登记法》第 3 条第(1)款规定含义相同。
"审查委员会"	"审查委员会",指根据第 672.38 条第(1)款制定或者建立的省级审查委员会。
"因精神失常而不负刑事责任的裁决"	"因精神失常而不负刑事责任的裁决",与第 672.1 条规定含义相同。
解释	(2) 对于本条和第 490.012 条至 490.032 条,被以指定犯罪定罪或者被裁决因精神失常而不对指定犯罪负刑事责任的人,不包括有下列情形之一的青少年:

(a)《青少年刑事审判法》第 2 条第(1)款所规定的情形,除非其因犯罪被判处该款规定的成年人刑罚;

(b)《1985 年修订法》第 Y-1 章之《青少年犯罪法》第 2 条第(1)款规定的情形,除非其被该款规定的普通法庭定罪。

命令遵守登记要求

命令	**第 490.012 条** (1) 根据检察官的申请,法庭在因第 490.011 条第(1)款规定的"指定犯罪"的定义中(a)项、(c)项、(d)项或者(e)项所述的犯罪对一个人判处刑罚之后或者作出因精神失常而对此犯罪不负刑事责任的裁决之后,应当尽快发出格式 52 的命令,要求一个人在第 490.013 条第(2)款、第(3)款或者第(4)款规定的适当的期间内遵守《性犯罪者资料登记法》的规定。
命令	(2) 如果检察官超过合理怀疑证实一个人为实施第 490.011 条第(1)款规定的"指定犯罪"的定义中(a)项、(c)项、(d)项或者(e)项所述的犯罪而实施了犯罪,根据检察官的申请,法庭在因第 490.011 条第(1)款规定的"指定犯罪"的定义中(b)项或者(f)项所述的犯罪对此人判处刑罚之后,应当尽快发出格式 52 的命令,要求一个人在第 490.013 条第(2)款、(3)款或者(4)款规定的适当的期间内遵守《性犯罪者资料登记法》的规定。

命令	（3）如果检察官证实符合下列条件，根据检察官的申请，法庭在因指定犯罪对一个人判处刑罚或者作出因精神失常而对此犯罪不负刑事责任的裁决之后，应当尽快发出格式52的命令，要求可以按照第（1）款或者第（2）款对其作出命令的人在第490.013条第（5）款规定的适当的期间内遵守《性犯罪者资料登记法》的规定：
	（a）此人在该法生效前后曾被以第490.011条第（1）款"指定犯罪"定义中（a）项、（c）项、（d）项或者（e）项所述的犯罪定罪，或者被裁决因精神失常而对其不负刑事责任；
	（b）此人不受或者从未受过第490.019条规定的义务的约束；
	（c）未因以前的犯罪根据第（1）款对其作出命令。
例外	（4）如果法庭确信，此人已经证明，如果对其作出命令，根据《性犯罪者资料登记法》进行的性犯罪者相关资料的登记对其，包括对其隐私和自由，所造成的影响，与通过对性本质犯罪的调查以保护公共利益相比，将严重失衡，法庭则不必根据本条规定作出命令。
判决理由	（5）法庭应当说明判决理由。
命令开始日	第490.013条　（1）根据第490.012条作出的命令于发出日开始。
命令有效期	（2）根据第490.012条第（1）款或者第（2）款作出的命令：
	（a）在发出后10年终止，如果与其相关的犯罪被以简易程序起诉或者其最高刑为两年或者5年监禁；
	（b）在发出后10年终止，如果与其相关的犯罪的最高刑为10年或者14年监禁；
	（c）适用于行为人终身，如果与其相关的犯罪的最高刑为终身监禁。
命令有效期	（3）如果一个人受或者曾经受第490.019条规定的义务的约束，根据第490.012条第（1）款或者第（2）款作出的命令适用于此人终身。
命令有效期	（4）如果一个人受或者曾经受第490.012条第（1）款或者第（2）款规定的命令的约束，根据其中任何一款规定作出的命令适用于此人终身。

命令有效期	（5）根据第490.012条第（3）款作出的命令适用于一个人终身。
上诉	第490.014条　检察官或者受第490.012条规定的命令约束的人，可以以法律问题或者法律与事实混合的问题为理由，对法庭根据该条作出的判决提出上诉。上诉法院可以驳回上诉、支持上诉并命令重新进行听审、撤销该命令或者作出根据该条规定可以作出的命令。
申请终止命令	第490.015条　（1）受到命令约束的人，可以于下列规定之一的时间申请终止命令： （a）如果是根据第490.013条第（2）款（a）项作出的、有效期为10年的命令，作出命令5年之后； （b）如果是根据第490.013条第（2）款（b）项作出的、有效期为20年的命令，作出命令10年之后； （c）如果是根据第490.013条第（2）款（c）项或者第490.013条第（3）款或者第（5）款发出的、适用终身的命令，作出命令20年之后； （d）其被赦免之日或者之后。
申请终止多项命令	（2）如果对一个人发出一项以上命令，其可以在根据第490.012条发出最近的命令20年之后或者在被赦免日或者之后申请终止命令。申请必须与有效的每个命令相关。
受义务约束的人	（3）如果申请人同时受第490.019条规定的义务的约束，申请必须与有效的每项命令有关和该义务都有关系。
重新申请	（4）申请被驳回的，申请人可以在提出前次申请5年之后重新提出申请。但是，在前次申请后根据第490.012条对其作出命令的，其不得根据本条重新提出申请。
向哪个法院提出申请	（5）如果有管辖权的高等法院发出与申请人相关的命令，根据本条必须向该高等法院提出申请。在其他情况下，必须向有管辖权的法院提出。
终止命令	第490.016条　（1）如果法庭确信，此人已经证明，如果继续执行与申请相关的命令和履行与申请相关的义务，根据《性犯罪者资料登记法》进行的性犯罪者相关资料的登记对其，包括对其隐私和自由，所造成的影响，与通过对性本质犯罪的调查以保护的公共利益相比，将严重失衡，法庭应当作出终止命令。

判决理由	（2）法庭应当说明判决理由。
上诉	**第490.017条** 检察官或者申请终止命令的人，可以以法律问题或者法律与事实混合的问题为理由，对法庭根据第490.016条第(1)款作出的判决提出上诉。上诉法院可以驳回上诉、支持上诉并命令重新进行听审、撤销该命令或者作出根据该条规定可以作出的命令。
与通知相关的要求	**第490.018条** （1）法院或者上诉法院根据第490.012条作出命令时，应当：
	（a）向受命令约束的人宣读命令或者由其阅读命令；
	（b）将命令的副本交给此人；
	（c）告知此人《性犯罪者资料登记法》第4条至第7条、第17条第(1)款和本法第490.031条的规定；
	（d）将命令的副本送至：
	（i）负责对此人作出处置的审查委员会，如果合适的话；
	（ii）将要关押此人以执行刑罚的场所或者根据第二十之一章作出的处置将要羁押此人的场所的负责人，如果合适的话；
	（iii）其成员以与命令相关的犯罪控告此人的警务机构。
签注	（2）在第(1)款(a)项至(c)项的规定得到遵守后，受命令约束的人应当在命令上签注。
关于审查委员会处置的通知	（3）作出下列之一的指示时，审查委员会应当将命令的副本交给受命令约束的人：
	（a）根据第672.54条(a)项规定，将此人无条件释放；
	（b）根据第672.54条(b)项规定，将此人有条件释放，但条件限制此人自由的方式和程度使其不能遵守《性犯罪者资料登记法》第4条、第4.1条、第4.3条或者第6条规定的除外。
释放前的通知	（4）关押或者羁押场所的负责人应当在释放前5日之内将命令副本交给此人。

遵守登记要求的义务

遵守义务	**第490.019条** 受格式53的通知送达的人，应当在第

490.022条规定的合适期间内遵守《性犯罪者资料登记法》的规定,但法庭根据第490.023条第(2)款作出免除令的除外。

可以向谁送达　　**第490.02条**　(1)只有在一个人因第490.011条第(1)款规定的"指定犯罪"的定义中(a)项、(c)项、(d)项或者(e)项所述的犯罪被定罪或者被裁决因精神失常而对其不负刑事责任,并且具有下列情形之一,省的总检察长或者地区的司法部长才可以向其送达通知:

(a)在《性犯罪者资料登记法》生效之日,其受该犯罪判决约束或者因该犯罪还未根据第二十之一章获得无条件释放;

(b)在其他情况下,符合下列条件:

(i)在《性犯罪者资料登记法》生效前夕,其姓名与此犯罪相联系而出现在根据《安大略法》建立的性犯罪者登记簿上;

(ii)其在2001年4月23日至《性犯罪者资料登记法》生效之日期间曾经为安大略居民,或者系在安大略实施该犯罪。

例外　　(2)对有下列情形之一的人员,不得送达通知:

(a)第(1)款(a)项或者(b)项所述人员,如果其已被宣告不构成与根据此项规定与送达通知相关的犯罪,或者因此罪已经得到女王的或者第748条规定的赦免;

(b)第(1)款(a)项或者(b)项所述人员,如果已经就与根据此项规定送达通知相关的犯罪申请第490.012条第(3)款规定的命令;

(c)第(1)款(b)项所述人员,如果其已经按照《安大略法》第9条第(1)款规定提供赦免的证明。

送达期限和方式　　**第490.021条**　(1)应当在《性犯罪者资料登记法》生效之日后1年之内直接送达通知。

例外　　(2)如果第490.02条第(1)款(b)项所述人员非法地未被羁押,或者违反判决或者据以释放的条件或者本法规定的与居住有关的条件,可以将通知以挂号邮件寄往已知的其最后地址。

例外　　(3)如果第490.02条第(1)款(b)项所述人员在《性犯

罪者资料登记法》生效之日不遵守《安大略法》第 3 条的规定,可以将通知以挂号邮件寄往已知的其最后地址。

例外　　　　　(4) 如果第 490.02 条第(1)款(b)项所述人员在《性犯罪者资料登记法》生效之日遵守《安大略法》第 3 条和第 7 条第(2)款的规定,但在此后 1 年之内违反《安大略法》第 3 条第(1)款或者第 7 条第(2)款的规定,应当在其违反规定之后 1 年之内将通知送达,可以将通知以挂号邮件寄往已知的其最后地址。

送达证明　　　(5) 送达通知的人员在专员或者经授权记取宣誓书的人员面前所作的宣誓书,如果说明下列事项,为送达和通知的证明:

(a) 送达通知的人员掌握有适当记录并且知悉特定案件中的事实;

(b) 将通知在指定的日期直接送达或者邮寄给了指明的人;

(c) 送达通知的人将通知的准确副本附于宣誓书上作为证据。

与通知相关的要求　(6) 送达通知的人应当毫不延误地将宣誓书副本和通知送交执行送达的省的总检察长或者执行送达的地区的司法部长。

义务开始日　　第 490.022 条　(1) 第 490.019 条规定的义务于下列规定之一的时间开始:

(a) 根据第 490.021 条规定送达通知之日后 1 年与法庭判决不根据第 490.023 条第(2)项规定作出免除命令之日中的后者;

(b) 根据本法作出的免除命令被撤销时。

义务结束日　　(2) 义务于下列规定中的最早时间结束:

(a) 在对根据第 490.023 条第(3)款作出的判决进行的上诉中作出免除命令之日;

(b) 第 490.02 条第(1)款(b)项所述之人遵守《安大略法》第 3 条的义务根据该法第 7 条第(1)款(a)项结束之日;

(c) 第 490.02 条第(1)款(b)项所述之人就其赦免在登记中心向《性犯罪者资料登记法》第 3 条第(1)款所定义的搜集资料的人员提供充分证据之日。

义务持续期	（3）如果没有适用第（2）款（a）项至（c）项的任何规定，该义务：
	（a）在此人被以与义务相关的、以简易程序起诉或者最高刑为两年或者5年的犯罪定罪或者被裁决因精神失常而对其不负刑事责任之日10年以后结束；
	（b）在此人被以与义务相关的、以简易程序起诉或者最高刑为10年或者14年的犯罪定罪或者被裁决因精神失常而对其不负刑事责任之日20年以后结束；
	（c）适用于行为人终身，如果与义务相关的犯罪的最高刑为终身监禁；
	（d）适用于行为人终身，如果此人被以第490.011条第（1）款规定的"指定犯罪"定义中（a）项、（c）项、（d）项或者（e）项规定的一种以上犯罪定罪或者被裁决因精神失常而对其中一种以上犯罪不负刑事责任。
申请免除命令	第490.023条　（1）不受第490.012条规定的命令约束的人，在根据第490.021条规定受通知送达之日后1年之内，可以向有刑事管辖权的任何法院申请命令免除其承担的第490.019条规定的义务。
免除命令	（2）如果法庭确信，此人已经证明，如果对其作出命令，根据《性犯罪者资料登记法》进行的性犯罪者相关资料的登记对其，包括对其隐私和自由，所造成的影响，与通过对性本质犯罪的调查以保护的公共利益相比，将严重失衡，法庭应当作出免除命令。
判决理由	（3）法庭应当说明判决理由。
免除命令的效力	（4）如果法庭作出免除命令，其应当同时命令将与此人相关的全部资料从数据库中永久删除。
上诉	第490.024条　（1）总检察长或者申请免除命令的人，可以以法律问题或者法律与事实混合的问题为理由，对法庭根据第490.023条第（2）款作出的判决提出上诉。上诉法院可以驳回上诉、支持上诉并命令重新进行听审、撤销免除命令或者作出根据该条规定可以作出的命令。
免除命令的效力	（2）如果上诉法院作出免除命令，其应当同时命令将与此人相关的全部资料从数据库中永久删除。
与通知相关的要求	第490.025条　法庭判决不根据第490.023条第（2）款

作出免除命令或者上诉法院闭会对判决的上诉或者撤销根据该款作出的免除命令的,应当将判决通知总检察长,并将《性犯罪者资料登记法》第 4 条至第 7 条、第 17 条第(1)款和本法第 490.031 条的规定告知申请免除命令的人。

申请免除命令　　**第 490.026 条**　(1) 受到第 490.019 条规定的义务约束但不受第 490.012 条规定的命令约束的人,可以向有刑事管辖权的法院申请免除命令。

申请时间　　(2) 在一个人被以第 490.011 条第(1)款规定的"指定犯罪"的定义中(a)项、(c)项、(d)项或者(e)项所述犯罪定罪或者被裁决因精神失常而对其不负刑事责任之后经过下列规定的时间,其可以根据第(1)款规定申请免除命令:

(a) 5 年,如果犯罪系以简易程序起诉或者其最高刑为两年或者 5 年监禁;

(b) 10 年,如果犯罪的最高刑为 10 年或者 14 年监禁;

(c) 20 年,如果犯罪的最高刑为终身监禁。

一种以上犯罪　　(3) 实施第 490.011 条第(1)款规定的"指定犯罪"的定义中(a)项、(c)项、(d)项或者(e)项所述一种以上犯罪的人,在其被以最后实施的罪行判决或者被裁决因精神失常而对其不负刑事责任 20 年之后,可以根据第(1)款规定申请免除命令。

重新申请　　(4) 申请被驳回的,申请人可以在提出前次申请 5 年之后重新提出申请。但是,在前次申请后根据第 490.012 条对其作出命令的,其不得根据本条重新提出申请。

终止命令　　**第 490.027 条**　(1) 如果法庭确信,此人已经证明,如果继续履行与申请相关的义务,根据《性犯罪者资料登记法》进行的性犯罪者相关资料的登记对其,包括对其隐私和自由,所造成的影响,与通过对性本质犯罪的调查以保护的公共利益相比,将严重失衡,法庭应当作出终止命令。

判决理由　　(2) 法庭应当说明判决理由。

拟制申请　　**第 490.028 条**　如果一个人在受到第 490.021 条规定的通知送达后一年之内既有资格根据第 490.023 条规定申请免除命令,也有资格根据第 490.026 条规定申请终止命令,在此期间内提出的申请视为对两种命令的申请。

上诉　　**第 490.029 条**　总检察长或者申请免除命令的人,可以以法律问题或者法律与事实混合的问题为理由,对法庭根据490.027条作出的判决提出上诉。上诉法院可以驳回上诉、支持上诉并命令重新进行听审、撤销免除命令或者作出根据该条规定可以作出的命令。

资料的披露

总警监披露   **第490.03条** （1）根据检察官或者总检察长的要求,加拿大皇家骑警总监应当将数据库中登记的资料或者该资料记录于数据库中的事实向下列人员之一披露:

（a）检察官,如果总监确信为第490.012条规定的命令的程序之目的有必要披露;

（b）总检察长,如果总监确信为第490.015条、第490.023条或者第490.026条规定的程序、对在根据这些规定进行的诉讼中作出的判决提出的上诉或者第490.012条规定的命令的程序之目的有必要披露。

总警监披露   （2）根据总检察长的要求,如果一个人披露与诉讼相关的资料或者披露这些资料登记于数据库的事实,骑警总监应当向总检察长披露登记于数据库中的与此人相关的全部资料。

在诉讼中披露   （3）如果资料与第(1)款或者第(2)款所述诉讼或者上诉相关,检察官或者总检察长可以向诉讼相关法院披露资料。

在诉讼中披露   （4）在申请与对有正当理由怀疑为性犯罪的犯罪进行的调查相关的搜查令的诉讼中,可以向法官披露根据《性犯罪者资料登记法》收集的或者在数据库中登记的、与诉讼相关的资料。

犯 罪

犯罪   **第490.031条** 没有合理辩解,不遵守根据第490.012条作出的命令或者不履行第490.019条规定的义务的,构成犯罪,应处以:

（a）初犯且以简易程序定罪的,不超过10,000元的罚金或者不超过6个月的监禁,或者两者并罚;

（b）对于重犯或者再犯:

（i）以公诉程序定罪的，不超过10,000元的罚金或者不超过两年的监禁，或者两者并罚；

（ii）以简易程序定罪的，不超过10,000元的罚金或者不超过6个月的监禁，或者两者并罚。

条　例

条例　　第490.032条　总督可以制定条例：

（a）要求格式53的通知中包括另外的资料；

（b）为一个或者多个省份规定资料的格式和内容。

第21条　在《刑事法典》第二十八章末增加下列规定：

格式52

（第490.012条）

遵守《性犯罪者资料登记法》的命令

加拿大_____省

致职业为_____的_____：

你已经被根据_____（《刑事法典》关于指定犯罪的规定）以《刑事法典》第490.011条第（1）款所定义的指定犯罪即_____（说明罪名）定罪，或者裁决因精神失常而对其不负刑事责任。

1. 无论何时根据《性犯罪者资料登记法》第4条第（2）款对你提出要求，你第一次必须亲自向你的主要居所所在地的登记中心报告。

2. 此后，在本命令作出之后为期_____年的时间内（如果根据《刑事法典》第490.013条第（2）款（c）项或者第490.013条第（3）款至第（5）款中的任何规定，则为终身），无论何时根据《性犯罪者资料登记法》第4.1条或者第4.3条对你提出要求，你必须向你的主要居所所在地的登记中心报告。

3. 在登记中心负责收集资料的人员将根据《性犯罪者资料登记法》第5条或者第6条的规定收集你的相关资料。

4. 你的相关资料将登记在一个数据库中，可能在《性犯罪者资料登记法》规定的情况下供以查询、披露或者使用。

典》第490.022条第(3)款(c)项,则为终身)或者《刑事法典》第490.022条第(2)款规定的较短时间内,无论何时根据《性犯罪者资料登记法》第4.1条或者4.3条对你提出要求,你向你的主要居所所在地的登记中心报告。

3. 在登记中心负责收集资料的人员将根据《性犯罪者资料登记法》第5条或者6条的规定收集你的相关资料。

4. 你的相关资料将登记在一个数据库中,可能在《性犯罪者资料登记法》规定的情况下供以查询、披露或者使用。

5. 如果你认为数据库中登记的资料存在差错或者遗漏,你可以要求你的主要居所所在地的登记中心负责收集资料的人员进行更正。

6. 你有权向法院申请免除你遵守《性犯罪者资料登记法》的义务,有权对法院的判决提出上诉。

7. 你有权向法院申请终止本命令,有权对法院的判决提出上诉。

8. 如果被发现违背义务,你可能被处以罚金或者监禁,或者两者并罚。

9. 如果被发现提供虚假的或者误导的资料,你可能被处以罚金或者监禁,或者两者并罚。

公元_____年_____月_____日,_____

第17条 《刑事法典》第二十八章中的格式56由下列规定代替:

格式 46

(第732.1条)

缓刑命令

加拿大_____省

鉴于_____,以下称被告人,于公元_____年_____月_____日在_____就_____(说明被告人做有罪答辩或者被判决或者裁决构成的罪行)的控告_____(做有罪答辩或者按照《刑事法典》第十九章、二十章或者二十七章接受了审理),并被_____(判决或者裁决有罪);

鉴于法院于_____年_____月_____日裁决：*

*适用下列适当形式的处置

（a）根据规定的下列条件将被告人释放：

（b）延缓对被告人宣告判决，根据规定的下列条件将上述被告人释放：

（c）被告人依法缴纳_____元，若不立即（或者在规定的期限内）缴纳上述数额，则在位于_____的监狱内服监禁刑，刑期为_____，但上述数额以及拘押和转送被告人至上述监狱的费用和支出得到即时偿付的除外；此外，上述被告人应当遵守规定的下列条件：

（d）被告人在位于_____的监狱内服监禁刑，刑期为_____；此外，上述被告人应当遵守下列条件：

（e）在与此罪或者另一犯罪相关的附条件监禁刑命令期满之后，上述犯罪人遵守下列条件：

（f）与另一犯罪相关的监禁刑期满之后，上述犯罪人遵守下列条件：

（g）裁决犯罪人间歇地服监禁刑的，上述犯罪人在未被羁押时遵守下列条件：

所以，在开始于本命令日期（或者，在适用（d）项、（e）项或者（f）项的情况下，监禁刑期满或者附条件监禁刑命令期满时）的为期_____的时间内，上述被告人应当遵守下列条件，即，上述被告人维持治安，品行良好，按照法庭要求出庭，并且将更改姓名或者变换住址的事项提前通知法庭或者缓刑官，将就业状况或者职业的变化立即通知法庭或者缓刑官；此外，

（加入按照《刑事法典》第732.1条第（3）款规定的附加条件）

公元_____年_____月_____日，_____

法院书记官、法官或者省法院法官

《2004年制定法》第15章第32条：

第32条 在《刑事法典》第83.23条之后增加下列规定：

关于恐怖活动的欺骗行为

欺骗—恐怖活动　　第83.231条　（1）没有合法辩解,意图造成他人对于死亡、人身伤害、重大财产损失或者干扰合法使用或者经营财产的恐惧,实施下列行为之一的,构成犯罪：

（a）传播或者教唆传播其相信不是真实的信息而可能导致他人认为正在或者将要发生恐怖活动而产生合理恐惧；

（b）相信某种活动没有或者不会发生而实施某种行为可能导致他人认为正在或者将要发生恐怖活动而产生合理恐惧。

处罚　　（2）实施第（1）款规定的犯罪,分别构成：

（a）可诉罪,处以不超过5年的监禁；

（b）构成简易罪。

致人伤害　　（3）实施第（1）款规定的犯罪而导致他人人身伤害的,分别构成：

（a）可诉罪,处以不超过10年的监禁；

（b）构成简易罪,处以不超过18个月的监禁。

致人死亡　　（4）实施第（1）款规定的犯罪而导致他人死亡的,构成可诉罪,处以终身监禁。

《2004年制定法》第15章第108条：

第108条　《刑事法典》第183条规定的"犯罪"的定义由下列规定代替：

犯罪　　"犯罪",指违反下列任何规定的犯罪、其共谋、未遂、事后共犯或者教唆,并包括有正当理由相信为犯罪组织的犯罪或者有正当理由怀疑为第2条规定的"恐怖主义犯罪"的定义中（b）项或者（c）项所规定的犯罪：

（a）本法下列任何规定,即：

（i）第47条（严重叛国罪）；

（ii）第51条（恐吓议会或立法机构）；

（iii）第52条（破坏活动）；

（iv）第57条（伪造）；

（v）第61条（煽动）；

（vi）第76条（劫持）；

(vii)第77条(危及航空器或者机场安全);
(viii)第78条(在航空器上携带进攻性武器,等);
(ix)第78.1条(针对海上航行或者固定平台实施的犯罪);
(x)第80条(失职);
(xi)第81条(使用爆炸物);
(xii)第82条(持有爆炸物);
(xii.1)第83.02条(为某些活动提供或者收集财产);
(xii.2)第83.03条(为恐怖活动目的提供财产或者服务);
(xii.3)第83.04条(为恐怖活动目的使用或者持有财产);
(xii.4)第83.18条(参加恐怖组织的活动);
(xii.5)第83.19条(促进恐怖活动罪);
(xii.6)第83.2条(为恐怖组织实施犯罪);
(xii.7)第83.21条(指示为恐怖组织而行动);
(xii.8)第83.22条(指示实施恐怖活动);
(xii.9)第83.23条(窝藏或者包庇);
(xii.91)第83.231条(欺骗—恐怖活动);
(xiii)第96条(持有通过犯罪获取的武器);
(xiv)第99条(贩卖武器);
(xv)第100条(为贩卖而持有武器);
(xvi)第102条(制造自动火器);
(xvii)第103条(明知未经许可而进口或者出口);
(xviii)第104条(擅自进口或者出口);
(xix)第119条(贿赂,等);
(xx)第120条(贿赂,等);
(xxi)第121条(欺骗政府);
(xxii)第122条(背信);
(xxiii)第123条(市政官员的腐败);
(xxiv)第132条(伪证);
(xxv)第139条(妨碍司法);
(xxvi)第144条(越狱);
(xxvii)第145条第(1)款(脱逃);

(xxviii)第163条第(1)款(a)项(淫秽物品);

(xxix)第163.1条(儿童色情物);

(xxx)第184条(非法窃听);

(xxxi)第191条(持有窃听设备);

(xxxii)第201条第(1)款(经营游戏场或者赌博场);

(xxxiii)第202条第(1)款(e)项(出卖赌注);

(xxxiv)第210条第(1)款(经营妓院);

(xxxv)第212条第(1)款(诱奸);

(xxxvi)第212条第(2)款(诱奸);

(xxxvii)第212条第(2.1)款(严重罪——以不满十八岁的人卖淫收入为生活来源);

(xxxviii)第212条第(4)款(获取不满十八岁的人的性服务);

(xxxix)第235条(谋杀);

(xl)第264.1条(恐吓);

(xli)第267条(使用武器伤害或者伤害致伤);

(xlii)第268条(严重伤害);

(xliii)第269条(非法致伤);

(xliv)第271条(性侵害);

(xlv)第272条(使用武器、恐吓第三方或者致伤的性侵害);

(xlvi)第273条(严重性侵害);

(xlvii)第279条(绑架);

(xlviii)第279.1条(扣留人质);

(xlix)第280条(诱拐不满十六岁的人);

(l)第281条(诱拐不满十四岁的人);

(li)第282条(违反监护令的诱拐);

(lii)第283条(诱拐);

(liii)第318条(宣传灭绝种族);

(liv)第327条(持有获取电讯设施或服务的设备);

(lv)第334条(盗窃);

(lvi)第342条(盗窃、伪造信用卡);

(lvii)第342.1条(未经许可使用计算机);

(lviii)第342.2条(持有获取计算机服务的设备);

(lix) 第 344 条(强盗);

(lx) 第 346 条(敲诈勒索);

(lxi) 第 347 条(犯罪利率);

(lxii) 第 348 条(破门进入);

(lxiii) 第 354 条(持有通过犯罪而获得的财产);

(lxiv) 第 356 条(盗窃邮件);

(lxv) 第 367 条(伪造);

(lxvi) 第 368 条(使用伪造的文件);

(lxvii) 第 372 条(虚假信息);

(lxviii) 第 380 条(欺诈);

(lxix) 第 381 条(利用邮件欺诈);

(lxx) 第 382 条(欺诈性地操纵证券交易);

(lxxi) 第 423.1 条(恐吓司法工作人员);

(lxxii) 第 424 条(威胁对受国际受保护的人员实施犯罪);

(lxxii.1) 第 424.1 条(威胁联合国工作人员或者有关人员);

(lxxiii) 第 426 条(秘密回扣);

(lxxiv) 第 430 条(毁坏财产);

(lxxv) 第 431 条(袭击受国际社会保护的人的房屋、住宅或者交通工具);

(lxxv.1) 第 431.1 条(袭击联合国工作人员或者有关人员的房屋、住宅或者交通工具);

(lxxv.2) 第 431.2 条第(2)款(爆炸性或者其他致命装置);

(lxxvi) 第 433 条(放火);

(lxxvii) 第 434 条(放火);

(lxxviii) 第 434.1 条(放火);

(lxxix) 第 435 条(基于欺诈目的而放火);

(lxxx) 第 449 条(伪造货币);

(lxxxi) 第 450 条(持有假币);

(lxxxii) 第 452 条(使用假币);

(lxxxiii) 第 462.31 条(洗钱);

(lxxxiv) 第 462.33 条第(11)款(违反禁止令);

(lxxxv)第467.11条(参加犯罪组织);

(lxxxvi)第467.12条(为犯罪组织实施犯罪);

(lxxxvii)第467.13条(指示为犯罪组织实施犯罪);

(b)《破产法》第198条(欺诈性破产);

(b.1)《生物和毒素武器公约实施法》的下列任何规定,即:

(i)第6条(生产生物制剂和运输工具,等);

(ii)第7条(擅自生产生物制剂);

(c)《竞争法》的下列任何规定,即:

(i)与该法第45条第(4)款(a)项至第(d)项所述事项相关的第45条(共谋);

(ii)第47条(操纵投标);

(iii)第52.1条第(3)款(欺诈性电话推销);

(d)《管制毒品和麻醉药品法》的下列任何规定,即:

(i)第5条(贩卖);

(ii)第6条(进口或者出口);

(iii)第7条(生产);

(e)《贿赂外国公职人员法》第3条(贿赂外国公职人员);

(e.1)《反人类罪和战争罪法》;

(f)《海关法》的下列任何规定,即:

(i)第153条(虚假陈述);

(ii)第159条(走私);

(g)《2001年消费税法》的下列任何规定,即:

(i)第214条(非法生产、销售烟草或者酒类);

(ii)第216条(非法持有烟草制品);

(iii)第218条(非法持有、销售酒类);

(iv)第219条(篡改或者销毁记录);

(v)第230条(持有通过消费税犯罪而获取的财产);

(vi)第231条(清洗消费税犯罪的收益);

(h)《出口和进口许可法》的下列任何规定,即:

(i)第13条(出口或者出口未遂);

(ii)第14条(进口或者进口未遂);

(iii)第15条(绕航,等);

(iv) 第 16 条(不得转让许可证);

(v) 第 17 条(虚假资料);

(vi) 第 18 条(帮助和教唆);

(i)《移民和难民保护法》的下列任何规定,即:

(i) 第 117 条(组织进入加拿大);

(ii) 第 118 条(贩运人口进入加拿大);

(iii) 第 119 条(在海上卸载人员);

(iv) 第 122 条(与文件相关的犯罪);

(v) 第 126 条(劝诱虚伪陈述);

(vi) 第 129 条(与官员相关的犯罪);

(j)《信息安全法》规定的任何犯罪。

相 关 规 定

《1985 年修订法》第 11 章(附件 1)第 2 条第(2)款规定:

关于诉讼的过渡性规定

"(2)适用经附表修正的任何规定的诉讼在本法生效之前正在进行的,应当根据修正后的规定继续进行,不需要进一步的法律手续。"

《1985 年修订法》第 27 章(附件 1)第 204 条至第 207 条规定:

呼吸鉴定证明书

第 204 条 本法第 36 条所规定的《刑事法典》第 255 条第(1)款(f)项和(g)项在对其修正的规定生效之前的规定,继续适用于与这些项中所述的在修正案生效之前签发的证明书相关的诉讼。

在郡法院由法官和陪审团进行的审理

第 205 条 《刑事法典》在本法第 36 条对其第 430 条的废止生效之前的规定,继续适用于在此修正生效之前提起控告的诉讼。

以判案陈述方式提出的上诉

第 206 条 《刑事法典》在本法第 182 条对其进行的修正生效之前的规定,继续适用于在此修正生效之前已经向简易法院送达判案陈述的申请通知的案件。

适用严重刑罚

第 207 条 《刑事法典》规定的刑罚、没收或者处罚被本法修改,对在本法生效之前实施的犯罪适用较轻的刑罚、没收或者处罚。

《1985年修订法》第51章（附件1）第2条规定：

三年之后对第213条的复查

第2条 （1）本法生效3年之后，应由众议院专门委派或者建立的委员会对本法规定的《刑事法典》第213条的规定进行全面的复查。

向众议院报告

（2）第（1）款所述委员会，应当在复查后一年或者众议院许可的较长时间之内，向众议院提交包括委员会的修改意见的复查报告。

《1985年修订法》第27章（附件2）第11条规定：

过渡：诉讼

第11条 在第10条生效之前开始的、适用经附表修正的任何规定的诉讼，应当根据修正后的规定继续进行，不需要进一步的法律手续。

《1985年修订法》第19章（附件3）第19条规定：

四年之后的复查

第19条 （1）本法生效满4年之后，应当将本法包含的规定提交给议会专门委派或者建立的众议院委员会、参议院委员会或者两院的委员会。

报告

（2）议会为第（1）款目的所专门委派或者建立的委员会，应当尽快对本法的规定及其实施进行全面复查，并且在复查后一年或者众议院许可的较长时间之内，向众议院提交包括委员会关于继续执行或者修改这些规定的意见的复查报告。

《1985年修订法》第23章（附件4）第8条规定：

过渡

第8条 本法第6条所规定的《刑事法典》第727.9条不适用于对在该条生效之前实施的犯罪提起的诉讼。

《1985年修订法》第40章（附件4）第2条第（2）款规定：

过渡：诉讼

（2）在本条生效之前开始、根据附表所修正的规定的所进行的诉讼，应当根据修正后的规定继续进行，不需要进一步的法律手续。

《1985 年修订法》第 40 章（附件 4）第 2 条第（4）款规定：

过渡：法庭规则（1981年制定法文件之 32 和 33）

（4）《魁北克治安法院诉讼程序、刑罚和刑事管辖权规则》和《魁北克少年法庭刑事案件诉讼规则》应视为由魁北克法院经副省督批准而制定。

《1990 年制定法》第 16 章第 24 条第（1）款规定：

过渡：诉讼

第 24 条 （1）在本款生效之前开始、适用由本法修正的规定的全部诉讼，应当根据修正后的规定继续进行，不需要进一步的法律手续。

《1990 年制定法》第 17 章第 45 条第（1）款规定：

过渡：诉讼

第 45 条 （1）在本款生效之前开始、适用由本法修正的规定的全部诉讼，应当根据修正后的规定继续进行，不需要进一步的法律手续。

《1991 年制定法》第 43 章第 10 条第（1）款至第（7）款规定：

副总督签发的令状或者命令继续有效

第 10 条 （1）根据本法第 3 条或者第 18 条生效之前的《刑事法典》第 614 条、第 615 条或者第 617 条或者《国防法》第 200 条或者第 201 条作出的对被告人的拘押令，依照法庭或者审查委员会根据《刑事法典》第 672.54 条作出的命令，在《刑事法典》第 672.64 条生效之前继续有效。

根据副总督的令状或者命令对被羁押人进行审查

（2）在本条生效之后 12 个月内，省的审查委员会应当对依照根据第（1）款所述拘押令被拘押的每个人的案件进行审查。

第 672.5 条至第 672.85 条适用于第（2）款规定的审查

（3）《刑事法典》第 672.5 条至第 672.85 条比照适用于根据第（2）款进行的审查，如同：

（a）审查系根据该法第 672.81 条对处置进行的审查；

（b）副总督签发的、据以羁押此人的令状为根据该法第 672.54 条作出的处置；

（c）在一个人被据以羁押的涉及对他人的暴力或者暴力威胁、对于公众的安全的威胁的犯罪实施时《刑事法典》第 672.64 条第（1）款的规定中包括任何议会制定法所规定

的犯罪,包括《刑事法典》下列条文在 1983 年 1 月 4 日之前规定的犯罪:

(i) 第 144 条(强奸);

(ii) 第 145 条(强奸未遂);

(iii) 第 149 条(猥亵妇女);

(iv) 第 156 条(猥亵男性);

(v) 第 245 条(普通伤害);

(vi) 第 246 条(故意伤害);

(d) 在第 672.64 条第(3)款(a)项所述的犯罪中包括一个人被据以羁押的被指控犯罪实施时任何议会制定法规定的下列犯罪,即:

(i) 应处死刑或者终身监禁的谋杀罪、因罪杀人、非因罪杀人和任何谋杀罪,无论《刑事法典》在当时对其如何规定或者划分;

(ii) 其他议会制定法所规定的、规定有终身监禁的任何犯罪。

专员审查被羁押者是否为危险的精神失常的被告人

(4) 加拿大总检察长应当从有刑事管辖权的高等法院的法官中指定一位专员,在《刑事法典》第 672.64 条生效之前审查并决定,如果该条在签发命令时有效,根据第(1)款所述拘押令被羁押的人根据《刑事法典》第 672.65 条是否应被认定为危险的精神失常的被告人。

对省的总检察长的申请进行审查

(5) 对被裁决因心神丧失而不构成《刑事法典》第 672.64 条第(1)款所定义的指定犯罪或者本条第(3)款(c)项包含的指定犯罪的人签发第(1)款所述拘押令的,签发地或者羁押地所在的省的总检察长可以向专员申请审查并认定此人是否为危险的精神失常的被告人。

《刑事法典》的规定适用于对申请的听审

(6)《刑事法典》第 672.65 条和第 672.66 条比照适用于根据第(1)款提出的申请,并且:

(a) 除第 672.65 条第(3)款(a)项规定的证据之外,专员还应当考虑与申请相关的人被拘押之后的相关证据;

(b) 专员认为此人应被认定为危险的精神失常的被告人的,其可以命令将此人终身羁押。

专员命令的效力

(7) 专员根据本条对于申请作出的命令应当于《刑事法典》第 672.64 条生效之时发生效力,可以像对法庭根据该法第 672.65 条作出的命令一样根据第 672.79 条和第 672.8 条规定对其提出上诉。

《1991 年制定法》第 43 章第 36 条规定：

复查

第 36 条 （1）本法任何规定生效以后 5 年之内，应由众议院专门委派或者建立的委员会对本法的规定及其实施进行全面的复查。

报告

（2）第（1）款所述委员会，应当在复查开始后 1 年或者众议院许可的较长时间之内，向众议院提交复查报告。

《1992 年制定法》第 20 章第 221 条规定：

定义
"开始日"

第 221 条 在本条和第 222 条至第 227 条中，"开始日"指第 213 条生效之日；

……

《1992 年制定法》第 20 章第 226 条规定：

确定假释资格日

第 226 条 （1）在开始日前服监禁刑的犯罪人在刑期届满前、《刑事法典》第 741.2 条生效之后因该条规定的犯罪被公诉并处以监禁刑，并且法庭根据该条裁决犯罪人应服其判处的监禁刑一半刑期的，在犯罪人在服完该刑期的一半或者 10 年两者中的较短者和下列期限之一以后，可以对其正式假释：

（a）两个刑罚应当合并执行的，第一个刑期中未与其他刑期合并执行部分的三分之一；

（b）两个刑罚应当连续执行的，下列两者之中的较短者：

（i）第一个刑期的三分之一；

（ii）两个刑罚合并执行的情况下，第一个刑期中在正式假释前必须服完的部分。

最长期限

（2）不得要求第（1）款所述犯罪人在获得正式假释资格前服完其监禁刑的一半以上。

《1992 年制定法》第 41 章第 7 条规定：

过渡

第 7 条 本法第 2 条规定的《刑事法典》第 634 条和第

635条不适用于在1992年7月23日之前成立并由正式宣誓的陪审员组成的陪审团。

《1996年制定法》第34章第6条和第7条规定：

第6条 只有一个人被定罪的一个以上的谋杀罪之一是在本法第2条规定的《刑事法典》第745.6条第(2)款生效之前实施，对其才适用该款规定。

第7条 本法第2条所规定的《刑事法典》第745.61条至第745.63条中除第745.63条第(1)款(d)项之外的规定，适用于就第2条生效前后发生的犯罪而在《刑事法典》第745.6条第(1)款生效之后提出的复审申请，但在该条生效之前申请人根据《刑事法典》第745.6条第(1)款提出申请并且未对该申请作出处理的除外。

《1996年制定法》第34章第8条由《1997年制定法》第18章第139.1条修改为：

第8条 对于要求就本条生效前后实施的犯罪进行复审的申请，若在本条生效之后进行听审，适用本法第2条所规定的《刑事法典》第745.63条第(1)款(d)项规定。

《1997年制定法》第30章第3.1条规定：

三年之后的复查

第3.1条 (1) 本法生效满3年之后，应当将本法包含的规定提交给议会专门委派或者建立的众议院委员会、参议院委员会或者两院的委员会。

报告

(2) 议会为第(1)款目的所专门委派或者建立的委员会，应当尽快对本法的规定及其实施进行全面复查，并且在复查后1年或者众议院许可的较长时间之内，向议会提交包括委员会关于继续执行或者修改这些规定的意见的复查报告。

《1998年制定法》第30章第10条规定：

过渡：诉讼

第10条 在本条生效之前开始、适用由本法第12条至第16条修正的任何规定的全部诉讼，应当根据修正后的规定继续进行，不需要进一步的法律手续。

过渡性规定	**《1999 年制定法》第 5 章第 9 条第(2)款规定：** （2）如果一个人引起或者促成死亡的最后事件发生在本法第(1)款生效之后或者生效之前一年零一天之内，则该款适用于本法第 227 条所述的犯罪。
严重刑罚的适用	**《1999 年制定法》第 32 章第 7 条规定：** 第 7 条 《刑事法典》规定的刑罚或者处罚由本法变更的，对于本条生效之前实施的犯罪，适用较轻的刑罚或者处罚。
对《刑事法典》第 25.1 条至第 25.4 条的复查	**《2001 年制定法》第 32 章第 46.1 条规定：** *第 46.1 条 本条生效以后 3 年以内，应由参议院、众议院或者议会两院专门委派或者建立的委员会对《刑事法典》第 25.1 条至第 25.4 条的规定及其实施进行复查。 *[注：第 46.1 条在 2002 年 1 月 7 日有效，见 2002 年制定法文件之 17]
对《2001 年制定法》第 32 章第 82 条第(1)款、第(2)款和第(4)款的解释	**《2004 年制定法》第 12 章第 22 条和第 23 条规定：** 第 22 条 为更加明确，根据在 2001 年 10 月 2 日对在第 37 届议会第一次会议上提出、标题为《2001 年〈刑事法典〉修正案》的法案 C-15 的表决结果，《2001 年加拿大制定法》第 32 章《修正〈刑事法典〉(有组织犯罪和法律实施)并对其他法律进行相应修改的法律》("法律")第 82 条应当根据下列规定进行解释： （a）对于法律第 8 条第(2)款和第(4)款，法律第 82 条第(1)款提及的"法案 C-15"指作为对于法案 C-15 表决结果而产生的、标题相同的法案 C-15A； （b）法律第 82 条第(2)款提及的"另一法律第 25 条"指法案 C-15A 第 16 条； （c）法律第 82 条第(4)款提及的"另一法律第 62 条"指法案 C-15A 第 52 条。
对《2001 年制定法》第 32 章第 82 条第(1)款和第(3)款的解释	第 23 条 为更加明确，根据 2001 年 10 月 2 日对在第 37 届议会第一次会议上提出、标题为《2001 年〈刑事法典〉修正案》的法案 C-15 的表决结果以及 2002 年 10 月 3 日对

在第 37 届议会第二次会议上提出、标题为《修正〈刑事法典〉(对动物的残忍行为和火器)和〈火器法〉的法律》的法案 C-10 的表决结果,《2001 年加拿大制定法》第 32 章《修正〈刑事法典〉(有组织犯罪和法律实施)并对其他法律进行相应修改的法律》("法律")第 82 条应当根据下列规定进行解释:

(a)对于法律第 82 条第(3)款,法律第 82 条第(1)款提及的"法案 C-15"指作为对于法案 C-10 表决结果产生的、标题为《修正〈刑事法典〉(火器)和〈火器法〉的法律》的法案 C-10A;

(b)法律第 82 条第(3)款提及的"另一法律第 32 条"指法案 C-10A 第 8 条。

5. 如果你认为数据库中登记的资料存在差错或者遗漏，你可以要求你的主要居所所在地的登记中心负责收集资料的人员进行更正。

6. 你有权对本命令提出上诉。

7. 你有权向法院申请终止本命令，有权对法院的判决提出上诉。

8. 如果被发现违反本命令，你可能被处以罚金或者监禁，或者两者并罚。

9. 如果被发现提供虚假的或者误导的资料，你可能被处以罚金或者监禁，或者两者并罚。

公元_____年_____月_____日，_____
（法官签名和法院名称）
....
（接受命令的人签名）

格式 53

（第 490.019 条和第 490.032 条）

关于遵守《性犯罪者资料登记法》义务的通知

加拿大_____省

致职业为_____的_____,《刑事法典》第 490.02 条第（1）款所述之人：

因为，你在_____（日期）被根据_____（《刑事法典》关于指定犯罪的规定）以《刑事法典》第 490.011 条第（1）款所定义的指定犯罪中（a）项、（c）项、（d）项或者（e）项规定的一种或者多种犯罪即_____（说明罪名）定罪，或者裁决因精神失常而对其不负刑事责任，兹通知你，要求你遵守《性犯罪者资料登记法》。

1. 无论何时根据《性犯罪者资料登记法》第 4 条第（3）款对你提出要求，你第一次必须亲自向你的主要居所所在地的登记中心报告。

2. 此后，在对你作出判决或者因精神失常而对其不负刑事责任之后为期_____年的时间内（如果根据《刑事法